유교의 근본정신과 한국 유학

유교의 근본정신과 한국 유학

초판 1쇄 인쇄 2014년 2월 5일
초판 1쇄 발행 2014년 2월 12일

지 은 이 유정동
펴 낸 이 김준영
펴 낸 곳 성균관대학교 출판부
출판부장 박광민
편 집 신철호 · 현상철 · 구남희
디 자 인 이민영
마 케 팅 박인붕 · 박정수
관 리 이경훈 · 김지현
등 록 1975년 5월 21일 제 1975-9호
주 소 서울특별시 종로구 성균관로 25-2
대표전화 02) 760-1252~4
팩시밀리 02) 762-7452
홈페이지 press.skkup.edu

ISBN 979-11-5550-035-4 94150
978-89-7986-493-9(세트)

유교문화연구총서 16

유교의 근본정신과 한국 유학

유정동 지음

儒教文化研究所
성균관대학교 동아시아학술원

| 서문 |

1554년 10월 10일 퇴계는 일기장에 다음과 같이 기록하였다.

"투호를 했는데 신묘하게 맞았다[投壺神中]"

1975년 봄, 현담 유정동 선생님께서 이 구절을 인용하시면서 퇴계가 일상적인 삶의 현장에서 마음을 다스리는 경공부를 실천하고 계셨다는 점을 강조하셨다. 대학원 석사과정 3학기 강좌였다. 교수회관 좁은 선생님의 연구실에서 강의를 듣던 그 정경이 생생한데 선생님께서 우리 곁을 떠나신 지 어언 30년이 되었다.

선생님께서 정리해놓은 퇴계의 일기를 다시 펼쳐보니 "닿는 곳마다 모두 리이니 어느 때인들 즐겁지 않겠는가[觸處皆理, 何時不樂]"라는 구절이 눈에 띈다. 퇴계가 사단을 '리의 발현'으로 규정하지 않을 수 없었던 심정을 알 것도 같다. 현담 선생님이 퇴계의 일기를 중시한 것은 당신께서 퇴계의 삶 자체를 흠모하셨기 때문이다. 선생님께서 퇴계학의 정수를 파악할 수 있었던 이유도 퇴계의 이론만을 본 것이 아니라 그 이론을 산출한 정신세계와 삶을 온전히 이해하셨기 때문이다. 선생님은 유교적 규범을 몸으로 체득하고 실천하신 이 시대의 선비셨다.

대학교 1학년 가을이었다. 유학과 학생들이 선생님을 모시고 우암 송시열 선생의 얼이 배어 있는 청주 화양동으로 답사를 떠났다. 그날 저녁식사를 마치고 시내로 나간 선배 몇 명이 늦도록 숙소로 돌아오지 않았다. 모두들 걱정하고 있는데 12시가 거의 다 되어 파출소에서 연락이 왔다. 술을 마시고 행인들과 사소한 말다툼이 있었는데 사건이 커진 모양이었다. 무릎을 꿇고 앉아 있는 선배들 앞에서 선생님이 갑자기 회초리를 들어 당신의 팔을 내리치셨다. "내가 부덕한 탓이다." 선배들은 선생님의 팔을 붙잡고 울음을 터트렸다. 이를 지켜보던 학생들도 모두 눈시울을 적셨다. 선생님은 진정한 스승이셨다.

선생님은 형식 논리로서 포착할 수 없는 퇴계의 학문세계를 어떻게 체계적으로 설명할 수 있는가에 대하여 고민하셨다. 그리고 퇴계의 이론체계에 불투명함이 있음을 시사하면서 "정의조작情意造作이 없는 리가 어떻게 발하느냐" 하는 문제가 이발설의 난해점이라고 말씀하셨다. 1981년 선생님의 〈화갑기념논총〉에 졸고 「퇴계에 있어 리의 능동성에 관한 논리적 접근」을 게재한 것은 선생님이 제기한 문제에 대하여 나름대로 천착해보고 싶었기 때문이다. 그러나 논리체계의 불투명성이라는 폐단이 있다고 해도 윤리적 기능을 강화하고자 하는 것이 퇴계학의 근본정신이라는 선생님의 말씀을 잊은 적은 없다.

최근 퇴계에 대한 학위논문을 지도하고 대학원에서 학생들과 퇴계/고봉의 사단칠정논변서를 정밀하게 독해하면서 퇴계의 사단칠정론이 내함하고 있는 근본문제가 무엇인지 새삼스럽게 생각하고 있다. 선생님의 논문들을 다시 읽어본다.

이 저서는 현담 선생님께서 남긴 원고를 체계적으로 정리한 것이다. 선생님이 작고하신 이듬해인 1985년과 그 이듬해인 1986년에 '현담 유정동 선생 기념사업회'에서 유고를 모아 『한국유학의 재조명』, 『동양철학의 기초적 연구』라는 이름으로 출간한 적이 있다. 하지만 이 책들은 원문들이 그대로 실려 있고 한자가 노출되어 있어 독자들이 접근하기에 어려운 점이 없지 않았다. 유교문화연구소에서 이 두 저서에 수록되지 않았던 박사학위 논문 『퇴계의 철학사상 연구』를 추가하고, 원문을 번역하고 문장을 일부 수정하여 가독성을 높여 연구총서로 발간하는 것이다. 그 이유는 무엇보다 선생님의 논문이 30~40년 전에 발표되었지만 지금까지도 한국 유학의 연구자들이 많은 시사를 받으며 핵심적인 논거로서 인용하고 있는 현재성을 갖고 있기 때문이다. 며칠 전에 심사한 퇴계학파의 '이도설理到說'에 대한 논문에서도 선생님의 논문은 핵심적인 선행연구로 제시되어 있었다. 본서의 출판을 계기로 선생님의 학설과 연구업적이 재조명되기를 기대한다.

이 책을 발간하는 또 하나의 이유는 선생님께 대한 죄스러운 마음 때문이다. 선생님이 입원하셨다는 소식을 듣고도 지방대학에 있다는 핑계로 차일피일 미루다가 그만 부음을 듣고 말았다. 장례를 치른 뒤 몇 달 동안 선생님을 꿈에 뵈었다. 평생 한이 될 것이라는 후배의 말이 새삼스러웠다.

겨울이 깊어간다. 30여 년 전 겨울, 대학원 종강을 한 뒤에 선생님을 모시고 안동 퇴계 종택에 머물면서 도산서원을 답사하고 퇴계 묘소를 참배했던 일이 떠오른다. 서울로 돌아오는 날 함박눈이 내렸다. 청량리행 기차 안에서 우리는 내리는 눈을 바라보며, 맥주를 마시면서 인생과 학문에 대하여 참으로 많은 이야기를 나누었다. 선생님은 떠나셨지만 그때 함께했던 동학들의 가슴속에 선생님은 영원히 자리하고 계실 것이다.

원문을 번역하고 수정하는 지루하고 힘든 작업을 최영성 교수와 이형성 박사가 맡아서 수고하였다. 그리고 유교문화연구소의 임태홍 책임연구원과 자오티엔이텐[趙甛甛] 연구원, 백준철 · 성은하 조교가 편집과 교정을 담당하였다. 이 자리를 빌려 감사드린다. 그리고 성균관대학교출판부 관계자 여러분께 감사를 드린다.

2013년 12월 11일

유교문화연구소에서
최영진

| 차례 |

제4부 | 조선 성리학의 철학사상

제5부 | 천명도설

제6부 | 한국 유학 에세이

제1부 유교의 근본정신

제1장 유학의 형성과 변천

Ⅰ. 유학의 형성

유학은 중국의 하 · 은 · 주夏殷周 삼대(三代: 堯 · 舜 · 禹 · 湯 · 文 · 武 · 周公) 문화를 계승하여 공자(孔子: BC 551~479)에 이르러서 정립되었다.

1. 연원과 삼대문화

A. 중국 문화의 연원

신화와 문화와 역사는 그 시원이 반드시 똑같다고는 말할 수 없으나 그렇다고 해서 전연 관계없는 이질적인 것이라고 단정하기는 어렵다. 역사 이전에 문화가 있고, 문화 이전에는 신화가 있다고 할 수 있기는 하나 시기를 엄격하게 구분하기보다는 서로 연관되어 발전되어온 것으로 이해해야 할 것이다. 공자 이전에는 '삼대문화'가 있었고 삼대문화는 또한 고대신화와 떼어서 생각할 수 없다.

중국 신화에는 반고신화盤古神話[1]와 천주신화天柱神話[2] 및 세계수

---

1 『述異記』- 晋의 祖冲之의 作(『四庫提要』 子部 小說家類).

2 『神異經』- 漢의 東方朔撰, 晋의 張華注(『四庫提要』 子部 小說家類).

신화世界樹神話[3] 등이 있다. 천지의 개벽開闢과 함께 반고盤古라는 거체巨體가 등장하여 천지인天地人 일체를 말해주었고, 천지 사이에 지주支柱 구실을 하는 천주天柱를 말하여 그 일체를 시사하였고, 부상수扶桑樹의 천반天盤과 삼천三泉을 이어주는 큰 모습을 말하여, 세 가지의 뗄 수 없는 관계를 보여주고 있다. 이는 천계天界와 지계地界 사이에서 인간계人間界를 뗄 수 없고, 인간이 천지에 참여하여 삼재三才로서 귀중한 존재며 역할을 한다는 의미로서 이 신화들 속의 공통점으로 지적된다.

중국 민족은 약 5000년 전 황하유역에 정착하여 농경사회를 이룩하고 문화의 기원을 열어주었다. 중국 문화의 개조開祖로서는 복희伏羲 · 신농神農 · 황제黃帝를 든다. 복희는 중국 최초의 지역을 다스린 사람으로서 어망魚網을 만드는 법을 만들어 고기잡이를, 그리고 사냥하는 법을 가르쳐주었다. 신농은 농사기구를 만들어 오곡五穀을 재배하는 농사법을 가르치고 백초百草를 시험하여 의약醫藥을 만들어 치료법을 가르쳤을 뿐만 아니라 시장市場을 열어 교역하는 상법을 시작하였다.[4] 황제는 사방四方의 만이융적蠻夷戎狄을 정복하여 처음으로 한민족漢民族을 통일하여 일통정치一統政治를 하고, 국정國政이 안정되어가면서 점차로 문화사업에 힘썼다. 주거舟車를 만들어 교통기관을 마련하고, 화폐를 제정하여 통화정책通貨政策을 시행하고, 궁시弓矢로 무기를 만들어 국방을 굳게 하는 한편 절구를 만들어 정미법精米法을 가르쳤고, 문자文字와 음악音樂을 제정하여 새로운 정치를 하였다.[5] 이렇게 함으로 모든 국토는 안정되었고 정신문화를 싹트게 하는 전주기前奏期를 이룩하였음과 동시에 이상정치理想政治

3 『太平律覽』 - 宋의 李昉等의 奉勅撰考證學의 淵藪라고 칭함.

4 『周易』「繫辭傳下」〈第2章〉 1~5.

5 위와 같음, 「繫辭傳下」〈第2章〉. 5~13쪽.

가 실현될 수 있는 기틀을 마련해주었다. 이처럼 복희와 신농과 황제는 중국의 고대문화의 시원을 열어준 중요한 분들이다.

B. 삼대의 문화

공자孔子는 자신을 노팽老彭에 비교하기도 하고 요순문무堯舜文武를 매우 존경하였으며 주공周公을 사모하는 말을 하기도 하였다. 이런 점으로 보아서 이들은 공자에게 영향을 준 중요한 인물들이라 하겠다.

『논어論語』「술이述而」편 1장에 보면, 공자는 "선왕先王의 도道를 근본으로 해서 진술하는 것뿐이요 결코 새로 주관主觀을 함부로 독단하지는 않으며, 이렇게 함으로써 마음속으로부터 옛 선왕의 도를 믿고 좋아하여 나를 저 노팽에게 비해본다"[6]라고 하였다. '노팽老彭'은 『장자莊子』에 나오는 '팽조彭祖'라고[皇侃, 邢昺, 呂覽高 註]도 하고 또는 노자老子와 팽조彭祖라고[鄭玄, 王弼]도 하는 주장도 있으나 주자朱子는 은殷의 현대부賢大夫라고 하였다. 노팽은 은인殷人이요 공자의 선인先人도 송인(宋人: 宋은 殷의 子孫國)이므로 노민魯民이라는 동질감同質感과 인격상人格上 현인賢人이었다는 점으로 미루어 주자의 설이 통론統論으로 되어 있다. 노팽의 사적事蹟에 관해서는 그 자세한 것이 전해오지 않으므로 알 수 없으나 현인이라는 것과 기술하되 저술하지 않고[述而不作] 믿으면서 옛것을 좋아하는[信而好古] 그의 태도를 공자가 높이 산 것으로 보인다.

『중용中庸』 30장에 의하면, "중니仲尼는 요순堯舜의 사상을 기본으로 후세에 전하고 문왕文王과 무왕武王의 사상을 법法으로 펴시었다"[7]라고 보인다. 요제堯帝 · 순제舜帝와 문왕文王 · 무왕武王이 공자

6 『論語』「述而」. 子曰 述而不作 信而好古 竊比於我老彭.

7 『中庸』「第30章」. 仲尼 祖述堯舜 憲章文武 上律天時 下襲水土.

에게는 조술헌장祖述憲章의 대상이었음을 알 수가 있다. 그들의 치적을 통해서 그 인격과 사상을 이어받은 것이다.

『논어』「술이」 5장에는 주공에 관해서 언급되어 있다. "내 항상 사모하는 주공이 이제는 꿈에 잘 안 보이니 심히 늙었도다"[8]라고 공자는 한탄하고 있다. 꿈에 자주 보였음은 매우 사모했던 때문이요, 노쇠해서 안 보임을 한탄함은 역시 주공을 잊지 못하고 있음을 말해주는 것이다. 주공의 인격 및 사상은 공자의 본받는 바가 되었을 것이다.

주공은 주초周初 삼왕(三王: 文王 · 武王 · 成王)을 보좌한 어진 재상으로서 무왕의 동생이요, 성왕의 숙부이기도 하다. 그는 주나라 800년의 기틀을 닦아놓은 공신功臣이요, 주대周代의 문물제도文物制度를 완비한 치인治人이요, 요순堯舜 이후의 전통사상을 학문으로 터 닦아놓은 학자이다. 사회는 정치에 의해서 안정되며 정치는 사람에 의해서 이루어지므로 그 어진 사람을 구하는 일은 정치상 무엇보다도 중요한 일이다. 국사國事를 염려하는 어진 사람이 식사 중에 찾아왔을 때 놓칠세라 입속의 음식물을 토하고 즉시 만나며 목욕 중에 찾아온 객客에게는 또한 그 현인을 놓칠세라 감던 머리를 걷어 올리고 즉시 만난다고 하는 토포악발吐哺握髮의 고사마저 남긴 사람이다. 무왕이 병들어 그 치유를 하늘에 기도할 때 주공은 그가 대신 가겠다고까지 결의했던 것이 『서경書經』에 전해오기도 한다.[9]

그의 치적은 성왕成王이 무왕의 뒤를 계승한 후 섭정攝政으로 내란內亂을 평정하고 이족夷族을 물리치며 예악형정禮樂刑政이 완비되고 교화가 원만히 이루어짐으로써 뚜렷하였다. 학제學制로서는 8세에 소학小學 공부를 학행學行으로 하게 하였고, 15세가 지나면 대학大學

---

8 『論語』「述而」. 子曰甚矣 吾衰也 久矣吾不復夢見周公.

9 『書經』 卷7 「周書」 〈金滕〉.

에 들어가서 궁리정심窮理正心, 수제치평修齊治平의 도리를 배우게 하였다.[10] 더욱이 무왕의 혁명을 도와 은나라를 정복하여 중국의 역사상 처음 보는 정치 조직과 주대문화周代文化의 대성을 보게 되었다.

과연 주공에 의한 주대의 문화란 어떠한 것인가? 삼대문화의 정립이요 조직이라고 하겠다. 그러나 다만 사상적 내면적인 것뿐이 아니라 외면적 문화의 대구성大構成이요 고래古來의 미증유未曾有의 신문화新文化였다. 이제 주대의 봉건제封建制·관제官制·세법稅法·학제學制·세태世態의 대략을 살펴보기로 한다.

ⓐ 봉건제: 일족一族, 공신功臣을 사방에 봉封하고 공公·후侯·백伯·자子·남男의 오작五爵을 두어 왕실의 번병藩屛으로 삼았다.

ⓑ 관제: 중앙에는 다음의 육관六官을 두었다.

천관天官-천관의 장을 총재冢宰라고 하여 서정庶政을 총괄하여 다스린다(國務總理와 같음).

지관地官-지관의 장을 대사도大司徒라고 하여 민사民事와 교육敎育을 담당한다(文敎部長官과 같음).

춘관春官-춘관의 장을 대종백大宗伯이라고 하여 제사예의祭祀禮儀를 담당한다(內務, 文公部長官과 같음).

하관夏官-하관의 장을 대사마大司馬라고 하여 군사軍事를 담당한다(國防部長官과 같음).

추관秋官-추관의 장을 대사구大司寇라고 하여 형률刑律을 담당한다(法務部長官과 같음).

동관冬官-동관의 장을 대사공大司空이라고 하여 공예工藝를 담당한다(商工部長官과 같음).

ⓒ 전제田制와 세법稅法: 사방 1리 900묘畝를 구등분九等分하여 정전井田으로 하고, 그 가운데 팔분八分을 사전私田으로 삼아 여덟 가구

10 『大學章句』「大學章句序」.

에 나누어주고 일분一分을 공전公田으로 해서 공가公家에 경작토록 하되 그 수확을 전세[田租]로 관官에 납부토록 하였다. 이 밖에 국민을 토목土木에 사역하는 역력力役의 정征, 견포絹布를 공납貢納토록 하는 포루布縷의 정등征等의 제도를 마련하였다.

이토록 주대에는 육관을 설치하여 유덕有德한 사람으로 충당하는 한편 또 전제조법田制租法 등을 마련해서 사유재산의 공평公平을 기하여 천하평치를 도모하였다. 특히 천자는 억조億兆의 군사君師로서 교육을 독려하였으므로 이 시대의 교육은 역사상 처음으로 제도의 완비를 보았다.

ⓓ 학제: 천자의 도읍都邑에는 벽옹(辟雍: 大學)을 두었다.

제후의 도읍에는 반궁(頖宮: 國學)을 두었다.

각 촌리村里에는 소학小學을 두었다.

서민庶民의 자제로서 7~8세가 되면 소학에 입학해서 쇄소灑掃·응대應對·진퇴進退의 절도를 배우고 예禮·악樂·사射·어御·서書·수數의 육예六藝의 중요한 과목을 이수토록 하였다. 소학을 졸업하는 연령은 대개 14~15세로 지금의 국민초등교육에 해당한다.

귀족의 자제와 서민 가운데서 뛰어난 자의 15세 이상은 반궁 또는 벽옹에 입학시켜서 대학교육을 받도록 하였다. 이러한 대학에서는 주로 수기치인修己治人의 도를 궁구하였고, 따라서 주나라 초기에는 교육이 행하여 형刑을 받는 자도 적었고 문화의 혜택은 멀리 이적夷狄에까지 미쳐서 훌륭한 현인군자賢人君子를 배출하기에 이르렀다. 이러한 상황 아래의 사회상은 계급제도가 엄격하였으며, 신분에 따르는 의식주는 안정되었고, 남녀의 구별이 엄하여 남자 30세 여자 20세의 혼기婚期도 엄수되었다. 남자는 주로 경작耕作에 여자는 주로 양잠養蠶·방직紡織에 종사하고 천자·황후도 친경親耕과 궁삼躬桑의 의식을 행하여 국민을 격려하였으므로 이 풍습은 길이 후세에 전하여졌다. 요컨대 이상에서 본 바와 같이 주나라 시대의 정치와 교육은 문왕 · 무왕 · 성왕의 삼대를 보좌한 어진 신하 주공에 의하여 대성되었고, 주나라 문화를 건설하는 주역을 담당한 그의 인품과 사상은 공자로 하여금 주공을 몽견夢見토록 한 것으로 보인다. 공자에게 있어서 삼대는 도가 바르게 행해진 시기요[11] 천명이 일관된 것으로[12] 파악되고 있어서 공자사상의 배경이 여기에 있음을 알 수 있다.

2. 공자와 오경 편찬

요순과 주공은 공자가 존모尊慕하는 대상이었을 뿐만 아니라 그의 사상을 체계화하는 데 지대한 영향을 주었음은 앞에서 살펴보았다. 그는 비록 짧은 기간이기는 하지만 정치에도 참여했고 교육을 하여 많은 제자를 길러내기도 하였고 유학경전儒學經典을 펴내기도 하였다. 그의 생애를 살펴보기로 한다.

A. 생애

공자는 이름은 구丘요 자字는 중니仲尼니, 노양공魯襄公 22년(BC 551)[13] 10월 21일 노나라 창평향昌平鄕 취읍陬邑인 지금의 산동성山東省 곡부현曲阜縣 어원촌魚原村에서 태어났다. 아버지는 숙량흘叔梁紇, 어머니는 안징재安徵在요, 선조는 송인宋人이다.[14] 공자에게 형이 있었던 것은 중니의 '중仲'으로도 미루어지거니와 남용南容에게 형의 딸을 아내로 삼게[15] 하였다는 사실로서도 확실하다. 연대는 분명

---

11 『論語』「衛靈公」. 期民也 三代之所以直道而行也.

12 『孟子』「萬章上」. 孔子曰 唐虞禪 夏后殷周繼 其義一也.

13 주나라 영왕(靈王) 21년이다.

14 『史記』「孔子世家」.

15 『論語』「公冶長」. 子謂南容 邦有道不廢 邦無道免於刑戮 以其兄之子妻之.

하지 않으나 어려서 부친을 잃고 장년기에 모친을 여의었다. 결혼시기도 밝혀져 있지 않지만 자녀도 몇 명을 두었는지 자세하지 않다. 『논어』에 언급된 바로는 아들은 리(鯉, 字는 伯魚)가 있었고[16] 딸은 공야장公冶長에게 보낸 바[17] 있었던 것으로 전해진다. 나면서부터 공자는 머리의 중천中天 부분의 모습이 원립형圓立形이므로 그대로 구丘라고 했다[18]고도 하고 니구산尼丘山에서 기도하여 공자를 낳았다고 하여 산 이름을 본딴 것[19]이라고도 한다.

그가 누구에게 사사師事하였는지 알 수 없으나 특별히 가르쳐준 스승은 전하는 바 없고 주위의 모든 사람들로부터 배워야 할 것은 배우고 경계해야 할 것은 경계하는 식으로 자기 향상에 스스로 노력한 것으로 보인다.[20] 일찍이 제사놀이를 즐겨하였다[21]고 하며 가정이 가난한 관계로 어려서 다예다능多藝多能하였다[22]고 스스로 고백하기도 한다. 장성하여서는 위리委吏가 되었다. '위리'란 곡창穀倉의 출납관出納官이며 미천한 국가공무원으로 그 회계가 정당하였다[23]고 전한다. 또 한때는 사직리司職吏가 되어서 우양牛羊을 치는 일을 담당하였던바 번식이 제때를 얻어 매우 잘 되었다고 한다. '사직리'라는 것은 승전乘田이라고도 하는 원유苑囿의 추목芻牧을 주무主務로 하는 관비록박官卑祿薄의 지위이며, 여기서도 그의 능력의 자질이 여실

16 『論語』「公冶長」. 子謂南容 邦有道不廢 邦無道免於刑戮 以其兄之子妻之.

17 위와 같음, 「公冶長」.

18 『史記』「孔子世家」.

19 『孔子家語』「本姓解第三十九」.

20 『論語』「述而」. 子曰 三人行 必有我師焉 擇其善者而從之 其不善者而改之.

21 『史記』「孔子世家」.

22 『論語』「子張」. 吾少也賤 故多能鄙事.

23 『孟子』「萬章下」. 孔子嘗 爲委吏矣 曰會計當而已矣 嘗爲乘田矣 曰牛羊茁 壯長而已矣.

하게 보여진 것이다. 주나라로 노자老子를 방문하여 예禮를 물었다[24] 고 한다. 후일에 예를 강조한 점으로 미루어서 일찍부터 관심이 깊었었음을 알 수 있고 또한 일정한 스승을 모시고 있지 않았다면 담론을 위해서 널리 상대를 구하기도 했을 것이다. 35세 때에는 노나라의 계씨季氏가 소공昭公을 축출逐出하고 반란反亂을 일으켜 천하가 어지러워져서 제나라로 피란을 갔다. 경공景公과 정치政治에 관해서 대화를 나눈 것도 이 당시의 일이다. 2년 뒤에 다시 노나라로 돌아왔다. 이때부터 제자들이 이미 몰려들기 시작하였다. 43세 때에 양호陽虎가 반란反亂을 일으켜서 전정專政을 하니 공자를 기용하고자 했으나 응하지 않고 제자 교육에 전념하기 시작하였다. 51세 때에도 소명召命에 불응하고 후진 육성에 힘을 기울였다. 그 후 정공定公이 공자를 중도中都의 재宰로 삼으니 1년 만에 사방이 안정되었다. 다시 사공司空으로 등용했다가 바로 대사구大司寇로 승진 발탁하였다. 제후齊侯를 협곡夾谷에서 회견하여 공功을 세운 것도 이때의 일이다. 56세 때에는 섭정攝政에 임하여 당시의 악덕인惡德人으로 이름 높은 소정묘少正卯를 과감하게 처형함으로써 3개월 만에 천하가 대치되었다고 한다. 계환자季桓子가 대代를 이은 후 무례無禮가 거듭되므로 노나라를 떠나서 위衛나라로 간다. 이로부터 69세에 이르기까지 각국을 순유巡遊하여 구세제민救世濟民을 위한 정담政談을 군주들과 계속한다. 진陳나라에 갔을 때 반란 두목인 양호로 오인받아 구치된 일도 있고 위나라에서 남자南子와 상면相面하여 자로子路의 우려를 받은 일도 있으며 송나라에 가서는 환퇴桓魋에게 수난을 겪기도 한다. "하늘이 덕德을 나에게 주셨으니 환퇴 네가 어떻게 하겠느냐"고 기염氣焰을 토한 것도 여기서의 일이다. 이어서 진晋나라를 경유 위나라 다시 간다. 그리고 진陳나라로 돌아간다. 계환자가 돌아가며 유언으로 강자

24 『史記』「孔子世家」.

康子에게 공자를 반드시 불러서 등용하도록 하였지만 말리는 신하가 있어서 강자는 염구冉求를 기용한다. 공자는 채蔡나라 섭葉나라를 거쳐서 초楚나라로 간다. 소왕昭王이 소명하려 했으나 또한 영윤자서令尹子西의 방해로 좌절된다. 은자들로부터 기롱당하면서도 미동도 안 한다. 다시 위나라로 갔을 때 영공靈公은 이미 죽은 후요 첩輒이 등극하여 정사를 다스리는 중이어서 강자가 공자를 부르자 노나라로 발길을 옮긴다. 이때 공자는 68세였고 노나라에서는 기용하지도 않고 공자 자신 구임求任하지도 않았다. 여기서 『시경詩經』·『서경書經』·『역경易經』·『악경樂經』을 정리하기 시작한다. 제자가 대개 3,000명을 헤아렸고 육예에 통한 사람이 72명이라고 함도 이때의 일이다. 71세 때에 노나라 서변西便에서 기린이 수렵에서 잡혔다. 기린은 길짐승 중에서 가장 길吉한 동물로서 보호해야 할 것임에도 수렵으로 참혹하게 살해한 일에 느끼는 바 있어 『춘추春秋』를 서술하여 노나라 242년간의 정사正史를 의리義理로 밝혔다. 다음해 자로가 서세逝世하고 그 다음해 공자가 돌아가니 73세였다. 노성魯城 북사상北泗上에 장사지내나 모든 제자들이 3년상을 입고 떠나갔는데 자공子貢만은 여막에서 6년상을 입었다고 한다. 아들 리鯉는 공자보다 먼저 세상을 떠났고, 리는 자사子思를 낳는데 뒷날에 『중용中庸』을 지었다.

중국 고대의 문화가 가장 찬란했던 유지遺地인 노나라에서 태어나서 귀족정치가 타락하고 패도정치覇道政治도 쇠하여가는 환경에서 인정仁政을 담론하고 인인仁人으로 제자를 교육하여 경서經書 편찬하는 일로 일생을 보냈다. 일찍이 부친을 잃고 편모슬하에서 자랐으며, 20여 세에 다시 모친을 여의고 아들 리도 먼저 세상을 떠났는데 아끼던 안연顔淵마저 앞서 가버린 공자의 말년은 천하를 순역巡歷한 피로와 함께 그 마음의 충정이 고적孤寂했음을 짐작케 하나 그럴수록 경서의 편찬과 『춘추』에 담은 그의 심혼心魂은 그의 사상의 결정체라고 할 것이다.

B. 오경의 편찬

제후들과의 정치논담은 구세제민救世濟民을 위한 현실적 방법이고 제자들을 교육하는 일은 인간을 길러내는 방법이며, 오경五經을 편찬하는 사업은 도道를 후세에 전하려는 방법이다. 그 어느 것도 다 중요한 일이지만 도를 길이 전하는 일은 공자가 영원히 사는 길이라고 생각할 때 이 오경의 편찬은 공자에 있어서 중대한 일이 아닐 수 없다. 그가 『춘추』를 다 쓰고 나서 "나를 아는 자도 이 『춘추』며 나를 죄줄 자도 오직 『춘추』이다"[25]라고 했다는 것도 그러한 공자의 의중을 보여주는 말이다.

공자가 오경을 편찬한 사적事蹟 기록으로는 『사기史記』「공자세가孔子世家」에 처음으로[26] 보인다. 정치로부터 손을 뗀 뒤에 도를 후세에 전하기 위하여 경서經書 편찬에 전념하였다. 원래 육경六經을 산술刪述하였다고 하나 그중의 『악경樂經』은 전해오지 않고 오경만이

25 『孟子』「滕文公下」. 知我者 其惟春秋乎 罪我者 其惟春秋乎.

26 『史記』「孔子世家」. 孔子之時周室微而禮樂廢 詩書缺 追迹三代之禮序書傳 上記唐虞之際下至秦繆 編次其事 曰夏禮吾能言之杞不足徵也 殷禮吾能言之宋不足徵也足則吾能徵之矣 觀殷夏所損益曰後雖百世可知也 以一文一質周監二代 郁郁乎文哉吾從周 故書傳禮記自孔子 孔子語魯太師樂其可知也 始作翕如縱之純如 皦如繹如也 以成 吾自衛反魯然後樂正雅頌各得其所 古者詩三千餘篇及至孔子去其重取可施於禮上采契後稷 中述殷周之盛 至幽厲之缺 始於衽席故曰關雎之亂以爲風始 鹿鳴爲小雅始 文王爲大雅始 淸廟爲頌始 三百五篇 孔子皆弦歌之以求合韶武雅頌之音 禮樂自此可得而述 以備王道成六藝 孔子晩而喜易序彖象說卦文言 讀易韋編三絶 曰假我數年 若是我於易則彬彬矣 孔子以詩書禮樂敎 (中略) 吾道不行矣 吾何以自見於後世哉 乃因史記(魯國史記)作春秋 上至隱公下訖哀公十四年十二公 據魯親周故殷運之三代約其文辭而指博 故吳楚之君自稱王而春秋貶之曰子 踐土會之實召周天子而春秋諱之曰天王狩于河陽 推此類以繩當世 貶損之義 後有王者擧而開之 春秋之義行則天下亂臣賊子懼焉(中略)爲 春秋筆則筆 削則削 子夏之徒不能養一辭 弟子受春秋 孔子曰後世知丘者以春秋 而罪丘者亦以春秋.

전해온다. 삼천 제자를 교육하기 위하여 교재로 편찬한 것이므로 반드시 만년사업으로만 단정할 수는 없으나, 오랜 기간을 두고 계속적으로 노력한 결과라고 말할 수 있다.

a.『시경』

공자는 시詩를 대단히 중요시했다.『시경詩經』을 배우지 않은 사람과는 서로 대화가 어렵다[27]는 정도로 생각했고, 시는 서로 감흥感興으로 공감하는 데[28] 의의意義가 있는 것으로 이해하고 있다. 덕행德行의 선행조건이 도덕적 정감에 있으므로 지知와 행行의 연결 작용은 여기에 기대하게 된다. 도덕적 정감은 한마디로 말해서 "사무사思無邪"[29]로 돌아가는 데 있다. 인간의 정서도야情緖陶冶를 극히 중시한 공자가 시를 교육의 중요 부분으로 생각한 것은 당연하다고 할 것이다. 고시古詩 3,000여 편 중에서 305편을 가려내서 교정한 것이다.

b.『서경』

『서경書經』은 고대 제왕의 시정施政 방법 또는 칙령勅令 등을 기록한 것이다. 공자 이전에 우하상주虞夏商周 사대四代의 정도政道를 명기하여『상서尙書』라고 불렀다. 우순시대虞舜時代의 녹사錄事를『우서虞書』, 상대商代의 것은『상서商書』, 주대周代의 것을『주서周書』라고 불러온 것을 총칭해서『서경書經』이라고 부르게 되었다. 공자 이전에 있었던『상서』가 몇 편인지는 분명하지 않으나 산정후刪定後는 100편이었다고 한다. 왕양명王陽明의 말과 같이 요순 이후의 정치사라

---

27 『論語』「季氏」. 不學詩 無以言.

28 위와 같음,「泰伯」. 興於詩 立於禮 成於樂.

29 위와 같음,「爲政」. 子曰 詩三百 一言以蔽之 曰思無邪.

고 생각할 때 '중中'의 정신으로 선양禪讓한 삼대三代의 정치는 조술요순祖述堯舜한 공자의 입장에서 핵심적인 부분이 아닐 수 없다.

c. 『역경』

『주역』은 공자 스스로가 매우 탐구하려고 노력한 경서이다. 만세도통萬世道統의 근원이요 성인경륜聖人經綸의 원리를 기술한 것이다. 『논어』에는 "나로 하여금 수년을 더 살게 해서 『주역』을 배우게 한다면 큰 허물이 없겠다"[30]라고 한 것이라든지 『사기』에 "『주역』을 읽고 가죽끈이 세 번이나 끊어졌다"[31]라는 글이 있듯이 만년에 갈수록 존신한 것으로 보인다. 유학의 철학에 있어서 본체론本體論은 『주역』의 원리를 원류源流로 해서 발전해온 것이므로 『주역』의 이해는 유학에 있어서 매우 중요한 것이요, 특히 송대宋代의 성리학性理學은 이 이해 없이는 어려운 것으로 알려져 있다. 원래는 복희伏羲가 팔괘八卦를 그리고 문왕文王과 주공周公에 의해서 육십사괘六十四卦와 경문經文이 이루어졌는데 여기에 공자가 십익十翼을 보완했다[32]고 전한다.

d. 『예경』

공자는 그의 아들 백어伯魚에게 "예禮를 배우지 않으면 몸가짐을 제대로 할 수 없다"[33]고 하여 예를 행동규범으로[34] 가르쳤고, 생시生時나 장시葬時나 또는 사후死後나 모두 예로 섬겨야 할 것[35]을 강조

30 위와 같음, 「述而」. 子曰 加我數年 五十以學易 可以無大過矣.

31 『史記』「孔子世家」. 孔子晩而喜易 序彖繫象說卦文言 讀易緯編三絶.

32 위와 같음.

33 『論語』「季氏」. 不學禮 無以立.

34 위와 같음, 「衛靈公」. 君子義以爲質 禮以行之.

35 위와 같음, 「爲政」. 生事之以禮 死葬之以禮 祭之以禮.

하고 있다. 예서禮書는 3종이 있어서 『주례周禮』·『의례儀禮』·『예기禮記』가 그것이다. 공자 이전의 『예경禮經』을 알 길이 없으나 『예기』에 주공周公이 섭위攝位 6년에 『예경』과 『악경樂經』을 제작했다[制禮作樂]는 사실로 보아서 주공의 『예경』을 제작한 것[制禮]은 확실하다. 공자는 『의례』와 더불어 『예기』를 산정刪定한 것으로 전하고 『악경』은 전해오지 않는다.

e. 『춘추』

공자의 산술刪述 가운데 가장 주요한 것이 『춘추』이다. 『서경』을 산술하고 『시경』을 편찬하고 『예경』을 수정修定하고 『역경』을 찬술贊述하고 『악경』을 정한 공자는 그 만년에 필생畢生의 업業으로 『춘추』 산정刪定에 임하였다. 공자가 정치에 뜻을 거두고 자신의 교학敎學을 후세에 전하고 천년 이후의 지기知己를 구하려 결심하여 이 『춘추』를 편술編述하였다. 자기의 공죄功罪의 결론을 이 『춘추』에 걸었던 것이다. 노국魯國의 『사기』를 필삭수정筆削修訂하여 은공隱公 원년(元年: B.C 722)부터 애공哀公 14년(B.C 481)까지 242년간에 걸친 편년체編年體 중국 최초의 역사로서 공자의 서거 3년 전에 완성한 것이다. 대의명분大義名分을 바로잡고 왕도王道의 참 정신을 밝히고자 한 이 『춘추』는 후일에 삼전三傳이 그 간략함[簡]을 보충하게 되었으니 『좌씨전左氏傳』, 『공양전公羊傳』, 『곡량전穀梁傳』이 그것이다.

Ⅱ. 유학의 근본사상

1. 유학의 의의

A. 유와 학

a. 유

유儒는 『논어』 「옹야雍也」편에 다음과 같이 보인다.

"너는 군자의 유儒가 되고 소인의 유가 되지 말라[女爲君子儒毋爲小人儒]."

이것은 공자가 자하子夏에게 군자의 유儒가 되라고 일러준 말이다. 여기의 '유儒'는 학자學者라는 뜻으로 오늘의 지식인이라는 의미와 같다. 공자의 생각으로는 바람직한 지식인을 군자라는 범주 안에 넣어서 생각하려는 뜻이다. 공자 이전에도 '유'는 있었다.

『설문說文』에 따르면 "유儒는 유柔라"고 설명되어 있다. 그 뜻은 우유優柔로 사람을 가르침을 말한다. 즉 교육자라는 의미로 사용되어 왔다. 또한 동서同書에 "유儒는 윤潤이라"고도 설명되어 있다. '윤'은 젖는다는 말이다. 백지를 물에 넣으면 그 물이 점점 백지에 번져가는 것처럼 자연스럽게 동화되어 상대방의 심중心中에 이쪽의 생각을 무리 없이 전입傳込할 수 있음을 의미한다. 이리하여 '유儒'는 교육자라는 뜻이 된다. 유柔라고 하든지 윤潤이라고 하든지 간에 중국 음으로는 공통되어 그 뜻도 통용된다. 그러므로 '유儒'는 유柔나 윤潤이라고 하여 교육자라는 뜻으로 쓰여왔음을 알 수 있다. 뿐만 아니라 이 교육자는 사회적으로 지위를 갖고 있었다.

사회인으로서의 유儒의 이름은 『주례』[36]에 처음으로 보인다. 여기

---

36 十三經의 하나.

에는 유儒를 사師와 상대해서 제정하고 있다. 주대제도周代制度에 의하면 사회인을 9계층으로 나누고 그 가운데 세 번째를 사師 네 번째를 유儒라고 하였다. 어짊[賢]을 가지고 백성을 얻는 것은 사師요 여기에 대해서 도道를 가지고 백성을 얻는 것이 유儒라고 설명하고 있다. '어짊[賢]'은 현행자賢行者의 현賢이므로 현덕賢德으로 국민을 인도하는 것이요 도道는 도예인道藝人의 도道이므로 도예道藝를 가지고 국민을 인도하는 것으로 구별하고[37] 있다. 그리고 유자儒者는 일정한 복장[儒服]을 입었으며 넓은 띠에 긴 소매의 모습이 특징이었다고 한다. 그러던 것이 공자 시대에 이르러 매우 중요시하게 되기는 하였으나 스스로 유가儒家라 자칭하지는 않았다. 맹자 시대에 와서는 양상이 달라진다. 맹자 당시에 묵적墨翟의 학문을 하는 이자夷子와 도덕의론道德議論이 빈번하였다. 이자가 맹자를 공격 비난할 때는 언제나 "유가의 도"는 "유자의 도"라고 특칭하여 맹자를 유가 또는 유자라고 지칭하고 있다. 맹자 또는 당시의 사람들은 모두 묵적의 학설을 따르거나 아니면 양주楊朱의 주장을 따르면 양자 사이를 방황하고 있는 실정이지만 만일에 유도儒道로 돌아온다면 인수해서 가르쳐주겠노라고 말한 점으로 미루어 유자로 자임했음을 알 수 있다. 맹자 이후의 순자荀子는 유자의 공효功效를 다음과 같이 높이고 있다.

유자는 옛 성왕聖王을 벗삼고 예의를 존중하며 남의 신하 또는 아들이 된 이들을 가르쳐 언행을 조심하게 하고 존경을 다하게 한다. 만일 임금이 이런 사람을 임용한다면 조정朝廷이 세력을 얻어 모든 일이 원만하게 잘되어 나갈 것이다. 임용이 안 되는 경우에는 물러가서 일반 민중과 함께 정직한 마음으로 반드시 윗사람의 뜻에 순종한다. 곤궁한 때를 만나서 기한에 떨어도 결코 사악한 방법으로 이익을 탐내는 행위

---

37 諸橋轍次, 『儒教講話』, 目黑書店, 1944, 4쪽.

를 하지 않는다. 털끝만 한 땅을 소유함이 없어도 국가를 유지하기 위한 대의大義에 밝으며 불러서 아무도 대답조차 해줄 사람이 없는데도 만물을 이루고 백성을 양육하고 도리에 통달하고 있다. 유자야말로 윗자리에 앉으면 왕후王侯감이요, 아랫자리에 들면 충신忠臣이요, 임금의 보배이다. 비록 누추한 집에 산다 해도 모든 사람들이 존경해 마지않으니 이것은 그 몸에 유가儒家의 높은 도道가 갖추어져 있기 때문이다.[38]

이것을 보면 맹자와 더불어 순자는 유가의 도를 매우 높였고 유자의 인격을 존중하였음을 엿볼 수 있다.

공자의 삼천 제자와 그 이후의 공문학파孔門學派들의 유도儒道를 숭상하는 모습에서 타他와 구별하여 세인들은 유가라고 부르기에 이르렀다.

이렇게 해서 공자와 유儒는 처음에는 관계가 없었던 것이 제자와 위의 학파들을 통하여 관계를 맺게 되었다. 결코 공자 자신이 스스로 유자라고 자칭한 일이 없으나 후세의 사람들이 공자의 문하생들을 유가라고 부르게 되었고 또 문하의 학파들이 유儒로 자처할 필요성이 생기게 되었다. 구류백가九流百家들의 제설諸說이 점점 강하게 주장되기에 이르러 그들과 서로 대치하게 된 때문이다. 당시에는 구류九流가 파생한 가운데서도 양주나 묵적의 설이 더욱 성하였다. 그들은 스스로를 '묵가墨家'니 '양가楊家'니 하여 기치를 높여 도전해왔다. 여기에 응해서 공자의 문하와 그 학류學流를 이은 사람들이 유가로 기치를 올려 호도護道하였다. 이렇게 해서 종전의 유儒에 공자의 인격과 학문이 가하여져서 유가와 유도는 확립되었다.

우리말로는 '유儒'를 선비 유라고 한다. 유자儒字는 인人과 수需를

---

38 『荀子』「儒效篇第八」.

합合한 자이다. '수'는 필요하다는 뜻이니 '인'과 '수'는 필요한 사람이라는 말로 풀이된다. 선비는 그 시대에 필요한 사람이란 말이다. 시대는 변하므로 어떻게 변해가든지 그 시대에 충족한 사람을 말한다고 할 것이다. 그러나 여기 주의해야 할 일은 '변한다'는 것은 '변하지 않음'과의 관련에서의 '변함'이라는 이해이다. 고금의 단절에서가 아니라 고금을 이어주는 변함이요, 또 여기서 적응과 충족이 가능한 사람을 유儒, 또는 선비라고 해야 할 것이다.

b. 학

학學이란 무엇인가?

서양에서는 철학哲學이 '애지愛知'라는 뜻으로 사용되었고, 학學이라고 할 때는 일반적으로 지식의 체계를 의미해왔다. 실험에 의해서 얻은 단편적인 지식은 '학'이라고 하지 않는다. '학'을 형성하는 데 필요한 중요한 소재이기도 하지만 개개의 단편이 일련의 관계를 갖고 필연성을 지니는 전체적인 조직 체계를 갖추었을 때 비로소 '학'이라고 하는 것이 통례이다. 그러나 유학儒學이라고 할 때의 '학'은 이와는 구별된다.『논어』에

> 배우고 때때로 익히면 또한 즐겁지 않은가[學而時習之不亦說乎]「學而」

라고 한 학學의 주석註釋에 따르면

> '학'이란 본받는다는 말이다. 인성이 다 선한 것이고, 깨달음에는 선후先後가 있으니 나중 깨닫는 사람은 먼저 깨달은 사람의 소행所行을 반드시 본받아야만 선善을 밝혀서 그 본래로 돌아갈 수가 있다.

라고 하였다. 이 말은 '학'이 단순히 개념적이고 인식론적인 지식 체계만을 뜻하는 것뿐만이 아니라 구체적이고 실천론적인 행위 체계까지를 포함하고 있음을 시사해주는 것이다. 공자는 침식을 잃을 정도로 생각만 하기보다는 배우는[學] 것이 낫다[39]고 하였고 또 안자顔子의 호학好學[40]을 칭찬하기도 하였다. 또 '학'은 교敎의 뜻도 아울러 가진다.『서경』에 의하면 가르치는 일의 절반은 배우는 일이라고[41] 한 것을 보면 '교敎'와 '학學'은 밀접한 관계임을 엿볼 수 있다. 이제 유학이 지니는 의의가 무엇인가를 다음에 살펴본다.

B. 유학의 의미

앞에서 살펴본 바와 같이 유儒는 학행學行 이외에 인간人間, 인격人格의 요소를 지니고 있으며 학學은 학문적인 개념 외에 실천적인 요소를 같이 지니고 있는 데서 서양의 학문과 비교 구별된다. 그 정의를 내리는 데 난점難點도 여기에 있는 것이다.『사기』오종세가五宗世家에는 "하간헌河間獻 왕덕王德이 유학儒學을 좋아했다"고 하여 유학이란 말이 보인다. 대체로 중국 사상의 대종大宗인 공자의 학설을 조술祖述하는 교학敎學으로서 인仁의 제덕諸德을 일관하고 수신제가修身齊家로부터 치국평천하治國平天下를 이룩함을 본지本旨로 하는 것으로 이해하고 있는 것이 통념通念으로 되어 있다. 공자가 "나의 도는 하나로 관통되었느니라"[42]라고 한 것은 그의 학문의 핵심처核心處라고 할 것이다. 그 일이관지一以貫之라고 하는 것은 결코 많이 듣

39 『論語』「衛靈公」. 吾嘗終日不食 終夜不寢 以思無益 不如學也.

40 위와 같음,「雍也」. 哀公問弟子 孰爲好學 孔子對曰有顔回者好學 不遷怒 不貳過 不幸短命死矣.

41 위와 같음,「說命」. 惟斆學半 念終始典于學 厥德修罔覺.

42 위와 같음,「里仁」. 吾道一以貫之.

고 많이 보는 일[43]만 가지고 되는 것이 아니라 공자는 학學과 사思의 병행으로서[44] 얻어지는 것으로 생각한다. 공자는 그 도를 구하는 일을 생명보다도 소중하게 생각[45]하였다. 유학이 공자를 떠나서 생각할 수 없다면 또한 도를 떠나서도 생각할 수 없는 것이다. 유도儒道라고 할 때 바로 이러한 '도'를 강조하는 의미로 표현된 것이다. 유학은 바로 이 도를 습득하는 학문적인 뜻이 있는 것이며 유교라고 할 때는 이 도를 교화하는 의미를 가지며 유술儒術이라고 할 때는 이 도道를 실현하는 방법적인 뜻을 가지는 것이다. 그러므로 유학이라고 할 때 일관지도一貫之道에서 그 범위가 매우 넓음을 이해할 수 있다. 문화 전반에 걸쳐서 관련되므로 사회 · 윤리 · 철학 · 종교 · 예술의 측면을 소홀히 할 수 없다. 도가 구현되어야 할 곳이 사회이기에 정치와 경제문제가 도를 떠날 수 없으며, 윤리문제는 곧 도의 당위규범이며 철학은 즉 도의 근원을 탐구하는 임무를 지니게 되고 이 근원을 밝힐 뿐만 아니라 자아의 본원을 실천하는 뜻에서 조상祖上에 대한 보본報本과 성현聖賢에 대한 희원希願은 존모尊慕와 성경誠敬으로 유학의 중요한 부분을 차지한다. 따라서 이 도를 가르쳐 국가의 구원久遠한 발전을 도모함은 교육의 소재라고 하겠다. 공자의 "도에 뜻을 두어 덕德에 근거하고 인仁을 어기지 않으며 예악禮樂의 문文과 사어서수射御書數의 법法을 아름답게 한다"[46]는 생활 태도는 과연 "마음에 하고자 함에 따라서 행하여도 법도를 넘지 않는다"[47]는 자유의

43 위와 같음,「述而」. 多聞擇其善者而從之 多見而識之知之次也.

44 위와 같음,「爲政」. 學而不思則罔 思而不學則殆.

45 위와 같음,「里仁」. 朝聞道 夕死可矣.

46 위와 같음,「述而」. 志於道 據於德 依於仁 遊於藝.

47 위와 같음,「爲政」. 吾十有五而志于學 三十而立 四十而不惑 五十而知天命 六十而耳順 七十而從心所欲 不踰矩.

심경과 더불어 예술의 세계를 유영遊泳하는 모습이라 할 것이다.

이러한 도란 유학에만 있는 것이 아니다. 노자老子도 장자莊子도 도를 말하고 불교佛敎에서도 도를 말하지 않는 것이 아니지만 자연에 몰입되거나 인심에 취해버림이 없이 천도天道에 입각하여 인도人道를 지키는 데 유학의 특징이 있으며, 나아가서 자연과학과 사회과학의 발달이 오늘의 세계인에 인간 상실이라는 병폐를 가져왔다면 자연과 사회를 일관하는 인도人道를 확립하는 데 유자의 의의가 있다고 할 것이다.

2. 유학의 변천

A. 중국 유학의 변천

유학사상은 삼대를 지나면서 형성되어갔고 공자에 이르러서 집대성되었다. 공자의 서거 후에는 여덟 파派로 갈라졌음을 한비자韓非子는 말하고 있다. 즉

> 공자가 간 뒤로부터 자장子張 · 자사子思 · 안씨顔氏 · 칠조씨漆雕氏 · 중량씨仲良氏 · 손씨孫氏 · 악정씨樂正氏의 학學들이 있었다(顯學).

라고 한 것을 보면 공문孔門이 여덟 파로 파생되어갔음을 엿볼 수 있다.『사기』 유림전儒林傳에는

> 공자가 돌아가신 뒤 70제자의 무리가 제후諸侯로 흩어져서 크게는 사부師傅와 경상卿相이 되고 적게는 사대부士大夫를 우교友敎하였고 어떤 이는 숨어서 세상에 나타나지 않았다. 그러므로 자로子路는 위衛나라에 있었고 자장子張은 진陳나라에 있었고 담대자우澹臺子羽는 초楚나라에 있었고 자하子夏는 서하西河에 있었고 자공子貢은 제齊나라

에서 일생을 마쳤다. 전자방田子方과 은간목段間木 같은 사람은 모두 자하의 문하에서 글을 배워 왕자王者의 스승이 되었다.

라고 설명되어 있어 공자사상이 전 지역으로 전파되어갔음을 알리고 있다. 그 가운데서도 가장 공자학설의 핵심을 파악한 제자는 안자顔子와 증자曾子로서 공문孔門의 적전嫡傳을 얻었다. 공자의 손자인 자사子思는 증자에게서 수학受學하였으며, 맹자는 자사의 계통을 계승하여, 안자 · 증자 · 자사 · 맹자는 공문의 정계를 이어갔다.

진대秦代에는 분서갱유焚書坑儒의 수난을 겪었고 한대漢代 혜제惠帝 때에 이르러 협서율挾書律의 해제와 더불어 유학이 소생하게 되었으며, 동중서(董仲舒: BC 179~104)의 건의로 인해서 정책상으로 약간의 반영을 보았다. 그러나 한나라 시대 전체로 보아서 신비사상神秘思想에 압도되었고 후한後漢 말기에 불교의 전래와 더불어 그 참다운 진흥을 보지 못하였으며 훈고주석訓詁註釋을 주로 하는 유학을 벗어나지 못하였다. 더욱이 삼국三國, 위진魏晋, 수대隋代에 와서는 불교의 교세가 점점 강해져가는 가운데 문사文詞나 청담淸談 속에 유학은 진작되지 못하였다. 당대唐代에 이르러서는 불교는 더욱 성하여 중국화되어갔고, 숭불崇佛하는 위정爲政은 유학을 한층 더 쇠미衰微하게 만들었다. 한퇴지(韓退之: 768~824)와 같은 문장가가 나와서 배불론排佛論을 지어 유학의 재흥을 시도하기는 하였으나, 대세는 도가와 불가사상에 기울어지고 한당대漢唐代는 훈고주석으로 호도護道하는 시기를 면할 수가 없었다.

송대宋代는 유학을 부흥하는 획기적인 시기이다. 육조六朝시대 이래로 노불老佛이 성행하여 침체되었던 유학은 송나라 태종太宗의 성학聖學 권장으로부터 발흥勃興되기 시작하였다. 유학자들이 크게 일어나 한당의 훈고풍訓詁風을 일신하고 도학道學을 고창高唱하게 되었다. 「중용장구서中庸章句序」에 이른바 "자사자子思子가 도학의 그

전함을 잃을까 두려워하는" 심정으로 모든 유학자들이 도학 연구에 몰두하였다.『송사宋史』「도학전道學傳」에는 다음과 같은 말이 있다.

> 도학의 이름은 옛날에는 없었다. 삼대三代가 융성隆盛할 때 천자天子는 이것으로서 정교政敎를 삼고 대신大臣 · 백관百官 · 유사有司는 이것으로서 직업을 삼고 당黨 · 상庠 · 술術 · 서序 · 사師 · 제弟 · 자子는 이것으로써 강습講習을 삼고 사방의 백성은 날마다 이 도道를 쓰면서도 알지 못하였다. 그러므로 천지 간에 가득한 만유중萬有中 일민一民이나 일물一物이라도 이 도의 덕택을 힘입어서 그 성性을 완수하지 아니하는 것이 없었다. 이때에 있어서 도학의 이름이 어찌 성립되었겠는가?

옛날에는 그 필요를 느끼지 않았으므로 그 이름이 성립될 수 없었으나 타학他學의 자극으로 말미암아 이제 이름을 붙일 수밖에 없게 되었다는 취지인 것이다.

진화秦火로 인하여 맹자 이후 사실상 끊어졌던 도통道統이 송대宋代의 주돈이(周敦頤: 1017~1073)에 이르러「태극도설太極圖說」과『통서通書』로 깊이 연구되었고, 장재(張載: 1020~1077)는「서명西銘」을 지어 리일분수理一分殊를 밝혔다. 정자程子는 주자(周子: 주돈이)에게 사사하였고「대학大學」과「중용中庸」두 편을『예기』로부터 표장表章하여『논어』,『맹자』와 함께 사서四書로 병행케 해서, 위로는 제왕전심帝王傳心의 속으로부터 아래로는 초학입덕初學入德의 문에 이르기까지 융회관통融會貫通하여 남김이 없었다. 주희(朱熹: 1130~1200)는 정자의 계통을 이어 격물치지格物致知로 우선[先]을 삼고 명덕성신明德誠身으로 요체[要]를 삼았다. 이렇게 해서 송대의 유학은 도학으로 발전되어갔다.

원대元代는 중국을 영유領有한 지 불과 100년간이어서 대체로 정주학程朱學의 범위를 넘어서지 못하였다. 송말宋末의 육학(陸學: 육상산의 학문)이 간혹 있기는 하였지만 미미해서 부진한 상태였다. 송나라의 도학은 원나라를 거쳐서 명대明代에 이르러서 그 학풍이 심학心學으로 변한다. 그 대표자가 양명陽明 왕수인(王守仁: 1472~1529)이다. 정주程朱의 성즉리설性卽理說보다 왕수인의 심즉리설心卽理說이 성행하게 된다. 학계의 동향은 대개 정주학파程朱學派, 육왕학파陸王學派 또는 절충학파折衷學派의 세 경향을 보였다. 양명학陽明學은 명말明末에 더욱 성하였으나 허소虛疎의 병통이 날로 심하여 갔고 성명性命의 깊은 뜻은 공담空談의 폐단을 초래했다. 청초淸初의 여러 학자들은 이 폐단을 교정하는 데 노력하였다. 고염무(顧炎武: 1613~1682)는 공담의 잘못을 물리치고 경세실용經世實用의 도道를 수창首倡하고 왕부지(王夫之: 1619~1692), 황종희(黃宗羲: 1610~1695)는 경술의리經術義理에 침잠沈潛하면서 치용致用의 방법을 구하여 부허浮虛의 관습[習]을 개신改新하고 마침내 청대학술淸代學術의 징실徵實한 기초를 세웠다. 금今에 징거徵據하여 사실事實을 당시에 구하고 고古에 징거하여 실증實證을 전적典籍에 구함이 '징실'이라고 하여 여기서 고증학考證學의 학풍이 일어나게 되었다. 이 고증학파考證學派에는 염약거(閻若璩: 1636~1704)와 모기령(毛奇齡: 1623~1713)과 같은 대가들이 있다. 이 밖에 정주학파 · 육왕학파 · 절충학파 · 공양학公羊學 · 실학파實學派들이 있었으나 대체로 고증학파와 더불어 실학파는 청대의 유학을 특정지워 주었다.

B. 한국 유교의 변천

유학이 한국으로 전해온 것은 문헌 부족으로 분명히 밝히기는 어렵다. 건국 이후 최초로 받아들인 것이 유학이다. 여기 주의 깊이 생각해야 할 것은 이것을 수용하는 한민적韓民的 기질이다.

중국 사람들은 한국 사람을 이夷라고[48] 불러 동이東夷 즉 동방지인東方之人을 뜻하였다. 그리고 군자의 나라요 인仁한 사람들이라고 평하고[49] 있을 뿐만 아니라 『산해경山海經』에서도 군자국君子國[50]이라고 하였다. 『후한서後漢書』에 의하면 성품이 어질며 유순하고 도道를 아는[51] 우수한 민족으로 찬양하고 있다. 더욱이 공자가 도道의 행하여지지 않음을 한탄하여 구이九夷에 살고자 하기도 하고, 뗴를 타고 바다를 건너고 싶다[52]고 말한 바를 보면, 동이를 군자의 나라로 생각하였음을 뒷받침해주고 있다. 맹자도 순舜은 동이의 사람이다라고 한 것(「離婁下」)을 볼 때 중국 사람들이 생각하는 동방의 사람은 선량하고 예의禮儀 있는 백성들로 이해해왔음이 사실이다. 이렇게 생각할 때 유학이 우리나라로 들어올 때는 그 민족성이 비추어 거부 반응 없이 순조롭게 수입되었으리라고 추측된다. 언제 들어왔느냐 하는 것은 분명하지 않으나 고구려 소수림왕小獸林王 2년에 태학太學을 세워서 자제子弟를 교육하였다[53]고 하는 사실史實로 비추어 서기 372년보다는 훨씬 그 이전에 수입되었음을 시사해주고 있다. 신라는 선덕여왕善德女王 9년(AD 640)에 당태종唐太宗이 경학經學을 장려하기 위하여 국학國學을 크게 증축하고 해내외海內外의 학생을 모집할 때 유학생留學生을 보내기는 했으나 국학 설립은 비교적 늦어서 신문왕神文王 2년(AD 682)에야 실시되었다. 백제는 학교 설립 연대를 알 수 없으나 고이왕古爾王 52년(AD 285)에 왕인王仁이 『논어』와

48 『說文』 夷東方之人也 从大从弓.

49 위와 같음, 〈注〉. 夷唯東夷从大 大人也 夷俗仁仁者壽 有君子不死之國.

50 『山海經』 卷14 「大荒東經」. 有君子之國. 【참고】『山海經』 卷6, 「海外南經」 不死民在其東.

51 『後漢書』 卷115 「東夷傳」. 仁而好生 天性柔順 易以道御 有君子不死之國焉.

52 『論語』 「公冶長」. 孔子曰道不行 乘桴 浮于海; 『論語』, 「子罕」 子欲居九夷.

53 『三國史記』 「高句麗本紀」 〈小獸林王 2年條〉.

『천자문千字文』을 일본에 전한 사실史實을 볼 때 신라나 고구려보다 앞서서 실시되었으리라고 짐작된다. 고려 말까지의 대표적인 학자로 설총薛聰 · 최치원崔致遠 · 안유安裕 · 이제현李齊賢 · 이색李穡 · 정몽주鄭夢周 · 권근權近 · 정도전鄭道傳 등을 예거할 수 있으나 그 가운데 설총 · 최치원 · 안유 · 이제현 · 이색 · 정몽주는 대성전大成殿에 배향받은 분들이다. 대체로 이 무렵의 학풍은 인지人智가 초매草昧하고 한문학漢文學의 이해가 불충분하며 유학사상 자체의 발달이 미숙하여 경전經傳을 잘 이해하고 『사기』를 잘 알아서 정치상에 운용할 수 있는 관리가 되는 일과 시부詩賦와 문장文章을 잘하는 문인이 되는 일에 있었다. 따라서 이 시기의 학풍은 한당풍漢唐風이었다고 할 것이다. 그러나 홍익인간弘益人間의 건국이념은 민족적 특징에서 우러난 것이라고 생각할 때 한당학풍이라고 할지라도 민족적 방향으로의 기반을 잃지 않으면서 주자학朱子學을 받아들이게 되었고 그러한 의미에서 여말麗末의 정몽주의 학행은 주의 깊게 보아야 할 것이다.

조선 초기는 주자학을 익혀가면서 성리학性理學 전성기로 옮겨가는 과도기로 볼 수 있다. 이 시기의 학자들은 김종직金宗直을 위시해서 김굉필金宏弼 · 정여창鄭汝昌 · 성삼문成三問 · 조광조趙光祖 · 김안국金安國 등을 들 수 있다. 고려조로부터 조선조로 바뀌는 정치변동 속에서 충효忠孝와 의리義理가 문제 안 될 수 없고 김종직의 사초史草나 사육신死六臣과 같은 사옥士獄의 일은 한국 유학의 발전도정이 사상史上에 반영된 것이다. 조광조가 급진파急進派로 지목되어 보수파保守派로부터 제거당하는 비극은 유학의 사정史程으로 볼 때 도학의 시련기요, 앞으로의 발전을 잉태하는 시기로 여겨진다. 사초나 사육신 문제 속에는 인간으로서의 의리와 충효가 얽혀 있고, 조광조의 기묘사화己卯士禍 이면에는 도학의 지치至治로 태평성대太平聖代를 이룩하고자 하는 격군格君의 강인한 인간 의지가 스며 있음을 간과할 수 없다. 이러한 인간관의 정치적 실현이 사화로 좌절되었을 때 학문적인 연구로 그 방향이 전환되어갔음은 사리事理의 당연한 귀추라고 할 것이다. 이렇게 해서 성리학은 중국과는 달리 한국적인 발전을 거듭하게 되었고 드디어 다음에 전성기를 초래하게 된다.

이 시기의 학자들은 서경덕徐敬德 · 이언적李彦迪 · 이황李滉 · 기대승奇大升 · 이이李珥 · 성혼成渾 등을 위시해서, 조식曺植 · 이항李恒 · 김인후金麟厚 · 장현광張顯光 등을 들 수 있다. 이언적은 무극태극無極太極 문제를 논한 한국 최초의 학자요, 서경덕은 중국의 기론氣論을 도입한 사람이요, 이황은 주자학의 정통을 계승한 분으로서 호발설互發說을 주장한 학자요, 이이는 한국 성리학을 정립하여 일도설一途說을 주창한 분이다. 이 성리학 절정기絕頂期의 이론은 호발설과 일도설로 요약된다. 여기서 또한 주의 깊게 보아야 할 것은 중국의 성리학과는 유달리 인간의 성정性情 문제가 중심이었다는 점이다. 인간을 문제 삼는다고 하더라도 심리학적으로만 본다든가 종교적으로만 이해한다는 식이 아니라 천인天人 관계에서 인간을 살피고 철학적으로 이론을 전개해간다는 점이 특징이라고 하겠다.

다음에 변천을 다시 나누어본다면 예禮를 중심 문제로 삼았던 시기와 인물성동이人物性同異 문제가 중심이었던 시기, 그리고 실학實學을 중심문제로 삼았던 시기, 끝으로 서교西敎 전래 이후로 구분할 수 있다. 이기론理氣論의 추상성을 탈피해서 구체성으로의 전향이 예학중심기禮學中心期라고 할 수 있고, 주리파主理派 · 주기파主氣派로의 분기점에서 인물성동이론이 문제되었으며, 논리 추구의 비사회성非社會性에서 일단 실학이 문제되었고, 서세동점西勢東漸으로 인한 주권수호主權守護의 정치적 우려와 주체호도主體護道의 철학적 의도는 척사위정斥邪衛正의 방향으로 이끌어갔다.

예禮나 인물人物이나, 실實이나 주체문제도 한결같이 인간을 떠나서 문제될 수 없다. 단군의 홍익인간을 건국이념으로 제시한 이래로 정치적으로나 학문적으로나 인간문제가 핵심으로 다루어졌다는 것은 한국의 문화사상 간과될 수 없는 일이라고 하겠다. 다시 민족과 인류의 장래를 내다볼 때 현대의 제 문제 해결을 자뢰할 만한 역사라고 할 것이다.

제2장 유학의 윤리사상

Ⅰ. 서론: 선의 문제

1. 성과 선악

A. 성의 의의

넓은 의미에서는 성性이라고 할 때 물성物性과 인성人性을 다 포함한다. 그러나 성론性論이라고 하면 일반적으로 인성론人性論을 말한다. 유학儒學이 『대학大學』에서 명시되어 있듯이 지선至善의 세계를 확립하는 것이 궁극의 목표라면 이것의 달성을 위해서는 자연 대타對他 · 대자對自 관계가 전제된다. 즉 '대자'는 자아自我에 관한 것이요, '대타'는 사회社會에 관한 것이다. 자아에 관한 것은 바로 개인윤리를 뜻하는 말이며, 사회에 관한 것은 사회윤리를 가리킨다. 개인윤리나 사회윤리는 보다 앞서서 본질적인 성性과 선善에 대한 해명이 선행되어야 할 것이다.

인성을 논할 때 대개 천부적인 것으로 이해한다.[1] 하늘로부터 성품을 부여받았다는 것이다. 그렇다고 하더라도 출생 이전에는 '성'을 말할 수 없으므로 '성'은 형체形體를 가지고 태어난 뒤에 할 수 있

---

1 『中庸』〈第1章〉. 天命之謂性 率性之謂道 修道之謂教.

는 말이다. 정명도程明道가 정이상靜以上은 설명이 불가능하다고 한 것도 까닭이 있는 것이다.[2] 그러나 출생 이전의 것을 출생 이후에야 언급할 수 있다고 하더라도 두 가지 측면에서 고려할 수 있음을 주의해야 할 것이다. 하나는 선천성先天性을 강조하는 입장이요 둘째는 후천성後天性을 강조하는 입장이다. 천부적인 '성'을 지나치게 주장하면 형체를 떠나버린 형이상학적인 리理로 바뀌어 구체성具體性을 잃을 염려가 있고, 후천적인 '성'을 지나치게 주창하면 형체로 붙들려서 형이하학적인 사물[物]로 전락되어 선천성先天性을 상실할 염려가 있다. 인성을 이해하는 데 난점이 여기에 있다.

인간을 학적學的인 이론으로 파악한다는 것은 무리한 일이다. 마찬가지로 인성을 규범적인 이론으로 체계화한다는 것도 어려운 일이다. 앞서 말한 바와 같이 선천성을 잃은 후천성을 고취하거나 후천성을 무시한 선천성을 강조함은 다 같이 일편一偏에 지나지 않는 것이다. 공자는 "性相近也 習相遠也[성은 서로 비슷하나 익힘에 의하여 서로 멀어지게 된다]"[3]라고 하였다. 천부적인 선천성과 후천적인 기질성氣質性을 겸해 가졌다는 말이니 선천적인 인성으로 말하면 사람사람이 비슷하고 후천적인 습성으로 말하면 피차의 거리가 멀다는 뜻이다. 본원本源은 서로 가까운데 후습後習으로 말하면 피차의 거리가 멀다는 뜻이다. 본원은 서로 가까운데 후습으로 개인차가 심해진다는 말이다.

정자程子가 성性은 곧 리理라[4]고 한 데 대해서 왕양명(王陽明: 1472~1529)은 심心이 바로 리理라고 하였다. 여기 '성'과 '심'을 구분할 필요가 있다. '심'을 '리'와 '기氣'를 겸한 것으로 이해하는 전통

2 『二程全書』 卷1 「端伯傳師說」 13面. 生之謂性 人生而靜以上不容說.

3 『論語』「陽貨」. 性相近也 習相遠也.

4 『中庸章句』「第1章」〈朱子註〉. 性卽理.

적 입장에서는 '성'은 '기'를 가려낸 '리'로 보는 것이 '성즉리性則理'라는 것이니, 따라서 '심즉리心則理'라고 하면 '기'의 잠입으로 천성의 순리純理를 지키기 어렵다는 것이다. 우주와 인생을 하나로 파악하는 '심칙리'에서 보면 '성칙리'의 성론性論은 추상抽象에 기울어진다는 것이다. 학문적으로 주장을 세우는 데 각각 입장의 특징이 있기는 하지만 그 입장을 넘어서서도 타당성이 있어야 하며 또 필요한 일이다. 같은 공자의 학설을 기반으로 해서 각각 다른 이론이 나올 수 있다는 데 그 외연外延의 넓음을 알게 된다. 아버지[父]와 아들[子]은 혈통이 같다는 동질성이 있는 반면에 엄연히 부격父格과 자격子格에서는 차이가 있는 것처럼 하늘[天]과 사람[人]이 생성상生成上으로는 과연 동질적이라고 하더라도 천격天格과 인격人格이 같을 수 없음을 간과할 수 없다.

문장이란 주부主部와 술부述部로 구성된다. 형이상학이 주부를 탐구하는 학문이라면 형이하학은 술부를 연구하는 자연사회과학이라고 할 수 있다. 주부만을 탐색하여 인간성을 잃어버리는 일이 있거나 술부만의 궁구로 본원처를 잃어버리는 일이 있다면 이것은 다 같이 바람직한 일이 아니다. 여기에 공자가 말한 성습원근性習遠近이 인간에 있어서 분리됨이 없이 하나로 연속되어 있음을 갈파한 점의 진가를 보여준다. 따라서 인간 이해는 주부만의 형이상학 공부나 술부만의 자연사회과학 공부를 지양止揚해서 문장공부文章工夫 또는 문장감상文章鑑賞에서 얻어지는 것이라고 하겠다. 인성문제가 인간 이해를 그 저변으로 할 때 올바르게 파악된다면 유학은 더욱 중요시될 것이다.

양자운揚子雲이 "하늘과 땅과 사람에 통한 것을 유儒라고 하고 하늘과 땅에 통하고 사람에 통하지 못한 이를 기伎라고 한다"[5]고 한 것

5 揚子雲,『法言』. 通天地人曰儒通天地而不通人曰伎.

은 인간의 유학적 이해를 높여준 것이라고 하겠다. 모든 가치의 인식론적 중심이 인성으로 구심될 때 흔들리고 있는 가치관의 정립을 기대할 수 있고, 분열되어 있는 세계사조의 정류整流도 바랄 수 있어서 세계사의 방향 설정에 기여된다고 할 것이다.

B. 성과 선악

인성을 모든 가치의 인식론적 구심점이라고 한다면 선善은 모든 가치의 실천론적 구심점이라고 할 것이다. 백지 위에 백색을 그리기 어려운 것처럼 소선素善 위에 상대선相對善을 비교하는 일은 쉬운 일이 아니다. 여기 인간의 본성 이해가 어려운 것과 같이 인성의 선함을 논술하는 데 난점이 있는 것이다. 맹자는 인성을 선하다[6]고 하였다. 그 선함을 말할 때 반드시 요임금과 순임금[堯舜]을 함께 칭하였다. '성'의 막연한 일반성을 특정 인물을 들어 입증하는 태도이다. 말하자면 요임금과 순임금은 성선性善을 실현한 인물이라는 것이다.

인성의 선함을 맹자는 대개 두 가지의 방향에서 논증하고 있다. 연역적으로는『시경』·『서경』과 자사子思의 설을 계승하고 있다. 하늘은 만민을 낳아주었고 만물에는 법칙이 주어졌다[7]는 것은 사람과 만물이 다 같이 천부적인 것이 있다는 말이다.『서경』에는 "오직 상제上帝께서 중中을 백성들에 내려주었다"[8]고 하여 인의예지신仁義禮智信의 불편불의不偏不倚의 '중中'을 하늘이 사람에게 주었다는 것이다.『시경』과『서경』의 이러한 인간에 있어서의 선천성은 자사에 의해서『중용中庸』에 천명하는 데 이르렀다.[9] 하늘이 명해준 것이 본성이라

6 『孟子』「滕文公下」. 道性善言必稱堯舜.

7 『詩經』「大雅」. 天生蒸民 有物有則.

8 『書經』「湯誥」. 惟皇上帝降衷于下民.

9 『中庸』「第1章」. 天命之謂性 率性之謂道 修道之謂敎.

고 한 이 뜻의 배경은『시경』과『서경』의 천天, 상제上帝의 낳고[生] 내려준[降] 데 있다고 보는 것이다. 맹자는 자사의 "하늘이 명한 것을 '성'이라고 한다"는 생각을 이어서 '성'의 선천적인 것을 확신한 것으로 보인다.『주역周易』에는

> 한 번은 음陰하고 한 번은 양陽한다. 이것을 천지자연天地自然의 도道라고 한다. 이것을 계승한 것이 선이요, 이것을 형성한 것이 본성이다.[10]

라고 하여 본성의 선함을 말하였다. 본성의 선천적인 것을『시경』·『서경』·『중용』에서 그리고 선함을『주역』에서 받아들인 것으로 보인다. 이처럼 사람의 본성이 선천적이며 모두 선하다고 할 때 성인과 범인[聖凡]의 구별 없이 만인이 모두 선함이라고 할 수 있다. 이러한 보편성을 맹자는 사람의 감각 속에서도 추출한다.

> 미각에 보편성이 있어 이것을 먼저 파악한 사람이 역아易牙며(……) 청각에 보편성이 있어 이것을 먼저 터득한 사람이 사광師曠이며(……) 시각에도 보편성이 있어 자도子都를 미인으로 보는 까닭도 여기에 있는 것이니(……) 마음에만 오직 보편성이 없겠는가?[11]

마음과 감각에 다 같이 보편성을 인정한다는 말이다. 감각의 보편성을 먼저 체득한 사람이 역아며 사광이라는 것이며 마찬가지로 마음의 보편성을 먼저 터득한 사람이 성인이라고 한다.

이렇듯이 맹자는 사람의 본성이 선한 것으로 이해하였다. 성선이

10『周易』「繫辭下傳」〈第5章〉. 一陰一陽之謂道繼之者善也 成之者性也.

11『孟子』「告子上」. 口之於味有同耆也 (……) 至於心獨無所同然乎.

라고 할 때 악惡의 원인이 무엇인가 하는 의심을 일으키게 된다. 물욕이 본심을 빠뜨리게 하고 이 물욕은 우리가 육체를 가지고 있는 때문이라는 것이다. 형색形色을 천성天性이라고 하면서도 미각이나 시각이나 청각이나 후각이나 사지四肢의 안일安佚 등은 이것을 '성'이라고 말하지 않는다고 함은 육체적인 욕망을 '악'의 원인으로 보기 때문이다. 즉 맹자에 있어서는 '성'을 정신적으로는 선, 육체적으로는 악의 원인이 될 수 있다고 보았다. 그는 성선을 '큰 것[大者]'이라고 하고 육체적 욕망을 '적은 것[小者]'이라 하여 '큰 것'을 먼저 확립하여 '적은 것'을 통제할 것을 역설하고 있다.

한편 인성이 악하다고 순자荀子는 주장한다. 배워서 되는 것이 아니며 일삼아서 되는 것이 아닌, 나면서 저절로 그러하다는 것이다. 춘추전국春秋戰國 말기에 극도로 문란하여 윤리강상이 무너진 사회인들의 모습에서 이익[利]을 좋아하고 쟁탈爭奪을 일삼으며 질오잔적疾惡殘賊에 기울어지는 악상惡相을 보아 성악설性惡說을 비로소 제창하기에 이르렀다. 주리면 부르고자 하고 추우면 더웁고자 하고 피로하면 편안하고자 하는 이 경향성을 방치할 때 예의禮義나 문리文理가 망하게 된다. 그래서 성왕聖王의 왕도정치王道政治와 성인聖人의 예의교육禮義教育이 필요하게 된다는 것이다.

이렇게 인성을 맹자는 선으로 보았고 순자는 악으로 파악하였다. 인성의 선천성을 지적한 것은 양자가 공통적이라고 하겠으나 맹자는 정신적인 측면에서 선의 선천성을 순자는 육체적인 측면에서 악의 천부성을 제창한 것은 양인의 착면점의 차이라고 하겠다.

순자에 의하면 사법師法이나 예의禮義를 매우 강조한다. 사법이나 예의가 성인聖人을 기다려서 이루어진다고 할 때 본래 악한 것이 어디에 성인이 될 수 있는 가능 근거가 있는가 하는 것이 의심스러워진다. 즉 성인이나 범인의 구별 없이 모두 성악性惡이라고 할 때 성인이 어떻게 나올 수 있으며 혹 준법순례遵法順禮를 말한다고 하더라도 최초의 예법禮法을 지은 이 또한 사람이라고 할 때 그 사람도 성악性惡이 아닐 수 없어서 예법생기禮法生起의 원초점이 흔들리게 되는 모순을 면할 수 없게 된다.

본래의 방향을 따르는 것이 악이라고 할 수는 없다. 본래의 방향에는 두 가지가 있을 수 없는 의미에서는 선악 이전이라고 해야 옳을 일이나 당위적인 의미에서 악이라고 해서는 안 될 것이다. 성과 선의 본지가 부정되기 때문이다. 인간의 삶은 성스러운 것이며 본성은 이것을 긍정하는 방향에서 선한 것이며 이것을 실현할 수 있는 가능성도 또한 여기에 있다고 해야 할 것이다.

2. 선과 성정

A. 선의 의의

'선善'자는 '착할 선'이라고 하여 인심人心의 착한 것을 뜻한다. 원래 착한 동물인 '양羊'과 '구口'를 모아서 '선善' 자가 된 것이다. 아름다운 사회는 사람들의 '선'을 기본단위로 해서 형성된다. '성性'이 철학 또는 본질적인 표현이라면 '선'은 윤리 또는 기질적氣質的인 표현이라고 할 수 있다. 최고가치를 의미한다. 사서四書에서 『대학大學』의 삼강령三綱領 중의 제삼강령인 '지어지선止於至善'은 이 최고가치를 사회적으로 실현함을 의미한다.

과연 무엇을 '선'이라고 하는가? 맹자는 "하고자 할 만한 것[可欲]이 '선'이라"[12]고 하였다. '가욕可欲'이란 '하고자 해야 할 것'이라고도 해석이 가능하다. 사람의 '하고자 함'이란 선도 악도 어느 것도 다 가능하나 바람직한 방향에서 '할 만한 것' 즉 '하고자 할 만한 것'이 선의 진의라고 하겠다. 그렇지 않을 때 '하고자 함'이란 모두 선으로

12 『孟子』「盡心下」. 可欲之謂善.

착각되기 쉽다. 즉 맹자의 본의는 '순수의욕'을 뜻하는 것이다. 죽기를 싫어하고 살기를 원하는 '하고자 함'이란 조건 없는 순수의욕이다. 그러므로 이 호생오사好生惡死는 사람의 상정常情인 것이다. 살고자 하는 마음은 그대로 본성인 것이요 선한 것이다. '성性'자는 '생生'과 '심心'의 합자合字로 보아 그 뜻을 잘 나타내고 있다. 욕심欲心이란 선악 어느 쪽으로도 결과될 수 있느니만큼 원생願生의 본래 방향으로 순수하게 욕구되어야 하며 또 그러한 욕망이 선이라는 것이다. 맹자가 성선性善을 말하되 공허空虛한 것으로가 아니라 반드시 요임금과 순임금을 함께 일컬었을[13] 뿐만 아니라, 요임금과 순임금은 본성대로 살고 또 정치를 실현했고 탕왕湯王·무왕武王은 도道를 행하는 데 노력[14]하였다고 한다. 자사의 말과 같이 하늘이 품부稟賦해준 것이 '본성'으로서, 요임금과 순임금은 이 본성대로의 사회를 구현했고 맹자는 이러한 본성을 선으로 판단한 것이다. 이와 같은 선을 인식한다는 것은 매우 중요한 일이다. 삶의 거룩한 욕구欲求를 성선性善의 방향에서 평가함은 각성覺醒을 의미하는 것이요, 삶과 죽음의 분별이 뚜렷하지 못한 것은 가장 미혹迷惑된 일이다. 40세에 가서야 불혹不惑의 앎[知]을 얻었다[15]는 공자는 "살기를 좋아하고 죽기를 싫어하는 것은 사람들의 떳떳한 정[常情]인데 살고자 하면서 또 죽고자 함은 바로 이것이 미혹[惑]이라"[16]고 말하고 있다.

순자는 선을 인위人爲라[17]고 한다. 그가 주장하는 성악론性惡論의

---

13 『孟子』「滕文公下」. 道性善言必稱堯舜.

14 위와 같음, 「盡心上」 孟子曰堯舜性之也 湯武身之也 五霸假之也.

15 『論語』「爲政」. 吾十有五而志于學 三十而立 四十而不惑 五十而知天命 六十而耳順 七十而從心所欲不踰矩.

16 위와 같음, 「顔淵」 愛之欲其生 惡之欲其死 旣欲其生 又欲其死是惑也.

17 『荀子』「性惡」. 人之性惡其善者僞.

근거로 이렇게 말한다.

> 사람의 '본성[性]'에는 날 때부터 이로움[利]을 좋아하는 바가 있다. 그러므로 이것을 따르면 쟁탈爭奪이 생기고 사양辭讓이 없어진다. 날 때부터 질투하고 싫어하는 바가 있다. 그래서 이대로 가면 남을 해치는 일이 생기고 충신忠信이 없어진다. 나면서부터 이목감성耳目感性의 욕망[欲]을 따르는 바가 있어서 성색聲色을 좋아하는 바가 있다. 그래서 이대로 가면 음란淫亂이 생기고 예의禮義와 문리文理가 없어진다. 그러니 사람의 '본성'을 좇고 사람의 감정[情]을 따르면 반드시 쟁탈이 일어나 분수分數를 범하고 다스림을 어지럽혀서 포악하게 되므로 사법師法의 교화와 예의禮義의 도리를 실천한 뒤에야 사양이 나오고 문리에 맞게 되어 잘 다스려지게 될 것이다. 이것으로 본다면 사람의 본성은 악한 것이 명백하고 선은 인위에 의해서 이루어진다.

사람의 천성에는 여러 가지 정욕情欲이 있어서 이것을 따라 행동해나가면 반드시 악한 일이 일어나니 사람의 본성이 본디 악하다는 것을 알 수 있다는 말이다. 사람의 본성은 본래 악한 것이기 때문에 반드시 예의나 법도가 있어야 한다. 그 예의나 법도로 사람의 감정과 본성[情性]을 바로잡고 가꾸어서 바르게 하고 그것으로 사람의 감정과 본성을 길들여 인도하여야 비로소 선하게 된다는 논조다. 그는 그것을 다음과 같이 증명한다.

> 구부러진 나무는 반드시 삶아서 틀로 바로잡은 뒤에야 곧게 되고 무쇠는 반드시 숫돌에 갈아야 날카로워진다. 이제 사람의 본성은 악한 것이니 반드시 본받아야 할 스승의 법[師法]에 의거한 뒤에야 바로 되고 예의를 얻은 뒤에라야 다스려진다. (……) 그러므로 본성이 선한 것이라면 성왕聖王의 가르침을 저버리게 되고 예의가 무너지게 된다. 본

> 성이 악하면 성왕의 가르침이 흥하고 예의를 소중히 하게 된다. 그러므로 은괄檃栝은 굽은 나무를 위해서 생기고 승묵繩墨은 곧지 못한 것을 위해서 생긴다. 군상君上을 세우고 예의를 밝히는 것은 본성이 악한 것이기 때문이다.

악하므로 예법이 필요하게 되고 이 실천에 따르는 인위노력이 선을 가져오게 된다는 것이다.

본래 본성이 선하다는 맹자의 견해는 순수의욕이 바로 선이라는 데 있고, 성이 악하다는 순자의 견해는 위僞 즉 '인위人爲'의 결정이 선이라는 데 있다. 따라서 한편은 본성을 따르는 것이 선이 되는 데 비해서 다른 한편은 성인의 예법을 지키는 것이 선을 가져오는 방법이라는 데 차이가 있다. 예법 제작의 연원이 성인의 본성에 있는 한 본성의 선천적인 원천으로 소급될 수밖에 없고 따라서 원선元善은 성인의 예법에 앞서서 인성에서 발현됨을 이해하게 된다.

B. 선과 성정

'선'이란 인성의 순수함이요, 심정心情의 가욕可欲임을 『맹자』에서 보았다. 이제 심心과 성性과 정情에 관해서 좀 더 자세히 살펴보기로 한다. 사람은 누구나 '차마 못하는 마음'[18]을 가지고 있다. 천지의 마음은 만물을 낳아주는 데 있고 그 마음은 사람에게 품수稟受되어 '사람을 차마 못하는 마음'으로 간직된다.[19] 사람이 측은한 마음을 일으킬 수 있는 것도 이 까닭이다. 이러한 마음은 어느 일부 사람만이 아니라 모든 사람에게 주어진 것이다. 맹자는 다음과 같이 증명한다.

---

18 『孟子』「公孫丑上」. 人皆有不忍人之心.

19 『孟子集註』「公孫丑章句上」. 天地以生物爲心 而所生之物 因各得天地生物之心以爲心 所以人皆有不忍人之心 (同上註).

> 이제 사람이 어린이가 우물에 빠지려는 것을 보았을 때, 모두 불쌍하고 측은한 마음을 가진다. 그것은 그 어린이의 부모와 교제를 맺기 위함도 아니요, 그 마을 사람들로부터 칭찬을 받기 위함도 아니며 또한 비난받는 것을 싫어해서 그런 것도 아니다.[20]

저절로 마음속에서 일어나는 현상이지 결코 조건이 있어서 충족을 위함이 아니라는 것이다. 마음의 보편적인 경향이며 그렇게 기울어질 수 있는 까닭은 천부의 성선이요, 반응유출反應流出된 것은 선정善情이라고 하겠다. 그러므로 모두가 이러한 마음을 가지고 있는데도 이 마음을 갖고 있지 않다면 사람이 아니라고 하였다. 마음의 보편적인 경향성을 다시 네 가지로 분류한다. 즉 측은惻隱함을 느끼게 되는 것은 인의 본성[仁性]에 기인한 것이요, 남의 잘못을 미워하고 나의 잘못을 부끄럽게 느끼는 것[羞惡]은 의의 본성[義性]에, 사양辭讓하는 마음을 일으키게 되는 것은 예의 본성[禮性]에, 옳고 그름[是非]을 분별하게 되는 것은 앎의 본성[智性]에서 기인한다.[21] 이렇듯이 측은 · 수오 · 사양 · 시비는 사람 마음의 측면에서 하는 말이요, 인仁 · 의義 · 예禮 · 지智는 인성人性의 측면에서 하는 말이다. 따라서 인성은 심중心中에 천명天命으로 주어진 부분이요, 느껴서 선으로 유출된 것은 심중의 선한 정情인 것이다. 심중의 성은 리理로서 체體가 되고 심으로부터 유출된 정情은 기氣로서 용用이 된다. 여기 '유출'이란 것은 심의 기능이요, 이 기능 여하에 따라서 '정'은 악으로도 선으로도 결과될 수 있다. 즉 선악은 '성'과 '정'에 대한 심의 통솔에 매여 있다. 천부의 '성'의 방향으로 심이 순종하는 기능은 선

---

20 『孟子』「公孫丑上」. 今人乍見孺子將入於井 皆有怵惕惻隱之心 (……) 非所以內交於孺子之父母 非所以要譽於鄕黨朋友也 非惡其聲而然也. (同上)

21 『孟子』「公孫丑上」. 惻隱之心仁之端也 羞惡之心義之端也 辭讓之心禮之端也 是非之心智之端也.

한 '정'으로 결과되고 기질에 끌려 '성'이 아닌 방향으로 심의 기능이 작용될 때 이는 악한 '정'으로 결과된다. 심은 '리'와 '기'를 합친 것이요, '성'과 '정'을 통솔하는 것이다. 측은 · 수오 · 사양 · 시비는 '성'의 인의예지의 단서로 심중에 반응된 선한 '정'으로서 맹자는 이것을 사단四端이라고 하였다. 율곡은 인성의 자연직출自然直出이 선이며 심중에서 계교상량計較商量되어 사기私己로 기울어진 것이 악으로 유출된다[22]고 한다. 즉 심이 본성대로 곧게 작용된 것이 선이며 심이 감정에 끌려 본성이 곧게 작용되지 못한 것이 악이다. 선과 악의 정이 심의 기능에 따라서 결정된다고 할 때 문제가 생긴다. 즉 심의 작용으로 본성이 선한 감정을 결과할 때 그 선이란 순수선純粹善인가 상대선相對善인가 하는 의심을 불러일으킨다. 한국 유학사상 퇴계退溪 이황李滉과 고봉高峯 기대승奇大升 사이의 사칠논변四七論辯의 중심이 바로 여기에 있다. 순수선의 '선'과 상대선의 '선'이 같다고 하는 견해는 기대승이었고, 구별해야 한다고 하는 견해는 이황의 입장이었다. 순수선은 본성에서 유래된 것이고 상대선은 감정에서 유래된 것이라고 생각할 때 본성과 감정의 두 근원[二源]의 문제가 생긴다. 인간 주체의 두 근원이 있을 수 없다면 순수선의 선과 상대선의 선은 같아야 하고 선이 다르다면 두 근원을 면할 수 없게 된다. 선도 성도 정도 다 인간의 심에 관한 것인 이상은 분립分立될 수 없고 일관성이 있어야 할 것이다. 그 심이 또한 천지생물의 심이 사람에게 품부된 것이라면 천天과 심心, 성性과 정情은 각각 단절되어 있는 것이 아니라 일련의 관계를 갖고 있다고 할 것이다. 결과적으로 같은 선이라고 하더라도 유래하는 바[所從來]를 천부天賦의 신성성神聖性과 기질에서 유래된 것과 엄격하게 구별을 하려고 함이 이황

22 『栗谷全書』 卷10 「答成浩原」 〈心性情圖〉. 此情之發而不爲形氣所揜直遂其性之本然故善而中節可見其爲仁義禮智之端也直發故書.

의 입장이다. 그래서 순수선의 신성성과 인간 기질의 상대선을 이질적인 것으로 오해할 때 유래한 바의 두 근원을 비난하게 된다. 두 근원의 비리非理를 모르는 바 아니나 천리天理와 인욕人欲을 혼동할 수 없다는 본의를 견지하는 태도라고 해야 할 것이다.

인심人心과 도심道心을 논하다 성혼成渾과 이이李珥 사이에서 '성'과 '정'의 관계에 대한 이이의 견해를 석연하게 이해 못하는 성혼을 안타깝게 생각한 나머지 이이는 리기영理氣詠의 시詩를 주었다. 그 시 가운데 "잠잠히 성이 정이 되는 것을 체험하라"[23]고 한 바 있다. 사람의 심 가운데 도심과 인심 문제는 인간의 주체적인 문제와, 성과 정의 문제는 본체本體와 주체主體의 관계에 대한 문제라는 데 차이가 있다.

순자가 선을 위[僞]라고 한 것은 후천적인 인위노력의 결과라는 판단으로서 사람 마음의 기의 측면[氣面]에 관심觀心을 모은 때문이다. 천天과 심心과 성性과 정情의 일관성은 보는 견지에 따라서 의견을 달리할 수 있겠으나, 유학의 정통적인 입장에서는 공자와 자사와 맹자를 연결하는 사상적 계보에서 이해되어야 할 것이다.

Ⅱ. 개인윤리

자연과 사회가 유리遊離될 수 없는 것처럼 사회와 개인도 또한 분리될 수 없다. 가정도 하나의 작은 사회로 보아서 개인은 가정과 사회의 기본이 된다. 맹자는 나라의 근본은 집안[家]에 있고 집안의 근

---

23 위와 같음, 卷10「理氣詠 呈牛溪道兄」. 元氣何端始 無形在有形 窮源知本合 沿派見群精 水逐方圓器 空隨小大瓶 二岐君莫惑 默驗性爲情.

본은 한 몸[身]에 있다[24]고 하였다. 개인과 사회의 관계에서 공존하고 있는 면과 사회를 형성하는 기본단위로서의 개인의 양면을 살펴야 할 것이다. 개인의 성경誠敬의 내실內實과 인행仁行의 실천實踐은 사회의 규범을 견고하게 해줄 것이다.

1. 성과 경

개인에 있어서 인도人道는 사람이 실천해야 할 당위이며 성誠과 경敬은 이 모든 행위의 자질이 된다.

A. 성

유학에 있어서의 천인합일 사상은 하늘[天]에 대한 원시적인 신앙 형태로부터 학문으로 발전해온 것이다.

중국의 자연은 지상에 혼기混氣가 많고 북방과 남방의 차이는 있으나 공중의 찬란한 천체天體의 이채로움에 비교하면 사람들은 하늘에 더 많은 관심을 가지고 살아왔다. 기후풍토에 영향받은 개인 생활의 행불행幸不幸을 하늘의 질서에 의탁하고자 하는 태도는 사람들의 신앙심을 싹트게 한 것이다. 그리하여 생활의 길흉화복吉凶禍福을 하늘이 좌우하는 것으로 생각하게 되었다. 나아가서 하늘[天]은 만물을 지배하는 주재자主宰者며 천하를 주관한다는 뜻에서 '제帝'라는 용어가 나오게 되었다. 단순한 하나의 광대한 허공[大空]으로서의 하늘[天]이 인간을 관장하는 주재적인 하늘로 변화하게 되면서 천인의 관계를 뗄 수 없는 것으로 이해하게 되었다. 다시 하늘과 인간을 추상화함으로써 공약치公約値를 살피게 되었고 여기서부터 신앙을 학문으로 체계화하는 기점이 시작된다. 그러한 의미에서 송대宋代부터

24 『孟子』「離婁上」. 國之本在家 家之本在身.

하늘[天]은 리理로 받아들이게 되었다. 정자程子는 자신의 학문이 염계濂溪 주돈이周敦頤로부터 받기는 하였으나, 천리天理 두 자는 스스로의 체득한 바[25]라고 말하고 있음은 이를 입증해주고 있다. 자사子思의 말과 같이 하늘이 명한 것이 '본성[性]'이라고 할 때, 이것은 천리의 현현顯現이라고 이해하게 됨으로써 인간이란 개인이 아니라 전체를 추출하여 인성人性의 철학이 나타나게 되었다. 하늘[天]의 리와 인간의 본성은 천인天人을 의인시擬人視하는 천인합일사상의 기반에서 당연히 동일한 것으로 귀결이 되었다. 천리와 인성을 동일한 것 즉 성즉리性則理라고 생각하여 양자의 성질을 이론화한 것이 즉 '성즉리'이다. '성誠'은 이 천리와 인성 사이에서 문제된다.

『대학大學』의 삼강령三綱領 팔조목八條目 중의 제3조목에 '성의誠意'가 있다. 뜻을 진실[誠]되게 한다는 것이다. 좀 더 구체적으로 설명해서

> 이른바 그 뜻을 진실되게 한다는 것은 스스로를 속이지 않는 것이니 악취惡臭를 싫어함과 같고 호색好色을 좋아함과 같으니 이것을 '자겸自謙'이라고 한다. 그러므로 군자는 그 홀로를 삼간다.[26]

라고 하였다. 남을 속일 수는 있어도 자기는 속이지 못한다. 악취를 싫어하고 호색을 좋아함은 타인에게 정직한 것이 아니라 스스로를 기만하지 않는다는 의미다. 여기에 '자겸'을 느끼는 것이 바로 성의라는 것이요, 따라서 군자는 남이 모르는 자기의 홀로에 '자겸'하도록 삼간다는 것이다.

---

25 『上蔡語錄』 卷上 5쪽, 吾學雖有所受天理二字却是自家體拈出來(馮友蘭, 『中國哲學史』 所引).

26 「大學」「傳6章」. 所謂誠其意者 毋自欺也 如惡惡臭 如好好色 此之謂自謙 故君子必愼其獨也.

『중용中庸』에는 이 '성誠'에 대하여 다음과 같이 말하고 있다.

> '성'이라고 하는 것은 하늘의 도道요 '성'되려고 하는 것은 사람의 도다. '성'이라는 것은 힘쓰지 않아도 적중되고 생각하지 않아도 얻어지며 조용히 도에 맞는 것이니 이러한 사람이 성인이요 '성'되려고 함은 선善을 선택해서 고집하는 것을 말한다.[27]

힘쓰지 않고 생각하지 않고도 조용히 도에 맞는다 함은 그대로 방치해도 된다는 말이 아니라, 선을 가려서 실천을 거듭거듭하여 부단한 수련의 결과로 따로 부담감을 느끼지 않고도 실행이 가능한 경지에 이른다는 것이다. 즉 인도로서의 선을 선택해서 고집함[擇善固執]에 의해서 천도天道에로 접근해가는 과정과 그 결과를 의미하는 것이다. 즉 천도의 '성誠'과 인도의 '성지誠之'하는 '성'은 천인의 교량이 됨을 생각할 수 있다. 주석에 보면, '성誠'이란 진실하여 거짓됨이 없는[眞實無妄] 것이며 '성지'란 진실하여 거짓됨이 없지 못한 사람이 진실하여 거짓됨이 없고자 함을 말한다고 하였다. 그래서 '성'은 천리의 본연한 것이며 '성'되고자 함은 인사의 당연이라고 하였다. 따라서 '성'은 개인윤리 실천의 자뢰資賴해야 할 바이며 '성'되려는 노력으로서의 선을 선택해서 고집함은 매우 중요한 것이다. 지성知性에 밝고 덕성德性을 높이는 일은 이 '성' 실현을 위한 두 가지 측면이다. 덕성을 높이는 데서 참으로 지성이 밝아질 수 있고 지성을 밝힘이 없이는 참으로 덕성을 높일 수 없다. 덕성은 '성誠'에 관한 것이요, 지성은 '명(明: 밝음)'에 관한 것으로서, '성'으로부터 '밝음[明]'을 성性이라고 하며 '밝음'으로부터 '성誠'함을 '교敎'라고 해서 진실하

---

27 『中庸』「第20章」. 誠者天之道也 誠之者人之道也 誠者 不勉而中 不思而得 從容中道 聖人也 誠之者 擇善而固執者也.

면[誠] 밝고[明] 밝으면 진실하다고 자사는 말하고 있다.[28] 도덕 연원으로서의 '성誠은 거경居敬하는 내성자계(內省自戒: 내면에서 성찰하며 스스로 경계함)하는 데서 보존된다.

B. 경

성誠이 자사에 의해서 논술된 데 비해서 경敬은 정자와 주희에 의해서 강조되었다. '성'이 대내적對內的인 것이라면 '경'은 대외적對外的인 것이며, '경'이 대자적對自的인 것이라면 '공恭'은 대타적對他的인 것이라고 할 것이다. 그러므로 '성'과 '경', '경'과 '공'은 표리관계表裏關係라고 할 수 있다. 정자는 "'진실되면[誠]' 경敬하지 않음이 없고 아직 '진실[誠]'에 이르지 못했으면 '경敬'한 연후에 '진실[誠]'이 가능하다"고 말한다.

『논어』에서는 "평상시 일이 없을 적[平常無事時]에는 공손[外貌]하고 일이 있을 적에는 경敬하라"[29]고도 하고, "자기 수양은 경敬으로 하라"[30]고도 하였다. 『맹자』에서는 "타인을 공경하는 사람은 자기도 항상 공경을 받는다"[31]라고 함을 볼 수 있다. 『논어』와 『맹자』에 보이는 '경敬'은 행위의 외적 태도를 의미한다. 『서경書經』에서도 "오교五敎를 경부敬敷하되 너그럽게 하라"[32] 하고 『시경詩經』에서도 "공경하여 들으라"[33]고 하여 『논어』와 『맹자』에서처럼 행위의 외양外樣 태도를 의미하고 있다. 『역경易經』에서는 "경敬해서 내면을 곧게 하고 의

28 『中庸』「第22章」. 自誠明 謂之性 自明誠 謂之敎 誠則明矣 明則誠矣.

29 『論語』「子路」. 居處恭 執事敬.

30 위와 같음,「憲問」. 修己以敬.

31 『孟子』「離婁下」. 敬人者人恒敬之.

32 『西京』「舜典」. 敬敷五敎在寬.

33 『詩經』「小旻之什」〈巷伯〉. 敬而聽之.

義로 바깥을 방정方正하게 한다"[34]고 하여 '경'과 '의'를 내외표리內外表裏로 말하고 있다. 그러나 정자는 "'의'가 밖으로 나타난다고 함은 '의'가 밖에 있다는 말이 아니다. '경'과 '의'가 연결되어서 비로소 그 덕德이 성하다"[35]고 하여 '경'과 '의'의 분리될 수 없는 관계를 명시하고 나아가서 "'경'은 일一을 주로 해서 나아감이 없는 것"[36]이라고 하여 주체적인 의미를 가지게 되었다. 수양에 있어서 덕성함양은 '경'으로 하고 진학進學은 치지致知에 있음을[37] 아울러 말해주고 있다.

퇴계 이황은 "마음은 한 몸의 주재主宰요, 마음의 주재는 경敬이라"[38]고 하여 인간의 주체를 '경'으로 생각하여 모든 일[萬事]의 근본이 '경'에 매어 있는 것[39]으로 파악하였다. 물론 매사의 결단이 타의他意에서가 아니라 자의自意의 주체적 판단이 바람직하기는 하지만 어떻게 해서 주재력主宰力을 지닌 주체를 확립하느냐 하는 것이 결국은 문제가 된다. 일찍이 이덕홍(李德弘: 1541~1596)이 이황에게 어떻게 하면 주체 확립이 가능한가를 물었더니, 잠시 후에 '경'이면 가능하다고 대답했고, '경설敬說'이 또한 허다한데 어떻게 하면 망조忘助의 병통에 빠지지 않겠느냐를 물었을 때 그는 많은 설 가운데서도 정·자·윤·주程謝尹朱의 주장이 가장 절실한 것이라[40]고 대답하였다. 이 정·자·윤·주의 설이라는 것은 정자程子와 사상채謝上蔡와

34 『周易』「坤卦」〈文言傳〉. 敬以直內 義以方外.

35 『易傳』「坤卦」. 義形於外非在外也 敬義旣立其德盛矣.

36 위와 같음, 「坤卦」. 又曰主一無適敬以直內便有浩然之氣.

37 『二程全書』 卷18 「劉元承手編」 7쪽, 涵養須用敬 進學則在致知.

38 『聖學十圖』「心學圖」. 蓋心者一身之主宰 而敬又一心之主宰.

39 위와 같음, 「大學圖」 敬者一心之主宰而萬事之根本也.

40 『退溪言行錄』 卷2. 如何可以能立其主宰乎 久之曰敬以立主宰 曰敬之爲說多端 何如可以不陷於忘助之病乎 曰其爲說雖多而莫切於程謝尹朱之說乎.

윤화정尹和靖과 주자朱子의 주장을 의미한다. 어떤 사람이 주자에게 '경'은 어떻게 힘써야 하는가를 물었을 때 주자의 대답이 정자는 일찍이 주일무적主一無適이라 했고 정제엄숙整齊嚴肅이라고도 하였으며 그의 문인 사씨(謝氏: 사상채)의 설은 성성법惺惺法이라 했고 윤씨(尹氏: 윤화정)의 설로서는 순수 수렴收斂을 말한다는 것이었다. 이 네 가지의 설은 쉬지 않는 무식無息의 일관성一貫性에 공통점이 있다. '경'이 성학聖學의 시종始終이라는[41] '시종'도 실은 일관성을 뜻하는 것이며, 또 '성誠'이 기반이 되어서 간단이 없는 데 도달할 수 있다[42]는 것이다. 움직여 일을 할 때나 일 없이 고요히 있을 때나 동정動靜에 희염喜厭 없이 '경'해야 하고 『대학』에서 일러주고 있는 계구戒懼나 신독愼獨은 다 같이 경공부敬工夫[43]라는 것이다. 주체는 일이 있을 때나 일이 없을 때를 막론하고 버릴 수 없는 것이요, 주재는 살아 있는 한 잃어버릴 수 없는 기능원機能源이 아닐 수 없으니 동정이나 유무사시有無事時를 일관하는 주체나 주재야말로 '경'의 공부라는 것이다.[44]

'경'이란 실로 도에 들어가는 문門이요, 들어간 뒤에 최후로 도달하는 종점終點은 '성誠'이며 그 결과는 동정을 통관해서 제반 사용되는 공정[諸般事用工]에 적중한다는 것이다.

사실상 사유와 행위는 끊어지는 것이 아니다. 사유 없는 행위나 행위 없는 사유란 있을 수 없는 것이다. '경'이 종래에 인간 행위의 외모外貌로 지적되었던 것이 점차로 내면심성內面心性과 관련시켜 생

---

41 『聖學十圖』「小學圖」 吾聞敬之一字 聖學之所以成始而成終也.

42 『退溪言行錄』 卷2. 敬是入道之門 必以誠 然後不至於間斷.

43 『中庸章句』「第1章」〈西山眞氏戒愼註〉 戒懼靜時敬也 愼獨動時敬也 【참고】 필자가 언급한 '雲峯胡氏戒愼註'를 수정하여 '西山眞氏戒愼註'라 하였음을 밝힌다.

44 『退溪全書』 卷14「答李叔獻」. 惟敬之功 通貫動靜 庶幾不差於用工爾.

각하게 된 것도 그 때문이다. 인간의 내면의 심원深淵을 파헤친 그 밑바닥을 '고요함[靜]'이라고 주돈이周敦頤는 그의 「태극도설太極圖說」에서 말하고 있다. 이 '고요함'을 정자는 '경'으로 바꾸어 생각하였다. 유학에 있어서의 현실성과 적극성으로 인한 대노불對老佛의 소치라고 지적된다.

이렇게 '성'과 '경'은 상호연관을 가지면서도 양극화로 폐단[弊]을 자초하는 일은 경계해야 할 일이다. '경'과 단절된 '성'의 극한화極限化로 독존獨存의 오만을 자처하거나 '성'과 단절된 '경'의 극한화로 주인 없는 노예[無主奴隷]가 되어도 바람직한 일이 못 된다. 인간을 자각하여 천도天道의 '성'을 '경'으로 성지誠之하는 생활은 과연 바람직한 일이라고 하겠다.

2. 인과 행

공자는 인仁을 말하고 맹자는 의義를 역설하였으며, 『주역』「계사전」에 의하면 인의仁義는 사람의 도[人之道]라고 하였다. 인의는 참으로 유도의 본령이며 유자의 체용體用으로 삼는 바이다. 모든 행위는 '인'에 자리된다.

A. 인의 의의

『논어』 전편이 '인'으로 요약되지만 '인'이 무엇인가라는 개념 설정은 없다. 여러 제자들이 물은 데 대한 답변은 다양하다. 사마우司馬牛에 대하여는 말을 함부로 아니하고 참는 것[45]이라 하였고 자공子貢에 대해서는 "일을 잘하는 기술을 원한다면 먼저 그 기구器具를 날카롭게 해야 한다. 이 나라에 거할진대 어진 대부大夫를 섬기고 선비

45 『論語』「顔淵」. 其言也訒.

중에서도 인자仁者를 벗 삼는 일"[46]이라 하였고 번지樊遲에 대하여도 세 번 물은 첫째 답에 "평소에 일이 없을 때에는 공손히 하고 일이 있을 때에는 '경敬'으로 하되 사람들과 더불어 충忠되기를 비록 이적지방夷狄地方에 가더라도 버리지 않는 일이라"[47]하였고, 두 번째는 "먼저 고난을 겪은 뒤에 얻어지는 것"[48]이라 하였고, 세 번째는 "사람을 사랑하는 일"[49]이라 하였다. 자장子張에 대하여는 "공손하면 사람들로부터 모욕받지 않고 너그러우면 대중大衆의 지지를 얻고 의義를 지키면 사람들에게 신임信任을 받고 일을 부지런히 하면 공功이 있고 은혜를 베풀면 사람들을 부리는 데 충분하다"[50]하였다. 중궁仲弓에 대하여는 "문을 나서서는 귀한 손님을 모시듯이 하며 백성을 모시기를 대제大祭 모시듯이 하며, 내가 원하지 않는 일을 타인他人에게 베풀지 말라"[51]고 하였다.

위의 모든 대답은 그때그때의 행동에 구체적인 말씀이요, 결코 '인'의 전체적인 개념 설명이 아니다. 단편단편斷片斷片을 예거해서 말해준 데 불과하다. 공자 스스로 "나의 도道는 하나로 관통되어 있다"고 하여 전체 사물을 일관하는 보편자普遍者를 파악하고 있음을 말해주고 있다. 자사子思가 『중용』에서 "'인'이란 곧 사람이다"라고 말한 것으로 보아 "'인'이 무엇인가"라는 물음은 바로 "사람이 무엇인가"라는 것과 같아서, 한 말로 그 개념을 설명한다는 것은 무리한 일이다. 그러나 대체로 자기를 완성하는 방향과 사회를 함께 구제하

46 위와 같음, 「衛靈公」. 工欲善其事 必先利其器 居是邦也 事其大夫之賢者 友其士之仁者.

47 위와 같음, 「子路」. 居處恭 執事敬 與人忠 雖之夷狄不可棄也.

48 위와 같음, 「雍也」. 先難而後得.

49 위와 같음, 「顔淵」. 愛人.

50 위와 같음, 「陽貨」. 恭則不侮 寬則得衆 信則人任焉 敏則有功 惠則足以使人.

51 위와 같음, 「顔淵」. 出門如見大賓 使民如承大祭 己所不欲勿施於人.

는[共濟] 방향에서 고찰할 수가 있다.

'인자'가 말을 잘 참는다는 것은 함부로 경솔히 말하지 않는다는 뜻이다. 하는 말에 책임을 느끼므로 조심하게 된다. 무책임한 사람은 호언장담하게 마련이다. 유안세(劉安世: 宋徽宗)가 사마온공(司馬溫公: 1019~1086)에게 일생 동안 지켜야 할 것을 물으니 사마온공은 '성誠'이라고 대답하였다 '성'에 도달하는 방법을 물으니 사마온공은 "망어妄語를 아니하는 것으로부터 시작된다"고 일러주었다는 것이다. 평소 홀로 거처자할 때에는 공손하고 일이 있을 때에는 '경'하라든가 하는 말이 다 '성'을 닦는 일, 즉 자기 완성을 기하는 일이라고 보겠다. 따라서 묘묘한 말과 아첨하는 얼굴빛[巧言令色]은 인이 적다[鮮仁]라든가 곤궁함에 처함[處約]이나 즐거움에 처함[處樂]에 오래 감내하지 못함은 '인자'가 되는 데 해로움을 교사해준 말들이다. 자기 완성을 위한 긍정과 부정 양면의 설명들이다.

애인사상愛人思想은 사회공제社會共濟의 근본 원리이다. 번지의 물음에 "사람을 사랑하는 것"이라고 공자가 답한 것도 이러한 애인사상의 발로라고 하겠다. '인자'는 능히 사람을 사랑할 줄도 알고 능히 미워할 줄도 안다고 할 때의 '능能'은 적극적인, 능동적인 것으로서 호오好惡에 대한 올바른 제재制裁요, 공평한 사리판단이기도 하다. 이와 같이 공자의 '인' 가운데는 일면一面의 자기 완성과 타면他面의 사회공제의 도道가 있는 것이다.

공자가 말한 "하나로 관통되어 있다[一以貫之]"를 못 알아들은 제자들이 나중에 증자曾子에게 물었더니 그는 충서忠恕라고 대답하였다. 주자는 '충忠'을 자기를 극진히 한다[盡己]라 하고 '서恕'를 자기를 미루어간다[推己]라고 하였다. '자기를 극진히 한다'는 천부의 본래성을 발현하는 것으로서 자아실현이요, '자기를 미루어간다'란 자아를 미루어 피아彼我의 구별을 없애고 만물일체를 통찰하는 근본인정根本人情으로 사람을 다스리는 가장 중요한 요체이다. 맹자는 측은

하게 느끼는 마음이 '인'의 단서라고 하였다. 주자는 '인'을 사랑하는 이치요, 마음의 덕德이라고 한다. 사실상 측은지심惻隱之心이나 사랑하는 이치나 공통된 뜻이며, 보편의 의미로 간주된다. 피아가 하나되는 보편 또는 일체의식一體意識은 자아실현의 긴요한 기초가 된다. 길을 가다 버러지를 밟고 순간이나마 느끼는 그 심경에게 자타의 경계가 없는 '인'의 단서를 본다. 보통 사람[凡人]은 이 자리를 지나가면 잊어버리고 말지만 어진 사람일수록 이 심경을 길게 유지한다는 것이다. 안자顔子를 석 달간이나 '인'을 어기지 않는다고 칭찬한 것은 이러한 측은지심의 지속성을 지적해준 말이라 할 것이다. 그 안자가 '인'을 물었을 때 공자는 '극기복례克己復禮'라고 가르쳐주었다. 보편 또는 일체의식으로서의 '인'의 달성은 극기복례로서 가능하다는 것이다. 자기 극복과 '예禮'의 실천이 자아실현의 요체라는 것이다. 그 구체적인 방법을 다시 물었을 때 네 가지를 제시해주었다. 그것이 바로 "예가 아니면 보지 말고 예가 아니면 듣지 말고 예가 아니면 말하지 말고 예가 아니면 행동하지 말라"는 것이다.

정자程子는 '인'을 도인桃仁, 행인杏仁이라 하는 말과 같이 종자種子처럼 생각하였다. 전체성으로부터 이탈되어 부분적으로 독립될 때, 환언하면 건강한 신체에서 수족이 마비되었을 때 수족이 '불인不仁'하다고 한다. 부분적인 고장故障이란 전체성을 상실했다는 뜻이니 '불인'하다는 말을 통하여 '인'을 미루어볼 수 있는 것이다. 이러한 '인'의 전체성은 주자의 말대로 사랑하는 이치요 마음의 덕이라고 하겠으나 모든 바람직한 행위를 통해서 더욱 명확해지는 것이다.

B. 행

'행行'은 행위를 의미한다. 행위 이전에 판단이 되어야 하고 판단하기 이전에 사유 과정이 있어야 하며, 사유하기 이전에는 사유할 수 있는 심지心志가 있다. 따라서 모든 행위는 심지에서 우러나온다고 해야 할 것이다. 일반성 · 보편성에서 개별성 · 특수성이 유래되듯이 '인仁'한 심지에서 모든 행위의 당위규범이 연유된다고 보아야 할 것이다. 공자사상에서 가치의 원천을 '인'에, 백행百行의 근본을 효제孝弟에 두고 있음을 발견할 수 있다.『논어』에

> 군자는 근본을 힘쓰는 것이니 근본이 서고서 도道가 생生한다. '효제'라고 하는 것은 '인'을 실천하는 근본인가 보다.[52]

라고 언급되어 있음에 비추어 '효제'가 '인'을 실천하는 행위의 근본이 되는 것이요, 그 유래하는 곳[由來處]이 바로 '인'임을 확인할 수가 있다. 근본을 밝혀서 당위규범을 따를 수도 있고 당위규범의 실천을 거듭해가는 동안에 근본을 밝혀낼 수도 있는 두 가지 방법이 있다. 어느 쪽이든 간에 군자는 근본을 힘쓰고 '효제'를 실천한다는 것이다. 사람됨의 바탕이 '효제'로 되어 있는 사람은 윗사람을 범하는[犯上] 일이 거의 없으며 윗사람 범하는 것을 좋아하지 않으면서 작난作亂을 좋아하는[53] 사람은 없다고 유자有子는 말한다. 하극상下剋上이 없는 안정된 사회를 유지하는 근본가치를 '인'과 '효제'의 행위로 생각하는 것이다. 즉 '인'이 '사랑[愛]'을 주로 하는 것이라고 할 때 '사랑'은 어버이를 사랑하는 것[愛親]보다 더 큰 것이 없으므로 '효제'는 '인'을 실천하는 근본이 된다.[54] 따라서 효행孝行은 '인'에 자료하여 어버이를 사랑하고 실현하는 것[愛親實現]을 그 으뜸으로 한다. 가정이나 사회를 막론하고 윤리질서의 기반이 어

---

52 위와 같음,「學而」君子務本 本立而道生 孝弟也者 其爲仁之本與.

53 위와 같음,「學而」有子曰其爲人也 孝弟而好犯上者 鮮矣 不好犯上而好作亂者 未之有也.

54『論語集註』「學而」仁主於愛 愛莫大於愛 親故曰孝弟也者 其爲仁之本與.(同上註)

버이를 사랑하는 '효제'에 있다는 것이다. 즉 군신君臣 · 부자父子 · 부부夫婦 · 붕우朋友 · 장유長幼의 질서는 이 '효제'에 의해서 유지된 것이 과거의 전통사회였다. 이 효는 군신에 있어서는 '의義'로, 부자에 있어서는 '친親'으로, 부부에 있어서는 '별別'로, 붕우에 있어서는 '신信'으로, 장유에 있어서는 '서序' 등 오륜五倫으로 알려지고 있다.

군신이란 민주주의 사회에서는 용어의 개념을 행정체계에서 이해할 수 있다. 군君이란 공선公選된 수뇌首腦요, 신臣이란 규정 따라 임명된 각료 공무원들이다. 피차에 의義를 지킴은 인정仁政의 민주적 실현에 일조가 될 것이다.

부자父子는 인위人爲나 계약契約 관계가 아니라 천륜天倫이라는 데 특징이 있다. 부자자효父慈子孝는 전통사회의 종적 윤리의 근간이었다. 부모[父]는 자식[子]을 사랑하며 인격을 존중하고 자식은 부모를 효孝로써 시봉侍奉하는 일은 부자간父子間의 인친仁親을 민주적으로 실현하는 데 중요한 일이다.

부부夫婦는 가정윤리의 횡적 중심이다. 부부의 의의는 각각 상대에서 발견할 때 새로워진다. 즉 남편의 의로움[夫義]은 부인[婦]에서, 부인의 의로움[婦義]은 남편에서 구해진다는 뜻이다. 상호의 의무도 따라서 달라질 수 있다. 이것을 '구별[別]'이라고 한다. 서로가 '구별'을 간직하는 일은 부부간의 인애仁愛를 달성하는 데 가치 있는 일이다.

장유長幼와 붕우朋友는 사회에서의 대인관계로서 피할 수 없는 사람 사람의 인연이다.

장유는 우선 연령상의 차이를 생각할 수 있으며 부모형제의 사이를 미루어서 이해된다. 부모에 대한 존경심과 형제간의 우애심을 기초로 해서 장유 간의 윤리는 지켜지게 된다.『맹자』에 의하면

우리 집의 노인을 존경함으로써 타인의 노인을 모시는 데까지 미치

며, 나의 어린이를 어린이로 사랑함으로써 다른 사람의 어린이에게까지 확대해갈 수 있다면, 천하를 다스리는 일은 손바닥 뒤집는 것처럼 쉽다.[55]

라고 하여 가정으로부터 사회에로 넓혀가는 기점을 말해주고 있다. 연령이 2배가 되는 어른에 대하여는 부모[父]에 대하는 존경심으로 모시고 10년의 연상자年上者는 형兄에 대하듯하고 5년 차이는 친구로 대하며 5인 이상 모여 있을 때면 반드시 장자長者의 자리를 달리한다[56]는 전통윤리는 장유 간의 차례[序]를 지키는 사회질서로 민주주의의 법질서와 더불어 긴요한 일이다.

붕우라고 할 때 '붕朋'은 동문同門을, 우友는 동지同志를 말한다. 교우交友에는 믿음[信]을 가치의 기준으로 함이 원칙이다. 공자는 벗을 가리는 데 익우益友와 손우損友의 구별을 "직直 · 량諒 · 다문多聞"과 "편벽便辟 · 선유善柔 · 편녕便佞"으로 말하고 있다.[57] 맹자는 상우尙友를 다음과 같이 말한다.

一鄕의 善士는 一鄕의 善士를 벗으로 삼고, 一國의 善士는 一國의 善士를 벗으로 삼고, 天下의 善士는 天下의 善士를 벗으로 삼는다. 天下의 善士를 벗으로 삼고서도 오히려 부족하다고 생각하여 古人을 尙論한다. 그 詩를 頌하고 그 書를 읽고서 그 사람을 몰라서 되겠는가? 그래서 當世는 논하니 이것을 尙友라고 한다.[58]

---

55 「孟子」「梁惠王上」. 老吾老以及人之老 幼吾幼以及人之幼 天下可運於掌.

56 「禮記」「曲禮」. 年長以倍則父事之 十年以長則兄事之 五年以長則肩隨之 羣居五人則長者必異席.

57 「論語」「季氏」. 孔子曰 益者三友 損者三友 友直 友諒 友多聞 益矣 友便辟 友善柔 友便佞 損矣.

58 「孟子」「萬章下」. 孟子謂萬章曰一鄕之善士 斯友一鄕之善士 一國之善士斯友一國之

당대의 선사善士를 벗을 삼는 데 부족을 느끼면 다시 거슬러 올라가서 고인古人을 벗삼는다는 말이다. 당대건 과거건 교우에는 '믿음'이 중요하니, 그것은 또한 그렇게 해서 '인을 돕는 것[輔仁]'을 위하는 일이 되기 때문이다. 붕우는 상호 절차탁마切磋琢磨해야 하며, 증자는 교우로 인하여 '인을 도울[輔仁]' 것[59]을 주장하고 있다.

행위는 행위 이전에 그 자료하는 바가 있어야 하며, 그 자료하는 곳은 '인'이요, 가정과 사회에 대한 의무로서 오륜은 바람직한 행위가 되는 것이다.

Ⅲ. 사회윤리

인간 사회는 대인관계의 총체로 보아서 가정과 국가로 나누어진다. 가정은 부자父子와 부부夫婦 중심의 도덕사회요, 국가는 대중의 법치사회이다. 효孝를 종縱으로 하는 신信 · 의義 · 충忠 · 예禮는 횡橫으로 유대감을 높여주며 사회를 아름답게 해줄 것이다. 천자天子의 '효'는 천하의 정치를 성공적으로 유도하고 가장의 '효'는 가정의 안정을, 자녀의 '효'는 한 집안의 행복을 가져오는 것으로 생각해왔다. '효'의 사상을 경經으로 하는 위緯로서의 '신'과 '의'와 '충'과 '예'는 사회질서를 유지하는 근본요소이다.

善士 天下之善士斯友天下之善士 以友天下之善士爲未足 又尙論古之人 頌其詩讀其書不知其人可乎 是以論其世也是尙友也.

59 『論語』「顔淵」. 曾子曰 君子以文會友 以友輔仁.

1. 신과 의

금력金力과 권력權力이 자칫 잘못하면 사회의 균형을 깨게 되는 경우가 없지 않다. 사회의 현실은 주로 정치력에 좌우되지만 공신公信과 의리義理가 수반됨으로 해서 더욱 고무되는 것이다.

A. 신과 의의

천지간의 만물 가운데 인간이 가장 고귀하다고 함은 이성理性을 가지고 천지화육天地化育에 참여할 수 있다는 데 있다. 생각할 줄 알고 언어를 가지고 있으므로 문화를 창조해오기도 했다. 사람들은 사유 능력으로 도구를 만들어내서 생활에 편리를 도모하였고 언어를 가지고 피차의 의사를 교환하였다. 이때의 사람[人]들의 말[言]은 서로 믿었던[信] 것이다. 언어는 그 사람의 주체에서 발현되므로 그것을 의심할 수는 없다. '믿을 신[信]' 자는 이처럼 사람들 사이에서 의사교류로 쓰여지는 말에서 시작되었다. 서로의 신뢰는 말로써 맺어진다. 그래서 그 말에 대한 책임을 중요시하므로 "군자가 방에 거처하여 그 말이 선하니 천리 밖에서도 응한다"[60]고도 하고, 반면에 그렇지 못할 경우에 "말을 먹는다[食言]"고까지 한다. 고대의 중국 민족이 인성人性이 선하다고 한 것을 능히 짐작할 수가 있다.

증자曾子는 "붕우와 더불어 사귀는 데 불신스러운 일이나 없었던가"[61]라고 하여 '믿음[信]'에 대한 자아반성을 강조했고, 자하子夏는 "친구와 더불어 사귀는 데 그 하는 말에 '믿음'이 있으면 비록 배우지 않았다고 하더라도 나는 반드시 배웠다고 하리라"[62]고 하였다. 고

60 『周易』「繫辭上傳」〈第8章〉. 子曰君子居其室 出其言善 則千里之外應之 況其邇者乎.

61 『論語』「學而」. 與朋友交而不信乎.

62 위와 같음,「學而」. 與朋友交言而有信 雖曰未學 吾必謂之學矣.

래로 유학에서는 '믿음'을 붕우 간의 의무로 생각해왔음은 맹자의 설과 다를 바 없다. 그러나 '믿음'은 반드시 붕우 간의 의무만은 아니다.

공자는 "말이 충실하고 '믿음'직하며 행동이 도탑고 공손하다[言忠信 行篤敬]"라고 하고, 유자有子는 "'믿음'이 '의로움'에 가까우면 말은 실천할 만한 것이다"[63]라고 한 것을 보면 '믿음'이 '말'에 관한 것은 물론이다. 맹자는 "〈선을〉 자기에게 소유함을 '신'이라고 한다[有諸己之謂信]"라고 하여 성선性善을 의미하고 있고, 주자의 주석에는 '신信'은 말의 진실[言之實]이라고 말하고 있다.

공자가 '믿음'을 중시한 말은 더욱 절실한 바가 있다.

> 사람이면서 믿음이 없으면 옳은 것을 알지 못할 것이니 큰 수레에 멍에[輗]가 없고 적은 수레에 멍에[軏]가 없으면 그 수레가 어떻게 굴러갈 수가 있겠는가.[64]

수레에 멍에[輗軏]가 없으면 구르지 못함과 같이 믿음 없는 사람은 사람으로 유지가 어렵다는 뜻이다.

또한 믿음은 정치에 있어서도 긴요한 것이다. "천승千乘의 나라를 다스리는 데 사事를 경敬하되 믿음이 있어야 한다"[65]든가 "믿음이 있은 후에 백성을 부린다"[66]는 것들은 모두 정치적인 '믿음'을 의미하는 것이다. 공자와 자공子貢의 대화에서 더욱 간절함을 읽을 수 있다.

---

63 위와 같음, 「學而」. 有子曰信近於義 言可復也 恭近於禮 遠恥辱也 因不失其親 亦可宗也.

64 위와 같음, 「爲政」 子曰 人而無信 不知其可也 大車無輗 小車無軏 其何以行之哉.

65 위와 같음, 「學而」. 子曰道千乘之國 敬事而信 節用而愛人 使民以時.

66 위와 같음, 「子張」 君子信而後 勞其民.

자공이 정치를 물으니 공자 이르시되 "식량을 풍부하게 하고 국방을 견고하게 하고 백성의 것을 신뢰하는 일이다." 자공이 묻기를 "반드시 부득이해서 하나를 빼라면 셋 중에서 어느 것을 빼야 하겠습니까?" 이르시되 "국방을 빼라." 자공이 또 묻기를 "부득이 해서 또 하나를 빼라면 두 가지 중에서 어느 것을 빼야 하겠습니까?" 이르시되 "식량을 빼라. 예로부터 사람은 다 죽게 마련인데 백성의 신망 없이 유지된 정부는 없었다."[67]

차라리 죽을지언정 믿음은 차마 버릴 수는 없는 일이다. 조령모개朝令暮改는 정치에서 가장 금기되어야 할 일이다.

그러나 '믿음[信]'이란 '의로움[義]'을 따름으로써 진정한 '믿음'일 수 있음을 주의해야 할 것이다. 말[言]은 반드시 믿고 행위[行]는 반드시 완수完遂해야만 한다고 생각함은 소인[68]이라는 것이며, 대인大人은 '의로움'을 따를 뿐[69]이라 한 참뜻을 이해해야 할 것이다. 유자의 말에 대한 고주[有子語古注]의 이른바 미생尾生과 같은 '믿음'은 바람직한 것이 못 되며[70] '의로움'을 수반하는 '믿음'이라야 참다운 '믿음'임을 이해해야 할 것이다.

B. 의義의 의의

'의義'라고 할 때 그것은 인간 사회와 구체적인 관계가 맺어진 표

---

67 위와 같음, 「顔淵」 子貢問政 子曰足食足兵民信之矣 子貢曰必不得已而去 於斯三者何先 曰去兵 子貢曰必不得已而去 於斯二者何先 曰去食 自古皆有死 民無信不立.

68 위와 같음, 「子路」. 言必信 行必果 硜硜然小人哉.

69 『孟子』「離婁下」. 孟子曰大人者言不必信行不必果惟義所在.

70 『十三經注疏』『論語注疏』「學而」 〈細註〉 正義曰 (……) 云信非義也者 史記尾生與女子期於梁下 女子不來 水至不去 抱柱而死 是雖守信 而非義也.

현이다. 맺어지기 이전은 '의'의 기반이요, 그것을 인仁이라고 생각한다면 사덕(四德: 仁義禮智)을 포괄하는 '인'이다. 일반자로서의 '인'에 근거해서 '의'의 행위는 실천될 수 있다는 것이다.

'의義'는 『주례周禮』에 보이는 육덕六德인 인 · 성 · 의 · 충 · 화 · 중仁聖義忠和中의 하나이다. 『논어』에도 '의'의 언급이 여러 곳에 산견散見되고 맹자도 또한 인의仁義를 고조高調하지만, 특히 '의'를 힘써 강조함이 공자와 구별되는 점의 하나이다. 『중용』에는 '의義'는 '의宜'라고 하였다. 육덕 가운데 '의'라든지 공자의 『논어』 중의 '의'라든지 자사子思 『중용』의 '의'라든지 모두 사회성을 띠고 표현된 '의'들이다.

맹자는 정객政客을 상대로 하여 정치적인 '의'를 갖고 대화를 나누었다. 양혜왕梁惠王과의 대화는 그 대표적인 것이다. 측은히 느낄 수 있는 마음씨로 정치를 행하면 자연히 인정仁政이 이루어지고 인정은 반드시 '의'를 앞세우고 된다고 한 것은 역시 '의'는 '인'의 기반에서 나온다는 말이다. 만일에 '이利'는 앞세우고 '의義'를 소홀히 할 때는 서로가 이해위주利害爲主의 행위 일변도로 기울어지게 되어 하극상下剋上의 무질서無秩序의 풍風을 가져오고야 말게 된다는 것이니 또한 맹자는 사덕인 인의예지를 말하면서 수오지심羞惡之心은 의지단義之端[71]이라고 하였다. 스스로의 잘못을 부끄럽게 생각하고 남의 잘못을 미워함이 수오羞惡라는 것이니 부끄러워하고 미워할 줄 아는 마음은 곧 '의'의 단서가 된다는 것이다. 부끄러움을 아는 데서 용기勇氣도 나오고[72] 부끄러움을 아는 데서 의행義行도 나올 수가 있다는 것이다. 이러한 '의'는 또한 '리理'와 더불어 인심의 보편자라고 맹자

71 「孟子」「公孫丑上」. 惻隱之心仁之端也 羞惡之心義之端也辭讓之心禮之端也 是非之心智之端也.

72 「中庸」「第20章」. 知恥近乎勇.

는 지적[73]하고 있으며, 호연浩然의 기氣도 도道와 의義가 짝이 되어 이루어진다[74]는 것이며 '의'를 모으지 않고서는 호연의 기는 얻어지지 않는다[75]고 하였다.

'이로움[利]'에 취醉하면 불의에 빠지게 되므로 '이로움'를 보면 '의義'를 생각해야 하고[76] '이로움'에 예민한 사람은 소인이며 '의'에 예민한 사람은 군자[77]라고 한 것이다.

한대漢代의 동중서(董仲舒: BC 179~104)는 '의'를 바르게 하고 '이로움'를 꾀하지 말며 그 도道를 밝히고 그 공功을 계책하지 말라[78]고 해서 '의'의 중요성을 말하였다. 국가 정치에서도 대의명분大義名分을 밝히는 일은 매우 중요한 일이다. 그러므로 군주가 신하에 '의'로 임하며 신하도 군주를 '의'로 섬긴다는 것이 바로 오륜五倫의 '군신유의君臣有義'이기도 하다. 주자朱子는 『맹자』의 「양혜왕장梁惠王章」에서 '인仁'은 마음의 덕이고 사랑의 리이며 '의'는 마음의 단제斷制이고 일의 마땅함이다[心之德 愛之理 義 心之制 事之宜]라고 주석하였다. '마음의 단제[心之制]'라고 한 것은 의義의 체體를 말한 것이며, 이것은 정자程子가 말하는 "사물을 처리하는 것을 의로 한다[處物爲義]"라는 것이다. '일의 마땅함[事之宜]'이란 것은 모든 세사에 각각 마땅한 곳에서 하는 말이다. 양웅(楊雄: BC 53~AD 18)은 의행義行으로써 일을 마땅히 한다고 하였고, 한유(韓愈: 768~824)는 행동行動을 마땅하게 함을 '의'라고 하였다. 일찍이 맹자와 고자告子는 인의仁義

73 『孟子』「告子上」. 心之所同然者 何也 謂理也義也 聖人先得我心之所同然耳.

74 위와 같음, 「公孫丑上」. 其爲氣也 配義與道 無是餒也.

75 위와 같음, 「公孫丑上」. 是集義所生者非義襲而取之也.

76 『論語』「憲問」. 見利思義 見危授命.

77 위와 같음, 「里仁」. 君子喩於義小人喩於利.

78 『春秋繁露』 卷17 「天道施第八十二」. 正其誼不謀其利 明其道不計其功.

를 가지고 내외內外로 나누어 논란한 바 있다. 맹자가 인의仁義의 선천성先天性을 인정하여 인의는 모두 내內라고 생각하는 데 비해서 고자는 끝내 인내의외설仁內義外說을 주장하고 있다. '의'를 마음의 단제라고 볼 때 그 '의'는 내內 또는 외外 어느 쪽에 속하는가 하는 이해는 매우 중요한 일이다. 정자가 "사물을 처리하는 것을 의로 한다"라고 한 것은 역시 외부와 관련된 표현이기는 하지만 그렇다고 해서 그의 '사물을 처리하는 것[處物]'이란 내內를 단절해버린 것은 아니다. 주자는 맹자뿐만 아니라 동중서 · 양웅 · 한유 · 정자 등의 견해를 참고로 해서 그 나름으로 '의'를 정의하기를 "'의'는 마음의 단제이고 일의 마땅함이다"고 하였으며, 퇴계 이황은 다시 이 주장을 따르게 되었다.

이황의 '의義'에 관한 생각은 '경敬'과 더불어 강력하게 주장된다. '경'과 '의'는 어느 한쪽도 버려서는 안 된다는 것이다. 오로지 집의集義에만 힘쓰고 주경主敬을 알지 못해 허교虛驕와 급박急迫의 병통이 있어서 그 '의'는 혹 '의'가 아니며 또한 오로지 '주경'만을 일삼고 일상생활 속에서 일어나는 모든 일에 공사의리公私義理의 분별을 해서 행동을 할 줄 모른다면, 혼궤昏憒와 잡요雜擾를 면할 수 없어 '경'이 혹 '경'이 아닐 수 있게 된다[79]고 한다. 즉 '경'은 '의'를 떠나서는 '경'일 수 없고 '의'는 '경'을 떠나서는 '의'일 수 없다는 이황의 그 견해는 그로 하여금 경공부敬工夫를 열심히 하게 하였고 '의'를 일관하여 실천하는 생애를 보내게 한 것으로 보인다. 『심경心經』을 애송함과 관계에의 진퇴는 이 '경'과 '의'를 명증明證해주는 것처럼 생각된다.

국가로 볼 때는 '이로움[利]'을 '이로움'으로 생각하지 말고 '의義'를 '이로움'으로 삼아야[80] 하며, 유자는 '의'와 '이利'를 엄격히 구분

---

79 『理學通錄』 卷3 余正叔條.

80 『大學』「傳10章」. 國不以利爲利以義爲利也.

할 줄 알아야[81] 한다. 그러나 여기서 주의해야 할 일은 '이로움'을 무조건 배척만 한다는 것이 아니라 정의正義를 목적으로 해서 수반된 이익利益은 당연한 것으로 유자는 이것을 바랄지언정 배척할 아무 이유도 없다. 그러므로 원래 '이로움[利]'이라는 것은 의의 조화[義之和][82]라고 하였던 것이다.

2. 충과 예

효자충신孝子忠臣이 사회의 거울로 흠모받던 시절의 '충忠'이란 어떤 것인가? 가치를 현실화하는 형식이 '예禮'라면 그 '예'는 과연 어떠한 것인가? 인의仁義를 '충'으로 터득하고 이 '충'을 '예'로써 구현한다는 것은 역시 사회에서는 바람직한 일이라고 하겠다.

A. 충

충성忠誠이니 충신이니 해서 대인관계에서 그것도 상하질서에서 강조되어온 것이다. 그러나 일반 사회에서 운위되어 오듯이 피상적 의미로 간과할 것이 아니다.

공자의 일관지도一貫之道를 충서忠恕로 증자曾子는 파악하였다. "부자夫子의 도道는 '충서'일 따름"이라고 하였다. 인의仁義는 원리적인 방면에서 한 말이요, 효제孝悌라고 함은 그 실천적인 방면에서 한 말이요, 성경誠敬이라고 함은 수양적 방면에서 한 말이요, 겸용謙勇이란 처사적處事的 방면에서, 근검勤儉은 그의 생활 방면에서, 지예知藝는 그의 문화적文華的 방면에서 한 말이니 '충서'라고 함은 대인 방면에서 하는 말이다.

---

81 『朱子百選』「上延平先生」. 義利之說 乃儒者第一義.

82 『周易』「乾卦」〈文言傳〉. 利者 義之和也.

인생은 어떠한 원리에서, 어떻게 수양하여 어떻게 실천하고, 어떻게 사람을 대하며, 어떻게 일을 처리하며, 어떻게 생활하며, 어떠한 문화文華가 있어야 할까 하는 문제들이 있다. 유학은 이러한 인생문제에 대하여 '인의', '효제', '성경', '충서', '겸용', '근검', '지예'로서 대답한다. '인의'는 유학적 원리의 요령이요, '성경'은 유학적 수양의 요법이며, '효제'는 유학의 실천적 요로要路인 것이요, '충서'는 유학의 대인적對人的 요결要訣인 것이며, '겸용'은 유학적 일 처리에 필요한 것이요, '근검'은 유학적 생활에 중요한 것이다. 그리고 또한 '지예'는 유학적 인간의 문화文華로서 장식하는 것이었다. 이러한 일련의 인간문제 속에서 '충서'는 사회생활에서 대인관계를 말해준다.『중용』에 의하면 "충서는 도道에서 어그러짐이 멀지 않으니 내 스스로 원하지 않는 것을 타인에게 베풀지 말라"고 언급되어 있다. '충서'가 더욱 중요한 것은 사회문제와 결합되어 있기 때문이다.

남송시대의 북계北溪 진순(陳淳: 1159~1223)은 "중심이 충이 되는데 이는 자기의 중심을 다하여 진실하지 않음이 없기 때문에 충이 된다[中心爲忠 是盡己之中心 無不實 故爲忠]"고 하였고, 주자朱子는 "충이란 자기의 마음을 다함이니 조금도 거짓됨이 없어 반드시 여기에서 근본한다. 그러므로 도道의 본체이다[忠者盡己之心 無少僞妄 以其必於此 而本焉 故曰道之體]"라고 하였으니, 내 마음에 맞게 함이 '충'이라고 보면, '서'는 그 마음을 미루어서 타인을 포용해가는 것이다. 즉 내 마음에 맞는다 함은 나의 주체라는 뜻이요, 따라서 자아 확립 없이 대인으로 미루어간다는 것은 불가능한 일이다. 확립된 자아, 즉 나의 주체에 기능성이 담긴 것이 '충'이라면 전후前後, 상하上下, 좌우左右의 사람들에게 원만한 행동이 이루어질 것이다.『대학』에

> '상上'에서 싫어하는 바를 '하下'에 부리지 말며 '하'에서 싫어하는 바를 '상'에 섬기지 말고, '전前'에서 싫어하는 바를 '후後'에 먼저 하

지 말며 '후'에 싫어하는 바를 '전'에 따르지 말며, '우右'에서 싫어하는 바를 '좌左'에 사귀지 말며 '좌'에서 싫어하는 바를 '우'에 사귀지 말라.[83]

고 했음은 '충'되도록 일러준 것으로 받아들여진다. 또 그토록 '충'이 쉽지 않음을 공자는 다음과 같이 한탄하고 있다.

군자의 도에 네 가지가 있는데 나는 그중 하나도 능하지 못하다. 아들에게 구하는 마음으로 아버지를 능히 섬기지 못하며 신하에게 구하는 마음으로 임금을 섬기는 일이 능치 못하며[未能] 동생에게 구하는 마음으로 형을 섬기는 일이 능치 못하며 붕우에게 구하는 마음으로 먼저 베푸는 일이 능치 못하다.[84]

부자 · 군신 · 형제 · 붕우 간에 원만한 대대對待는 '충'으로 말미암아서 달성된다는 뜻이다. 그래서 충신忠信을 주로 하라는[85] 말씀을 하기도 하고 언충신言忠信이나 또는 문행충신文行忠信이라고도 하였다. 맹자는 교인敎人을 선善으로써 함이 '충'이라고 하였다. 또 부자께서는 "충실하다면 가르쳐주지 않을 수 있겠는가"[86]라고 하여 '충'한 이에게 가르치지 않을 수 없음을 말하고 있다. 하필 가르치는 일뿐만이 아니라 '충'을 본체[體]로 한다면 모든 작용[用]은 바람직하다고 한 것이다. 이렇게 '충'은 다만 사회에 대하여서 보익성補益性이

83 『大學』「傳10章」. 所惡於上 無以使下 所惡於下 無以事上 所惡於前 無以先後 所惡於後 無以從前 所惡於右 無以交於左 所惡於左 無以交於右.

84 『中庸』「第13章」. 君子之道四丘未能一焉 所求乎子以事父未能也 所求乎臣以事君未能也 所求乎弟以事兄未能也 所求乎朋友先施之未能也.

85 『論語』「學而」. 主忠信.

86 위와 같음, 「憲問」. 忠焉能勿誨乎.

있을 뿐만 아니라 국가적으로의 귀일성歸一性도 있는 것이다. 원래 개인 자체가 중심中心을 다하여 상대자를 보익補益하여주는 의미를 국가 전체로 확대하여 생각할 때 전국의 중심으로 개개인의 중심이 귀일될 수 있음을 시사한다고 하겠다. 모든 인간이 자기의 중심을 다하여 타인을 보익하여준다면 그는 반드시 전체의 중심에로 귀일될 수 있는 것이다. 중심은 같지만 개인과 전체의 상위相違가 있을 따름이다. 자기의 중심을 다하여 전체의 중심으로 돌아가는 것이 군주에 대한 '충성忠誠'이다. 『논어』에 "사군이충事君以忠"[87]이나 『효경孝經』에 "효로 임금을 섬기면 충이다[以孝事君則忠]"[88]라고 함은 다 그 일례라고 하겠다. 그러나 현금現今에 와서는 '충효'의 원의는 상실되고 정치가 권력화하고 인간은 이기화利己化함으로써 '충'은 이미 개인의 중심에서 국가의 중심으로의 양심적 덕행이 아니라 도리어 외세를 빌려서 사욕을 채우는 방편적 폐단만이 남아서 '충'을 다만 봉건적封建的 잔재로 오해하고 있음을 밝게 명변明辨해야 할 것이다.

B. 예

『예기禮記』「곡례상曲禮上」에 의하면 '예禮'는 "공경하지 않음이 없다"[89]라고 하여 '경敬'에서 '예'가 생기는 것으로 표현되어 있다. 원래 '예禮'자의 구성을 보아 '예'가 가지는 시초의 의미를 짐작할 수 있다. '예禮'자는 '시示'와 '풍豊'을 모은 자이다. '示'는 원자原字가 '신神'자 가운데의 '示'만을 뗀 것이며, '示'는 또다시 '二'와 '小'를 합친 자이다. '二'는 '⺊'로서 '상上'을 뜻하며 '小'는 상천上天으로부터 일월성日月星의 광선光線이 내려비쳐주는 형상이요, '豊'은 '曲'과

---

87 위와 같음, 「八佾」.

88 『孝經』「經1章」. 以孝事君則忠.

89 『禮記』「曲禮上」. 毋不敬.

'豆'를 합친 바 '豆'는 제기祭器요 '曲'은 그릇에 제물祭物을 담은 모습이다. 제기에 제물을 담아서 신神에 올리는 경심敬心의 표현이 '예禮'라는 것이다. 시초에는 이렇듯이 신에게 제물을 바치는 형식으로 비롯된 것이나 천명天命의 정치를 하면서 이러한 경외지심敬畏之心은 '예禮'를 정치적 법제法制 · 사회적 전례典禮 · 윤리적 예의禮儀로 실천하도록 확대해갔다.

주관周官은 옛 주대周代의 법제를 기록한 것이며 이것은『주례周禮』라고 한다. 고대는 제정일치로 군주의 명령은 즉 천의天意라고 생각하였다. 법제는 곧 '예'요 예악정치禮樂政治를 이상으로 하는 유교에서 볼 때 왕도 실현에 매우 중요한 일로 생각되어왔다.

사회적 전례로서는『의례儀禮』·『예기禮記』에 기록된 바 길 · 흉 · 군 · 빈 · 가吉凶軍賓嘉의 오례五禮라든가 관 · 혼 · 상 · 제冠婚喪祭의 사대례四大禮 등을 열거할 수 있다. 보통 말하는 예의 형식은 주로 이 사회적 전례를 가리킨다. 풍속 · 습관 등이 여기에 속한다.

윤리적 예의란 오상五常의 '예'이다. 그러나 윤리적 예의라고 하더라도 정치적 법제와 사회적 전례와 전연 독립된 별종의 것을 말하는 것은 아니다. 사회적 의식이나 정치적 법제 내에 윤리적 의의를 인정해서 이것을 윤리적 예의라고 한다.[90]

'예'란 다만 형식적 의식만이 아니라 더욱 중한 본질적 의의를 갖고 있는 것이다. 형식면과 본질면을 아울러 가지고 있으므로 알맞은 실천이 어려워진다.

"예라 말하지만 어찌 옥백玉帛을 말하겠느냐"[91]라는 부자의 말씀에는 옥백이라는 형물形物 외에 보다 소중한 일면이 빠져서는 안 되겠다는 말이다. 임방林放이 '예'의 근본을 물었을 때 공자는

---

90 宇野哲人,『支那哲學概論』177쪽.

91『論語』「陽貨」. 禮云禮云玉帛云乎哉.

> 그 질문이 매우 크구나, '예'란 그 사치스런 것보다는 차라리 검소한 것이 낫고, 장례 절차를 쉽게 넘기는 것보다는 차라리 슬퍼하는 것이 낫다.[92]

고 하였다. 검소한 것이 낫고 슬퍼하는 것이 낫다고 하는 것이지 그것이 '예'의 근본이라고는 안 했다. 낫다는 것은 '예'의 근본에 가깝다는 말이다. '예'를 문門이라[93]고 함도 내(內: 本質)·외(外: 形式)가 마주 만나 있다는 점에서 '문'이라고 한 것이다. 뿐만 아니라 '예'가 가지는 양면의 또 하나로서는 인정면人情面과 절제면節制面을 들 수가 있다.

『예기』「방기坊記」에는 "'예'란 인정人情으로 인해서 절제節制를 하는 것"[94]으로 설명되어 있다. 인정이 치우치면 절제가 안 되고 절제가 지나치다 보면 인정에 금이 가는 염려가 생긴다. 그러므로 유자有子는

> '예'의 쓰임[用]이 '화합[和]'이 귀한 것인데 선왕先王의 도道는 아름다운지라 소대小大가 다 이에 말미암느니라. 행하지 못할 바 있으니 화합할 것을 알아서 화합하기만 하고 예로서 절제치 아니하면 또한 가히 행치 못하느니라.[95]

라고 한 것을 볼 때 인정으로 말미암아서 절제가 무시되지도 않는

---

92 위와 같음,「八佾」. 林放問禮之本 子曰大哉問 禮與其奢也寧儉 喪與其易也寧戚.

93 『孟子』「萬章下」. 禮門也.

94 『禮記』「坊記」. 因人之情 而爲之節文以爲民坊者也.

95 『論語』「學而」. 有子曰 禮之用和爲貴 先王之道 斯爲美 小大由之 有所不行 知和而和 不以禮節之 亦不可行也.

이른바 화합이 귀하다는 것이며 선왕의 도란 다 이와 같이 해서 아름답다고 한 것이다. 맹자에 따르면 "인의 실상은 어버이를 섬기는 것이 이것이다. 의의 실상은 형을 따르는 것이 이것이다. 예의 실상은 이 두 가지를 절문節文하는 것이 이것이다"[96]고 하였고, 순자는 '예'는 인도의 지극함이라고 하였다. 주자朱子는 이어서 '예'를 천리天理의 절문節文이요 인사人事의 의칙儀則이라고 정의하였다.

공자는 '예' 이전에 소중함이 있음을 가르쳐준다. "사람이 인仁하지 못하면 예禮가 있은들 무엇 하랴"[97]고 한 말이나, "그림 그리는 일은 소素한 뒤의 일"[98]이라고 한 말들은 다 '예' 이전에 인간이 되어야 한다는 뜻으로 이해된다.

'예'는 공경하지 않음이 없음[毋不敬]이어야 함은 더 말할 것도 없으려니와, 살아서도 '예'로 모시고 돌아가신 뒤에도 '예'로 모시고 오래오래 제사祭祀로써 '예'를 드리는 일은 사회 안정을 위해서 매우 중요한 일이 아닐 수 없다.

Ⅳ. 유학 윤리사상의 변천

1. 중국의 윤리사상

경천사상敬天思想은 중국 문화의 시원을 이루고 있으며 정치 · 도덕 · 종교의 근간根幹으로 일관되어왔다. 수신修身 · 제가齊家 · 치국

96 『孟子』「離婁上」. 孟子曰 仁之實 事親是也 義之實 從兄是也. (……) 禮之實, 節文斯二者是也.

97 『論語』「八佾」. 子曰 人而不仁 如禮何 人而不仁 如樂何.

98 위와 같음, 「八佾」. 繪事後素.

治國 · 평천하平天下의 유학 이론에서 '수신'은 대자적對自的으로 '제가' · '치국' · '평천하'는 대타적對他的으로 윤리설을 형성하여갔다. '수신'은 각가各家의 수양설修養說을, 그리고 '제치齊治'는 충효忠孝의 가치관을 정립하기에 이르렀다. 편의상 선진한당대先秦漢唐代와 송명청대宋明淸代로 나누어서 살펴본다.

A. 선진한당대

중국 고대사회의 윤리설은 대부분이 군신君臣 간의 문답을 통해서 알 수 있고 그 내용도 '치국' · '평천하'에 관한 것이 많고 개인 간의 윤리설은 거의 보이지 않는다. 요순시대堯舜時代부터 가족윤리는 백행百行의 근본으로 생각되어온 것이 『맹자』「고자하告子下」편에 "요순의 도는 '효제孝弟'뿐"[99]이라고 한 것이나, 『상서尙書』의 요순이전堯舜二典에 비추어 대략 그 명백함을 볼 수 있다. 『상서』「요전堯典」에 의하면, 요임금은 자신의 덕을 추광推廣해서 한 몸으로부터 한 가정에 한 가정으로부터 한 나라에 한 나라로부터 천하에 미칠 것을 말하고 있다.[100] 따라서 요임금의 윤리는 수修 · 제齊 · 치治 · 평平을 근본으로 해서 후세에 공자 · 자사 · 맹자 등이 『대학』이나 『중용』이나 『맹자』에서 언급한 삼강령三綱領 · 팔조목八條目과 같은 것도 이 사상에 기본된 것으로 이해되고 있다.

요임금은 효제화친孝弟和親의 도덕道德을 근본으로 하였으니 이것은 중국 특유의 가족제도에서 비롯된 것이다. 요임금의 "이친구족以親九族"이란 말은 후세 공자로 하여금 부자의 도를 제일로 하는 근거가 된 것으로 효孝를 수행하는 사람이 충신忠臣이 될 수 있다고 생각

---

99 『孟子』「告子下」. 堯舜之道 孝弟而已矣.

100 『書經』「堯典」. 克明峻德 以親九族 九族旣睦 平章百姓 百姓昭明 協和萬邦 黎民於變時雍.

하여 충신은 효자의 문에서 난다고 하기에 이르렀다.

순임금은 요임금의 수修·제齊·치治·평平의 윤리를 대체로 계승하였다. 신휘오전愼徽五典이라는 순임금의 말을 보아서 알 수 있고, 오전五典 즉 군신·부자·부부·형제·붕우의 윤리는 모두 가족제도에 있어서 중요한 덕목이다. 순임금 시대에 특히 비교되는 것은 집중執中의 가르침, 즉 중中의 가치관이라고 할 것이다. '중'이란 중용中庸을 말하는 것이며 모든 일에 극단을 취하지 않고 불편부의不偏不倚와 과불급過不及이 없음을 말한다. 공자는 말하기를

> 순임금은 대지大知이시다. 묻기를 좋아하며 가까운 말[邇言]을 살피기를 좋아하며 악惡은 숨기고 선善을 선양宣揚하되 양단兩端을 잡고 그 '중中'으로 백성을 다스리니 이것이 순임금된 소이인가 보다.[101]

라고 한 점을 미루어 중용의 덕은 순임금에 의해서 굳어져간 것으로 보인다. 물론 중용의 도는 요임금으로부터 발원된 것[102]이기는 하나 스스로 중도中道를 실천하여 억조億兆의 군상君上이 된 것은 순임금의 덕이라고 하겠다. 순임금의 '중'의 가치는 다시 기자箕子에 의해서 이어져갔다.

기자를 가리켜서 공자는 은殷나라의 삼인三仁 가운데 한 사람으로 추장推奬하였다. 『사기史記』에서는 무왕武王이 은나라를 정복한 뒤에 기자를 찾아 천도天道를 물었을 때 「홍범洪範」을 제시해주었다고 전한다. 이 「홍범」은 기자가 생각하는 국가통치의 대경대법大經大法이요 행위 범주인 것이다. 그 내용을 보면 개인적인 수양으로 모·언

---

101 『中庸』「第6章」. 子曰 舜其大知也與 舜好問而好察邇言 隱惡而揚善 執其兩端 用其中於民 其斯以爲舜乎.

102 『論語』「堯曰」. 堯曰咨爾舜 天之厤數在爾躬 允執其中 四海困窮 天祿永終.

·시·청·사貌言視聽思의 오사五事와 군상의 삼덕三德으로 정직正直, 강유剛柔의 조화를 주장하고 대중지정大中至正의 황극皇極을 강조하여 중용의 덕이 언급되어 있다. 오사五事는 고대의 수기법修己法으로 후세 공자는 "군자에 구사九思가 있다"[103] 하여 이것을 부연하고 있다.

주공周公은 예악형정禮樂刑政을 크게 완성하여 봉건제도를 남긴 성인으로 그의 가치 중심은 문무文武의 도道를 계승하여 '예禮'를 사회적으로 실현하는 데 있었다. 공자·자사·맹자에 의해서 '예'가 중시되었고 더욱이 순자에 이르러서는 '예'를 입교立敎의 근본으로 삼았다. 맹자는 '예'를 선천적인 것으로 이해한 데 비교해서 순자는 성인의 작위作爲라고 보았으나 다 같이 예교禮敎를 중요시한 것은 주공에 연유한 것이라고 하겠다.

공자는 요堯·순舜·우禹·탕湯·문무文武·주공周公의 도통을 이어서 유학을 집대성하였다. 주공을 몹시 사모하여 말년에는 꿈에조차 보이지 않음을 한탄하고 있다.[104] 공자는 주공의 예악을 높이기는 하였으나 '인仁'을 앞세우고 모든 가치의 근원을 여기에 두었다. 그러므로 예악이 소중하기는 하지만 우선 사람이 '인仁'해야 한다[105]고 말한다. 사람이 '인'하지 못하면 제도상에 예악이 아무리 정비되어 있다고 하더라도 무의미하다는 것이다. 그리하여 공자는 바람직한 인간상을 군자로 그리게 되었다. 지智·인仁·용勇 세 가지의 조화는 군자의 인격이기도 하거니와 인자仁者는 사람을 사랑하

103 위와 같음,「季氏」. 孔子曰君子有九思 視思明 聽思聰 色思溫 貌思恭 言思忠 事思敬 疑思問 忿思難 見得思義.

104 위와 같음,「述而」. 子曰甚矣 吾衰也 久矣吾不復夢見周公.

105 위와 같음,「八佾」. 子曰 人而不仁 如禮何 人而不仁 如樂何.

고[106] 지자知者는 사람을 안다[107]고 한 말들은 모두 사람됨을 중요시한 공자의 표현이다.

자사는 '성誠'을 우주의 근본이라고 하였고 인성人性이 또한 여기서 벗어나지 않는다고 보았다. 그리하여 천인 간의 '성'을 최고 가치로 생각하였다.

맹자는 공자와 자사의 인간 중시의 경향에서 인간의 의리를 역설함과 동시에 인성이 선함을 창설創設하여 가치 기준을 비로소 선에 놓았다. 성선설性善說은 만고의 창견이며 의리를 높임은 사회윤리의 가치를 밝힌 것으로 맹자학설의 주된 공헌면이기도 하다.

주나라 말기에 처사處士들이 횡의橫議하고 백가百家들이 아울러 일어났으나 진秦나라에 의하여 잠식되었다. 한대漢代에 이르러 유학이 높여졌으나 치경자治經者들이 고훈故訓을 되찾는 데 겨를이 없었고, 위진魏晋 이후 난중亂中에 학자學者들은 시세時勢를 따르는 데 불과하였다. 불교 도입으로 인도사상을 피상적으로 이해하거나 청담淸談을 일삼는 풍風은 당唐나라가 일어나면서 새롭게 전환되어갔으나, 이 시기의 윤리로 말하면 특별히 유학의 측면에서 언급할 만한 것이 별로 없다. 한대의 동중서董仲舒, 당대唐代의 한유韓愈가 있기는 하나 도가道家나 불가佛家의 사상은 사회윤리의 소극성을 조장하고 적극면의 일조가 되기는 어려웠던 시기라고 할 것이다.

B. 송명청대

오대五代의 난亂은 중국의 암흑시대였으나 송宋나라 태조太祖에 의해서 천하가 통일되었고, 특히 공자를 지성문선왕至聖文宣王으로 시호하는 한편 많은 문헌을 편찬하여 유학을 장려하는 데 힘썼다. 명

---

106 위와 같음, 「顔淵」. 樊遲問仁 子曰愛人..

107 위와 같음, 「顔淵」. 問知子曰知人.

대明代도 또한 태조의 유다른[두드러진] 배려로 유자를 등용하고 예악을 진흥시키고 국자감國子監을 두어 인재를 교육하여 기강진숙紀綱振肅에 일신一新을 기했다. 청대淸代의 학술은 한학漢學 · 송학宋學 · 고증학考證學 · 실학實學 등을 들 수 있으나 대체로 서구사상이 수입되면서 그 수용에 전통이 동요되어가는 시기라고 하겠다.

주돈이周敦頤는 순수지선純粹至善을 인간의 최고가치로 보아 성인을 그 대표자라고 생각한다. 즉 인간의 본성은 '성誠'이라고 할 수 있고 이것은 천부적이라는 것이다. 천天의 측면으로 보면 태극太極이라 하고 사람의 측면에서는 '성誠'이라고 한다. 이름은 다르지만 필경은 동일불이同一不二한 것이니 「태극도설太極圖說」에 인극人極이라고 함이 바로 '성誠'이라는 것이다. 주돈이는 본체本體를 정지적인 것으로 이해하므로 '성誠'도 당연히 정지적인 것이며 고요하여 움직이지 않는다[寂然不動]고 본다. 정지간의 지선至善은 외물에 접해서 느끼는 순간에 선악善惡의 구별이 생기게 된다. 그래서 성인은 주정主靜으로 인극人極을 세운다고 그는 말한다.[108] 오성五性이 감동해서 악惡이 생김은 욕심欲心 때문이라고 하여 무욕無欲을 이상으로 한다. 일찍이 맹자는 "마음을 기르는 것은 과욕寡欲보다 더 좋은 것이 없다"[109]고 한 바 있으나 그는 진일보해서 무욕無欲을 주장하고 있다. 그는 수양법으로 말하면 한마디로 신동무욕愼動無欲으로 요약된다. 과욕에서 욕무欲無로 발전시킨 것은 노자사상에 근본한 것으로 보인다. 요컨대 '성誠'과 중정인의中正仁義를 내세워 성인을 인간의 규범이라고 함은 그의 윤리관에서 유래되는 것이다.

횡거橫渠 장재(張載: 1020~1077)는 인간의 타락을 기질氣質의 탓이라고 생각하여 그의 윤리설은 기질변화론氣質變化論이 기초를 이루

---

108 『性理大全』「太極圖說」. 主靜立人極.

109 『孟子』「盡心下」. 養心莫大於寡欲.

고 있다. 사람의 기질에는 편정偏正과 청탁淸濁이 있으나 치우친 것[偏者]도 수양의 결과에 따라서 천지天地의 본성[性]으로 복귀할 수 있으므로 사람들이 학문하는 목적은 그 기질을 변화시키는 데 있다는 것이다. 기질의 정편正偏이 천부이기는 하지만 수양에 의해서 변화의 가능성이 있고 그 방법으로 두 가지를 제시한다. 즉 내면적인 수양으로는 마음을 바르게 하여 허심평탄虛心平坦을 유지하도록 하며, 외면적으로는 예禮를 중시한다는 것이다. 장재의 이러한 주장은 『주역』과 노자老子와 불교사상佛敎思想을 종합하여 그의 특유한 실재론實在論을 구성하였다. 이 본체론本體論을 기초로 하여 철학적인 조직으로 윤리설을 세웠으며, 맹자 이후에 주돈이를 이어서 '예禮'를 주장하게 된 것이다. 그는 인성의 문제에 관해서 본연本然과 기질氣質로 구분하여 말한[分說] 것은 그의 창견이며 맹자와 순자를 포용하는 데 기인한 것으로 보인다.

이천伊川 정이(程頤: 1033~1097) 학문의 특징은 분석적이요, 주지적인 데 있다. 그의 형인 명도明道 정호(程顥: 1032~1085)의 학설에 있어서 논리상 불비不備한 점을 충실히 하고 확대하였다. 이정자二程子는 동심협력同心協力해서 성학聖學을 창도唱導하여 그 학문의 경향을 대체로 같이 하고 있다. 다만 성격 차이에서 정호는 직각直覺을 말하고 정이는 성경誠敬과 치지致知의 두 가지를 대오관철大悟貫徹의 방법으로 생각하였다. 즉 정이의 역점은 '성경'과 '치지'를 위한 함양涵養과 진학進學에 있다. 용경用敬을 통해서 '함양'을, '치지'로 말미암아서 '진학'을 도모한다.[110] 그리고 정이에서 새롭게 주창된 것이 바로 '경敬'을 주일무적主一無適으로 설명한 점이다. '하나[一]'를 주로 해서 나아감이 없음이 주일무적이며, 그의 이러한 주장은 앞으로 유자들의 경공부敬工夫를 강조하는 계기가 되었다.

---

110 『二程全書』 卷18「劉元承手編」 7쪽. 涵養須用敬 進學則在致知.

정호는 일찍이 '성경誠敬'을 물아일체物我一體의 경지에 들어야 비로소 '인仁'을 체득할 수 있다고 말한 바, 주자朱子도 또한 정호의 뜻을 얻음으로써 '인'의 극치로 생각하는 동시에 '인'의 체體를 분석적으로 연구하여 학적 체계를 이루었다. 즉 그는 '인'을 가지고 건원乾元의 덕德으로 비유하여 도덕연원으로 삼고 전대미문前代未聞의 '인'의 대조직을 완성하였다. 그의 주장에 따르면 극기복례克己復禮 · 충서忠恕 · 사단四端 · 박애博愛 등만이 '인' 가운데 총합되는 것이 아니라 이 밖에 고대의 삼덕구덕三德九德은 물론 오상五常도 인체仁體를 분석한 일부분에 불과하다는 것이다. 즉 '인'이란 천지에 있어서는 앙연坱然히 만물을 생성하는[生物] 마음이요, 사람에 있어서는 온연溫然히 사람을 사랑하고 타인을 이롭게 하는 마음이며, 사덕四德을 포용하는 마음이라고[111] 한다. 환언하면 '인'이란 윤도倫道의 이법이라는 것이다. 그러나 이것은 '인'을 광의廣義로 해석한 것이고 협의狹義의 '인'이란 "마음의 덕이며 사랑의 이치"라고 하여 학적인 설명을 시도하고 있다. 공자 당대나 또는 제자들에 의한 '인'의 설명이 매우 막연하였으나 주자의 출현으로 비로소 전반적인 해의를 얻은 것은 그의 큰 공헌이다. 정이의 수양법을 계승하여 거경居敬과 궁리窮理를 들고 있다. '거경'이란 주일무적主一無適을 이어받은 것으로 자기의 덕성을 함양하는 즉 심리적인 수양을 의미한다. '궁리'란 널리 사물의 이치를 궁구하여 지식을 확충하는 즉 학업에 의한 지식 연마를 말한다. 존덕성尊德性의 내적 수양과 도문학道問學의 외적 궁리는 주자 수양의 방법적 양면이라고 하겠다. 주자의 이와 같은 방법보다는 내외무분內外無分의 합일연마[合一修鍊]을 사상事上에서 구체적으로 거듭함이 옳다는 견해를 내세운 것이 양명陽明 왕수인(王守仁: 1473~1528)이었다.

---

111 『朱子大全』 卷67 「仁說」.

상산象山 육구연(陸九淵: 1139~1192)의 심즉리설心卽理說을 계승한 왕수인은 소위 지행합일론知行合一論으로 재래의 방법론에 맞섰다. '지知'와 '행行'을 이분二分할 수 없는 상호연관을 가진 것으로 본다. 마음 밖에 따로 리理가 있는 것이 아니므로 '치지致知'란 사상事上에 치양지致良知하는 것이며 실행實行이 수반하지 않는 '지知'는 진지眞知일 수 없다는 것이다. 지행知行이 합일되지 않은 지식은 공상에 불과하다. 주자와 같이 '지식[知]'을 경험적 지식이라고 하여 널리 사물의 이치를 궁구함이 치지라면 당연히 선지후행先知後行이 되나 왕수인은 물심일여物心一如로 보아 '지식'이라고 하면 이미 리는 밝고 행동이 필연적으로 따른다고 한다. 지식은 즉 행동의 시작이며 행동은 지식의 완성이라고 한 그의 제창은 이론만 진술하고 실행을 등한시하던 당시 학계에 일대 경종이 아닐 수 없었다.

청조淸朝의 학문은 명나라의 유신遺臣과 황종희黃宗羲, 고염무顧炎武 등에 의하여 비롯되었고, 황종희는 양명학陽明學을 고염무는 송학宋學을 주로 하면서 한당훈고학漢唐訓詁學과 청조고증학淸朝考證學을 겸하였다. 이옹李顒의 개과일신설改過日新說은 야소교적耶蘇敎的 색채가 짙다. 강희시대康熙時代에는 송학을 존중하고 송학을 절충하기도 하였다. 건륭시대乾隆時代에는 한학이 성행하였다. 청조 학술이 정밀을 다한 것은 한학漢學 발흥에 힘입은 바 크다. 그들은 송학을 풍영風影과 같이 공소한 것이므로 보잘것없는 것이라 평하고 모름지기 한당훈고학을 주로 하며 고증을 정확히 해서 경서의 진의를 밝히는 데 힘쓸 것이며 스스로 실사구시實事求是의 학문이라고 칭하였다. 고증은 때때로 성인의 도를 밝히는 일을 잃어버리고 도리어 고증 자체에 몰두하는 폐단도 생기게 되었다. 고증학은 명말청초明末淸初에 도래渡來한 서양의 학풍에 영향되었다고 할 것이다. 이 시기의 실사구시는 "하루 생존하면[一日生存] 마땅히 생민生民을 위해서 하루의 일[一日之事]을 변별해야 한다"는 표어로 자기 사상의 본지를 삼고 실용주의를 가지고 일체의 학문에 임하였다. 그의 사상은 고대로는 묵자墨子에 가까운 바 있고 근대에 구한다면 근대 사회주의의 "일하지 않는 자는 먹지 말라"는 사상에 가깝다. 송학을 엄격하게 책문嘖問하면서 실학實學을 강하게 주장하였다. 정신도덕으로부터 물질과학으로 그 가치의식의 전이의 자취를 볼 수가 있다.

2. 한국의 윤리사상

외래사상에 물들지 않았던 고대 한민족의 순수한 감정을 밝혀내는 일은 오늘과 같이 부족한 사료史料에서는 어려운 일이다. 그러나 우리 고유의 것이 마치 없는 것처럼 속단하거나 착각해서는 안 될 것이다.

이 땅에 아직 외래사상이 전래되기 이전에 순수했던 우리 민족 감정이 외래문화를 100퍼센트 거절했다면 종류 여하를 막론하고 상륙하지 못하였을 것이다. 받아들이기 전의 생활은 타의에서가 아닌 자신의 소신대로 영위되었을 것은 물론이니 환원하여 주체적으로 살았다는 뜻이기도 하다. 여기 처음으로 유학이 전래되었다. 처참한 전쟁에 굴복된 민족이 이국의 문화를 강요당한 경우가 아니라면 자발적인 수용 속에 주체의식이 맥 뛰어 있었으리라고 추측된다. 이질 문화의 접촉 속에서 작용된 주체의식은 곧 신문화소화新文化消化의 효소 구실을 했을 것이요, 동시에 토착화하는 원동력이 되었으리라고 생각된다. 한국에 전래된 최초의 외래문화가 유교였다면 그것을 받아들인 우리 선인들의 태도 속에서 이 점이 간과되어서는 안 될 것이다. 거부 반응 없이 수용됨은 그 이전에 민족 개성 속에 유학적 기질을 생각할 수 있고 따라서 능동적, 주체적으로 소화하였음을 주의 깊게 보아야 할 것이다. 국조단군國祖檀君의 건국 이래로 고려 말까지를 먼저 살펴본 다음에 조선시대를 언급하고자 한다.

A. 단기 이후 여말까지

고구려시대 유학이 전래되기 이전은 즉 한민족이 고유 문화로 살아온 시기라고 하겠다. 단군의 건국이념이 말해주듯이[112] 홍익인간弘益人間의 이상은 국민의 평화와 이용후생利用厚生의 근간이었고 사회생활의 지침이었다. 여기 인간이란 표현은 정치적인 의미의 국민이라는 용어와 비교되는 점에 주의해야 할 것이다.

기자箕子의 금팔조禁八條는 그전 조항이 전해오지를 않아 알 길이 없으나, 살인자에게는 사형을, 상인자傷人者에게는 벌금을 가한다는 내용은 고대 각국 벌칙의 공통점이라고 하겠지만 이 시기에 특별히 중시된 것은 남녀풍기에 유달리 엄했다는 사실이다.[113] 사회윤리의 기강으로서 남녀문제를 무겁게 취급함은 "부부는 인륜의 시작"[114]이라고 보는 유학윤리에 부응되는 일이다.

고구려시대에는 이미 태학太學을 세워서 교육을 시작했다(372)는 역사의 기록으로 미루어 일찍이 유학이 도입되었다고 보아야 할 것이며, 그 교육도 우리의 고유 사상을 토대로 한 유학이 그 내용이었으리라고 짐작된다. 즉 홍익인간이나 금팔조라는 사회사상 위에 유학교육이 실시되었다고 해야 할 것이다. 또한 고구려 당대에 혼례풍속婚禮風俗이 현대의 자유 결혼에 가까운 면이 있었음은 놀랄 만한 일이다. 부부의 윤리를 중요시함은 기자 이후의 전통이지만 남녀가 서로 기뻐하고 승낙되어야 성혼이 되었다[115]는 것은 당사자의 의

---

112 『三國遺事』「古朝鮮條」. 昔有桓因庶子桓雄數意天下貪求人世 父知子意下視三危太伯可以弘益人間.

113 『漢書地理志』「燕條」. 古來樂浪祖先民間有犯禁八條 其一曰相殺以當時償殺 其二曰相傷以穀償 其三曰相盜者男沒入爲其家奴女子爲婢欲自贖者人五十萬 (……) 國俗猶恥之嫁娶無配匹 是以其民終不相盜無門戶之閉婦人貞信不淫僻云.

114 『易傳』「咸卦」. 夫婦人倫之始.

115 『北史』「高句麗傳」. 有婚嫁取男女相悅卽爲之;『隋書』「高麗傳」.

견을 최대한으로 존중한다는 오늘날에 비추어 매우 선견先見의 풍속[風]이 아닐 수 없다고 하겠다.

신라시대의 사회를 지배한 가치의식으로는 화랑정신花郞精神을 들 수 있다. 남모南毛와 준정俊貞의 두 미녀를 골라서 원화源花로 삼고 300여 인이 모여 학덕을 쌓는 일로부터 비롯된 것이 미모의 덕이 있는 남자 1인을 택해서 화랑花郞으로 삼도록 고쳐진 뒤로 이 집단은 효제충신孝悌忠信의 교육을 더욱 힘써 받게 되었고, 사회적으로도 상경하순上敬下順하며 오상五常과 육예六藝와 삼사三師와 육정六正이 널리 세상에 행하여지게 되었다.[116] 제도상으로나 이념상으로 유학이 토착화되어감을 여기서 엿볼 수 있고 실제로 사회에 많은 기여를 하였다. 그들은 서로 도의를 상마相磨하고 가락歌樂을 즐기며 산수山水에 널리 노닐면서 사람들의 사정邪正을 살펴서 선한 사람을 조정에 추천하는 것[117]이 특징이기도 하였다. 원광법사圓光法師의 세속오계世俗五戒인 사군이충事君以忠 · 사친이효事親以孝 · 교우이신交友以信 · 임전무퇴臨戰無退 · 살생유택殺生有擇 중의 끝 일계一戒를 제외하고는 모두 유학의 윤리덕목임은 자명한 일이다. 신라가 융흥강성隆興强盛하게 된 것은 이러한 시대정신에 기인하는 바 크다고 할 것이다.

고려시대에 유학을 가장 높인 치자治者는 성종成宗이며 당시의 유신으로 최승로(崔承老: 927~989)가 유명하다. 그는 모든 일에 유학의 도리로 임하고자 하였고 또 그와 같은 정신으로 성종을 보필하였다.

---

116 『三國遺事』 卷3 「彌勒仙花 未尸郎 眞慈師」. 天性風味 多尙神仙 (……) 敎之以孝悌忠信 亦理國之大要也 (……) 選良家男子有德行者 改爲花娘 始奉薛原郞爲國仙 此花郞國仙之始 故竪碑於溟州 自此使人悛惡更善 上敬下順 五常(仁義禮智信)六藝(禮樂射御書數) 三師(太師太傅太保 皆師傅之官也)六正(聖臣良臣忠臣智臣貞臣直臣) 廣行於代.

117 『三國史記』 「新羅本記」 〈眞興王 37年條〉. 或相磨以道義 或相悅以歌樂 遊娛山水 無遠不至 因此知其人邪正 擇其善者 薦之於朝.

성종에게 글을 올려서 윤리기강을 진작할 것을 건의하기도 하였다. 20여 조를 상서上書한 중에서

> 화하(華夏: 중국)의 제도는 반드시 준수해야 할 것이나 사방의 습속이 다르므로 알맞도록 다 고칠 수는 없습니다. 예악시서禮樂詩書의 가르침과 군신부자의 도리는 마땅히 중화(中華: 중국)를 따라서 비루한 풍속을 일신해야 합니다.[118]

라고 건의된 부분을 볼 때 유학의 교육과 윤리의 긴요성을 강조하여 치가리국治家理國의 법으로 삼고 있음을 알 수 있다. 이러한 치효治效는 고려사회의 강상을 견고히 해주었고 말기에 포은圃隱 정몽주(鄭夢周: 1337~1392)와 같은 충신이 나올 수 있을 만큼 군신부자의 충효의 도가 국가나 가정윤리의 근간을 이루고 있었다.

B. 조선시대

고려 말에 주자학朱子學이 전래한 후로는 종래의 문장이나 시부詩賦 위주, 또는 경서經書에 통하고 사기史記를 밝히는 학풍이 점차로 일신되어 조선시대에는 유학에서도 특히 성리학性理學을 연구하는 경향으로 옮겨가면서 조선문화의 특징을 형성하여갔다. 이태조李太祖의 등극으로 인한 사회 변동, 무오사화戊午士禍 · 갑자사화甲子士禍와 을묘사화己卯士禍 · 을사사화乙巳士禍로 말미암는 조야朝野의 충격, 임진壬辰과 병자丙子의 양국란 등은 조선시대 가치 의식에 굴곡을 점철해갔다.

태조의 조선 건국을 전후해서 심각했던 윤리문제는 고려조의 군

118 『三國史記』「新羅本記」〈眞興王 37年條〉. 或相磨以道義 或相悅以歌樂 遊娛山水 無遠不至 因此知其人邪正 擇其善者 薦之於朝.

신부자의 충효관에 비추어 불사이군不事二君이라는 군신의 의리에 있었다. 선죽교善竹橋에서 희생된 정몽주는 고려왕조를 지키려는 절의節義를 사수하였고, 조선 초기의 건국공신 중에는 고려조의 일부 구신舊臣들도 참여하고 있다. 혹은 일생을 수절守節하고 산림에 은둔하여 재숙齋塾을 사설私設하고 학도學徒를 모아 교육에 종사하는 인사도 있었다. 요컨대 정치 변동은 군신의 의라는 가치의식으로 옛 조정[舊朝]을 고수하는 측과 새로운 조정[新朝]에 출사하는 측의 두 경향으로 갈라놓았다. 출사한 조신朝臣들은 공신功臣으로 출세하고 수절한 옛 신하들은 산야山野에서 강상을 심는 역군役軍이 되었다. 이렇게 해서 절의를 지킨 정상이 포은 정몽주이며, 출사공신의 정상을 삼봉三峯 정도전鄭道傳이 차지하였으며, 관계의 양반과 산림의 선비의 시원을 이루어주었다.

옛 임금을 지키려는 충절忠節은 단종복위端宗復位 문제로 인하여 사육신死六臣에 의한 절의로 계승된다. 비록 복위는 실패하였으나 성삼문成三問 외 5명의 충의는 조선 윤리사에 장을 이룬다.

점필재佔畢齋 김종직(金宗直: 1431~1492)은 「조의제문弔義帝文」을 지어 사군事君의 충성을 그 속에 담았다. 사국史局에서 이것을 문제삼아 연산군燕山君의 처단으로 사화를 초래했으니 유자들의 수난사受難史는 여기서부터 시작되었다. 세조世祖가 단종端宗을 폐위시킴으로 해서 일어나는 현상은 정치권력으로 진정시켰으나, 생육신生六臣·사육신死六臣의 역사는 막을 수가 없었고, 이러한 흐름은 김종직·김굉필金宏弼·정여창鄭汝昌 이하 40여 명에게 또다시 화를 불러다주었다.

김종직은 사회의 풍속이 어지러워지고 정치가 잘 되지 않는 병통의 근원을 학교강학이 분명하지 않은 데 있다[119]고 지적하면서 학교

---

119 『佔畢齋集』 卷1 「與密陽鄉校諸子書」 22쪽. 鄉閭風俗所以澆漓 朝廷政化所以壅閼

교육이 훌륭하게 이루어지면 효제충신孝悌忠信의 정교를 잘 지켜서 사회도 안정되며 오륜의 질서가 서서 사방의 백성들이 각각 직분에 편안할 것이라[120]고 하였다. 비록 화禍가 사후에 미쳐서 부관참시剖棺斬屍를 당하였으나 그 사상의 흐름은 제자들에 의해서 연면連綿하게 이어져갔다. 한훤당寒暄堂 김굉필(1454~1504)과 일두一蠹 정여창(1450~1504)은 유명한 그의 제자이다.

김굉필은 김종직에게 직접 수학한 사람이다. 일찍이 『창려집昌黎集』을 애독하였고 권고勸告에 따라서 『소학小學』을 30세에 이르기까지 열심히 공부하였다고 한다. 그는 성경誠敬을 매우 중시하였고 존양성찰存養省察을 체體로 하고 수제치평修齊治平을 용用으로 삼아서 대성大聖의 지경을 실현하는 것을 이상으로 생각하였다.[121] 정암靜庵 조광조(趙光祖: 1482~1519)와 사재思齋 김정국(金正國: 1485~1541)은 그의 고족제자이기도 하다.

정여창은 어려서 선고先考를 잃었고 독학獨學으로 대성한 거유巨儒이다. 일찍이 고자孤子됨을 슬퍼하여 모친母親을 지성至誠으로 봉양한 그의 효행孝行이 높이 평가되고 있다. 항상 자모慈母의 곁을 떠나지 않고 모친의 마음을 위열慰悅하는 데 게을리하지 않았다. 그의 학문이 지리산智異山 속에서의 수련을 거쳐 높은 경지에 이르렀고 『용학주소庸學註疏』와 『주객문답主客問答』, 『진수잡저進修雜著』 등의 저서가 있었으나 무오사화 때 부인에 의하여 소각되었다고 전한다. 비록 학문 전모를 알 길이 없으나 그의 독실한 효도는 사우에 의해서 길이 전해지고 있다. 무도한 연산군을 폐하고 정국이 반정反正됨

其病源專在於學校講學之不明也.

120 위와 같음, 卷1 「與密陽鄕校諸子書」 22쪽. 講學苟明則孝悌忠信之敎 人人服習 由庠序而及閭巷 薰蒸條鬯不能自已 五倫各得其序 四民各安其業 比屋可封之俗.

121 『景賢錄』 제2책 「(金宏弼)行狀」 〈高峯撰〉. 先生日誦小學大學書以爲規模 探賾六經 力持誠敬 以存養省察爲體 修齊治平爲用 斯至大聖閫域.

에 따라서 인재를 등용하여 선정善政을 펴려 할 때 전야의 사림士林들이 새로운 의기를 얻게 되었으며, 이 당시에 등장한 이가 조광조이다. 공맹의 도를 정치나 경제나 교화에 실제로 구현하려는 것이 시대적 요구이기도 하였다. 조광조는 중종中宗을 모시면서 도학道學을 높이고 인심人心을 바로잡으며 성현聖賢을 본받고 선정善政을 진작振作한다는 데 목표를 두었다.[122] 이 실현을 위해서 그는 인간의 성실誠實을 강조한다.[123] 더욱이 정치는 군심君心이 근본됨을 역설하여 시강侍講에 주력하였고 신독愼獨과 성실誠實의 공부로 자신의 변화[自化]를 기약하였다. 보수 세력에 그의 이상인 지치 실현至治實現이 좌절되기는 하였으나 그의 사군애부忠君愛父의 윤리관[124]은 이후 율곡栗谷 이이(李珥: 1536~1584)와 퇴계退溪 이황(李滉: 1501~1570)에게 전승되어 경敬을 주장하게 된다.

이이는 충군애국忠君愛國의 정성을 모아 『성학집요聖學輯要』를 지어 선조宣祖에게 올렸다. 그에 의하면 주자朱子의 지경持敬과 정자程子의 경설敬說을 인용하고서 궁리窮理 이전에 수렴收斂이 중함을 들면서 성학聖學의 시종始終으로 주장하고 있음[125]을 볼 수 있다. 조광조에 대해서는 그의 학행學行이 높아서 사도斯道에 공功이 있음을 높이 평하고[126] 있다.

---

122 현상윤, 『朝鮮儒學史』, 50쪽.

123 『靜庵集』 卷3 「經筵陳啓」 〈參贊官(副提學)時啓一(因講大學誠意章進啓)〉. 古云至誠感神 又曰不誠無物 君之遇臣 臣之事君 皆以誠實 則治化可期其成也.

124 위와 같음, 卷5 「靜菴先生年譜」 〈絶命詩〉. 愛君如愛父 憂國若憂家 白日臨下土 昭昭照丹衷.

125 『聖學輯要』 「收斂章第三」. 臣按敬者聖學之始終也 故朱子曰持敬是窮理之本 未知者非敬無以知 程子曰入道莫如敬未有能致知而不在敬者.

126 『栗谷全書』 卷28 『經筵日記』(『石潭日記』) 「明宗大王 二十二年」 〈十月丙戌〉. 文正雖於進退之幾 有所未瑩 學者抵此 知理學之可宗 王可貴而霸可賤 其有功于斯道不可泯也 宜乎後人仰之若泰山北斗.

이황의 사상에서는 철학적인 리와 윤리적인 경敬이 그 핵심이라고 하겠다. 특별히 '경'에 대해서 주력하였고 '학學'뿐만이 아니라 임금을 섬기는[事君] 독행篤行은 그의 생애가 입증해준다. 이미 앞에서 언급한 바와 같이 마음은 한 몸의 주재이며 '경' 또한 한 마음의 주재라고 하였고, 또 이러한 견해는『성학십도聖學十圖』가운데「심학도心學圖」에 기록하여, 정계를 떠나면서 선조에 드리는 충성으로 올렸던 것이다. 이황과 이이의 사상은 다시 중봉重峯 조헌(趙憲: 1544~1592)에게로 이어졌다. 그는 조광조의 충효와 이황의 학문이 이이에게 유감없이 반영되고 있는[127] 것으로 이해하였고 자호自號를 후율後栗 또는 도원陶原이라고 했을 정도로 이황과 이이[陶栗]를 신봉하였다.

조헌의 학문은 궁리수신窮理修身하는 실사實事를 소홀히 하지 않았다. 임진왜란에 스스로 군졸을 모아서 항전하다가 순절한 의행義行을 보아 충분히 짐작할 수 있다. 독서를 해도 "책은 책이요, 나는 나"라는 식이 아니라 독서의 핵심이 강상을 유지해야 하며[128] 모든 실천의 근원이 되어야 할 것으로 믿었다. 때마침 국란을 맞아서 충절을 보일 시기를 얻기도 하였거니와 그의 충忠과 의義는 공리空理가 아닌 생명이 있는 것이었다.

병자호란은 우리의 국권을 앗아가기는 했으나 민족의 주체의식은 빼앗지 못하였다. 조헌의 충효사상과 자주정신은 청음淸陰 김상헌(金尙憲: 1570~1652), 우암尤庵 송시열(宋時烈: 1607~1689), 면암勉庵 최익현(崔益鉉: 1833~1906) 등의 의리사상으로 발전되어 갔다.[129] 김상헌은 호란에 정신적 굴복을 끝내 하지 않았고 송시열은 숭명崇明

127 『重峯文集』卷13「後栗精舍上梁文」. 有靜庵忠孝退陶學 一脈昭昭在石潭.

128 『隱峯全書』卷36『抗義新編』「(請斬倭使)第二封事」참조.

129 李東俊,「16世紀 韓國性理學派의 歷史意識에 관한 硏究」, 성균관대학교 대학원 동양철학과 박사학위논문, 1975년, 228쪽.

을 통하여 민족주의를 지켰고 최익현은 왜족倭族에 항거하여 죽음으로써 주체의식을 굽히지 않았다.

단군의 개국 이래 조선 말에 이르기까지 일관되어오는 충효의 민족적인 가치 의식은 현재 내지 미래에 도약하는 밑받침으로 계승되어야 할 것이다.

제3장 중용사상의 철학적 고찰

Ⅰ. 서론

학學이 인류의 사회생활에 끼친 공헌은 지대한 바 있다고 하겠으나 인간 자체에 대하여는 그 기여에 정비례했던가 하는 것은 의심의 여지를 남긴다. 배우는[學] 인간 자체를 대상화할 수 없기 때문이다. 철학哲學의 어려움도 여기에 있다고 생각된다.

유有와 무無, 일一과 다多, 선善과 악惡의 문제 등은 철학에서 매우 중요한 것이다. 중국 철학 특히 성리학性理學에서는 이것들이 무극無極과 태극太極, 리理와 기氣, 성性과 정情의 문제로 부각되고 있다. 철학을 형이상학形而上學과 실천론實踐論 등으로 나눌 수 있다고 하더라도 양자는 하나의 학學으로서 의미를 갖게 된다. 그렇다고 인간 문제가 학學만으로 완성되느냐 하는 것도 문제이다.

형이상학에서 학學의 객관성이 강조된 나머지 주관적인 공감이 상실되거나 또는 실천론에서 '학'의 궁행躬行에 치중된 나머지 객관성인 인식이 배제된다면 어느 것도 바람직한 '학'이 될 수 없을 것이다. 그러한 뜻에서 중국의 사상은 새롭게 생각해볼 만한 일이요, 그 논리를 전개함에 있어서 난점이 어디에 있는가를 살펴보는 일은 그다지 무익한 일만은 아니라고 생각한다.

1. 중용에 대한 관심

공자孔子와 자사子思, 석가釋迦와 용수龍樹, 그리고 플라톤Platon과 아리스토텔레스Aristoteles는 시대와 지역을 달리하면서 다 같이 중용中庸에 대하여 관심을 깊이 가진 사람들로 생각된다.

아리스토텔레스는 그의 Eudaemonian倫理學[행복-윤리학]의 끝부분에서

> 자연적으로 선善한 것-그것이 육체의 선이건 금전이건 친우親友이건 또는 그 밖의 선이건 간에-이것들의 선한 것을 선택하고 또는 소유하는 일이 신神의 관조觀照를 가장 많이 하도록 하는 것이라면 그 일은 가장 좋은 것이요 가장 아름다운 규준이다. 그러나 어떤 선택 내지 소유가 결핍에 의한다거나 또는 초과에 의해서 신을 받들고 신을 관조하는 것을 방해한다면 그것은 악惡한 것이다.[1]

이 말 속에서 우리는

ⓐ 자연적으로 선한 것

ⓑ 이것을 선택하고 소유하는 일

ⓒ 신의 관조

ⓓ 선택 · 소유에 있어서의 결핍과 과초

등 네 가지 문제를 생각할 수 있다. ⓐⓑⓒ는 선과 아름다운 규준에

---

1 1249b 16~23
Therefore whatever mode of choosing and of acquiring things good by nature whether goods of body or wealth or friends or the other goods-will best promote the contemplation of God, that is the best mode, and that standard is the finest; and any mode of choice and acquisition that either through deficiency or excess hinders us from serving and from contemplating God-that is a bad one.

관해서이며, ⓓ는 악에 관한 것이다. 여기서 주의하고자 하는 것은 선택과 소유상 결핍과 과초가 악이라는 점이다. 즉 선은 악이 아니어야 하며 악이 아니려면 결핍과 과초가 없어야 한다는 말이니, 그러한 상태는 과연 어떤 것인가 하는 의문이 제기된다.

세존世尊은 선인仙人들이 있는 녹야원鹿野苑에 이르러서 오인五人의 비구比丘에게 다음과 같이 말한 일이 있다.

> 비구들이여 출가한 몸은 이들 두 가지의 극단極端에 근접해서는 아니된다. 하나는 제욕諸欲에 있어서 애욕탐착愛欲貪著을 일삼으니 비열卑劣하고 야비野鄙해서 어리석은 사람이 하는 일이니 성聖스럽지 못하여 진실의眞實義가 없다. 또 다른 하나는 스스로 번뇌煩惱를 일삼아서 괴로워하는 것이니 성스럽지 못하고 진실의가 없다. 비구들이여 여래如來는 이것들의 두 극단을 버리고 중도中道를 증지證知하였느니라.[2]

세존의 이 말 속에서는

ⓐ 양극단에는 근접하지 말라

ⓑ 애욕탐착과 번뇌의 제거

ⓒ 중도를 증지한 여래

등의 세 가지로 구분해서 문제를 생각할 수 있겠다. 양극단, 즉 애욕탐착과 번뇌를 떠나라는 것이 ⓐⓑ임에 비해서 이것이 실현된 것이 ⓒ의 중도라는 것이다. 이 중도란 어떤 상태인가 하는 의심을 품게 된다.

---

2 佛說轉法輪經, 後漢安息三藏安世高譯.
止 於是佛告諸比丘 世間有二事墮邊行 行道弟子捨家者 終身不當與從事 何等二 一爲念基貪欲無淸淨志 二爲猗著身愛不能精進 是故退邊行 不得置佛道德具人 若此比丘不念貪欲著身愛行 可得受中 如來最正覺得眠得慧 從兩邊度自致泥洹(大正藏 第二卷阿含部下 吾三頁).

공자는『중용』에서

> 군자는 중용으로 하고 소인은 중용에 반대로 한다. 군자의 중용함은 군자이면서 때로 적중하는 것이고, 소인의 중용함은 소인이면서 기탄이 없는 것이다.[3]

라고 하였다. 여기서는

ⓐ 중용은 군자가 행한다

ⓑ 그 중용은 시중이다

라는 두 가지 내용으로 간추려진다. 군자의 중용인 시중이 어떤 것인가에 관심을 불러일으킨다.

위의 세 가지는 결핍과 과초가 없는 것, 이변양극二邊兩極이 탈피된 것, 그리고 군자의 시중을 각각 바랐던 것이며, 이것은 그 당시뿐만 아니라 오늘에도 여전히 바람직한 일이라고 생각된다.

2. 중中의 다양한 뜻

A. 중은 비인가

가치의식은 그 사람의 인생관에 속한다. 인간 존재의 본질이 윤리적인 존재이기도 하며 사유적인 존재이기도 하다면 인간의 행복을 문제삼을 때 이론상 덕德의 윤리면과 사유면을 자연 구분해서 생각하게 된다. 여기서 아리스토텔레스는 윤리적인 덕을 원시 감정에 대한 바른 상태로 상정想定하고 사유적인 덕과 구별하고 있다. 그래서 공포恐怖 · 쾌락快樂 · 분노憤怒 등의 일상 감정에 대해서 용감勇敢 ·

---

3 『中庸』「第2章」. 仲尼曰 君子中庸 小人反中庸 君子之中庸也 君子而時中 小人之中庸也 小人而無忌憚也.

절제節制·온화溫和를 또 재산이나 명예·기지機知·친애親愛 등을 또한 기타 염치廉恥·의분義憤·정의正義·억제抑制 등을 윤리적인 덕으로 간주하면서 이 덕은 중용에 의해서 보전되며 과초過超와 부족으로 인해서 파괴된다는 것이다. 여기서 중용으로 윤리적인 덕이 유지된다고 할 때의 이 '중용'이란 산술적算術的인 비례중항比例中項이 아니라는[4] 점에 주의할 필요가 있다. 평균수치로서의 중中은 만인萬人에게 동일하지만 실제로 행위를 선택하는 경우 중용을 만인이 획일적으로 정할 수는 없다는 데서 문제가 생긴다. 그러므로 이러한 중용은 절대적이거나 초인간적일 수는 없다는 것이다. 따라서 초과나 부족에 대한 정확한 비율에 불과하다고 한다. 그는 이 비比를 리(理: logos)라고 이해한다. 이렇게 생각하면 이 비율이란 양적量的인 개념이요 그의 윤리적 덕에는 양적인 것을 소유하고 있음을 본다. 뿐만 아니라 그에게 있어서는 리理도 우선 이와 같은 양적관계量的關係에서 이해하게 된다. 요약해 말한다면 아리스토텔레스의 중용이란 가치적인 것, 선한 것, 윤리적인 덕의 테두리 안에서의 문제라는 데 윤리성에도 그 철학적인 요구가 뒤따른다.

B. 중은 절대인가

세존이 중도中道를 증지證知한 여래如來를 높이고 이변양극二邊兩極을 피해야 할 것을 설한『전법윤경轉法輪經』에서도 무엇을 '중'이라고 하느냐에 대한 대답에서 "팔직지도八直之道"라고 한 것을[5] 보면

4 A. (NICOMACHEAN ETHICS BK. Ⅱ : CH. 6)
EN. 1106a 33~34
For instance, if ten is many and two is few, six is intermediate, taken in terms of the object; for it exceeds and is exceeded by an equal amount; this is intermediate according to arithmetical proportion.
B. 理想, 亞力斯多德의 二個德(茂手木元藏) 429號, 1962, 日本理想社.

5 何謂之中 謂受八直之道 一日正見 二日正想 三日正言 四日正言 五日正命 六日正治

윤리적인 의미로 채워져 있음을 본다. 그러나 용수龍樹의 『중론송中論頌』에 따르면 여기에 그치지 않는다. 그는 공空과 가명假名으로 중도를 분석 · 설명하고 있다.[6] '공'은 외경外境의 대상을 부정하고 내식內識으로 도입하는 것이요 '가명'은 다시 내식으로 파기하여 한 점도 남기지 않음을 말한다. 이렇게 해서 내외구공內外俱空의 진공묘유眞空妙有가 실현된다는 것이다. 우정백수宇井伯壽는 일체一切 모두는 절대의 현현顯現이니 '중'은 결코 중용이나 절충과 같은 뜻이 아니라 절대의 의미라고[7] 주장한다. 아리스토텔레스의 양적인 비比와는 대조를 이루고 있다.

용수의 이론에 의하면 생주멸生住滅은 환몽幻夢과 같다고[8] 하여 인연의 뜻을[9] 먼저 팔부중도八不中道로 설명한다. 이 생멸상단生滅常斷, 일이래법一異來法의 팔불八不로서 시간 또는 운동에 대한 영원으로서의 인도를 시도한다. 뿐만 아니라 공간에 관해서도 유무有無를 부정하여 그 무한을 논한다.[10] 이와 같이 시간과 공간을 부정하면서 그 논리구조를 세속제世俗諦와 제일의제第一義諦의 이제二諦[11]로 나누었고 인식 주체로서의 자아自我를 무아無我 · 무비아無非我로 설명한다.[12] 그러나 다시 무아와 비무아의 '무無'에 집착되어서는 아니됨

七日正志 八日正定.

6 『中論』「觀四諦品」〈第24〉. 衆因緣生法 我說卽是空 亦爲是假名 亦是中道義.

7 「中ば決して 中庸てか 折衷てかの意味ではなくして 絶對の意味である」(宇井伯壽 著,『印度哲學史』日本評論社, 1942, '中道')

8 위와 같음,「觀三相品」〈第7〉. 如幻亦如夢 如乾闥婆城 所說生住滅 其相亦如是.

9 위와 같음,「破因緣品」〈第1〉. 不生亦不滅 不常亦不斷 不一亦不異 不來亦不去 能說此因緣 善滅諸戲論 我稽首禮佛 諸說中第一.

10 위와 같음,「觀四諦品」〈第24〉. 諸佛依二諦 爲衆生說法 一以世俗諦 二第一義諦.

11 위와 같음,「破六種品」〈第5〉. 是故知虛空 非有亦非無 非相非可相 餘五同虛空.

12 위와 같음,「觀法品」〈第18〉. 諸佛或說我 或說於無我 諸法實相中 無我無非我.

을[13] 강조한 점에 유의할 필요가 있다. 이렇게 되면 '중'을 절대시한다는 말을 용수에 적용할 수 있을까 하는 의문이 생긴다.

C. 중은 태극인가

태극太極은 공자(BC 551~419)가 말한[14] 이후 주돈이가 무극이태극無極而太極[15]이라고 하여 태극太極 밖에 무극無極이라는 용어를 새로 사용해서 태극의 뜻을 밝히려고 하였다. 강절康節 소옹(邵雍: 1011~1077)은 태극이 도의 극極[16]이라고 하고 심心이 태극太極[17]이라고도 하였다. 주자朱子에 이르러서 태극이 리理[18]라고 정립된다. 주자의 이 주장에서는 태극을 이기선후理氣先後로 분석한 데서 종전의 태극 설명과의 차이점이 발견된다. 주자의 이 견해에 대하여 육구연陸九淵은 이견異見을 표시하고 극極을 중中[19]이라 하였다. 그는 이의 근거異議根據 네 가지를 들어서

첫째 옛 성현聖賢은 무극無極이라는 용어를 쓴 일이 없으며 그것은 노자老子의 말이니「태극도설」은 노장계老莊系의 산물이며, 둘째 태극 위에 무극을 첨가함은 역대전易大傳에 비추어 부당하며 첩상지상疊床之床의 결과를 초래할 뿐 무극은 무용지장물無用之長物이고, 셋째 극極은 지극至極의 의미가 아니라「홍범洪範」의 황극皇極의 극極과 같아

13 위와 같음,「破行品」〈第13〉. 大聖說空法 爲離諸見故 若復兒有空 諸佛所不化.

14 『周易』「易繫辭上」〈11章〉. 易有太極 是生兩儀 (……).

15 『性理大全』「太極圖說」, 無極而太極 太極動而生陽 (……).

16 『皇極經世』 卷5「觀物外篇上」. 道爲太極.

17 위와 같음, 卷5「觀物外篇上」. 心爲太極 文曰道爲太極.

18 『性理大全』 卷26「總論」〈太極〉. 太極只是一個理字 太極只是萬物之理 在天地言則天地之中 有太極 在萬物言則萬物之中 各有太極 未有天地之先 畢竟是先有此理.

19 『象山全集』 卷2「與朱元晦」. 荊門軍上元說廳講義 皇大也 極中也(全集 卷23).

서 무극은 무중無中이 되는 것이며, 넷째 「태극도설」은 주자周子의 미정설未定說로서 『통서通書』에 한 마디의 언급도 없는 것으로 미루어 그의 독창설도 아니요 도자道子 진희이陳希夷로부터 전래된 것

이라고 지적하였다. 주자는 이에 대하여 다음과 같이 응수하였다. 즉 "첫째 전성前聖이 말하지 않은 것도 후성後聖이 발명할 수 있으며, 둘째 태극은 극極이며 지극至極이고, 셋째 무극이란 말은 노장老莊의 용법과는 그 뜻이 다르며, 넷째 「태극도설」에서 진술陳述된 것이 『통서』에 없는 것은 각각 다른 분야를 서술했기 때문이라"[20]고 논박하고 있다.

위의 논변 중에서 문제의 초점은 태극이 '중'인가 '리'인가 하는 것과 태극 밖에 무극이 필요한가 필요 없는가의 두 가지로 집약된다.

양자의 기본 입장은 성즉리性則理와 심즉리心則理에 있다. 성즉리에서 볼 때는 무극이 필요하며 '극'을 '중'으로 볼 것이 아니라 '지극'으로 이해해야 한다는 것이 되며, 심즉리의 입장에서는 '무극'이 '태극' 밖에 필요 없으며 '극'은 역시 '중'으로 보아야 한다는 것이다. 이러한 주장의 분기점은 앞서 말한 바와 같이 성이 리理인가 심이 리인가에 있다. 즉 문제는 둘인 것 같지만 따지고 보면 리의 견해 차이로 귀결된다. 필자는 이것을 논리적인 분석과 사실적인 분석의 차별로 이해하고자 한다. 성즉리란 심합리기心合理氣의 기저基底에서 기氣를 배제한 정주학程朱學의 인식이론적인 언지言志이며 심즉리란 우주내사宇宙內事가 기분내사己分內事라는 기저에서 천인天人을 나누지 않는 육왕학陸王學의 실천론적인 언표로 비교된다. 즉 무극과 태극을 엄격하게 구분하여 '극'을 궁극窮極의 지극至極이라고 함은 사리事理와 논리論理를 혼동하지 않으려는 인식적인 의도가 들어 있는 것이

20 『朱子文集』 卷26「答陸子靜」.

며, 무극은 불필요하고 '극'이 '중'이라는 판단은 전자의 구분이 지행知行을 분열시키는 오류를 범한다는 실천적인 지의旨意가 내재해 있다고 본다. 요컨대 인식을 통한 실천인가 실천을 통한 인식인가 하는 주장으로 비교된다. 이와 같은 논지의 전개는 공자로부터 1670년 후의 일이니, 1670년 전의 공자의 입장에서는 어떻게 평가될 것인지 자못 의심을 일으키게 된다.

D. 군자의 중용

공자는 무극을 말한 일이 없고 이기理氣를 언표한 바도 없다. 태극을 말한 일은 있으나 그 태극이 도道라든가 심心이라든가 한 일도 없다. 인성人性이 선善하다거나 악惡하다거나 한 일도 없으며 중용에 대한 철학적 이론 전개도 볼 수 없다. 따라서 비比라든가 절대絶對라든가 태극이 '중'이라는 설명도 하지 않았다. 다만 중용에 대하여는 "군자는 중용이요"라고 하고 그 "중용은 시중"이라고 말하고 있다.

공자는 학學을 현대와 같이 세분한 일이 없으나 다만 중용사상의 철학적 검토를 위해서 공자사상의 체계를 두 방면에서 우선 고찰해 보기로 한다.

Ⅱ. 본론

1. 정통유학에 대한 이해

A. 공자사상의 저변

『논어』 전편의 사상이 인仁으로 구심求心된다고 할 때 과연 '인'은 철학적인 표현인가 윤리적인 개념인가 할 때 어느 한쪽으로만 한정

지을 수가 없을 것이다. 인자仁者는 인人이라고[21] 한 것으로 미루어서 '인'을 개념화하는 일은 더욱 무리한 것이라고 할 것이다. 인간성을 높이는 극치로서 '인'을 제창한 것이므로 학學을 말한다고 할지라도 그 최후의 목표는 지명知命 · 이순耳順하는 진정한 자유 획득에 두었다[22]고 해야 할 것 같다. 그래서 공자의 사상을 굳이 학문으로 말한다면 전인적인 학문이라고 불러도 좋을 것이다. 이러한 전인적인 학문의 의미를 대표하는 말로는 '도道'라고 지적하고 싶고 그 도는 다름 아닌 '일이관지一以貫之'의 도[23]라고 믿는다. 그렇기에 이 도를 아침에 들으면 저녁에 죽어도 좋겠다[24]고 할 만큼 간절하게 원했던 것이다. 뿐만 아니라 교육도 여기서 찾으려고 하였다.[25]

이 공자의 도는 요순문무堯舜文武에 연원을 두었고 천지를 본받은 것[26]이니 수제자인 안자顔子가 우러러보는[27] 바를 보아도 짐작이 간다. 이것은 안자의 외적外的 관찰에 지나지 않지만 공자 스스로의 내외內外 양면은 그 말씀을 통하여 더욱 선명해지는 것 같다.

"군자불기君子不器"[28]는 초월한 사람의 고매高邁함을 말한 것 같고 "무가무불가無可無不可"[29]는 상대적인 가치를 넘어선 의義[30]의 자유

21 『中庸』「第20章」. 仁者人也 親親爲大 (……).

22 『論語』「爲政」. 吾十有五而志于學 三十而立 四十而不惑 五十而知天命 六十而耳順 七十而從心所欲 不踰矩.

23 위와 같음,「里仁」. 子曰 參乎 吾道 一以貫之.

24 위와 같음,「里仁」. 子曰 朝聞道 夕死 可矣.

25 『中庸』「第1章」. 修道之謂教.

26 위와 같음,「第30章」. 仲尼 祖述堯舜 憲章文武 上律天時 下襲水土.

27 『論語』「子罕」. 顔淵喟然歎曰 仰之彌高 鑽之彌堅 瞻之在前 忽焉在後.

28 위와 같음,「爲政」.

29 위와 같음,「微子」.

30 위와 같음,「里仁」. 子曰 君子之於天下也 無適也 無莫也 義之與比.

로움을 말한 것 같다. 그렇다고 보편성이나 일반성만을 강조하지 않는다. 두루하는[周] 보편 가운데도 불피不比하는 특수성이 있으며[31] 학學과 도道와 입立을 더불어 할 수 있는 일반성 속에도 최후에 함께 할 수 없는 '권權'의 신성한 개별성이 있음[32]을 말하고 있다. 이러한 말씀들은 증자曾子가 일관지도一貫之道를 충서忠恕로 대변한[33] 것과는 분석했다는 점에서 다르게 생각된다. 주자朱子에 의해서 충忠은 진기盡己하는 것이고 서恕는 추기推己하는 것으로 풀이되어 더욱 분석되어갔다.

2. 공자의 기본적 이론

A. 본원으로서의 도

공자가 태극太極을 말한 이후로 그 태극은 유가철학의 중심 문제로 다루어져왔다. 일一을 말하고 다多를 말할 때에 양자관계의 체계를 세우는 일은 고금동서의 철인들에게 주어진 난제였다.

'태극'이라고 할 때 이것은 과연 '일'에 속하는가, '다'에 속하는가, 아니면 어느 쪽에도 속하지 않는 것일까, 또는 양쪽에 다 속한다고 할 것인가 하는 등등의 문제가 발생할 수 있을 것이다.

그런데 공자는 '태극'이 그 어느 쪽에 있다는 언급은 하지 않았고 다만 "역유태극易有太極"이라고만 하였다. '역易'과 '태극太極'과의 관계 해명이 필요하게 된다.

'역'이 운동하는 시간적인 변화라고 할 때 "역유태극 시생양의易有太極 是生兩儀"에서 '시생양의'의 '시是'는 무엇인가? '역'이 생생生生

---

31 위와 같음, 「爲政」. 子曰 君子 周而不比 小人 比而不周.

32 위와 같음, 「子罕」. 子曰 可與共學 未可與適道 可與適道 未可與立 可與立 未可與權.

33 위와 같음, 「里仁」. 曾子曰 夫子之道 忠恕而已矣.

하는[34] 운동이라면 운동하게끔 해주는 것은 무엇일까? 태극이 운동의 원인자라면 "태극생양의太極生兩儀"라고 해야 옳을 일인데 '시생양의'라고 한 데는 이유가 있을 것이다. 주자도 초년에는 태극은 '체體'요 운동[動靜]은 '용用'이라고 이해하였다가 만년에 태극을 '체'가 아니라 '본연지묘本然之妙'로 정정訂正한 바[35] 있다. 태극과 '시(易:陰陽)'의 소재처가 각각 다르게 인식되어서는 안 되기 때문이다. 여기서 '시생양의'라고 한 의도를 이해할 수 있다. '시생양의'의 '시'는 '역유태극'의 '역'과 '태극'을 겸해서 이어받는 대명사이니만큼 조리상條理上으로는 이 양면에서 고찰되어야 할 것이다. 그러므로 태극의 통체적統體的인 측면에서도 일태극一太極이요 역易이 각일물各一物의 측면에서도 또한 각구일태극各具一太極이라고[36] 주자는 말하고 있다. 따라서 태극은 통체일태극統體一太極의 측에서만 보거나 일물각구일태극一物各具一太極의 측에서만 보는 폐단은 제거되어야 할 것이다. 즉 '일'에서도 '다'에서도 아울러 살펴보아야 하는 동시에 태극에서도 '일'과 '다'를 고찰함이 필요할 것이다.

주돈이는 무극을 말했을 뿐만 아니라 "太極動而生陽 動極而靜 靜而生陰 靜極而復動……"[37]이라고 운동 변화를 태극과 연관시켰다. '시생양의'의 '생生'과 '태극동이생양太極動而生陽'의 '생'이 어떻게 비교되느냐 하는 새로운 문제에 봉착하게 된다. '시생양의'의 '시'는 '역유태극'을 받는 그 '생生'이므로 음양과 태극이 아울러 작용되고

---

34 『周易』「繫辭傳上」〈第5장〉. 富有之謂大業 日新之謂盛德 生生之謂易 (……).

35 『朱子文集』 卷45「答楊子直」. 熹向以太極爲體 動靜爲用 其言固有病 後已改之曰 太極者本然之妙也 動靜者所乘之機也.

36 『朱子語類』 卷64. 萬一各正 小大有定 言萬個是一個 一個是等個 蓋統體是一太極 然又一物各具一太極.

37 『性理大全』「太極圖說」. 無極而太極 太極動而生陽 動極而靜 靜而生陰 靜極而復動 (……).

있음을 알 수 있음에 비추어 '태극동이생양太極動而生陽'의 '생'은 태극만이 관여하고 있음에 주의할 필요가 있다. "일동일정 호위기근一動一靜 互爲其根"하여 동정무단動靜無端한 리理를 태극으로 천명해주었으나 반면에 그 리의 본말선후本末先後라는 새로운 논리적인 문제를 안게 되었다. '시생양의'의 '생'에서는 태극만이 아니라 음양이 함께 관여하고 있는 만큼 리理와 함께 기氣의 요소를 배제하지 않고 있다. 공자의 이러한 본원本源에 대한 도적道的인 이해는 주돈이에 의하여 이적理的인 이해로 전환되어간 것이 아닌가 생각된다.

공자는 본원에 대해서만이 아니라 운동 변화에 대해서도 도道로 이해하는 특색을 가지는 것으로 보인다.

B. 유행으로서의 도

건도乾道의 변화(變化: 乾彖)라든가, 반복도(反復道: 乾三象)라든가, 건도내혁(乾道乃革: 乾文四) 또는 통호주야지도(通乎晝夜之道: 繫上 4章) 등의 표현은 도道의 변화(變化: 繫下10章) 즉 시간성을 나타내는 말들이다. 조리상條理上 이 변화는 변화하는 사실과 변화하는 이치로 구분하여 도道와 기器로 나누고 있지만[38] '역유태극'의 의미에서는 이치와 사실이 하나의 도로서 불가분리不可分離임을 위에서 살펴보았다. "일음일양지위도一陰一陽之謂道"[39]라고 할 때 이 '도'는 변화하는 사실이 아니라 변화하는 이치를 가리키는 '도'이기는 하지만 그 '도'는 음양을 떠나서 표현된 것은 아니다. 논리상論理上 형상形上의 '도'와 형하形下의 '기'를 가르기도 하였으나 정자程子는 이것을 간파했기에 '도'와 '기'의 불가분리를[40] 말했을 것으로 생각된다. 따

38 『周易』「繫辭傳上」〈第12章〉. 形而上者 謂之道 形而下者 謂之器.

39 위와 같음, 「繫辭傳上」〈第5章〉. 一陰一陽之謂道.

40 『二程全書』 卷1 「端伯傳師說」. 器亦道 道亦器.

라서 '기'나 '음양'이나 사실의 변화의 이해는 바로 '도'의 시간성 파악이 될 것이다.

시간문제의 골자는 영원永遠을 만나는 데 있다고 할 것이다. "음양불측지위신陰陽不測之謂神"이라고[41] 하고 시時가 중요한 것을 매우 강조하면서도[42] 영원에 대한 조리條理의 지적知的 설명은 피하고 있는 것 같다. 다만 건괘乾卦 전체 속에 함축되어 있는 것이 아닌가 생각된다.

주돈이에 이르러서 음양동정陰陽動靜의 시간적 이론이 새롭게 시도된 바 있다. 그의 "동극이정……정극이부동動極而靜……靜極而復動"(「太極圖說」)한다는 시간 변화와 "동이무동 정이무정動而無動 靜而無靜"[43]의 신묘만물神妙萬物은 그의 영원관이라 할 수 있을 것이다. 그러나 "동이생양……정이생음動而生陽……靜而生陰"한다고 말할 때 그 말에 집착이 되어서는 간단間斷이 생기는 병통이 생기기 쉽다.

이이李珥의 말이 상기된다. 즉

> 동정動靜의 기틀[機]은 별도로 그 무엇이 있어서 시키는 것이 아니다. 이기理氣도 또한 선후先後로 말할 수 있는 것이 아니다. 다만 기氣의 동정動靜은 리理가 근저根柢가 되므로 태극이 동動해서 양陽을 낳고 정靜해서 음陰을 낳는다고 말한 것뿐인데 만일 이 말에 집착이 되어서 태극을 음양에 앞서 독립하여 음양이 무無로부터 유有로 된다고 생각한다면 음양에 시작이 있는 것이 되니 가장 활간活看해서 깊이 완

---

41 『周易』「繫辭傳上」〈第5章〉. 陰陽不測之謂神.

42 위와 같음,「豫」〈彖傳〉豫之時大矣哉;「隨」〈彖傳〉隨之時義大矣哉;「大過」〈彖傳〉大過之時大矣哉;「坎」〈彖傳〉險之時用大矣哉;「遯」〈彖傳〉與時行也;「太過」〈彖傳〉與時行也;「解」〈彖傳〉解之時大矣哉;「革」〈彖傳〉革之時大矣哉.

43 『通書』「動靜第16」. 動而無靜 靜而無動物也 動而無動 靜而無靜神也 動而無動 靜而無靜 非不動不靜也 物則不通 神妙萬物.

미玩味해야 한다.[44]

고 하여 그의 시간관을 설파한 바 있다. 천행天行이 건健하다[45]는 의미의 설명으로 받아들여진다.

그런데 여기서 동動과 정靜을 이어주는 계기가 무엇인가 하는 것이 문제가 된다. 즉 '동극이정動極而靜'이나 '정극이후동靜極而後動'의 '극極'이 무엇인가 하는 문제이다.

'극'은 몰라서도[46] 안 되며 시극時極을 잃어도 안 되는[47] 지극히 중요한 것이다. 계기로서의 '극'을 『역易』에서는 善이라고 하였으나[48] 일한일서一寒一暑하는 일 년 계절 변화에서는 그 '극'으로서 춘분春分·하지夏至·추분秋分·동지冬至를 들 수 있을 것이다. 선善이라고 지적한 '극'은 "일음일양지위도一陰一陽之謂道"의 리理를 주로 하여 하는 말이요 계절 변화를 일으키는 분수령으로서의 '극'은 음양추이陰陽推移의 중점中點을 주로 해서 하는 말이다. 여기에서도 '극'이 지극의 '리'인가 또는 '중中'인가 하는 견해의 분기점이 있는 것으로 간주된다. 공자는 '리'나 '중'으로 말하지 않았고 '선'이 결단한다고 하였으니 이 '선'이란 '리'로 볼 것인가 아니면 '중'으로 이해할 것인가 하는 철학적인 문제가 들어 있다.

먼저 '중'에 관한 문헌상의 고찰을 해보기로 한다.

---

44 『栗谷全書』 卷20 『聖學輯要』 卷2 「窮理章第四」 '無極而太極條'. 臣按 動靜之機 非有以使之也 理氣亦非有先後之可言也 第以氣動靜也 須是理爲根柢 故曰 太極動而生陽 靜而生陰 若執此言以爲太極獨立於陰陽之前 陰陽自無而有 則非所謂陰陽無始也 最宜活看而深玩也.

45 『周易』「乾」〈象傳〉. 天行健 君子以 自疆不息.

46 위와 같음, 「未濟」〈初象〉. 濡其尾 亦不知極.

47 위와 같음, 「節」〈二象〉. 不出門庵凶 失時極.

48 위와 같음, 「繫辭傳上」〈第5章〉. 一陰一陽之謂道 繼之者善 成之者性也 (……).

2. 문헌상에 보이는 「중」

A. 『논어』에서의 「중」

『논어』에 보면 '중中'에 관한 언급이 다음과 같이 모두 25개의 곳에 달한다.[49]

1 祿在其中矣(위정 18장) [녹祿이 그 가운데에 있는 것이다.]
2 雖在縲絏之中(공야장 1장) [비록 포승으로 묶여 옥중獄中에 있었으나]
3 中道而廢(옹야 10장) [중도中道에 그만두는 것이니]
4 中人以上(옹야 19장) [중등인물 이상]
5 中人以下(옹야 19장) [중등인물 이하]
6 中庸之爲德也(옹야 27장) [중용中庸의 덕德]
7 樂亦在其中矣(술이 15장) [낙樂은 또한 그 가운데 있으니]
8 立不中門(향당 4장) [서 있을 때에는 문 가운데에 서지 않으시고]
9 車中(향당 16장) [수레 안에서]
10 言必有中(선진 13장) [말을 하면 반드시 〈도리道理에〉 맞음이 있다.]
11 億則屢中(선진 18장) [억측億測하면 자주 맞았다.]
12 刑罰之中(자로 3장) [형벌刑罰을 알맞게 하다.]
13 刑罰不中(같은 곳) [형벌刑罰이 알맞지 못하면]
14 直在其中(같은 곳, 18장) [정직正直함은 그 가운데 있는 것이다.]
15 不得中行而與之(같은 곳, 21장) [중행中行(중도中道)의 선비를 얻어 더불 수 없다면]
16 耕也餒在其中矣(위령공 31장) [밭을 갊에 굶주림이 그 가운데에 있고]
17 學也祿在其中矣(같은 곳) [학문을 함에 녹祿이 그 가운데 있는

---

49 『來駐易經圖解』 卷4, 「同人」 〈九五註〉. 中直與九五困卦 中直同卽中正也.

것이니]

18 且在邦域之中矣(계씨 1장) [또한 우리나라 안에 위치하고 있으니]

19 龜玉毁於櫝中(같은 곳) [구갑龜甲(거북 등 껍질로)과 옥玉이 궤 속에서 망가졌다면]

20 言中倫(미자 8장) [말이 윤리에 맞으며]

21 行中慮(같은 곳) [행실이 사려思慮에 맞았으니]

22 身中淸(같은 곳) [몸은 깨끗함에 맞았고]

23 廢中權(같은 곳) [폐함(벼슬하지 않음)은 권도權道에 맞았다.]

24 仁在其中矣(자장 6장) [인仁이 그 가운데 있다.]

25 允執其中(요왈 1장) [진실로 그 중中을 잡도록 하라.]

위 25개 곳의 '중'은 다음의 몇 가지로 유별類別할 수 있다. 즉 첫째는 단순히 장소를 가리킨 '중'이 5개의 곳(2, 8, 9, 18, 19)이고, 둘째는 신언愼言 · 신행愼行 · 음식飮食 · 경작耕作 · 박학博學 등의 행위 과정行爲過程을 의미한 곳이 7개의 곳(1, 3, 4, 7, 16, 17, 24)이 된다. 셋째로는 적중適中의 뜻으로 사용된 '중'이 8개의 곳(10, 11, 12, 13, 20, 21, 22, 23)이며, 넷째 무과불급無過不及을 의미한 것이 2개의 곳(6, 25)이며, 끝으로 사람을 지칭한 곳이 3개의 곳(4, 5, 15)에 이르고 있다. 이 가운데서도 직(直: 14)이나 권(權: 23)이나 인(仁: 24)이나 인(人: 11, 12, 15)을 '중'과 관련해서 말한 것은 그 뜻이 간단하지 않다.

사서四書의 『중용』에서 말한 '중'을 다음에 살펴본다.

B. 「중용」에서의 중

『중용』에서 '중'자가 보인 곳은 모두 다음과 같이 22개의 곳에 나타난다.

1 未發謂之中(1장) [발發하지 않은 것을 중中이라 이르고]

2 發而皆中節(같은 곳) [발發하여 모두 절도節度에 맞는 것을]

3 中也者天下之大本(같은 곳) [중中이란 것은 천하의 큰 근본이요]

4 致中和(같은 곳) [중中과 화和를 지극히 하면]

5 君子中庸(2장) [군자君子는 중용中庸을 하고]

6 小人反中庸(같은 곳) [소인小人은 중용中庸에 반대로 한다.]

7 君子之中庸也(같은 곳) [군자君子가 중용中庸을 함은]

8 君子而時中(같은 곳) [군자君子이면서 때로 맞게 하기 때문이요]

9 小人之中庸(같은 곳) [소인小人이 중용中庸에 반대로 함은]

10 中庸其至矣乎(3장) [중용中庸은 그 지극할 것이다.]

11 用其中於民(6장) [그 중中을 백성에게 쓰시니]

12 陷阱之中(7장) [함정의 가운데로]

13 擇乎中庸(같은 곳) [중용中庸을 택擇하여]

14 擇乎中庸(8장) [중용中庸을 택擇하여]

15 中庸不可能也(9장) [중용中庸은 능히 할 수 없다.]

16 中立而不倚(10장) [중립中立하여 치우치지 않으니]

17 君子依乎中庸(11장) [군자君子는 중용中庸을 따라]

18 不勉而中(20장) [힘쓰지 않고도 도道에 맞으며]

19 從容中道(같은 곳) [알아서 종용從容히 도道에 맞으니]

20 道中庸(27장) [중용中庸을 따르며]

21 齊莊中正(31장) [재장중정齊莊中正-4덕 중에서 예禮에 해당함]

22 洋溢乎中國(같은 곳) [중국中國에 넘쳐]

위 22개의 곳의 '중'은 다음의 몇 가지로 유별된다. 즉 첫째는 내면內面과 관계있는 것이 한 곳(1)이요, 둘째는 외면外面과 관계있는 것이 1개의 곳(1)이며, 셋째는 개념 규정의 뜻으로 쓰인 것이 2개의 곳(3, 7)이다. 넷째로는 일관성一貫性이 부여된 '중'으로 4개의 곳(4, 10, 15, 17)에 언급되어 있으며, 가치적인 뜻으로 인人 또는 군자君子

와 관련해서 쓰여진 곳이 8개의 곳(5, 8, 9, 11, 13, 14, 16, 20)이다. 그 밖에 장소를 나타내는 것이 2개의 곳(12, 22)이며, 적중適中의 '중'이 3개의 곳(18, 19, 21)으로 되어 있다. 장소나 가치의 '중'은 간단하지만 일관성이나 사람과의 관계, 혹은 내면 · 외면 · 개념규정 등에 이르러서는 단순하지 않다.

『논어』 중에 표현된 '중'과 『중용』의 '중'과 비해서 『중용』 중에는 '중' · '중절中節' · '중화中和' · '중용中庸' · '시중時中' · '중립中立' · '중정中正' 등으로 다양하게 사용되고 있는 것이 주목된다.

C. 역에서의 중

정현鄭玄은 역위건착도易緯乾鑿度를 참고하여 역易의 삼의三義를 변變 · 불변不變 · 난이艱易로 이해하였다(『周易正義』 卷1 論易之三名). 변하는 현상 속에서 변하지 않는 이치를 알면 사물처리事物處理도 쉬울 것은 사리에 비추어서 당연하다고 할 것이다. 음양의 변화 속에서 소이所以의 도道를 이해시키고 일상생활을 쉽고 바르게 인도하는 이론이라고 할 것이다.

역易에서는 음양을 효爻로 구별했고 도는 삼재三才로 일관했고 판단의 척도로서 중정中正을 제시해주고 있다. 『역전易傳』 중에는 '중中'자가 모두 85회나 사용되고 있다. 이오효위二五爻位에 따라서 '중'을 의미하고 초삼오初三五를 양위陽位의 정正, 이사상二四上을 음위陰位의 정正으로 보아서 '중정中正'의 뜻을 나타냄은 역易의 독특한 의미 부여라고 하겠다. '중'자가 관계된 문구를 보면 모두 50개의 곳에 다음과 같이 사용되었다.

1 其於中古乎(繫下七) [중고中古일 것이다]

2 中吉終凶(訟) [중도中道에 맞으면 길吉하고 끝까지 함은 흉하니]

3 有孚窒惕中吉(訟彖) [성실함이 있으나 막혀서 두려우니 중도中道에 맞

으면 길吉하고 끝까지 함은 흉하니]

4 在師中吉(師二) [사師에 있어서 중도中道에 맞으므로 길吉하고]

5 仝(師二象) [같은 구절]

6 故謂之中男(說十) [그러므로 중남中男이라 이르고]

7 故謂之中女(說十) [그러므로 중녀中女라 이르고]

8 仝說(十一) [같은 구절]

9 得中道也(蠱二象) [중도中道를 얻은 것이다.]

10 仝(離二象) [같은 구절]

11 仝(解二象) [같은 구절]

12 仝(夬二象) [같은 구절]

13 以中道也(旣濟二象) [중도中道를 쓰기 때문이다.]

14 中孚豚魚(吉中孚) [중부中孚는 믿음이 돼지와 물고기에 미치면 길吉하니]

15 中孚柔在內而剛得中……(中孚象) [중부中孚는 유柔가 안에 있고 강剛이 중中을 얻었기 때문이니]

16 澤上有風中孚(中孚象) [못 위에 바람이 있음이 중부中孚이니]

17 故受之以中孚(序下) [그러므로 중부괘中孚卦로 받았다.]

18 中孚信也(雜) [중부中孚는 믿음이다.]

19 不戒以孚中心願也(泰四象) [경계하지 않아도 믿음은 중심中心에 원하기 때문이다.]

20 鳴謙貞吉中心得也(謙二象) [명겸정길鳴謙貞吉은 중심中心에 얻은 것이다.]

21 其子和之中心願也(中孚二象) [새끼가 화답함은 중심中心에 원해서이다.]

22 中心疑者其辭枝(繫下十二) [중심中心이 의심스러운 자는 그 말이 산만하고]

23 剛健中正純粹精也(乾文) [강건剛健하고 중정中正하고 순수純粹함이

정精함이요]

24 以中正也……(需五象) [중정中正하기 때문이다.]

25 仝(訟五象) [같은 구절]

26 仝(豫二象) [같은 구절]

27 仝(晋二象) [같은 구절]

28 仝(艮五象) [같은 구절]

29 尙中正也(訟象) [숭상함이 중정中正하기 때문이요]

30 剛中正履帝位而不疚(履象) [강剛하고 중정中正함으로 제위帝位를 밟아 하자가 없으면]

31 文明以健中正而應(同人象) [문명文明하고 굳건하며 중정中正으로 응함이]

32 中正以觀天下(觀象) [중정中正함으로 천하天下에 보여주니]

33 柔麗乎中治故亨(離象) [유柔가 중정中正에 붙어 있으므로 형통亨通하니]

34 中正有慶(益象) [중정中正하여 경사慶事가 있는 것이요]

35 剛遇中正(姤象) [강剛이 중정中正을 만나]

36 九五含章中正也(姤五象) [구오九五의 함장含章은 중정中正함이요]

37 寒泉之食中正也(井五象) [시원한 샘물을 먹음은 중정中正하기 때문이다]

38 剛巽乎中正而志行(巽象) [강剛이 중정中正에 손순巽順하고 뜻이 행해지며]

39 中正以通(節象) [중정中正으로써 통한다.]

40 同人之先以中直也(同人五象) [동인同人이 먼저 울부짖음은 중심中心이 곧기 때문이요]

41 乃徐有說以中直也(困五象) [늦게는 기쁨이 있음은 중직中直하기 때문이요]

42 得尙于中行(泰二) [중행中行(중도)에 배합하리라.]

43 仝(泰二象) [같은 구절]

44 中行獨復(復四) [음陰 가운데를 행하나 홀로 돌아오도다.]

45 仝(復四象) [같은 구절]

46 有孚中行(益三) [중행中行(중도中道)을 하여야]

47 中行告公從(益四) [중행中行(중도中道)으로 하면 공公에게 고告함에 따르리니]

48 中行无咎(夬五) [중행中行(중도中道)에 허물이 없다.]

49 仝(夬五象) [같은 구절]

50 則非其中爻不備(繫下九) [가운데 효爻가 아니면 구비하지 못하리라.]

위의 50개 곳에 달하는 '중' 구절은 중고(中古: 1)가 1회, 중길(中吉: 2, 3, 4, 5)이 4회, 중남(中男: 6)이 1회, 중녀(中女: 7)가 2회, 중도(中道: 9, 10, 11, 12, 13)가 5회, 중부(中孚: 14, 15, 16, 17, 18)가 5회, 중심(中心: 19, 20, 21, 22)이 4회, 중정(中正: 23~39)이 17회, 중직(中直: 40, 41)이 2회, 중행(中行: 42~49)이 8회, 중효(中爻: 50)가 1회의 빈도頻度를 나타내고 있다. 그 '중'에 '중정中正'이 단연코 수위며 '중행', '중도', '중심'의 순위로 되어 있다. '중정' 또는 '중도'는 일반적으로 많이 쓰이고 있으나 '중직'은 그렇지 않은 감이 있다. 이 '중직'에 대한 명나라 내지덕來知德은 '중정'으로 이해하고 있다.[50] 효爻의 음양관계로 해석하였으므로 효위爻位로 보아 타괘他卦의 경우와 마찬가지로 일리一理 없는 것은 아니로되 어찌하여 동인괘同人卦 5효와 곤괘困卦 5효에 한하여 '중정'이라 하지 않고 '중직'으로 구별하였느냐 하는 점이 의심스럽다. 『중용』에 나타난 '중'에 비교해서 역易의 경우는 음양괘효陰陽卦爻의 뜻으로 표현된 것이 일반적인 특징이라고 하

50 『中庸』「第20章」. 或生而知之 或學而知之 或困而知之 及其知之 一也 或安而行之 或利而行之 或勉强而行之 及其成功 一也.

겠으나 용어상 '중정'과 '중직'에 대하여는 특별히 유의하고자 한다.

3. 중용의 이론적 고찰

위에서 『논어』 『중용』 『역전』의 문헌상 '중'을 살펴보았다. '중'에 관해서 가장 많이 사용된 용어가 『논어』에서는 중(中: 16回)이요, 『중용』에서는 중용(中庸: 10回)이요, 『역전』에서는 중정(中正: 17回)이었다. 총괄하여 말하면 세 책의 가장 많았던 '중'자로 공약共約할 수 있다. 『논어』에서의 '중인中人'과 『중용』에서는 '군자君子'와 『역전』에서는 '성인聖人'과 관련하여 '직直'과 '시중時中'과 '중정(中正: 直)'의 '중'을 논하고자 한다.

A. 중인과 직

"중인中人 이상은 가히 높은 것을 말해줄 수 있으나, 중인 이하는 가히 높은 것을 말해줄 수 없다"[51]에서 두 가지 의심이 생긴다. '어상語上'의 '상上'이 무엇인가 하는 것이 첫째요, 중인中人은 '이상以上'과 '이하以下'에 어느 쪽에 속하는가 함이 둘째이다. "형이상자를 도라고 하고 형이하자를 기라고 한다"[52]의 '상上'이라면 '어상語上'의 '상上'은 도道라고 해야 할 것이다. 그러므로 '중인 이상'은 '도'를 말할 수 있으나 '중인 이하'와는 도의 담론[道談]이 불가하다는 말로 이해된다. 이때의 '중인'은 문리文理로 보아서 이상과 이하에 어느 쪽에 속하는가? 상인上人과 중인中人만이 논도論道가 가능하다면 하인下人은 물론 도의 담론이 불가하다고 하겠으나 그렇다면 '하인불가이어상下人不可以語上'이라고 할 것이지 어찌하여 '중인 이하'라고

51 『論語』「雍也」. 中人以上 可以語上也 中人以下 不可以語上也.

52 『周易』「繫辭傳上」. 〈第12章〉 形而上者 謂之道 形而下者 謂之器.

'중인'을 붙였을까? '중인 이하'가 '중인'을 포함해서 그 '이하'라면 '중인'은 '중인 이하'의 '중인'과 중복이 된다. 그러나 인간이란 수數와 같이 상중하上中下로 분제分齊되는 것이 아니기 때문에 생지生知·학지學知·곤지困知의 구별이 있다고 하더라도 '안다[知之]'에 이르러서는 같으며, 안행安行·이행利行·면행勉行의 차이가 있다고 하더라도 그 성공에 이르러서는 같다고 할 수 있다. 이때 상중하를 연결시켜줄 수 있는 근거는 과연 무엇인가? 성삼품설性三品說[53]이 연상되기도 한다. 그러나 이론적인 분석이 아니라 공자가 이것을 단적으로 지적해준 것이 바로 '직直'이라고 생각된다. 사람은 '직'이어야 살 수 있고 이것 없이 살 수 있다면 요행이라고[54]까지 하였다. 이렇듯이 '직'이 소중하기는 하나 그 의미가 흑백 중의 어느 하나가 아니라 그것을 넘어서는 데 뜻이 있음을 주목해야 할 줄 안다. 아버지는 자식을 위해서 숨겨주고 자식은 아버지를 위해서 숨겨주는 가운데 '직'이 있다고[55] 한 본지가 즉 그것이라고 하겠다. 그러면서도 이 '직'에는 개인적으로는 예禮가 수반되어야 한다[56]는 것이며, 사회적으로는 이런 사람을 등용해서[57] 타인의 규범으로 높여야 한다고 공자는 말하였다. 예가 제중制中의 소이所以라고[58] 한다면 '직'도 또한 '중'에 맞는 것이어야 함은 물론이요 이 '중'이 '권權'과 유관有關[59]함을 주의해야 할 줄 안다. 예의 근본을 물었을 때 "사치스러운 것보다

53 韓愈,「原性」.

54 『論語』「雍也」. 子曰 人之生也 直 罔之生也 幸而免.

55 위와 같음,「子路」. 葉公語孔子曰 吾黨有直躬者 其父攘羊而子證之 孔子曰 吾黨之直者 異於是 父爲子隱 子爲父隱 直在其中.

56 위와 같음,「泰伯」. 直而無禮 則絞.

57 위와 같음,「顔淵」. 子曰 擧直錯諸枉 能使枉者直.

58 『禮記』「仲尼燕居第二十八」. 夫禮 所以制中 (……).

59 『論語』「微子」. 謂虞仲夷逸 隱居放言 身中淸 廢中權.

는 검소한 것이 낫고 절차진행節次進行에 간이簡易한 것보다는 슬퍼함이 낫다"[60]고 대답한 저의를 짐작할 만하다. 다음에 논할『중용』에서의 이론은『논어』에 비해서 매우 분석적인 것이 괄목된다.

B. 군자의 중용과 시중

『중용』에서 언급된 '중'에 관한 가장 많은 표현은 '중용'이었다. "군자는 중용으로 하고 소인은 중용에 반대한다[君子中庸 小人反中庸]"에서 보는 바와 같이 '중'은 '군자'의 필수조건으로 이해되고 있다. 그러한 '군자'의 '중용'은 "군자이시중君子而時中"이라고 해서 시중時中이 '중용'의 부수조건으로 되어 있다. 따라서 '군자' · '중용' · '시중'은 일련의 관계를 지속하고 있는 것으로 생각된다.

미발未發과 이발已發로 분석되어 '중'과 '화'로 구분된[61] 것은『중용』에서 처음 보인다. "중과 화를 이루면 천지가 자리 잡고 만물이 육성한다"[62]고 한 중화中和는 실상實相이 '중'과 '화'로 이분된 것은 아니지만 이론상 분리한 것뿐이다. 앞서 말한 군자의 '시중'은 이 '화'에 속한 문제라고 하겠다. '화'는 음양계陰陽界 내의 일이며 '시중'의 '시'도 음양내사陰陽內事이니만큼 '시중'은 달도達道로서의 '화'에 속한다고 해야 할 것이다. "소인이무기탄小人而無忌憚"의 '기忌'와 '탄憚'이 양변의 의미를 갖는다면 이 양변이 무시된 것이 곧 '소인이무기탄'일 것이며 '기'와 '탄'의 양단을 버리지 않으면서 중절中節된 것이 '시중'으로 받아들여진다. 공자는 순임금의 대지大知

---

60 위와 같음,「八佾」. 林放問禮之本 子曰 大哉問也 禮與其奢也 寧儉 喪與其易也 寧戚.

61『中庸』「第1章」. 喜怒哀樂之未發謂之中 發而皆中節謂之和 中也者 天下之大本也 和也者 天下之達道也.

62 위와 같음,「第1章」. 致中和 天地位焉 萬物育焉.

인 이유도 이 시중실현時中實現에 능한 까닭[63]이라고 하겠다.

득중得中의 방법은 무엇인가? 박학博學 · 심문審問 · 신사愼思 · 명변明辯의 지知와 독행篤行의 행行을 들 수 있다. '행'에는 삼달덕三達德, 오달도五達道의 개인적인 방법과 치국구경治國九經의 사회적인 방법의 두 가지가 있으나 귀납하는 것은 하나의 성誠이라는 것이다. 한 몸[一身]이 있으니 하늘[天]을 아는 터전이 되고 한 몸을 가졌기에 '하늘'이 될 수는 없는 인간에게는 성誠을 알고 성실하게 하는[誠之] 것이 최상의 방법이 아니겠는가? 택선고집擇善固執하여 성실하게 하는[誠之] 과정에서 심신心身 공히 부담감負擔感을 털어버리고 자유自由를 얻도록 희망하는[64] 것이 최선의 방법이 될 것이다. 그러나 또한 맹자의 말과 같이 '중'이 좋기는 하지만 집착하는 병폐는 막아야[65] 할 것이다.

이 처럼 『논어』에 비하여 『중용』에서는 내외內外로 분석하여 '중용'을 설명하였고 지적인 인식과 돈독한 실천을 들어 이론을 시도하고 있음이 유별類別하다고 하겠다. 이어서 『역경』에서의 '중'의 이론을 살펴본다.

C. 성인과 중정(중직)

「계사전상」 제10장에는 다음과 같이 말하고 있다.

역은 생각이 없으며 하욤이 없어서 고요해서 움직이지 않다고 느껴

63 위와 같음, 「第6章」. 子曰 舜其大知也與 舜好問而好察邇言 隱惡而揚善 執其兩端 用其中於民 其斯以爲舜乎.

64 위와 같음, 「第20章」. 誠者 天之道也 誠之者 人之道也 誠者 不勉而中 不思而得 從容中道 聖人也 誠之者 擇善而固執之者也.

65 『孟子集註』 「盡心章句(上)」. 執中無權 猶執一也 所惡執一者 爲其賊道也 擧一而廢百也.

서 천하의 일을 통하나니 천하의 지극한 신령스러움이 아니면 그 누가 여기에 참여하겠는가? 대저 역易은 성인이 깊은 것을 다하고 기미를 연구하는 것이다.[66]

여기서 생각되는 것은 '성인'과 '역'이며 '역'에 통달한 '성인'의 경지가 어떤 것인가의 의심을 불러일으킨다. 그 '역'은 "역유태극易有太極"의 역易일 것이다. '역유태극'을 음양으로 효화爻化해 64괘로 조리條理를 세웠으니 변變과 불변不變과 간이簡易의 의미가 그 가운데 들어 있다. 괘卦의 위치와 효爻의 시위時位는 건곤음양乾坤陰陽으로 설명되고 있으나 특별히 유의하고 싶은 두 가지는 '중정中正'이 그 하나요 조화調和가 둘이다.

앞서 본 바와 같이 '중'에 관해서는『역경』가운데 '중정'이 가장 많이 사용되었다. '중직中直'이란 용어가 2회 쓰여지고 있으나 이것을 같은 '중정'의 뜻으로 평석評釋한 것이 앞서 언급했듯이 명나라 때의 내지덕來知德이었다. 인생의 지침을 위해서 '중정'이 무엇보다 소중함은 이해에 어렵지 않다. 주돈이[周子]가 성인의 중정인의中正仁義를 강조함[67]도 그러한 뜻이라고 생각된다. 그런데 내지덕의 말대로 '중직'이 '중정'의 뜻이라면 굳이 표현을 달리할 필요가 어디 있는가 하는 의심이 생긴다. 여기에는 '직直'의 의미가 고조高調된 것이 아닌가 싶다. 2개의 곳의 '직'이란 동인괘同人卦 5효의 상전象傳과 곤괘困卦 5효의 상전에 보인다. 양괘의 구오九五는 군위君位에 있으면서 고경苦境을 "인생이직人生而直"의 '직直'으로 극복하는 상象이라고 해석할 수는 없을까? 단순히 바르다는 효위爻位나 사회적인 의미

66 『周易』「繫辭傳上」〈第10章〉. 易无思也 无爲也 寂然不動 感而遂通天下之故 非天下之至神 其孰能與此 夫易 聖人之所以極深而硏幾也

67 『性理大全』「太極圖說」. 聖人定之以中正仁義 而主靜立人極焉.

로만 생각할 것이 아니라 곤괘 5효 상전에서의 제사祭祀의 정성精誠이나 동인괘 5효의 상전에서의 선도先咷하는 인내忍耐가 생직生直의 '직直'에 연유된다고 이해하고자 하는 것이다. 아울러 양괘의 대조적인 성격의 고통이 같은 '직'으로 소통疏通이 되는데도 묘미를 느낀다.

다음에 조화調和에 관해서는 다른 데서 볼 수 없는 특수성을 지니고 있는 것으로 간주된다. 이성理性의 일반성은 동서고금이 함께 높여왔지만 감성感性의 동질성을 조리화한 문헌은『역경』을 제외하고 찾기 어려울 것 같다. 지知보다는 호好함을 호好함보다는 낙樂을 공자는 고양하였지만[68] '중'의 낙樂이란 낙천지명樂天知命[69]의 낙樂에서 더한 것이 있으랴. 주호만물周乎萬物하는 지知와 돈호인敦乎仁하는 행行이 관념적 인식으로 허虛하지 않고 음양조화를 통한 감성의 동질적인 감득覺得으로 실實을 기하는 일은 바람직한 일이라고 하겠다. 남녀부부男女夫婦와 자연음양自然陰陽의 조화를 '중정'으로 이론화하여 지선至善의 즐거움을 공여하려는 의도가『역경』에 반영되어 있는 것이라면 이미 지적인 이론을 넘어선 것이고, 또한 그것이『역경』이 가지는 활력소라고도 생각된다.

Ⅲ. 결론

1. 중과 '나'

자기의 좌표를 공간에서 무한無限으로 확산시킬 때 자신의 위치가

68『論語』「雍也」. 子曰 知之者 不如好之者 好之者 不如樂之者.

69『周易』「繫辭傳上」〈第4章〉. 樂天知命.

달라짐을 발견한다. 원圓의 반경半徑이 길면 길수록 그 면적은 넓어지겠지만 원심圓心의 위치는 여전히 존속할 것이다. 그러나 반경을 일단 무한대로 변화한다면 공간상의 원심의 좌표수치가 무의미하고 자신이 서 있는 곳이 우주의 중심이 될 것이다.

시간의 문제에 있어서도 유추가 가능할 것 같다. 조상祖上 이래로 내 몸에 이르기까지 연대의 산출이 가능할 것이며, 나 이래로 어느 연대까지는 연수계산이 분명할 수 있겠으나 조상 이전으로 무한히 소급하고 나의 손자 이후로 연장을 무한화無限化할 때 나의 시대 전후의 시간이 계산될 수 없고, 다만 나 또는 지금 찰나 등으로 시간 감각이 전환될 것이다. 환언하면 나의 존재란 시공내외時空內外의 경계에서의 '이제[今]'와 '여기[此]'와 '앎[知]'이라는 3차의 단면이 아닐까? 이 3차란 역시 이론적인 분석에 불과하며 이것을 단적으로 '성誠'이라고 지적한 것이 아닌가 생각된다. 연어鳶魚 및 비은費隱의 세계와 나 자신의 구별이 있고 없음으로써 '성誠'과 '성지誠之'의 경계가 달라질 줄 안다.

아리스토텔레스는 비율의 '중中'을 논리의 가치로 상정했으나 신神의 관조와 연관을 맺은 데 유가의 '중'과의 차이가 있으며, 용수龍樹의 중이 '절대'라면 더욱 말할 것도 없거니와 그것이 아니라고 하더라도 이변二邊을 부정하는 데 유가의 '중'과 다른 점이 있다. 낙천지명樂天知命하는 가운데 중정中正이 실현되니 비신毘神과 다르며 집기양단執其兩端하는 가운데 시중時中으로 실천되니 양변을 부정하는 '중'과도 같을 수는 없다. '황극皇極'과 '인극人極'과는 구별되어야 할 것이니 '극極'을 '중中'이라고 할 수도 없다. 다만 집착을 경계해야 한다는(一部라고 할지라도) 공통 의견이 발견됨은 소홀히 넘길 수 없는 사실이다.

그러나 시공의 무한화無限化가 물리적으로 성립될 수 있느냐 하는 것과 우주의 창조적 시원을 어떻게 파악하는가 하는 문제는 쉽게 주장을 통일하기는 어려울 것이다. 여기 전언前言한 3차의 개념은 공자와 주돈이와 주희를 이어 내려온 이론을 전제로 해서 구성된 것임을 밝혀둔다.

끝으로 '중'의 이론을 전개하는 데 있어서 문제로 남는 것이 있음을 첨언해야 하겠다.

2. 이론화에 남는 문제

풍우란馮友蘭은 그의『중국철학사』에서 다음과 같이 말하였다.

> 애석하게도 중국 철학에서는 논리가 발달하지 않았던지라 주자도 그 방면에 힘쓰지 않았고, 따라서 그가 말한 리는 본래는 순전히 논리적인 것이었으나 윤리적인 것과 뒤섞이게 되었다. 예컨대 '시각의 리'가 시각의 형식을 지칭할 때에는 논리적인 것이나, 시각(안목)이 '명철'해야 함을 지칭할 때에는 윤리적인 것이다. 주자는 이 두 측면을 하나로 합하여, 한 사물이 그러한 까닭으로서의 리[所以然之理]는 동시에 그것의 당위성[所應該]이기도 하다고 여겼다. 주자의 흥취는 윤리적인 것이었지 논리적인 것이 아니었기 때문이다. 플라톤도 이러한 경향이 있었으나 다만 주자처럼 심하지 않았을 뿐이다. 중국 철학은 대체로 모두 이 (윤리적) 측면을 중시했다.[70]

주희의 이론이 비윤리적인 이유가 그의 리理에는 윤리적인 리가

70 馮友蘭,『中國哲學史』「第13章 朱子」. 惜在中國哲學中 邏輯不發達 朱子在此方面 亦未着力 故其所謂理有本只應爲邏輯的者 而與倫理的相混 如視之理 如指視之形式而言 則爲邏輯的 如指視應該明而言 爲倫理的 朱子將此兩方面合而爲一 以爲一物之所以然之理 亦卽爲其所應該 蓋朱子之興趣 爲倫理的 而非邏輯的 栢拉圖亦有此傾向 特不如朱子爲甚耳 中國哲學 皆多注重此方面也.

혼재해 있기 때문이라는 것이다.

공자는 하나의 '도'자를 본원本源과 유행流行의 양면에서 보았고, 주돈이는 그 가운데에서 리理를 방편상 구분해 보았고, 주희는 다시 이기理氣로 분석해서 체계를 구성하였다. 그러나 공문후학孔門後學이 공자의 이론을 누가 분석했다고 하더라도 공자의 '도'를 기본으로 상념想念하지 않는다면 온당하다고 할 수는 없을 것이다. 공자는 '중'을 말하더라도 인간과 유리遊離시키지 않았다. '중인中人과 직直', '군자의 중용과 시중', '성인과 중정' 등은 그러한 의미에서 본 논문의 줄거리로 다루었다. 따라서 풍우란의 입장에서는 본 논문 역시 비윤리적이라고 비난할 것이며, 비은費隱이나 연어鳶魚 경계는 비윤리층계非倫理層階라고 할 것이다.

그러나 학문이 자연과 사회와 인간에 관한 한 인간과 유리될 수는 없다. 전인적인 학문이론 속에서 논리적인 체계를 세운다고 하여 시공을 배제한 '지知'만을 논리라고 해야 할 것인가는 문제이다. 여기서 동서의 구지求知 차이가 발생된다. 순수지純粹知라고 할 때 그것이 물리적인 것, 심리적인 것, 윤리적인 것, 종교적인 부분을 제거한 여타에 있다고 한다면 공자의 '지知'와는 다르다. 공자의 '지'의 진의는 지인知人에 있으며[71] 지인즉철知人則哲[72]로 미루어 소위 서양의 순수지와는 구별된다. 이와 같은 차이를 밝힘이 없이 일방적으로 평가될 수는 없다.

그렇다고 해서 지인知人의 형식이 윤리적인 것만이라는 뜻은 아니다. 인간이 사유적이며 윤리적이고 윤리적이면서 사유적이라면 양자는 분단될 수가 없을 것이다. 치지致知만이 소위 논리의 전부가 아니며 격물格物만이 전부일 수도 없다. 밝음[明]만이 논리가 아니라

---

71 『論語』「顔淵」. 樊遲問仁 子曰 愛人 問知 子曰 知人 (……).

72 『書經』「皐陶謨」. 惟帝 其難之 知人則哲 能官人 安民則惠 黎民懷之 (……).

'성誠'도 논리여야 할 것이다. 여기서 지적知的 진위眞僞가 밝음[明]으로 인식되며 가치의 선악이 '성誠'으로 판단되는 궁극 문제에 봉착하게 된다. 중용中庸이 '진위'와 '선악'을 천인天人으로 문제 삼을 때 보편과 특수의 상봉이 요구되며 명明과 성誠의 일원논리一元論理가 요청된다. 택선擇善하는 자유에서 고집을 필연화하는 논리는 논리 개념을 새롭게 하기 전에는 여전히 문제로 남는다고 하겠다. 서로 만나려면 내려다보고 쳐다보는 과정에서 이루어질 것이라고 생각할 때 관(觀: ䷓)하는 성誠과 임(臨: ䷒)하는 법은 매우 중요한 것으로 요약된다. 같음[同]을 같음에서만 구하거나 다름[異]을 다름에서만 구하는 논리로부터 동이이同而異[73]를 중용 논리로 전환하는 것이 양단의 차질을 구심求心하는 데는 절실하게 요청되는 것으로 생각된다. 뿐만 아니라 지인知人의 '지知'[74]와 애인愛人하는 '인仁'[75]이 일원화될 수 있는 가능성을 발견하게 된다.

---

73 『周易』「睽」〈象傳〉. 上火下澤 君子以同而異.

74 『論語』「顔淵」.

75 위와 같음, 「顔淵」.

제4장 자유에 관하여
– 공자의 불유구를 중심으로

Ⅰ.

오늘날 자유自由라고 할 때 혹은 정치적인 의미로 쓰이기도 하고 경제적인 뜻으로도 쓰이며, 또는 사회적인 각도에서 말하기도 한다. 거주의 자유라든가 집회集會와 결사結社나, 언론言論의 자유 등 인권의 존중과 더불어 평등을 고조高調함은 민주주의 사회에서 일반적으로 논의되고 있다.

우리들은 역시 항상 ① "인간의 의지는 자유다"라든가, ② "그 사람의 일생은 전형적인 자유인의 생애였다"라든가, 또는 ③ "빈곤으로부터의 자유" 혹은 ④ "독재정권하에서는 자유가 없다"라는 말들을 사용한다. 이러한 자유라는 용어들은 똑같은 뜻이 아니다. 이처럼 동일한 의미 내용으로 쓰지 않아도 별로 이상히 여기지 않는다. 자유는 본래 인간 존재의 전체에 관한 문제인 까닭에 그 뜻의 다양함도 당연하다고 생각된다.

대체로 ①과 ②는 내적 자유, 그리고 ③과 ④는 외적 자유라고 해도 무방할 것이다. 내적 자유는 의지와 관련되고 외적 자유는 행동과 관련되는 것이다. 여기서 문제가 생긴다. 즉 의지의 자유와 행동의 자유의 관계는 일치하는가 대립되는가 하는 점이다. 일치한다면 필연성을 보일 것이요, 대립된다면 자유와 필연은 모순이 될 것이다.

즉 필연이라고 할 때 타율이 되어버리고 자유에서는 객관성을 잃어버리게 될 것이다. 이 문제에 대해서는 동서 간에 차이를 볼 수 있고 같은 서양학자들 사이에서도 반드시 같지는 않다.

Ⅱ.

의지는 내적 자유를, 행동은 외적 자유를 보전保全한다고 할 때, 의지의 자유는 행동의 자유의 기초가 된다고 생각된다. 내적 자유에 관한 논의는 역사적으로 본다면 그것은 선택하는 자유와 자율로서의 자유로 전개되어왔다고 이해된다.

자유의지의 명증성明證性을 적극적으로 긍정할 때, 사르트르Sartre처럼 자유는 하나의 존재가 아니라, 자유는 인간의 존재,[1] 인간은 항상 전체적으로 자유이다[2]라고 하여 자유를 절대적으로 주장하는 입장이 가능하게 된다는 것이다. 그러나 우리는 스스로의 행동이 어떠한 선행조건에 의해서 이미 결정되어 있는 것이 아닌가 하는 의문을 품을 수가 있다. 스피노자Spinoza는 "자연 가운데는 단 하나도 우연이라는 것이 없다. 모든 것은 일정한 방법으로 존재하고 움직이고 있는 것처럼, 신적神的 본성의 필연성에 의해서 결정되어 있다"[3]고 하였다. 의지의 자유에 의한 결정은 신神에 있어서도 생각될 수 없다. 그리고 "인간이 스스로를 자유라고 잘못 생각하는 것은 인간은 스스로의 행위를 의식할 뿐이요, 스스로를 그 행위에로 결정하는 모든 원

1 J. P. Sartre-L'etre et le n ant p. 516,『哲學硏究』第508號, 自由와 必然 戶田省二郎 所引.

2 O.P. cit., p. 516 同上.

3 B. de spinoza-Ethica 1 Propositio ⅩⅩⅨ 同上 戶田氏所引.

인을 모르기 때문이다"[4]라고 주장한다. 여기서 우리는 명백한 결정론의 입장에 설 수 있다는 것을 알 수가 있다. 신적 본성에 의해서 결정된다고 생각한다면, 우리의 자유의식은 물론 목적이라든가 선악善惡, 미추美醜와 같은 개념도 하나의 망상妄想으로서 배척되지 않으면 안 될 것이다.

그러나 항상 자유와 필연은 대립되는 것일까? 그렇다면 자유나 필연 중에서 하나를 선택해야만 하게 될 것이요, 만일 대립하는 것이 아니라면, 자유와 필연은 하나로 소통되어야 할 것이다. 스피노자는 "자기 본성의 필연성만에 의해서 존재하고 자기에 의해서만 행동하도록 결정되는 것이 자유라는 것이다. 여기에 대해서 어떠한 일정한 방법으로 존재하거나 활동하거나 하는 것처럼 타력他力에 의해서 결정되는 것은 필연적이라고 하거나 또는 오히려 강제당하고 있다고 말할 수 있다"[5]라고 말한다. 즉 필연이 자유와 대립이 안 되는 경우도 생각할 수 있을 것이다.

여기서 밝혀져야 할 것은 필연성에 대한 이해라고 생각된다.

Ⅲ.

아리스토텔레스Aristoteles에 의하면 필연성에는 ⓐ 일 수밖에 없다는 ⓑ 강제적인 것 ⓒ 필요불가결한 것 ⓓ 논증의 네 가지로 설명되고 있다.[6]

무엇무엇일 수밖에 없다고 할 때 두 가지의 경우를 생각할 수 있

4 O.P. cit. Ⅰ Propositio ⅩⅩⅩⅤ Scholium 同上 戶田氏所引.

5 O.P. cit. Ⅱ Definitis Ⅶ 同上 戶田氏所引.

6 Cf. Aristoteles: Metaphysica △5 (1015a30~1015bg) 同上 戶田氏所引.

다. 자기 본성의 필연성에 의해서 결정된다고 할 때의 필연성과 무엇 무엇하도록 타력에 의해서 필연적으로 결정된다고 할 때의 필연성과는 각각 그 뜻이 다르다. 자율과 강제의 차이라고 할 수 있다. 아리스토텔레스의 경우 ⓐ는 자율에 속하고 ⓑ는 강제에 속한다. 여기서 또다시 문제되는 것은 자율이라고 할 때에도 주체에 근원하는 자율이라는 점이다. 그러나 용어를 주체와 객체, 또는 자율과 타율, 또는 자유와 필연 등으로 분명하게 분리해놓고서는, 양자의 연접점連接點은 그 표현으로서는 불완전하다고 생각된다.

대개 서양의 사상에서의 필연에 대한 이해면을 위에서 살펴보았거니와, 과연 동양사상 특히 공자孔子에 있어서는 어떻게 다루어지는가 하는 점을 간단히 살펴보고자 한다.

Ⅳ.

자유를 심리적 자유(소극적)와 윤리적 자유(적극적)로 구분한다면, 모든 제약이나 속박으로부터 떠나서 자기 마음대로 하고 싶은 대로 하는 것은 심리적 자유라고 할 수 있으며, 사사로운 정情이나 물욕物欲에 이끌리지 않고 감정에 흐르지 않는 바른 생활을 위해서, 규범을 세우고 자주적이며 자율할 수 있는 것은 윤리적 자유라고 할 수 있다.

삼군三軍을 거느리는 군단장을 포로로 잡기는 어려운 일이지만, 그러나 그것도 일단 하고자 결심하면 가능한 일이다. 그렇지만 아무리 신분이 천한 졸병이라고 할지라도, 그 마음을 세우고 그것을 굳게 지켜가는 사람의 뜻을 빼앗을 수는 없다.[7] 이처럼 타력에 의해서 움

---

7 『論語』「子罕」. 三軍可奪帥也 匹夫不可奪志也.

직이지 않는 굳은 의지는 자유로서만 지킬 수 있는 것이다. 자주성을 잃고 타인에 따라 부화뇌동附和雷同하고 주체성 없이 위력威力에 굴복하는 것은 적극적 자유가 상실되는 것이다. 판단에 흔들리지 않고 사물에 근심하지 않으며 위력에 겁내지 않음은 윤리적 자유인 것이다.[8] 필부匹夫에게서도 빼앗을 수 없는 의지가 있음을 볼 수 있고, 이러한 의지는 인도引導 여하에 따라서 미혹되지도 않으며 근심하지도 않으며 겁내지도 않는 온전한 인간이 될 수 있다는 것이다. 이러한 것은 누구에게도 바람직한 일이지만 누구에게나 다 가능한 것은 못된다. 공자께서는 군자君子를 물었을 때, "안으로 반성해서 부끄러움이 없으니 무엇을 근심하며 무엇을 두려워하랴"[9]고 사마우司馬牛에게 대답하였다. 맹자孟子께서도 "스스로를 돌이켜보아서 바르면, 천만인千萬人이 앞으로 온다고 하더라도 나는 가겠노라"[10]고 하였다. 이러한 대용大勇은 심중에 추호秋毫도 그릇됨이 없을 때 가능하다는 것이다. 즉 불우불구不憂不懼할 수 있는 심지心志 없이 대용대행大勇大行이 이루어질 수는 없다. 그러므로 "대개 의지란 기氣의 거느리는 바이기에, 그 의지를 견고하게 유지하고 기를 함부로 하지 말라"[11]고 맹자는 말하였다. 기를 해함이 없이 의지를 항상 바르게 가지는 일은 매우 중요한 일이다. 의지는 목적이요 기체氣體는 수단이므로, 목적적目的的인 의지일 때 자유 독립의 자유인이 가능한 것으로 믿어진다. 맹자는 호연浩然의 기를 말한다. 우마牛馬가 제아무리 주인의 사양飼養으로 몸이 기름지다고 할지라도 고삐에 끌려다니는 한, 어찌

---

8 위와 같음, 「子罕」. 知者不惑 仁者不憂 勇者不懼.

9 위와 같음, 「顔淵」. 司馬牛問君子 子曰君子不憂不懼 曰不憂不懼 斯謂之君子已乎 子曰內省不疚 夫何憂何懼.

10 『孟子』「公孫丑上」. 自反而不縮 雖褐寬博 吾不惴焉 自反而縮 雖千萬人 吾往矣.

11 위와 같음, 「公孫丑上」. 夫志氣之帥也 氣體之充也 夫志至焉 氣次焉 故曰持其志無暴其氣.

고삐 없이 자적自適하는 우마의 자유를 당하랴. 기의 구애拘碍됨이 없어야 목적적일 수 있다. 맹자는 이렇게 말한다. "천하의 광거廣居에 거처하고 천하의 정위正位에 서서 천하의 대도大道를 행하여 뜻을 얻으면 국민과 더불어 실행하고, 뜻을 얻지 못하면 홀로 그 도를 행하니, 부귀도 범할 수 없고 빈천도 옮길 수 없고 위무威武도 그를 굴복시키지 못한다"[12]고, 그의 미동微動도 않는 자유를 엿볼 수 있다.

공자는 일생을 회고하여 다음과 같이 말한 바 있다.

> 나는 15세 때 학문에 뜻을 두었고, 30세에 입지立志가 되었고, 40세에는 주관主觀이 흔들리지 아니하게 되었고, 50세 때에 천명天命을 알게 되었고, 60세 때에는 모든 사리事理 이해에 부족이 없게 되었고, 70세 때에는 마음에 하고자 하는 데 좇아도 법도法度를 넘지 않게 되었다.[13]

여기서 보면 공부를 시작한 후는 입지立志 · 불혹不惑 · 지천명知天命 · 이순耳順 · 자유自由의 단계로 발전해온 과정을 짐작해볼 수 있다.

공자가 생각했던 진정한 자유란 과연 어떠한 것일까? 나의 도道는 하나로 꿰였다[14]라든가, 나는 이와 달라서 옳은[可] 것도 없고 옳지 않은 것도 없다[15]고 한 것이라든가, 또는 군자는 고집하는 일도 없고

---

12 위와 같음, 「滕文公下」. 居天下之廣居 立天下之正位 行天下之大道 得志與民 由之 不得志 獨行其道 富貴不能淫 貧賤不能移 威武不能屈.

13 『論語』「爲政」. 子曰 吾十有五而志于學 三十而立 四十而不惑 五十而知天命 六十而耳順 七十而從心所欲不踰矩.

14 위와 같음, 「里仁」. 吾道一以貫之.

15 위와 같음, 「微子」. 我則異於是 無可無不可.

부정만 해버리는 일도 없이 다만 의義를 따를 뿐이다[16]고 한 것이라든가, 심지어는 무위無爲로 다스리는 이는 순舜임금[17]이라고 말한 등등은, 한결같이 하나의 경계를 표명表明해준 것으로 간주된다. 이 하나의 경계의 단초端初는 우리의 의지일 것이다. 단초로서의 의지는 자율적인 동시에, 행동의 자유 즉 주위 환경이 행동을 구속할 수 없는 대용大勇을 수반해야 한다. 즉, 의지는 자율적이며 행동은 능동적임을 의미한다. 여기서 유의해야 할 것은 의지의 자율을 말할 때 그 유래한 바[所由來]가 어디 있는가 하는 점이다. 전체를 위하는 공변됨[公]과 의로움[義]에서 유래된 것인가, 그렇지 않으면 하나의 사사로운 자기[私己]에 근원한 것인가, 하는 점은 앞에서 언급한 바 공자의 하나의 경계를 연접連接시켜주느냐, 단절시켜버리느냐의 중요한 분기점으로 보인다.

그러나 자율 또는 주체의 단초로서의 의지라고 할 때의 자율이나 주체가, 타율과 객체와 상대 대립 내지는 단절되어버린 자율이나 주체라고 한다면, 그 의지는 행위 결과와 반드시 일치하지 않을 것이다. 다시 말하면, 공변됨과 의로움이 사사로운 자기와 대립 또는 단절된 것이라면 엄격히 말해서 그것도 부족한 것이다. 공변됨과 의로움이라는 보편은 특수라는 개체 위에, 그리고 개체라는 특수는 공변됨과 의로움이라는 보편에서만 그 진의를 살릴 수가 있다고 생각된다. 그러므로 이 양자를 일련하는 관계에서 이해하지 않을 때에는, 비록 공변됨과 의로움이라고 할 때에도 완전하지 못한 것이요, 사사로움과 자기라고 할 때에도 부정할 수만은 없게 된다. 즉 일관성 속에서 동정動靜의 단초로서의 의지가 그 무엇에 의해서 명령되는 것이 아니라 스스로 명령할 때 이것이 참으로 의지의 자유로 이해된다.

16 위와 같음, 「里仁」. 子曰 君子之於天下也 無適也 無莫也 義之與比.

17 위와 같음, 「衛靈公」. 子曰 無爲而治者 其舜也與夫 何爲哉 恭己正南面而已矣.

우리가 무엇을 하고자 할 때의 그 하고자 하는 유래[所由來]의 근원으로서의 자유라는 의미인 것이다.

안으로의 자유의지가 밖으로 실현될 때의 행위는 하등의 외부 제약을 받음이 없이 자유의지를 보장해주는 행위일 수 있다면, 그 행위는 자유를 성취해주는 행위요, 따라서 이러한 의지와 행위는 자유와 필연을 분리시켜주지 않는 원만한 일관성을 지니는 것으로 보인다. 공자가 마음에 하고자 하는 데 따라서 행동하여도 법도를 넘지 않는다고 한 70세 심경은 일생을 배움[學]으로 쌓아올린 수확이라고 믿어진다. 마음에 하고자 하는 데 따라서라는 말은 환언하면 욕구로 인한 발단發端이 의지자유를 의미함이요, 행동해서 법도를 안 넘는다는 말은, 행위의 필연성을 뜻하는 것으로 생각된다. 물론 타율의 시녀侍女로서의 필연이란 말은 아니다. 자유의지를 실현 보장해주는 뜻의 행동을, 행위의 필연성으로 이해하고자 하는 뜻에서 하는 말이다.

V.

필연이 자유와 관계있다고 할 때, 과연 그 필연은 강제당한 것인가, 또는 자율적인 것인가에 대하여 위에서 살펴보았다. 그리고 공자의 법도를 넘지 않음[不踰矩]의 자유를 생각해보았다.

여기서 주의해야 할 것은 주체문제이다. 강제당한다면 강요하는 주체가 있어야 하고, 자율이라고 한다면 자율하는 주체가 있어야 한다. 전자와 후자의 주체는 어떤 관계에 있는가 하는 데 대한 이해는, 매우 중요하며 근원적인 문제로 보인다. 양자가 전연 이질적인 것이라고 한다면, 필연은 일치할 수도 있고 일치하지 않을 수도 있을 것이다. 타율과 자율의 주체가 동질적인 경우를 생각할 수 있다면, 필연은 항상 일치가 가능하지 않을까 생각된다. 즉 자율에서 얻어지는 필연은 바로 공자의 심경이었고, 이것은 타인에게 명령을 받지 않고 스스로 발發하는 자유인가 한다. 이러한 자유의 획득은 바람직한 일이다. 그러나 하루아침 하루저녁으로 이루어지는 것이 아니라 '참됨을 쌓고 날을 오래함[眞積日久]'에서 얻어진다고, 고인古人들은 한결같이 말하고 있다.

『논어』에서는, 처음에 배움[學]을 강조하고 끝에 가서 명命을 알아야 군자가 된다[18]고 하여, 배워서 지식 축적으로 그치지 않고 군자가 되어야 할 것을 말하고 있다. 『대학』에서는, 천부天賦의 명덕明德을 밝히고 백성을 새롭게 하고 지선至善에 그칠 것[19]을 처음에 삼강령三綱領으로 제시하였고, 끝에 가서 국가는 이로움[利]을 이로움으로 삼지 않고 의로움[義]으로써 이로움으로 삼아야 할 것[20]을 가르쳐 수기修己와 치인治人을 다 같이 중요시하고 있다.

『중용』에서는 처음에 인간의 본성은 하늘이 명해준 것[21]이라고 하여 타율과 자율의 주체적 일관성을 일러주었고, 끝에 가서 『시경』「대아大雅」의 〈황의편皇矣篇〉 일절一節을 인용하여[22] 소리도 없고 냄새도 없는[無聲無臭] 상천上天의 세계를 말하여 초월을 설명하였다. 요컨대 배움[學]을 통하여 군자가 되는 일이라든가, 수기치인으로 대동세계大同世界를 건설하는 일이라든가, 인간의 본성을 성誠으로 보전保全하여 초월하는 일과 같은 것들은 모두 인간의 진정한 자유의 획득과 확보를 위해서 심히 소중한 교훈이라고 믿어진다.

---

18 위와 같음, 「學而」. 學而時習之不亦說乎; 『論語』, 「堯曰」 不知命無以爲君子.

19 『大學章句』 「經1章」. 大學之道 在明明德 在親民 在止於至善.

20 위와 같음, 「傳10章」. 此謂國不以利爲利 以義爲利也.

21 『中庸章句』 「第1章」. 天命之謂性.

22 위와 같음, 「第33章」. 詩云德輶如毛 毛猶有倫 上天之載 無聲無臭 至矣.

제2부 한국 유학의 특성

제1장 한국 성리학의 방향

Ⅰ. 서론

1. 유학에 있어서의 학의 의의

학문을 분야별로 가르는 것은 서양의 학문 방법을 따른 것이므로 유학을 서양학에서 말하는 것처럼 정치학이니 교육학이니 하는 것과 동일하게 생각할 수는 없다. 신학神學의 학學과 마찬가지로 유학儒學이라고 하면 세분된 학보다는 종합적인, 전인적全人的인 우위를 차지한다. 유학 자체가 이미 '선비'를 뜻하므로 신학의 신神과는 다르지만 그 학에 있어서는 인학人學의 성격을 가진다.

『논어論語』「학이學而」편에 의하면

> 배우고 때때로 익히면 또한 즐겁지 않은가.[1]

라고 하여 학學 자가 보인다. 여기에 보이는 '학'의 주석에 따르면,

> 학이란 말은 본받음이다. 사람의 본성은 모두 선하나 깨달음에는

---

1 『論語』 卷1「學而」〈第1章〉"學而時習之 不亦說乎."

선후가 있으니 뒤에 깨닫는 자는 반드시 먼저 깨달은 이의 하는 것을 본받아야 이에 선을 밝혀 그 처음을 회복할 수 있을 것이다.[2]

에서 발견되는 것처럼 그 뜻을 두 가지로 파악할 수가 있다. 즉 첫째는 '효效'니 본받는다는 말이요, 둘째는 선을 밝힘[明善]이니 인성의 선함을 밝힌다는 뜻이다. 회암晦庵 주희(朱熹: '朱子'라 표기함)는 같은 주석에서,

'학'의 한 글자는 진실로 치지致知와 역행力行을 겸하여 말한다.[3]

라고 분명히 말하고 있다. 즉 '효效'를 본받는다고 이해함은 '역행'을, 그리고 성선을 밝힌다는 뜻으로 받아들이는 것은 '치지'를 가리키는 것이다. 그러므로 '학'자의 뜻을 '치지'와 '역행'을 겸해서 말하는 것으로 풀이하고 있다.

이와 같이 유학이라고 할 때의 '학'은 단순한 지적인 인식만이 아니라 행적인 실천의 의미를 겸유兼有하고 있는 까닭으로 시청각을 동원해서 지식을 전수함과 동시에 지난날의 성현들의 언행을 본받고 익혀야 하는 수련 과정이 필요하게 되는 것이다. 뿐만 아니라 교육자가 후학을 가르칠 경우도 지식 전달이 그 임무의 전부가 아니라 한쪽으로는 스스로가 배운다는 것이다. 즉 가르친다는 것은 절반은 배우는 뜻으로,『서경書經』에서는 다음과 같이 보인다.

오직 가르침은 배움의 절반이니 생각의 끝과 처음을 학문에 주장

2 『論語集註』 卷1「學而」〈第1章〉 "學之爲言 效也 人性皆善 而覺有先後 後覺者 必效先覺之所爲 乃可以明善而復其初也."

3 위와 같음, 卷1「學而」〈細註〉 "學之一字 實兼致知力行而言."

한다.[4]

이렇게 볼 때 유학의 학은 본받는다는 실천적인 의미와 깨닫는다는 인식적인 의미를 겸비하고 있는 동시에 교학의 의미를 아울러 가지고 있음을 알 수가 있다.

2. 유학과 성리학

성리학이라고 함은 대체로 송나라 시대 이후의 신유학新儒學을 말한다. 선진시대의 유학에 비교해서 불교와 도교의 상호 영향 속에서 새로운 이론유학으로 발전된 것이다. 도덕연원을 중심한 교훈과 인간 성리性理를 골자로 한 이론으로 구분해볼 수가 있다. 이론은 도덕연원을 실천하는 당위로서 체계화하기 위한 것이요 경전經典의 가치를 무시하거나 감소시키기 위함이 아니다. 송나라 시대의 신유학으로부터 선진유학으로 돌아가야 유학의 진면목을 알 수 있다는 말을 듣기도 하지만 이론을 위한 이론이 아니라 실질[實]을 기약하기 위한 학적 체계라는 데 진의가 있다.

이치를 말할 때에 몇 단계로 갈라서 생각할 수 있다. 물계物界의 이치를 물리物理라고 하고 심계心界의 이치를 심리心理라고 하고 심중心中의 내재하는 천명의 요소를 성리性理라고 하며 물심物心 양계를 초월한 종국의 이치를 천리天理라고 해서 4단계로 구분하는 것이 통상이다. 이 가운데 성리학은 중국과 한국에서 유학의 이론 분야 즉 철학으로서 한결같이 발전되어왔다. 양국 성리학은 경향이 각각 특색을 지니고 있다. 우주본체론적宇宙本體論的인 경향을 특징으로 한 것이 송대 성리학이라면, 인생성정론적人生性情論的인 경향을 특징

4 『書經』 卷5「商書 · 說命(下)」 "惟斅學半 念終始 典于學."

으로 한 것이 조선 성리학이라고 하겠다.

3. 새로운 요청

수기치인修己治人의 학문으로서의 유학이 이론유학으로서의 성리학으로 개신등장改新登場된 이래로 그 문제점으로 주돈이는 무극태극無極太極을, 장재는 기氣를, 정이는 리理를, 주자는 이기理氣로 파악하였다. 고려 말엽에 성리학이 한국에 전래된 이후로 이언적은 태극太極의 리를, 서경덕은 기氣를, 이황은 리의 발현[發]을, 이이는 기의 발현을 문제 삼고 있다. 이언적은 불교와 도교의 허무적멸虛無寂滅을 비난하면서 태극의 진실한 리를 강조하고 있으며, 서경덕은 비록 기론자氣論者이기는 하지만 리의 진실한 면을 독견獨見한 것으로 인정받고 있으며, 이황은 이발理發을 고수하면서 거경居敬을 역설하고 있으며, 이이는 기발氣發을 자신하면서도 성실誠實을 높이고 있는 점에 관심을 소홀히 할 수 없다.

형이상학과 형이하학이 단절되고 물리학과 심리학이 격절되고 과학과 종교가 격리된 속에 인간성이 상실되어가고 있는 것이 오늘의 실정이라고 한다면 그 회복은 시급한 문제가 아닐 수 없다. 이렇게 끊어진 곳을 연접시켜주는 기능을 학적學的으로 구한다는 것은 매우 중요한 일이라고 하겠다. 종래에 실학實學이 있기는 하였으나 오늘의 상황에서 모든 단절을 이어주는 의미에서 실리학實理學을 구상해본다. 형이상학이 공리에 떨어지거나, 심리학이 독단에 빠져버리거나, 종교가 맹신으로 전락하거나, 또한 형이상학이나 물리학이나 과학이 물질 내지는 합리성에만 구니拘泥되어 거룩하고 성스러운 바를 더럽히는 일이 있다면 이는 더 값이 바람직한 일이 못 된다. 이와 같은 양극이 하나로 묶여지는 좌표에 질(質: 질박함 · 소박함)을 배정해본다. 한국의 성리학사에서 이러한 의미의 '실實'이 강조되어왔음은 괄목할 만한 사실이다. 한국과 중국의 실학이 통일된 개념이 아니라고 할 때, 과학문명의 발달로 괴리된 우주와 인생을 하나의 리로 실현하려는 시도로서의 실리학實理學이라면 그다지 무의미한 일만은 아닐 줄 안다. 따라서 송나라와 명나라의 이학理學이나 성리학을 유학에 있어서의 철학으로 다루어온 데 비해서 이론과 실제, 논리와 사리, 사유와 행동의 이중구조를 단일화하는 의미의 실리학實理學으로서의 유학을 밝히고자 하는 데 이 논문의 의도가 있다.

Ⅱ. 본론

1. 한국 유학의 본질

현상윤玄相允 씨는 그의 『조선유학사朝鮮儒學史』에서 한국 유학의 본질을 다음과 같이 설명하고 있다.

유학이나 유교사상이 조선에 소개된 지 그 연대에 있어서 다른 어느 외래사상보다는 오랜 것은 사실이다. 지금 우리나라에는 고대의 문헌이 무징無徵하여 이것을 일일이 계고稽考할 길이 없으나 저 『논어』와 『천자문』을 일본에 전하였다는 왕인王仁의 일을 가지고 보아도 불교가 조선에 처음 전래된 고구려 소수림왕小獸林王 때보다는 그 연대가 앞서는 것을 보아 이것을 잘 알 수 있는 것이다. 그러나 이같이 수입된 지가 오래면서도 그 학문과 사상의 수입직시輸入直時에 왕성하게 행하여지지 못하고 오랫동안 시일을 경과하다가 겨우 조선에 이르러 비로소 크게 행하게 된 것이다. 그런데 이것은 아래와 같은 이유에 기인하였으리라고 추측된다. 즉 원래 우리 민족이 상고시대에는 신교神教를 신봉하다가 유학을 존숭한 것은 조선 이후 비교적 근세의 일이니 신교나 불교는 그 교리와 의식이 감정적이요, 평민적인 것에 비하여 유교의 그것은 이지적理智的이요 귀족적인 것을 생각함에 자연 유학사상은 인문 미개未開한 고대에서는 인민의 다수가 이해키 곤란하던 까닭이 아닌가 한다. 그러므로 조선의 유학이라고 하면 오로지 조선조 유학을 의미하게 되는 것이요 그 이전의 유학은 거의 그 존재의 가치조차 인정하기 어려운 정도다. 따라서 여기서 서술하는 유학사도 주로 조선의 그것을 의미하는 것임은 물론이다. 그리고 조선유학의 내용은 어떤 것이냐 하면 개중에는 물론 여러 가지 방면이 있으나 그 주류와 중축中軸은 성리학에 있다. 이것이 곧 세인들이 조선의 유학을 가리켜 정주학程朱學 혹은 주자학朱子學이라고 일컫는 소이所以다. 원래 유학에는 여러 가지 방면이 있다. 정치도 있고 경제도 있으며 법률도 있고 철학도 있으며 윤리도덕도 있고 문학도 예악도 있다. 이것을 기재한 경전을 가지고 설명하면 『상서尙書』나 『춘추春秋』나 논맹(論孟: 『논어』 · 『맹자』)은 주로 정치 · 경제 · 법률과 윤리도덕을 논하였고 용학(庸學: 『중용』 · 『대학』)과 『주역周易』은 주로 철학을 말하였으며 『예기禮記』 · 『악기樂記』(『악기』는 전하지 않음)는 예악을 말한 것이요 시서논맹(詩書論孟: 『시경』 · 『서경』 · 『논어』 · 『맹자』)이나 『예기』 · 『춘추』는 또한 문장의 표본이 되는 것이다. 그러므로 논맹 이후의 여러 시대를 통하여 사람 혹은 시대를 따라 그중의 어떤 한 방면을 연구하며 발달시킴에 따라서 그 시대에 각각 특색을 발휘케 되어온 것이다. 이제 이것을 지나(支那: 중국)의 역사에서 설명하면 한당漢唐은 그 현실적 방면, 즉 정치경제와 법률의 부분을 적용하며 발전시킨 것이요, 송명宋明은 그 철학적 방면 즉 성리학의 부분을 발달시킨 것이며 동중서董仲舒나 사마광司馬光은 정치 · 경제를, 정자程子나 주자朱子는 철학과 인류도덕을, 한유韓愈나 구양수歐陽脩는 문학을 연구하고 발전시키기에 노력한 사람들인 것이다. 그러므로 조선유학에 있어서도 어떤 시기에는 그 현실적 방면을 힘쓰며 발휘시킨 때도 있고, 또 어떤 시기에는 그 문학적 방면을 발휘한 때도 있으며, 어떤 사람은 정치 또 어떤 사람은 문학 또 어떤 사람은 이학理學 또는 예학禮學을 연구하며 발휘하였다. 그러나 전에도 말한 바와 같이 조선유학의 주소와 중축은 철학 방면인 정주학에 있었던 것이다."[5]

대체로 내용을 셋으로 구분해서 생각할 수 있을 것 같다. 그 하나는 한국에 가장 먼저 수입된 외래문화로서는 유학이라고 한 것이고, 둘째는 그렇다고는 하나 유학하면 그래도 조선조의 유학을 중심으로 잡을 수밖에 없다는 것이며, 셋째는 그 주류중축은 성리학이라고 지적한 점이다. 한국 민족의 문화연원이 오랜데다가 처음으로 들어온 유학이 아무 거부 반응 없이 수용될 수 있었다는 것은 민족성 내지는 고유 문화가 유학을 주체적으로 흡수하였음을 말해주는 것으로 안다. 최치원(崔致遠: 857~?)의 「난랑비서鸞郎碑序」에

> 나라에 현묘玄妙한 도가 있으니 풍류風流라 한다. 가르침의 근원에 대해서는 선사仙史에 자세히 갖추어져 있거니와, 실로 이는 삼교三敎를 포함한다.[6]

라고 언급된 것으로 보아 고유한 현묘한 도[玄妙之道]가 있었음을 알 수 있다. 유교 · 불교 · 도교를 종합해서 현묘한 도가 성립된 것이 아니라 삼교를 병탄併呑할 만한 사상적 기저를 한민족이 지니고 있었다고 간주된다. 유학이 중국에서 창시된 이래로 한국과 일본에 영향을 준 것이 사실이기는 하지만 우리가 유학을 전수할 때 우리

5 현상윤, 『조선유학사』, 민중서림, 1948년, 1~3쪽.

6 『三國史記』 卷第4 「新羅本紀第四」 〈眞興王 37年條〉 "國有玄妙之道曰 風流設敎之源 備詳仙史 實乃包含三敎."

의 민족 감정으로 주체적인 소화로서 우리의 특징을 키워온 것으로 보아야 할 것이다.

주자학의 전래로 성리학이 흥하게 되었고, 이 성리학 또한 중국 성리학의 재판이 아니라 우리 고유 문화의 주체적인 수용으로서 그 특수성을 형성한 것으로 인정된다.

공자가 인仁을 인(人: 사람다움)이라고 하여 인간을 중심으로 문제 삼았고, 송나라 시대의 성리학이 인성문제를 철학적으로 탐구하여 우주본체론에 주력한 데 비해서 조선조의 성리학은 인성문제를 심성정心性情 문제로 심화시켜간 데 차이가 있다. 삼교를 포함하는 '현묘한 도'란 결코 공허에 빠질 수도 없고 그렇다고 현玄을 잃은 유有에 타락할 수도 없는 양자의 균형 잡힌 조화를 실實로서 생활하는 민족 고유의 모습을 증언해주는 것으로 생각된다. 이러한 양상은 조선조의 성리학으로 깊이를 더해갔고 얼룩진 정치사의 물결 속에서도 굳게굳게 일관되어온 것이다.

조선조 · 성리학의 특징을 두 가지로 지적한다면, 첫째는 주체성을 높이는 점이요, 둘째는 순수 윤리를 존중하는 것이라고 하겠다.

이처럼 한민족의 고유성은 유학을 토착화하였고, 조선조의 성리학이 그 주류로 형성되면서 인간의 심성정 문제가 철학적인 중축을 이루어왔다. 이러한 경향을 '실리實理'로 파악하는 데 한국 성리학사의 의의가 있는 것으로 믿어진다.

2. 한국 성리학의 연원과 발전

A. 연원

이이는 『석담일기石潭日記』에서

우리나라의 이학은 전통이 없다가 이전 조정 정몽주鄭夢周가 처음 그 단서를 드러냈지만 규구規矩가 정밀하지 못했다. 우리 조정 김굉필金宏弼이 그 실마리를 접하였으나 오히려 크게 드러나지 못하였다. 조광조趙光祖가 창도倡道함에 이르러 배우는 이들이 흡연翕然히 추존하니, 지금에 성리학이 있는 줄 알게 된 것은 조광조의 노력이다.[7]

라고 한 바에 의하면 우리나라 이학이 정몽주로부터 시작되기는 하였으나 모호함에 그쳤으며 김굉필이 실마리를 이었고 조광조의 힘으로 성리학이 있게 되었음을 이해하게 된다. 사실상 이색李穡이 정몽주를 칭찬하기를 "몽주의 논리는 횡설수설橫說竪說하여도 리에 합당하지 않음이 없다"[8]라고 하였으나 그의 이론이 전해옴이 없어서 불투명한 것으로 평받는 것이 아닌가 한다. 그러나 이황도 또한 정몽주를 이학의 시조로 삼고 김굉필, 조광조를 으뜸으로 생각하나 저술에서 그 이론을 찾아보기에 힘들고 다만 이언적의 학이 정학正學으로서 깊이에 있어서도 근세에 최고라고 다음과 같이 말하고 있다.

우리 동방의 이학은 정포은鄭圃隱을 으뜸으로 삼고 김한훤당金寒暄堂과 조정암趙靜庵을 우두머리로 삼는데 다만 이 세 선생은 저술의 증거가 없어 이제 그 학문한 바의 천심淺深을 상고할 수 없다. 근래 『회재집晦齋集』을 보니 그 학문한 바의 바름과 터득한 바의 깊이가 아마도 근세까지 최고가 될 것이다.[9]

---

7 『石潭日記』 卷上 「隆慶元年丁卯」 "我國理學無傳 前朝鄭夢周始發其端 而規矩不精 我朝金宏弼接其緖 而猶未大著 及光祖倡道 學者翕然推尊之 今之知有性理之學者 光朝之力也." 【참고】 『栗谷全書』 卷28 『經筵日記』 「(明宗大王)二十二年」 〈十月丙戌〉.

8 『高麗史』 卷第117 「列傳卷第30 · 鄭夢周」 "李穡亟稱之曰 夢周論理 橫說竪說 無非當理."

9 『退溪全書』 『退溪先生言行錄』 卷5 「論人物」 "吾東方理學 以鄭圃隱爲祖 而以金寒暄

이황과 이이의 말대로 하면 정몽주는 과연 한국 성리학의 시조임을 인지할 수 있다. 또한 이 시조의 뒤를 이은 학자 역시 김굉필, 조광조임은 두 사람의 의견이 동일하거니와 다시 이언적에 이르러서 정학으로 심화되어갔음이 사실이다. 여기서 주의하고자 함은 정몽주로부터의 실리實理로 일관하고 있는 전통인 것이다.

정몽주의 경우 횡설수설의 설說과 무비당리(無非當理: 리에 합당하지 않음이 없음)의 리理는 실리를 의미해주는 것으로 간주된다. 김굉필에 대해서는 고봉高峰 기대승奇大升이 지은 그의 행장行狀에 따르면 존양성찰存養省察로 체體를 삼고 수제치평修齊治平으로 용用을 삼는다는 다음과 같은 표현, 즉

> 선생은 날마다 『소학』과 『대학』의 글을 강독하고 외워 규모로 삼고 육경六經을 탐구하였으며, '성誠'과 '경敬'을 힘주어 주장하였고 존양存養 · 성찰省察을 체體로 삼고, 제가齊家 · 치국治國 · 평천하平天下를 용用으로 삼아, 위대한 성인의 경지에 이를 것을 기약하였다 한다.[10]

로 미루어 성과 경의 심지心志와 체가와 치국의 실천의 양면을 통관統貫하는 실리 경향을 볼 수 있다. 정여창(鄭汝昌: 1450~1504)은 『주자장구朱子章句』의 주석에서 "기로서 형체를 이루고 리 또한 부여되었다"의 설을 취하지 않고 "어찌 기보다 뒤에 있는 리가 있겠는가"라고 하여 기에 뒤지는 리가 있지 않음을 주장하였다.[11] 이는

趙靜庵爲首 但此三先生著述無徵 今不可考其所學之淺深 近見晦齋集 其所學之正 所得之深 殆近世爲最也〈禹性傳〉."

10 『國朝儒先錄』(上) 「行狀 · 事蹟」 "[illegible] 日誦小學大學書 以爲規模 研窮六經 力持誠敬 以存養省察爲體 齊治平爲用 期至大聖閫域."

11 『秋江集』 卷7 「冷話」 "鄭汝昌伯勗 取朱子中庸章句曰 天以陰陽五行化生萬物 而不取其氣以成形而理亦賦焉 曰 安有後氣之理乎."

역시 형이상학적인 리와 현상적인 기의 공존하는 실리를 지적해준 것으로 간주된다. 조광조도 그의 논리를 전해줄 만한 것이 없으므로 확실하지는 못하나 그의 지치주의至治主義의 주장이나 그의 생애를 통해서 학문적인 경향성을 짐작할 수가 있다.

이상에서 살펴본 바 성리학의 선하기先河期의 한국적인 실리적實理的 단아端芽를 발견할 수가 있었거니와 이것이 토대가 되어서 다시 여러 학자들에 계승되어 발전을 거듭해간 것으로 보인다.

B. 발전

이황과 이이를 절정기로 봄이 일반적인 것으로 안다. 이황에 앞서서 이언적과 서경덕이 있어서 발전의 도정을 닦아준다.

a. 서화담의 자득처

현상윤 씨는 서경덕을 평하기를

> 화담은 그 학문 경향에 있어서 장횡거(張橫渠: 張載)의 영향을 받은 듯하나, 횡거의 상도想到치 못한 곳을 도파道破하며 횡거보다 독특한 견해를 주장하여 자연 별개別個의 문호을 개장開張하였으니 횡거에게 어구語句나 사고思考의 편린에서 다소의 자극은 받았다고 할지라도 횡거와의 별개의 세계를 조성하여 자견자득自見自得한 것이 많았었다.[12]

라고 피력하고 있다. 기론자氣論者로 지목되어 장재에서 영향된 바를 생각할 수 있지만 그의 독창적인 점을 구별하고 있다.

이황이 평한 것을 보면 죽을힘을 다하여서 기이함[奇]을 말하고

---

12 현상윤, 『朝鮮儒學史』 66~67쪽.

오묘함[妙]을 말하더라도 형기의 조잡하고 천근한 일변一邊으로 떨어짐을 면할 수 없으니 가석可惜한 일이라고 지적하고 마침내 리理자는 투철하지 못했다라고 판단하였다.[13] 이황의 비판은 창조의 근원[創造源]에 대한 이론 입장을 드러낸 데 대해서 서경덕은 리와 기의 현실적 공존 입장에서 자기 주장을 자긍하고 있다는 것이다.

이이는 이 점을 높이 사서 의사意思를 이기불상리(理氣不相離: 리와 기의 분리되지 않음)의 묘처에 많이 활용해서 묘연히 자견한 바가 있다고 칭찬은 하고 있으나 기묘함을 리理로 오인할 염려가 있다고 주의하였다. 즉 이 말은 리와 기가 하나되는 것만 알고 둘인 경우를 몰라도 안 되며 둘이 된다고 해도 하나되는 경우를 망각해서는 안 되는데 서경덕의 이해로는 하나의 물건[一物]으로 보는 경향에서 이통기국理通氣局을 모른다고 판단하였다.[14] 그가 태허太虛를 말할 때에 텅빔[虛]이면서도 텅 비지 않다고 하여 허즉기虛卽氣라 한 것도 '텅 빔'과 기氣의 하나됨을 의미하는 것이며 '텅 빔'도 무궁무외無窮無外하고 기도 무궁무외하다고 한 것[15]도 또한 '텅 빔'과 기의 공존을 뜻하는 것으로 간주된다. 이렇게 하나되는 것 또는 공존태를 실리實理라고 말해서 과오는 아닌 줄 안다. 다만 주의해야 할 것은 이이의 말과 같이 그 인상의 이통기국을 간과해서 안 된다는 점이다. 따라서 이이가 서경덕을 칭찬함은 그가 리와 기의 하나되는 면을 관념적인 지식

---

13 『退溪全書』 卷41 「非理氣爲一物辯證」 "依本分平鋪說話 不能覷花潭奇乎奇妙乎妙處 然嘗試以花潭說 揆諸聖賢說 無一符合處 每謂花潭一生用力於此事 自謂窮深極妙 而終見得理字不透 所以雖拚死力談奇說妙 未免落在形器粗淺一邊了 爲可惜也."

14 『栗谷全書』 卷10 「答成浩原」(六) "其讀書窮理 不拘文字 多用意思 於理氣不相離之妙處 瞭然自見 非他人讀書依樣之比 故便爲至樂 以爲湛一淸虛之氣 無物不在 自以爲得千聖不盡傳之妙 而殊不知向上更有理通氣局一節 (……) 此花潭所以有認氣爲理之病也."

15 『花潭集』 卷2 「太虛說」 "太虛 虛而不虛 虛卽氣 虛無窮無外 氣亦無窮無外 旣曰虛 安得謂之氣 曰虛靜卽氣之體 聚散其用也 知虛之不爲虛 則不得謂之無."

으로 이해했다기보다는 어려서부터의 격물치지 공부를 통해서 느끼고 얻은 면을 높인 것이고 논리적인 창조의 근원에 도달하지 못함을 이통기국으로 언급하고 있음을 소홀히 보아 넘길 수는 없는 일이다. 이와 같이 비록 서경덕의 이론이 궁극[極]에 일보직전이라고 하더라도 실리적 견해의 사적 발전과정에서는 정여창과 더불어 중요한 위치를 차지하는 것으로 생각된다.

b. 이회재의 독득지묘

이언적의 태극관太極觀은 「서망재망기당무극태설후書忘齋忘機堂無極太說後」의 논문을 통해서 엿볼 수 있다. 여기서 우선 그가 강조한 기본이 '무극이면서 태극이라[無極而太極]'고 해서 태극 위에 무극이 따로 있다는 말이 아니라는 점에 있다. 리가 비록 지극히 높고 지극히 오묘한 듯하나 실체實體에 깃들어 있는 바를 구하면 지극히 가깝고 지극히 진실하니 만일에 이 리를 구명코자 하여 다만 공명허원空冥虛遠한 곳에만 구하고 다시 지극히 가깝고 지극히 진실한 곳에서 구하지 않으면 이단異端의 공적空寂에 빠지지 않을 수 없다고 힐난한다.[16] 이러한 그의 사상의 핵심은 자연 노불의 적멸寂滅을 비난한다.

즉 적멸은 본래의 유자의 설이 아니며『주역周易』의 "적연히 움직이지 않다가 느껴 마침내 통한다[寂然不動 感而遂通]"란 말이 있어서 '적寂' 자가 보이기는 하지만 적멸의 '적'과는 결코 같을 수 없다는 것이다. 상천의 일[上天之載]이 소리도 없고 냄새도 없으니[無聲無臭] 적寂이라고 함은 가하나 지극히 고요함[至寂] 가운데 이른바 오목불이(於穆不已: 아 그윽하여 그만두지 않음)한 것이 있어서 화육하고 유행

16『晦齋全書』卷5「書忘齋忘機堂無極太極說後(丁丑)」"夫所謂無極而太極云者 所以形容此道之未始有物 而實爲萬物之根抵也 (……) 此理雖若至高至妙 而求其實體之所以寓 則又至近而至實 若欲講明此理 而徒騖於窅冥虛遠之地 不復求之至近至實之處 則未有不淪於異端之空寂者矣."

함이 상하에 분명하게 드러나니 결코 멸滅자로서 형언할 수 없다는 것과 이것을 우리 마음에 적용해볼 때 희로애락喜怒哀樂이 아직 발현되지 않아서 혼연히 가운데 있는 것은 이것이 바로 마음의 본체인데 이것을 적寂이라고 말함은 옳지만 그것이 마음에 느껴서 발현할 때 희로애락이 다 절도에 맞아서 본연의 오묘함이 비로소 유행하게 되니 이것을 적멸이라고는 결코 볼 수 없다고 주장한다.[17] 앞에서 말한 '무극이면서 태극이다'를 설명하는 데 '지극히 높고 지극히 오묘함'과 '지극히 가깝고 지극히 진실함'을, 통관統觀하여 노불의 적멸을 비판하는 데 적멸과 엄격하게 구별하는 이언적의 태도에서도 실리의 경향을 읽게 된다. 이황은 이 논문 가운데 그의 정예精詣의 견해와 독득獨得의 오묘함이 가장 잘 나타나 있다고 호평하고 있다.[18] 서경덕의 '리와 기가 구분되지 않음[理氣未分]'의 불상리(不相離: 서로 분리되지 않음)에 나아간[醉] 점을 이황은 '리' 자가 투철하지 못했다[理字不透]라고 한 것에 비교해서 독득의 오묘함이 이언적에게는 있다고 함을 미루어볼 때 리와 기의 섞이지 않은 성향[不雜性]에 착안된 점에 환심이 간 것으로 보인다. 무극이 태극 외에 따로 있는 것이 아니라는 강조와 '적멸寂滅'과 '적감寂感'의 '적寂'이 구별되어야 한다는 입장은 과연 이언적 철학의 '실리면'을 보여주는 것이라고 생각되는 것이다.

이이는 서경덕에 대하여 자견자득처自見自得處가 있다고 하였고,

---

17 위와 같음, 卷5「書忘齋忘機堂無極太極說後(丁丑)」"其曰 太虛之體 本來寂滅 以滅字說太虛體 是斷非吾儒之說矣 上天之載 無聲無臭 謂之寂可矣 然其至寂之中 有所謂於穆不已者存焉 而化育流行 上下昭著 安得更着滅字於寂字之下 試以心言之 喜怒哀樂 未發渾然在中者 此心本然之體 而謂之寂可也 及其感而遂通 則喜怒哀樂 發皆中節 而本然之妙 於是而流行也 先儒所謂此之寂 寂而感者此也 若寂而又滅 則是枯木死灰而已 其得不至於滅天性乎."

18 『退溪全書』 卷49「晦齋李先生行狀」"其精詣之見 獨得之妙 最在於與曹忘機書漢輔論無極太極書四五篇也."

이황은 이언적에 대하여 독득의 오묘함[獨得之妙]이 있다고 하였으니 양인에 대한 양인의 평은 그들의 창의성을 지적한 것이며, 이것은 또한 한국적 성리설을 의미하여 동시에 이 특징은 실리實理 있는 것으로 파악하고자 하는 것이다. 이황과 이이의 경우 이 '실리'의 견해는 더욱 학적 체계로 심화되어간다.

c. 퇴계의 이발의 실리성

중국의 성리학자들이 주로 태극, 리와 기를 문제삼은 데 비해서 한국의 성리학자들은 주로 인간에 있어서의 심성정心性情을 문제삼았다. 우주론적인 것과 인생론적인 경향의 차이를 볼 수 있으면서도 더욱이 성정性情의 발현[發]을 둘러싸고 학계에서 오래도록 많은 사람들이 토론과 논쟁을 거듭한 것은 성리학의 한국적 심화 과정을 증언해주는 것이다.

기대승과 이황의 사단칠정四端七情에 관한 논쟁과, 우계牛溪 성혼(成渾: 1535~1598)과 이이의 인심도심人心道心의 관한 논변은 그 대표적인 것이라고 하겠다.

이황과 기대승의 사칠논쟁四七論爭의 초점이 발현에 있는 것은 한국 아니 중국 성리학 사상 처음 있는 일이라는 데 의의가 있을 뿐만 아니라 '발현'에 있어서의 실리성實理性에 논자는 특별히 관심을 기울이고자 한다. 여기에 '발현'의 의미와 그 문제성을 밝힐 필요가 있다. 발현[發]이란 어떤 뜻을 가지는가?

철학에서 구하는 창조의 논리를 밝히기 위해서는 항상 두 가지 측면의 해명이 요구되어왔다. 그렇기에 형이상과 형이하, 본체와 현상이라든지, 차안과 피안, 도道와 기器라든가 본本과 말末이라든가 체體와 용用이라는 등등의 표현이 생겨나게 된 것으로 믿어진다.

형이상과 형이하라고 하면 형체를 놓고 그것이 생기기 이전과 이후로 구별하는 표현이요, 본체와 현상이라고 하면 현상의 가능 근거와 그 근거로부터 나타난 면을 구별하는 용어요, 차안과 피안이라고 하면 생사고락生死苦樂의 세계와 이 상황을 넘어서 열반涅槃의 세계를 구별한 표현이요, '도'와 '기'나 '본'과 '말'이나 '체'와 '용'이라고 하면 작용면과 작용하게끔 하는 면을 구별한 말이다. 두 가지 측면을 무엇이라고 하든지 간에 항상 남는 문제는 이 양면의 관계에 대한 이해인 줄 안다. 신앙으로 처리해버리면 주관적인 판단으로 끝나지만 논리로 체계를 객관화하여 이해를 구하는 데는 간단하지 않다. 그것은 주객이 관련되기 때문이다. 혹은 유무有無라고도 하여 유형의 세계와 무형의 세계를 구별하여 표현하기도 하지만 그것만으로는 유무의 관계는 여전히 분명하지 않다. 이 두 가지의 측면을 우주론적인 의미에서는 리와 기, 인생론적인 의미에서는 성性과 정情으로 구별해왔다. 이 리와 기, 성과 정의 체용관계가 발發이란 용어로 표시된 것이다.

'발현'이란 용어는 「중용中庸」에 다음과 같이 보인다.

> 희로애락이 아직 발현하지 않을 적을 '중中'이라고 하고, 발현하여 절도에 들어맞음을 '화和'라고 한다. '중'이란 것은 천하의 대본大本이고 '화'라는 것은 천하의 달도達道이다.[19]

사람의 감성인 희로애락이 발현하기 이전을 '중'이라고 하고 발현해서 모두 절도에 맞은 것을 '화'라고 해서 '발현'을 사이에 놓고 이전과 이후를 '중'과 '화'로 말하고 있다. 동정動靜으로 바꾸어 말한다면 '정靜'은 발현 이전인 '중'이 될 것이요, '동動'은 발현 이후의 '화'가 될 것이다. 이처럼 '중'과 '화'나 '동'과 '정' 사이를 '발현'으로 연

19 『中庸』「第1章」 "喜怒哀樂之未發 謂之中 發而皆中節 謂之和 中也者 天下之大本也 和也者 天下之達道也."

결하여 형이상과 형이하, 본체와 현상, 차안과 피안, 도와 기, 본과 말, 체와 용의 관계를 묶어주는 기능을 지니는 것으로 이해되고 있다. 이때에 리와 기 사이의 발현, 성과 정 사이의 발현 관계로 시작하여 나중에는 리와 기 사이의 발현 문제로 번져간 것이다.

'발현'이 하나의 동사로서 술부에 속한다면 주어는 무엇이냐 하는 의심이 생긴다. 즉 발현의 주객이 무엇이냐 하는 것이다. 리와 기 사이에 있어서의 발현의 주객은 창조주와 관련되는 것이요, 성과 정 사이에 있어서의 발현의 주객은 인간의 주체와 관련을 피할 수 없게 된다.

발현을 나타낸다는 뜻으로 생각할 때 무엇이 무엇으로 나타나느냐를 밝혀야 하며 이때에 무엇이라는 무엇과 무엇으로라는 무엇과는 동질인가 아니면 이질인가 즉 술어의 바탕[質]의 동이문제가 생기며 또 선악은 어떻게 갈라지느냐 하는 등등의 문제점에 부딪치게 된다. 여러 가지의 새로운 문제점이 발생한다고 하더라도 이 밝히고자 하는 핵심이 신앙으로서 절대자를 가려내는 것이 아니요 논리로서 창조원을 증명 체계화하려는 데 있어서 주체가 중심 문제일 것이다. 발현의 문제가 성과 정 사이의 관계로 시작될 것이요, 성정문제인 이상은 인간의 심리적인 면을 고려하지 않을 수 없으며 또 체계상에서는 두 개의 주체가 설정될 수는 없는 것이다. 하나의 주체를 정초하여 논리를 전개하는 작업은 철학의 소임이라고 생각된다.

발현의 뜻이 이러하다면 발현의 문제성은 어디 있는가? 이미 우주의 창조원이나 인간의 주체성과의 연관되는 의문을 피할 수 없게 됨을 언급하였거니와 더욱 문제시되는 것은 일반성과 특수성 사이의 발현이라는 용어가 사용될 때에 야기되는 점이라고 생각된다.

먼저 이기의 일반성과 특수성에 대한 해명이 필요할 줄 안다. 『중용』에서 보여진 발현은 감성[희로애락]의 미발未發 상태 즉 '중'에서 당위의 이발已發 상태 즉 '화' 사이를 발현으로 묶어준 것이다. 앞에서도 말했듯이 리와 기 사이의 문제이든지, 성과 정 사이의 문제라든지 간에 우주의 창조원이나 인간의 주체성과는 관계없이 발현 문제는 해결되기 어렵다. 논리를 추구하는 데 있어서 리와 기, 성과 정의 주체 확립은 문제 해결의 열쇠가 될 것이며, 이것과 관련해서라야 논리의 체계도 세울 수 있는 일이다. 리와 기 사이 성과 정 사이의 발현을 문제삼을 때 해결이 복잡해지는 이유도 그 때문인 줄 안다.

송나라 시대에 성립된 이기에 있어서 기론氣論은 장재가 주장을 했고 정자程子가 이론理論을 주장했으며 주자가 이기론理氣論을 정립하기에 이르렀으며, 그후 이일원론理一元論이나 기일원론氣一元論이나 또는 이기이원론理氣二元論 등으로의 경향을 보였으나 발현[發]이 문제되거나 논쟁의 대상으로 된 일이 없다. 발현의 해명은 먼저 이기의 일반성과 특수성의 이해가 선행되어야 할 것이다.

'리理' 자는 주로 송나라 시대 이후에 사용되었고 『논어』 전편에 '리' 자가 쓰여지지 않았다. 『맹자』에

> 마음이 동일하게 그러한 것은 무엇인가. 리와 의義를 말하는 것이다.[20]

라고 해서 리를 사람의 마음의 보편자로 지적하였고, 『주역』에

> 리를 궁구하고 성을 다하여 명命에 이른다.[21]

고 한 것이 보인다. 송나라 시대에 이르러서 리는 형이상학적인 의

---

20 『孟子』 卷11 「告子(上)」 〈第7章〉 "心之所同然者 何也 謂理也義也"

21 『周易』 「說卦傳」 〈第1章〉 "窮理盡性 以至於命"

미로 사용되었다. 형이상학적인 리라고 하더라도 그 지니는 뜻은 단일하지는 않다. 『시경』에

> 하늘이 여러 백성을 내시니 사물이 있으면 법칙이 있다.[22]

라고 한 것은 하나의 사물이 있으면 그곳에는 반드시 하나의 이치가 깃들여 있다는 뜻이며, 이러한 하나의 사물의 이치를 밝혀서 차츰차츰 넓혀가면 그렇게 해가는 동안에 어느 때 가서는 모든 사물의 이치에 관통된다고 주자는 다음과 같이 말한다.

> 오직 오늘 하나의 사물에 이르고 내일 또 하나의 사물에 이르러 축적된 것이 이미 많은 뒤에 탈연히 관통하는 바가 있을 뿐이다.[23]

이처럼 만물에는 각각 하나의 이치를 갖추고 있으며, 만 가지 리는 같은 근원에서 나온 것으로 주자는 다음과 같이 유추한다.

> 대개 만물은 하나의 리를 각각 구비하고 만 가지 리는 모두 하나의 근원에서 나오니, 이것이 바로 유추해나가면 통하지 않을 수 없는 까닭이다.[24]

따라서 리에는 동일한 근원[同源]으로서의 일반자인 리와 특수한 리를 생각할 수 있다.

기에 대하여는 『서경』「홍범洪範」에 이미 오행五行에 관한 것이 있

---

22 『詩經』 卷18「大雅 · 烝民」"天生烝民 有物有則"

23 『大學或問』(二) "今日而格一物焉 明日又格一物焉 積習旣多 然後脫然有貫通處耳"

24 위와 같음, (二) "盖萬物各具一理 而萬理同出一原 此所以可推而無不通也"

으며, 『주역』에 음양陰陽으로 표현되어 있고 『맹자』에는 호연浩然의 기로서 언급되어 있다. 더욱 한나라 시대에 자연철학을 거치면서 기론의 기초가 견고해갔고, 송나라 시대에 이르러 장재에 의해서 하나의 철학적인 주장으로 등장하게 되었다. 기는 현상을 말하는 것이며 만물이 각각 다르게 형체를 갖추게 됨은 기의 응취凝聚의 차이에서 오는 것이요 형체를 형성하기 전에는 만물은 그것이 생성될 수 있는 기본으로서의 하나의 기에서 생겨난다는 것이다. 따라서 기에도 특수한 기와 같은 근원[同源]으로서의 일반자인 기를 상정할 수 있는 것이다.

이와 같이 리와 기는 서로 특수성과 일반성을 가지고 있음을 알 수 있다. 논리상 특수는 일반에서 유래된다고 해야 할 것이니 발현의 문제는 일반자로부터 특수화할 때의 작용으로 보아야 할 것이다. 리와 기 사이의 발현 문제는 리기에 대한 이해 위에서 풀어져야 할 것이다. 리에도 일반성과 특수성의 양면이 있고 기에도 일반성과 특수성의 두 측면이 있다고 하면 리와 기의 서로 분리되지 않음[不相離], 서로 섞이지 않음[不相雜]의 양자의 관계를 토대로 해서 위의 일반과 특수가 고려되어야 할 것이다. 따라서 발현의 주체가 무엇이냐고 할 때 리기의 관계와 양자의 일반특수성이 배제될 수 없다. 여기서 그 주체가 리인가 기인가 하는 궁극적 문제에 봉착하게 된다. 이 주체를 리라고 주장하는 이의 대표자가 이황이었고, 리가 주체이지만 발현하는 것은 기라고 주장하는 이의 대표자가 이이이었다.

이발理發·기발氣發이라고 할 때 용어는 간단하지만 이것이 창조원이나 주체에 관련되는 까닭에 그 논리 전개에 있어서 언어 매체를 피할 수 없는 이상 언어의 제약성 한계성의 장애를 면할 수 없게 된다. 표현된 내용도 중요하지만 그 말을 하게 되는 입장의 파악이 선행되어야 할 것이다. 그러므로 '발현'에 대한 문제성과 그 논리 해득의 언어적 장애에 대한 이해는 이황의 이발을 구명하는 데 기반이 되는 줄 안다. 중국에서 없었던 문제로 이 발현에 대한 논쟁이 일게 된 동기가 첫째는 이황이 「천명도설天命圖說」을 수정한 데서 시작되었고 둘째는 이것에 대한 기대승의 이의로부터 발화되었던 것이다. 리는 형이상에, 기는 형이하에 각각 속성을 가진 한 이발이라고 해도, 기발이라고 해도 어느 쪽도 부족한 점이 나올 수 있으며, 혹 언어의 논리로 풀린다고 하더라도 윤리에 관련되는 새로운 문제를 파생시키게 된다.

이황은 발현의 주어를 리로 판단하여 기대승의 반박을 끝내 거절한다. 이기불가분理氣不可分의 관계에서 리의 근원[理源]과 기의 근원[氣源]이 모두 일반자일 수 있다고 생각하며 동시에 창조원으로서 "사물에 명령하지만 사물에 명령받지 않는다[命物而不命於物]"는 현상적 작용이 아니라 논리적 기능으로서 이발이라고 단정한 데 이황의 생명이 있는 줄 안다. 선악善惡과 성정性情은 인간의 문제이지만 태극과 이기는 우주론적인 문제이므로 성정의 인생론적인 발현이 이기의 우주론적인 발현으로 확대되었을 때 창조원으로서의 기능과 인간 주체로서의 기능의 일원성 여부는 심각한 문제로 등장된다. 한 몸의 주체는 마음이고 마음의 주체는 경敬이라고 지적한 이황의 심경은 창조원으로서의 논리적인 기능을 리로 요약하면서도 인간 성정의 주체적 기능을 '경'으로 보완한 것으로 믿어지며, 동시에 이 점은 그가 주장하는 이발이 비약된 공리空理의 소치가 아니라 태극·이기와 심통성정心統性情의 실리적 기반에서 강조된 그의 논리라고 이해된다. 이이에게서도 이 경향은 분명해진다.

d. 율곡심설의 실리성

이이와 성혼의 인심도심설人心道心說은 한국 성리학사에서 이황과 기대승의 사칠논변四七論辨에 못지않게 중요한 비중을 차지한다. 이 심설心說을 통해서 이이의 기발리승일도설氣發理乘一途說을 이해할 수 있을 뿐만 아니라 리기심성理氣心性의 실리면實理面을 드러내주는 데 가치를 부여하고 싶다.

성혼의 의심은, 이기호발설理氣互發說과 인심도심설이 다 같이 주자의 입론을 통한 이황의 주장이 옳다는 생각을 하면서도 확신할 수 없는 데 있었다. 이이는 일도설一途說의 입장에서 천지에도 두 근본[二本]이 없고 사람의 마음에도 두 근본이 없다고 응수한다.

이이가 생각하는 리와 기의 관계는 간결하게 다음과 같이 설명되어 있다.

> 대저 리는 기의 주재이고 기는 리가 타는 것이니, 리가 아니면 기가 근저根柢할 바가 없고 기가 아니면 리가 의지할 바가 없다. 리와 기는 이미 두 물건이 아니요 또 한 물건도 아니다. 한 물건이 아니기 때문에 하나이면서 둘인 것이고 두 물건이 아니기 때문에 둘이면서 하나인 것이다. 한 물건이 아니라는 것은 무엇을 말하는가. 리와 기가 비록 서로 분리될 수 없다 하더라도 묘합妙合한 가운데 리는 스스로 리이고 기는 스스로 기여서 서로 뒤섞이지 않으므로 한 물건이 아니라고 한 것이다. 그리고 두 물건이 아니라는 것은 무엇을 말하는가. 비록 리는 스스로 리이고 기는 스스로 기라 하더라도 혼륜渾淪하여 간격이 없어서 선후先後가 없고 이합離合이 없어 두 물건이 됨을 볼 수 없기 때문에 두 물건이 아니라고 한 것이다. 그러므로 동動과 정靜이 끝이 없고 음陰과 양陽이 처음이 없는 것이니, 리가 처음이 없기 때문에 기 또한 처음이 없는 것이다.[25]

---

25 『栗谷全書』 卷10, 「答成浩原(壬申)」(一) "夫理者 氣之主宰也 氣者 理之所乘也 非理則氣無所根柢 非氣則理無所依著 既非二物 又非一物 故一而二 非二物 故二而一 也 非一物者 何謂也 理氣雖相離不得 而妙合之中 理自理 氣自氣 不相挾雜 故非一 物也 非二物者 何謂也 雖曰 理自理 氣自氣 而渾淪無間 無先後 無離合 不見其爲二物 故非二物也 是故動靜無端 陰陽無始 理無始 故氣亦無始也"

리와 기는 떨어지지도 않고 헤어지지도 않으며, 뿐만 아니라 양자가 다 시초가 없다[無始]는 이론이 창의는 아니라고 할지라도 이토록 요령 있게 정리, 설명된 것은 이이에서 처음 볼 수 있다는 데 의의가 있다.

위와 같은 천지의 이기와 인간의 이기는 통체일태극統體一太極으로서 하나로 묶어진다. 그러나 그렇다고 해서 모든 것이 마음 없이 구별할 수는 없다. 그 점을 이이는 아래와 같이 말한다.

> 천지의 사람과 만물이 비록 각각 그 리가 있으나, 천지의 리는 곧 만물의 리이고 만물의 리는 곧 사람의 리이니, 이것이 이른바 통체일태극이다. 비록 하나의 리라고 하나 사람의 성은 사물의 성이 아니며 개의 성은 소의 성이 아니니, 이것이 이른바 각각 그 성을 하나로 한다는 것이다.[26]

이처럼 천지와 인물은 통체일태극이면서도 각일기성(各一其性: 각각 그 성을 하나로 함)의 특수성과는 분별되는 것이다. 근본을 미루어 보면 이기는 천지의 부모가 되고 천지는 또 인물의 부모가 된다고 하였다. 그러므로 천지의 으뜸[帥]을 받아서 사람의 성性이 되고 천지의 충색함[塞]을 나누어서 형체[形]가 되는 까닭에 내 마음의 작용[用]이 천지의 화육[化]이며 천지의 화육에 두 근본이 없고 내 마음의 발현에도 그 근원이 없다고 하였다.[27]

이렇게 되면 인심과 도심이 비록 표현은 다르지만 근원은 하나

---

26 위와 같음, 卷10「答成浩原(壬申)」(一) "天地人物 雖各有其理 而天地之理 卽萬物之理 萬物之理 卽吾人之理也 此所謂統體一太極也 雖曰一理 而人之性 非物之性 犬之性 非牛之性 此所謂各一其性者也"

27 위와 같음, 卷10「答成浩原(壬申)」(一) "夫人也 稟天地之帥以爲性 分天地之塞以爲形 故吾心之用 卽天地之化也 天地之化 無二本 故吾心之發 無二原矣"

의 심心이니 이발은 도심이 되고 기발은 인심이 된다면 내 마음에 두 근본이 있는 것이 되니 크게 착각한 것이 아닐 수 없다고 말하였다.[28]

천지의 화육은 바로 내 마음의 발현인데 만일 천지의 화육에 이화理化가 있고 기화氣化가 있다면 내 마음에도 마땅히 이발과 기발이 있을 것이다. 그러나 천지에 이화나 기화가 다른 것이 없으니 내 마음에 어찌 또 이발이나 기발의 다른 것이 있겠느냐는 것이다.[29]

여기서 주의해서 보고자 함은 심과 성의 구별이다. 인심과 도심이라고 하면 어느 쪽도 다 '심'이요, '성'이라고 하면 심통성정心統性情의 '성'으로서 심합리기心合理氣의 '리'이기도 하다. 즉 인심과 도심의 '심'은 합리기合理氣의 '심'이고 사칠성정四七性情의 '성'은 '심통성정'의 '성'이니 '심합리기'의 '리'라는 점이다. '심'은 이기며 성은 리인 즉 기발리발일도氣發理發一途의 논리에 비추어서 인심도심도 기발리승氣發理乘이요 사칠성정도 기발리승으로 판단한다. 도심은 기발리승의 선한 것을 말한 것이요 인심이란 기발리승의 혹 선하기도 하고 혹 불선하기도 함[或善或不善]을 가리킨 것이며, 사칠성정도 사단의 발현은 기발리승의 선한 것이고 칠정의 발현은 기발리승의 혹 선하기도 하고 혹 불선하기도 함을 구별한 것이다. 이와 같이 인심도심도 사칠성정에도 호발互發은 있을 수 없고 일도一途의 주장으로 일관 설명하는 것이 이이의 입장이다.

발현하는 것은 기이고 발현하게 하는 것이 리라는 말은 후세에 성인이 다시 난다고 하여도 그 말을 바꿀 수 없다는 이이 자신의 표현

28 위와 같음, 卷10「答成浩原(壬申)」(一) "人心道心 雖二名 而其原 則只是一心 (……) 理發則爲道心 氣發則爲人心矣 然則吾心有二本矣 豈不大錯乎"

29 위와 같음, 卷10「答成浩原(壬申)」(一) "天地之化 卽吾心之發也 天地之化 約有理化者氣化者 則吾心 亦當有理發者氣發者 天地旣無理化氣化之殊 則吾心 安得有理發氣發之異乎"

이다.[30] 인심도심이 한결같이 '리와 기의 서로 분리되지 않음[理氣不相離]'에서 진실[實]하고 사칠성정이 또한 '리와 기가 서로 분리되지 않음'에서 진실하다고 볼 때 사칠의 발현이나 인심도심의 혹 생겨나기도 하고 혹 근원하기도 함[或生或原]이 다같이 리와 기의 진실한 것으로 통관統貫되는 점을 주시하게 된다.

e. 실학파의 실리성

이황과 이이 이후에 예학파禮學派와 호락학파湖洛學派를 경유하면서 반계磻溪 유형원(柳馨遠: 1622~1673), 성호星湖 이익(李瀷: 1682~1763), 다산茶山 정약용(丁若鏞: 1762~1836), 연암燕巖 박지원(朴趾源: 1737~1805), 담헌湛軒 홍대용(洪大容: 1731~1783)을 이어가는 실학파의 학자들을 볼 수 있다.

현상윤 씨에 의하면

> 완고한 일부 색다른 학자들은 연원주의 공리주의 이학을 고수하여 다소 이 경제학파의 운동을 거들떠보지 않는 일이 있었으나, 원래 경제학파 제현諸賢의 업적이 거대하고 주장이 당당한 때문에 그 풍동風動과 세력이 커서 일시 사상계와 학계를 풍미하는 감이 있었다.[31]

라고 하여 성리학의 공리空理로부터 경제학 경향으로 전이되어감을 지적하고 있다. 본래 성리학이란 공리空理 추구를 일삼는 것이 아니련만 학풍이 변하고 시대의 추세 따라서 달라진 것으로 생각된다. 공리 아닌 실리實理를 학으로 구하려 함이 성리학의 목적이었던

30 위와 같음, 卷10「答成浩原(壬申)」(一) "大抵發之者 氣也 所以發者 理也 非氣則不能發 非理則無所發 (發之以下二十三字 聖人復起 不易斯言)"

31 현상윤,『朝鮮儒學史』314쪽.

것이 경제학파의 활동과 그 형성을 가져오게 된 것은 성리학의 실리를 되찾으려는 증좌가 아니었든가 한다. 그러나 뒤에 오는 경제학파들의 학적 경향은 실리 추구에 있어서 일부 특수성에 한한 느낌이 있다.

유형원에 있어서는 첫째 학문을 하는 데 정靜을 위주로 하며 독서를 하는 데 이전 사람의 언어를 묵수하지 않는다는 기백을 가졌음은 벌써 학풍이 공리비실空理非實로 기울어져 있었던 데 대한 그의 학적 태도였다고 보이며, 둘째 지금을 헤아려 옛것에 질정하여[度今質古] 다음에 회통會通한 것을 사물에 참고, 적용한다는 것은 학문이론의 논리성과 사물 적용의 실용성을 실리의 실實로 연구, 실천하는 까닭으로 받아들여진다. 공전제도公田制度의 실시를 주장하고 또 전제田制 확립의 필요성을 역설하는 이유도 학문이 순수한 이론으로 그칠 것이 아니라 구체화되어서 실제로 일상생활에 이용되므로써 가치가 있다고 생각하기 때문이다.

이익도 전제개혁을 영업전永業田 제도 창설로 주장하였으니 유형원의 뒤를 계승한 것으로 보이나 「생재론生財論」을 제시한 것이 차이가 난다. 생산하는 자가 많아야 한다는 생중生衆과 소비자는 적어야 한다는 식과食寡와 일은 빨리 해야 한다는 위질爲疾과 소비는 천천히 해야 한다는 용서用徐는 그의 경제부흥책의 네 가지 방법이다. 이처럼 사회 개혁의 일환으로 균전제均田制나 공전제公田制나 영업전제永業田制의 주장이 나오게 되었다는 것은 그만큼 토지 소유의 불균형이나 또는 인력 소재의 부조화를 의미하는 것으로서 사회적 요청이 학자의 학문을 통해서 제기된 데 불과하다.

그의 학설에 대하여는 대체로 이황을 따르기는 하지만 호발설互發說을 반대하고 이발설理發說만을 주장하다고도 하나[32] 이익의 근보

32 위와 같음, 『朝鮮儒學史』 324쪽.

입장으로서 이우위理優位의 견해는 이론상의 말이고 사실상으로는 이기공존理氣共存이면서도 리의 명령에 따라서 부단히 행동해나가는 의미에서는 이발이라는 말이지 결코 사실상으로 리가 기에 선행된다는 뜻은 아닐 것으로 안다. 이발은 리의 참 발현[眞發]이고 기발은 사물이 형기에 감동[觸]해서 리가 여기서 발현하게 된다고 하면서 기에는 방촌신명方寸神明의 기와 형제주류形體周流의 기의 이중二重이 있는데 이황이나 주자가 말한 바 소위 이발이라는 것은 리의 참 발현이나 기발이라는 것은 사물에 감동한 연후에 리가 발현하는 것이니 표면으로 보면 기발이나 이면으로 보면 기실은 이발을 의미하는 것이라고 말한다. 현실적으로 보면 리과 기의 발현인데 이론상으로 말하면 이발이라는 말이다. 리와 기의 발현의 현실성은 곧 그의 실리관實理觀을 드러내는 말이요 경제면의 토지개혁설을 주시한 나머지 이것이 실학實學의 전부라기보다는 오히려 그의 이기철학에 있어서 발론發論을 주의해야 할 것이다. 리와 기의 섞이지 않는 성향으로 밀착된 부잡성의 현실적인 공발共發이야말로 그의 실학에서의 실리성을 시현하는 것으로서 간과해선 안 될 중요 부분이라고 하겠다.

정약용은 경사經史에도 통하고 역법曆法과 산수算數에도 능하였다. 이익을 진수進修의 목표로 삼았다고 한다.[33] 수원성水原城을 제진制進하여 거중가설擧重架說을 지어서 올리고 활차녹로滑車轆轤를 만들어 적은 힘으로 무거운 물건을 굴려서 성역城役에 큰 도움이 되었다는 것은 그의 물리적인 실용이고 그의 경세와 학문의 실리성은 그의 저서에서도 이미 알아볼 수 있다.

육경사서六經四書는 수신修身에 자료케 하고 일표이서一表二書는

33 위와 같음, 『朝鮮儒學史』 327쪽.

> 국가 경영에 보익케 함이니 본말이 구비되었다고 생각할 수 있다. 그러나 아는 사람은 적고 탓하는 사람은 많으니 만일 천명天命이 허락하지 않는다면 비록 일거로 불살라버려도 좋다.[34]

라고 한 그의 「자찬묘지명自撰墓誌銘」에서 보듯이 수기에 자료한다는 육경사서는 내면적 원리요 국가 경영에 보익케 한다는 일표이서는 외면적 응용을 가리키는 것으로서 내외표리를 요약해서 구체화됨을 알리고 있다. 저서에서뿐만 아니라 그의 주장에서도 이러한 것을 볼 수 있다. 『대학공의大學公議』에서 본말의 설명을 다음과 같이 말하고 있다.

> 의意와 심心과 신身은 근본이요, 가家와 국國과 천하는 말엽이다. 그러나 수신은 또 성의誠意로 근본을 삼고 평천하平天下도 또 제가齊家로 근본을 삼는다. 본말 가운데 또 각각 본말이 있으므로 아랫문장의 육사六事는 서로 엇물리고 서로 연관해서 층층으로 근본이 되어 그 글이 구슬을 관철하는 것 같아서 이것은 모두 능려能慮의 소득이다. 성誠과 정正과 수修는 시작이요, 제齊와 치治와 평平은 끝이다. 그 종시終始 중에 또 각각 종시가 있으니 본말의 예와 같다. 그러나 성誠이란 것은 시종을 관철한다. 성실[誠]해서 뜻[意]을 성실히 하고, 성실해서 마음을 바르게 하고, 성실해서 몸을 닦고 성실해서 가정과 국가를 다스리고 성실해서 천하를 평화롭게 하므로 『중용』에 이르기를 성실[誠]이란 사물의 종시라고 하였다.[35]

---

34 『與猶堂全書』 第1集 詩文集 第16卷 「自撰墓誌銘(集中本)」 "六經四書 以之修己 一表二書 以之爲天下國家 所以備本末也 然知者寡 嗔者以衆 若天命不允 雖一炬以焚之可也"

35 위와 같음, 第2集 經集 第1卷 『大學公儀』(一) 「舊本大學」 〈物有本末 事有終始……〉 "議曰 意心身本也 家國天下末也 然修身又以誠意爲本 平天下又以齊家爲本 本末之

이것은 물리적인 실리가 아니라 논리적인 실리로 보인다. 본말뿐만 아니라 시종을 함께 말하고 있으며, 대개 본本과 말末의 서로 만나지 않음[不相逢], 시始와 종終의 격리는 다 실實도 도道도 아니므로 본말시종의 상봉합치相逢合致로 실리성을 밝혀주고 있다.

『중용강의中庸講義』에서 보면 '중中'과 '발현[發]'에 대한 임금의 물음[御問]에 다음과 같이 대답하고 있다.

> 미발未發이라고 하는 것은 희로애락이 아직 발현하지 않았을 따름입니다. 어찌 마침내 고고사회枯木死灰의 사려가 없고 선가禪家가 입정入定하는 것과 같이 그러하겠습니까? 희로애락의 감성이 비록 아직 발현하지 않았다고 하더라도 계신戒愼하고 공구恐懼하고 궁리窮理하고 사의思義하고 천하의 사변事變을 상량商量해야 하는 것이니 어찌 아직 발현하지 않았을 때에 공부가 없다고 하겠습니까? '중'이란 성인의 극공極功이니 공부 없이 극공을 이룩하는 이런 이치가 있겠습니까? 성인은 신독愼獨으로서 이미 최고의 경지에 도달한 것입니다. 특히 사물을 만나지 아니했을 때가 미발인 것이니 이때를 당해서 '중'이라고 하는 것입니다.[36]

여기서는 '중'과 '발현'을 가지고 실리의 논리로 언표한 것이다.

中 又各有本末也 故下文六事 相銜相聯 層層爲本 其文如貫珠綴壁 斯皆能慮之所得也 誠正修始也 齊治平終也 其終始之中 又各有終始 如本末之例也 然誠之爲物 貫徹始終 誠以誠意 誠以正心 誠以修身 誠以治家國 誠以平天下 故中庸曰誠者 物之終始也"

36 위와 같음, 第2集 經集 第4卷『中庸講義』卷1「中庸講義補」〈喜怒哀樂未發節〉"臣對曰未發者 喜怒哀樂未發而已 豈遂枯木死灰 無思無慮 若禪家之入定然乎 喜怒哀樂雖未發 可以戒愼 可以恐懼 可以窮理 可以思義 可以商量天下之事變 何謂未發時無工夫乎 中者聖人之極功也 無工夫而致極功 有是理乎 聖人以愼獨治心 已到十分地頭 特不遇事物 未有發用 當此之時 謂之中也"

박지원은 경사자집經史子集에 두루두루 관통하고 천문지리와 병농전곡兵農錢穀의 경세의 요령과 임무[經世要務]까지 두루 강구한 석학인 바 경향은 학문용공學問用功에 있지 않고 경제에 있어서 한전제도限田制度를 주장하는 데 있었음이 특징이다. 유명한『열하일기熱河日記』는 그의 민족관 · 국가관 · 주체관에 대한 기백이 담겨 있는 것으로서 조국의 경제부흥이 선결문제임을 강조하고 있는 것으로 비추어 실리적중實理適中보다 경제적인 실학의 모습을 그에게서 발견하게 된다.

홍대용은 그가 지동설地動說을 서구인보다 먼저 말하고 있는 것이 놀랄 만한 일이라고 하겠다. 그의 학문은 광범위하여 천문지리를 위시해서 물리物理 · 인정人情 · 천의天意에 이르기까지 두루 익히고 나아가서 중국 의존주의를 버리고 사상과 학술의 독립의 필요를 역설한 것은 주체를 현실화하기 위한 논리적 실리를 향한 태도라고 할 것이다.

이상에서 실학자들의 실리 경향을 살펴보았거니와 성리학자들에게서 공리실리空理失理의 유폐流弊가 금물이었던 것처럼 실학자들에게서 과실낙물過實落物[37]의 경향이 싹트고 있음을 엿볼 수가 있다.

Ⅲ. 결론

학學이란 필연성을 띠어야 하고 필연성이란 적극적이고 능동적인 실천력이 수반되어야 한다고 할 때 지知와 덕德의 양면을 갖추어야 할 것과 성리학은 유학에 있어서 철학 부분이며 실리를 이론화하는

37 過實落物: 실상에 너무 지나쳐 사물로 떨어지는 것, 즉 현실생활에 너무 집착하여 일용사물로만 나아가는 것을 말한다.

새로운 방향으로 발전되어야 할 것을 서언에서 밝혔다.

한국 유학의 본질을 성리학으로 생각해오던 유학사에서 새롭게 지향해야 할 실리적 방향을 향하여 한국 성리학의 시원을 정몽주에서 살피고 김굉필, 조광조에서 하천이 이루어져갔음을 알았고 서경덕, 이언적을 거쳐서 이황과 이이로 발전하여갔음을 고찰하였다. 그러고 나서 소위 실학파들의 계보를 쫓아서 그들의 실학사상을 관견管見하였다.

선진유학에서 오경五經은 그 핵심 경전이며 오경이 지니는 유학사상의 골자가 '중中'에 있다면 '중'은 바로 실핵實核이 아닌가 생각된다. 그『중용』에 대하여 정자는 설명하기를

> 『중용』 한 책은 처음에 하나의 리[一理]를 말하고 중간에서는 만사의 만 가지 리[萬理]가 되고 끝에 가서는 다시 합해서 하나의 리가 되니 풀어놓으면 우주[六合]에 가득 차고 거두어들이면 물러가 은밀한 데 감추어진 즉 그 의미가 무궁하니 다 실학인 것이다. 잘 읽는 자는 완색玩索해서 얻는 바 있을 터이니 종신토록 쓴다 해도 능히 다 쓰지 못할 것이다.[38]

라고 하여 이미 실학을 중용으로 규정하고 있음을 볼 수가 있다. '중'과 '화'가 발현[發]으로 연결될 때, 이는 내계와 외계가 실로 구현되는 표현이라고 생각된다. 천리天理나 성리性理나 심리心理나 물리物理나 다 '리'로서 통약通約될 수 있으며, 다만 그 양단이 분리될 것이 아니라 실리實理로 현실화되어야 할 것이다. 성리학이 주리파

38 『中庸章句』「第1章」〈程子註〉"其書始言一理 中散爲萬事 末復合爲一理 放之則彌六合 卷之則退藏於密 其味無窮 皆實學也 善讀者玩索而有得焉 則終身用之 有不能盡者矣"

主理派와 주기파主氣派로 분파되라는 성리학이 아니라 중용의 실학을 논리화하는 데 본지가 있다면 주리파와 주기파는 이미 실실파失實派가 아닐 수 없다. '실상을 잃어버림[失實]'의 회복이 실학파의 본의라면 경제 위주로의 사상 경향이란 실학파의 또 하나의 '실상을 잃어버림'의 현상이 아닐 수 없다.

현대문화에서 산업혁명 이후에 물질의 부富로부터 받는 안일과 기계로부터 얻어지는 태만은 인간의 창의심을 둔화시켰고, 인권혁명 후에 정치로부터 보장받은 자유와 인권은 존엄의 권위를 유린하는 폐단을 낳았다. 창의력의 둔화와 권위의 소멸이 부와 자유의 부산물이라고 한다면 이 양자는 '실상을 잃어버림'의 양극으로서 득실로만 환원이 가능할 것이다. 마음에 하고자 하는 바에 따라서 행하여도 법도를 넘지 않는다[39]는 공자 70세 심경의 자유는 바람직한 자유이다. 의식주를 부로 이끌고 교육을 하지 않는다면 게을러지고 윤리를 잃어버려서 금수와 다를 바 없어진다고 맹자는 말하였으니[40] 윤리를 밝히는 교육이 뒤따른 부는 바람직한 부라고 해야 할 것이다. 창의력을 소생시키고 권위를 되찾는 일은 오늘날 상실된 인간성 회복의 양면이라고 보며 다시 말해서 '실상 잃어버림'을 득실로 전환시키는 논리가 새롭게 현실적으로 요청되는 줄 안다.

서양이 편리로 인해서 인간성을 잃었고, 인도는 명상으로 인해서 현세를 잃었으니, 오는 장래는 중국 철학에서 기대해볼 만하다는 무어(G. E. Moore: 1873~1958, 영국의 실재론 철학자)의 말에 공감이 간다. 우리의 철학사 속에서 실현의 일관성을 찾아 앞으로 우리 철학의 방향을 가늠하는 데 한국 성리학의 새로운 의의가 있는 것으로 믿어진다.

---

39 『論語』 卷2 「爲政」 〈第2章〉 "七十而從心所欲不踰矩"

40 『孟子』 권5 「滕文公(上)」 〈第4章〉 "人之有道也 飽食煖衣逸居而無教 則近於禽獸"

제2장 한국 유학의 실리성
–퇴계 · 율곡 · 반계 · 다산을 중심으로

Ⅰ. 서론

1. 한국 문화와 한국 유학의 특수성

A. 문화의 특징

한국 유학이 전개된 과정을 여러 측면에서 말할 수 있겠으나, 여기서는 실리實理라는 문제를 중심으로 고찰하여보고자 한다. 우선 실리적 전개의 구체적 사례에 앞서 한국에 있어서 그 문화와 유학사상의 보편적 특수성과 실리의 개념에 관하여 접근해본다.

일본 역사를 연구하던 그리피스Griffis는 그의 저서 『은자의 나라 한국』의 고대편에서 '조선'이란 '고요한 아침의 나라'라고 불린다면서, 그 참뜻은 '정신적으로는 한민족이라기보다는 우선적으로 중국적인 사람들의 내적 감정의 표현이며 중국적 향취를 띠고자 하는 소망의 표현'으로 해석하여 비교적 주체성이 미약한 민족으로 본다. 한편 인도의 시인 타고르가 한국을 '아시아의 등불'로 상징했던 시구는 잘 알려진 바와 같다. 물론 지향하는 경우가 다른 것이긴 하지만 의미상 엇갈림을 느낀다. 그러나 중요한 것은 진실이 그들의 말에 있는 것이 아니라 실재 여부의 사실성에 있음이 상기된다. 부정한다 하여 있던 것이 없어지는 것이 아니며, 긍정한다 하여 없던 것이 있을 수 없겠기 때문이다.

흔히 우리나라는 '동방예의지국東方禮義之國'으로 일컬어지고 있는데 그럴 만한 구체적 기록을『한서漢書』,『후한서後漢書』,『산해경山海經』등에서 찾아볼 수 있다. 팔조금八條禁의 일부 기록이 있는『한서』「지리지地理志」에는 "동이東夷가 천성이 유순하여 삼방(남 · 서 · 북)의 족속과는 다르다. 그런 까닭에 공자는 도道가 행해지지 않음을 유감으로 여겨 바다를 헤치고 구이九夷에 가서 살고 싶다고 하였으니 까닭이 있다"[1]고 하였다. 또『후한서』「동이전東夷傳」에는『산해경』에 있는 군자국君子國에 관한 기록을 인용하면서 동방에 군자가 죽지 않는 나라[君子不死之國]가 있다 하고 그 이夷에는 아홉 종류[九種]가 있으므로 공자가 '욕거구이(欲居九夷: 구이에 가서 살고 싶다)'라고 하였다[2]고 한다. 한민족이 동이족에 근거한다고 볼 때 한국의 고대정신은 그 수준이 높았음을 엿볼 수 있다.

다음은 우리 기록에 의한 한국 문화의 일면을 살피기로 한다. 우선 민족정신의 고향이라고도 해석되는 한국의 신화 즉 단군신화에서부터 그 연원을 찾지 않을 수 없다. 그 신화의 실재적 과학적 해석에는 많은 문제가 있다 하더라도 현대의 교육이념까지 이어질 수 있다는 민족 정신문화의 역할이 지대한 것이었다고 생각되기 때문이다.『삼국유사三國遺事』「고조선古朝鮮」조에 보면『고기古記』에 이르되 옛날에 환인桓因의 서자庶子 환웅桓雄이 있어 자주 천하에 뜻을 두고 인간세를 탐내거늘 아버지가 자식의 뜻을 알고 삼위태백三危太白을 내려다보니 인간을 널리 이롭게 할 수 있으리라 생각되어 이에 천부

---

1 『漢書』 卷28下「地理志第八下」"東夷天性柔順 異於三方之外(師古曰三方謂南西北也) 故孔子悼道不行 設浮於海 欲居九夷 有以也"

2 『後漢書』 卷115「東夷傳第七十五」〈東夷〉"天性柔順 易以道御 至有君子不死之國焉(山海經曰 君子國衣冠帶劍 食獸 使二文虎在旁) 夷有九種 (……) 故孔子欲居九夷也"

인天符印 세 개를 주어 가서 다스리게 했다. 환웅이 무리 삼천을 거느리고 태백산정太白山頂 신단수神檀樹 밑에 내려와 신시神市라 이르니 이를 환웅천왕桓雄天王이라 한다[3]고 하였다. 여기서 특히 주목되는 것은 널리 인간을 이롭게 한다는 '홍익인간'과 '신시'에 관한 의미이다. 홍익인간에서 보이는 인간 중심 의식은 후기 인내천人乃天의 동학정신과 연결되어 인간 존중이라는 한국 사상의 일관된 특징을 나타낸다. 또 신시라는 사회는 제정일치의 신정神政 사회로서 고대 한국 정치사회의 한 대표적 형태로 보인다. 고대사회에서의 제천행사는 이와 깊은 관계가 있었던 것으로 보인다. 이와 같이 단군신화에서의 홍익인간, 신시의 의미지향은 한국 문화의 정치적 입장에서 그 특수성이 밝혀질 수 있는 것으로 이해된다.

한편, 한국의 철학사상은 흔히 중국의 철학사상에 지나지 않는 것으로 해석하기도 한다. 그러나 그러한 중국 사상의 영향은 적지 않은 것이었지만 우리 민족의 주체적 사유 과정에서 융합되고 생성되었던 것이 전혀 없었다고는 할 수 없다. 일찍이 당나라에 유학하여 당시 중국의 사상을 음미하고 문장과 학식에 뛰어났던 최치원(崔致遠: 857~?)이 지적한 '국유현묘지도(國有玄妙之道: 나라에 현묘한 도가 있다)'란 말은 한국의 주체적 철학사상이 존재했음을 가능하게 한다. 그는 「난랑비서鸞郎碑序」에서 "나라에 현묘한 도가 있으니 풍류風流라 한다. 가르침의 근원에 대해서는 선사仙史에 자세히 갖추어져 있거니와, 실로 이는 삼교三教를 포함하고……"[4]라고 하여 '현묘한 도[玄妙之道]'로서의 풍류도風流道를 말하면서 이에는 삼교가 포함되어

3 『三國遺事』 卷第1 「紀異卷第二」 〈古朝鮮〉 "古記云昔有桓因庶子桓雄 數意天不貪求人世 父知子意 下視三危太白 可以弘益人間 乃授天符印三箇遣往理之 雄率徒三千降於太伯山頂神壇樹下 謂之神市 是謂桓雄天王也"

4 『三國史記』, 卷第4, 「新羅本紀第四」 〈眞興王〉 "國有玄妙之道曰 風流設敎之源 備詳仙史 實乃包含三敎"

있다고 보았으니 주목되는 점이다. 유儒 · 불佛 · 도道의 삼교가 집성되었거나 절충되어 '현묘한 도'를 파생시킨 것이 아니라, 오히려 연면히 계속되는 민족 고유 사상으로서의 풍류사상에 삼교의 내용이 포함되어 있다는 것으로 해석되어야 할 것이다.

다음은 고려조에 있어서 최승로(崔承老: 927~989)의 시무론時務論에서 보이는 유불관儒佛觀을 지적하여 본다. 그는 불교를 수신修身의 근본이라 하고 그 수신은 내생來生의 자료로 지극히 먼[至遠] 것이라 하고, 유교는 이국理國의 근원이라 보고, 그 이국은 금일의 책무로 지극히 가까운[至近] 것이라 하면서 가까운 것을 버리고 먼 것을 구함은 잘못이 아니겠느냐고 하였다.[5] 불교의식이 풍미했던 당시 정치사회의 정립은 유교적 논리에 의해 가능하다고 본 견해이다.

한국 철학사상의 본질은 최치원의 '현묘한 도'나 원광(圓光: 555~638)의 세속오계世俗五戒가 뜻하는 바와 같이 그 어느 일면에 치우쳐 편벽되지 않고 삼교를 비롯한 여러 사상을 포용할 수 있는 인도정신의 흐름에 있다. 즉 유 · 불 · 도를 말하더라도 상호 대립적으로 이해하는 것이 아니라 삼교가 하나의 근원[一源]에 함께 존재하여 내로 융화하고 밖으로 드러나는 참 진리의 모습에[6] 한국 철학사상의 특징을 지적할 수 있다고 본다.

한편, 조선조에 접어들면서 유교문화가 우세하여 종래에는 정교政敎 사상을 중심으로 실천유교의 학풍이 강조되었지만 '향교鄕校'라고 하는 교육기관을 통하여 그 정립을 강화하게 되었다. 성종成宗 때 사림정치의 중심적 인물이었던 김종직(金宗直: 1431~1492)은 고을

5 『高麗史』 卷93 「列傳卷第六」 〈崔承老傳〉 "行釋敎者 修身之本 行儒敎者 理國之源 修[illegible]"

6 『朝鮮金石總覽』(上) 「玄化寺碑 · 高麗國靈鷲山大慈恩玄化寺碑陰記」 "儒書韞志勤修則政敎是與 佛法在心敬虔 則福綠克就 所謂雖各主三敎 而共在一源 直理內融 化門外顯者也"

의 풍속이 해이해지고 정치가 막혀 잘되지 못하는 근원은 학교 강학의 밝지 못함에 있다[7] 하여, 학교 교육의 기능 회복을 강조하였다. 또 그 교육 가운데서도 근본을 효제孝弟에 두어 그 자각과 체현에서 윤리적 인간 행위를 기대했던 것이다.[8] 이는 신라의 강수强首가 어렸을 때 불교보다는 유자의 도道를 배우고 싶다고 말한 데서도 보이는 바와 같이,[9] 한국 교육문화의 실질은 유교의 효제충신孝弟忠信을 중심으로 민족 사회의 흐름과 더불어 계속되었다고 보여진다.

B. 유학사상의 특징

한국 유학은 중국 유학에 근거하고 있지만 한국 유학이 곧 중국 유학이라고는 볼 수 없다. 고대에서 중국 유학의 전래와 섭취 과정에서 불교나 서구 종교와 같이 어떤 갈등기가 없었다는 사실과 고려 이전까지의 한당유학漢唐儒學의 전개나 고려 말, 조선조 이후의 성리학과 중기 이후의 실학 등 중요한 유교학풍은 중국 유학의 전개와 병행되어왔다는 점에서 한국 유학은 중국 유학에 기본한다고 말할 수 있겠다. 그러나 송나라 시대의 성리학이 전래될 때까지 한국의 유학자들은 단순히 유학만을 강조한 것이 아니라 불교와 도교, 그리고 민족 고유 정신에 입각하여 그 융합을 꾀하고 우리의 정신사를 이루어왔으며, 성리학 전래 이후에 있어서도 중국과도 달리 사장유학詞章儒學이 문제되었던 점에서는 그 성격을 같이하지 않는다. 또 중국의 성리학이 우주론적 이기설理氣說에 치중한다면 한국의 성리학자들은 인성론적 심성정론心性情論에 더 많은 관심을 두었다는 점은 잘 알려진

7 『佔畢齋集』 卷1 「與密陽鄕校諸子書」 "鄕閭風俗 所以澆漓 朝廷政化 所以壅閼 其病源專在於學校講學之不明也"

8 위와 같음, 卷2 「安陰縣新創鄕校」 "爲學有本原 孝弟是也 孝弟也者 無所不在"

9 『三國史記』 卷第46 「列傳第六」 〈强首〉 "對曰愚聞之佛世外教也 愚人間人 安用學佛爲 願儒學者之道 父曰從爾所好"

사실이다.

성리학 전래와 더불어 사장 중심의 학풍이 이론 유학으로 변천되면서 철학적 인식과 실천적 윤리의 절의節義 문제가 더욱 강조되었다. 고려에는 충신이지만 조선조에는 그렇지 못했던 정몽주鄭夢周의 절의정신을 조선조 진유眞儒들이 높이 평가했던 점은 그 좋은 실례라 할 것이다. 16세기를 전후하여 신진 유학자들의 정치 참여에서 드러나는 의리와 절의정신은 한국 유학의 특징적 요소가 아닐 수 없다. 특히 조광조趙光祖를 중심으로 하는 지치주의至治主義 유학파도 '숭도학(崇道學: 도학을 숭상함), 정인심(正人心: 인심을 바르게 함), 법성현(法聖賢: 성현을 본받음), 흥지치(興至治: 지극한 다스림을 일으킴)'를 역설하여 삼대(三代: 중국 고대 하 · 은 · 주 시대)의 정치 회복을 강조했던 점은 주목되는 부분이다. 이러한 중의정신重義精神은 국가가 위난에 처할 때마다 강조되었으며, 민족의 주체성을 이루는 명분론에 큰 영향을 끼쳐왔다.

한편, 삼봉三峯 정도전(鄭道傳: 1342~1398)과 양촌陽村 권근(權近: 1352~1409) 등의 배불숭유적排佛崇儒的 비판정신은 후기 정주학程朱學을 우위로 하는 성리학을 가능하게 하였다. 사상적 입장에서뿐만 아니라 정치적 입장에서 불교를 배격하여 불사佛事를 제거할 것을 주장한 것이다. 또 조광조의 상소문에서도 보이는 바와 같이[10] 도교적 행위에 대하여도 비판을 가했다. 회재晦齋 이언적(李彦迪: 1491~1553)은 망기당忘機堂 조한보曺漢輔에게 보내는 서한에서 노불사상을 더욱 이론적으로 부정하였는데 이는 퇴계退溪 이황(李滉: 1501~1570)이 높이 평가한 것이기도 하다.

화담花潭 서경덕(徐敬德: 1498~1546)의 기철학氣哲學도 한국 유학이 일면을 높이는 것이기는 하지만 이학에 있어서는 이존설理尊說

---

10 靜庵이 弘文館 副提學時「弘文館請罷昭格署疏」를 올렸음.

에 근거하여 그 이론을 비난한다. 또 그는 정주학을 드높이고 양명학을 배척하여 「전습록논변傳習錄論辨」을 지었으니, 그후 양명학은 공인된 학문의 위치를 상실하게 되었다. 이황의 성리설에서 리理는 극존무대(極尊無對: 지극히 높아 상대가 없음)하여 명령하는 자리지 명령받지 않는 것이라[11] 하여 인간의 신성성을 고양시키고 있음을 보게 된다. 이황은 이기理氣와 사단칠정四端七情의 심성정心性情에 관한 인식론적 윤리적 연구에 더욱 치력하였다. 이발理發 · 기발氣發을 전제하는 이황은 리와 기가 분리되지 않고 섞이지 않음[不離不雜]을 본질에 있어 인정하지만 부잡不雜의 면에 치중한다면 기발만을 인정하게 되기 쉬움을 경계하였다. 이황과 율곡栗谷 이이(李珥: 1536~1584)는 잘 알려져 있는 바와 같이 한국 성리학자의 대표자로서 정주학을 높이는 한편, 좀 더 심화된 인성론적 철학체계를 정립함으로써 한국 성리학의 한 특수성을 보이고 있는 것이다. 그 후기에 있어 양명학 배척의 형성과 예론禮論의 시비문제, 당쟁에 얽힌 명분론의 문제, 공소한 학풍에 대한 반성과 청대淸代의 학풍에 영향받아 형성되는 실학의 문제들 속에서도 역시 한국 유학의 전개에서 나타나는 일관된 특징으로 인간 중심이라는 점을 지적할 수 있다.

한편, 한국 유학의 공죄功罪를 논함에 있어서 현상윤玄相允 선생은 그 공으로 '군자학君子學의 면려, 인륜도덕의 숭상, 청렴절의의 존중'을 지적하고 그 죄로는 '모화사상 · 당쟁 · 가족주의의 폐해 · 급사상 · 문약 · 산업 능력의 저하 · 상명주의 · 복고사상'을 말하였다.[12] 이에 대하여 이상은李相殷 선생은 현 선생의 주장에 대해 유교의 본질적 입장에서 각각 논리적으로 재검토를 가하고 있다.[13] 어느 사상이

11 『退溪全書』 卷13 「答李達李天機」 "理本其尊無對 命物而不命於物 非氣所當勝也"

12 현상윤, 『朝鮮儒學史』 4~9쪽.

13 이상은, 『儒學과 東洋文化』 280~294쪽.

고 그 시대에 미치는 공과의 문제는 찾아볼 수 있다고 본다. 다만, 그 죄를 말함에 있어서는 말단적 일면만을 보고 전체가 그런 것처럼 평가하는 것은 위험한 일이라고 생각된다. 말하자면 성리학을 공리공론으로 규정한다든가, 당쟁을 한국 유학의 특징으로 본다면 그것은 성리학의 본질과 성리학자를 구별하지 못하고, 또 참다운 유학의 본질과 유학자 그리고 위정자를 구분하여 이해하지 못하는 까닭[所以]에서 비롯되는 것이라고 지적할 수 있다. 오히려 한국 유학의 흐름에 있어서 그것이 일단 폐단의 형태에 접어들면 다시 본질에 눈을 돌려, 이를 극복하려던 본질적 노력이 계속되어온 것으로 보인다. 성리학이나 실학의 대두도 결국은 유학 본질을 어떻게 확인하고 구현할 수 있느냐는 절실한 입장에 그 근본정신을 두고 있음을 볼 때 실리實理라고 하는 순수한 문제를 중심으로 한국 유학을 일고해봄은 무의미한 일만은 아닐 것이다. 이에 '실리'란 어떤 의미로 가능한가 그 개념 문제를 정리해보고 본론에 들어가기로 한다.

2. 실리의 개념

일반적으로 감성적인 이욕을 추구하다 보면 이성적 의리에 어긋나고, 의미만 추구하다 보면 이욕을 막아야 하는 어려움을 경험한다. 또 형이상학적 선험先驗의 이론에 치중한다면 경험적 현실이 경시되지만, 경험적 요소에 치중하면 인간의 선천성의 결핍을 초래하는 경우가 있다. 그렇다면 그러한 양면을 좀 더 바르고 확연하고도 일관성 있게 파악하고 실천할 수는 없는 것인가 하는 문제가 대두된다. 인식론에 있어서도 주관과 객관 그 어느 면에 치우침이 없이 본연의 자세에서 참모순을 인식하고, 체험하는 문제와 관련하여 '실리'를 생각해보고 그 입장에서 한국 유학의 흐름을 일별해보고자 한다.

'실리'라는 말에서 리理의 뜻보다는 실實의 의미에 주목된다. 리는 진리·이치·도리·이법 또는 자연법칙 등으로 해석하여 무리는 없을 것이다. 그러나 '실'이란 실학의 개념 정립에서도 문제되듯이 간단하지는 않다. 우선 공空과 허虛에 대립되는 입장에서 실질·실덕實德·실증·성실·사실 등에서 쓰이는 '실'의 공통 의미를 전제하고, 선유들이 사용했던 '실'의 용례를 찾아보고 실리라는 개념을 정리해 보기로 한다.

맹자는 "인仁의 '실實'은 어버이 섬김에 있고, 의의 '실'은 형에게 순종함에 있고, 지智의 '실'은 이 두 가지를 잘 알아 그에서 떠나지 않는 것이고, 예禮의 '실'은 이 둘을 잘 조절하는 데 있고, 악樂의 '실'은 이 둘을 즐겨 함이라"[14]고 하여, '인·의·지·예·악'의 본원처를 '실'로 표현하고 있다. 또 송대 성리학자인 정자程子는 명命과 리理와 성聖과 심心이 그 '실'로는 '하나[一]'라고[15] 하였고 '내가 배워 비록 받은 바 있으나, 천리天理 두 자는 스스로 터득한 바'[16]라 하여 그 철학의 실질적 표현을 하고 있다. 참다운 성실의 철학적 사유에 의하여 궁극적 이치를 체인하였다고 보여진다. 또 송대 성리학자의 '실학實學'에 대한 일반적인 견해를 "그 책은 처음에는 한 이치를 말하였고 가운데에는 흩어져 만 가지 일이 되고 끝에는 다시 합하여 하나의 이치가 되었으니, 이를 놓으면 육합이 되는 우주에 가득하고 거두어들이면 물러가 은밀한 데 감추어져서 그 의미가 무궁하니 모두 실학이다"[17]에서 찾아볼 수 있다. 보통의 학學이 아니라 참다운 실질

---

14 『孟子』 卷7 「離婁(上)」〈第27章〉 "孟子曰 仁之實 事親是也 義之實 從兄是也 智之實 知斯二者 弗去是也 禮之實 節文斯二者是也"

15 『二程全書』 卷18 「劉元承手編」 "在天爲命 在義爲理 在人爲性 主於身爲心 其實一也"

16 『上蔡語錄』 卷1, "吾學雖有所受 天理二字却是自家拈出來" 【참고】 『正誼黨全書』 卷上.

17 『中庸章句』 「第1章」 〈程子註〉 "其書始言一理 中散爲萬事 末復合爲一理 放之則彌六

적 학문으로, 중용中庸의 논리를 이해하고자 했던 것으로 보인다. 이러한 실학의 용어는 공소한 성리학에 반동으로 등장되는 청대 학풍의 뜻으로 통용되어 그 문제점이 발생되기도 하였다. 후기 학풍으로서의 실학은 『한서』에 나타났던 실사구시實事求是의 학學으로 요약되는데,[18] 이는 사실을 바탕으로 그 진상眞相과 진리를 구하고 가치를 부여함으로써 경세치용經世致用의 경제이론을 지향하게 되었다.

이상에서 '실'의 몇 가지 용례를 살펴보는 데서 엿보이는 바와 같이 '실'은 곧 진실무망眞實無妄하다고 하는 성실로서의 인간 덕성에 관련된다고 보여진다. "성실[誠]은 하늘의 도이고 성실하려고 하는 것은 사람의 도이다"[19]라는 말에서 '성실'이 곧 하늘[天]과 사람[人]의 관계를 가능하게 하는 요체로 해석된다. 주자朱子는 성실[誠]을 진실무망眞實無妄으로 해석하였고, 이이는 성실을 '하늘의 실리이고 마음의 본체이다[天之實理 心之本體]'로 해석하였다.[20] 이이는 하늘에 실리가 있고 인간에 실심實心이 있다고 하여, 단순한 천리나 인심보다 더욱 강조하려는 본질적 의지에 착안하였다. 주자에 있어서도 "천하의 만물은 모두 실리가 하는 것이다"[21]라고 하여 "성실하지 않으면[不誠] 만물이 없다[無物]"라는 의미를 해독하고 있다. 이 성실과 실리는 실재론적 문제에서뿐만 아니라 인식론적 입장에서 중요시되지 않을 수 없다. 인식 주관과 객관 사이에 설명되는 격물치지格物致知의 해득은 성실의 태도가 아니면 어렵게 생각되기 때문이다. 성실

合 卷之則退藏於密 其味無窮 皆實學也"

18 『漢書』 卷53 「景十三王傳第二十三」 〈河間獻王德〉 "河間獻王德 以孝景前二年立 脩學好古 實事求是(師古曰 務得事實 每求眞是也)"

19 『中庸』 「第20章」 "誠者 天之道也 誠之者 人之道也"

20 『栗谷全書』 卷21 『聖學輯要』(3) 「正心章第八」 "誠者 天之實理 心之本體"

21 『中庸章句』 「第25章」 "天下之物 皆實理之所爲" 【참고】 이 말은 "誠者 物之終始 不誠無物"에 대한 주희의 주석이다.

의 밝고 바른 태도에서 인간 주체와 외적 사물이 바르게 인식될 수 있다는 것이다.

요컨대 '실리'에서의 '실'은 성실성으로써 인간의 참다운 덕성에 관계된다면, 리理는 사리事理로서 지知의 문제에 관련되는 것이라고 생각된다. 실리는 성실과 사리의 조화로서 인간 주체와 사실의 객체를 가장 바르고 적확하게 융회일관融會一貫시킬 수 있는 가능성이 내재된 의미로 규정된다. 따라서 실리성이 결여된 사상이나 주장은 공허하고 무의미한 것으로 되기 쉽다고 생각된다.

Ⅱ. 본론

1. 실리의 연원

한국 유학은 삼국시대 이후 정치·교육사상의 중심이 되어왔으므로 그 학자들은 매우 많지만, 여기서는 논제와 관련하여 그 대표적 인물의 주요 사상을 살피면서 그 실리적인 경향을 검토해보기로 한다.

여말선초에 접어들면서 한국 유학의 성리학적 정립이 되며, 조선조 건국이라는 역사적 사실에 접하여 당시 유학자들은 크게 두 입장으로 나뉜다. 하나는 그에 동조하여 사상적 기반을 돈독히 했던 정도전과 권근의 입장이고, 다른 하나는 정몽주와 야은冶隱 길재(吉再: 1353~1419)의 계통이다. 정도전은 「불씨잡변佛氏雜辨」과 「심기리편心氣理篇」의 대논문을 지어 불교뿐만 아니라 도교사상까지도 비판하는 동시에, 이학理學으로서의 정주학을 신봉하여 당시의 지도사상으로 옹호하였다. 또 권근은 『입학도설入學圖說』과 『오경천견록五經淺見錄』을 저술하여 정도전의 견해를 더욱 심화하였으며, 그의 철학사상은 정지운(鄭之雲: 1509~1561), 이황李滉 등 후기 학자들에게 영향을 끼치기도 하였다. 한편 정몽주의 절의는 조선조 의리정신에 근원이 됨은 앞에서 지적한 바와 같다. 그는 "유자의 도는 모두 일용평상의 일이다"[22]라 하여 유도儒道를 공허한 관념으로 이해하지 않았으니, 우리나라 이학의 으뜸[祖]으로 칭송된다. 정몽주의 중의重義 정신은 백이伯夷 · 숙제叔齊와 비유되는 길재에 연계되어 그후 '김숙자(金叔滋: 1389~1456), 김종직(金宗直: 1431~1492), 김굉필(金宏弼: 1454~1504), 조광조(趙光祖: 1482~1519)'의 계열로 지속되었다. 이들은 사림정치士林政治를 구현하려다 피화被禍되었던 중심인물로 널리 알려져 있다. 특히 조광조의 도학정신과 지치주의는 유교의 이상사회인 요순시대가 목전에 전개되는 듯 기대할 정도였으며, 그의 성리학적 견해도 인성론적 해석과 호연지기浩然之氣와 관련하여 파악되는 바 이황이 그의 행장에서 칭송하듯이[23] 그 학행이 심절深切했음을 알 수 있다. 또 이이는 그를 진유眞儒로서 높이 평가한다.

조선조 성리학의 정상인 이황, 이이에 앞서 지적해야 될 유학자는 이언적과 서경덕이다. 이언적은 조한보와의 논변에서 노불사상을 비판함과 동시에 태극太極, 이기론理氣論을 정립하였다. 그는 '무극이태극無極而太極'을 이선기후理先氣後와 이기의 분리되지 않고 섞이지 않음[不離不雜]과 관련하여 해석하였으며, 이체기용理體氣用, 이선기후의 이존적理尊的 창견을 발휘하여 후학인 이황에게 지대한 영향을 주었다. 이황은 이언적의 행장에서 그의 학덕을 존모했음을 밝히고 있다.[24] 그러나 기일원론氣一元論을 주장한 서경덕의 견해는 이언

22 『高麗史』 卷117 「列傳卷第三十」 〈鄭夢周〉 "儒者之道 皆日用平常之事"

23 『靜庵集』 附錄 卷6 「行狀(李滉)」 "一時士林之禍 雖可謂於悍 而先生崇道倡學之功 亦可謂漸及後世矣"

24 『退溪全書』 卷49 「晦齋李先生行狀」 "若有窺覘於塵蠹間 顧無所依歸而考問 然後未嘗不慨然想慕乎先生之爲人"

적의 입장과 대조된다. 이황은 서경덕의 리理의 논에 관하여 기氣에는 정밀하나, 리에는 심히 투철하지 못하다고 지적하고 있으며,[25] 이이도 "기를 리로 여기는 병통이 있다"[26]고 비평하였으니, 후기 한국 성리학에 큰 영향을 끼치지는 못하였다. 그러나 이기의 개념이 문제되는 한편, 서경덕 자신에 있어서 리와 기가 분리되지 않음[理氣不離]의 묘처妙處를 깨달았던 점은 높이 평가할 만한 것으로 보인다.

이상과 같이 조선 초기부터 심화되어갔던 성리학은 더욱 고조되어 이황과 이이의 대성리학자로 이어진다. 이황은 정자학의 일반적 입장인 이우위설을 받아들여 존리적尊理的 성리설을 전개하였으며, 그는 리와 기의 혼돈을 반대하면서 리는 지극히 높아 상대가 없는[極尊無對] 것으로 전에 지적한 바와 같이 "사물에게 명명하지 사물에게서 명령받지 않음[命物而不命於物]"의 우위성을 견지해 있다고 생각된다. 또 그는 고금의 사람들이 학문, 도술의 차이를 두게 되는 까닭은 다만 리를 알기 어렵기 때문이라 하고, 이 리는 지극히 텅 빔[虛]이지만 지극히 실다움[實]이고 지극히 없음[無]이지만 지극히 있음[有]이라고 하여[27] 그 참모습인 실리實理를 깨달을 것을 강조하였다. 이황은 고봉高峯 기대승(奇大升: 1527~1572)과의 논변과 더불어 자신의 철학적 사유를 깊이 하였던 바, 이기호발설理氣互發說에 근거하여 사단칠정설四端七情說과 선악문제를 설파하여 중국의 성리학과 달리 한국 성리학은 인성론적으로 심화하여가는 특성을 보여주고 있다. 특히 그의 이도설理到說은 인식론적 입장에서 성리학의 실리적 경향을 분명하게 나타낸 것으로 유명하다고 할 것이다.

---

25 위와 같음, 『退陶先生言行通錄』 卷5 「類編 · 講論第四」 〈文錄〉 "論氣則精到無餘 而於理則未甚透徹 主氣太過 或認氣爲理"

26 『栗谷全書』 卷10 「答成浩原」(六) "此花潭所以有認氣爲理之病也"

27 『退溪全書』 卷16 「答奇明彦(論四端七情第二書)」 〈別紙〉 "蓋嘗深思古今人學問道術之所以差者 只爲理字難知故耳 (……) 此箇物事 至虛而至實 至無而至有"

한편 이이는 이기이원理氣二元을 말하지만 그것은 실재에 있어 불리함을 강조하여 보기 어렵고 말하기 어려운 이기지묘처理氣之妙處라는 하나의 본원처[28]를 지향한다. 이러한 견해는 '하나이면서 둘이고 둘이면서 하나이다[一而二 二而一]'의 논법인 이기일원적理氣一元的 양면론으로 전개된다. 그는 이황처럼 이발理發을 본질적으로 인정할 수 없다는 점에서 상호 차이를 나타낸다. 이이의 이기관은 기발리승일도설氣發理乘一途說과 이통기국설理通氣局說로 요약된다. 또 태극과 음양에 있어서도 불상리不相離 · 무선후無先後의 본체론적 이론을 전개함에 그 실상[實]을 견지하니 사실 문제에까지 일관되고 있다.

이황과 이이 이후에 있어서도 그 학파를 비롯하여 예학禮學이나 양명학陽明學에 저명했던 학자들이 많이 있었지만 여기서는 약하기로 하고, 실학자의 대표적 인물로 반계磻溪 유형원(柳馨遠: 1622~1673)과 다산茶山 정약용(丁若鏞: 1762~1836)에 한하여 살펴보기로 한다. 물론 그 이외에 이익(李瀷: 1681~1763), 박지원(朴趾源: 1737~1805), 김정희(金正喜: 1786~1856) 등 많은 실학자가 있으나 대표로 두 사람을 들어보고자 한다.

유형원 이전에도 실사구시의 실학풍이 싹트기는 하였지만 그가 그것을 체계화하여 하나의 학學으로 정립했다는 점에서 초기의 대표자로 불린다. 그는 당시의 성리학이 공리공론으로 현실을 경시하므로 이에 비판을 가하면서, 관료적 봉건제도를 일대 개혁하려는 의욕은 그의 많은 저서로 나타났다. 그의 『반계수록磻溪隧錄』에서 볼 수 있는 바와 같이 모든 사회체제에 관해 경륜을 제시하고 있다. 이러한 경세제민經世濟民의 사상적 근원은 역시 정통 성리학풍에 이어지는

---

28 『栗谷全書』 卷10 「答成浩原」(二) "理氣之妙 難見亦難說 夫理之源 一而已矣 氣之源 亦一而已矣"

바 뒤에서 자세히 살피기로 한다. 한편 정약용은 실학을 집대성한 학자로 그에 대한 해석은 매우 많다. 시대적 흐름에 따라 실학이 고양되고 천주학이 전래되어 그의 기본정신에 영향을 미치기도 하였다. 그는 정주학과 육왕학陸王學에 비판을 가하면서 장단을 고르고, 수기치인적修己治人的 유교 본질을 실천 윤리적으로 해석하고 그 구현을 강조하였다. 그의 이론은 상제上帝의 천명天命 문제로부터 목민牧民의 현실문제까지 일관되게 전개된다. 뒤에서는 그의 이기관을 중심으로 그 입장을 고찰하기로 한다.

2. 퇴계 이도설에서의 실리

이황의 성리설에 관하여 앞에서 지적한 바와 같이 그는 정통정주학의 이우위설과 이언적의 존리설尊理說을 높이며, 또 자득한 창견에 근거하여 그의 철학체계를 정립하였다. 그는 이귀기천理貴氣賤의 견지에서 리가 비록 무위無爲이기는 하나,[29] 그 리에 활성活性을 인정하고자 하는 것이 이황 성리학의 한 근본적 특징이다. 리가 죽은 물건[死物]이 아닌 까닭에 이발理發의 문제가 제기된다. 기발氣發에는 누구나 수긍이 가나 이발에는 쉽게 이해되지 않는다. 초기 이발의 문제는 이도설理到說에서 문제되는 리의 능동성과는 일치가 되는 것은 아니지만,[30] 그 발단은 "사단은 리에서 발하고 칠정은 기에서 발한다[四端發於理 七情發於氣]"라는 정지운의 「천명도天命圖」 문구를 "사단은 리의 발이고 칠정은 기의 발이다[四端理之發 七情氣之發]"라고 수정한 데서 비롯된다. 이 수정한 문구는 후에 이황이 『주자어류

---

29 『退溪全書』 卷12 「與朴澤之」(二) "理貴氣賤 然理無爲而氣有欲"

30 졸저, 『退溪의 哲學思想硏究』 69쪽.

朱子語類』에서 같은 내용을 발견하였으므로[31] 더욱 자신하였던 것이다. 이러한 이기사칠理氣四七의 분석적 해석은 주자의 "리와 기는 결단코 두 개의 물건이다[理與氣決是二物]"라고 하는 부잡不雜의 입장을 구체화한 듯싶다. 주자는 리와 기의 존재에 관하여 사물[物] 위에서 보면 리와 기가 분개하여 따로 있을 수 없다 하고, 리 위에서 보면 비록 사물이 없더라도 그 사물의 리는 있다고 하였다.[32] 그 주목하는 경우에 따라서 리와 기의 존재론적 파악이 달라짐을 밝혀준 것이다. 이황도 "리가 발함에 기가 따른다[理發而氣隨之]는 것은 리를 주[主理]로 말할 따름이지 리가 기의 밖에 있다는 것이 아니다. 기가 발함에 리가 탄다[氣發而理乘之]는 것은 기를 주[主氣]로 하여 말하는 것이지 기가 리의 밖에 있다는 것이 아니다'[33]라고 하여 그 주로 해서 보는 입장에 따라 이발과 기발을 인정하게 된다고 보았다. 또 그는 이기호발理氣互發에 있어 이기상수理氣相須와 그 공존을 구체적 일신一身에서 체인할 수 있도록 설명한다.[34] 뿐만 아니라 이기호발을 논하면서 천하에 리 없는 기가 없고 기 없는 리가 없다 하여[35] 그 분리되지 않는 성향[不離性]을 강조하였다. 섞이지 않는[不雜] 면인 이존적 견해라 하여 실재적 분리되지 않는[不離] 면을 경시하지는 않았던

---

31 『朱子語類』 卷53, 「孟子(三) · 公孫丑上之下 · 人皆有不忍之心章」 "四端是理之發 七情是氣之發〈廣錄〉"

32 『朱子大全』 卷46 「答劉叔文」 "所謂理與氣 此決是二物 但在物上看 則二物渾淪 不可分開 各在一處 然不害二物之各爲一物也 若在理上看 則雖未有物 而已有物之理 然亦但有其理而已 未嘗實有是物也"

33 『退溪全書』 卷16 「答奇明彦(論四端七情第二書)」 〈改本〉 "大抵有理發而氣隨之者 則可主理而言耳 非謂理外於氣 四端是也 有氣發而理乘之者 則可主氣而言耳 非謂氣外於理 七情是也"

34 위와 같음, 卷16 「答奇明彦(論四端七情第二書)」 〈改本〉 "蓋人之一身 理與氣合而生 故二者互有發用 而其發又相須也 互發則各有所主可知 相須則互在其中可知"

35 위와 같음, 卷36 「答李宏仲問目」 "天下無無理之氣 無無氣之理"

것이다.

이황은 만년에 인식면에서 리의 활성을 인정하면서 이도설의 견해를 나타낸다. 종전까지의 이발문제는 사단칠정의 감발적感發的 측면에서 밝히는 것이라면, 이도설에서의 리는 격치格致의 측면에서 생각되는 것이므로 리의 능동적 활성을 말한다 하더라도 그 경우가 다르다. 이러한 실증은 그가 70세 때 기대승에게 답하는 글 가운데 어제까지의 잘못을 깨달았다고 하면서, "다만 주자의 리는 정의가 없고 계탁이 없고 조작이 없다는 설[理無情意 · 無計度 · 無造作之說]을 지킴으로써 사물의 극처에 궁도窮到하려 하였으니 리가 어찌 스스로 극처에 이르렀으랴"[36]고 말하는 가운데서 발견된다. 즉 리에 자의성을 인정하지 않고 격치를 궁구하는 이격이도已格已到의 인식 방법인 궁도에만 주력했던 점을 시정하는 것이었다. 인식 주체가 대상에 이르는 궁도의 인식 과정에서 본체론적 입장으로 실리적 인식 가능성을 밝힘에 있어서 이황은 『대학혹문大學或問』의 주자의 주석을 원용하면서 이론을 전개한다. 주자는 리는 비록 만물에 산재하나 그 용用의 징묘徵妙는 실로 한 사람의 심心 밖이 아니라 하고, 리는 반드시 용用이 있고 심의 체體는 이 리를 구비하여 소유하고 있으며, 또 리는 갖추지 않은 바가 없다 하였다.[37] 이황은 이것을 종합하여 본질적 극처에 대한 실리적 태도로 다음과 같은 이도설을 밝힌다. 즉

> 그 리의 용이 비록 인심 밖에 벗어나지 않지만 그 용의 오묘한 소이는 실로 이 리의 발견인바, 인심에 이르는 바에 따라 이르지 않는 바가

---

36 위와 같음, 卷18 「答奇明彦」 〈別紙〉 "滉所以堅執誤說者 只知守朱子理無情意無計度無造作之說 以爲我何以窮到物理之極處 理豈能自至於極處"

37 위와 같음, 卷18 「答奇明彦」 〈別紙〉 "理雖散在萬物 而其用之微妙 實不外一人之心 (……) 朱子曰 理必有用 何必又說是心之用乎 心之體 具乎是理 理則無所不該 而無一物之不在 然其用實不外乎人心"

없고 다 하지 않는 바가 없다. 다만 나의 격물이 이르지 않을까 걱정할 일이지 리가 스스로 이르지 못할까 걱정하지는 않는다.[38]

그는 이어서 "격물로 말하면 본래 내가 물리의 극처에 궁구하여 이른다고 할 것이지만 물격物格으로 말하면 물리의 극처가 나의 궁구하여 이르는[窮至] 바를 따라서 도달하지 않음이 없다고 어찌 말하지 못하겠는가?"[39]라고 하였다.

위에서 보이는 바와 같은 물리의 극처와 인식 주체의 궁지窮至가 융합되는 일치의 논리는 인식 주체의 성경誠敬의 태도가 결여되면 불가능하다는 것이다. 그는 또 말하기를 정의와 조작이 없다는 것은 이 리의 본연의 체體요 경우에 따라 발현하여[隨遇發現] 이르지 않음이 없는 바는 이 리의 지신至神의 용用임을 알았다 하고, 전에는 다만 본체의 무위無爲만 보고 묘용妙用의 능현能顯함을 보지 못했다[40] 하여 만년의 깨달은 자족의 모습을 보여주고 있다.

이상과 같이 이황이 격물치지[格致]를 중심으로 한 인식 과정에 있어서 인식 주체와 대상, 외물의 극과 내심의 극 사이에 이루어지는 융합의 모호성으로부터 이체심용理體心用의 묘를 이도理到로 천명한 것은 그의 학문 연구의 결산으로 생각된다.[41] 이러한 이도의 본령에 성실과 진리의 의미가 일관되는 것으로 보인다. 즉 이황의 이도설은

---

38 위와 같음, 卷18「答奇明彦」〈別紙〉"其用雖不外乎人心 而其所以爲用之妙 實是理之發見者 隨人心所至 而無所不到 無所不盡 但恐吾之格物有未至 不患理不能自到也"

39 위와 같음, 卷18「答奇明彦」〈別紙〉"方其言格物也 則固是言我窮至物理之極處 及其言物格也 則豈不可謂物理之極處 隨吾所窮而無不到乎"

40 위와 같음, 卷18「答奇明彦」〈別紙〉"是知無情意造作者 此理本然之體也 其隨寓發見而無不到者 此理至神之用也 向也但有見於本體之無爲 而不知妙用之能顯行 殆若認理爲死物 其去道不亦遠甚矣乎"

41 졸저,『退溪의 哲學思想硏究』68쪽.

실리성의 표상으로 생각되는 점이다.

이상으로 이황의 유학사상 중 성리학의 인식론적 입장에서 실리의 문제를 살펴보았는데, 이제 성리학의 실재론적 입장에서 실리성은 어떻게 이해될 수 있는지 이이의 태극관太極觀을 중심으로 고찰해보기로 한다.

3. 율곡 태극관에서의 실리

성리학에서 '태극太極'의 문제는 주돈이周敦頤의 「태극도설太極圖說」에서 구체화된 이후 그 주요 내용이 되어왔다. 태극이란 말은 『주역周易』의 "역에 태극이 있으니 이것이 양의를 생한다"[42]에서 비롯되는 바, 만유萬有의 제일근원자로서 그 종극 원리로 해석되었다. 송나라에 이르러 태극은 리理로 간주되어 어디에도 있지 않는 곳이 없는 것으로 보았다.[43]

이이의 태극관은 정통 태극설을 기본으로 한다. 그러나 그는 선현의 말이라고 무조건 추종하지 않고 사실과 논리에 있어 모순이나 비약을 인정할 수 없다는 철학적 견해를 중시한다. 그러므로 종래의 태극설에 있어서 '태극이 양의를 낳는다[太極生兩儀]'만 말하고 음양陰陽이 본래 있는 것으로 처음 낳는 시기[始生之時]가 없다는 것을 말하지 않은 것은 성현의 미진한 곳[未盡處]이라고 지적하면서 문구에만 의해서 해득하는 것은 기가 있기 전에 리가 있다고 생각하니 이는 한 병통이 아닐 수 없다고 하였다.[44] 음양에 처음 낳는 시기가 없다는

---

42 『周易』「繫辭上傳」〈第11章〉"易有太極 是生兩儀"

43 『朱子語類』 卷94 「周子之書 · 太極圖」 "太極只是箇理字〈賀孫錄〉"; 『朱子語類』 卷1 「理氣上 · 太極天地上」 "太極 只是天地萬物之理 在天地言 則天地中有太極 在萬物言 則萬物中各有太極〈淳錄〉"

44 『栗谷全書』 卷9 「答朴和叔」(三) "聖賢之說 果有未盡處 以但言太極生兩儀 而不言陰

견해는 다음의 말에서도 엿볼 수 있다.

> 성현의 극본궁원極本窮源의 논은 태극을 음양의 근본이라 한 것에 불과하니 그 실상은 본래부터 음양은 나타나지 않았는데 태극만 홀로 서 있는 때는 없다.[45]

태극과 음양 관계를 무無에서 유有로 이어지는 시간적 생성 원리로 파악하는 것이 아니라 본래 있는[本有] 것으로 보는 것이다. 그러므로 음양은 처음도 없고 마침도 없으며 외연이 없는[無始無終無外] 것이고 움직이지 않고 고요하지 않는 때[不動不靜之時]가 없으며 일동일정一動一靜, 일음일양一陰一陽함에 있어 리가 부재함이 없다고 하였다.[46] 또 그는 기의 동정에 있어서 반드시 리가 근저가 되는 까닭에 "태극이 움직여 양을 낳고 고요하여 음을 낳는다[太極動而生陽靜而生陰]"라고 하는데 만일 이를 태극이 음양 이전에 독립하여 있어 음양이 '무'에서 '유'로 된 것이라고 생각한다면 음양의 처음 없음[無始]을 알지 못하는 것인바, 깊이 살펴야 할 것으로 말한다.[47] 만일 태극의 독립을 인정한다면 리의 독립이 가능한 소이가 되는 것이니, 이는 리와 기의 불상리不相離의 원리에 어긋난다.

陽本有 非有始生之時故也 是故緣文生解者 乃曰氣之未生也 只有理而已 此固一病也"

45 위와 같음, 卷9「答朴和叔」(二) "聖賢極本窮源之論 不過以太極爲陰陽之本 而其實本無陰陽未生太極獨立之時也"

46 위와 같음, 卷9「答朴和叔」(二) "陰陽 無始也 無終也 無外也 未嘗有不動不靜之時 一動一靜 一陰一陽 而理無不在"

47 위와 같음, 卷20『聖學輯要(二)』「窮理章第四」"太極動而生陽 靜而生陰 (……) 若執此言 以爲太極獨立於陰陽之前 陰陽自無而有 則非所謂陰陽無始也 最宜活看而深玩也"

이이는 "음양이 변역하는 가운데 태극의 리가 있다"[48]라고 하여 태극은 본래 있는[本有] 음양변역陰陽變易 가운데 있는 것으로 본다. 그러한 태극은 모든 변화[萬化]의 추뉴이며 온갖 사물[萬品]의 근저라[49] 하여 만유의 본체이며 종극 원리로 이해한다. 한편 태극은 음양의 근저根底로서 음陰에도 있고, 양陽에도 있어 두 가지가 존재하여 헤아리지 못하는 까닭에 "신神은 방소가 없고 역易은 형체가 없다"라[50] 하여 '신'과 '역'에 관련해서 그의 태극관을 밝히고 있다.

이와 같은 태극과 음양의 분리되지 않고 섞이지 않음[不離不雜]과 선후가 없음[無先後]의 이론은 리와 기의 해석에도 일관된다. 그는 이황과 달리 이발理發을 부인하고 기발氣發만을 인정하는 기발리승일도설氣發理乘一途說을 주장하여 실재론적 불리성不離性을 강조한다. 즉 그는 이기론에 있어서 일체양면설一體兩面說을 견지하고 있다. 그러므로 "이기는 본래 합해 있는 것이지 처음 합해지는 때가 있는 것이 아니다. 이기를 둘로 하는 자는 도를 아는 자가 아니다"[51]라고 하였다. 어디까지나 경험적 사실과 소이연所以然을 추구함에 있어서 사실적 해석에 투철하며, 논리의 비약을 배제하는 일관적 성리설을 볼 수 있다. 또 그는 그러한 이기가 합해 있는 곳을 각득覺得하기는 쉬운 일이 아닌 것으로 간주한다. 그 합치된 곳을 이기지묘理氣之妙라 하여 보기도 말하기도 어려운 곳이 이 이기일원理氣一源의 자리라고 한다. 이기가 떨어져 존재하지 않으니 그 선후를 말할 수 없고, 앞에서 음양이 본래 있는 것처럼 이기도 무시무종(無始無終: 처음

---

48 위와 같음, 卷31「語錄上 · 金振綱所錄」"於陰陽變易之中 有太極之理"

49 위와 같음, 卷9「答朴和叔」(三) "此太極所以爲萬化之樞紐 萬品之根柢也"

50 위와 같음, 卷9「答朴和叔」(三) "且太極爲陰陽之根柢 而或陰或陽 兩在不測 故曰神無方而易無體"

51 위와 같음, 卷10「答成浩原」(三) 〈理氣詠呈牛溪道兄〉"理氣本合也 非有始合之時 欲以理氣二之者 皆非知道者也"

도 없고 끝도 없음)한 것으로 해석될 수밖에 없다. 그러나 이기가 처음이 없어 실로 그 선후를 말할 수 없다고는 하지만 그 소이연을 추구하면 리가 돌쩌구나 뿌리[樞紐根底]인 까닭에 부득불 리를 우선[先]으로 할 수밖에 없다고[52] 하였다.

이상과 같이 이이의 태극리기설은 자기 스스로 깨달아 진면목에 접해보고자 하는 일관적 실현의 면을 보이고 있다. 스스로 성현의 말에는 미진함이 있다고 지적하는 입장이라든가, 리와 기의 오묘한 곳[理氣之妙處]을 강조하는 철학적 입장에서는 참다운 실實의 모습을 엿볼 수 있다. 이이는 실리實理·실심實心·실공實功·무실務實·격치지실(格致之實: 격물치지의 실다움) 등의 말에서 보이는 바와 같이 '실'자를 많이 활용한다. 공허나 초월에 치중하지 않는 실현과 원리의 융합을 강조하는 의욕이 내재된 듯하다. 그는 만언소萬言疏에서 무실과 실공의 정치사회적 구현을 말하고 있다.[53] 또 "행동을 바르게 하고자 하는 자는 반드시 성리性理를 정밀히 연구하나니 성리에 정진함은 행동을 바르게 하기 위함인데 반대로 실천궁행實踐窮行을 불문에 놓는다면 무엇 때문에 성리 공부를 하겠느냐?"[54]고 하여 성리학 연구의 궁극 목적을 밝혀 공론이 되지 않도록 주의를 요했던 점이 주목된다. 그러나 후인에 이르러 현실성을 경시하는 성리학풍이 발생하기도 하였으니, 자연 반성의 태도가 나오지 않을 수 없는 사상사를 이룬다. 이러한 상황의 대표적 유학자로 유형원을 생각할 수 있겠

---

52 위와 같음, 卷10「與成浩原」(七) "理氣無始 實無先後之可言 但推本其所以然 則理是樞紐根柢 故不得不以理爲先"

53 『朝鮮王朝實錄』『宣祖修正實錄』卷8〈七年正月一日條〉"政貴知時 事要務實 爲政而不知時宜 當事而不務實功 雖聖賢相遇 治效不成矣"【참고】『栗谷全書』卷5「萬言封事(甲戌)」.

54 『栗谷全書』卷21『聖學輯要(二)』「窮理章第四」"正躬行者 必精性理 精性理 爲正躬行設也 反置躬行於不問 何爲耶"

기에 그의 견해를 살펴보기로 한다.

4. 반계의 실리관

조선조 사상사에서 보면 초기부터 불교와 노장사상에 비판을 가하여 송학宋學을 옹호하였고 중기의 이황 이후에는 송학 중에서도 양명학은 배척되어 오직 정주학을 위주로 하였다. 그런데 이 정주학을 중심으로 한 성리학풍은 현실적 사건을 해결하는 데 적극성이 결여되었을 뿐만 아니라 오히려 그를 경시함으로써 공소한 학문으로 비판을 받게 된다. 이익(李瀷)은 이황의 학통을 계승하여 문인들과 『이자수어李子粹語』를 편찬하기도 하였으나, 주자朱子가 말한 것은 한 글자에 대해서도 의심할 수 없다고 지적한 것으로 보아[55] 당시의 학풍을 엿볼 수 있다. 시대적으로도 정주학의 성리학이라고 하는 흐름에서 성장하였으므로 그를 벗어날 수는 없지만, 구체적 실무에 깊이 유의한다는 입장에서 종래의 학자들과 그 태도를 달리 하였던바 곧 실학實學의 학풍을 형성하게 된다.

실학이란 개념은 그 이전의 유학사상에서도 찾아볼 수 있는 것이지만, 조선후기에 있어서 실학은 비판과 실증과 실용정신을 기본으로 하여 근대지향 의식과 주체의식을 강조하는 개방적 태도로 나타났다. 실학풍이 성리학의 말폐에 대해서는 부정하는 것이지만 유학의 본질을 실용적 실증적으로 해석하여 그 구현을 모색하였던 일종의 신유학新儒學이라 볼 수 있다. 그러나 실학파의 제유諸儒가 그들 자신의 학學을 실학으로 자처한 일이 없었다는 점[56]은 주목된다. 어

---

55 『星湖僿說』 卷21 「經史門」 〈儒門禁網〉 "但曰一字致疑則妄也 考校參互則罪也 朱子之文尙如此 況古經乎 東人之學 難免鲁莽矣"

56 『韓國文化史大系』(VI) 1048쪽(千寬宇, 『韓國實學思想史』)

찠든 실학자들의 공통적 태도는 리理를 중시하든 기氣를 중시하든 간에 비현실적인 논쟁에 대해서는 회의를 품는 동시에 형이상적인 도道를 부정하는 것은 아니지만 그것은 어디까지나 형이하적인 기器와 일관된다는 면에서 가치를 인정함에 있었다고 보인다.

실학의 학문적 체계를 이루었던 유형원도 그러한 입장을 기본으로 한다. 그는 "천하의 리는 만물을 통해 나타나니 만물이 아니면 리가 나타날 수 없고, 성인의 도는 만사를 통해 행해지니 만사가 아니면 도가 행해질 수 없다"[57]고 하여 도만 높이고 현실적 사실을 경시할 수 없는 것으로 이해하였다. 오광운(吳光運: 1689~1745)은 『반계수록』「서문」에서 선생의 이기理氣, 인심도심人心道心, 사단칠정설四端七情說의 순수 정밀함을 읽고 근세 유자가 미치지 못하는 바라 하며, 도기道器가 서로 분리되지 않음[不相離]을 더욱 믿게 되었다[58]고 하였다. 오광운이 느낀 것처럼 도기가 서로 분리되지 않음이라고 하는 체용일원적體用一源的 성리학 이해와 그 전개는 유형원의 중요한 철학적 견해로 보인다. 그는 리에 관하여 "리는 본래 실리實理이다"[59]고 하여 리의 초월적 공허성을 배제한다. 분리하여 생각할 수 없다는 논리이다. 이것은 각 개념을 실재론적으로 해석하는 데서도 나타나는 점이다. 그는 "상천上天의 일은 소리도 없고 냄새도 없어 지극히 참됨이고 지극히 실다움인데 그 본체로 보면 도요, 진실로 보면 성誠이요, 전체[總會]로 보면 태극이요, 조리條理로 보면 리이니, 그 실상[實]은 하나이다"[60]라고 하였다. 도나 태극이나 리가 모두 그

57 『磻溪隨錄』 卷26 「續篇(下)」 〈書隨錄後〉 "天地之理 著於萬物 非物理無所著 聖人之道 行於萬事 非事道無所行"

58 위와 같음, 「隨錄序」 "得先生所著理氣人心道心四端七情說 讀之其純粹精深 非近世諸儒所可及 於是益信道器之不相離也"

59 위와 같음, 附錄 「磻溪先生年譜」 〈37歲條 · 與鄭文翁書〉 "理本實理"

60 위와 같음, 附錄 「磻溪先生年譜」 〈37歲條 · 與鄭文翁書〉 "上天之載無聲無臭 而却

실상에 있어서는 하나라고 한 점은 진실의 태도로 깊은 사색에서 각득覺得되는 본질적 입장으로 보인다. 특히 그에 있어서 "진실로 보면 성이다"라고 한 점이 주목된다. 이것은 성실과 진실의 만남으로 받아들여도 좋을 듯하다. 리라 하더라도 앞에서 지적하였듯이 실리로 표현한 점은, 사유 주체와 객체의 참됨이 깊이 관여된 해석으로 보인다. 이러한 성실의 태도는 "진실하지 않으면 사물이 없다라고 하였으니 이와 같은 것을 안 뒤에 천하 사물이 실사實事 아님이 없음을 볼 수 있나니, 소위 존양存養이란 것은 곧 실사이다"[61]라고 말한 데서도 찾아볼 수 있다. 사물이 실사로 보여짐은 지성至誠에 의해 가능함을 보여준다.

또, 그는 이기의 존재론적 이해와 그 분리되지 않고 섞이지 않음[不離不雜]을 파악하여 다음과 같이 말하였다. "사물의 드러나 있는 점에서 보면 리는 다만 기의 리니, 기 외에 리가 없는 것이고 그 본연에서 보면 이 리가 있으므로 이 기가 있다. (……) 리와 기는 본래 서로 혼잡하지 않으므로 인심과 도심이 서로 섞이지 않고, 리와 기가 서로 떨어져 있지 않으니, 인심과 도심이 또한 떨어지지 않는다"[62]고 하였다. 이러한 이기의 공존과 분리되지 않고 섞이지 않는 견해는 종래의 학설을 더욱 실질화하여 치국治國의 실무를 강구하는 데 기본이 되었다고 생각된다. 유형원이 유교의 본령에 충실하여 그 본질을 체득하고 구현하고자 했던 의지는 그가 말한 '실리', '기실일야其實一

至眞至實 自其本體而謂之道 自其眞實而謂之誠 自其總會而謂之太極 自其有條理而謂之理 其實一也"

61 위와 같음, 附錄「磻溪先生年譜」〈37歲條 · 與鄭文翁書〉"又曰不誠無物 知其如是而後 可以見天下事物無非實事 而所謂存養者 方是實事也"

62 위와 같음, 附錄「磻溪先生年譜」〈37歲條 · 與鄭文翁書〉"自物之已然者觀之 則理只是氣之理 氣外無理 自其本然者而觀之 則以其有此理 故有此氣也 (……) 理氣本不相雜 故人心道心 亦不相雜 理氣本不相離 故人心道心 亦不相離"

也', '실사' 등의 '실'에 함유되어 있는 것으로 보아 분명해진다.

이상에서 본 바와 같이 유형원의 기본 입장은 성리학의 정통성을 옹호하면서 현실 문제를 모색하는 데 있었다. 그러나 그 후로는 실사구시實事求是의 학풍이 더욱 고조되어 유교경전에 대한 이해에 있어서도 전통적 견해를 따르지만은 않았다. 이의 대표적 유학자가 정약용으로 지적되는바 그의 이기관을 중심하여 '실리實理' 문제를 생각해보기로 한다.

5. 다산의 기물이품

정약용은 실학의 집대성자로서 진정한 실학사상가로 인정된다.[63] 그는 경전을 고증학적으로 해석하여 그 본지를 깨닫고 『경세유표經世遺表』, 『목민심서牧民心書』, 『흠흠신서欽欽新書』를 지어 경국제민經國濟民의 구체적 방법을 제시하였다. 그는 「자찬묘지명自撰墓誌銘」에서 "육경사서六經四書는 수기修己에 기본하고 일표이서一表二書는 천하국가를 위함이니 본말이 갖추어진 바이다. 그러나 아는 자가 적고 꾸짖는 자 많으니, 만일 천명이 허락지 않으면 비록 일거로 불살라도 가하다"[64]고 하여 자신의 온축된 저서에 대한 소신을 밝혔다. 위의 '천명이 허락지 않으면'이란 말에서 그의 평소 천天에 관한 의식적 일면도 엿볼 수 있다.

정약용이 단순히 근세실학만을 모색함이 아니라 유교의 본령인

---

63 成樂熏 선생은 "진정한 實學思想家로는 오직 茶山 한 분이 있을 뿐이라고 나는 생각한다. 왜냐하면 다른 분들은 모두 實務的 方法論만을 가졌고 근본적인 實學思想을 成立시키는 데까지에는 아직 그들의 眼光이 미치지 못하고 膽이 크지를 못했던 것이다"라고 하였다 『(故隱成樂熏先生文叢) 韓國思想論稿』, 동화출판사, 1979년, 135쪽.

64 『與猶堂全集』 詩文集 卷16 「自撰墓誌銘(集中本)」 "六經四書 以之修己 一表二書 以之爲天下國家 所以備本末也 然知者旣寡 嗔者以衆 若天命不允 雖一炬以焚之可也"

경전사상의 검토에서부터 시작했다는 점은 다산학茶山學의 중요한 부분이다. 다산학은 근세실학과 경전의 공자학孔子學과 전후고금이 일관되어 있기 때문에 그 일면만으로는 전체를 이해하기 어려운바, 그의 학문은 요순주공堯舜周公에 이어지는 공자학과 이이, 유형원, 이익으로 이어지는 학풍을 종합한 것이라고[65] 하겠다.

한편 정약용은 당대의 공소한 성리학풍을 비판하여 그 실리적 파악을 요구하였다. 그는 당시의 성리학자가 이기理氣 · 성정性情 · 체용體用 등을 말함에 그 보편성이 결여된 채 서로 공격하여 자기 의견만 바르다 하니 어찌 공소한 것이 아니겠느냐고[66] 하였다. 개념 문제에 의한 이기논쟁을 무의미한 것으로 간주한 것이다. 그는「이발기발변理發氣發辨」에서 이황, 이이의 이기에 관하여 이기의 글자는 같으나, 이황은 인심상人心上에서 오로지 나아간 것이고 이이는 태극 이래 이기를 총집한 것이라 하였다.[67] 그런데 그 자신에 있어서는 기는 스스로 있는 실물이고, 리는 의탁하는 물품[品]으로 규정하면서, 리는 스스로 있는 기에 의탁하는 것이므로 '기가 발함에 리가 탄다'는 것은 가능하나 '리가 발함에 기가 따른다'는 것은 불가하다[68]고 보았다. '기가 발함에 리가 탄다'는 것이 옳다는 이유를 발發의 문제에 있어서 기만이 발이 가능하다는 데에 두고, "발하는 것은 기이고 발하

65 이을호,『茶山經學思想硏究』31쪽.

66『與猶堂全書』第1集 詩文集 卷11「五學論」"今之爲性理之學者 曰理曰氣 曰性曰情 曰體曰用 曰本然氣質 理發氣發 (……) 入者主之 出者奴之 同者戴之 殊者伐之 竊自以爲所據者極正 豈不疎哉"

67 위와 같음, 第1集 詩文集 卷12「理發氣發辨」"乃二子之曰理曰氣 其字雖同 而其所指有專有總 (……) 蓋退溪專就人心上八字打開 (……) 栗谷總執太極以來理氣而公論之"

68 위와 같음, 第2集 經集 卷4『中庸講義』〈朱子序〉"蓋氣是自有之物 理是依附之品 而依附者 必依於自有者 故纔有氣發 便有是理 然則謂之氣發而理乘之可 謂之理發而氣隨之不可"

는 소이는 리이다"라는 말은 진실하고 명확하다[69]는 것이다. 정약용 스스로가 '리라 말하고 기라 말하는[曰理曰氣] 것을 비판하면서도 리기의 개념과 그 속성을 말하는 데에서 그 진실하고 명확하다는 여실의 태도는 특이한 입장이다. 이와 같이 기발을 기본으로 하고, 기가 발함에 리가 탄다는 것을 긍정하는 견해는 이이의 입장에 가깝기도 하다. 한편, 정약용은 기가 스스로 있는 것이라 하면서 "기는 피[血]의 영수[領]이다"[70]라고 하여 피를 구사하는 일종의 형질적 요인을 지향하고 있다. 인체에 있어 기는 천지에 있어 유기游氣와 같다고 보았다. 맹자의 호연지기浩然之氣에서의 기와 관련 해석하였던 것이다.

이와 같이 정약용은 공소한 이기론을 배격하였지만 이기의 혼재를 인정하지 않고 그것은 스스로 있는 실물이고 또 그에 의탁하는 물건이라 하여 그 실리처實理處를 체인하였다고 생각된다. 다산학은 그의 저서에서 볼 수 있듯이 근본 문제에서부터 현실의 행위 문제에까지 총망라된다는 면에서 종교와 현실 윤리가 일관되듯 큰 가치가 있다고 생각된다. 관념적인 것이 현실과 무관하면 그 본의가 드러날 수 없기 때문이다. 정약용에 있어서 주정主靜이나 무욕無欲 등의 공허한 수양론은 배척하여 실질성을 중시한다.

Ⅲ. 결론

한국 사상은 중국 문화에 영향을 받았음은 사실이지만, 한국 사상은 중국의 것과 동일한 것은 아니었다. 유학사상의 전개에 있어서도

---

69 위와 같음, 第2集 經集 卷[illegible]『中庸講義』[illegible] "[illegible] 也之說 眞眞確確 誰得以易之乎"

70 위와 같음, 第2集 經集 卷5『孟子要義』「公孫丑第二」〈公孫丑問不動心章〉"氣者血之領也"

그와 같은 논리는 적용된다. 유학의 본령을 이해하고 실천하였던 주체는 중국인이 아닌 우리 한국인이었기 때문에 한국적 특질을 생각하지 않을 수 없다. 특히 철학적 사유에 있어서 모방보다 창의가 중시되어야 함은 물론이다. 그러므로 한국의 유학사상도 또한 모방이나 공허한 것만일 수는 없었다. 만일 공소한 학풍이 있었다면 그것은 학문의 본지를 상실한 하나의 말폐에 지나지 않는 것이라 하겠다. 이황에 있어 이도理到의 문제라든가 이이의 분리되지 않는 성향[不離性]의 각득문제 등은 단순한 관념적 이기의 문제가 아님을 보아왔다. 일찍이 이황은 성정론에 있어서 리의 능동성을 인정했으면서도 격물치지의 인식문제에 있어서는 그 본지를 달리하여 모호했던 것을 이도의 해결로 그 참모습을 깨달은 바 되었다. 그가 말하는 "리가 이르지 못할까 걱정하지는 않는다"는 신념에는 인식 주체로서의 자기 성실이 조금이라도 미흡함이 없을까 염려하는 절실한 표현이요, 자신의 안목이 흐리면 인식 대상이 흐리게 보여 진리의 극처에 일치될 수 없다는 의미이다. 이와 같은 진지眞知를 위한 성경誠敬의 태도는 실리적 의미로 보여진다. 실재론이나 인식론이나 본체론을 막론하고 '진실로 하나에 만남'이 불가하다면 실리의 의미를 찾을 수 없기 때문이다.

이이에 있어서는 태극음양, 이기의 이론을 본 바와 같이, 그는 성현의 말에도 미진함이 있을 수 있다 하여 문구에 얽매이지 않고 자신의 실재론적 논리를 전개해감은 독특한 장처長處라 할 것이요, 태극음양, 이기의 무선후無先後와 무시무종無始無終, 불리부잡不離不雜의 일관적 견해는 사실에 있어 그 진면을 강조하는 것이라 하겠다. 이기지묘理氣之妙의 보기 어렵고 말하기 어려운 곳[難見難說處]은 사유 주체의 진실[實]이 없이는 불가능하다고 생각된다. 이이에 있어서 실리 · 실심 · 무실 · 실공이라 하여 실성實性을 강조하는 것과 같이 유형원에 있어서도 실사 · 실리를 강조함을 보았다. 실학파라 하면 경세치용의 외형적 문제만 강조하는 것 같지만, 실은 유학의 본질에 대한 반성으로부터 출발한 것이었으니, 그 실질성을 직접 느낄 수 있을 정도이다. 성리설을 연구하는 것도 올바른 인간 행위를 위함이라는 이이의 말과 같이 그 진실을 체인하여 실천해가는 무실의 노력이 후기 실학자들에 드러남으로써 말폐의 학풍을 극복하게 된 것이었다. 정약용에 있어서는 이 점이 더욱 발현되어 신앙적 입장에서 현실적 윤리의 문제까지 총망라하는 것이었다. 그는 왈가왈부하는 이기설을 비난하였지만 '기는 실물이고 리는 물품[氣物理品]'이라는 이기관을 체득하면서 유학사상의 본령을 구현하고자 했다.

이상에서 살폈던 이황의 이도설, 이이의 태극관, 유형원의 실리관, 정약용의 '기는 실물이고 리는 물품' 등을 통해서 나타나는 공통적인 본질은 성실과 사리의 만남인 실리성實理性에 있었던 바, 이것은 진지眞知와 정궁행正窮行을 위한 인도人道의 표상으로 보인다. 따라서 실리는 인간의 본질적 가치를 갖는 것이라고 여겨진다. 이러한 관점에서 볼 때, 실리적 인간 행위는 현대적 난점의 극복과 인간성 정립에 크게 기여할 수 있다고 믿어진다. 지적知的인 진리는 탐구의 결과로 파악된다고 하겠거니와 행적行的인 성실 문제는 역시 남겨진 자체의 과제로 생각된다.

제3장 한국 유학의 종교성과 사회성
– 율곡 사상을 중심으로

1. 한국 유학의 특수성

한국 유학이라 함은 중국 유학에 비교하여 그 특수성을 지적한 것이요, 종교성과 사회성이라고 함은 그 특수성을 저변으로 해서 종교와 사회의 양 측면을 구별해보고자 하는 뜻이다.

A. 전통문화와 유학의 수용

확실한 유학의 기원은 구명하기 어려우나 고구려 소수림왕小獸林王 2년(AD 372)에 학교를 세워 유학교육을 하였다는 것[1]과 백제 고이왕古爾王 52년(AD 285)에 왕인王仁이 일본에 『논어論語』와 『천자문千字文』을 전했다[2]는 두 가지 사실을 통하여 기원을 추측할 수 있다. 백제의 유학교육은 적어도 AD 285년 이전부터 실시된 것으로 보이며, 불교가 전래해온 고구려 소수림왕 2년보다는 훨씬 오래되었다는 것은 분명한 일이다. 그러므로 유학이 중국으로부터 수입된 것이라면 한국 고유 문화에 처음으로 접촉된 외래문화는 바로 유학이었다고 생각된다. 일반적으로 공자의 집대성으로 인해서 유학사상의 발

---

1 『三國史記』 卷第20, 「高句麗本紀第八」 〈小獸林王 二年條〉 "立太學 敎育子弟"

2 『日本書記』 「應神條」.

상지가 중국으로 알려져 있지만, 공자 이전의 중국 문화의 형성이 인접지역과의 교류 속에서 이루어졌음이 근래에 밝혀지고 있어서 매우 주목된다. 류승국柳承國 교수는 고대 유학사상의 형성이 한족漢族과 동이족東夷族과의 교섭에서 이루어졌음을 갑골문甲骨文과 『제왕운기帝王韻記』를 통해서 사실史實을 고증하고, 유학사상의 연원을 추정하는 동시에 한국 문화의 독자성에 관하여 언급하고 있다.[3] 한국의 전통문화 형성에 유학사상이 깊이 관련되어 있음은 부인할 수 없는 사실로 생각된다.

B. 발전

한국 역사에서 시대별로 가치의 구심점은 다음과 같이 지적할 수 있을 것이다. 즉 단군시대에는 홍익인간을, 고구려시대에는 인간성을, 신라시대에는 화랑도를, 고려시대에는 충忠을, 조선시대에는 의리를 들 수 있다.

단군시대의 홍익인간이란 국가 수준에서가 아니라는 점에 주의하고자 한다. 홍익인간이라 함은 오늘날 인류의 평화를 염원하는 시점에서는 매우 뜻깊은 선견이라고 생각된다.

고구려시대에는 태학을 세워 자제를 교육하였다는 사실로 미루어 유학교육의 제도상 확립이 인정된다. 특별히 유 · 불 · 도 삼교의 조화를 문제삼은 것[4]으로 보아서 인간성을 존중하는 교육을 목표 삼았던 것이 짐작된다.

신라시대에는 한민족 고유의 사상을 유 · 불 · 도 삼교의 조화로

3 류승국 「儒學思想形成의 淵源的 探究」 『동양철학연구』 동방학술연구원 1983년

4 『三國史記』, 卷第21, 「高句麗本紀第九」 〈寶藏王(上)〉 "二年春正月 封父爲王 遣使入唐朝貢 三月蘇文告王曰 三教譬如鼎足 闕一不可 今儒釋並興 而道教未盛 非所謂備天下之道術者也 伏請遣使於唐 求道教以訓國人" 참조.

풍류風流라 일컬었고,[5] 이것의 실현을 목적으로 하는 것이 화랑도였다. 제도상의 화백和白이란 즉 이 고유 정신의 구현을 위한 것이었다.

고려시대에는 충을 들 수 있을 것이다. 주자학朱子學이 전래하면서[6] 유학의 이론은 학문적으로 심화되어갔다. 정몽주鄭夢周의 「단심가丹心歌」[7]는 고려조의 가치관의 표현이라고 할 것이다.

조선시대에는 의리로 표현될 것이다. 송나라의 유학이 한국화되어가면서 학문적으로 발전하고 정치적으로 실천된 시기로 보인다. 내외로 곤란이 거듭된 시기이기도 하다. 대내적으로는 단종복위端宗復位를 위한 성삼문(成三問: 1418~1456)을 비롯한 육신六臣의 활약이라든가 대외적으로는 임진왜란 때의 송상현(宋象賢: 1551~1592)의 절사節死라든가, 병자호란 때의 김상헌(金尙憲: 1570~1652)의 삼학사三學士의 수난이나, 조일합방朝日合邦에 항거한 도총수인 유인석(柳麟錫: 1842~1915) 등은 모두 의리로 일관한 사례史例라고 할 것이다.

홍익인간 · 인간교육 · 화랑도 · 충 · 의리는 민족의 고유 사상을 기반으로 한 유학적 일관성에서 연면히 발전해온 것으로 이해된다.

C. 특징

만일 유학이 한족과 동이족이 상호 교류하는 가운데 연원되었다면 한국 유학의 독자성이 설정되어야 할 것이며, 전래된 것이라고 한다면 한국화된 유학에서 그 특징이 있어야 할 것이다.

중국의 경우, 이론유학의 전성기를 송나라 시대에서 볼 수 있으며,

---

5 위와 같음, 卷第4「新羅本紀第四」〈眞興王 37年條〉, "國有玄妙之道曰 風流設敎之源 備詳仙史 實乃包含三敎 接化羣生 且如入則孝於家 出則忠於國 魯司寇之旨也 處無爲之事 行不言之敎 周柱史之宗也 諸惡莫作 諸善奉行 竺乾太子之化也" 참조.

6 尹瑢均은 "高麗忠肅王 元年頃 彝齊白頤正"으로 보고 있다.(『윤용균,『尹文學士遺藁』「朱子學の傳來とその影響に就いて」 참조)

7『圃隱文集』續錄 卷1「丹心歌」참조.

그 이후의 학파를 크게 정자程子, 주자朱子와 상산象山 육구연陸九淵, 양명陽明 왕수인王守仁의 양파로 나눌 수 있다. 주자의 공은 이기론을 정립한 데 있으며, 왕수인은 심학心學을 확립한 데 있다. 이 이기론에서는 특별히 심心 · 성性 · 정情이 문제되지 않았고, 심학에 대한 주륙토론朱陸討論은 상당히 활발하게 전개된 바 있다.

한국의 경우 주자학의 많은 영향을 받으면서 각각 독자성을 발휘한 대표학자가 이황李滉과 이이李珥이다. 이기론을 받아들이면서도 심 · 성 · 정론을 특별히 문제삼았으며, 심학에 대하여는 비판 배척하기에 이르렀다. 이러한 학문 경향은 물론 민족 고유 사상과의 관련에서 이루어진 것이며 유학의 심화 또는 한국화 과정에서 나타난 현상이라고 하겠다.

2. 이퇴계와 이율곡의 '발'설

한국 유학에서 이황과 이이는 그 대표자라고 할 수 있다. 이황은 이기호발설理氣互發說을, 이이는 기발리승일도설氣發理乘一途說을 제창하였다.

이기호발설은 리理가 발함에 기氣가 따르고 기가 발함에 리가 탄다는 주장이다. 형이상학적인 리가 어떻게 발할 수 있느냐 하는데 이해의 난점이 있다. 기대승奇大升과의 오랜 논쟁의 결과 그는 이기호발설로 결론을 내렸다. 순수성과 상대성을 엄격하게 구별하고자 하는 데 이황의 본의가 있는 것으로 보인다. 따라서 이 주장에서는 그 속에 종교적인 요소를 생각해보게 되고 그 특징이 윤리적이요 실천적인 데 있다고 이해된다.

기발리승일도설은 율곡 철학의 결정으로서 기가 발함에 리가 승乘한다는 것이며 결코 리는 발하는 일이 없다는 것이다. 그의 이 주장은 수수성과 상대성이 성誠으로 연결될 때에 가능한 것이며, 동시에 이 점이 그의 철학적이요, 사회적인 특징이라고 간주되는 것이다.

그들은 다 같이 주자의 학설을 받아들이면서 각각 자기 입장에서 소화하여갔음을 알 수 있다. 농암農巖 김창협(金昌協: 1651~1708)은 "퇴계는 학을 잘 말하고 율곡은 리를 잘 말하였다"[8]고 하였다. 우암尤庵 송시열(宋時烈: 1607~1689)은 이황과 주자의 부동점을 지적하고 있다.[9] 논자는 여기서 특히 졸수재拙修齋 조성기(趙聖期: 1638~1689)의 율곡평에 관심을 깊이 갖는다. 그는 이이의 사칠변四七辨을 읽고서 다음과 같이 말하고 있다.

> 도리를 논함에는 사종四種의 입설이 필요한데 그 사종이란 것은 일왈본연명물一曰本然命物이니 차소위리此所謂理요, 이왈승기유행二曰乘氣流行이니 소위기所謂氣요, 삼왈혼융합일三曰渾融合一이니 소위리기불상리所謂理氣不相離요, 사왈분개각주장四曰分開各主張이니 소위발용所謂發用의 내용이라 말하고 누구나 이렇게 보는 것이 가할 것인데 율곡의 견처見處는 기의 작용作用과 이기불상리理氣不相離의 상태에 불과하다.[10]

이 지적한 바를 보면, 그의 철학의 바탕을 엿볼 수 있다. 이어서 그의 철학사상을 통해서 종교성과 사회성에 대하여 언급하고자 한다.

---

8 『農巖集』 卷32 「雜識」 〈內篇二〉 "退溪善言學 栗谷善言理" 【참고】 蔡茂松, 『退溪栗谷哲學의 比較硏究』(성균관대학교 출판부, 1985년)의 185쪽 所引 참조.

9 『宋子大全』 卷131 「看書雜錄」 21面 참조.

10 현상윤, 『조선유학사』, 260쪽. 【참고】 현상윤이 인용한 내용 참조.

3. 율곡 철학에 있어서의 종교성과 사회성

주돈이의 「태극도설太極圖說」, 장재의 '기'론('氣'論), 정자의 '리'론('理'論), 주자의 '이기론理氣論'은 송학을 형성해주는 주류로 생각된다. 이황은 이것을 계승하면서 심 · 성 · 정론을 이기호발설로 발전시켰고, 이이는 심 · 성 · 정론을 기발리승일도설로 정립하였던 것이다. 이이의 철학을 다음에 요약해본다.

A. 태극 · 이기 · 심성정

a. 태극

한유漢儒는 태극太極을 기氣로서 설명하고[11] 주돈이는 리理로서 풀이하고[12] 주자에 이르러서는 리로 정착된다.[13] 조선에 와서 서경덕은 주기主氣 경향에서 태극을 이해하고[14] 있으며, 이언적은 주기主理 입장에서 파악하고[15] 있다. 이황에 와서는 리를 천리天理로 높이게 된다.[16] 이이는 한유 이래의 모든 주장을 자기의 논리로 다음과 같이 정리한다.

> 음양陰陽이 변하는 가운데 태극의 리가 있다.[17]

---

11 『十三經注疏』『周易正義』 卷第7「周易繫辭上第七」"太極謂天地未分之前 元氣混而爲一 即是太初太一也"

12 『通書解』「理性命第二十二」"(厥彰厥微 匪靈弗瑩) 此言理也"

13 『朱子語類』 卷1「理氣上 · 太極天地上」"太極 只是天地萬物之理 在天地言 則天地中有太極 在萬物言 則萬物中各有太極〈淳錄〉"

14 『花潭集』 卷2「太虛說」 참조.【참고】 또는「理氣說」 참조.

15 『晦齋全書』 卷5「書忘齋忘機堂無極太極說後」 참조.

16 『退溪全書』 卷16「答奇明彦(論四端七情第二書)」〈改本〉 참조.

17 『栗谷全書』 卷31「語錄(上)」〈金振綱所錄〉"於陰陽變易之中 有太極之理"

太極은 陰陽의 근저가 된다(太極爲陰陽之根底-答 朴和淑 栗谷全書 書1).

이이의 이 주장은 “역에 태극이 있으니 이것이 양의를 낳는 것이다[易有太極 是生兩儀]”를 기저로 한 것으로 보인다.

b. 이기

위에서 말한 태극과 음양을 다음과 같이 리와 기로 환언한다.

리는 형이상자요 기는 형이하자니 서로 떨어지지 않는다.[18]

리는 무형無形하며 동작이 없으면서도 유형유위有形有爲의 주재가 되고, 기는 유형有形하며 동작이 있으면서도 무형무위無形無爲의 그릇이 된다.[19]

리는 무한하고 기는 유한하며, 리는 동작이 없으나 기는 동작이 있으므로 기는 동작하고 리는 탄다.[20]

여기서 그는 ‘이통기국’이란 표현을 한다. 이통기국이란 무형유형이 헤어질 수도 없고 섞일 수도 없다는 말이요, 기발리승이란 원인으로서의 리가 기의 동작으로 발휘된다는 운동의 논리를 말하는 것이다. 이러한 이론을 이이의 우주론으로 본다.

---

18 위와 같음, 卷10「答成浩原」(二) “理形而上者 氣形而下者 二者不能相離”

19 위와 같음, 卷10「答成浩原」(四) “理無形也 氣有形也 理無爲也 氣有爲也 無形無爲而爲有形有爲之主者 理也 有形有爲而爲無形無爲之器者 氣也”

20 위와 같음, 卷10「答成浩原」(四) “理無形氣有形 故理通而氣局 理無爲而氣有爲 故氣發而理乘”

c. 심 · 성 · 정

이통기국의 견해는 천도天道와 인도人道를 일관하는 것으로 생각된다. 사람이란 천지의 통수統帥를 받아서 본성이 되고, 천지에 충만한 기를 나누어 형체가 되므로 내 마음의 작용은 바로 천지의 화육[化]이다. 천지의 화육에는 두 개의 근원이 있을 수 없으므로 내 마음의 발현에도 두 개의 근원이 있을 수 없다.[21]

천지는 한 이기이므로 사람도 또한 천지 사이의 이기로써 이루어지며, 사람의 심心도 리와 기를 합한 것이다. 그러므로 천지의 화육과 내 마음의 발현[發]은 같은 맥락에서 이해된다. 천지의 화육은 기발리승氣發理乘이며 내 심의 발현도 기발리승이다. 사단四端은 순수한 성선性善의 발현으로 기가 맑으면 천리를 따라서 곧바로 나온다[22]고 한다. 리는 발현하는 것이 아니라는 생각이므로 성性이 정情이 된다고 할지언정 성性이 발한다고 말하지 않음을 주의하게 된다.[23] 천지와 인간이 동일체요 성은 정이 된다는 견해는 그의 인생론의 요지라고 이해된다.

위에서 살펴본 그의 우주론과 인생론에 입각하여 종교성과 사회성을 고찰해보고자 한다.

B. 종교성과 사회성

a. 호발에 대한 이해 차이

유학이 공자의 집대성 이후에 주자에서 이론화되었고, 주자학이

---

21 위와 같음, 卷10「答成浩原(壬申)」(一) "夫人也 稟天地之帥以爲性 分天地之塞以爲形 故吾心之用 卽天地之化也 天地之化無二本 故吾心之發無二原矣"

22 위와 같음, 卷10「人心道心圖說」"情之善者 乘淸明之氣 循天理而直出 不失其中 可見其爲仁義禮智之端"

23 위와 같음, 卷10「答成浩原」(三) 〈理氣詠呈牛溪道兄〉"元氣何端始 無形在有形 窮源知本合 沿派見羣精 水逐方圓器 空隨小大甁 二岐君莫惑 默驗性爲情"

한국에 전래되어 이황에 의하여 순수順受되었으며, 다시 이이에 이르러 심화되는 과정에서 독자성을 분명히 하게 된다.

이이는 이황의 이기호발설을 말할 때에 주자를 평한 바 있다. 우계牛溪 성혼(成渾: 1535~1598)에게 답하는 글에서

> 만일에 주자가 참으로 리와 기가 서로 발하여 상대相對하여 각출各出한다고 생각했다면 주자도 잘못이다.[24]

라고 하였다. 이이의 이 생각은 주자의 주장이 호발설이 아닌 것으로 받아들이는 태도요, 이 태도는 중국 유학을 떠나서 그가 창의로 이론화할 수 있는 의연한 자세로 보여진다. 보한경輔漢卿이 기록한 『주자어류朱子語類』에는

> 사단은 리의 발이요 칠정은 기의 발이다.[25]

라고 하였다. 이황은 기대승에게 호발설을 자신하게 된 이유를 다음과 같이 말하고 있다.

> 요사이 『주자어류』에서 『맹자』의 사단을 논하는 말조에 '사단은 리의 발이고 칠정은 기의 발이다'고 한 것을 발견하였다. (……) 주자의 이 설을 얻어본 뒤에야 우견愚見이 큰 잘못에 이르지 아니함을 믿게 되었다.[26]

---

24 위와 같음, 卷10「答成浩原」(二) "若朱子眞以爲理氣互有發用 相對各出 則是朱子亦誤也 何以爲朱子乎"

25 『朱子語類』 卷53「孟子(三) · 公孫丑上之下 · 人皆有不忍之心章」"四端是理之發 七情是氣之發〈廣錄〉"

26 『退溪全書』 卷16,「答奇明彥(論四端七情第二書)」"近因朱子語類 論孟子四端處末

주자의 '발發'의 설을 이이는 기발리승의 입장에서 이해하고 이황은 이기호발설로 파악한 것이다. 주자의 이 말은 보한경의 기록이므로 잘못된 기록일 수도 있지 않느냐는 송시열의 의심은 남당南塘 한원진(韓元震: 1682~1751)에 이르러서는 주자 평소의 말에 비추어 전단全段이 오록이라고 단정을 하고 있다.[27] 여기서 이이의 말에 의심되는 것은 첫째 "리와 기가 서로 발용發用이 있고 상대하여 각각 나오는 것이 아닌 뜻으로 말한 것이라면 잘못이 아니라는 의미인가"하는 점이다. 둘째 그 경우에 "호발이 아닌 것으로 어떻게 리의 발이고 기의 발이라고 할 수 있을까" 하는 점이다.

주자가 잘못이 아닐 수 있으려면 리와 기는 서로 발용이 있고 상대하여 각각 나오는 것이 아니어야 한다는 견해이므로 주자의 이 논리를 이이는 입증하여야 할 것이다. 그에 의하면

> 리가 아니면 기가 근거할 바가 없고 기가 아니면 리는 의착할 바가 없다. 이미 두 물체가 아니요, 또 한 물체가 아니다. 한 물체가 아니므로 하나이면서 둘이요, 두 물체가 아니므로 둘이면서 하나이다. 한 물체가 아님은 무엇을 말하는가. 리와 기가 비록 떨어지지 못하며 묘합한 가운데서 리는 스스로 리요, 기는 스스로 기이면서 서로 협잡이 없으므로 한 물체가 아니다. 두 물체가 아니라고 함은 무엇을 말하는가. 혼륜渾淪하여 사이가 없으며 선후가 없고 이합離合도 없으니 두 물체

一條 正論此事 其說云 四端是理之發 七情是氣之發 古人不云乎 不敢自信而信其師 朱子吾所師也 亦天下古今之所宗師也 得是說 然後方信愚見不至於大謬 而當初鄭說 亦自爲無病 似不須改也"

27 『朱子言論同異攷』 卷2 「情」 "先生以四端七情分屬理氣之發者 只一見 而以情或屬心或屬性 不分於心性者 乃其雅言也 其一見者 或是記錄之誤 或是一時之見 而其雅言者 可知其爲平生之定論也" 【참고】 『宋子大全』 卷130 「朱子言論同異攷」 "栗谷曰: 四端亦氣發而理乘之, 退溪謂四端理發而氣隨之, 七情氣發而理乘之殊, 不知四端七情, 皆氣發而理乘之之妙也. 又曰: 退溪理發而氣隨之, 此一句大誤."

> 가 아니다. 이 까닭으로 동정動靜이 단서가 없고 음양이 처음이 없다. 리가 처음이 없으므로 기도 또한 처음이 없다.[28]

라고 하여 리와 기의 관계를 밝혀 영원성에 대하여 시사하고 있다. 즉 리는 원인자로서 영원하고, 기는 처음도 없고 끝도 없음[無始無終]의 변화자로서 영원하다는 것이다. '발현[發]'이란 말은 변하는 기세계[氣界]의 운동을 의미하며, 동작하게끔 하는 것은 리이므로 기발氣發은 있어도 이발理發이란 말은 잘못이 아닐 수 없다. 그러면 서로 발용이 있고 상대하여 각각 나오는 것이 아닌 의미의 이발과 기발은 말할 수 있을까? 주자가 그런 뜻으로 말할 수 있을까. 주자가 그런 뜻으로 말했다면 잘못이 아니라는 의미를 또한 이이는 증명해주어야 한다.

원인자로서 형이상학적 리가 발할 수 없다고 생각하는 이이가 주자의 이발이 잘못이라고 하면서도 먼저 조건을 붙여서 주의하여야 할 것이다. 즉 이 조건은 리와 기의 호유발용(互有發用: 서로 발용이 있음), 상대각출(相對各出: 상대하여 각각 나옴)이 아닌 이발이라면 잘못이 아니라는 뜻을 내포하고 있는 것으로 짐작된다. 사단은 칠정 가운데의 선일변善一邊이요, 칠정은 사단의 전체[總會]이므로 일변과 전체자는 양분할 수 없는 일이다. 주자는 반드시 뜻을 따로 둔 곳이 있는데 지금 사람이 아직 본의를 얻지 못하고 있음을 지적하고, 주자의 뜻은 사단이란 리를 전언專言한 것이요, 칠정이란 기를 겸언兼言

---

28 『栗谷全書』 卷10 「答成浩原(壬申)」(一) "夫理者 氣之主宰也 氣者 理之所乘也 非理則氣無所根柢 非氣則理無所依著 旣非二物 又非一物 故一而二 非二物 故二而一也 非一物者 何謂也 理氣 雖相離不得 而妙合之中 理自理 氣自氣 不相挾雜 故非一物也 非二物者 何謂也 雖曰理自理 氣自氣 而渾淪無間 無先後無離合 不見其爲二物 故非二物也 是故動靜無端 陰陽無始 理無始 故氣亦無始也"

한 데 불과하다고 이이는 말한다.[29] 엄밀하게 말하면 사단과 칠정의 '발'은 기발인데 이발이라고 할 수 있는 이유는 선악을 겸한 가운데에서 선만을 뜻하고자 한 것을 본의로 용납하려는 태도이다. 이발이란 논리상으로 하는 말이요, 기발이란 사실상으로 하는 말이라는 것이다. 리의 근원도 하나요, 기의 근원도 하나이니 리와 기가 하나이므로[30] 논리와 사실을 엄격하게 구별해서 말한다면 이발과 기발이 모순이 없을 것이다. 아마도 이이는 이 점에서 주자의 '발'설을 긍정하고 있는 것 같다.

b. 종교성과 사회성에 대한 이해

종교와 사회라고 하면 확연히 분리되어 있는 것 같은 느낌을 갖기 쉽다. 그러나 논자는 양자의 분리할 수 없는 연관성에서 종교성과 사회성이라고 하였다.

[종교성] 종교의 기성 개념을 통일적으로 말하기는 어려우나 신앙의 대상으로 유일자를 생각해온 것이 신념으로 되어 있는 줄 안다. 신앙의 대상이 나 자신 밖에 있느냐, 안에 있느냐, 그렇지 않으면 내외를 통해서 생각하느냐의 세 가지 형태로 나눌 수 있을 것이다. 제3의 입장에서 종교성이라는 용어를 사용한다.

[사회성] 사회의 개념도 견해의 차이가 있을 수 있겠으나 2인 이상의 집단이라는 것이 통념 같고, 다만 여기에는 집단의 속성이 신권

29 위와 같음, 卷10「答成浩原(壬申)」(一) "若四端七情 則有不然者 四端是七情之善一邊也 七情是四端之總會者也 一邊安可與總會者 分兩邊相對乎 朱子發於理發於氣說 意必有在 而今者未得其意 只守其說 分開拖引 則豈不至於輾轉失眞乎 朱子之意亦不過曰 四端專言理 七情兼言氣云爾耳 非曰四端則理先發 七情則氣先發也"

30 위와 같음, 卷10「答成浩原」(二) "理氣之妙 難見亦難說 夫理之源 一而已矣 氣之源亦一而已矣"

적神權的인 데 있느냐 계약적契約的인 데 있느냐, 그렇지 않으면 인성적人性的인 데 있느냐 하는 세 가지 형태를 생각할 수 있을 것이다. 제3의 입장에서 사회성이라는 용어를 사용하기로 한다.

이이의 이 양면은 그의 천인관天人觀과 이기관理氣觀에서 해명될 수 있을 것 같다.

사람이란 천지의 통솔을 안 받을 수 없고, 나 자신이란 천지의 분신이므로 내 마음의 작용이 곧 천지의 화육이며, 천지의 화육이 하나의 근본에서 이루어지므로 내 마음의 발현에도 두 개의 근본이 있을 수 없다고 하였으니 이것은 천인간天人間의 소통을 의미한다고 하겠다. 이러한 사고는 정통유학의 전형이기도 하지만 이이에 있어서는 이 구현을 위해서 성誠이 강조된다. 성誠이란 하늘[天]의 공리空理 아닌 실리實理이고 마음의 본체라고 하였다.[31] 태극을 천인관계에서 설명하되 하늘에 있어서는 도道라고 하고 사람에 있어서는 성性이라고 하였다.[32] 내외를 구분하지 않은 믿음의 경계를 성誠으로 주체화한 것으로 보인다. 이것은 이통기국理通氣局의 기반에서 하는 말로 추측된다.

이이는 지극한 선[至善]을 앎[知]과 실천[行]으로 설명하고 있다. 앎이 가장 좋고 적합한 곳[十分恰好處]에 이르러서 더 할 것이 없음을 앎의 '지극한 선'이라 하고, 실천이 가장 좋고 적합한 곳에 이르러서 다시 옮길 곳이 없음을 실천의 '지극한 선'이라고 한다.[33] '가장 좋고 적합한 곳'을 중화中和라고 생각할 때 이것이 한 집안에 그치면 명덕明德이 한 집안에 밝고, 한 나라에 그치면 명덕이 한 나라에 밝고, 천

31 위와 같음, 卷21『聖學輯要』(三)「正心章第八」"誠者 天之實理 心之本體"

32 위와 같음, 卷20『聖學輯要』(二)「窮理章第四」"太極在天曰道 在人曰性"

33 위와 같음, 卷9「與奇明彦 大升○丁卯」"知到十分恰好處 更無移易 則謂之知之止於至善 行到十分恰好處 更無遷動 則謂之行之止於至善"

하에 그치면 명덕이 천하에 밝다고 한다.[34] 즉 한 집안이나 한 나라나 천하라는 사회는 명덕을 밝히는 신성 영역의 차이일 따름이다. 사회의 구성원으로서 나 자신의 인성이 천부天賦에 근원한다고 할 때에 사회를 신성하게 할 수 있는 기점도 바로 여기에 있다고 할 수 있음직하다. 사회가 변하는 음양陰陽에 속한다면 이이가 화숙和叔 박순(朴淳: 1523~1589)에게 답한 글에서 그의 견해를 파악할 수 있을 것이다. 비음비양(非陰非陽: 음이 아니고 양이 아님)의 기란 있을 수 없으며 충막무짐(冲漠無朕: 텅 비고 고요하여 조짐이 없음)이란 리를 가리켜서 한 말이다. 리에서 기를 구한다면 충막무짐하여 모든 현상이 삼연森然하다고 하고 기에서 리를 구한다면 한 번 음하고 한 번 양함[一陰一陽]을 도라고 말하는 것이다. 이와 같이 실로 리가 독립해서 충막冲漠하여 음양이 없는 때란 없는 것이니 이곳은 가장 활간活看하여 깊이 완미하여야 할 자리라고 설파하였다.[35] 이것은 기발리승氣發理乘의 기반에서 말할 수 있을 것이다.

c. 현대적 의의

일본의 재등요齋藤要는 도덕가로서의 유학의 종교적 경향을 현저하게 가지는 것은 경천敬天에 중점을 두고 하늘에 대한 신앙이 실천의지를 규정하기 때문이라고 말하였다.[36] 제2차 바티칸 공의회에서

34 위와 같음, 卷19『聖學輯要』(一)「統說第一」“但所及有衆寡 而功效有廣狹 致中和之功 止於一家 則一家之天地位萬物育 而明德明於一家 止於一國 則一國之天地位萬物育 而明德明於一國 及於天下 則天下之天地位萬物育 而明德明於天下矣”

35 위와 같음, 卷9「答朴和叔 淳○乙亥」(一) “台教所謂澹一虛明之氣 是陰耶陽耶 若是陰則陰前又是陽 若是陽則陽前又是陰 安得爲氣之始乎 若曰別有非陰非陽之氣 管大陰陽 則如此怪語 不曾見乎經傳也 且所謂沖漠無朕者 指理而言 就理上求氣 則沖漠無眹而萬象森然 就氣上求理 則一陰一陽之謂道 言雖如此 實無理獨立而沖漠無陰陽之時也 此處最宜活看而深玩也”

36『儒學硏究』423쪽.

는 현대세계의 사목헌장司牧憲章으로 "인간 안에 내재하는 신적 요소를 천명하기 위하여 교회의 성실한 협력을 인류에게 제공한다"고 선언하였다.[37] 1975년에 성균관대학교가 주최한 동양학자대회에서 네메세기 교수는 유교를 단순히 윤리시하는 점에 대한 토론 결과,[38] 유학이 지니는 종교적 측면을 시인하지 않을 수 없었다. 그렇다고 유학이 기성 개념의 종교일 수는 없다. 물질기계문명의 고도화로 인간성 상실을 동서양이 한탄하고 있는 이때, 세계 각 지역의 특수한 전통문화를 재평가함은 바람직한 일이라고 생각된다.

사회성을 잃어버린 종교나 종교성이 결여된 사회란 똑같이 바람직한 것이 못 되는 줄 안다. 유학의 장점이 또한 이 양면성을 유기화有機化하는 데 있는 것으로 믿는다. 모종삼牟宗三 교수는 근대화의 기본이 개체성의 자각과 보편성의 투철에 있음을 지적하였거니와[39] 논자는 새로운 문화 방향을 정초함에 있어서 종교성과 사회성 문제는 핵심적인 것으로 생각하며, 이 양자의 보편성의 이통기국적理通氣局的 이해와 개별성의 기발리승적氣發理乘的 파악은 매우 중요한 것으로 전망된다. 차라고 하는 것은 앞에서 끌거나 뒤에서 민다면 이미 고장 난 차요, 음식이 심히 달다고 할 때는 귀중한 생명을 이어가는 데 해롭다고 믿기 때문이다.

---

37 『제2차 바티칸公議文獻論題』 180쪽.

38 당시 발표논제는 「그리스도의 본질과 동양전통사상」이다.

39 『歷史哲學』 蔡茂松 所引 참조.

제3부 한국 유학의 비판의식

제1장 한국 유학의 절의사상

Ⅰ.

절의節義는 절개節介와 의리義理를 의미한다. 절개는 주로 부부간에, 의리는 주로 군신 간에, 효도는 주로 부자간에 지켜야 할 도리로 생각되어 왔다. 그러므로 효자 · 열녀 · 충신은 이 나라의 강상을 지켜온 모범인물들로 칭송되어왔다.

중국 송대宋代의 유학을 신유학新儒學이라고 할 때 안향(安珦: 1243~1306)이 충렬왕 15년(1289)에 주자전서朱子全書를 도입한[1] 이래로 우리나라 신유학[本邦新儒]이 시작되었으며, 공맹의 도의실천道義實踐은 오히려 원元나라보다도 앞서고 있었다고[2] 한다. 정몽주는 주자가례朱子家禮를 본떠서 가묘家廟를 세우고 선사先祀를 받들게 하였으며[3] 한편 동방리학東方理學의 조祖로 추대되었고, 김굉필金宏弼, 조광조趙光祖로 계승되어 그 최고봉을 이루었다.[4] 대개 시원을

---

1 元에서는 忠烈王 15년(元世祖의 至元 26年)에 高麗儒學提擧司를 두었음(高麗時代史 p. 843, 金庠基).

2 『元史』「趙良弼傳」. 高麗小國也 匠工奕技皆勝漢人 至於儒人皆通經書 學孔孟 漢人惟務課賦吟詩將向用焉(同上, 682쪽).

3 위와 같음, 816쪽.

4 『退溪全書』(下) 「言行錄」 717쪽. 嘗言吾東方理學以鄭圃隱爲祖而金寒暄趙靜庵爲首

정몽주로 잡고 길재(吉再: 1353~1419)는 정몽주에서, 김숙자(金叔滋: 1389~1456)는 길재에서, 김종직金宗直은 김숙자에서, 김굉필은 김종직에서, 조광조는 김굉필에서 도통[統]을 이은 것으로[5] 생각되는데 역시 고려조의 정몽주와 조선조의 김굉필, 조광조는 도학道學의 주요 인물[6]로 이해되고 있다.

현상윤玄相允 씨는 그의 『조선유학사』에서 사육신死六臣과 생육신生六臣을 중심으로 절의문제節義問題를 다루고 있다. 여기서는 이들을 기점으로 하여 절의사상을 살펴보고자 한다.

Ⅱ.

고구려와 조선조의 문화를 비교할 때 우선 유불공존儒佛共存의 시기와 유교독존儒敎獨存의 시기로 구분된다. 그러면서 숙질叔姪 간에 정권수수政權授受가 양조兩朝에 다 있었건만은 어찌하여 단종 때에만 복위 모의가 있을 수 있었는가 하는 의심을 갖게 된다.

여말선초麗末鮮初의 정치 변혁기에서 야은冶隱 길재吉再는 효孝로써 보명保命을 하였고, 목은牧隱 이색李穡은 고려가 망한 후 출사

但此三先生著述無徵 今不可考 其所學之深 近見晦齋集 其所學之正 所得之深殆近世爲最也.『退溪全書』텍스트는 大東文化硏究院 發行 東國文化社出版에서 간행한 것이다.

5 『冶隱言行拾遺』卷中「大學生疏語」498쪽. 趙光祖之學正其所傳者有自來矣 自少慨然有求道之志受業於金宏弼 宏弼學於金宗直 宗直之學傳於其父司藝叔滋 叔滋之學傳於高麗吉再 吉再之學得於鄭夢周之門 夢周之學實爲吾東方之祖則其學之淵源類也.『冶隱言行拾遺』텍스트는『高麗名賢集』([illegible] 大東文化研究院)에 수록된 것이다.

6 『石潭日記』栗谷又曰我東方理學無傳矣 前朝鄭夢周始發其端 而規矩不精 我朝金宏弼接其緒 而猶未大備 及趙光祖倡道 學者翕然推尊之 今之有性理學者 光祖之力也(현상윤,『朝鮮儒學史』56쪽에서 재인용).

하지 않은 채 여강驪江에서 명命을 못다 했으며, 정몽주鄭夢周는 이방원李芳遠의 책동策動으로 조영규趙英珪 일당에게, 이숭인(李崇仁: 1349~1392)은 정도전鄭道傳의 심복인心腹人인 황거정黃居正에게 죽임을 당하였다. 김굉필金宏弼은 무오사화(戊午士禍, 1498) 때 김종직金宗直 일파로 몰려서 희천熙川과 순천順天에 유배되었다가 갑자사화(甲子士禍, 1504) 때 희생되었고, 조광조趙光祖는 능주綾州로 귀양을 갔다가 기묘사화(己卯士禍, 1519) 때 사사되었다.

단종의 복위를 도모하던 성삼문(成三問: 1418~1456) · 박팽년(朴彭年: 1417~1456) · 하위지(河緯地: 1387~1456) · 이개(李塏: ?~1456) · 유응부(兪應孚: ?~1456) · 유성원(柳誠源: ?~1456)은 세조에게 결사決死로 항거하였고, 김시습(金時習: 1435~1493) · 원호(元昊: ?~?) · 이맹전(李孟專: ?~?) · 조려(趙旅: 1420~1489) · 성담수(成聃壽: ?~1456) · 남효온(南孝溫: 1454~1492)은 은거로 종생終生한 사람들이다. 유학교육이 고구려 소수림왕 2년(372)부터 시작되었으며,[7] 고려를 거쳐서 조선조에 이르는 동안 계속되었거늘 어찌하여 동일한 숙질 간의 정권싸움이 고려에도 있었는데 헌종獻宗 때에는 복위도모復位圖謀가 없었는가 하는 문제가 제기된다.

고려 15대 숙종(肅宗: 在位 1095~1105)은 그의 조카인 헌종의 왕위를 양수讓受받은 임금으로서 호학애서好學愛書하고 경사經史에 박통博通한 것이 세조와 비슷하다.[8] 헌종은 재위 1년(1095)이었고 단종의 재위는 2년(1453~1454)이었다. 두 건을 비교할 때 첫째는, 숙종과 세조가 처했던 시대의 문화 배경의 차이가 주목된다.

고려 태조는 치국治國을 정계政誡와 계백료서誡百寮書로 근본을 삼았으며 훈요십조訓要十條를 치가治家의 원리로 하여 적자적손嫡子嫡

7 『三國史記』 高句麗條. 立太學敎育子弟

8 이병도, 『國史大觀』 213쪽.

孫의 계승을 원칙으로 하되 원자가 불초不肖할 때에는 차자次子, 차자次子가 불민不敏하면 그 형제 가운데 선택하게 하는, 유불儒佛이 공존하는 시대에 숙종이 처했었던데 비해서, 조선 태조가 유교입국儒敎立國으로 정도전의 배불정책排佛政策과 아울러 『주자가례朱子家禮』에 따라 예속禮俗이 강요되는 유교독존의 사회로 전환된 후에 처했던 것이 세조였다.

둘째는 안향安珦의 정주학程朱學 도입으로부터 숙종 취위就位는 148년 전의 일이며 세조의 집권은 211년 후의 일이니, 헌종과 단종은 신유학이 들어오기 전과 후의 시기로 구별된다. 삼은三隱의 생존기간이 1328년부터 1396년에 이르는 68년이라고 할 때 이 기간은 안향 후 85년의 일이며, 단종은 126년 후의 일이라는 점을 주의하게 된다. 이것은 신유학 도입 후의 거리를 의미한다.

셋째는 세종의 치적이 컸음을 지적할 수 있을 것이다. 그의 자주의식은 단군을 국가사전國家祀典에 시조로 제사 드리게 하고 『고려사高麗史』를 편찬하게 하였으며, 한글을 창제하고 『오례의五禮儀』, 『삼강행실도三綱行實圖』 등을 펴서 강상을 든든히 하는 데 치력하였다. 더욱이 사육신들로서는 세종으로부터 원손(元孫: 端宗)을 보좌하라는 명탁命托[9] 받은 것을 잊을 수가 없었던 것이다.

이와 같이 살아서는 불의不義의 권세와 타협하지 않은 채 보명保命했거나, 생명을 걸고 항거하다가 희생되어간 유자들에게는 생사간生死間에 굳게 지켜간 것이 있음에 상도想到하게 된다.

정몽주는 고려조와 조선조의 건널목에서 억불숭유抑佛崇儒의 방향을 가지고 이 나라의 이학理學을 열어준 분이요, 그의 「단심가丹心歌」[10]가 전해주듯이 그의 사상은 적성赤誠으로 구현되었음을 볼 수

---

9 현상윤, 『朝鮮儒學史』, 40쪽.

10 『麗季名賢集圃隱文集續錄』 卷1. 此身死了死了一百番更死了 白骨爲塵土魂魄有也

있다.

Ⅲ.

정몽주와 사육신은 비록 의도는 좌절되었지만 뒷날의 사림士林들에게 지대한 영향을 주었다. 임진왜란을 겪을 때 항복을 거절하면서 동래성東萊城을 사수한 송상현(宋象賢: 1551~1592)은 부모의 은혜는 오히려 군신의 의보다 가볍다고[11] 읊어 진중시陣中詩를 부친께 발신發信한 일도 있다. 병자호란 때 김상헌金尙憲은 청淸나라의 무도無道 앞에 무릎을 꿇지 않았고 반청대표反淸代表로 압송된 삼학사三學士도 또한 끝까지 의사를 굽히지 않았다. 한일합방기韓日合邦期의 최익현(崔益鉉: 1833~1906)은 왜인倭人 앞에 생生을 거부하였으며, 유인석(柳麟錫: 1842~1915)은 의병義兵의 도총수都總帥로 생을 마쳤다. 전조前朝를 지키려던 정몽주와 사육신은 종통수호宗統守護의 대내문제對內問題에 한 목숨[一命]을 바친 데 비해서 임진·병자와 한말합방기의 의사들은 국권수호의 국제문제 앞에 삶을 마감한 것이 다르다. 그러나 그들은 종통宗統과 국가주권國家主權을 지키는 일에 대하여 생사를 걸었다는 데 공통점이 발견된다. 이제 절의사상의 이론을 살펴보고자 한다.

유자儒者는 원래 사도지관司徒之官으로부터 나왔고, 그들은 인군을 도와 자연에 순응하고 교화를 밝히는 사람들로서 육예六藝 중에 특히 인의仁義에 뜻을 두었으며, 공자孔子를 종사宗師로 하되 그 계보

無 向主一片丹心寧有改理也.『麗季名賢集圃隱文集續錄』 텍스트는 大東文化研究院에서 발행한 것이다.

11 「陣中詩」. 孤城月暈 列鎭高枕 君臣義重 父子恩輕.

를 요순문무堯舜文武로 삼고 있다.[12] 자사子思와 맹자孟子 이후에 정자程子로 계승된[13] 유통儒統은 주자朱子에 의하여 송대宋代의 신유학을 대성하기에 이르렀다. 공자는 '인仁'을 가르쳤고 군자에 있어서는 '의義'가 중시되어야 함[14]을 말하였다. 맹자는 양혜왕梁惠王에 대하여 인의仁義를 강조[15]하였고 주자의 정치철학은 왕패王覇를 분명하게 구분하는 데[16] 있었다. 이러한 '인'과 '의'의 인식뿐만 아니라 생사를 결판할 수 있는 가치 기준으로서 행위 근거가 되고 있다는 점이 중요하다고 생각된다. 생사기로에서의 순안順安한 행동 자세에는 부동不動의 주체가 요구된다. 여기에는 미혹迷惑이 없어야 할 것이다. 삶과 죽음이 분열되는 데서 발생되는 미혹[惑]을 공자는 자장子張에게 일러주었다.

> 사람들은 사랑하면 그가 살기를 바라고 미워하면 그가 죽기를 바라니 살기를 바라고 또 죽기를 바라는 일은 그것이 바로 미혹이다.[17]

라는 이 말은 주체가 삶이나 죽음에 있는 것이 아니라 무엇을 위해서 살며 무엇을 위해서 죽느냐에 있음을 시사해준다고 하겠다. 그러므로 생사의리生死義理에 관해서 일찍이

---

12 「漢書」「藝文志」. 儒家者流蓋出於司徒之官 助人君順陰陽明教化者也 游文於六藝之中 留意於仁義之際 祖述堯舜 憲章文武 宗師仲尼.

13 「大學章句」「大學章句序」. 河南程氏兩夫子出而有以接乎孟氏之傳.

14 「論語」「里仁」. 君子喩於義 小人喩於利.

15 「孟子」「梁惠王上」. 孟子對曰王何必曰利 亦有仁義而已矣.

16 馮友蘭, 「中國哲學史」 923쪽. 朱子以爲吾人不當只論其「盡與不盡」 更當論其「所以盡與不盡」 基「所以盡與不盡」卽王覇之所由分也.

17 「論語」「顔淵」. 愛之欲其生 惡之欲其死 旣欲其生 又欲其死 是惑也.

> 생生도 또한 바라는 바요, 의義도 또한 바라는 바이나 둘을 겸해서 충족시키지 못할 때는 '생'을 버리고 '의'를 취하겠노라.[18]

라고 하여 맹자가 불의不義는 죽음보다도 더 미워함을 말하고 있다.

주자朱子는 의義와 이해利害 문제의 분명한 분변을 유학의 본령本領[19]으로 생각하였다. 의義는 고려 말 이후 주자학 도입 이래 정치사회에서 윤리의 중요 문제로 대두되었다.

안향은 성인의 도를 국자제생國子諸生에게 효孝·충忠·예禮·신信·경敬·성誠으로 가르쳤다.[20] 정몽주는 유자의 도를 일용평상의 일[日用平常之事]이라고 하면서 요순堯舜의 도를 존중하였고,[21] 이색李穡은 군신의 도에 있어서 나라가 달라지고 임금이 달라졌는데 입조立朝할 수 없음을[22] 일찍이 말하고 있다. 길재는 태종의 소명召命에 대하여 불사이성不仕二姓의 뜻을 밝히고서 응하지 않았다.[23] 성삼문은 세조 앞에서 "하늘에 두 해가 없고 백성에게 두 임금이 없다"고 하여 그의 주공周公으로 자처했음을 공박하였고[24] 김굉필은 유

---

18 『孟子』「告子上」. 生亦我所欲也 義亦我所欲也 二者不可得兼 舍生而取義者也.

19 「朱子答上延平先生」. 義利之說乃儒者第一義也.

20 『朝鮮陞廡諸賢文選』「安珦」〈論國子諸生文〉 9쪽. 聖人之道不過日用倫理 爲子當孝 爲臣當忠 禮以制家 信以交朋 修己必敬 立事必誠而已.

21 『麗季名賢集』『圃隱文集續錄』 1091쪽. 儒者之道皆日用平常之事 飮食男女人所同也 至理存焉 堯舜之道亦不外此 動靜語默之得其正卽是堯舜之道 初非甚高難行. 『麗季名賢集』 텍스트는 大東文化硏究院에서 발행한 것이다.

22 『高麗名賢集』(3) 『牧隱文藁』「直說三篇」 870쪽. 臣所事謂之君 君所使謂之臣 生于楚而用于晋 是不可以國分也 佞於隋而忠於唐 是不可以人別也. 『高麗名賢集』은 大東文化硏究院에서 발행한 것이다.

23 위와 같음, (4) 『冶隱言行拾遺』「三綱行實」 491쪽. 臣無二主 乞放歸田里終養老母以遂臣不事二姓之志. 『高麗名賢集』 텍스트는 大東文化硏究院에서 발행한 것이다.

24 현상윤, 『朝鮮儒學史』, 42쪽.

자의 도를 오륜五倫으로 말하면서 그의 행실에 있어서 복인수호服仁守護를 고조하였다.[25] 조광조는 옥중에서 상소를 올려 "우리 임금으로 하여금 요순과 같은 성군聖君이 되게끔 진력盡力한 것뿐이요 또한 이 일은 태양太陽이 밝게 비치고 있으니 다른 사심邪心이 나에게 없다"[26]는 심충心衷을 밝혔고 임종에 애국충군愛國忠君의 오언율시를 남기기도 하였다.[27]

위와 같은 의사義士들의 사상이 오늘에 과연 어떠한 의미를 주는가를 다음에 고찰해본다.

Ⅳ.

위에서 말한 여러 의인義人들의 행동은 종통宗統을 지키는 일로 집약될 수 있을 것이다. 하늘에 두 해가 없음[天無二日]이란 말도 그러한 뜻에서 쓰여진 것이라고 생각된다. 사회란 구조적인 의미에서 인간의 관계체계라고 할 수 있다면 모든 문제는 인간으로 구심求心되어야 할 것으로 안다. 현대사회의 특징을 보는 각도 따라 달리 말할 수 있을 것이나, 한마디로 '동요動搖'라고 지적하고 싶다. 개인적으로는 주체가, 국가 사회로는 주권이, 흔들리고 있다고 하겠다. 오늘날 개인의 자살 사건이 늘어가고 있으며 춘추전국시대[28]에 못지않은

25 『朝鮮陞廡諸賢文選』 第5編. 儒之爲道不過曰父子有親 君臣有義 夫婦有別 長幼有序 朋友有信 其文詩書易春秋 其法禮樂刑政 其行守義 其爲道易明而其爲教易行也.

26 『李朝初葉名賢集選』 『靜庵集』 「獄中聯名疏」 24쪽. 使吾君爲堯舜之君 玆豈爲身親 天日照無他邪心. 『李朝初葉名賢集選』 텍스트는 大東文化硏究院에서 발행한 것이다.

27 『朝鮮陞廡諸賢文選』 第5編 18쪽. 愛君如愛父 憂國若憂家 白日臨下土 昭昭照丹衷.

28 春秋時代의 諸侯被殺件數

오늘의 세계는[29] 단적으로 이것을 뒷받침해주고 있다. 심지어는 성직자聖職者가 자살을 하고 교황敎皇마저도 피격당하는 현실이고 보면 무엇이 주主가 되며 무엇이 종從이 되어야 할 것인지를 자성自省하게 되며, 가장 좋은 것이 무엇인지, 즉 최고선最高善의 정립이 시급한 문제로 등장된다.

적어도 국가사회를 영도한 군주가 국민생활의 안정과 행복을 정착시키는 사인私人이 아니라 공격자公格者로서의 진리 실현의 사자使者라면, 그 성업수행聖業遂行에 헌신한 인사들의 충절은 높은 가치를 지닌다고 할 것이다. 다만 다 같은 인간이기에 일면 사격私格을 가졌고 진리의 형상체形象體로서 일면 공격公格을 아울러 지닌 것이 부父와 군君의 아이러니한 양면이라고 할 때, 효孝와 충忠에 있어서 맹종盲從과 효자孝子 · 사신私臣과 충신忠臣의 갈래 길이 생기게 마련이다. 진리의 보편 기능이 구조적으로 가까이는 가정의 화목이요, 멀리는 인류의 평화라고 한다면 그 기능의 단초端初를 '효'와 '충'에서 발견할 수 있을 것 같다. 물론 상대적 관계에서 일방통행의 '효'와 '충'이 아니라 부자자효父慈子孝의 '효'[30]며, "임금은 신하를 예로 부리고 신하는 임금을 충으로 섬긴다[君使臣以禮 臣事君以忠]"[31]는

夫れ春秋は 242年の紀なり (……) 日食凡そ36 君を弑するもの36 國を滅するもの 52 (……) (『春秋左氏傳上解題』 9쪽, 國民文庫刊行會 鶴田久作).

29 近 100年間의 元首 · 指導者及人士 被擊 ① 사다트埃及大統領被擊(81.10) ② 이란大統領被擊(81.8) ③ 朴正熙大統領被擊(79.10) ④ 케네디大統領被擊(63.11) ⑤ 쿠바 루뭄바被擊(61) ⑥ 콩고首相被擊(61.2) ⑦日 社會黨首被擊(60) ⑧ 간디被擊(48.1) ⑨ 포르투갈 칼르루시 王暗殺(1908.2) ⑩ 프랑스國王被擊(1905.6) ⑪ 스페인王被擊(1905.6) ⑫ 세르비아王과 王后被擊(1903.6) ⑬ 美 매킨리大統領暗殺(1901.9) ⑭ 이탈리아 움베르트王被擊(1900.7) ⑮ 프랑스 카르노大統領暗殺(1894.6) ⑯ 토르스키暗殺(1940)

30 『大學』「傳3章」. 詩云 穆穆文王 於緝熙敬止 爲人君止於仁 爲人臣止於敬 爲人子止於孝 爲人父止於慈.

31 『論語』「八佾」. 定公問 君使臣 臣事君如之何 孔子對曰 君使臣以禮 臣事君以忠.

'충'임을 주의해야 할 줄 안다. 여기서 부자와 군신의 양자 간의 공약되는 '의義'의 가치가 실현되며, 이 '의'는 또한 오늘의 이익사회에서 외면되지 않은 '이익[利]'을 가져다주는, 진정한 의미의 '이익'으로서, 생산이 가능해지리라고 믿는다.[32] 종통宗統의 기능적인 의미가 개인의 주체에서, 그리고 국가의 주권에서 이해될 때, 현대의 '동요'를 가라앉히는 진정제가 무엇인가를 구하고 있는 오늘에서, 우리의 선인들의 절개와 의리에 현대적인 의미 부여가 가능해질 것이다. 생로병사가 인생공로人生公路라고 하지만 호생오사好生惡死 또한 사람의 떳떳한 정[人之常情]이고 보면 생생生生의 방향에서 생사의 사실에서가 아니라 근거로서의 '의'로부터 생사의 의미를 찾은 그들이 지녔던 공여共如한 사상을 엿보게 한다. 개인의 심신이 개인의 독소유獨所有가 아니라고 생각할 때 이 몸을 소중히 하고 마음가짐을 맑게 하려는 샘[泉]이 시작된다고 본다. 여기서 비로소 현실적으로 육신의 내원來源인 부모를 생각하게 되며 마음의 향로向路를 위하여 성현聖賢을 높이는 출발이 가능해지리라고 믿는다.

---

32 『周易』「乾文言」. 文言曰元者善之長也 亨者嘉之會也 利者義之和也 貞者事之幹也.

제2장 한국의 전통사상과 주체성
– 척화와 벽이를 중척사심으로

I. 서론

1. 문제의 소재

현실 이해 없이 장래를 향할 방향 정립은 어려울 것이며, 민족의 역사를 떠나서 현실을 이해하기 어려울 것이며, 전통사상을 떠나서 민족 역사를 파악한다는 것은 어려울 것이며, 민족 고유의 사상을 유리遊離하고서는 전통이 성립되기 어려울 것이며, 민족 주체를 무시한 고유 사상이란 또한 생각하기 어려울 줄 안다. 인류의 평화를 세계의 모든 국민이 갈망하고 있고, 남북의 통일이 민족적으로 요구되고 있는 현시점에서 새로운 문화창조를 급무로 삼음은 당연하다고 생각된다. 세계의 각 국민의 안정 없이 인류평화를 바란다는 것은 무모한 일이며, 각 국민의 안정은 그 나라의 역사와 관련이 안 될 수 없는 까닭에 우리의 안정도 우리의 역사 위에서 찾아야 하며, 우리의 역사를 전통 속에서 살피고 우리의 전통의 형성은 민족 고유의 사상에서 파악하고 다시 고유 사상 속에 내재한 우리의 주체성이 외래문화를 흡수하면서 오늘의 현실을 걸어온 역정을 통하여 연면하게 이어온 일관성을 고찰한다는 것은 매우 중요하고도 유익한 일로 여겨진다. 보편적인 인류평화란 특수적인 민족의 안정하에서 가능하다고 보아 우리의 주체성 정립은 각국 민족의 그것과 똑같이 미래의 평화를 확립하려는 방향에서 소중하고도 시급한 문제로 제기된다.

2. 전통의 개념

전통이라고 할 때에 '전傳'은 나라를 물려준다[1]는 뜻으로 사용되어 '수授'자의 의미로 쓰여지기도 했고[2] 또한 끊이지 않고 연면連綿하게 계속되는 의의意義[3]로도 이해해왔다. 이렇게 보면 나라를 끊이지 않게 이어온 치도治道의 연속을 의미하는 것으로 보인다. 그러나 언어로 전도傳道하는 것으로 생각하여[4] '전'을 전傳해듣는[5] 뜻으로서 역시 중단 없이 주고받는 연속성에서 이해[6]되어오기도 했다.

'통統'은 실마리[7] 또는 시작始作이라는 뜻[8]으로 생각했고 또는 '계系'로 보아서 종통宗統[9]이나 황통皇統[10]으로도 이해해왔을 뿐만 아니라 근본根本[11]으로도 해석하였다.

---

1 『呂覽』「不屈」"願得傳國";『淮南子』「精神訓」"擧天下而傳之於舜"

2 위와 같음,「不屈」〈注〉"傳授也"

3 『正韻』"傳續也";『經典釋文』「養生主第三」"傳者相傳繼續也"

4 『周禮』「夏官」〈訓方氏〉"誦四方之傳道"; 同前〈注〉"傳道世世所傳說往古之事也"

5 『荀子』「非相」"而況于世之傳也"; 同前〈注〉"傳傳聞也"

6 『莊子』「養生主」〈火傳釋文〉"傳延也";『呂覽』「上德」"傳鉅子於田襄子"; 同〈注〉"傳送也"

7 『釋名』「釋典藝」"統緒也 人世類相繼如統緒也"

8 『春秋公羊』「隱公」〈元年〉"大一統也"; 同前〈注〉"統者始也"

9 『正字統』"統系也";『後漢書』「光武帝紀第一下」〈十五年〉"德橫天地興復宗統"

10 『後漢書』「鄧寇列傳第六」〈鄧騭傳〉"援立皇統"

11 『禮記注疏』「原目」〈祭統第二十五音義〉"鄭云統猶本也";『經典釋文』「祭統第二十五」"鄭云統猶本也";『周易』「乾卦」〈文言傳〉"乃統天";『經典釋文』「周易音義」"鄭云統本也"

'전통傳統'의 '전'에서는 일관성을, '통'에서는 종宗이나 본本을 그 요지로 묶을 수 있는 것으로서 전통이라고 할 때에는 고금이 단절될 수 없고 문화의 신구新舊를 이어주는 데 중요한 저류底流를 그 속에서 발견해야 할 것으로 생각된다. 역사의 변천을 따라서 다양하게 나타난 사상의 여러 가지 측면을 일관성에서 이해하려는 긍정적인 의미로 전통을 규정 지어보고자 하는 것은 장래에 대한 주체적인 방향 정초에 중요하기 때문이다.

3. 방법 및 자료

사실史實은 사가史家에 의해서 기록되므로 사가의 주관을 떠날 수 없는 만큼 긍정 또는 부정적인 양 입장을 사람에 따라 달리할 수 있다. 어느 입장을 고수한다고 하더라도 왜곡된 사실이 아닌 한 그 긍정적 또는 부정적인 양면의 일관성 속에서 평가되어야 할 줄 안다. 동시에 그런 뜻에서 또한 자료도 양측이 공용되어야 할 것으로 생각된다.

A. 부정과 긍정

역사의 변천 과정에서 보편적으로 나타나는 현상을 보수와 신진의 두 양태로 구분할 수 있다면 긍정적인 방향에서 보수를, 부정적인 방향에서 신진을 강조하는 경향에서 전통을 이해하려는 것이 아니라, 즉 대립 속에서 차이점을 논하고자 함이 아니라, 그 자체가 하나의 주체적인 방향에서는 어떠한 의미를 지니는가 하는 점이 보다 소중한 것으로 생각된다. 사실 문제를 대립 일면만으로 이해할 것이 아니라 유무동정의 일관된 곳을 간과해서 안 될 것이다. 명도明道 정호程顥는 이 동정내외動靜內外의 회통처會通處를 정定이라고 표현[12]하였다. 이 정처定處를 확연대공廓然大公, 물래순응物來順應이라고 하여 '명明'으로 보아 물누物累를 면할 수 있는 것으로 자처하기도[13] 하였다. 역사적 사실의 양상兩相은 정定의 방향에서 검토되어야 할 것으로 생각되며 민족적 사상의 양면도 또한 이 '정'의 관점에서 이해되어야 할 것으로 믿는다.

B. 자료

우리의 역사에서 척화斥和와 벽이사상闢異思想, 쇄국주의鎖國主義와 개화사상開化思想은 함께 우리의 주권을 지키는 데 적지않게 문제되어왔다. 역사적 또는 사상적 양태兩態를 살피기 위하여 신흥 청나라[淸朝]의 세력을 앞에 놓고 국론國論이 분열되었던 척화문제를 중심으로 해서 『청음집淸陰集』과 『지천집遲川集』 그리고 『조선왕조실록』·『남한일기南漢日記』를 참고하였고, 벽이사상을 중심으로 해서 이만채李晩采의 『벽이편闢異編』과 이마두利瑪竇의 『천주실의天主實義』, 유홍렬柳洪烈 박사의 「고종치하高宗治下 서학수난西學受難의 연구」를 선택하였다. 그러나 이 논문의 기반은 공자사상에 두어 유교경전과 한국의 유학사를 토대로 하였음을 첨언하여 둔다.

12 『近思録』 卷2 「爲學」 "明道先生曰 所謂定者 動亦定 靜亦定 無將迎 無內外 苟以外物 [illegible] 六」 참조.

13 위와 같음, "君子之學 莫若廓然而大公 物來而順應也 (……) 定則明 明則睿 何應物之爲累哉"

Ⅱ. 본론

1. 주체성

객체에 대해서 주체를 말할 때에 학적學的으로는 엄밀하게 구분된다. 즉 논리상으로는 분명히 구별이 되지만 사실적, 현실적으로 공존한다고 생각된다. 주객의 구분은 논리인 것이요 주객의 공존은 사실 또는 현실인 것이다. 주체성이라고 할 때 주체의 기능이 사실 속에 우세하게 발휘된 것으로 우선 규정 지어본다. 주체성이란 주객 이전에서의 정기능定機能을 의미한다.

주체성이라고 하더라도 여러 가지 측면에서 말할 수 있으나, 여기서는 척화斥和와 벽이闢異를 중심으로 하는 데 국한해서 살피고자 한다. 즉 주체성을 정치적으로 말한다면 주권이라 하겠고, 경제적으로 말한다면 자립이라고 하겠으며, 민족적으로 말한다면 자주라고 할 수 있는 바 주권 · 자립 · 자주는 거듭 말해서 주체성으로 집약일관集約一貫되어야 한다. 주체성을 문제삼는 까닭은 우리의 역사에서 주체主體 침해의 위기를 살피고 미래를 향하는 방향을 현실 속에서 정립해보고자 하는 데 취지가 있다. 주체의 위기는 내부적인 요인 또는 외부적인 원인으로 야기될 수 있는 바 대청對清 · 대일對日 관계에서 당했던 침해는 대자적對自的인 원인이라기보다는 대타적對他的인 요인에서 강요된 것으로 서구에서의 근대화 과정과 구별되는 점이라고 하겠다. 신흥국인 청나라 앞에 무력으로 굴복당한 일이 정치적인 주권침해였다면 일본 왜족들의 주권잠식은 주권침범이었다고 생각된다. 주권수호를 위해서는 화和와 척斥의 양상兩相을 보였고 주권고수를 위해서는 개화開化와 벽이闢異의 양면으로 나타난 것으로 보인다. 먼저 신흥국 청나라 앞에 굴복을 강요당했던 당시의 상황을 통하여 전통사상에서의 역사 방향을 살펴보고자 한다.

2. 척화사상을 통해 본 주권수호의 양면

A. 치욕적 굴복의 전말

인조 5년(1627) 1월에 후금後金은 3만의 병력으로 압록강을 건너 의주를 공략하고 용천龍川을 함락시키고 청천강을 건너 평양을 통과하고 황주黃州에 도달하였다. 피차彼此의 협의로서 3월 3일 강화부성의 문외門外에서 서로 입서立誓하여 다음 5개 조항으로 구화媾和는 성립되었다.

① 후금의 군대는 평산을 넘어서지 말 것
② 맹약 후 후금의 군대는 즉시 철군할 것
③ 후금의 군대는 철병 후에 다시 압록강을 넘지 말 것
④ 양국은 형제국으로 칭할 것
⑤ 조선은 후금과 화약和約을 맺되 명나라에 적대하지 않을 것

후금의 야욕은 여기에 그치지 않고 국호를 청淸으로 하여 관온인성황제寬溫仁聖皇帝로 취위就位하였고, 인조 14년 12월 1일(1636)에는 청나라 · 몽고 · 한인漢人으로 혼성한 10만 대군을 몰아 9일에 압록강을 넘고 14일에 개성을 통과, 16일에는 남한산성에 도착하였다. 22일에는 강화성이 함락되었고 30일에 인조는 세자와 함께 한강 동안東岸 삼전도三田渡에서 다음의 11개 조약으로 굴복을 강요당하였다.

① 조선은 청나라에 대하여 군신의 예를 행할 것
② 조선은 명나라의 연호를 폐하고 명나라와의 왕래통교往來通交를 끊고 명나라에서 받은 고명책인誥命冊印을 내놓을 것
③ 조선 왕의 장자와 둘째 아들[第2子], 여러 대신의 아들(아들이 없는

자는 동생)를 심양으로 보내어 인질로 할 것
④ 성절聖節 · 정조正朝 · 동지冬至 · 천추(千秋: 中宮과 太子) 경조慶弔 등 사절은 명나라의 구례舊例에 따를 것
⑤ 청나라가 정명征明의 출병을 요할 때에는 기회를 어기지 않을 것
⑥ 청나라가 회병시回兵時에 단도椴島를 공략하려 하니 병선兵船 50척을 발할 것
⑦ 명나라 사람 가운데 달아난 자[逋逃]들을 용은容隱치 않을 것
⑧ 내외 여러 신하들이 혼인을 맺어 화호和好를 굳게 할 것
⑨ 조선은 신구성원新舊城垣을 선축繕築치 말 것
⑩ 조선의 대일무역對日貿易은 종래대로 할 것
⑪ 조선은 청나라에 기묘년(己卯年: 인조 17년)부터 정액의 세폐歲幣를 보낼 것

이것이 병자호란의 결말이었다. 형제 사이의 양국으로부터 군신의 나라로 강제되었다. 그러나 무력에 굴복된 것은 하나의 역사적 실상[史實]에 지나지 않는 것이요, 보다 소중한 것은 이 역사적 실상 이전에 어떻게 이 강대국의 힘 앞에 주권 · 자립 · 자주를 지키려고 했느냐 하는 점에 대한 새로운 인식일 것이다. 이 국난을 둘러싸고 국론은 분열되어 주화론主和論과 척화론斥和論의 양론이 대두되었다.

B. 양론의 입장

a. 척화론의 주지

화의和議를 반대하여 척화를 주장한 것은 김상헌金尙憲이었다. 정묘와 병자 두 호란을 겪으면서 시종일관 척화론을 고수하였다.

정묘호란 당시는 마침 성절 겸 사은진계사聖節兼謝恩陳契使로 북경에 있었다. 명나라 장수 모문룡毛文龍의 무열誣捏을 명변明辯하고 조선의 사정을 자세히 설명하여 명나라의 안심을 구하였다. 이것은 신

홍국 청나라에 말려들 것을 의심했던 명나라에게 김상헌의 변모辨毛는 환심을 샀던 것이다. 특히 은혜를 입은 명나라에 대해서 두 마음을 품을 수 없다[14]고 했을 뿐만 아니라 200년 이래 부모처럼 섬겨 적심赤心으로 대하여왔음은 천하가 다 아는 바인데 휴이携貳의 말을 어찌할 수 있겠느냐[15]고 하였다. 이 태도는 명나라를 종주로 생각하는 뚜렷한 표현이라고 생각된다. 명나라에 종속이 정치적인 것이라기보다 그 관계를 하나의 의리에서 이해하려[16] 한 것으로 보인다. 중국 사람이 위의 시를 보고 참된 군자라고 탄복하였다고 한다. 북경에 있으면서 노병奴兵이 본국을 침범한 것을 모르고 있다가 우연히 듣고 놀라서 궐하闕下에 나아가서 확증하였고 예병부禮兵部에 글을 올려 원병을 간청했던 바 수병水兵 수천과 태감太監 4인을 압록강까지 특파받기도 하였다. 그러나 이미 화의가 성립된 뒤이므로 그대로 돌아오게 되었다는 것이다.

병자호란이 일어나자 인조는 남한산성으로 떠났다. 뒤따라가서 때마침 진행 중이던 화의에 대하여 김상헌은 다음과 같이 말하였다.

> "군신의 죄를 이루 다 말할 수 있겠습니까? 그러나 지난 일을 간하지 아니하나 오늘의 계책은 반드시 먼저 싸운 뒤에 화의해야 할 것이

---

14 『淸陰集』 卷9, 「朝天錄 · 禮部呈文第三」 〈禮部因呈文題本〉 "看得屬國之於中朝 不啻戴皇天而依父母 果懷疑貳之心則誠難逭 若秉堅貞之節則忠自可嘉 今朝鮮陪臣金尙憲等快示昭雪一呈 力辨絶無携貳導奴之事"【참고】 呈文禮部 辨毛文龍誣捏 國事情 淸陰年譜.

15 위와 같음, "皇朝視小邦如子 小邦事皇朝如父母 子而得貳父之名 父而有疑子之心 爲其子者當何以自處乎 (……) 小邦二百年來赤心事大 (……) 天下之所共聞 携貳之言 奚爲而至哉"

16 위와 같음, 卷9 「朝天錄 · 登州夜坐聞擊柝」 "擊柝復擊柝 夜長不得息 何人寒無衣 何卒飢不食 萬家各安室 獨向城上宿 豈是親與愛 亦非相知識 自然同胞義 使我心肝惻"

> 니, 만일에 한갓 비사卑辭를 일삼아 화의를 청한다면 화의도 또한 바라기 어렵습니다. 송나라 사람의 말에 외형으로는 화의를 취하고 국권 수호로 내실을 삼고 전투로써 대응한다고 하였으니 잘 모르겠으나 이 말이 오늘에 있어서는 가장 절실한 듯하온데 임금의 뜻은 어떠하옵니까."[17]

라고 하니, 인조께서는 그 말이 옳다고 하였다는 것이다. 다시 왕세자의 취질의론就質議論에도 반대하였고 화의에 대해서는 끝내 항거, 인조로부터 방법을 깊이 생각해서 고집을 버리라는 주의를 받기에 이르렀다. 오히려 인조께 마음을 굳게 정하고 동요하지 말라는 김상헌의 말에 인조는 "장차 무엇을 믿겠는가?"라고 반문하였을 때 서슴지 않고 "천도天道를 믿을 수가 있다"[18]고 하였다는 것이다. 기울어지는 형세에 어찌할 도리가 없어서 김상헌도 화의를 응해야 할 것을 생각은 하였으나 그것은 역시 적을 물리치기 위한 하나의 수단이었다.[19] 드디어 최명길崔鳴吉에 의해서 마련된 항복서降伏書를 김상헌이 보다 못해 찢어버렸지만 마침내는 300년 사직社稷과 수천 리 생령生靈을 폐하에게 앙탁仰託한다는 애원의 사연事緣으로 항복하여 굴욕의 막이 내려지고 말았다.

김상헌은 성을 나올 때에 대가大駕를 따르지 않았고 향리에 돌아가서도 정명征明을 위한 청나라의 원병 요청에도 반론을 펴서 상소

---

17 『南漢紀略』"羣臣之罪 可勝言哉然 旣往不諫 今日之計 必須先戰後和 若徒事卑辭請和則和亦不可望 宋人有言以和爲形 以守爲實 以戰爲應 此言在今日最切 未知上意以爲何如也"

18 위와 같음, "自上亦須堅定勿動 上曰將何恃 臣曰天道可恃也"

19 『南漢日記』〈丁丑 1月 17日條〉"尙憲曰到此地頭 萬事不煩言策 未知目前之事何以處之耶 今日之勢 惟當以和却敵也 然自古無不戰 定和之理 而賊心又無厭何用不備戰具 而只恃和事耶"

하기도 하였다. 대의가 있는 곳에는 털끝만치도 구차스러워서는 안 되며 신하는 임금에 대해서 의義를 따르는 것이지 명命을 좇는 것이 아니니 사군자士君子의 진퇴進退는 오직 의일 따름이라[20]고 하여 군신 간의 의를 강조하고 있다. 타일에 용골대龍骨大 앞에 끌려나와 문초問招를 받을 때에도 불굴不屈의 의지를 엿보이고 있다.

"정축에 국왕이 성에서 내려올 때 홀로 청나라는 섬길 수 없다고 하여 성에서 내려올 때에 수행하지 않은 것은 무슨 뜻인가"라는 용골대의 물음에 대하여

> 내 어찌 오군吾君을 좇고자 안 했겠는가. 노병老兵으로 좇지 못했을 뿐이다.

라고 김상헌이 대답하니 용호龍胡는 정축 이후에 관직을 제서除叙하는데 하나도 받지 않고 교지를 반환한 일이며 그리고 원병을 청했는데도 상소로 이것을 저지한 이유를 따졌다.

> 나의 뜻을 내가 지키고 내가 나의 군주에게 고했는데도 국가가 내 말을 들어주지 않았다. 이와 같은 일을 타국他國이 반드시 알아야 하는가?

김상헌의 이 말에 용호는

> 두 나라가 이미 한 나라가 되었는데 어찌 타국他國이라고 하는가?

---

20 『淸陰年譜』(崇禎 11年 戊寅(1638, 인조 16. 선생 69세)) "大義所在 一毫不可苟 (……) 古人有言 臣之於君 從其義不從其令 士君子出處進退 何常 惟義之歸"【참고】 김상헌 69세 때 「豊岳問答」을 지었으나 그 전체 원문은 없고, 그 대략적 내용만 『청음연보』에 수록되었다.

라고 다시 추궁하니·

두 나라는 각각 국경을 갖고 있으니 어찌 타국이 아니겠는가?[21]

김상헌의 이 대답에 더 이상 묻지 않고 그대로 그는 심양으로 끌려갔다. 6년 후에 풀려나올 때에 청나라 황제께 무릎을 꿇고 배사拜謝하라는 권고를 끝내 듣지 않고 그대로 돌아왔고, 고향에서는 끝내 출사를 사양하면서 83세로 생을 마감하였다. 무력이 시비곡직是非曲直의 기준이 될 수는 없는 일이며 힘이 약해도 옳은 것은 옳은 것이다. 김상헌은 명나라에 대한 의리를 높였고 물리적인 힘에 항거하면서 스스로의 주체의식을 사수하였다. 명나라를 높임은 왕을 높이는 일이요 왕을 높이는 생각은 주체를 지키는 일로 미루어 존명尊明이 바로 사대라고 하는 피상적 판단에 앞서 고경苦境 속에 주체를 수호하려는 진의眞意였음이 파악되어야 할 것으로 생각된다. 부자(夫子: 공자)의 공은『춘추春秋』에서 더 큰 것이 없고『춘추』의 의리는 존왕尊王보다 더 큰 것이 없으며 존왕은 주체보다 더 큰 것이 없는 것으로 생각할 때[22] 김상헌의 본의는 오늘날 새롭게 이해되어야 할 것이다.

b. 주화론의 요지

동기야 어찌 되었든 간에 항복서降伏書는 전달되었고 명나라와의 정치적 관계는 청나라로 대체된 것으로 역사상에 기록을 남기게 되

---

21 『仁祖實錄』 卷41 〈仁祖 18年 12月 19日條〉 "答曰吾守吾志 吾告吾君 而國家不用忠言 此事何與於他國 而必欲聞之乎 龍胡遽曰何以謂之他國乎 曰彼此兩國 各有境界 安可不謂之他國乎"

22 『肅宗實錄』 卷14 〈肅宗 9年 6月 12日條〉 夫子之功 未有大於春秋 而春秋之義 又未有大於尊王也 (……) 而尊王之義最大:【참고】『宋子大全』「請追上徽號於太廟疏 (癸亥四月)」.

었다. 또한 화의를 주장한 사람으로 최명길이 지칭받게 된 것도 사실이다. 역사의 기록을 통해서 화의가 성립될 때까지의 상황을 먼저 살펴보기로 한다.

황급하게 남한산성으로 피란을 하여 주위를 포위당한 성중城中에서는 국가의 존망을 앞에 놓고 그 타개책을 수수의논(鳩首議論: 비둘기들이 머리 맞대듯이 의논함)하게 되었다.

최명길이 "국가는 의리를 지켜서 이 지경에 이르렀으니 부끄러워할 만한 일이 없을 것 같다"[23]고 한데 비하여 장유(張維: 1587~1638)는 넌지시 화의를 맺는 수밖에 없음을 암시하였더니 인조께서는 경들은 어떠한 대책이 있는가를 물었다.

적중에서 방비도 허술하고 강병을 퇴각시킬 하등의 자신도 없이 국운을 앞에 놓은 성상과 막료幕僚들에게는 심각한 토의가 아닐 수 없었을 것이다. 김류(金瑬: 1571~1648)는 성상의 물음에 대해서 "성상께서 사리를 판단해주신 것 같으면 그래도 완화緩禍의 방안方案이 어찌 없겠습니까?"[24]라고 대답했던바 장유는 "신하들은 아뢰옵고저 하는 바가 있어도 차마 입을 열지 못하옵고 고민할 따름입니다"[25]라고 하였더니 모여 앉은 신하들이 모두 목메어 울음보를 터트렸다는 것이다. 이 국권이 무너지려는 경지에서 인조를 중심으로 하는 막신幕臣들의 비통했던 모습이 연상된다. 전쟁이 끝날 때에 인질이 교환된 것은 전사戰史에서 흔히 볼 수 있었던 일로서 열사例事이기는 하지만 이제 그 인질로 왕자를 적이 요구하는 형편에서 감히 성상께 그 말을 아뢰옵기 어려움은 당연한 일이었을 것으로 보인다. 인조는 입

---

23 『承政院日記』〈仁祖 14年 12月 17日〉 "崔鳴吉曰 國家以守義理之故 乃至於此 似無可羞之事也"

24 위와 같음, "金瑬曰 自上若料理 則豈無緩禍之術乎"

25 위와 같음, "張維曰 臣等欲有所啓達 而不忍發口 只自悶鬱而已 一坐因嗚咽痛泣"

을 열었다. "세자를 호군胡軍의 군영으로 보내고자 하는 말인가?"[26] 김류는 이 말을 그저 들어만 넘길 수 없어서 인조께 위안의 말을 올린다. "인질을 교환하는 일이 예로부터 있는데 가령 세자께서 로영虜營으로 간다고 하더라도 반드시 구박하지는 않을 것이며 심양으로 데려갔다가 또한 잘 돌려줄 것입니다"[27]라고 하면서, 모인 재신宰臣들이 시국이 급함을 차례로 아뢰온 결과 인조께서는 세자를 보낼 것을 드디어 결심하기에 이르렀다.[28] 그 뒤로는 이 교섭을 위해서 사람을 보내는 일, 그리고 국서를 작성하는 일, 쌍방이 회맹하는 절차 등이 처리해야 할 남은 문제들이었다. 이러한 문제들은 인조의 결심 후에 수반되는 행정적인 것이므로 여기서 논급이 불필요한 일이다. 다만 화의를 맺도록 결정지어질 때까지의 전후 상황이 중요한 일로서 밝혀져야 하며, 그 사이에 있어서의 최명길의 주장 및 행동에 주의를 기울여야 할 줄 안다. 기록된 사상史上의 사실 이전에 그 동기에 대한 해명이 필요한 것이며 또 평가되어야 할 점으로 보인다.

최명길은 인조반정 이후에 공신으로서 발탁되었던 것이다.[29] 국가 위난의 때에 일신을 돌보지 않는 용감성을 발휘할 수 있는 사람이었던 것으로[30] 보인다. 남한산성으로 대가를 떠나보낸 뒤에도 그는 달려오는 적중에 남아서 호군胡軍의 내침을 물을 정도의 용감성을 보

---

26 위와 같음, "上曰 欲送世子於虜營之說乎"

27 위와 같음, "金瑬曰 交質之事 自古有之 設使世子 往于虜營 必不爲驅迫而入去瀋陽 亦必好還矣"

28 위와 같음, "群情若此 則吾豈惜世子乎"

29 『仁祖實錄』 卷3 〈仁祖 元年 11月 2日條〉 "以崔鳴吉爲吏曹參判 鳴吉參於擧義 當初謀議 頗有協贊宣力之事 故反正之後 寵擢最先"

30 위와 같음, 卷4 〈仁祖 2年 2月 18日條〉 "遂成沙峴之捷 當時受命征討之臣 能知忘身循國之義者 唯鳴吉一人而已"

이고 있다.[31]

남한산성이 네 주위로 포위당하고 정탐 겸 화의를 살피려고 사람을 파견하고자 할 때에도 최명길은 자진해서 오랑캐 군영에서 다녀올 것을 청하기도 하였다.[32]

국서로 보내온 오랑캐 군영에 대한 답서 여부 문제에서도 논난論難이 벌어졌으나 답서를 보내야 한다는 의견으로 가만히 앉아서 망할 수는 없다[33]는 것을 강경히 주장하면서도 청간淸汗이 출래한다는 소문에 최명길은 몹시 심려를 한[34] 것으로 보인다. 시시각각으로 임박해오는 적세敵勢 앞에서 명나라에 대한 대의명분을 사수할 것인가, 그렇지 않으면 청나라에 굴복할 것인가의 기로에 서서 명분과 실리의 양론이 일어날 수밖에 없었다. 이러한 상황에서 김류는 속히 성상을 모시고 포위를 풀도록 하는 일을 가장 급하게 생각하여 명분도 국가가 존재한 연후에 논할 일이지 국가가 망한 뒤에 무슨 명분이냐고 주장하기에[35] 이르렀다. 명분을 존중하다가 실리를 잃거나 실리를 고집해서 명분을 잃어버릴 수만도 없는 일이거니와 당면한 현실은 이미 존망기로에서 더 이상 시간을 늦출 수 없는 경지에 놓였다. 국가의 사활문제를 앞에 놓는 활로 타개를 위하여 취해지는 일에 대

---

31 『南漢日記』 上 "出南門之外 雨雪初收烈風甚緊山路成氷 人馬不得着足 自上不馬步行五里餘日未明矣 崔鳴吉在賊馳啓見胡馬之由矣"

32 『承政院日記』 〈仁祖 15年 正月 1日〉 "鳴吉曰 藎國不行 則臣請出往 瑞鳳曰 此時人臣 何可顧身 藎國曰 非敢顧身 恐其無益也"

33 위와 같음, 〈仁祖 15年 正月 2日〉 "鳴吉曰 豈可以此坐而待亡 但比之丁卯 必不易矣 量吾之力 可戰則當爲彌縫 豈可以此坐而待亡"

34 위와 같음, "[illegible]"

35 위와 같음, 〈仁祖 15年 1月 3日〉 "瑬曰 此事極重 故人有所懷 不敢顯發 當此急急之時 他事不暇 臣則只以奉聖上脫重圍爲急 蓋國家存 然後名分可議也 國亡則將何以議名分乎 今日此事 臣請擔當 不避爲天下罪人矣"

하여는 최명길도 의리로 지켜온 것으로 생각하였으므로[36] 그는 주저하지 않았다. 그러므로 오랑캐 군영에 사람을 보내는 일에 대해서도 결과의 성불성成不成을 염려해서 결단을 못 내리는 인조에 대하여 그는 우선 보내보자고 앙청仰請을 한다.[37]

어쩔 수 없이 피차에 사자는 오고가게 되었고 국서도 수수되었다. 여기서 화의는 진행되어갔으나 내서來書에 대한 회답 서식에서 청나라에 대하여 우리의 입장을 어떻게 표현했느냐가 또한 논란거리였다. 정묘호란 후의 형제주의를 군신으로 요청하는 강경한 적의 태도에 응하는 명분을 찾는 것이 우리 측의 어려운 일었다. 최명길은 '신臣' 자를 쓴다면 화의가 아니라 항복이라고 주장하였다.[38] 그 뜻은 그래도 끝까지 무력에 굴복을 피할 수 없게 된 상황에서도 군신관계라는 오명汚名으로 주권을 짓밟기를 면하고 어떻게 해서든지 화의 성립의 조건을 모색해보려는 태도로 해석된다. 또한 국서 표현에 있어서도 애걸하는 조사措辭는 피해야 한다는 내심內心이기도 하였다.[39] 그러나 대세의 현실은 시각을 다투어 강박하여오는 가운데 국서는 최명길에 의해서 기초되었고 서중에는 '신' 자를 넣어서 근신의 의리를 표현하였던바 김상헌의 격분을 사게 되어 찢어버리는 사건을[40] 일으키기도 하였다. 뒤쫓는 적진을 오고가며 국가의 흥망을 염려했으며 명나라에 대한 의리와 또는 오랑캐[胡虜]에 대한 답서의

36 『南漢日記』〈12月 15日〉"崔鳴吉曰 國家以守義理之故 乃至於此 似無可羞之事也"

37 위와 같음, 〈12月 26日〉"上曰 如此而可成乎 鳴吉曰 成不成固不可 必以虛事誠問如何"·

38 위와 같음, 〈1月 3日〉"鳴吉曰 若下臣字 則降也 非和也"

39 위와 같음, "鳴吉曰 若爲謝過 則逐條謝之 眞爲哀乞 則措辭似異 何以爲之"

40 위와 같음, 〈丁丑 正月 18日〉"崔鳴吉所草國書以示之書中 求哀請降之辭極其卑諂有臣罪擢髮難數等語 先生讀未半不勝憤激慟哭裂書"【참고】『淸陰年譜』〈正月 16日〉

표현 중 사과와 애걸 등은 구별되어야 한다면 최명길은 스스로가 초안한 글 속에서는 달라져 있음을 볼 수 있다. 김상헌이 서한을 찢어버리게 된 동기도 여기에 있었다. 그는 세력에 밀리는 현실 앞에 타협하였다. 김상헌이 찢어버린 것을 최명길은 다시 주워 붙였다.[41]

그러나 굴복당한 후에도 최명길은 대명외교를 계속하였다. 그 죄로 말미암아 심양까지 끌려가서 문초를 받았다. 명나라에 보낸 서사書詞를 추단追端받았을 때 조선의 고정苦情을 말했을 뿐이라[42]고 대답하였다는 것이다. 나중에 최명길은 척화인斥和人들과의 뜻이 다르다고 함을 말한 바 있고 그들에 대해서도 300년 이래 섬겨온 명나라를 거부해서는 안 된다고 한 반면에 이미 대청(大淸: 청나라)의 신하가 되었으니 충忠을 대조大朝로 옮겨야[43] 한다고도 하였다.

대세의 현실을 거부할 수 없어 그대로 받아들였다고 보겠다. 그리하여 조선에 씌워지는 청나라의 굴레는 그로부터 시작되었던 것이다.

C. 척화의 의의

화의를 맺을 수밖에 없다고 하여 현실과 타결한 것은 최명길이었고, 끝내 화의를 거척拒斥한 것은 김상헌이었다. 항복서를 놓고 김상헌은 찢어버렸고 최명길은 다시 이것을 주워 붙였다. 대세는 기울어져 삼전도의 통사痛史를 기록하게 하였고, 이에 대하여 후인들은 각

---

41 위와 같음, "鳴吉拾取而嘻 笑曰 公雖毁弁 吾當補綴以進矣"

42 『東華錄』〈崇德 7年條〉"問 鳴吉書內何詞 對曰作書遣高調文 及僧人多克坡送往明國是實問鳴吉書內何詞 鳴吉對曰何必問書詞 旣遣人送書 安有善言 不過訴 我朝鮮苦情耳"

43 『南漢日記』〈正月 27日〉"鳴吉曰 (……) 斥和人與我志則不同矣 但此人等其罪有可恕者本意不過以 三百年服事明朝不可遽負故也 今旣爲大淸之臣則當移忠於大朝矣"

각 두 사람을 평하고 있다. 현실 처리는 항상 긍정과 부정의 두 방향으로 결과될 수 있다.

김상헌이 화의를 추진시켰을 경우, 또는 최명길이 척화를 고집했을 경우도 생각해볼 수 있고, 두 사람이 다 같이 화의를, 또는 척화를 도모했을 경우도 추측이 가능해진다. 그러나 어느 경우에도 그에 따르는 결과가 올 것은 당연하지만 중요한 것은 결과를 가져오기 이전에 그 동기에 있다고 본다. 당시의 허약했던 국세로 미루어 청나라 형세에 항거한다는 것은 도저히 생각할 수 없었던 형세라고 판단할 수도 있었을 것이나 승패는 오로지 천운에 매어 있다고 생각하는 측이 또한 있을 수 있다. 등문공滕文公이 맹자孟子에게 등滕과 같은 적은 나라가 제나라와 초나라 사이에 끼어 있으면서 그 강세에 어찌할 바를 몰라서 물었을 때에 그는 "못을 파고 성城을 쌓아 백성과 사수할 수 있다면 해볼 만한 일"[44]이라고 말하고 있음을 볼 수 있다. 아마도 김상헌의 고집대로 전 국민이 합심해서 사수하였더라면 승패에 연관하지 않고 할 만한 일이었을 것이다. 최명길의 화의 타결이 망국을 초래했다는 비난을 하거나 현실 타협이 구국이 되었다는 평보다는 의리를 지키고자 했고 '신臣' 자나 구걸하는 뜻을 항복서에서 피하려고 했던 점이 간과되어서는 안 될 줄 안다. 두 사람에게서 주시되어야 할 것은 국통國統을 흔들리지 않도록 노력한 심충心衷일 것이다. 사적史迹 속에 있었던 사실보다도 사실 이전에 연면히 흘러오는 민족적 일관성을 파악하는 일이 매우 소중한 것으로 믿어진다.

---

44 『孟子』 卷1 「梁惠王」(上) "滕文公問曰 滕 小國也 間於齊楚 事齊乎 事楚乎 孟子對曰 是謀非吾所能及也 無已 則有一焉 鑿斯池也 築斯城也 與民守之 效死而民弗去 則是可爲也"

3. 벽이척사를 통해 본 주체수호의 양면

여기서 말하는 벽이척사闢異斥邪라고 함은 우리 역사의 근대화 과정에서 볼 수 있는 외래사상과 전통사상의 사이에서 일어나는 갈등면을 의미한다. 중국과 한국에 천주교가 들어오면서 일어나는 거부 현상은 맹목적인 배척이 아니라 주체를 지키려는 의지에서의 발로로 보아야 할 것이다. 먼저 천주교의 동점東漸해오는 과정을 살펴본다.

A. 천주교 동진의 추세

중국에 경교景敎가 전래된 것은 당태종唐太宗 정관貞觀 9년(635)이었으나[45] 그 교풍敎風이 다른 데다가 지식 계층에 쉽게 납득되지 못할 뿐 아니라 군림해 있는 전통 유교 형세에 그 포교전도는 어려운 일이었다. 따라서 교세 확장과 같은 일은 거의 불가능한 일이기도 하였다. 그 후에 이탈리아인 마테오 리치(Mateo Ricci: 1552~1610)가 명나라 만력萬曆 11년(1583)에 광주廣州의 향산오香山澳에 이르러 포교를 시작하였고, 29년에는 경사京師에 머물러 전도에 전력하다가 38년(1610)에 생을 마쳤다. 그는 입국 후 예우를 받았고 중국의 습속을 익히면서 포교에 노력하였다. 다른 선교사들도 화어(華語: 중국어)와 화복(華服: 중국 의복)으로 유서儒書를 읽으며 유교에 순종[46]하므로 중국 조야에서는 대체로 호의를 베풀었다. 그러나 시간의 추이와 집권자의 견해 또는 사회의 정세에 따라서 반드시 그런 것만도 아니었다.

---

45 『大秦景教流行中國碑頌』 “大秦國有上德 曰阿羅本 (……) 貞觀九祀至於長安 帝使 [illegible]”【[illegible]】柳詒徵, 『中國文化史』(下) ‘西教東來’ 條 참조.

46 柳話徵, 『中國文化史』(下) 19쪽. “教士之入中國也 習華言易華服 讀儒書 從儒教 以得中國人之信用 其教始能推行”

서여가徐如珂, 심각沈㴶, 안문휘晏文輝 등은 천주교가 사설혹중(邪說惑衆: 사특한 설로 민중을 의혹시킴)이라고 해서 구축驅逐할 것을 상소[47]한 바도 있었다.

한국에 천주교가 전래됨은 중국과도 다르다. 외국 신부의 전도력傳道力에 비하여 자체 내의 교화의 힘이 컸다고 하는 점이 특징이라고 할 수 있다.[48]

천주교가 로마 교황을 중심으로 해서 전 세계로 전파되어가는 과정에서 서세동점西勢東漸의 풍중風中에 한국만이 제외될 수는 없는 일이었다. 우리가 수용하는 경로는 일본 경유와 대륙 경유의 두 가지 경로로 나누어볼 수 있다. 하나는 마테오 리치가 북경 체류 당시에 우리 사신들의 왕복에 의해서 들어온 것이 대륙 경유이며, 임진왜란 때 일본인이 교도를 동원하여 교인박해敎人迫害로 전몰轉歿시켰으며, 그 감독監督으로 세스페데스(Gregorie de Cespedes: 1551~1611, 포르투갈인)를 파견한 기회에 유입 동기가 된 것이 일본 경유라고 할 수 있을 것이다. 그러나 이 일본 경유의 경우는 수용의 간접적인 동기에 불과하였다.

병자호란 때에 인질로 잡혀갔던 소현세자가 귀국할 때 천주교의 서적과 교인인 궁녀나 내시를 동반해 왔었다. 그러나 3개월 만에 소현세자는 돌아가고 서적은 소각되고 교인시자들은 추방을 당하였다. 『천주실의天主實義』가 들어오면서(1603) 국내 정정政情과 더불어 남인南人들에 의해서 점차로 연구하게 되었고 신도들도 증가하게 되었다. 교세가 확장되어감에 따라서 정부에서는 이를 경계하게 되었

47 『明史』「列傳第二百一十四」〈外國七 · 意大里亞〉“禮部中郎徐如珂惡之 (……) 與侍郎沈㴶 給事中晏文輝等合疏 斥其邪說惑衆 (……) 乞急行驅逐”

48 朝鮮天主教會는 西洋神父의 傳教함이 없이 오로지 우리 學者들의 自發的인 研究結果로써 성립되게 되었으니 이것은 全世界 傳教史上에 있어서 우리의 教會만이 가진 一大 特徵이었다(柳洪烈,「高宗治下 西學受難의 研究」6쪽).

고 입국 후 전도에 힘쓰던 외인이나 독신하는 신도들을 박해하게 되었다. 중국의 경우는 의례문제儀禮問題가 갈등의 주요인이었으나 우리의 경우는 사당祀堂이나 신주神主를 철폐하는 것이 가해를 받게 되는 주요 원인이었던 것으로 보인다.

여기서 고려되어야 할 것은 역시 주체적인 입장에서 가해하는 측과 피해받는 쌍방을 분석 이해해야 할 점이 아닌가 한다.

B. 양측의 입장

a. 벽이척사의 입론

중국의 경우를 보면 들어온 선교사들 사이에도 의례문제에 대해서는 찬반이 갈라졌다. 초대 야소회회장耶蘇會會長이던 마테오 리치는 제의祭儀를 묵인하자는 측에 속하였고 도미니코, 후란시스코 양회兩會에서는 이를 우상숭배라고 반대하였다. 교황청에서도 여기에 대해서 일관성 있는 태도를 취하지 못하였다. 1645년에 인노센트 10세(Pope Innocent X)는 중국 신도들에 대한 금지교서를 내렸는가 하면, 1656년 교황 알렉산더 7세는 전자의 금령을 해제하였고, 1669년에는 또다시 신교황 클레멘트 11세가 금령을 발하였다. 그 이후 강희제康熙帝와의 협의가 없지 않았지만 1743년 7월 11일 베네딕토 14세는 교령으로 이 문제에 대한 종결을 지었다. 즉 중국의 조상이나 공자에 대한 의례는 우상교라고 판단하여 금하도록 천天, 상제上帝라는 용어를 쓰지 말고 '천주天主'라는 용어로 통일을 명하였다. 강희제가 교황의 금령을 휴대한 알렉산드르 총주교를 마지막으로 인견하는 자리에서 선교제종파宣教諸宗派 간의 분열 현상을 이해할 수 없는 수수께끼라는 말을 맺고 중국의 조상이나 공자에 대한 의례는 부동不動한 것을 암시해줌으로써 끝났다. 이처럼 타협이 안 되고 보니 금교와 박해만 남을 수밖에 없었다.

한국의 경우는 앞에서 지적했듯이 신부 없이 교회가 설 수 있었고,

교세가 확장되어간 특징을 지니고 있으면서 신유辛酉, 기해己亥, 병인丙寅, 신미辛未의 여러 차례의 외면적인 수난을 겪으면서 벽이척사闢異斥邪의 내면적 수난을 겸해서 받아왔다. 정부에서는 척사윤음斥邪綸音을 지어 전국에 돌렸고, 이만채李晚采는 『벽위편闢衛編』을 편찬했다. 중국에서는 『천주실의』를 마테오 리치가 지어 공자교孔子敎와의 이동異同을 논했고, 한국에서는 황사영백서黃嗣永帛書로 외원外援을 호소하는 데까지 박해는 심해졌다.

한국에 서교양학西敎洋學이 처음 전래된 것은 이승훈(李承薰: 1756~1801)이 연경을 다녀오면서부터였다.[49] 엄격하게 말해서 서서전래西書傳來를 확실히 말할 수는 없으나 이승훈 이래로 정약전(丁若銓: 1758~1816), 정약종(丁若鍾: 1760~1801), 정약용(丁若鏞: 1762~1836), 권일신(權日身: 1742~1791), 이벽(李蘗: 1754~1786) 등 교인이[50] 늘어가면서 세인의 이목을 끌게 되었다.

그중의 이벽이라는 자는 복장을 갖추고 설교를 하였으며 모임은 매우 엄격하였고, 그 수도 수천인으로 증가되어 무리를 형성하여갔다.[51] 이단사교라고 하여 그 해독을 지적하고 벽위케 되었으니 대개 전통적 유교문화를 흔들고 국가적 질서를 문란케 한다는 정치적인 의미와 유교 교리에 어긋나는 천주양학은 용허될 수 없다는 것이 학술적인 의미로 보인다. 안녕을 파괴한다는 정치적인 비판은 말할 것

---

49 『闢衛編』「安順菴天學考」 27쪽. "年來有士人(指李承薰)隨使行赴燕京 得其書而來 自癸卯甲辰年間 少輩之有才氣者 倡爲天學之說"

50 위와 같음, 「乙巳秋曹摘發」 105쪽. "西書之東來 不知自何時 而柳夢寅於于野談 李晬光芝峯類說 已有其說 而數百年 無人學習者 至正廟癸卯冬 書狀官李東郁之子承薰 隨而入燕 始學邪法於天主堂 得其書數十種以來 傳授徒黨 始有領洗瞻禮之法"

51 위와 같음, "乙巳春 承薰與丁若銓若鏞等 說法於掌禮院前中人金範禹家 有李蘗者 以靑巾覆頭垂肩 主壁而坐 承薰及若銓若鍾若鏞三兄弟 及權日身父子 皆稱弟子 挾冊侍坐 蘗說法敎誨 比之吾儒 師弟之禮尤嚴 約日聚會 殆過數朔 士夫中人會者 數十人"

도 없거니와 교리적인 비판으로 본다면 종교 · 철학과 윤리의 측면에서 고찰될 수 있을 것이다.

종교나 철학적인 문제로서는 천天과 인간 영혼에 관한 견해 차이에서 오는 갈등이요 윤리적인 문제로서는 예禮에 대한 일상생활에서의 실천에 관한 것이었다. 천의 유교적 이해로서는 상제를 말하고 영혼에 관해서는 심을 들어서 비교한다. 그러나 이 천과 상제, 영혼과 심에는 공통점이 있으면서도 차이점이 있음을 발견할 수 있다. 즉 간단히 말해서 천주교에서의 초월적인 해석에 비해서 음양적인 견해로 지적된다.

주재를 천에서 볼 때 제라고 하고 인간에서 말할 때 심이라고 한다. 사람에게 이 마음이 있음은 하늘에 상제가 있음과 같아서 심에 천군이라는 이름이 있고 따라서 이 군君이라는 것은 주재의 뜻인 것이다.[52] 하늘을 절대자로 생각하며 사람을 원죄를 지닌 타락자로 볼 때 회개하여 용서를 빌지언정 사람 자신은 신성할 수 없다. 따라서 하늘과 사람은 사랑과 회개로써 구제를 받을 수 있다고 생각한다면 하늘과 인간이 하나될 수는 없다고 보여진다. 그런데 비해서 유학은 상제와 인심을 천인합일天人合一의 입장에서 풀이하고 있다. 상제란 것은 옛 성인이 하늘을 존모하는 말인데, "상천의 일은 소리도 없고 냄새도 없다[上天之載無聲無臭]"라고 함은 상제의 형상이 없음을 표현한 것이다. 사물에 있어서는 마땅히 실천해야 하는 이치[當行之理]가 상제요 인심에 있어서는 천부天賦의 본성이 상제니,『대학』의 "지극한 선에 그친다[止於至善]"는 곧 상제에 순종하는 바요,『중용』의 "본성을 따른다[率性]"는 곧 상제를 섬기는 바이고 보면 일신과 상제

52 위와 같음,「愼遯窩西學辨」〈第三篇論亞尼瑪之尊與天主相似〉 66쪽. "主宰乎上天者帝也 主宰乎一身者心也 人之有此心 如天之有上帝 故心有天君之名 君者主宰之義也"

는 하나로 소통됨을 설명해주고 있음[53]을 볼 수 있다. 그러나 천인합일이라는 것은 상제를 이해하고 실천할 수 있는 근거를 지니고 있음을 시사해주고 있는 것이요, 결코 천이 곧 인이며 인이 곧 천이라는 것은 아니다. 상제라고 할 때에 인심과의 소통되는 점을 리理로서 이해한다.[54] 그리고 하늘을 존경한다고 할 때에 마땅히 공경하고 존모해야 한다는 것과 존경하는 이유가 원죄요복免罪邀福하는 구심求心에 있다고 함은[55] 전통문화와 전래된 서학에 현저한 차이로 보인다.

영혼에 관해서는 사람의 사생을 혼백의 취산聚散으로 주장을 하되 사람이 태어남은 음정양기陰精陽氣의 취합聚合이요 죽은 뒤에는 혼유백강魂遊魄降으로 이산離散하는 것으로[56] 그 존망을 설명한다. 이것은 또한 천주교의 영혼불멸설에 비교되는 바『역易』에 혼백설이 그 뒷받침을 해주고 있다.

이처럼 천이나 상제와 영혼과 인심혼백설에 대한 서교 천주학의 이의異議는 많은 유자들의 항소抗疏와 정부의 탄압을 사게 되었다. 사도(斯道: 유교)에 대한 해독은 천주교에서 더함이 없다[57]고 하며, 무

---

53 위와 같음, 「李良翁天學問答」 32쪽. “天之主宰命之曰上帝者 古聖人尊天之辭(……) 上天之載 無聲無臭 則可見上帝之無形象也 在事物則當行之理 是上帝也 在人心則所賦之性 是上帝也 大學之止至善 乃所以順上帝也 中庸之率性 乃所以事上帝也”

54 위와 같음, 「愼遯窩西學辨」〈第三篇論亞尼瑪之尊與天主相似〉 66쪽. “然人心之可比於上帝者 非但以其主宰而比之也 蓋有所以主宰之理存焉”

55 위와 같음, 「斥邪綸音」 422쪽. “呼呼彼爲天主之學者 曰是道也 乃敬天也 尊天也 天固可敬可尊 而彼所以敬且尊者 不過如免罪邀福寵之諸鄙事 自歸於慢天褻天也”

56 위와 같음, 「愼遯窩西學辨」〈靈言蠡勺〉 38쪽. “彼所謂天上常在之福 言人死而靈魂不滅爲善者 升乎天堂也 夫死生魂魄之說 莫明於易 易曰原始反終 故知死生之說 精氣爲物 遊魂爲變 故鬼神之情狀 人之生也 陰精陽氣 聚而成物 及其死也 魂遊魄降散而爲變 變則存者 亡矣”

57 위와 같음, 「進士崔照等知舊通文」 135쪽. “終古異端之賊害 斯道者何限 而未有甚於西洋所謂耶蘇之說也”

부무군無父無君의 인륜을 무너뜨리고 교화에 어긋나며 사람을 오랑캐 짐승으로 돌리는 사학邪學[58]이라고 치사治邪의 이유를 밝히고 있음을 볼 수 있다.

b. 신도의 입장

서양 신부들의 포교사업을 거치지 않고 전도되었음이 우리의 특징이라고 함은 이미 앞에서 지적한 바 있거니와 처음 들어왔을 때에 수용 자세는 물론 유교문화에 그 기반을 두고 있었다. 따라서 수용 초기의 신자들은 유학을 공부한 사람들이며 유자의 신자화는 곧 전통 유자 측으로 볼 때에는 이단시하게 될 수밖에 없고 신도들의 집단 예배는 곧 기존 가치질서를 무너뜨리는 국가 안녕을 파괴하는 역도逆徒로 치죄治罪를 받게 된 원인이 되었다. 최초로 설교에 임한 사람이 이벽이었던[59] 바 그는 복장을 갖추고 전도를 하였다. 충효의 윤리사상으로 성장해온 이벽으로서는 사회의 기존 질서에 도전하는 것이 되며 새로운 진리라고 믿는 천주교에서 볼 때 충효윤리를 고수할 수만도 없는 궁경에 빠지게 되었으며, 여기서 전통윤리와 천주교리 사이에서 이벽의 심적 갈등은 자못 컸으리라고 짐작된다. 그의 저서 『성교요지聖教要旨』는 천주에 대한 자신의 신앙을 유학의 지식으로 요약한 것으로 생각된다. "보답을 받으려고 덕을 쌓으면 정正과 직直을 양실兩失하게 되는 것이니 가르침을 잘 받들고 본분을 지키면 어

---

58 위와 같음, 卷5「辛酉治邪」〈純祖元年〉121쪽. "辛酉正月十一日 大王大妃殿 傳曰 先王每謂正學 明則邪學自熄 (……) 人之爲人 以有人倫 國之爲國 以有敎化 今所謂邪學無父無君 毁壞人倫 背反敎化 歸於夷狄禽獸"

59 위와 같음,「乙巳秋曹摘發」105쪽. "乙巳春 承薰與丁若銓若鏞等 說法於掌禮院前中人金範禹家 有李蘗者 以靑巾覆頭垂肩 主壁而坐 承薰及若銓若鍾若鏞三兄弟 及權日身父子 皆稱弟子 挾册侍坐 蘗說法敎誨"

찌 감히 나에게 죄를 범하게 하겠는가"[60]라고 언급되어 있음을 보면 보답을 받으려고 함은 이심利心이므로 순덕純德이 아니라는 태도는 의義와 이利를 준별峻別하는 유자의 전통적 입장을 말해주는 것처럼 보인다.

중국을 거쳐서 들어온 천주교는 『천주실의』의 영향을 받은 바 크고, 이것을 저술한 마테오 리치는 중국에 들어와서 유교경전을 연구하면서 전도하였고 그 결정結晶이 바로 이 『천주실의』였다. 따라서 『천주실의』 전편은 마테오 리치의 저서이기는 하지만 조선 후기의 천주교 신자들에게 수용되는 영양소이기도 하였다. 그러나 그것은 어디까지나 천주교를 이해시키는 데 유교적인 설명으로 시종한 것에 지나지 않으며 따라서 천주교의 기반에서 유교 교리를 비판해본 것으로 간주된다.

정약전 일가는 수용 초기에 신도로서 유명한 사람들이었으나 역시 그들이 습득한 유학을 기반으로 흡수하였고, 전통성 속에서 자기의 주체를 지키느냐 지키지 않느냐 하는 것은 치죄治罪를 받느냐 안 받느냐 하는 갈림길이 되기도 하였다. 다산 정약용은 스스로 찬한 「묘지명墓誌銘」에서 "금년부터는 정수실천精修實踐하고 고시명명顧諟明命하여 여생을 집에서 보내겠노라"[61]라고 하고 자신의 신앙 세계를 말하면서도 "나는 사서육경을 이해하고 그 행할 바를 생각하여 마음에 부끄러울 바 없다[予知四經六考 厥攸行能不愧怍]"고 토로한 것을 보면 자신 있게 유학정신을 실천해왔던 것으로 생각된다. 여생을 저술로 보낸 그는 신앙의 세계와 유교사상 사이에 갈등했음을 볼 수 있다. 당시의 정치사회에 미만彌滿되어 있는 전통사상 앞에 감히 도

---

60 『蔓川遺稿』「聖教要旨」〈第8節〉"修德圖報 正直兩虛 奉諭遵遺 烏敢就余"

61 『與猶堂全書』 第1集 『文集』「自撰墓誌銘(集中本)」"其自今年 精修實踐 顧諟明命 以畢其餘生 遂於屋"

전한다는 것이 정부의 탄압과 더불어 어려웠으리라는 것은 능히 짐작이 가는 것이다.

이렇게 생각할 때 이벽의 경우나 정약용의 경우는 함께 천주신앙에 젖으면서도 유교를 배반하는 교리문제를 발견하기는 어려운 것으로 보인다. 위패를 불사르고 제사를 거부하면서 희생되어간 사람들과는 구별된다. 민족의 전통정신과 이어짐이 없이 맹신하였다면 그는 민족 주체를 거척拒斥한 소행이요 당시의 사회 분위기로 보아 단죄를 면할 길이 없었을 것이다. 신자로 자처했다고 하더라도 그들은 전통문화 위에서 받아들인 것으로 이해된다.

오늘날까지 수입된 그대로의 천주신앙이 우리의 민족전통과의 조화 없이 신행信行이 강요된다면 이것은 고려되어야 할 문제가 아닐까 생각된다.

C. 벽이단척사학의 의미

중국의 정치사에서 요제堯帝가 주朱와 공공共工을, 순제舜帝가 사흉四凶을 출척黜斥하여 유배 보냈고, 탕湯 임금이 걸桀 임금을, 무왕武王이 주紂 임금를 토벌하여 추방한 것들은 중中의 실현이요 천명天命의 대행으로 파악된다. 공자는 정치에 참여한 후 얼마 안 가서 소정묘少正卯를 제거하였다.[62] 자신은 『논어』에서 "이단異端을 오로지 다스림은 해로울 따름이다"[63]라고 해서 사상적으로 경계해야 할 것을 말했고 맹자는 사회사상이 양주楊朱나 묵적墨翟에 빠져 있음에 개탄하여 변론을 펴서, 위아주의爲我主義의 양주와 겸애주의兼愛主義의

---

62 『孔子家語』「始誅第二」"夫子爲政而始誅之 或者爲失乎 孔子曰 居 吾語汝以其故 天下有大惡者五 而竊盜不與焉 一曰心逆而險 二曰行僻而堅 三曰言僞而辯 四曰記醜而博 五曰順非而澤 (……) 少正卯皆兼有之 (……) 不可以不除"

63 『論語』「爲政」"攻乎異端 斯害也已"

묵자에 대하여 정면으로 그 무부무군無父無君의 어지러운 양상[亂相]을 맹공하였다.

이러한 역사적 과정에서 생각될 수 있는 것은 중中 · 천명天命 · 도道를 수호하려는 정치요 학문이라는 점이다. 그것은 외래의 것이 아니라 중국 고유의 민족적 주체적인 실현이었다는 사실이다.

우리가 조선사朝鮮史를 통해서 겪어야만 했던 임진 · 정묘 · 병자의 외침은 우리의 주권을 지키기 위해서 싸워야만 했고 이승훈 이후로 전입傳入되어온 천주교의 전통을 무너뜨리는 어지러운 양상을 막아야만 했던 신유 · 기해 · 병인 · 신미의 치사治邪였다. 이 대전對戰과 이 방어防禦는 우리의 '중', '천명', '도'를 수호하는 데 필요했던 사실로 간주된다.

이처럼 중국에 있어서나 우리나라에 있어서 그 수호에 진력한 것은 각각 자국 민족의 주체로서의 도를 고수하려는 소치였던 것으로 보여지며 유학의 순수성에 기인되었던 것이 아닌가 한다. 사해동포四海同胞로 인류애를 의식하면서도 순정한 도를 지키고 실현하는 데는 적극적인 이단과 사학에 대한 벽위闢衛는 필요하고도 바람직한 일로 생각된다.

Ⅲ. 결론

세계평화와 인류의 안정이라는 테두리 속에서 모든 분단국가의 통일은 달성되어야 하겠고, 이 과업은 동시에 민족적 주체적으로 달성되어야 한다는 전제에서 전통의 개념을 살펴보았다. 우리의 역사에서 외침에 응하는 두 양상을 병자호란에서 보았으며, 서학 전래에 대응하는 두 모습을 치죄治罪하는 측과 신도의 두 측에서 일별하였고 나아가서 이단과 사학을 벽척하는 의의를 고찰하였다. 사실은 언제나 두 양상으로 갈라질 수 있으며 결과 지어진 것이 중요한 것이 아니라 그보다는 결과 이전의 동기는 계기점에서의 주체적 기능이 더욱 중요한 것으로 생각된다. 최명길의 화의나 천주교 신도들의 소행은 부정되기 전에 우리의 전통사상에서의 주체 기능을 긍정하는 좌표에서 평가되어야 할 줄로 믿어진다.

국조단군國祖檀君은 홍익인간弘益人間을 이념으로 나라를 열었다. 인간이란, 국민이나 인민이라는 개념보다는 인류적이다. 세계평화와 인류의 안정을 원하고 실현하려는 현대에서 이 4307년 전의 건국이념은 4307년 후인 오늘에 보다 절실함을 느껴본다. 고구려의 상무정신尙武精神은 홍익인간에 연원된 것으로 보아야 하겠으며, 신라의 화백제도和白制度 또한 상무정신을 실현하려는 하나의 제도였던 것으로 이해해야 하겠으며, 고구려의 충의는 화백제도를 실천하는 데 근간이 되었어야 하며, 조선의 의리정신은 충의를 계승한 우리 민족의 주체성의 연면한 흐름의 모습으로 보아야 할 것으로 생각된다.

국제정치상에서 상호 불신 속에서도 인류는 평화를 원하고 있음에 비추어서, 이념으로서의 홍익인간은 현 세계에서 가장 타당한 것으로 보여진다. 조국이래肇國爾來로 일관되어온 홍익弘益 · 상무尙武 · 화백和白 · 충의忠義 · 의리義理의 전통적 주체는 중단 없이 이어져야 할 것이며, 이러한 의미에서 앞으로 정의의 실천은 각국이 자국의 주체를 지키며 세계의 안정을 정립하는 데서나 우리의 주체를 수호하는 데서 매우 중요한 일이 아닌가 생각된다.

제3장 척화의리
– 청음 김상헌 선생을 중심으로

Ⅰ. 서론

약소국으로서 강대국 틈에 끼어 국권을 수호한다는 문제는 용이한 일이 아니다. 고려 말기에 원元나라와 명明나라 사이에서 국교를 어떻게 유지해야 하느냐 했던 문제, 조선 말기에 와서 청淸나라와 러시아와 일본 사이에서 외교를 어떻게 맺느냐 했던 문제 등은 우리 민족을 시련試鍊하는 중대한 시기였다.

불행하게도 한말韓末에 국권을 일제에 침탈당했었으나 제2차 세계대전이 끝나면서 광복된 것만은 다행한 일이지만, 아직도 실지失地를 회복 못한 채로 소련과 중공(中共: 중국)과 일본의 강대국 사이에 위치한 우리의 지정학적地政學的 조건은 예나 지금이나 조금도 변하지 않고 있다.

여기 국권수호의 문제는 분단된 국토를 통일해주는 심각한 우리 민족의 존망存亡을 가늠해줄 뿐 아니라, 인류 평화의 방향을 정해주는 주권문제로 등장되었다.

정묘호란丁卯胡亂은 신흥 외세의 한때의 침략이었지만 병자호란丙子胡亂은 마침내 굴욕의 민족 역사를 기록하게 되었다. 삼학사三學士는 이역異域에서 고혼孤魂이 되었고, 지천遲川 최명길(崔鳴吉: 1586~1647)과 청음淸陰 김상헌(金尙憲: 1570~1652)은 주화主和와 척화斥和

의 쟁론爭論으로 의언意言을 달리하기도 했었다. 그들은 다 같이 한국민으로서 지론持論은 달랐다고 하더라도 나라를 걱정하는 마음[憂國之心]은 서로가 한 가지로 지녔었을 것이다. 이제 김상헌의 척화의리를 논하기에 앞서 두 호란의 전말에 대하여 먼저 살펴보고 나서 그의 의리 문제를 엿보고자 한다.

우리의 민족통일과 세계의 인류평화 문제는 직결되어 있는 것이며, 이 해결을 위해 주체성의 확립과 주권의 존중은 매우 중요한 문제로 등장된다. 여기 김상헌이 두 호란을 통해서 취한 행동[行]과 마음[心]을 살피고자 하는 까닭이 있다.

Ⅱ. 호란의 개요

1. 정묘호란의 시종

정묘호란은 명나라와 후금後金 사이에서 벌어지는 갈등에 인접 약소국으로서 말려든 하나의 피해라고 할 수 있다. 후금은 인조仁祖 5년(丁卯, 1627)에 3만 병력으로 조선을 침략해 들어왔다. 명나라와 조선과의 국교를 끊어놓고 조선을 정벌하여 명나라의 본토 침공에 후환을 없애자는 의도에서였다. 1월에 압록강을 넘어 의주義州를 공략하고 용천龍川을 함락시키고 청천강을 건넜다. 인조는 이 소식을 듣자 병조판서 장면張晩을 도원수都元帥로 명하고 김기종(金起宗: 1585~1635) 등과 함께 이를 방어케 하고 제도諸道에 근왕병勤王兵을 모집하였다. 사세事勢는 불리하여 방어선이 무너지자 인조는 김상헌을 유도대장留都大將으로 하여 도성을 지키게 하고 도체찰사都體察使 이원익(李元翼: 1547~1634), 좌의정 신흠(申欽: 1566~1628), 서평부원군西平府院君 한준겸(韓浚謙: 1557~1627) 등을 시켜 세자 왕(소현세자)를 받들어 전주로 남하하도록 하고 왕은 친히 묘사廟祀의 신주를 받들어 강화도江華島로 향하니 영의정 윤방(尹昉: 1563~1640), 우의정 오윤겸(吳允謙: 1559~1636)을 비롯해서 김관金瑬, 김신국(金藎國: 1572~1657), 이정구(李廷龜: 1564~1635), 이귀(李貴: 1557~1633), 이성구(李聖求: 1584~1644), 최명길崔鳴吉 등이 뒤따랐다.

그때 서울에서는 백성들은 흩어지고 유도대장 김상헌은 어고御庫와 호조·병조 판서에 불을 질러 국저國儲는 회신灰燼되고 노량진鷺梁津에 두었던 양미糧米 1,000여 석도 산실되어 부장副將 여인길呂裀吉이 수척의 목선木船을 징발해서 겨우 20여 석을 싣고 떠났다.

지방에서는 여러 곳에서 의병이 일어나서 침략군을 위협하였던 바 그중에서도 전 영산현감靈山縣監 정봉수(鄭鳳壽: 1572~1645)는 그의 아우 인수麟壽와 함께 철산鐵山 용골산성龍骨山城에 들어가 후금의 군대와 내통한 미관검사彌串劍士 장사준張士俊을 베고 성중城中의 잔여 병사를 모아 결사맹약決死盟約하여 사기를 올려 적의 완강한 공성攻城을 물리쳤다. 또 왜란 때에도 소사素沙에서 전공을 세운 바 있는 전 훈련판관訓練判官 이립李立의 의병도 철산 소위포小爲浦에 결책結柵해서 많은 전과를 올렸다.

평양을 지나 황주黃州에 도달한 후금의 군대는 다음 3조를 내세워 협박하였다.

① 후금에 할지割地할 것
② 모문룡을 잡을 것
③ 명나라를 토벌할 때에 조선에서도 병사 1만을 보내 후금을 도울 것

적은 평산平山에 일단 머무르고 화의를 교섭해왔다. 강화도에서는 수비가 약한데다가 평산까지는 가운데 거리에 있어서 모두 위구危懼

를 느끼기도 했지만 감히 구화(媾和: 화친)를 공언公言하는 사람이 없는바 참판 최명길이 구화의 불가피한 대세를 역설하여 인조도 이것을 첨의僉議키로 했다. 적 측에서는 유해劉海를 시켜서 명나라의 연호인 천개天啓를 쓰지 말 것과 왕자를 인질로 할 것 등의 조건을 제시하여 구화를 청해왔다. 조선에서는 이를 꺼려서 왕자는 아직 어려서 볼모[質子]로 갈 수 없다는 이유로 종실宗室 원창부령原昌副令 구玖를 봉군封君, 왕의 동생[王弟]으로 칭하여 화의에 응하게 하였다.

다음의 조건으로 강화는 성립되었다.

① 후금의 군대는 평산을 넘어서지 말 것
② 맹약 후 후금의 군대는 즉시 철군할 것
③ 후금의 군대는 철병 후에 다시 압록강을 넘지 말 것
④ 양국은 형제국으로 칭할 것
⑤ 조선은 후금과 화약和約을 맺되 명나라에 적대하지 않을 것

이렇게 해서 동년 3월 3일 강화부성의 문외에서 서로 입서立誓하여 강화의식을 마쳤다. 4월에 인조는 강화도로부터 환도하고 부장 심정홀沈正笏 등을 후금에 보내어 의주 진병鎭兵의 철군을 요구하니 후금은 명나라 사람이 조선국 경내에 들어오지 못하도록 한다는 약속하에 의주의 주둔군을 거두었다.

호란이 일어나자 북경北京에 사신으로 가 있던 김상헌은 본국의 난을 듣고 명나라의 병부兵部에 청하여 본국을 구원토록 하였고 또 나와 있던 모문룡도 정세의 급함을 고하였다. 명나라는 요동순무遼東巡撫 원숭환遠崇換을 시켜 수사水師를 압록강에 보내어 모문룡을 돕게 하는 한편 좌보左補 조솔교趙率教 등을 시켜 정병精兵을 이끌고 요하遼河의 지류인 삼분구三岔口에 이르러 후금의 군대를 견제하려 하였으나 화의가 성립되자 환군還軍하고 말았다. 결과적으로 최명길

의 강화제의는 받아들여졌고 김상헌의 청에 의한 명나라의 조선 후원은 시기가 늦어 그 효과를 거두지 못하였다.

그러나 조약이 성립된 후에도 이를 어겨 군량을 강청強請하고 명나라 정벌을 위한 병선兵船을 요구하는 일이 계속되었고, 압록강을 넘어 약탈 행위가 심해감에 따라서 조선에서는 흥병격호興兵擊胡로서 군신의 대의大義를 분명히 해야 한다는 척화배금론자斥和拜金論者가 늘어나게 되었다.

인조 5년(1627)에 조선 침입에 성공한 후 후금은 내몽고內蒙古로 진출하여 인조 10년(1632)에는 만주 전역 북경 부근까지 공략을 시작하는 동시에 형제지국兄弟之國을 군신지국君臣之國으로 고쳐 맺으려 하여 오기에 이르렀다. 조선에서는 이를 중대시하여 춘신사春信使 신득연(申得淵: 1585~1647)을 심양으로 보냈으나 중도에 돌아왔고 김대건金大乾을 보냈으나 역시 도중에 회정回程하였다. 도원수 김시양(金時讓: 1581~1643)은 의주에서 상소하여 "강약이 같지 않으니 그 환심을 잃지 않는 것이 좋다"고 하였다가 유배[竄逐]를 당하기도 하였다. 후금에서는 인조비仁祖妃 한씨韓氏의 조상弔喪을 겸하여 태종太宗에게 올리는 존호尊號를 알리기 위해서 마부태馬夫太, 용골대龍骨大 등을 보내왔다. 조선의 격앙은 절정에 이르러 장령掌令 홍익한(洪翼漢: 1586~1637)과 관학유생館學儒生들은 참사분서(斬使焚書: 사신을 참수 국서를 불사름)를 주장하였으며 홍문관 · 사간원도 척화선전을 극진하였다. 인조도 주전론을 좇아 사신의 접견을 거절하고 후금의 국서國書도 안 받은 채 사신을 감시하니 그들은 험악한 사태를 눈치 채고 민가의 마필馬匹을 빼앗아 도망하였다. 조정에서는 팔도에 유문諭文을 띄워 선전의 불가피한 이유를 들어 종정從征의 병사를 모으기로 하였던바 도망가던 후금의 사신이 평안감사에게 내린 유문을 빼앗아 돌아가니 조선의 결의를 비로소 알게 되어 그들은 제2차의 침략을 감행하게 되었던 것이다.

2. 병자호란의 전말

후금의 태종은 '관온인성황제寬溫仁聖皇帝'의 칭호를 받고 국호를 청淸, 연호를 숭덕崇德이라고 개원改元하였다. 이 즉위식에 참석했던 나덕헌(羅德憲: 1573~1640), 이곽李廓 등은 구타를 당하면서도 끝내 허리를 굽히지 않았다. 태종은 이들을 돌려보내면서 "왕자를 인질로 보내어 사죄하지 않으면 대군으로 공격하겠다"고 협박해왔다. 조정에서는 주화론과 척화론이 엇갈렸다. 척화론자인 오달제(吳達濟: 1609~1637), 윤집(尹集: 1606~1637) 등은 주화론자인 최명길을 참할 것을 상소하는 등 배금排金의 기운은 갈수록 높아졌다. 조선 사신이 심양에 이르자[인조 14년 11월] "왕자, 대신 및 척화론의 주창자를 입송入送하되 듣지 않으면 군사를 보내겠다"고 경고해왔으나 묵살해 버리고 말았다.

청나라 태종은 12월 1일 청淸, 몽蒙, 한인漢人의 혼성의 10만 대군을 몰고 9일에 압록강을 건너 서울을 향해 진격을 시작하였다. 13일에야 청군이 안주安州에 이른 것을 알았고 14일에 개성을 통과한 것을 알게 된 조정에서는 원임대신原任大臣 윤방尹昉과 김상헌을 시켜 묘사廟社를 받들게 하고 여타는 강화도로 피병避兵케 하였다. 인조도 강화로 행하려고 남대문까지 나왔다가 마부태馬夫太가 수백의 기마병으로 이미 홍제원弘濟院에 이르러 한강을 차단하고 강화도로의 통로를 끊은 뒤라 성내로 부득이 회정하였다. 이때 최명길과 이경직(李景稷: 1577~1640)은 적진에 나아가서 주육으로 호군犒軍하여 출병의 이유를 물으면서 시각을 지연시키는 동안 인조는 세자와 백관을 이끌고 수구문水口門을 통해 남한산성으로 피하였다. 다시 강화도로 이피移避하려고 떠났다가 산길이 험하고 얼어붙은 길이라 부득이 되돌아왔다. 성중의 병력은 13,000명, 각도에 근왕병을 모으도록 하는 한편 명나라에 급고急告하여 구원을 청하였다. 관향사管餉

使 나만갑(羅萬甲: 1592~1642)의 보고에 의하면 그때 군량은 14,300석, 장醬 220여 옹으로 겨우 50여 일분에 불과하였다고 한다. 청군은 12월 16일에 남한산성에 도착하고 서울에 입성한 담태譚泰의 군대는 곧 한강을 건너 남한산성을 포위하기에 이르렀다. 청나라 태종은 다음해 1월 1일에 남한산성 아래의 회천灰川에서 20만 대군으로 결진하고 성동의 망월봉望月峯에 올라서 성중을 굽어보았다. 포위당한 조선 군대는 12월 18일에 청나라 병사 6명, 20일에 30명을 살해하는 전과를 올렸으나 혹한과 기아 속에 40여 일을 중위重圍되어 고경苦境에 빠졌다. 명나라는 국내의 유적流賊 때문에 구원할 힘이 없는데다가 보내온 주사舟師도 풍랑으로 되돌아갔다. 충청감사 정세규(鄭世規: 1583~1661)의 군대는 험천險川에서 패몰敗沒하고 경상도 좌병사左兵使 허완(許完: 1569~1637), 우병사右兵使 민영(閔栐: ?~1637)의 군대도 광주廣州 쌍령雙嶺에서 궤멸潰滅당했고, 전라병사全羅兵使 김준용金俊龍은 수원水原에서 전군이 궤산潰散되고, 평안감사 홍명구(洪命耈: 1596~1637)는 금화金化에서 전사하고, 도원수 김자묵金自黙의 군대는 토산兎山에서 패주하고, 강원감사 조정호(趙廷虎: 1572~1647), 함경감사 민성휘(閔聖徽: 1582~1648) 등의 군대도 각각 패배를 당하니, 남한산성은 의지할 곳 없이 고립 상태에 빠지고 말았다.

민간의병으로 전라도에서 정홍연鄭弘演, 경상도에서 김식회金湜會 등이 출동하였으나 정홍연은 조선과 청나라 사이의 강화가 이루어진 후라서 파병罷兵되고, 김식회는 여주驪州에서 패주하는 경상감사 심연沈演의 군대와 조령鳥嶺, 죽령竹嶺 두 고개 사이에 잠복하였다가 청나라 군대가 내습來襲한다는 와문訛聞에 달아나 흩어지고 말았다.

성내는 기울어진 대세에 강화론이 일어나기 시작했고 예조판서 김상헌, 이조판서 정온(鄭蘊: 1569~1641) 등의 반대에도 불구하고 이조판서 최명길 외 여러 명에게 국서를 기초하도록 명하는 한편 좌의정 홍서봉(洪瑞鳳: 1572~1645), 호조판서 김신국을 청영淸營에 보내어 화호和好를 청하게 하였다. 그러나 청나라 태종의 답서는 "인조가 친히 성 밖에 나와서 군문軍門에 항복하고 양맹주모자壤盟主謀者 2~3명을 포박하여 보내라"는 내용이었다. 1월 22일에는 강화부성이 함락되었고 전 우의정 김상용, 전 공조판서 이상길(李尙吉: 1556~1637) 등은 방화 자살하였다. 청나라 군대는 강화에서 포로로 잡힌 대군大君의 수서手書와 윤방尹昉 등의 장계狀啓를 보이며 출항出降을 독촉하니, 이것으로 강화 함락의 사실을 확인한 인조는 드디어 성 밖으로 나오는 것을 결정하지 않으면 안 될 계제에 이르렀다.

이때 김상헌, 정온 등은 자살을 꾀하다가 구해救解되었고 이조참의 이경여(李敬輿: 1585~1657)는 사수死守의 의리를 진언했으나 대세는 이미 정해진 뒤라 홍서봉, 최명길, 김신국 등이 적진을 왕복하며 항복의 조건을 교섭했고 청나라 사신 용골대, 마부태 등이 성중에 와서 조건을 제시한 결과 아래와 같이 조약에 합의를 보았다.

① 조선은 청나라에 대하여 군신의 예를 행할 것

② 조선은 명나라의 연호를 폐하고 명나라와의 왕래통교往來通交를 끊고 명나라에서 받은 고명책인誥命冊印을 내놓을 것

③ 조선 왕의 장자와 둘째 아들[第2子], 여러 대신의 아들(아들이 없는 자는 동생)을 심양으로 보내어 인질로 할 것

④ 성절聖節 · 정조正朝 · 동지冬至 · 천추(千秋: 中宮과 太子) 경조慶弔 등 사절은 명나라의 구례舊例에 따를 것

⑤ 청나라가 정명征明의 출병을 요할 때에는 기회를 어기지 않을 것

⑥ 청나라가 회병시回兵時에 단도椴島를 공략하려 하니 병선兵船 50척을 발할 것

⑦ 명나라 사람 가운데 달아난 자[逋逃]들을 용은容隱치 않을 것

⑧ 내외 여러 신하들이 혼인을 맺어 화호和好를 굳게 할 것

⑨ 조선은 신구성원新舊城垣을 선축繕築치 말 것

⑩ 조선의 대일무역對日貿易은 종래대로 할 것
⑪ 조선은 청나라에 기묘년(己卯年: 인조 17년)부터 정액의 세폐歲幣를 보낼 것

1월 30일 인조는 세자와 함께 청나라의 강요대로 남융복藍戎服을 입고 만성호곡滿城號哭 속에 서문으로 나아가 한강 동안東岸 삼전도三田渡에서 성하지맹(城下之盟: 남한산성 아래에서의 맹약)을 행하였다. 구층의 수항단상受降壇上의 청나라 태종을 향하여 인조는 지상에서 삼배구고두三拜九叩頭의 예를 행한 후 한강을 건너서 서울로 돌아왔다. 조선의 세자, 빈궁嬪宮, 봉림대군(鳳林大君: 뒷날의 효종)을 인질로 하고 척화론의 주모자 오달제, 윤집을 잡아 심양으로 대동하여 갔다. 비록 월여의 단기간의 난이었지만 그 피해는 임진왜란에 버금가는 막심한 것이었고 우리의 역사상에 일찍이 없었던 일대 굴욕으로 결말을 맺은 것이다.

3. 굴욕의 대청황제공덕비

형제의 맹약을 군신의 의義로 바꾼 청나라는 의기충천意氣冲天했고 성 아래에서의 맹약[城下之盟]을 기념하는 비碑를 세운다는 것은 그들에게는 바람직한 일이지만 조선국으로서는 치욕의 상처를 비문으로 새겨서 후세에 전한다는 일로 차마 못할 노릇이다. 그러나 사태가 이쯤 되고 보면 안 할 수도 없어 인조는 비문 기초起草를 장유(張維: 1587~1638), 이경전(李慶全: 1567~1644), 조희일(趙希逸: 1575~1638), 이경석(李景奭: 1595~1671) 등에게 명하기에 이르렀다. 삼전도에는 호란 직후 마부태의 감독으로 대청황제공덕비大淸皇帝功德碑를 세워 인조 17년 12월에 준공하니, 이 비는 고종 32년 청일전쟁

때에 매몰하였다가 일본인이 다시 세운 것을 1955년에 또다시 매몰하였다고 이상백李相伯 씨는 말하고 있지만[1] 어느 때인지 다시 복원되어 지금 현지에는 천추의 굴욕을 전하는 비碑가 그대로 세워져 있다. 비문碑文 기초起草를 하명받은 네 사람은 물론 쓰고 싶은 의욕이 생길 리 만무했을 것이다. 모두 사명辭命하려 상소하였지만 윤허되지 않았다. 그중에서 이경석의 기초문起草文이 채택되어 청국에 송달되었다.[2]

청나라에 보내기는 장유와 이경석의 소진비문所進碑文을 함께 보내어 자택自擇하도록 하였던바 이경석의 글이 선택되었고 그들에 의해서 수정되었다는 것이다.[3]

이제 치욕의 비문을 다음에 기록한다.

〈大淸皇帝功德碑〉

大淸崇德元年冬十有二月 寬溫仁聖皇帝以壞和自我始赫然怒以武臨之直擣而東莫敢有抗者時我寡君棲于南漢凜凜若履春氷而待白日者殆五旬東南諸道兵相繼崩潰西北帥逗撓峽內不能進一步城中食且盡當此之時以大兵薄城如霜風之卷秋擇爐火之燎鴻毛而 皇帝以不殺爲武 惟布德是先乃 降勑諭之曰來朕全爾否屠之若英馬諸大將承 皇帝相屬於道於是我寡君集文武諸臣謂曰予托和好于 大邦十年于玆矣由予昏惑自速 天討萬姓魚肉罪在予一人 皇帝猶不忍屠戮之 諭之如此予

1 『韓國史』 '最近世後期篇', 震檀學會, 107쪽.

2 『仁祖實錄』 卷35 〈仁祖 15年 11月 25日〉 "命張維 李慶全 趙希逸 李景奭, 撰三田渡碑文 維等皆上疏辭之 上不從 三臣不得已皆製進 而希逸故澁其辭 冀不中用 李慶全病不製 卒用景奭之文"

3 위와 같음, 卷36 〈仁祖 16年 2月 8日〉 "以張維 李景奭所撰三田渡碑文 入送淸國 使之自擇 范文程等見其文 以張維所撰 引喩失當 景奭之文可用 而但中有添入之語 令我國改撰而用之 上命景奭改之 (……)"

曷敢不欽承以上全我宗社下保我生靈乎大臣協贊之遂從數十騎詣軍前請罪 皇帝乃 優之以禮 拊之以恩一見而 推心腹 錫賚之恩遍及從臣禮罷卽還我寡君於都城立召兵之南下者振旅而西 撫民勸農遠近之雉鳥散者咸復厥居詎非大幸歟小邦之獲罪上國久矣己未之役都元帥姜弘立助兵明朝兵敗被擒 太祖武皇帝只留弘立等數人餘悉放回 恩莫大焉而小邦迷不知悟丁卯歲今 皇帝命將東征本國君臣避入海島遣使請成 皇帝允之視爲兄弟國疆土復完弘立亦還矣自玆以往 禮遇不替冠蓋交跡不幸浮議扇動搆成亂梯小邦申飭邊臣言涉不遜而其文爲使臣所得 皇帝猶寬貸之不卽加兵乃先 降明旨諭以師期丁寧反覆不翅若提耳面命而終不免焉則小邦君臣之罪益無所逃矣 皇帝旣以大兵圍南漢而又 命偏師先陷江都宮嬪王子暨卿士家小俱被俘獲 皇帝戒諸將不得擾害 令從官及內侍看護旣而 大霈恩典小邦君臣及其被獲眷屬復歸於舊霜雪變爲陽春枯旱轉爲時雨區宇旣亡而復存宗祀已絶而還續環東數千里咸囿於生成之澤此古昔簡策所稀觀也於戲盛哉漢水上游三田渡之南卽皇帝駐蹕之所也壇場在焉我寡君爰命水部就壇所增而高大之又伐石以碑之垂諸永久以彰夫 皇帝之功之德直與造化而同流也豈特我小邦世世而永賴抑亦 大朝之仁聲武誼無遠不服者未始不基于玆也顧摹天地之大畫日月之明不足以彷彿其萬一謹載其大略銘曰 天降霜露載肅載育 惟帝則之竝布 威德皇帝東征十萬其師殷殷轟轟如虎如貔西蕃窮髮暨夫北落執殳前驅厥靈赫赫 皇帝孔仁誕降恩言十行昭回旣嚴且溫始迷不知自貽伊慼 帝有明命如寐之覺我后祇服相率以歸匪惟怛 威惟德之依 皇帝嘉之澤洽禮優載色載笑爰束戈矛何以 錫之駿馬輕裘都人士女乃歌乃謳我后言旋 皇帝之錫 皇帝班師活我赤子 哀我蕩析勸我穡事 金甌依舊翠壇維新枯骨再肉寒荄復春有石巍然大江之頭萬載三韓皇帝之休

【번역문】

대청大淸 숭덕崇德 원년 겨울 12월에, 황제가 우리나라에서 화친을 무너뜨렸다고 하여 혁연히 노해서 위무威武로 임해 곧바로 정벌에 나서 동쪽으로 향하니, 감히 저항하는 자가 없었다. 그때 우리 임금은 남한산성에 피신하여 있으면서 봄날 얼음을 밟듯이, 밤에 밝은 대낮을 기다리듯이 두려워한 지 50일이나 되었다. 동남 여러 도의 군사들이 잇따라 무너지고 서북의 군사들은 산골짜기에서 머뭇거리면서 한 발자국도 나올 수 없었으며, 성 안에는 식량이 다 떨어지려 하였다.

이때를 당하여 대병이 성에 이르니, 서릿바람이 가을 낙엽을 몰아치는 듯, 화로 불이 기러기 털을 사르는 듯하였다. 그러나 황제가 죽이지 않는 것으로 위무를 삼아 덕을 펴는 일을 먼저 하였다. 이에 칙서를 내려 효유하기를 '항복하면 짐이 너를 살려주겠지만, 항복하지 않으면 죽이겠다.' 하였다. 영아아대英俄兒代와 마부대馬夫大 같은 대장들이 황제의 명을 받들고 연달아 길에 이어졌다.

이에 우리 임금께서는 문무 여러 신하들을 모아놓고 이르기를 '내가 대국에 우호를 보인 지가 벌써 10년이나 되었다. 내가 혼미하여 스스로 천토天討를 불러 백성들이 어육이 되었으니, 그 죄는 나 한 사람에게 있는 것이다. 황제가 차마 도륙하지 못하고 이와 같이 효유하니, 내 어찌 감히 공경히 받들어 위로는 종사를 보전하고 아래로는 우리 백성들을 보전하지 않겠는가.' 하니, 대신들이 그 뜻을 도와 드디어 수십 기騎만 거느리고 군문에 나아가 죄를 청하였다. 황제가 이에 예로써 우대하고 은혜로써 어루만졌다. 한번 보고 마음이 통해 물품을 하사하는 은혜가 따라갔던 신하들에게까지 두루 미쳤다. 예가 끝나자 곧바로 우리 임금을 도성으로 돌아가게 했고, 즉시 남쪽으로 내려간 군사들을 소환하여 군사를 정돈해서 서쪽으로 돌아갔다. 백성들을 어루만지고 농사를 권면하니, 새처럼 흩어졌던 원근의 백성들이 모두 자기 살던 곳으로 돌아왔다. 이 어찌 큰 다행이 아니겠는가.

우리나라가 상국에 죄를 얻은 지 이미 오래 되었다. 기미년 싸움에 도원수 강홍립姜弘立이 명나라를 구원하러 갔다가 패하여 사로잡혔다. 그러나 태조 무황제太祖武皇帝께서는 홍립 등 몇 명만 억류하고 나머지는 모두 돌려보냈으니, 은혜가 그보다 큰 것이 없었다. 그런데도 우리나라가 미혹하여 깨달을 줄 몰랐다. 정묘년에 황제가 장수에게 명하여 동쪽으로 정벌하게 하였는데, 우리나라의 임금과 신하가 강화도로 피해 들어갔다. 사신을 보내 화친을 청하자, 황제가 윤허를 하고 형제의 나라가 되어 강토가 다시 완전해졌고, 홍립도 돌아왔다.

그 뒤로 예로써 대우하기를 변치 않아 사신의 왕래가 끊이질 않았다. 그런데 불행히도 부박한 의논이 선동하여 난의 빌미를 만들었다. 우리나라에서 변방의 신하에게 신칙하는 말에 불손한 내용이 있었는데, 그 글이 사신의 손에 들어갔다. 그런데도 황제는 너그러이 용서하여 즉시 군사를 보내지 않았다. 그러고는 먼저 조지詔旨를 내려 언제 군사를 출동시키겠다고 정녕하게 반복하였는데, 귓속말로 말해주고 면대하여 말해주는 것보다도 더 정녕스럽게 하였다. 그런데도 끝내 화를 면치 못하였으니, 우리나라 임금과 신하들의 죄는 더욱 피할 길이 없다.

황제가 대병으로 남한산성을 포위하고, 또 한쪽 군사에게 명하여 강도江都를 먼저 함락하였다. 궁빈 · 왕자 및 경사卿士의 처자식들이 모두 포로로 잡혔다. 황제가 여러 장수들에게 명하여 소란을 피우거나 피해를 입히는 일이 없도록 하고, 종관從官 및 내시로 하여금 보살피게 하였다. 이윽고 크게 은전을 내려 우리나라 임금과 신하 및 포로가 되었던 권속들이 제자리로 돌아가게 되었다. 눈 · 서리가 내리던 겨울이 변하여 따뜻한 봄이 되고, 만물이 시들던 가뭄이 바뀌어 때맞추어 비가 내리게 되었으며, 온 국토가 다 망했다가 다시 보존되었고, 종사가 끊어졌다가 다시 이어지게 되었다. 우리 동토 수천 리가 모두 다시 살려주는 은택을 받게 되었으니, 이는 옛날 서책에서도 드물게 보이는 바이니, 아 성대하도다!

한강 상류 삼전도三田渡 남쪽은 황제가 잠시 머무시던 곳으로, 단장

壇場이 있다. 우리 임금이 공조에 명하여 단을 증축하여 높고 크게 하고, 또 돌을 깎아 비를 세워 영구히 남김으로써 황제의 공덕이 참으로 조화造化와 더불어 함께 흐름을 나타내었다. 이 어찌 우리나라만이 대대로 길이 힘입을 것이겠는가. 또한 대국의 어진 명성과 무의武誼에 제아무리 먼 곳에 있는 자도 모두 복종하는 것이 여기에서 시작될 것이다.

돌이켜보건대, 천지처럼 큰 것을 그려내고 일월처럼 밝은 것을 그려내는 데 그 만분의 일도 비슷하게 하지 못할 것이기에 삼가 그 대략만을 기록할 뿐이다.

명銘은 다음과 같다.
하늘이 서리와 이슬을 내려
죽이기도 하고 살리기도 한다
오직 황제가 그것을 본받아
위엄과 은택을 아울러 편다
황제가 동쪽으로 정벌함에
그 군사가 십만이었다
기세는 뇌성처럼 진동하고
용감하기는 호랑이나 곰과 같았다
서쪽 변방의 군사들과
북쪽 변방의 군사들이
창을 잡고 달려 나오니
그 위령 빛나고 빛났다
황제께선 지극히 인자하시어
은혜로운 말을 내리시니
열 줄의 조서가 밝게 드리움에
엄숙하고도 온화하였다

처음에는 미욱하여 알지 못하고
스스로 재앙을 불러왔는데
황제의 밝은 명령 있음에
자다가 깬 것 같았다
우리 임금이 공손히 복종하여
서로 이끌고 귀순하니
위엄을 두려워한 것이 아니라
오직 덕에 귀의한 것이다
황제께서 가상히 여겨
은택이 흡족하고 예우가 융숭하였다
황제께서 온화한 낯으로 웃으면서
창과 방패를 거두시었다
무엇을 내려주시었나
준마와 가벼운 갖옷이다
도성 안의 모든 사람들이
이에 노래하고 칭송하였다
우리 임금이 돌아오게 된 것은
황제께서 은혜를 내려준 덕분이며
황제께서 군사를 돌리신 것은
우리 백성을 살리려 해서이다
우리의 탕진함을 불쌍히 여겨
우리에게 농사짓기를 권하였다
국토는 예전처럼 다시 보전되고
푸른 단은 우뚝하게 새로 섰다
앙상한 뼈에 새로 살이 오르고
시들었던 뿌리에 봄의 생기가 넘쳤다
우뚝한 돌비석을

큰 강가에 세우니
만년토록 우리나라에
황제의 덕이 빛나리라

인조는 오준(吳竣: 1587~1666)에게 명하여 서사書寫토록 하고 이것을 인출印出하여 청나라에 보내는 동시에 삼전도에 그 건립을 시작하여 17년 12월에 준공되었던 것이다. 그후 청나라에서도 기회 있는 대로 이 비를 돌아보았고[4] 조선에서도 그 관리를 잘 하기 위해서 수직守直을 정배定配하도록 하였다.[5]

이상에서 정묘와 병자의 양 호란을 거쳐서 남한산성 아래에서의 맹약을 맺은 개요와 삼전도비 건립의 전말에 대하여 살펴보았다. 효종이 등극한 후에는 정치적으로는 굴욕에 대한 보복 즉 북벌문제, 학문적으로는 의리에 관한 문제들이 크게 대두하기에 이르렀다.

최명길, 김상헌은 두 호란을 겪는 동안 다 같이 국정에 참여한 사람이지만 시무에 있어 의견을 달리한 그 대표적인 인물이라고 생각된다. 쇠약해가는 명나라 세력과 신흥하는 청나라 세력을 사이에 놓고 약소국 조선으로서 어떻게 대처해야 할 것이냐 하는 문제는 정치적으로 중요한 일이 아닐 수 없었다. 두 사람은 역사가 말하고 있듯이 화의와 척화로 의견이 맞섰던 것이다.

---

4 『顯宗實錄』 卷6 〈顯宗 3年 12月 7日〉 "丙午 淸使兩人 率其家丁 往觀三田渡碑閣 夕還舘所"

5 『仁祖實錄』 卷40 〈仁祖 18年 2月 11日〉 "京畿監司許啓 啓請定軍守直三田渡碑閣 兵曹言宜以犯罪者三四人定配守直 上從之 仍下敎曰 令本道檢飭守護 俾無虛踈之患"

Ⅲ. 호란과 척화

1. 정묘호란과 청음

김상헌은 선조 3년(1570) 한양 성남에 있는 외가인 정씨鄭氏 댁에서 태어났다. 도정공都正公을 따라서 9세 때부터 공부를 시작하였다. 15세에 관례冠禮를 올렸고 16세에 결혼, 21세 때에 진사에 합격하였고 27세 때 전시殿試 병과에 합격하여 승문원 부정자副正字로 관계에 발을 들여놓았다. 83세에 이르기까지 여러 관직을 겪었으며, 그중에서도 정묘와 병자의 양란은 그에게 있어서 가장 큰 충격적인 일이었다고 생각된다.

정묘호란(인조 5년, 1627) 당시 김상헌은 북경에 있었다. 난이 일어나기 1년 전인 병인년 5월에 성절 겸 사은진계사聖節兼謝恩陳契使로서 명을 받고 입성入城하여 6월에 출발, 8월에 도해渡海, 10월에 북경에 도착하였다. 명나라 장수 모문룡의 무열誣捏을 명변明辯하고 조선의 사정을 자세히 설명하여 명나라와의 국교에 추호도 변함이 없음을 강조하였다. 명나라에서도 김상헌의 역변力辯에 안심을 하였다.[6]

황조皇朝는 소방小邦을 자식처럼 사랑하고 소방은 황명皇明을 부모와 같이 섬기는 데 자식이 어찌 이부지명貳父之名을 들 수 있으며 부모가 자식의 마음을 의심할 수가 있으랴. 그러고서야 자식 된 자가 어떻게 자식으로 자처할 수 있겠는가? 소방은 200년 이래 적심赤心으로 사대해온 것은 천하가 다 아는 바인데 휴이携貳의 말이 나올 수

---

6 『淸陰集』 卷9, 「朝天錄 · 禮部呈文第三」 〈禮部因呈文題本〉 "看得屬國之於中朝 不啻戴皇天而依父母 果懷疑貳之心則誅難逭 若秉堅貞之節則忠自可嘉 今朝鮮陪臣金尙憲等快示昭雪一呈 力辨絶無携貳導奴之事" 【참고】 呈文禮部 辨毛文龍誣捏 國事情 淸陰年譜.

가 있을 수 없다[7]는 것이다.

김상헌이 등주登州에 이르렀을 때 격탁擊柝을 듣고 지은 시

> 擊柝復擊柝 딱따기 소리 다시 딱따기 소리
> 夜長不得息 긴긴밤 그치지 않고 울리네
> 何人寒無衣 어느 사람 추운 날에 옷이 없으며
> 何卒飢不食 어느 군졸 굶주리고 밥 먹지 못한가
> 萬家各安室 모든 사람들 각자 방에 편히 쉬는데
> 獨向城上宿 나홀로 성을 향해 머무르누나
> 豈是親與愛 어찌 그들이 나와 친한 사람이리오
> 亦非相知識 서로 아는 사람도 아니건만
> 自然同胞義 동포 같은 의로운 마음 저절로 들고
> 使我心肝惻 내 마음에 측은한 생각 들게 하네[8]

를 화인(華人: 중국인)이 보고 진군자眞君子의 말이라고 탄복하였다는 것이다. 단순한 정치적인 형식적인 외교에서라기보다 김상헌의 생각에는 진심으로 존명尊明을 통해서 의義를 높이고 있는 경향을 보이듯, 이 시 한 수 속에서도 "동포 같은 의로운 마음 저절로 들고" 라고 한 뜻의 표현을 관심 깊게 읽을 수 있다. 북경에 있으면서 그는 본국에 노병奴兵이 침범한 것을 모르고 있다가 노상에서 우연히 듣고 놀라서 대궐 아래로 나아가서 확인하게 되었다. 그리하여 글을 예병부禮兵部에 올려 원병援兵을 간청했던바 수병水兵 수천과 태

---

7 위와 같음, "皇朝視小邦如子 小邦事皇朝如父母 子而得貳父之名 父而有疑子之心 爲其子者當何以自處乎 (……) 小邦二百年來赤心事大 (……) 天下之所共聞 携貳之言奚爲而至哉"

8 위와 같음, 卷9「朝天錄 · 登州夜坐聞擊柝」

감사인太監四人을 압록강까지 특파받기도 하였다. 그러나 이미 화의성립(和議成立, 1627. 3. 3)이 된 후이므로 파귀罷歸, 대군의 출동이 필요 없이 끝나버렸다.

2. 병자호란과 청음의 척화

병자호란(1636, 김상헌 67세)이 일어난 인조 14년 12월에 김상헌은 이조판서를 사퇴하고 향리 석실石室로 돌아가는 중이었다. 12일에 석실에서 소식을 들었고 13일에 적의 초마哨馬가 이미 봉산鳳山에 다다랐음을 알았다.[9]

14일에는 선형先塋을 곡사哭辭하여 서울로 들어왔다. 이미 인조는 남한산성으로 떠난 뒤이므로 뒤따라 남한산성으로 달렸다. 15일에 산성 남문에 도착했으나 김상헌은 두 다리가 붓고 몸이 아파서 16일에는 병석에 누었다가 17일에야 인조를 숙배肅拜하게 되었다. 적은 16일에 이미 삼전도를 건너 성문은 폐관閉關하였고 재상이 마호馬胡를 영견迎見하여 화친을 의논하는 일[議和之事]이 진행 중이라는 소문이 도는 중이었다. 김상헌은 인조 앞에서 아뢰옵기를

> 여러 신하의 죄를 이루 다 말할 수 있겠습니까. 그러나 이미 간하지 못하는 일이니 돌이킬 수 없는 일인즉 오늘의 계책으로서는 반드시 먼저 싸운 뒤에 강화[和]해야 할 것이요 만일 한갓 비사卑辭를 일삼아 강화를 청한다면 강화도 또한 바라기 어렵습니다. 송나라 사람의 말에 외형으로는 강화를 취하고 국권수호로 내실을 삼아 전투로서 대응한다고 하였으니 잘 모르겠으나 이 말이 오늘에 있어서는 가장 절실한

9 『南漢紀略』 "崇禎九年十二月十二日 在石室聞西報甚急十三日 (……) 虜勢猋烈哨馬已到鳳山"

> 듯 하온데 주상의 뜻은 어떠하옵니까?[10]

라고 하니 인조께서는 경卿의 말이 옳다고 하였다는 것이다. 그리고 최명길, 한여직(韓汝溭: 1575~1638), 윤휘(尹暉: 1571~1644), 이경직 등이 전후 마호馬胡를 가서 보았다는 것을 확인할 수 있었고, 그중 최명길만 호로胡虜는 결단코 거듭 맹세하는 것 이외에 다른 뜻은 없고 왕자를 인질로 보내면 퇴군하리라는 의견이었다고 한다.[11]

19일에는 조당에 나아가서 왕세자 취질就質의 의론을 반격하여 이때의 영상에 대하여 추궁하였더니 영상 김관金瑬은 종사宗社를 위해서는 부득이한 일이라고 대답하였다. 김상헌은 엄숙하게 힐책詰責하였다.

> 종사에 군주[主]가 없으면 어떻게 종사될 수가 있겠는가. 어찌 신하로서 태자와 적의 흥정을 할 수 있으랴. 나와 이 건의를 한 사람들과는 태양 아래에서 살 수는 없다. 상공相公은 즉시로 다시 들어와서 이전 계획의 잘못을 진술하라. 그렇지 않으면 충신의사忠臣義士가 반드시 팔을 걷고 일어날 자가 있을 것이다.[12]

라고 하니 사기辭氣가 엄준嚴竣하여 모두가 나아갈 바를 몰랐고 이때부터 질시를 받게 되었다. 21일에 예조판서를 제수하였다. 남한산성은 포위된 채 20여 일이 지났고 내외는 격절된 채로 근왕勤王의 군사도 안 오며 모인募人에 응모자應募者 전혀 없는 비통 속에 주

---

10 위와 같음, "羣臣之罪 可勝言哉然 旣往不諫 今日之計 必須先戰後和 若徒事卑辭請和則和亦不可望 宋人有言以和爲形 以守爲實 以戰爲應 此言在今日最切 未知上意以爲何如也"

11 위와 같음, "崔則言虜專欲申盟斷爲他意 若送王子爲質退師必矣"

12 先生切責曰 宗社無主 則何以爲宗社 豈有臣下倡爲以儲君與賊之議者乎.

화와 척화의 양론은 차츰 대립이 심해졌다. 김상헌은 사수해야 할 것을 한결같이 지극히 진술해오던 차에 하루는 인조께서 비국제재備局諸宰를 인견引見하시고(김상헌은 후열後列에 있었음) 하교하되

예조판서는 금후로 방편의 계획을 깊히 생각하여 고집하지 말라.

라고 하니 김상헌은 대답하기를

신이 어찌 잘못된 견해를 고집해서 국사를 망치겠습니까. 다만 충忠을 원하고자 하되 계획이나 사려[計慮]가 천단淺短하여 비익裨益되는 바 없으니 또한 감히 뇌동수중雷同隨衆해서 초심을 저버릴 수가 없을 뿐입니다. 주상으로부터 마음을 굳게 정하시고 동요하지 말아야겠습니다.

인조는 다시 묻는다.

장차 무엇을 믿겠는가?

김상헌은

천도를 믿을 수가 있습니다.

라고 대답하였다.[13]

---

13 『南漢紀略』“一日引見備局諸宰臣伏在後列大臣以下未及有新陳啓 上忽下敎曰 禮判自今亦須深思方便之計勿爲固執臣 對曰臣何敢固執謬見以則國事但欲願忠而議慮淺短無所補益亦不敢雷同隨衆以負初心 自上亦須堅定勿動 上曰將何恃臣曰天道可恃也 上默然云云”

홍진도(洪振道: 1584~1649)라는 자의 비어蜚語로 성중城中이 마치 화의로 정론인데 한두 사람의 반대자[김상헌을 가리킴] 때문에 한상의 사람이 원구怨咎하지 않음이 없다는 데 동요되어 이 같은 하교가 있었다는 것이다. 이러한 사태 중에서 김상헌과 동조해서 화의를 역공力攻하는 자는 정온鄭蘊뿐이었다. 1월 2일에는 침의針醫 이형익李亨翼이 주화자를 참할 것을 계청하기도 하였다. 그러는 중에 적진에서 국서를 보내왔다. 선년先年의 발병시發兵時에는 청나라에 협조하지 않고 도리어 명나라[明朝]에 협력했다는 것과 청나라 백성을 명나라 조정에 헌납한 사실, 그리고 내서來書도 거부하니 어찌 이렇게 교만하고 방자하냐는 책문責文으로 되어 있다.[14]

이 보내온 서한에 대한 답서答書를 작성하는데 적敵의 국권을 어떻게 인정하느냐 하는 문제였다. 김관金瑬은 나라가 망하는데 무슨 명분을 구구하게 논하느냐는 태도였고, 이홍주(李弘胄: 1562~1638)는 답서에는 다만 대청황제大淸皇帝라고 함이 가할 듯하다고 하였다.[15]

그러나 대청관온인성황제大淸寬溫仁聖皇帝로 대하고 대체로 사과하는 내용에 명나라와는 부자의 정을 잊을 수 없는 처지임을 밝혀서 답서를 보냈다.[16]

---

14 『南漢丙子錄』〈(丁丑 1月) 初 2日〉“大淸國寬溫仁聖皇帝 招諭朝鮮國王 我兵先年率征亢良哈時 爾國起兵邀擊後又協助明朝荼毒我國 然我念隣好竟不介意及得遼地尔復招納吾民而獻之明朝朕赫斯怒”

15 위와 같음, 〈(丁丑 1月) 初 3日〉“瑬曰 (……) 國家存 然後名分可議也 國亡則將何以議名分乎 (……) 上曰不能早死見 此罔極之事 仍泣下久之曰諸卿之意如何 弘胄曰國事罔極罔知攸爲但今答書則只稱大淸皇帝似可矣”

16 答淸國書: 朝鮮國王謹上書于大淸國寬溫仁聖皇帝小邦獲戾大國自速兵禍棲身孤城危迫朝夕思欲專使奉書導達衷悃而兵戈阻絶無路自通昨聞皇帝臨曁僻陋疑信相半喜怒交至玆蒙大國不忘舊盟賜誨責俾自知罪此正小邦心事得伸之秋也何幸小邦自丁卯結好以來十餘年間情好之篤禮節之恭不但大國所知實是皇天所監而唯是昏謬之甚事多不察如辻採蔘及孔明時事雖非小邦本情未免積成疑阻皇蒙大國加寬恕小邦固已久

위의 답서를 보낸 다음날인 1월 4일 김상헌은 흉계兇計에 빠지지 않도록 전수戰守의 준비를 해야 함을 재강조하고 비록 칸[汗]이 온다고 하더라도 손 모아 그대로 기다릴 수는 없다[17]고 하였다.

그러나 혹한과 불충분한 병력은 더욱 불안하게 해주었고 주화와 척화의 양론이 주화로 기울어져가는 때 적으로부터 최후 통첩이 내도하였다. 대체로 보내온 국서를 보니 형제의 의義에 심히 어그러지며 사신 영아아대英俄兒代 등에 의해서 너희 나라의 구병構兵의 뜻을 알았다는 것이며, 명나라[明朝]와 너희 나라는 탄망무기(誕妄無忌: 황당무계하면서 기탄이 없음)하기 그지없는 데다가 이제 이미 산성을 억지로 지키는 형세가 그 명命이 조석에 매어 있는데도 오히려 부끄러움을 모른다는 것이며, 너희 나라 나의 판도版圖 안에 들어온다면 내 어찌 백성을 생량生養하고 안전하게 하는 데 적자赤子처럼 하지 않겠느냐는 것이며, 우리 병사를 함부로 노적奴賊이라고 하니 참으로 너는 양질호피羊質虎皮라고 하고 나서 이제 너는 살고 싶거든 속히 출성귀명出城歸命할 것이고, 싸우고 싶거든 속히 나와서 일전一戰을 각오하라. 양병兩兵의 서로 전투 결과는 상천上天이 스스로 처분할 것

在洪度中矣至於上年春間之事小邦誠有不得謝其罪者亦緣小邦臣民識見淺隘膠守名義終臨使臣發怒徑去而跟行之人皆以大兵將至恐之小邦君臣未免過慮申飭边臣而詞臣撰文語多乖剌不覺觸犯大國之怒其敢曰事出群臣而非我所知乎至如擒擊縶使臣之言實是所無之事豈料以大國明恕猶不能無疑於此也皇明是我父子之國而前後大國兵馬之入關也小邦未嘗以一鏃相向無非以兄弟盟好爲重也請害之言奚爲而至哉然此亦出於誠信未孚見疑大國而然也尙誰尤哉且馬將自言以好意而來故小邦信之不疑豈料終至於此乎夫往日之事已知罪矣有罪伐之知罪而恕之此大國所以體天心容萬物者也如蒙念丁卯誓天之約恤小邦生靈之命容令小邦改圖自新則小邦之洗心從事自今日始矣若大國不肯恕加必欲窮其兵力小邦理窮勢屈以死自期而已敢陳肝膈恭竢指教 崇禎十年正月初三日.(南漢丙子錄 1月 3日)

17 尙憲曰小臣之意使价頻行未易陷於兇計故必嚴戰守之備事昨已陳達矣 設使汗來豈可束手乎 (……). (南漢丙子錄 1月 4日)

이라는 내용이었다.[18]

김상헌도 화의로 응해야 할 것을 생각하기는 하였지만 그러나 그것은 항복을 의미하는 것이 아니라 적을 물리치기 위한 하나의 수단으로서의 화의로 오늘의 형세가 여기에 이르러서는 화로서 적을 물리칠 수밖에 없으나 예로부터 싸우지도 않고 화를 맺는 법은 없었으니 전구戰具를 갖추어야 할 것을 인조에게 권하기도 하였다.[19]

---

18 『南漢丙子錄』〈(丁丑 1月) 17日〉"大淸國寬溫仁聖皇帝詔諭朝鮮國王來書云 責之太嚴反有乖於兄弟之義豈不爲上天之所恠乎朕以丁卯盟誓爲重曾以尓國敗盟之事屢加申諭尓不畏上天不恤生靈之塗炭先有好與尓邊臣之書爲朕使臣英俄兒代等所得始實知尓國有構兵之意朕輒對尓春秋二信使及衆商人云尓國如此無狀今將往征可歸語尓王以下至於庶人盖明諭而遣之非以詭譎興師者也 且備書尓敗盟啓釁之事告之於天然擧兵朕非若似尓負盟自畏天遣也 尓實敗盟故降之災殃 尓何反似漠然不相關之人猶天之一字強相附會哉 又云小邦僻在海隅惟事詩書不習兵革曩者己未之歲尓無故侵我朕以爲尓國必諳兵事 今又啓釁尓兵必當精鍊矣 孰意猶以爲未習耶然尓固好兵者倘志猶未已今而後更加操鍊可也 又云壬辰年倭亂朝夕且亡 神宗皇帝動天下之兵極濟生靈於水火之中天下大矣 天下之國亦多矣救尓難者只明朝一國耳天下諸國之兵豈盡至耶 明朝與尓國誕妄無忌終不能已今旣困守山城命在朝夕猶不知恥出此空言何益 又云惟快一朝之忿務窮兵力傷兄弟之恩閉自新之路以絶諸國之望其在大國恐亦未爲長算以皇帝之高明何慮不及此然尓欲壞兄弟之好謀動干戈鍊兵繕城修路造車預備軍器惟竢朕西征之日乘間窃發荼毒我國耳 豈有施惠於我國者哉 凡若此者尓自以謂不絶衆望也 自以謂高明也自以謂長算朕亦以謂誠哉其爲長算也又云皇帝方以英武之畧撫定諸國而首揭寬溫仁聖四字盖將以體天地之道而恢伯王之業朕之內外諸王大臣固以此尊號上我矣 然朕非不恢伯王之業無故興兵圖滅尓國圖害爾民也興兵之故正欲伸理曲直耳且天地之道福善淫至公無私朕體天之道傾心歸命者優養之望風請降者安全之送命者奉天討之黨惡攖鋒者誅之頑民不順者俘之倔强者知警狡詐者詞窮今爾與朕爲敵我故興民至此若爾國盡入版圖朕豈有不生養安全字之若赤子者乎 且爾所言與所行甚不相同內外前後往來文移爲我兵所得者往往呼我兵爲奴賊此盖爾之君臣素號我兵爲賊故啓國間不親至此也聞潛心窃取之爲賊我果爲賊爾何不擒而置之不問耶 爾之以口舌詈人諺所謂羊質虎皮者誠爾之謂也 我國俗有云凡人行貴敏而言貴孫故我國每以行之不逮言之不怍爲戒 孰若爾國欺罔狡詐奸僞虛誑泌入日深恬不知愧如此其妄談無忌憚者哉今爾欲生耶亟宜出城歸命欲戰耶亦宜亟出一戰兩兵相接上天自有處分矣 (崇德二年正月十七日)"

19 尙憲曰到此地頭萬事不煩言策未知目前之事何以處之耶 今日之勢惟當以和却敵也 然自古無不戰定和之理而賊心又無厭何用不備戰具而只恃和事耶云. (南漢日記 丁丑 1月 16日)

역시 대세는 화의를 주도하여 인조로 하여금 결정을 짓게 하였다.[20]

항복 서한의 초안草案은 최명길에 의해서 마련되었고 병으로 참석치 못하였던 김상헌은 대신들에 의해서 호출되어 이 항복 문서를 보게 되었다. 이것을 읽어 내려가다가 구애청항(求哀請降: 슬픔을 구하고 항복을 청함)하는 말과 그 비도卑諂을 다하고 '신죄탁발난수등臣罪擢髮難數等'에 이르러서는 분격憤激에 못 이기어 초안을 찢어던지고 통곡하였다. 최명길은 희소嘻笑하면서 이것을 다시 주워 붙였다는 것이다.[21]

그러나 27일에는 마침내 항복 문서를 송부하였다. 김상헌이 꺼리던 '신臣'자는 그대로 쓰였고 죄罪를 산山과 같이 지었다는 것과 300년 사직과 수천 리 생령生靈을 승하陛下에게 앙탁仰託한다는 애원의 사연事緣은 그대로 기록되었다.[22]

이렇게 해서 1월 30일 삼전도에서 굴욕의 성 아래의 맹약[城下之

---

20 招大臣命之曰今則和已定送人還定矣云. (南漢日記 丁丑 1月 17日)

21 『淸陰年譜』第2卷 〈崇禎 10年 丁丑年條(1637, 인조 15. 선생 68세)〉 "(一月十六日) 先生以病不詣備局者數日 諸大臣促起之 遂力疾以往 (……) 崔鳴吉所草國書以示之 書中 求忍請降之辭 極其卑諂 有臣罪擢髮難數等語 先生讀未半 不勝憤激慟哭裂書 謂大臣曰 諸公何忍爲此事 (……) 鳴吉 拾取而嘻笑曰 公雖毁弁 吾當補綴 以進矣" 『南漢丙子錄』〈(丁丑 1月) 18日〉

22 『承政院日記』〈仁祖 15年 1月 27日〉 "國書 朝鮮國王臣 謹上書于大淸國寬溫仁聖皇帝陛下 臣於本月二十日 欽奉聖旨節該 今爾固守孤城 見朕手詔責切 方知悔罪 朕以宏度 許以自新 命爾出城面朕者 一則見爾誠心悅服 一則樹恩於爾 復以立國 旋師之後 不失位(示仁信)於天下耳 朕方承天眷 撫定四方 正欲赦爾前愆 以爲南朝標榜 若以詭計取爾 天下之大 能盡譎詐取之乎 是自絶來歸之路矣 臣自承聖旨 益感天地容覆之大德 歸附之心 益切于中 而循省臣躬 罪積丘山 非不知陛下恩信明著 綸綸之降 皇天是臨 猶懷惶怖 累累徘徊 坐積逋慢之誅 今聞陛下 旋駕有日 若不早自趨詣 仰覲龍光 則微誠莫伸 追悔何及 第惟臣方欲以三百年宗社 數千里生靈 仰托於陛下 情理誠爲可矜 若或事有參差 不如引劍自裁之爲愈矣 伏願聖慈 俯鑑血忱 明降詔旨 以開臣安心歸命之路 謹昧死以聞"

盟]을 강요당하였고, 이 결과 세자를 비롯한 인질을 제공하게 되었고, 홍익한, 윤집, 오달제는 주전자의 대표로 심양에 끌려가서 처형을 받게 되었다. 김상헌은 서한을 찢은 이후 6일을 단식하다가 마침내 자결하려고 하였으나 구제된 후에 향리로 돌아가 있게 되었다.

3. 난후의 청음

조정에서 남한호종제신南漢扈從諸臣에게 수상授賞의 대상으로 선정된 것을 안 김상헌은 상소하여 사양하였다. 그 이유를 첫째 남한당시南漢當時에 탑전榻前에서 감히 사수死守의 의리를 함부로 아뢴[妄陳] 것과, 둘째 항복 문서의 문자를 차마 볼 수 없어 초문草文을 찢은 것과, 셋째 양궁兩宮이 친예시親詣時에 마전馬前에 죽지도 못하고 수행하지도 못한 것을 들고 있다.[23]

69세 무인년戊寅年에 복김염조서復金念祖書에 의하면

> 나를 몹시 아껴주면서 나를 깊이 모르는 것이 이상하며 내가 전년前年에 속히 물러나고 오늘 나아가기 어려운 것은 다 그 뜻이 있는 것인데, 다만 색언索言하지 않은 것뿐이며, 죽기 전에 복수설치復讎雪恥의 의논을 들 수 있다면 내 구원九原에 있을지라도 오히려 생기를 갖겠다.[24]

고 함을 볼 수 있다.

---

23 "方駕住山城也 大臣執政爭勸出城 而臣敢以死守之義 妄陳榻前 臣罪一也 降書文字所不忍見 手毁其草 痛哭廟堂 臣罪二也 兩宮視詣敵宮 臣旣下能碎首馬前 病又不得隨行 臣罪三也"(以扈從勞錄加崇祿大夫上疏辭不報……淸陰年譜)

24 『淸陰年譜』"竊恠左右愛我之深 而知我者之淺也 僕前年徑退 今日難進 皆有其義 但不敢素言 (……) 黨未及瞑劃聞 復讎雪恥之議 雖在九原 猶有生氣也"

사람들이 대가출성시大駕出城時에 수행치 않은 것을 추궁하는 데 대해서 그는 "대의大義 있는 것은 털끝만치도 구차스러워서는 안 된다"고 하고 신자臣子의 의義를 논함에 있어서 "신자는 임금[君]에 대해서 의를 따르는 것이지 명령을 좇는 것이 아니니 사군자의 진퇴는 오직 의일 따름"[25]이라 했다.

70세 때에는 청나라가 명나라 정벌을 위한 원병援兵을 조선에 청해왔다는 소식을 듣고 응하지 말아야 한다는 상소문을 올렸다. 그에 의하면 "신하로서 군주에 대할 때 좇아야 할 것이 있고 좇아서는 안 되는 것이 있다"고 했고 "국가에서 가장 큰 일은 의로움에 대하여 가만히 있어서는 안 되는 일"이라고 하여 의로움의 한 길로 가야 할 것을 간곡히 상소하고 있다. 전란 후에 고도故都로 돌아가서도 이러한 그의 의리사상은 많은 젊은이들에게 영향을 주었고, 이러한 그의 태도는 자연 청나라[淸國]에까지도 들리게 되어서 심양에 불려가게 되었다.

칠순여의 노구老軀로 1637년丁丑年 12월 18일에 만상灣上에 도착하여 문초를 받게 되었다. 용골대龍骨大는 포의초리布衣草履의 김상헌을 향해서

> 정축년에 국왕이 하성下城할 때 홀로 청나라는 섬길 수 없다고 하여 하성에 이행치 않은 것은 무슨 뜻인가?

---

25 위와 같음, 第2권 〈崇禎 11年 戊寅年條(1638, 인조 16. 선생 69세)〉 "或問大駕出城之日 子不從何也 余應之曰若蹈城外一步地 是去順效逆之日 大義所在 一毫不可苟 國君死社稷則從死者 臣子之義也 (……) 古人有言 臣之於君 從其義不從其令 士君子出處進退 何常 惟義之歸 不顧禮義 惟令是從者 乃婦寺之忠"【참고】김상헌 69세 때「豊岳問答」을 지었으나 그 전체 원문은 없고, 그 대략적 내용만『청음연보』에 수록되었다.

고 물었더니 김상헌은

> 내 어찌 우리 임금을 좇고자 아니했겠는가. 노병老病으로 좇지 못했을 뿐이다.

고 대답하였다. 다시 용호龍胡는 정축년 이후에 관직을 제서除叙 함에 하나도 받지 않고 교지敎旨를 반환한 일이며, 조병助兵을 청했는데 상소로 이것을 저지한 이유를 따졌다. 김상헌의 답변은 이러하다.

> 나의 뜻을 내가 지키고 내가 내 군주에게 고했는데도 국가가 내 말을 들어주지 않았다. 이와 같은 일을 타국이 반드시 알고자 하는가?

라고 했더니 용호는

> 두 나라가 이미 한 나라가 되었는데, 어찌 타국이라고 하는가.

라고 하자, 김상헌은

> 두 나라는 각각 국경을 갖고 있으니 어찌 타국이 아니겠는가.[26]

라고 대답하였다는 것이다. 26일에는 심양에 도착하였고 1641년辛巳年 1월 8일에 북관北館에 구류되었었다. 12월에는 질환으로 인해서 의주義州로 이감되었다. 74세 된 1643년 1월에 다시 심양으로

---

26 『仁祖實錄』卷41 〈仁祖 18年 12月 19日條〉"答曰吾守吾志 吾告吾君 而國家不用忠言 此事何與於他國 而必欲聞之乎 龍胡遽曰何以謂之他國乎 曰彼此兩國 各有境界 安可不謂之他國乎"

옮겼고 후에 다시 동관東館으로부터 북관으로 옮겼다. 이때에 최명길이 대명외교의 질책으로 끌려와서 마침 김상헌과 만나게 되었다. 최명길은 명나라와 사통私通을 문초당함에 있어서 평양에서 고조문高調文, 다극파多克坡를 시켜 명나라에 보낸 서한의 내용을 추궁받았다. 최명길의 대답이

> 하필이면 글 내용을 묻는가? 이미 사람을 파견해서 글을 보내니 어찌 청나라에 대해서 좋은 말이 있겠는가? 다만 우리 조선의 괴로운 심정[苦情]을 호소한 데 지나지 않는다.

고 하였다[27]는 것이다.

한때 주화와 척화로 의견이 맞섰던 두 사람이 옥중에서 서로 만나니 심중이 착잡하였을 것이다. 최명길이 시로써 경권經權의 뜻을 설하였다. 즉,

> 끓는 물이나 얼음이나 다 같은 물이요, 가죽옷도 갈옷도 다 같은 옷이니라.

고 읊으니 김상헌은 이어서 화답하였다.

> 성패成敗는 천운天運에 매어 있으니 모름지기 의로움[義]대로 행할지어다. 비록 그렇다고 할지라도 아침과 저녁을 바꿀 수는 없는 일이며 어찌 상의裳衣를 거꾸로 입을 수야 있겠는가? 권도權道로 혹 어질

27 『東華錄』〈崇德 7年條〉"問 鳴吉書內何詞 對曰作書遣高調文 及僧人多克坡送往明國是實問鳴吉書內何詞 鳴吉對曰何必問書詞 旣遣人送書 安有善言 不過訴 我朝鮮苦情耳"

다고 한 것이 오히려 잘못을 저질렀으니 경론經論은 마땅히 중의衆意를 어기지 말아야 한다. 이치[理]에 밝은 그대들에게 내 기언寄言하노니 급해도 형기衡機는 삼가야 하느니라.[28]

4월에 질관質館에서 석방될 때 용호는 최명길과 김상헌을 불러 서쪽을 향해서 사명謝命토록 하니 최명길은 혼자 서쪽을 향해서 사배四拜를 하고 이어서 용호에게 궤사跪謝하였으나, 김상헌은 요통腰痛을 빙자해서 끝내 예禮를 하지 않고 잠시 뒤에 오히려 동석했던 우리 세자에게 엄숙히 사謝했으므로 해서 그대로 질관에 머무르게 되었다. 76세 되던 해 2월에 심양으로부터 돌아왔고 석실石室로 귀향한 후에는 여러 차례 입관入關을 명했으나 상소로 사퇴하였다. 효종이 등극한 뒤 83세로 장서長逝하였다.

정묘호란 이후, 최명길의 화의론에 맞서 시종일관 척화를 주장해왔고, 이로 인해서 심양까지 끌려가서 고초를 6년간 겪었으나 풀려나온 후로는 입조入朝를 끝내 사양했고, 명나라의 연호를 그대로 사용하면서 투철한 의리정신으로 몸을 마쳤다. 이러한 김상헌의 생애는 이후 사상계에 춘추의리정신春秋義理精神을 심어주게 되었다고 생각한다.

Ⅳ. 척화와 의리

정묘와 병자의 두 호란을 통해서 조정 안에 현저하게 대립되어온

28 『淸陰年譜』〈崇禎 16年 癸未年條(1643, 인조 21. 선생 74세)〉 "時崔相鳴吉 亦被句執 崔以詩說經權之意云 湯氷俱是水 裘葛莫非衣 先生次其韻曰 成敗關天運 須看義與歸 雖然反夙暮 詎可倒裳衣 權或賢猶誤 經應衆莫違 寄言明理士 造次愼衡機"

주화와 척화의 양론을 살펴보고 나아가서 청나라의 힘의 난무亂舞 앞에서 김상헌은 시종 척화의 입장을 지켜왔음을 보았다. 의리 문제가 역사상으로 대두된 것은 춘추전국시대였다고 미루어지거니와 부국과 강병을 지상목표로 삼고 약육강식을 일삼던 당시로 말하면 힘만이 가치처럼 믿어졌던 것이다. 춘추 242년간에 망국이 52에 달하고 그 임금을 시해한 자가 36이나 되는 것을[29] 보아도 미루어 짐작할 만한 일이다. 주공周公을 꿈에 그리며 인류사회에 평화를 염원하던[30] 공자는 『춘추』의 붓을 들어 노나라[魯國] 242년의 역사를 쓰기에 이르렀다. 자신을 평가해주는 기준이 될 수 있다고까지 생각한 『춘추』[31]는 뒤에 무도한 난신적자亂臣賊子들의 두려워하는 바가 되었다.[32]

그러나 형세[勢]에 있어서 큰 것[大]이 작은 것[小]을, 많음[衆]이 적음[寡]을, 강함[强]이 약함[弱]을 침범해올 때는 항거하기 어려운 일이다. 힘에 굴복된다고 해서 시비곡직是非曲直이 전도될 수는 없는 일이다. 완전 포위를 하고 항복을 강요하는 청나라 군대 앞에 최선을 다하는 길만이 주어진 마당에 김상헌도 화의를 생각해보았던 것이다. 화의를 맺더라도 먼저 전력을 기울여서 최선을 다한 연후에 응해야 할 것을 건의하였던 것이다.[33]

할 수 없이 성에서 나와 청나라의 힘 앞에 굴욕적인 군신의 의리를 맺게 되었을 때 김상헌 자신은 수행하지를 않았다. 임진왜란 때에

---

29 『淮南子』 卷9 「主術訓」 "春秋二百四十二年間 亡國五十二 弑君三十六"

30 『論語』 卷7 「述而」 "子曰甚矣 吾衰也 久矣吾不復夢見周公"; 『論語』 卷5 「公冶長」 "子曰 老者安之 朋友信之 少者懷之"

31 『孟子』 卷6 「滕文公(下)」 "孔子懼 作春秋 春秋天子之事也 是故孔子曰 知我者 其惟春秋乎 罪我者 其惟春秋乎"

32 위와 같음, "孔子成春秋 而亂臣賊子懼"

33 前引. 『南漢紀略』 "今日之計 必須先戰後和 若徒事卑辭請和 則和亦不可望"

후원後援을 얻은 명나라의 은혜도 은혜려니와 종주국宗主國에 항역抗逆하는 후금後金의 행위는 김상헌에게는 배역무도背逆無道한 것이요 의리상 도저히 용납될 수 없었던 것으로 생각된다. 군주를 모시는 신하로서 의리를 따르는 것이지 명령을 따르는 것이 아니요, 사군자士君子의 진퇴는 오직 의로움일 뿐이라고[34] 한 것으로 미루어 성으로 나올 당일에 수행할 수 없었던 그의 심정을 살필 수가 있다. 군자가 천하에 대처할 때에는 긍정 부정이 문제가 아니라 오직 의로움을 좇을 따름이라[35]고 함은 공자가 일찍이 말한 바이다. 김상헌에 있어서 불사이군不事二君하는 정신은 죽음보다 더 소중했던 만큼 차라리 죽을지언정 역적을 따르지 못하겠다[36]는 그의 심경은 추호도 흔들리는 바 없었다. 원수[寇讐]를 돕고 부모를 공격하는 일은 할 수 없다는 것이다. 뿐만 아니라 호란이 수습된 후에 공부문서公府文書에 맹약대로 청나라의 연호를 쓰고 만일 안 쓴 문서는 받지 않았지만 김상헌은 간지干支만을 써서[37] 그의 존주尊主하는 태도로 시종일관하는 모습을 보였던 것이다.

화和란 중절中節된 것이요, 그러기에 중화中和가 이루어질 때 천지는 안정되며 만물이 잘 자란다[38]고 자사子思는 말하였다. 진정한 '화'가 강한 것[39]이요, 이 강한 '화'를 위해서는 예절이 필요하며 따라서

---

34 前引.『淸陰年譜』〈崇禎 11年 戊寅年條(1638, 인조 16. 선생 69세)〉"臣之於君 從其義不從其令 士君子出處進退 何常 惟義之歸"

35『論語』卷4「里仁」"子曰 君子之於天下也 無適也 無莫也 義之與比"

36『仁祖實錄』卷39〈仁祖 17年 12月 26日條〉"自古無不死之人 亦無不亡之國 死亡可忍從 逆不可爲也"

37 위와 같음, 卷47〈仁祖 24年 4月 2日條〉"是時公府文書 皆用順治年號 其不書者 政院却之不受 獨尙憲於疏箚早辭 只書幹枝 政院以其大臣章疏 而不敢却 亦不之問也"

38『中庸』「第1章」"喜怒哀樂之未發 謂之中 發而皆中節 謂之和 (……) 致中和 天地位焉 萬物育焉"

39 위와 같음,「第10章」"君子 和而不流 强哉矯"

선왕의 정치는 소대小大를 막론하고 이것에 의해서 이루어졌던 것이다.[40]

예禮로 절도 있게 하는 데서 진정한 의미의 '화'가 이루어지며, 따라서 화이불류(和而不流: 조화하지만 휩쓸리지 않음)하는 강함을 가져올 수가 있는 것이다. 그러므로 맹자의 말과 같이 '예'의 실상은 인의仁義를 절문節文함으로 실현될 수 있고[41] 자사의 말과 같이 '중'과 '화'를 이루는 데서 조화하지만 휩쓸리지 않는 군자의 강함을 유지할 수가 있다. 척화라고 할 때의 '화'는 이러한 '화'는 아니었다. 그것은 힘으로 항복을 강요하는 화의였다. 명나라 내에서는 극상剋上하는 소행所行이요 조선에 대해서는 유린하는 소위所爲였다. 김상헌으로서는 이러한 행위에 대하여 납득이 되지 않았다. 이 밀려드는 세력을 받아들인 최명길의 소치所致에 대해서 부끄럽기 그지없게 생각하였다. 진秦나라가 힘으로 무도하게 조나라를 하루 사이에 굴복시켰을 때를 연상하면서 공자를 머리에 그려가며 조나라는 당시에 선생과 같은 의논이 없었으니 천추만고인千秋萬古人의 수치를 덜어준다고 김상헌은 최명길에게 시로 옥중에서 화답한 바 있다.[42]

부끄러움을 아는 일이 의로움의 단서가 된다[43]고 하였거니와 이러한 의로운 마음은 인심의 일반성으로서[44] 성인은 이 일반성을 먼저

---

40 『論語』 卷1 「學而」 "禮之用 和爲貴 先王之道 斯爲美 小大由之 有所不行 知和而和 不以禮節之 亦不可行也"

41 『孟子』 卷7 「離婁(上)」 "孟子曰 仁之實 事親是也 義之實 從兄是也 智之實 知斯二者 弗去是也 禮之實 節文斯二者是也"

42 『淸陰年譜』 〈崇禎 16年 癸未年條(1643, 인조 21. 선생 74세)〉 "(咏魯仲連詩) 月暈孤城晝暗塵 邯鄲朝暮且降秦 當時不有先生議 羞殺千秋萬古人"

43 『孟子』 卷3 「公孫丑(上)」 "惻隱之心 仁之端也 羞惡之心 義之端也 辭讓之心 禮之端也 是非之心 智之端也"

44 위와 같음, 卷11 「告子(上)」 "心之所同然者 何也 謂理也義也 聖人先得我心之所同然耳"

얻어가진 데 불과한 것이다. 대중과 더불어 하는 마음은 곧 이 마음의 일반성을 기반으로 한다는 뜻이며 의로움대로 한다는 말이다. 등滕은 소국小國으로서 강국強國인 제齊나라와 초楚나라 사이에 끼어 있어 사제事齊와 사초事楚의 어느 것을 택해야 할지 양난兩難에 빠져 있을 때 거취去就를 맹자에게 물으니 그는,

> 그러한 지모智謀는 없지만 다만 한 가지 방법은 못을 파고 성城을 쌓고 백성들과 더불어 지키되 백성들이 사수死守하고 이산離散치 않으면 해볼 만한 일이라.[45]

고 대답하였다. 성패는 하늘에 매어 있어 사람은 최선을 다하면 된다[46]고 보는 것이다. 청나라는 무력으로 주상을 거역했고 조선을 침략했다. 무력이 시비곡직을 뒤집어줄 수는 없다. 힘이 약해도 맞은 것은 맞은 것이다.[47] 틀린 길이기에 청나라를 따를 수가 없었다. 그러기에 성에서 나오는 인조를 따르지 않았고, 청나라 황제 앞에 끝내 무릎을 꿇지 않았고 세상을 떠나는 날까지 이해利害를 초월하여 스스로를 지켜갔다.[48]

---

45 위와 같음, 卷2「梁惠王(下)」"滕文公問曰滕 小國也 間於齊楚 事齊乎 事楚乎 孟子對曰 是謀非吾所能及也 無已 則有一焉 鑿斯池也 築斯城也 與民守之 效死而民弗去 則是可爲也"

46 위와 같음, "若夫成功 則天也 君如彼何哉 强爲善而已矣"

47 『論語』卷3「八佾」"射不主皮 爲力不同科 古之道也"

48 위와 같음, 卷16「季氏」"孔子曰 君子有九思 視思明 聽思聰 色思溫 貌思恭 言思忠 事思敬 疑思問 忿思難 見得思義"

V. 결론

한 민족의 역량은 그 나라의 존망기로存亡岐路에서 볼 수 있고, 한 사람의 참 모습은 사생死生의 분기점에서 볼 수 있다고 생각된다. 정묘와 병자의 두 호란은 우리 민족의 시련기였고, 그 기간에 있어서의 김상헌의 행적은 그 자신의 참 모습이었다고 생각된다. 그의 인생관, 의리관의 소치였다. 그는 적진에 보내려는 항복의 국서를 찢었고, 인조가 성 밖으로 나오는 것을 따르지 않았고 호종扈從의 가록加錄을 일체 받지 않았으며, 출병하여 명나라를 공격하려는 청나라를 돕지 말라고 상소하였고, 청나라의 연호를 쓰지 않았고, 용호龍胡 장군을 대할 때에도 한 나라의 체면을 유감없이 지켰으며, 심양에서 풀려나려 할 때 청나라 황제에 사죄하는 배례拜禮를 끝내 거절하였고, 귀국 후에는 오로지 이해를 떠나서 일신을 지키는 것으로 생애를 마쳤다. 이 생애를 일관해서 지켜온 것은 명나라를 높이는 일이요, 약소국으로서 사대事大를 일삼아 아부하는 의미에서가 아니라 스스로의 주체를 지키려는 뜻에서였다고 추측된다. 부자夫子의 공功은 『춘추』에서 더 큰 것이 없고 춘추의 의리는 또 존왕尊王보다 더 큰 것이 없으며 존왕은 주체보다 더 큰 것이 없는 것[49]으로 생각할 때 김상헌의 존명尊明은 바로 그의 주체의식에서 보여진 궁행躬行이라고 해야 할 것이다. 김상헌의 이러한 학행學行은 이후 송시열宋時烈을 거치면서 의리사상을 심어주었고 이 나라 유학사상에 의리학파義理學派를 형성해 주는 하나의 기점이 되었다고 생각된다.

생각건대 인류는 평화를 달성해야 할 것이요, 이 성취를 위해서는

---

49 『肅宗實錄』 卷14 〈肅宗 9年 6月 12日條〉 "夫子之功 未有大於春秋 而春秋之義 又未有大於尊王也" 【참고】 논문 각주에는 "又未有大於尊王也" 다음에 "尊王 未有大於主體"라는 어구가 있으나, 『숙종실록』에는 본 어구가 없기에 포함하지 않았음을 밝힌다.

힘의 침략으로부터 탈피해야 할 것은 물론, 부질없는 군비경쟁을 중지하고 정곡正鵠을 적중시키는 경쟁으로 전환되어야 할 줄로 안다. 중부중中不中은 힘이 기준이 될 수 없다.[50] 김상헌의 불굴의 소행所行이 무의미한 힘에 의한 항거가 아니라 주체에서 우러나오는 의리임을 이해할 때, 오늘의 세계가 무력침략을 포기하고 상호의 주권을 존중하여 평화를 달성해야 할 때라면, 공론 아닌 하나의 천리踐履의 선구자로서 그 뜻이 매우 새로운 것으로 믿어진다.

50 前引.『論語』卷3「八佾」“射不主皮 爲力不同科 古之道也”

제4장 윤리적 측면에서 본 충효사상

Ⅰ. 서론

나 스스로가 몸가짐을 원만하게 하고, 집안이 화목하며, 나라가 발전하고 인류가 평화를 유지한다는 것은, 오늘뿐만이 아니라 동서고금을 통한 영원한 소망이라고 할 것이다. 이제 새삼스럽게 문제삼게 된다는 것은 개인의 행위에서나, 가정 안에서의 평화라든가, 국가의 번영이라든가, 세계의 안정성에 비추어, 이 현실이 그만큼 불안함을 뜻하는 것으로 안다. 세계사의 일익一翼을 맡은 한민족韓民族은, 지니고 있는 역사적 특수성을 통해서 새로운 문화창조에 필요하고도 충분한 기여가 있어야 할 것이며, 충효忠孝의 기치旗幟가 높게 오르게 된 것도 우연한 일이라고만 하기에는 너무도 절실한 현실로 느껴진다.

『25시』의 작가인 게오르규C. V. Gheorghiu[1]는 한국에 온 기념강연에서 우리를 지적하기를 "군자君子의 전통을 살려서 시련을 이겨온 한국인은 거목巨木에 핀 난초蘭草"라고 비유하였다. 이제 이 난초의 향기는 세계사를 살찌게 해야 할 때가 온 것으로 보인다.

1 게오르규는 루마니아 신학자이자 신부이다.

Ⅱ. 본론

1. 민족윤리의 전통성

국조國祖 단군檀君께서 나라를 창건할 때에 '홍익인간弘益人間'을 국시國是로 내놓은 바 있음은 주지된 사실이다. 인간이라는 말이 당시의 정치적인 용어였는지는 알 길이 없으나, 홍익국민弘益國民이라고 하지 않고 '홍익인간'이라고 표현한 점에 유달리 관심이 간다. 인도주의적 심저心底에서 우러나온 것으로 간주된다.

기자箕子의 통치는 금팔조禁八條에 의한 것이었다고 하나, 그 내용의 전부를 알 수 없음이 유감스럽지만, 전해오는 3조는 다음과 같다.

① 사살이당시상살相殺以當時償殺 – 사람을 죽인 자는 즉시 사형에 처한다.
② 사상이곡상相傷以穀償 – 남의 신체를 상해한 자는 곡물로써 갚는다.
③ 상도자 남몰입위가노 여자위비 욕자속자 인십오만相盜者 男沒入爲家奴 女子爲婢 欲自贖者 人十五萬 – 남의 물건을 도적질한 자는 원칙적으로 소유주 집에 잡혀 들어가서 노예가 되나, 자속自贖하려는 자는 매인每人 앞 50만 전을 내놓아야 한다.

이 세 조문은 법률의 성격을 가진 것이지만, 3조 끝에는 "비록 면해주지만 공민公民들의 풍속은 오히려 수치스럽게 여겨 시집가고 장가갈 곳이 없었다[雖免爲民俗猶羞之 嫁娶無所]"라는 것이 이어져 있다. 이것은 그 당시의 나라 풍속을 막해주는 것으로서, 비록 돈으로 자속自贖하여 양민良民이 된다고 하더라도, 나라 풍속으로서는 이것을 부끄럽게 생각하여 결혼의 상대자를 구하지 못한다는 것이다. 『한서漢

書』「지리지地理志」에는 이 8조 금법禁法에 관련해서 "그래서 그 백성들은 끝내 서로 도적질하지 않고 문을 잠그는 것이 없고 부인들은 절개 있고 신의 있어 음란하거나 간사하지 않다"[2]고 한 것이 보인다. 즉 조선 사람들은 도적질을 하지 않고, 밤에 문을 닫지 않으며, 여자들은 정절貞節이 있어 음란하지 않다는 것이다. 본래 고조선에서는 정조를 굳게 지킴을 미덕으로 삼아왔음을 전해주는 것이다.

부여扶餘에서는 남녀 간에 간음을 하거나, 부녀 사이에 투기가 심한 자에 대하여는 극형에 처하였다. 의복은 백색을 숭상하였고, 사자死者에 대하여는 후장厚葬하는 풍속이 있다고 한다.

『주서周書』「이역전異域傳」에 의하면, 고구려의 예속禮俗으로는 혼례시婚禮時에 거의 재폐財幣로 하지 않고, 만일에 재물을 받는 자는 '매비賣婢'라고 하여 매우 부끄럽게 여겼으며, 부모와 남편상에는 화하복제華夏服制에 따른다고 되어 있다.『북사北史』「고구려전高句麗傳」에는 좀 더 자세하게 기록되어 "남녀가 서로 좋아하면 혼가婚嫁를 하되, 남자 집에서는 저주猪酒를 보낼 뿐 재빙財聘하는 일이 없으며, 혹 재물을 받는 자가 있으면 사람들이 모두 부끄럽게 여겨 '매비'라고 하였다. 사람이 죽었을 때는 빈소殯所를 옥내屋內에 두고, 3년이 지난 뒤에야 길월吉月을 택해서 장례를 치르되, 부모와 남편상은 삼년복三年服을 입고, 형제는 삼월복三月服을 입으며, 초종初終에 곡읍哭泣하고, 장례 시에는 고무작악鼓舞作樂으로 보낸다"라고 되어 있다.

신라시대는 더욱이 도의정신道義精神을 높이고, 지행합일知行合一의 기풍하에 실천궁행이 강조된 시기로 이해된다. 화랑도花郞道의 세속오계俗五戒는 그 대표적인 덕목으로 생각된다. 원광법사圓光法師의 시창始唱이라고 하는 '사군이충事君以忠', '사친이효事親以孝', '교우이신交友以信', '임전무퇴臨戰無退', '살생유택殺生有擇'은 유명하거

2 『漢書』「地理志」. 是以其民終不相盜 無門戶之閉 婦人貞信不淫辟.

니와, 당나라 장수인 소정방蘇定方은 백제를 정복하고 돌아와서 고종高宗에게 아뢰기를

> 신라의 인군人君은 인仁하여 백성을 사랑하고, 신하는 충忠으로 나라를 섬기며, 아랫사람이 윗사람 섬기기를 부형과 같이 한다.[3]

라고 하였다고 한다.

고려 태조는 19년에 국내[海內]를 안정하고, 신하들[臣子]의 예절을 바로잡기 위해서 『정계政誡』 1권과 『계백료소誡百寮書』 8편을 지어서 중외中外에 반포하였다고 하나, 지금 전해오지 않아서 알 길이 없다. 또, 태조 만년에 후사後嗣를 위해서 『신서信書』와 「훈요십조訓要十條」를 지어 대대로 귀감을 삼게 하였다. 태조의 사상과 신심이 엿보이기는 하지만, 무엇보다도 고려시대의 대표적인 것은, 정몽주鄭夢周의 충忠을 제외할 수가 없을 것이다. 태조가 후세 군신들의 남월濫越을 경계한 『신서』와 「훈요십조」의 뜻은 정몽주에 의해서 본지가 유감없이 지켜진 것으로 보인다.

조선시대로 접어들면서 유교입국儒教立國의 영향도 있었겠지만, 국난을 통해서 발견되는 민족윤리의 의식은 더욱이 뚜렷한 바를 볼 수가 있다. 단종端宗을 옹호하는 사육신死六臣의 모습, 남곤(南袞: 1471~1527)·심정(沈貞: 1471~1531)의 무고誣告로 희생이 된 조광조趙光祖, 선조宣祖의 장래를 염려하는 노신老臣 이황李滉, 국권을 빼앗긴 뒤에도 끝내 굽히지 않은 청음淸陰 김상헌(金尙憲: 1570~1652) 등 하나하나 열거하려면 한이 없을 것이다.

이상에서 단군 이후로부터 조선조에 이르기까지 예속 속에 지녀오는 우리 민족의 가치의식의 흐름을 개관하였다. 대체로 혼속婚俗

3 『三國史記』「金庾信傳」.

과 충효忠孝로 요약되며, 남녀 간에 정절을 중요시한 것과 희생적인 충효정신의 단면을 보여주고 있다. 이제 좀 더 구체적으로 몇 가지를 살펴보기로 한다.

2. 충효로 점철된 가치의식

충효의 사례는 『삼강행실도三綱行實圖』나 『오륜행실도五倫行實圖』를 참고할 만하지만 그보다도 역사적인 배경과 함께 널리 칭송되어 오는 몇 가지를 다음에 들어본다.

A. 포은의 인간 이해

포은圃隱 정몽주鄭夢周는 비록 이방원李芳遠에 의하여 육신은 희생되었으나, 그의 절의는 민족과 함께 살아 있는 줄 안다. 사람이란 사람을 잘 알아야 하며, 사람을 잘 알려면 자기를 먼저 잘 알아야 할 것으로 믿는다. 소크라테스의 말을 빌릴 것도 없이, 나 자신을 아는 공부를 우리 조상들은 진정한 학문으로 여겨왔던 것이다. 정몽주가 나이 겨우 아홉 살로 외가에 갔을 때 있었던 일화는 매우 유명하다. 외가의 여자 종이 어린 정몽주에게 "남편에게 보내는 편지를 써달라"고 졸랐더니, 정몽주는 글 모르는 그 여자 종의 안타까운 심정을 딱하게 여겨서 붓을 들었다.

> 구름은 모였다고 흩어지고, 달은 갔다가 이지러지지만, 저의 마음은 조금도 변함이 없습니다[雲聚散月盈虧妾心不移].

라고 써준 이 글이 너무 간결하여 열정熱情의 못다함을 아쉽게 여겨, 좀 더 써달라고 졸랐더니, 어린 정몽주는 다시 봉한 것을 떼고서

> 봉했다가 다시 열어 한 말씀 더 하온데, 세상에 병이 많지만 그대 그리워함이 상사병인가 하옵니다[緘了却開 添一語 世間多病 是相思].

라고 적어주었다고 한다.

일찍이 사람의 마음을 헤아릴 줄 알았던 그가 6세 때에 이방원의 심사를 어찌 몰랐으랴.「단심가丹心歌」는 이방원의 내심을 꿰뚫어 답한 것이며 선죽교善竹橋 위의 얼룩진 핏자국은 그의 충의의 결창結晶이라고 할 것이다. 고려 말기의 군신이 의리를 충으로 장식한 것은 역시, 이 시대의 가치관의 집점集點이 여기에 있었던 까닭이라고 해도 과언이 아닐 줄 안다. 여기에 한 가지 강조하고 싶은 것은 정몽주의 충신忠信이 개인의 충복忠僕이 아니라 민족의 정당한 주권에 대한 존엄한 수호였다는 점이다. 따라서 조선조의 건국이란 가치의식의 민족적 진통陣痛을 면할 수가 없었다고 생각된다.

B. 사약 마시는 정암

보수파의 밀고로 능성綾城에 하옥된 정암靜庵 조광조趙光祖에게 신구伸救와 청참請斬이 엇갈리는 가운데 사약이 내렸고, 집행 당일의 모습을「연보年譜」에는 다음과 같이 전한다. 조광조는

> 주상께서 신에게 죽음을 내리셨는데, 죄명이 합당合當한지 공청恭聽하고 죽기를 청하노라.
>
> 도사都事 (……)

조광조는 뜰 아래로 내려가서 북향재배北向再拜하고 꿇어앉아서 교지敎旨를 받고 묻기를 "군상君上이 건강이 어떠하신가? 삼공三公·육경六卿·대간台諫·시종侍從들이 누구들인가" 하고 가족에게는 한마디 유언도 하지 않았다.

도사가 사약을 마시기를 빗발치듯 독촉을 한다. 조광조가

옛 사람은 조서詔書를 안고 엎대여 곡哭을 하면서 전했는데, 지금 사람은 이렇듯 다르단 말인가.

드디어 목욕을 하고 옷을 갈아입은 다음에 자리에 나아가서 앉고 소회所懷를 읊으니, 그것이 널리 알려지고 있는 절구絶句

愛君如愛父 임금 사랑하는 것을 어버이 사랑하듯 하고
憂國若憂家 나라 걱정하는 것을 집안 걱정하듯 하였네
白日臨下土 훤한 태양이 천하의 대지를 굽어보니
昭昭照丹衷 나의 붉은 충정이 밝게 비치리

이다. 그는 약을 받아서 마셨지만, 37세의 젊은 나이인지라 숨이 얼른 넘어가지를 않는다. 부졸府卒들이 달려들어서 목을 밧줄로 매려 하니, 조광조는

이놈들! 성상聖上도 신의 목을 보호하려 약을 내렸는데, 너희들이 감히 이렇듯 하느냐.

약을 더 가져오라고 하여 다시 마신 뒤에 운명을 했다는 것이다.

이제 사약을 받은 조광조가 임금[君上]의 건강을 묻고, 그곳을 향해 재배하는 그의 마음을 이해하는 데 부담이 갈 정도이지만, 그의 최후 소회 한 수를 통해서 국가와 임금에 대한 진심을 엿볼 수 있는 것 같다. 죽음을 걸고 하는 충성도 힘든 일이지만, 삶[生]을 완수完遂하면서 충성을 다한다는 일은 더욱 어려운 일일까 한다.

C. 봉명으로 종생한 퇴계

정몽주를 이학理學의 조祖라고 하였고, 계통을 김굉필金宏弼, 조광조趙光祖로 이어서 보는 이황이니만큼, 그 도의심道義心의 명맥命脈 또한 그로부터 흘러온 것으로 짐작이 간다. 앞 두 사람은 비명에 간 데 비해 이황은 천명天命을 다한 데 차이가 발견된다.

출사의 동기가 생계에 마지못함에 있었고, 모친의 가르침을 받들어 출세를 피하려는 심산이었건만, 임금의 명을 어길 수 없어서 사양으로 진퇴를 거듭하게 된 결과가 봉명奉命의 일생이요, 필생畢生의 충성이었던 것이다. 이황의 충성을 이루 다 예거例擧할 수는 없겠으나, 대체로 두 가지 경향성에서 특징을 가지는 것으로 보인다. 첫째는, 본의 아닌 관직생활이기에 물러가고자 원했고, 군왕의 명이기에 어기지 않고 순종했다는 점이다. 모친의 경계 말씀과 아울러 중년(53세) 이후 학문으로 생을 마치겠다는 결심을 한 바도 있으나, 병고에 시달려 가면서 칠십 생애를 왕명 받드는 일로 보냈다는 것은 선생의 성誠과 경敬을 충분히 입증해주는 사실이라고 하겠다. 둘째는, 흔히 소문疏文 올리는 일로 능사能事를 삼는데, 상소上疏 내용에 학문을 담은 일이 역사상 최초라는 데 의의가 있다. 즉『성학십도聖學十圖』는 나이 어린 선조에게 올린 학문적인 적성赤誠이다. 실사헌성實事獻誠도 중요하지만 실리實理를 위한 지성至誠을 헌납하는 데 비길 수 있으랴. 입도入道하는 문으로서 적덕積德하는 기틀로서 올린다는 성심誠心은 만기萬機를 장악하고 백책百責이 모인 성주일심聖主一心의 정립을 위한 선생의 충의忠義라고 할 것이다.『주역周易』「설괘전說卦傳」에 "이치를 궁구하고 본성을 다하여 천명에 이른다"[4]라고 한 바와 같이, 그 학문의 길이와 인격의 지고至高함은 명을 완수하는 생로生路를 확보해준 것으로 믿어진다.

4 『周易』「說卦傳」. 窮理盡性 以至於命.

D. 주권을 지킨 청음의 충

성상聖上에 대한 충忠과 국가에 대한 충이 다를 수가 없으나, 김상헌金尙憲의 경우는 그 특이함을 보게 된다.

병자호란에 우리는 중과부적으로 패전을 당했고, 삼전도三田渡에서 삼배구고두례(三拜九叩頭禮: 세 번 큰 절을 한 다음 아홉 번 머리를 숙이는 예)의 수모를 겪어야 했다. 남한산성 안에서는 화전양론和戰兩論이 맞서서 인조仁祖가 결심을 내리는 데 시간이 걸리기는 하였으나, 대세는 기울어진 채 항복의 굴욕을 역사에 기록하게 되었다. 최명길崔鳴吉과 김상헌은 양론의 대표였고, 김상헌은 끝내 주전을 고집하여, 인조 하산에 수행을 하지 않았다. 뿐만 아니라 그 후에도 청나라와의 국교 관계나 원병援兵에 불응하였으므로 청나라로서는 김상헌을 반청자反淸者로 지목하고 포박하여 의주義州를 거쳐서 심양瀋陽으로 호송하였다.

인조가 척화斥和를 고집하는 김상헌에게

> 예조판서[김상헌]는 이제 이후로 방편지부方便之部를 깊이 생각해서 고집하지 말라.

라고 하였더니, 김상헌은

> 신이 어찌 잘못된 견해를 고집해서 국사를 망치겠습니까. 다만 충을 원하고자 하되 계려計慮가 천단淺短하여 보익되는 바 없으니, 또한 감히 뇌동수중雷同隨衆해서 초심을 저버릴 수가 없을 뿐입니다. 상上으로부터 마음을 굳게 정하시고 동요하지 마셔야겠습니다.

라고 하여 도리어 성상이 확고부동한 자세를 취할 것을 요구할 정도였다.

의주에 도착하여 용골대龍骨大의 문초를 받았다.

정축丁丑에 국왕이 성에서 내려올 때 홀로 청국을 섬길 수 없다고 하여 성에서 내려올 적에 수행하지 않은 것은 무슨 뜻인가.

이에 김상헌은 대답하기를

내 어찌 우리 임금을 좇고자 않겠는가. 노병老病으로 좇지 못했을 뿐이다.

다시 용호龍胡는 정축 이후에 관직을 제서除叙하는 데도 받지 않고 교지를 반환한 일이며, 원병을 청했는데도 상소로 이것을 저지한 이유를 따졌다. 김상헌은

나의 뜻을 내가 지키고 내가 내 군주에게 고하였는데도 국가가 내 말을 들어주지 않았다. 이와 같은 일을 타국이 반드시 알고자 하는가.

이에 대하여 용골대는

양국이 이미 한 나라가 되었는데, 어찌 타국이라고 하는가.

고 묻자 김상헌은 이렇게 대답하였다.

양국은 각각 국경을 갖고 있으니, 어찌 타국이 아니겠는가.

더욱이 인조가 성에서 내려올 때에 수행하지 않은 일에 대하여 사

람들이 추궁하는 데 대하여

> 대의大義 있는 곳은 털끝만치도 구차스러워서는 안 된다. 신하는 임금에 대해서 '의'를 따르는 것이지 명령을 좇는 것이 아니니, 사군자士君子의 진퇴는 오직 '의'일 따름이다.

라고 대답하고 있다.[5] 국가의 주권에 대한 수호, 그리고 의리를 좇는 그의 불굴의 태도 속에서 그가 믿고 있는 충성忠誠을 엿볼 수 있을 것 같다.

이상에서 살펴본바, 그들의 '충忠'을 과연 오늘의 사회에서는 어떻게 평가해야 할 것인지, 전도顚倒된 가치의식에서는 반드시 긍정적인 것만은 아닌 것으로 보인다.

3. 새로운 윤리의 요청

송구영신送舊迎新은 신년에만 필요한 것이 아니라, 시시각각이 신진대사新陳代謝되는 것이라고 한다면, 현대사회라고 해서 독특하게 새로운 윤리가 요청된다는 말은 부당한 것처럼 들린다. 부당함에도 굳이 하는 이유는 신진대사가 안 되고 있다는 증좌證佐며, 신진대사가 안 될수록 고통을 겪고 있는 것으로 생각된다.

전래의 정신가치가 물질가치로 전환이 되고, 종전의 종적 윤리가 횡적 윤리로 바뀌고 있는데서 단층斷層이 깊어가고 있다. 이미 30년이나 중독된 물질가치를 하루아침에 씻어낸다[洗滌]는 것은 불가능한 일이나, 그렇다고 해서 포기할 수도 없는 데 고민이 있다. 벌써 4반세기나 자유에 미혹된 부부윤리를 하루저녁에 부자윤리로 회복시

5 『淸陰集』「豐岳問答」 참조.

킨다는 것은 불가능한 일이지만 그렇다고 해서 포기해버릴 수도 없는 데 고통이 있다. 물질을 따르느냐, 정신을 따르느냐, 부부를 따르느냐, 부자를 따르느냐는 우리 민족이 부딪히고 있는 역사의 물결 속에서 택해야 할 기점에 서 있는 것으로 보인다. 그러나 선택을 해야만 한다고 해서 전자 아니면 후자를 가리는 식으로 문제가 해결될 것인가는 의문이다. 지금 이 시점에서 물질가치를 버릴 수 있겠는가. 부부 단위의 핵가족의 윤리를 버릴 수 있겠는가. 서양이 동양을 찾고 동양이 서양을 찾는 일은 필요한 일이기는 하나, 각각 자기를 버린다는 뜻은 아니다. 여기서 멀게는 동과 서의, 가까이는 물질과 정신, 부부와 부자의 조화가 필요하게 되는 동시에 이 해결은 현대에서 이룩해야 할 시대적인 과제로 생각된다. '충'과 '효'의 전래의 가치가 정신적이요 종적 윤리에 있었다면, 오늘날 이것을 물질과 그리고 횡적 윤리와의 조화 방향으로 가늠해가는 일이 자못 새로운 과업課業이 아닐 수 없다. 방법상의 문제이지 본말本末이 전도될 수는 없다.

4. 오늘날의 충효

종적 체계의 사회구조가 횡적 구조로 바뀐 오늘에 있어서 '충'과 '효'의 방법을 과거대로 인식하려는 것은 착오라고 할 것이다. 낡은 선박船舶의 키로 새로운 선박을 운전하려는 것과 다름이 없을 것이다. 키의 모양은 새 선박에 맞게 제작되어야 하겠지만 기능상의 차이는 있을 이치가 없다. 민주주의 사회에서 가장 중시되는 것이 자유와 평등임은 더 말할 것도 없거니와, 이 자유와 평등이 개체와 전체의 유기적 관계 속에서 달성된다고 생각할 때 '자아自我'는 구심적인 문제로 등장한다. 따라서 오늘의 '충'과 '효'는 자아와 관련해서 이해 실천되어야 할 것이며 또, 그렇게 함으로써 앞서 언급한 양자 간의 조화도 기대할 수 있을 것으로 본다.

A. 효와 자아

'효'는 자식이 어버이에게 대하는 당위규범으로 생각되어왔다. 부자를 천륜天倫 관계로 생각한다면 통체統體에서 볼 때, 거역하는 일이 있어서는 안 될 것이다. 『논어』「학이學而」 편에 "그 사람됨이 효제孝弟이면서 윗사람을 범하는 일이 거의 없으며, 윗사람을 범하기를 좋아하지 않으면서 난亂을 일으키는 일이 결코 없다"[6]고 하였다. 일통체一統體의 측면으로 본다면 그것이 곧 천륜이요, 이 천륜 실천을 위해서는 모반하거나 거역하는 일이 있을 수 없다는 것이다. 프랑스의 인권혁명이 거족적擧族的인 항거운동으로 정치적인 민권을 획득한 사례史例는 인권혁명을 겪지 않은 신생 민주국가의 백성들에게 적지 않은 반항심을 조성해주었고, 따라서 순종을 미덕으로 알고 지켜온 '효'의 윤리에 지대한 동요를 가져오게 하였다. 반항과 순종의 갈등은 오늘의 '효'의 방향을 상실케 하고 있다. 여기 분명하게 이해해야 할 것 가운데 세 가지를 지적해본다.

첫째는 순종의 의미요, 둘째는 항거의 윤리적 이해요, 셋째는 오늘의 '효도'하는 방법이다. 순종해야 한다는 말이 가장 오해를 불러일으키기 쉬운 부분이라고 본다. 아버지란 일통체一統體로서의 부격父格과 자연으로서의 부체父體라는 양면을 지니고 있다고 할 때, '부격'에는 순종할 수밖에 없고, 만일에 이 '부격'을 범한다는 것은 통체를 흔드는 결과가 된다는 점을 납득해야 할 것이다.

항거란 말은 윤리적인 의미에서는 서구의 용어를 번역 사용해오는 것으로 보이나, 순종의 뜻과 연관성 있게 이해할 수 없을까를 생

---

6 『論語』「學而」. 有子曰 其爲人也 孝弟 而好犯上者 鮮矣 不好犯上 而好作亂者 未之有也.

각해본다. 순종이나 항거는 맹목적인 의미라면 잘못된 것이 아닌가 한다. 순종과 반항을 안 한다는 것과는 구별되어야 할 것이요, 또한 반항을 안 한다는 것과 맹목적인 복종과도 구별되어야 할 것이다. 즉, 부격父格은 범할 수 없고, 부체父體의 과오는 간해야 한다는 데 효행의 어려운 점이 있다. "부모를 섬기되 기간幾諫이니라"[7]고 한 '기간'이란 말이 보여주듯이, 착한 말로 조용조용히 간한다는 뜻은 맹순하라는 뜻이 아니다. "부모님에게 허물이 있을 때는 흥분하지 말고, 화기和氣 띤 안색과 부드러운 음성으로 간하라"[8]는 것이다. 간하면서 순종함은 맹종과는 다르다. 부모의 자애와 자녀의 지성至誠은 '간諫'을 결코 무의미하게 하지 않을 것이다. 순舜임금의 대효大孝로서의 괴로움이 여기에 있었고 오십원모(五十怨慕: 50세까지 부모가 원망해도 사모함)[9]의 주효奏効도 여기에 있었다. 이것을 부모의 일방적인 요구라든가, 자녀들의 맹목적인 복종이라고는 할 수 없다.

효행의 오늘의 방법에 대해서는 위와 같은 기본자세에 따를 때, 길게 설명할 필요가 없을 것이다. 현대생활을 해나가는 데 적응될 수 있는 방법이란 얼마든지 다양하기 때문이다. 오늘의 사회에서 부모상父母喪을 묘막墓幕에서 3년을 입을 수는 없다. 할 수 있었던 과거의 사회와 이미 달라졌기 때문이다. 그렇다고 백일탈상百日脫喪이어야만 한다는 것도 부당하다. 부모의 은공을 잊지 말자는 데 취지가 있다면, 방법을 달리해서 3년을 지키는 일이 어렵지 않은 일이기 때문이다. 혼정신성昏定晨省도 이 시대에는 무용이라고 하기 전에, 본의를 살릴 수 있는 종래와 다른 방법이 얼마든지 있을 수 있다. 요컨대 가변적인 방법의 구태舊態에 집착하여 불가변의 본질과 착각하는 데

---

7 위와 같음, 「里仁」. 子曰 事父母 幾諫 見志不從 又敬不違 勞而不怨.

8 『禮記』「內則」. 父母有過 下氣怡色 柔聲以諫.

9 『孟子』「萬章(上)」. 제1장 참조.

서 단층斷層의 현상이 오는 것으로 생각된다. 방법은 변천하는 사회에 따라서 외형적인 개선이 가능하지만 본질은 불변하는 자아自我와 더불어 내면적인 일관성이 필요하게 된다. 시대에 적응할 수 있는 백행은, 자아에서 유출되는 효심에서 기대가 가능한 것으로 이해된다.

B. 충과 자아

'충'은 봉건사회에서 임금이나 국가에 헌신하는 것으로 이해해왔다. 임금 섬기기를 '충'으로써 하라[10]고 한 것이라든가, 임금이 효도하고 자애하면 신하들이 충성한다[11]고 한 것이나, 또는 사람들과 일을 의논하는 데 불충한 일이나 없었던가[12] 하는 등은 외형적인 대인관계에서 하는 말이다. 그것이 전부가 아니라 대내적인 의미가 더욱 중시되어야 함을 소홀히 할 수 없다. 공자의 "하나로 관통한다[一以貫之]"는 도道를 증자曾子는 대자적對自的인 충忠과 대타적對他的인 서恕로 파악하고 있다. 주자朱子도 역시 "자기를 극진히 하는 것을 '충'이다[盡己之謂忠]"라고 해서 대내적對內的으로 '충'을, "자기를 미루어나가는 것을 '서'이다[推己之謂恕]"고 해서 대외적對外的인 것으로 '서'를 이해하고 있다. 구체적인 실천에서 '충'을 말할 수 있으나, 대자적인 중심이 먼저 정립되어야 함을 생각해볼 때, 충군忠君이나 충국忠國이란 다만 외형적인 그리고, 일방적인 윤리적인 요청이라고 할 것이 아니라, 어디까지나 신하를 예로 부린다는 임금에 대해서 중심으로부터 우러나는 임금을 충으로 섬긴다는 것임을 인식해야 할 것이다.[13] 특히, 주권이 임금에 있는 시대로부터 주권이 백성에 있

10 『論語』「八佾」. 孔子對曰 (……) 臣事君以忠.

11 위와 같음,「爲政」. 子曰 (……) 孝慈則忠.

12 위와 같음,「學而」. 曾子曰 (……) 爲人謀而不忠乎.

13 위와 같음,「八佾」. 君使臣以禮 臣事君以忠. 참고.

는 시대로 전향된 사회에서 직분상에 자기 실천을 다하는 것은 바로 '충'의 시대적 적응이라고 할 것이요, 동시에 우리의 전통윤리의 정통적正統的인 현실화라고 이해된다.

Ⅲ. 결론

민족의 고유 사상으로 유학을 수용하고 유학이 지니는 이론의 한국적 전개가 바로 한국의 유학사라고 한다면, 유학에 있어서의 충효윤리忠孝倫理 속에는 민족윤리의 정통적인 맥박이 뛰고 있음을 생각할 수가 있다. 그러한 뜻에서 앞서 열거한 유자들의 충효사상 특히, '충'의 사상은 주체적인 의미를 갖는 것이라고 하겠다. 더욱이 오늘의 민주사회에서 '충'과 '효'를 자아自我와 연관하여 정기正己, 책기責己로 이해하고 실천한다는 것은 자유와 평등의 주체가 확립된 연후의 문제일진대, 진정한 의미의 자유와 평등 실현의 저력이 될 줄로 생각된다.

제5장 예론의 제학파의 그 논쟁

Ⅰ. 예론의 사적 위치

조선의 예론禮論은 성리학性理學의 절정기의 뒤를 이어 일어나게 되었고, 제파諸派는 정치세력의 파벌의식이 그 저변에 깔려서 형성되었으며, 논쟁論爭은 복상문제服喪問題가 중심이 된 것으로 안다. 먼저 예론이 대두하게 된 역사적인 위치를 살펴보고 예禮의 개념을 그 불변성과 가변성을 통해서 고찰한 다음에 예송논쟁禮訟論爭의 자초지종을 통관通觀하고 나서 두 학파의 계보를 간략하게 말하고자 한다.

유학을 '리理'론과 '예禮'론으로 크게 구분할 수 있다면, 전자는 인문人文, 후자는 사회社會로 비교된다. 그러나 이러한 구분은 학문의 분화 이후에 하는 말이고 미분화기의 원시유학에서는 명확하게 구별하지는 않는다. 더욱이 '리'는 송나라 시대 이후에 성리학이 등장하면서 중요하게 다루어진 것에 지나지 않는다. 공자에게서는 성性과 천도天道에 관해서는 들을 수가 없다[1]고 함을 보면 공자는 일부러 회피했는지도 모른다. 오히려 학문의 분화가 전체성의 균형을 잃게 하고 사유의 조화로부터 분열을 불러일으키게 된다면 차라리 미연에 방지함이 현명한 일이라고 할 것이다. 따라서 '리'와 '예'는 이론

---

1 『論語』「公冶長」. 子貢曰夫子之文章可得而聞也 夫子之言性與天道不可得而聞也

상으로나 실천상으로나 분리되어서는 안 될 불가분의 관계에 있기는 하나, 유학이 수용되어 변천해가는 과정에서 그 주장의 역점에 차이가 생겨 시대적인 특징을 보이게 되었다고 할 것이다.

고구려시대에 전래된 유학이 제도상으로 교육의 내용이 된[2] 이래 주자학朱子學이 들어오기까지는 문장을 익히고 사기史記를 기본 삼아 정치나 법률의 제도를 밝혀서 그것을 운영할 만한 선량한 관리가 되는 일이 주된 역점이었다. 이것을 통경명사通經明史와 사장詞章의 학풍[3]이라고 한다.

주자학은 백이정(白頤正: 1247~1323)에 의하여 충숙왕 원년(1314)에 전래되었고,[4] 권보(權溥: 1262~1346), 우탁(禹倬: 1262~1342)의 노력으로 포교되었다. 권보는 『사서집주四書集註』를 간행했으며, 우탁은 폐문월여閉門月餘에 정자程子의 『역전易傳』을 통하여 제자들을 가르쳤으니 이학理學이 비로소 행하여지게 되었다[5]고 한다. 이후 포은圃隱 정몽주鄭夢周, 삼봉三峯 정도전鄭道傳, 양촌陽村 권근權近 등 목은牧隱 이색(李穡: 1328~1396)의 제자들은 주자학을 깊이 연구했으며, 이색은 정몽주를 가리켜 동방리학의 조종[東方理學之祖]이라고 일컫고[6] 서거정(徐居正: 1420~1488)은 그 계보를 익재益齋 이제현(李齊賢: 1287~1367), 가정稼亭 이곡(李穀: 1298~1351), 이색, 정도전, 권근으로 파악하고[7] 있다. 고려 과거 시에서 시부詩賦를 폐지하고 경학

---

2 『三國史記』「高句麗本紀第六」. 二年夏六月秦王遣使 (……) 立大學敎子弟 (……).

3 玄相允, 『朝鮮儒學史』, 14쪽.

4 『東國通鑑』 忠肅王元年 春正月條. 尹瑢均의 「朱子學の傳來とその影響に就いて」 31쪽에서 인용함.

5 윤용균, 同上, 32쪽.

6 『圃隱文集』 卷4 「年譜」 27年條.

7 徐居正, 『東人詩話』 "忠烈以後輯註始行 學者駸駸入性理之域 益齋而下稼亭牧隱圃隱三峯陽村諸先生相繼而作 倡明道學文章 氣習庶幾近古 而詩賦四六亦自有優劣矣"

經學을 중시하여 덕행德行에 중점을 두면서부터 주자의 성리학은 발전의 기운을 타게 되었다. 한편 불교에 대한 비판이 주자 입장에서 가해지면서 고려의 쇠망과 함께 조선조의 건립이 이루어졌다. 개국공신 중의 정도전과 권근은 유교정책의 배후인물이었다. 그러나 그들보다는 성리학을 조선조로 넘겨주는 데는 정몽주의 충절忠節이 비중이 컸으며, 세조의 등극으로 인한 기강紀綱의 동요는 사육신死六臣의 의리義理를 빛내주었으며, 중종의 반정 이후 정부 시책은 조광조趙光祖에게 용기를 주었다. 이렇게 해서 성리학의 이론 탐구에 앞서서 거듭되어온 정변에 짙게 덮인 암운을 걷어치우는 작업으로서의 유학이 필요하게 되었다. 소위 지치주의至治主義의 유학이라고 한다. 그런데 모처럼 돌아온 생맥生脈도 정치적 보수세력으로 말미암아 처참한 사화士禍의 되풀이로 학계를 위축시키는 사상史上의 오점을 남기게 되었다. 그러나 한편으로 순수한 성리학을 탐구케 하는 자극이 되었다면, 불행한 가운데서도 득이 된 점이라고 할 수 있을지 모른다. 벼슬을 하기보다는 거절하여 학學을 실행하여 지킨 정몽주의 뒤를 이어간 학자들, 그리고 정변政變의 그늘 밑에서 관아官衙에 참여하여 관록官祿으로 학學을 겸구兼究한 사람들, 이렇게 해서 이 나라의 학파에는 사대부유자士大夫儒者와 산림유가山林儒家 양파의 성격을 띠어가게 되었으며, 점철된 사화의 역사는 오히려 한국 성리학의 중심 문제를 심성정心性情으로 집중시키는 요소가 되었음직한 일이다. 이제 사장詞章, 통사通史 중심의 유학이 정치적인 실천 위주의 지치주의의 유학을 거쳐서 성리학 중심의 유학의 제3기로 접어들게 되었다.

점필재佔畢齋 김종직金宗直 · 한훤당寒暄堂 김굉필金宏弼 · 일두一蠹 정여창鄭汝昌 · 정암靜庵 조광조趙光祖에 뒤이어 화담花潭 서경덕(徐敬德: 1489~1546) · 회재晦齋 이언적(李彦迪: 1491~1553)을 지나서 퇴계退溪 이황李滉과 율곡栗谷 이이李珥로 인해 성리학은 전성기를 맞이하게 된다. 유학을 성리性理로 분석함이 바람직한 것인가는 문제가 있기는 하지만 정치적 사회적 실상과 관련하여 유자들이 본연의 이론을 체계화하는 필요성에서 축적해간 탑인 줄 안다. 불교 이론에 대항하고 이를 비판하는 데 원심적인 요구가 송학이었다면 전래의 정치나 사회의 무실(無實: 내실 없음)한 양상에 이론적 조명의 구심적 요구는 한국의 성리학이었던 것으로 생각된다. 이황과 이이의 성리설은 유학 본연의 광장을 공유하면서 그 주장의 특수성을 보여 절정기를 장식한다. 특수면에의 집착으로 인해서 뒤에 계승한 학자들은 학파를 형성하게 되었고, 마침내는 주기主氣와 주리主理의 갈등으로 말미암아 이기론理氣論의 원래 조화를 잃고 이번에는 정치와 사회의 '무실'이 아니라 학문상의 '무실'을 범하기에 이른다. 이러한 '무실'하고 공소한 것을 보충해야 한다는 요구는 당연한 추세라고 할 것이다. 현상윤玄相允 씨는 다음과 같이 말한다.

> 통경명사通經明史나 문장을 힘쓰던 시대에 비하여 지치주의나 교화주의를 힘쓰던 실천유학 시대나, 위기지학爲己之學을 힘쓰고 천리踐履를 독신篤信하던 이학시대理學時代가, 더 한층 예를 힘쓰며 존중하고 예학을 숭상하게 된 것은 논리에 있어서 필연적 추세라 아니할 수 없으니 결코 우연한 일이 아니다.[8]

예학은 이렇게 해서 출현한 것이기는 하나 이 또한 정권에 편승하여 세력 갈등에 이용되는 불행을 저질렀다. 예학이 요구된 까닭이 내실을 잃어버린[失實] 이론 탐구의 경향으로부터 탈피해서 내실을 얻은[得實] 이론 실천의 방향으로의 전환에 있었음에도 불구하고 한갓 정쟁의 도구로 전락되어 소기의 목적을 달성치 못한 감이 없지 않다.

8 현상윤, 『조선유학사』, 172쪽.

거듭된 국난에 뒤이어 온 정국의 피폐와 사회의 빈곤은 유학을 실학實學의 방향으로 또 한번 돌려주는 계기를 만들어주었다. 오늘의 실학 개념이 다양하게 다루어짐은 유학 본래의 입장에서 본다면 당시의 요구에 어긋나는 것이며, 예학이 쟁송으로 파급되었음은 유학 본래의 입장에서 볼 때 당시의 요구에 어긋나는 것이며, 마찬가지로 성리학이나 지치유학至治儒學이 유학 본래의 입장에서 본다면 당초의 요구에서 빗나갔던 것이다. 즉 폐단에 직면할 때마다 유학 본래의 시대적 요청으로 노출된 것이 지치주의의 유학 · 성리학 · 예학 · 실학으로 점철되어간 것으로 간주된다.

유학에서의 '예'의 개념에 관하여 잠깐 살펴보기로 한다.

Ⅱ. 예의 개념에 관하여

1. 그 불변성不變性과 가변성可變性

유학에 있어서 '리理'를 불변자로 생각할 때 '예禮'는 가변자로 이해된다. 다시 '예'의 본질을 불변자라고 한다면 '예'의 형식은 가변자라고 해야 할 것이다. '변變'과 '불변不變'을 함께 가지고 있는 '예'를 흑백 논리로 개념화한다는 것은 간단하지 않다.

> 예라는 것은 그 사치스러운 것보다는 검소한 것이 낫고, 상례喪禮는 그 절차를 쉽게 넘기기보다는 차라리 슬퍼하는 것이 낫다.[9]

라는 말은 임방林放이 공자에게 '예'의 근본을 물었을 때 한 대답

---

9 『論語』 卷3 「八佾」 "禮與其奢也 寧儉 喪與其易也 寧戚."

이다. 사치와 검소, 절차상 잘못이 없이 쉽게 진행하는 것과 약간의 절차상 잘못이 있더라도 슬퍼한다는 일, 이것들은 그 어느 것도 '예'의 근본은 아니다. '검소[儉]'와 '슬퍼함[戚]'은 근본은 아니로되 비교적 근본에 가깝다는 말이다. 근본이 바로 이것이라고 드러내서 말해주지 않는 데 문제가 있다. 공자는 효를 번지樊遲에게 설명하기를

> 생시生時에 섬기기를 예로써 하고 돌아갔을 때 장사葬事를 예로써 하고 돌아간 뒤에 제사祭祀를 예로써 할지니라.[10]

라고 하여 생生·사死 전후를 일관해서 예로써 섬기는 일을 효孝라 일러주었다. 또 예의 표시로는 반드시 물物이 따른다. 배우고자 해서 속수束脩로 내방한 사람은 공자는 누구도 다 가르쳐주었다.[11] 속수도 예물이기는 하나 그것은 박지薄至한 것이고 후厚한 것으로는 당시에 옥백玉帛이 있다. 그러나 후하다고 해도 그것은 어디까지나 물질이요 예의 전부는 아니다.[12] 또 예의 실천에 있어서 조화[和]가 중요하기는 하지만 조화할 것만 알고 절제할 것을 모른다면 그것은 또한 본연의 예라고 할 수 없다.[13] 사실상 예물의 물건에 치우치거나 조화만을 중시하여 음악[樂]에 치우친다면 근본[本]을 잃어버리고 말엽[末]에 흐르는 결과가 되어 바람직하지 못하다[14]는 것이다.

---

10 위와 같음, 卷2「爲政」"孟懿子問孝 子曰 無違. 樊遲御子告之曰 孟孫問孝於我 我對曰 無違. 樊遲曰 何謂也 子曰 生事之以禮 死葬之以禮 祭之以禮"

11 위와 같음, 卷7「述而」"子曰 自行束脩以上 吾未嘗無誨焉"

12 위와 같음, 卷17「陽貨」"禮云禮云 玉帛云乎哉"

13 위와 같음, 卷1「學而」"有子曰 禮之用 和爲貴 先王之道 斯爲美 小大由之 有所不行 知和而和 不以禮節之 亦不可行也"

14 위와 같음, 卷17「陽貨」"禮云禮云 玉帛云乎哉 樂云樂云 鐘鼓云乎哉"

맹자는 인仁과 의義의 진실한 것(節文된 것)을 예라[15]고 한다. 『예기』에 의하면

> 악樂은 내심[內]을 닦는 바요 예禮는 외부[外]를 닦는 바이며, 예악禮樂은 중中에 교착交錯하는 것[16]

이라고 하여 옛 삼왕三王이 세자에게 가르치기를 반드시 예악禮樂으로써 했음을 밝히고 있다.

위에서 말한 사치와 검소, 검소와 애척哀戚이라든가 예와 악, 또는 인과 의 등은 다 끊어질 수 없는 연관성이 있으므로 중中을 잃었을 때 한편으로 치우치게 되어 실실失實의 결과를 가져오게 되는 것이다. 『예기』에서의 교착交錯이나 『맹자』의 절문節文은 이 중中을 의미하는 것으로 생각된다. 맹자가 예를 문門이라[17]고 풀이한 것을 보면 내실외방內室外方을 통하는 '문' 구실을 예가 한다는 뜻으로 간주된다. 안자顔子에게 예가 아니면 시청언동視聽言動을 하지 말라[18]고 한 공자의 뜻도 중中대로 하라는 의미인 것이며, 검소한 것이 낫다든가 슬퍼함이 낫다고 하고 '중'을 말하지 않은 까닭은 자막子莫의 집중執中[19]을 우려해서가 아니었던가 생각되기도 한다. 이러한 예로의 회

15 「孟子」 卷7 「離婁(上)」 "孟子曰 仁之實 事親是也 義之實 從兄是也 智之實 知斯二者弗去是也 禮之實 節文斯二者是也"

16 「禮記」 卷8 「文王世子」 "凡三王教世子 必以禮樂 樂所以修內也 禮所以修外也 禮樂交錯於中"

17 「孟子」 卷10 「萬章下」 "夫義路也 禮門也"

18 「論語」 卷12 「顔淵」 "顔淵曰 請問其目 子曰 非禮勿視 非禮勿聽 非禮勿言 非禮勿動 顔淵曰 回雖不敏 請事斯語矣"

19 「孟子」 卷13 「盡心(上)」 "子莫執中 執中爲近之 執中無權 猶執一也"

복은 공자에 있어서는 극기克己가 된 연후의 일[20]이라는 것이다.

예를 '중'이나 '문'으로 생각하는 이유로서는 불변의 본질과 가변의 형식이 끊어질 수 없기 때문이며, 또한 어느 쪽으로도 기울어질 수 없는 까닭이라고 이해된다. 진리의 현실적인 실천이 예라면 시대의 변천에 따라서 가변적인 형식이 불변의 본질과의 타당한 관련을 가져야 할 것은 당연하다 할 것이다.

유교 윤리의 가정적 사회적 기능 중에서 관혼상제冠婚喪祭는 매우 무거운 비중을 차지한다. 그중에서도 장사葬事를 예로 치른다는 것이나 초상을 삼가고 멀리 돌아가신 분을 추모하면 백성의 덕이 두터운 데로 돌아간다[21]는 것은 더욱 중요시되어 오는 바 예론禮論의 쟁점이 발생한 것도 바로 이 상례喪禮 부분에서였던 것이다. 다음에 예론의 논쟁을 살펴보기로 한다.

Ⅲ. 예송논쟁의 전말

사가私家에서도 상례는 사례四禮 중에서 가장 중시하는 바라 왕가王家에서는 더 말할 것도 없다.『중용』에

> 왕위를 계승하여 그 예禮를 행하고 악樂을 연주하여 그 높일 바를 공경하고 그 친親할 바를 사랑하며 죽음을 섬기되 살아 있는 이 모시듯 하고 고인故人을 섬기되 생존해 있는 이 섬기듯 함이 지극한 효도이니라. (19章)

---

20 『論語』 卷12「顔淵」"顔淵問仁 子曰 克己復禮爲仁"

21 위와 같음, 卷1「學而」"曾子曰 愼終追遠 民德歸厚矣"

라고 한 것과 같이, 왕통王統을 이어 효행孝行을 지성으로 하는 일은 만백성을 거느리는 왕좌에서는 더욱 신중하게 해야 할 일로 생각되어왔다.

논쟁의 문제점은 조대비趙大妃의 효종孝宗 승하에 대한 복상服喪 문제가 그 하나이며, 효종의 비妃요 현종顯宗의 모후母后인 인선왕후仁宣王后 장씨張氏가 세상을 떠난 뒤에 그의 시어머니인 조대비의 복상 문제가 그 둘째이다.

1. 조대비의 효종에 대한 복상 문제

인조(仁祖: 1595~1649)의 장자인 소현제자(昭顯世子: 1612~1645)는 인조보다 5년 앞서 세상을 떠났으므로 인조가 승하한 뒤에는 둘째 아들인 효종(1619~1659)이 17대 왕으로 위位를 계승하게 되었다. 효종의 계모인 조대비가 효종이 승하했을 때에도 살아 있었으므로 아들인 효종을 위하여 상복을 어떻게 입어야 하는가가 논쟁의 단초가 되었다. 즉 가통家統으로 보면 차자次子가 되고 왕통王統으로 보면 적자嫡子라고 하는 효종이 지니는 신분상의 이중성이 조대비가 입어야 할 복服에 대한 문제를 불러일으키게 한 것이다.

상喪을 당했을 때 입는 복에 5종이 있다. 중국의 주대周代 이후의 예제禮制는『주자가례朱子家禮』와 함께 한국에 전래되어 줄곧 시행되어왔다. 참최(斬衰: 3년) · 제최(齊衰: 3년 또는 1년) · 대공(大功: 9개월) · 소공(小功: 5개월) · 시마(緦麻: 3개월)의 5등급으로 나누어 친소親疎에 따라서 그 복상 기간의 구별을 규정하고 있다. 종래로 부모상에 3년복을 입고 장자상에도 그 부모는 차남과 구분하여 3년복을 입도록 되어 있었다.

이제 효종이 승하하고 나서 살아 있는 조대비가 그 아들을 위한 복을 입는 데 문제된 것은 효종이 가지는 신분상의 양면을 해석 여하에 따라서 견해를 달리할 수 있다는 점이다. 즉 가통상 차남으로 보는 경우와 왕통상 적자로 보는 경우가 그것이다. 어느 쪽으로 보느냐에 따라서 견해를 달리할 수 있다는 점이다. 어느 쪽으로 보느냐에 따라 복을 입는 기간이 달라질 수 있는 것이다. 여기에 우암尤庵 송시열宋時烈과 동춘당東春堂 송준길(宋浚吉: 1606~1672)은 기년복(朞年服, 1年)을, 백호白湖 윤휴(尹鑴: 1617~1680)와 미수眉叟 허목(許穆: 1595~1682)은 삼년복三年服을 주장해서 서로 맞서게 되었다. 기년복으로 결정이 되기까지의 경위를 다음에 알아본다.

정부에서는 대신과 유신에게 의논케 하여 영의정 정태화(鄭太和: 1602~1673)와 이조판서 송시열과 우참찬 송준길이 『예경禮經』 기년설과 국제(國制: 『經國大典』)를 참고해서 기년복이 적당하다는 의견을 모으게 되었다.

윤휴는 여기에 대해서 『의례儀禮』 참최장斬衰章 가소賈疏의 주석을 근거[22]로 해서 반론을 편다. 제1장자가 죽었을 때 제2장자를 세우되 그도 또한 장자라고 한다는 것을 이유로 드는 까닭이 송시열이 주장하는 "모위자복기母爲子服朞"의 '자子'로 효종을 인정할 때 현위現位의 왕통을 계승한 분을 장자 아닌 중자衆子로 격하格下시키는 결과가 되기 때문이라는 것이다. 즉 의견의 대립은 송시열은 효종을 중자의 하나로 인정하고 있으나 윤휴는 장자로 이해해야 한다는 차이 때문이었다.

송시열은 윤휴의 지적을 수긍하면서도 그 소하疏下에 또 서자庶子는 장자가 될 수 없다[23]는 것이 있고, 3년조 소疏에 "체이부정體而不正" 설이 있어 신체는 비록 아버지를 계승했지만體 적장嫡長이 아닌

22 『儀禮疏』 卷29 「喪服」 "第一子死也 則取適妻所生第二長者立之 亦名長者"

23 위와 같음, "庶子不得爲長子"

경우에 3년복을 입지 아니한다[24]는 것이 있는데, 이 두 가지는 다 같이 소설疏說인즉 전소前疏는 취하고 후소後疏만을 버리거나 후소만을 취하고 전소를 버릴 수 없으니 양소兩疏를 다 적용한다고 할 때 역시 1년복으로 귀결될 수밖에 없다는 것이다. 영상 정태화는 송시열의 '체이부정'설의 인증을 듣고서 "자고로 제왕가의 일은 사가와 달라서 조금만 잘못되면 대화大禍가 생길 수 있으니 후일에 만일 간인奸人이 체이부정설을 흠잡아서 화를 일으킬는지도 모른다"[25]고 우려를 나타냈다.

송시열은 다시 대명률大明律과 국제(國制: 『경국대전』)에 "장자와 중자를 막론하고 일률적으로 기년복을 입는다"는 조항 그리고 『상례비요喪禮備要』의 기재 내용을 이끌어 3년복의 부당함을 지적하였다.

이러한 송시열의 의견대로 조정의 의논은 일단 기년복으로 결정되어 시행되었다. 여기 윤휴와의 견해 차이는 효종을 장자(長子: 王統上)로 보느냐 서자(庶子: 衆子)로 보느냐에 있다. 그래도 윤휴는 내종內宗은 다 참최복을 입는다는 것으로 다시 항변했지만 "내종이 군왕을 위해 모두 참최한다는 것은 군왕의 상사喪事에 대하여 감히 사척私戚으로서 복을 입을 수 없기 때문인 것인데, 지금 대왕대비는 선왕께서 신하로 섬겨온[臣事] 바인데 지금 어찌 신하의 신분으로 군왕의 상사에 대한 복을 입을 수 있겠느냐"라고 송시열은 응수하였다. 윤휴는 다시 무왕武王이 부모를 신하로 한 설을 원용하므로 송시열은 "주자가 이미 유시독劉侍讀의 말을 인용하여 말하기를 '아들이 어머니를 신하로 하는 의리가 없다'고 하였으니 대개 이것은 읍강邑姜을

---

24 위와 같음, "雖承重不得三年有四種 一則正體不得傳重謂嫡子有廢疾不堪主宗廟也 二則傳重非正體庶孫為後是也 三則體而不正立庶子為後是也 四則正而不體立嫡孫為後是也"

25 성낙훈, 『韓國文化史大系-黨爭史』, 296쪽.

이른 것이지 후인이 어찌 감히 이 말을 거론하랴"[26]고 하여 윤휴의 주장을 물리쳐버렸다. 조정에서 결정이 났으면 그것으로 종결지어야 할 것임에도 불구하고 거듭 거론한 것은 국론 분열을 조장하고 학문 간의 논쟁을 일으키는 촉진제가 되었다. 이상은 송시열과 윤휴의 견해 차이에 지나지 않으나 다음해(1660) 4월에 허목이 다시 상소해서 3년복을 다음과 같이 주장하였다.

> 대왕대비의 기년복으로 정한 것은 갑자기 초상을 당해서 의례儀禮 제신諸臣들이 자세하게 생각할 여유가 없었던 탓인지는 몰라도 『의례』 주소에 의하면 적처嫡妻의 소생인 제2장자도 또한 장자요 적적상승適適相承을 정체正體라고 말하여 3년복을 입어서 중자승통자衆子承統者를 동일하게 처리하는 것인데 서자위후庶子爲後를 체이부정體而不正이라고 해서 3년복을 입지 아니함이 첩자妾子인 까닭이라고 하였으니 이제 효종이 대왕대비에 대해서는 이미 적자요 또 승통즉위承統卽位했는데도 불구하고 '체이부정'이므로 기복자와 동일하게 처리한다는 것은 무엇에 의거한 것인지 알 수 없는 일입니다. 예관禮官에게 명해서 복을 추정하시기를 청합니다.[27]

그래서[28] 왕은 대신과 유신들에게 의론하기를 명하였다. 영돈녕부사領敦寧府事 이경석(李景奭: 1595~1671)과 영의정 정태화는 기년복을 옳다고 하고, 판중추부사判中樞府事 원두표(元斗杓: 1593~1664)는 3년복이 옳다고 하였다. 우찬성 송시열은 기년복이 옳은 것을 다음과 같이 거듭 주장한다.

---

26 현상윤, 『조선유학사』 199쪽.

27 『記言』 卷64 「追正喪服失禮疏」

28 그래서 앞에 '는 것이었다'는 글귀가 있으나 문맥상 생략하였음을 밝힌다.

『의례』에 말한 '체이부정'이란 서자는 장자가 아닌 차자로 해석되는데 허목이 그것을 첩자妾子라고 하니 『의례』 어느 곳에 그런 명문明文이 있는가? 다만 장자가 아니면 모두 서자라고 칭하는 까닭에 효종대왕을 인조대왕의 서자라고 해도 무방한 것이다. 대개 제왕가에서는 장자가 있는 경우도 서자(庶子: 次子)를 세자로 세우는 일이 흔히 있으나 예법을 만들 때에는 장자와 차자의 구별이 크게 유의되어야 한다. 일찍이 주문왕周文王이 장자인 백읍고伯邑考를 두고도 차자인 무왕에게 나라를 전하였지만 주공이 예법을 만들 때에는 장자와 차자의 구별을 엄하게 하였으니 지금은 다만 예법을 중심으로 논하는 것이 타당하다. 물론 『의례』에 장자가 죽으면 제2자를 세워서 장자로 삼는다는 것이 있고 허목도 이것을 인증하나 그것은 장자가 어릴 때에 죽어서 부父가 상복도 입지 아니한 경우라고 생각된다. 만일 허목의 말대로 한다면 『예기』에 언급된 단궁檀弓과 공의자公儀子에 관한 사실[29]은 무의미한 것인가?

이와 같이 고례古禮에 의한 자기의 소견을 강조하여 기년복의 타당성을 거듭 주장한다.

제2장자도 장자이니 참최를 복해야 한다는 것과 서자를 첩자라고 보는 것이 허목의 견해이고 보면 송시열과는 정면으로 맞서게 된다. 장자냐 차자냐의 차이가 3년복과 기년복으로 맞서게 되었고 서자냐 첩자냐의 차이로 감정의 격화를 가져오게 된다. 여기서 송시열의 주장하는 근거에 대하여 분명하게 이해함이 필요하다고 생각된다.

즉 첫째로 장자 사후에 제2장자를 세운 경우 장자가 성인이 된 뒤

---

29 長子가 먼저 죽은 公儀子에게 孫子가 있었는데 그 후 公儀子가 죽으니 長孫을 제쳐놓고 次子로서 喪主를 세운 일. 『禮記』 卷3 「檀弓上」 참조.

에 죽고 그 아버지가 그 아들을 위해 이미 참최 3년을 입었다면 그 후에 차남을 제2장자로 세웠다고 해서 그 제2장자가 죽은 뒤에 또 참최 3년을 입을 수는 없다는 것이다. 統統에 둘이 있을 수 없고 참최를 두 번 입지 않는다는 본의本議에 위배할 수 없기 때문이다. 장자가 성인이 되지 않았을 때에 죽고 차적次嫡을 세워 사자嗣者로 삼아서 장자로 했을 때 그 장자가 죽으면 3년을 입는다는 것은 거론할 필요조차 없다는 것이다.

둘째 서자를 반드시 첩자라고 볼 수 없다는 점이다. "서자庶子를 후사로 삼았을 때 3년복을 입을 수 없는 것은 첩妾의 자식이기 때문이다[立庶子爲後不得爲三年妾子故也]"라고 했는데 첩자를 서자라고 하는 경우도 있지만 차적次嫡 이하는 비록 인군모제人君母第라도 서자라고 칭하므로 주소에 서자나 첩자의 구별이 있고 적자 제2자도 또한 서자라고 부르므로 효종대왕도 인조대왕의 서자라고 해서 안 될 것이 없다는 것이다. 첩자고妾子故 3자는 허목이 자작해서 덧붙인 것이며 주소의 설 가운데는 어디에도 그런 말이 없다. 또 주소의 설 중의 서자라고 함은 반드시 첩자로만 이해해야 하고 중자라는 뜻은 없는 것인가의 의심은 면할 수가 없게 된다. 그러나 허목의 말대로 하면 주소의 설 중에는 "차자를 장자로 세웠을 때에는 또한 3년복을 입는다[立次長亦爲三年]"라고 했으며 그 아래에 "서자가 이었더라도 거듭 3년복을 입지 않는다[庶子承重不爲三年]"라고 한 것을 볼 때 여기의 차장次長은 제1자가 후사 없이[無後] 죽은 뒤에 장자가 된 것이며 제1자의 상을 이미 그 아버지가 입었다고 보아야 "서자가 이었을 때에는 거듭 3년복을 입지 않는다[庶子承重不爲三年]"라는 서자의 의미가 분명해진다. 뿐만 아니라 인정사리人情事理로 보아도 統統을 존중하다고 해서 제1장자가 죽은 뒤에도 3년복을 입고 제2자가 승통承統하여 죽은 뒤에 또 3년복을 입고 이렇게 해서 제3자에게도…… 제○자까지 이르도록 이와 같은 복을 되풀이한다면 적통이 엄격하지 않고 지존한 아버지의 참복斬服이 과다하게 된다. 대왕대비가 소현세자의 상을 이미 인조와 함께 장자삼년복으로 입었는데 또다시 인조의 차장자인 효종을 위해서 3년복을 입음은 타당치 않다는 것이 송시열의 확고부동한 견해이다.

허목은 다시 상소하여 이전 설을 되풀이하였고 송준길은 송시열을 지지하는 요지의 상소를 다음과 같이 올렸다.[30]

허목의 말대로 하면 적처嫡妻 소생이 10여 명의 아들[餘子]이 있을 때 제1자 사후에 그 아버지가 3년복을 입고 제2자 사후에 또 3년복을 입고 불행해서 제3, 4, 5…… 이렇게 3년을 다 복해야 한다는 것이 되니 아마도 예의禮意가 결코 이렇지는 않을 것입니다. 또 주소註疏에 밝혀서 말하기를 제2자 이하를 서자라고 총칭하고 그 아랫문장에 말하기를 '체이부정'한 것이니 곧 서자가 뒤가 된 경우라고 하였습니다. 이 서자를 허목이 꼭 첩자라고 보려 하니 과연 그렇다면 주소의 설이 전부 모순되니 이러할 리가 없을 것입니다. 주소에서 제1자 사死라고 한 것은 즉 아랫문장의 소위 적자가 폐질廢疾이나 다른 이유가 있어서 죽고 또 수중受重할 사자嗣子도 없는 경우이니 3년을 복할 수는 없습니다. 이처럼 제1자의 수중치 못한 자가 죽으면 적처 소생의 제2자를 장자로 삼았는데 불행하게도 이 장자가 또 죽으면 이미 제1자를 위하여 3년복을 입지 아니했으므로 당연히 제2후자를 위하여 3년복을 입어야 하고 만일 제1자가 폐질이 있거나 또는 아들이 있어 이미 그 아들을 위하여 3년복을 입었다면 제2자가 비록 다음에 사후嗣後가 되었다고 하더라도 3년을 복하지 아니하고 다만 기년복을 입을 것이니 즉 아랫문장에 소위 '체이부정'이 바로 그 말입니다. 만일 첩자가 후사가 되었을 때 비록 제1자가 폐질무자廢疾無子하고 죽어서 3년을 복하지 아

30 『顯宗實錄』 卷2 〈元年 庚子 四月 丙子〉 240쪽.

> 니하였을지라도 또한 첩자를 위해 3년복을 입음은 불가합니다. 그러므로 윗문장에 특히 적처 소생이라는 것을 밝혀 말한 것으로 생각됩니다. 허목의 설 이외에도 제왕가에 계통繼統을 중히 여길 것을 말하는 자가 없지 않습니다. 태상황太上皇이 사군嗣君의 상喪을 당했을 때 비록 지자支子가 후사後嗣했을 경우라도 마땅히 3년복을 입어야 한다고 논하지만 과연 그렇다면 형이 아우를 잇고 숙부[叔]가 조카[姪]를 이었다고 할지라도 정체비정체正體非正體를 막론하고 다 3년복을 입어야 한다는 말입니까? 예에 없는 예를 경솔하게 논해서는 안 될 것입니다.

조정이 매우 시끄러워졌다. 그러나 현종은 영의정 정태화와 좌의정 심지원(沈之源: 1593~1662) 등의 의견을 존중하여 기년복을 변경하지 않았다.

윤휴는 초려草廬 이유태(李惟泰: 1607~1684)에게 글을 보내 다음과 같이 말했다.[31]

> 효종이 국가의 종통宗統을 받았는데도 장자가 아니요 종통이 아니란 말인가? 옛날 한漢의 종통이 무제武帝에게 옮기지 않고 임강왕(臨江王: 武帝의 형임. 이 형을 제쳐놓고 무제가 태자가 됨)에게로 돌아갔단 말인가? 종통과 상복은 일치하는 것인데 상복을 깎는 것은 종통을 깎는 것이다. 장長이니 서庶니 하는 말을 고집해서 종통의 중함을 모른다는 말인가?

여기에 대하여 송시열은

---

31 성낙훈, 『韓國文化史大系-黨爭史』, 298쪽.

상복을 강등시키는 것과 왕통을 받는 일은 별개의 것이다.[32]

라고 응수하였다.

허목은 다시 3년복의 타당성과 서자의 칭호는 첩자를 말한 것임을 요지로 다음과 같이 주장하였다.

이미 제1장자를 위해 참복을 입었으면 제2장자를 위해서는 3년복을 입는 것이 불가하다는 말이 예경에는 없으며, 제1자로부터 제5 · 6자에 이르도록 다 3년복을 입게 된다는 말은 무엇을 가리키는지 모르겠다. 소중한 것은 조예祖禰를 계승하는 정체正體에 있는 것이고 제1자의 복에 있는 것이 아니다. 『의례』 상복부주喪服傳註에 '적처의 소생은 모두 적자라고 칭한다[嫡妻所生皆名嫡子]'라고 했고, 또 '적처의 소생 중에서 제2장자는 중자이다[嫡妻所生第二長子是衆子]'라고 했으며 또 '서자는 첩의 자식을 일컫는다[庶子妾子之號]'라고 하였다. 중자를 들어 말한 것은 정복도正服圖에 '장자를 위해서는 참최[상복] 3년복을 입으나 중자를 위해서는 장기(1년복)도 입지 않는 것이 이것이다[爲長子斬衰三年爲衆子不杖朞是也]'란 것이 있고 서자에 관해서는 '서자는 3년복을 입을 수 없는 것이 이것이다[庶子不得爲三年是也]란 것이 있다. 적자와 서자의 구분이 엄격해서 '비록 이었더라도 거듭 3년복을 입지 않는다[雖承重不得三年]' 주에도 적자서손嫡子庶孫과 서자적손庶子嫡孫의 구별이 있어서 일적일서一嫡一庶를 명백하게 가려 적처소생은 다 적자라고 하며 서자의 칭호를 첩자의 뜻으로 사용한 것이다. 적자서자를 불문하고 제1자가 아니면 3년복이 불가하다면 '장자를 위해서는 참최 3년복을 입는다[爲長子斬衰三年]'란 것은 제1자를 위한 것인가 아니면 정체전중正體傳重을 위한 것인가? 효종이 인조를 계승한 종

32 위와 같음.

묘정통宗廟正統으로 군림君臨했는데도 3년복상을 불가하다 하여 기년으로 강등한 것은 '체이부정體而不正'의 기朞인가 아니면 전중이비정체傳重而非正體의 기인가? 장자를 위한 복제와 적자 서자의 구별을 그림으로 만들어서 도리어 재택裁擇해주기 바란다.[33]

허목의 이 주장을 왕은 송시열에게 문의하였는데 송시열은 다음과 같이 변박辨駁하였다.

위아래 주소를 보면 부위장자조父爲長子條에 '제2장자를 세웠을 때에는 또한 명칭을 장자라고 한다[立第二長子亦名長子]'라 하였고 그 아래에 또 '제2장자는 서자가 되는 것과 같은 명칭이다[第二長子同名爲庶子]'라고 했으며, 그 다음에 또 '體而不正이란, 서자를 세워 후사로 삼은 경우이다[體而不正庶子爲後是也]'라 한 것을 볼 때, 이 3설은 일관해서 생각할 일이요 취사선택할 수는 없는 일입니다.

'제2장자도 또한 명칭이 장자이니, 참최를 입는다[第二長者亦名長子而服斬]'라고 함은 아마도 제1자가 상년殤年이나 또는 폐질로 죽은 뒤 그 아버지가 3년복을 입지 않은 뒤에 제2장자의 사후 3년복을 의미할 것입니다. 그러나 만일 제1장자가 전중傳重할 때를 당하여 죽어서 그 아버지가 3년을 복했으면 제2장자를 세워서 승통했을지라도 또한 서자이므로 3년을 입을 수가 없는 것입니다. 이렇게 이해하면 위아래 주소 설의 뜻이 어긋나지 않을 것입니다.

'제2장자는 서자가 되는 것과 같은 명칭이다[第二長子同名爲庶子]'라는 것은 대개 제2적자를 첩자와 구별하기 위해서는 '서庶'라고 이릅니다. 서자라고 하는 것은 이미 첩자와 차적次嫡의 통칭이라고 했는데 아래 기록의 '체이부정'의 서자가 다만 첩자만을 뜻한다고 볼 수는 없

33 『記言』 卷64 「再疏上喪服圖」 27面.

습니다.

'體而不正이란, 서자를 세워 후사로 삼은 것이다[體而不正庶子爲後]'라고 함은 만일 첩자만 의미한다면 가소賈疏에는 반드시 여기에 대한 한마디 변명이 있어야 할 것입니다. 기년소朞年疏에 '임금의 정실부인의 제2자 이하부터 첩의 자식까지는 모두 서자라고 한다[君之嫡夫人第二子以下及妾子皆名庶子]'라고 했고 주자는 '정·체正體가 윗대에 있는 것을 하정下正이라고 하는데 오히려 서庶가 된다[凡正體在乎上者謂下正猶爲庶也]'라고 한 것을 보면 정체正體는 '조祖'의 맏아들嫡이요, 하정下正은 '예禰'의 맏아들을 의미하는 것입니다. 비록 직접 '예'에게는 맏아들이 되어도 '조'에게는 서庶가 되므로 서庶라고 하는 것입니다. 소위 '정·체正體가 윗대에 있는 것[正體在乎上者]'은 적자가 부후父後를 계승한 것이고 소위 하정은 차적次嫡의 적자를 의미합니다. 이제 기년소와 주자설에 비추어보면, 허목이 말하는 '서자가 후사가 된다[庶子爲後者]'를 첩자로만 이해한다는 것은 믿을 수 없는 일입니다.[34]

여전히 서자란 차적 이하를 겸칭하는 것으로 확신하는 태도를 보인다. 전참의前參議 윤선도(尹善道: 1587~1671)가 허목의 주장을 지지하면서 송시열과 송준길의 예론을 공격하는 상소를 다음과 같은 요지로서 올렸다.

예禮란 것은 가정에서는 부자의 윤리[倫]가 분명해지고 국가에 있어서는 군신의 구분[分]이 엄하여지는 것입니다. 효종에 대한 대왕대비의 복제는 종통을 정하기 위해서는 3년을 복해야 할 것이 분명[昭然]합니다. 허목의 말은 예의 대경大經일 뿐만 아니라 국가를 위한 지

34 『宋子大全』 卷26 「練服變改及許穆圖說辨破議」.

> 극한 계책입니다. 송시열이 차자에게 장자의 복을 입히면 적통이 엄하지 못하다고 하는 것은 효종대왕이 비록 왕위에 올랐더라도 적통이 될 수 없는 결과가 되어 패리悖理가 됩니다. 차자가 부명父命을 받고 천명天命을 받아 왕위를 계승했는데도 적통이 될 수 없다면 거짓 세자[假世子]란 말입니까, 섭정하는 왕[攝政王]이란 말입니까? 왕위를 계승한 차자는 이미 죽은 장자의 자손에게는 임금이 될 수 없으며 또 그 자손은 왕위를 이은 차자에게 신하가 될 수 없다는 말입니까? 송시열의 뜻은 왕위를 계승한 임금에게는 종통을 돌리고 이미 죽은 장자에게는 적통을 인정한다는 말입니까? 이렇게 되면 종통과 적통이 이분되는 것이니 이러한 이치는 없는 것입니다.[35]

사태는 상복 문제를 벗어나서 효종의 왕통을 가지고 시비를 벌이는 감정 어린 격론激論으로 변하였다. 우윤右尹 권시(權諰: 1604~1672)는 상소하여 윤선도를 구하려고 했으나 도리어 파직을 당하였고, 윤선도 또한 멀리 유배되었다. 차츰 정치세력의 분쟁으로 바뀌어 갔고 세력 판도의 변화에 따라서 쟁송爭訟은 심해져갔으나, 국금國禁으로 외형상은 종식된 것처럼 보였다.

2. 조대비의 인선왕후에 대한 복상문제

현종 15년(1674) 2월에 효종의 비妃이고 현종의 모후인 인선왕후가 세상을 떠났다. 이때 인선왕후[張大妃]의 시어머니 되는 조대비가 아직 살아 있었으므로, 조대비의 효종에 대한 상복이 문제되었던 것처럼, 이번에는 조대비의 장대비張大妃에 대한 상복 문제가 대두될 수밖에 없었다

---

35 성낙훈, 「韓國文化史大系-黨爭史」 298쪽.

예조판서 조형(趙珩: 1606~1679)은 기년복으로 안案을 세웠으나 조정의 의론은 대공大功 9월복으로 정정訂正해서 아뢰었다. 서인西人들의 의견을 따른 것이다. 여기에 대하여 도신징(都愼徵: 1604~1678, 嶺南 儒生)이 다음과 같이 반대상소를 하였다.[36]

> 대왕대비의 복을 대공으로 고친 것은 어느 전례典禮에 근거한 것입니까? 장자와 장부長婦의 복을 다 기년으로 한다는 것은 『국조오례의國朝五禮儀』에 분명한데 효종의 상에는 대왕대비에게 '기년장자복'을 입으시게 하고 이제 와서는 국제國制의 중서부衆庶婦의 복인 대공으로 한다 하니 전후가 모순이 아닙니까? 효종은 10년간 종사宗祀의 주主가 되신 임금인데 어찌하여 그 배우자인 장대비에게는 적장부嫡長婦의 복을 입지 않는 것입니까? 예로부터 왕통을 이은 임금이 적嫡이 못 되고 중서衆庶로 칭호를 돌리는 일이 과연 어디 있습니까? (……)

이 상소는 현종에게 적지 않게 충동衝動을 주었다. 현종은 육판六判 삼사三司에게 도신징의 상소를 논의토록 명하여 "기해복제己亥服制는 국제(國制: 『경국대전』)에 의하여 정한 것인데 지금의 9월복은 기해복제와 같은가 다른가"를 보고하라고 하였다. 영의정 김수흥(金壽興: 1616~1690), 판중추判中樞 김수항(金壽恒: 1629~1689), 이판吏判 홍처량(洪處亮: 1607~1683) 등이 "당초에는 국제에 따라서 정해졌으나 그 후에 여러 신하들의 고례古禮의 기년복으로 논쟁을 벌여서 중외인中外人들이 모두 고례에 의한 중자衆子의 복이라"고 말하므로 이번에 중부衆婦의 복으로 개정한 것이라고 아뢰었다. 현종은 다시 다음과 같이 물었다.

---

36 『顯宗改修實錄』 卷28 〈甲寅七月戊辰〉 187쪽.

> 기해년己亥年에는 국제(『경국대전』)로 시행하였고 고례에 의한 것이 아닌데 이제 고례를 따라서 중서부衆庶婦의 복을 말함은 무슨 이유인가?

대신들은 다시 이전에 주장한 송시열의 '체이부정설體而不正說'을 인증하여 효종이 장자가 아니라는 의미로 아뢰었다. 현종은

> 기해의 복제는 국제에 의한 것으로 아는데 제신들은 고례에 따른 것이라고 하니 국가에서 정한 것은 경輕하고 제신들의 의견은 중한가? 경들은 선왕을 '체이부정體而不正'이라고 하니 임금에게 박薄하고 어디에 후厚하게 할 것인가? 국제(『경국대전』)에 있는 기년복으로 정하도록 하라.

고 자못 노기怒氣 어린 결정을 내렸다.

이렇게 해서 장대비에 대한 조대비의 복 문제는 일단 매듭이 지어졌으나 정치인들의 남서편당南西偏黨의 세력 갈등으로 악용되었고 불미不美한 정치사를 남기게 되었다.

결과적으로 효종에 대한 복도 기년으로 끝났고 장대비에 대한 복도 기년으로 끝났다. 어느 쪽도 다 현종의 최종 결정사항이기는 하지만 효종에 대한 복은 제신들의 건의에 따라 정한 것이었고, 장대비에 대한 복은 현종의 노기 어린 결정이었다. 세력부식勢力扶植을 위하여 현종의 의사에 편승할 소지를 충분히 남기게 되었던 것이다.

Ⅳ. 논쟁의 의미

국가의 기강과 사회의 질서 유지를 위해서 종묘사직宗廟社稷의 법

통[統]과 일반 가정의 법통[統]을 높이는 일은 매우 중요한 일이다. 하늘에 두 태양이 없고 나라에 두 임금이 없고 가정에 두 가장이 있을 수 없다는 것은 하나의 진리를 구현하려는 정신적 토대로서 생전 사후를 막론하고 예제禮制가 설계되는 근간根幹이기도 하다. 견해의 차이가 있기는 하지만 복상 문제에 대한 논란論難은 이러한 예禮에서 가장 중요시되는 법통을 지키려는 데 그 취지가 있었다. 따라서 어떻게 하는 것이 법통을 수호하는 데 접근된 방법인가가 판단의 기준이어야 할 것이다.

조대비가 효종에 대하여 입어야 할 복은 기년으로 정해졌었으나 의견의 이면에는 각각 차이가 있었다.

ⓐ 송시열의 의견은 중자복衆子服으로 기년을 입었다.

ⓑ 현종의 의견은 장자의 복으로 기년을 입었다.

ⓒ 정태화 등은 중간 모호책模糊策으로서 장자[長]이거나 중자[衆]이거나(國制에는 모두 朞年) 기년을 입었다.[37]

중자복의 근거는 고례에 있었고 장자복의 근거는 국제(國制: 『경국대전』)에 있었다. 중자냐 장자냐 어느 것으로 생각하느냐는 법통[統]을 존중하는 의미에서 중요하기도 하려니와, 현종으로서는 감정을 불러일으킬 수 있는 소지이기도 하다. 효종을 중자라 하면 법통을 손상시키는 것처럼 되고, 장자라고 하면 복상의 견해 차이를 가져오게 된다. 효종의 신분상의 이중성은 중자나 장자의 어느 편으로도 생각할 수 있게 하는 것이며, 복제의 기년과 3년은 고례나 국제(『경국대전』)에 따라 적용 여하에 매여 있다. 여기서 주의해야 할 것은 제도 이전에 예禮의 본지에 비추어 이 법통이 존중되는 복이 되어야 할 것

37 성락훈, 『韓國文化史大系-黨爭史』 306쪽.

이다. 장대비를 위한 조대비의 복 문제도 마찬가지로, 장대비가 법통을 이은 효종의 비妃임에는 틀림없으며 기년인가 대공인가 하는 것도 예의 본지에 어긋나지 않도록 해야 할 것이다.

효종에 대한 조대비가 입어야 할 복의 결정은 신하들 사이의 갈등이 심했고 장대비에 대한 조대비가 입어야 할 복의 결정은 현종의 감정이 짙게 작용되었다. 예禮는 제도 이전에 바탕이 맑아야 할 것이다.[38] 제도화에서 오는 불연속적不連續的인 폐단은 "그림을 그리는 일은 흰 바탕이 있은 뒤에 하는 것이다[繪事後素]"고 하니 '흰 바탕이 있은 뒤에 하는 것[後素]'의 '흰 바탕[素]'에서 구할 수밖에 없을 것으로 생각된다. '흰 바탕'이라고 하더라도 목석木石이 아닌 인간으로서의 '흰 바탕'이며 감성의 동질성으로서의 인의人意의 아름다움이 소지(素地: 흰 바탕)가 되어야 할 줄 안다. 따라서 모든 예의 규제도 여기에 근원해야 될 것으로[39] 믿어진다. 형수의 손을 잡아서 안 되는 예를 무시하고라도 익사溺死 상태의 형수는 손으로 건져야 할 것이며[40] 무시할 수 있는 근거는 살아야 한다는 인정의 소치所致인 것이다. 살아야 하겠기에 공생共生을 위해 규제가 필요하게 되고, 동시에 살아야 하겠기에 규제를 무시할 수 있는 권도權道도 또한 필요하게 된다. 제도화에 따르는 불연속적 폐단이 권도의 점철로 보완이 가능하기 때문이다.

예송논쟁禮訟論爭의 초점은 두 가지로 집약된다. 효종의 장차長次 문제가 그 하나요, 복服의 기년과 3년이 그 둘째 문제이다. 장자로 보아도 기년과 3년복의 어느 것으로도 정할 수 있는 고례와 국제(『경국

38 『論語』 卷3 「八佾」 "子夏問曰 巧笑倩兮 美目盼兮 素以爲絢兮 何謂也 子曰繪事後素 曰禮後乎 子曰 起予者 商也 始可與言詩已矣"

39 『禮記』 卷25 「坊記」 "禮者 因人之情 而爲之節文"

40 『孟子』 卷7 「離婁(上)」 "淳于髡曰 男女授受不親 禮與 孟子曰 禮也 曰 嫂溺則援之以手乎 曰 嫂溺不援 是豺狼也 男女授受不親 禮也 嫂溺援之以手者 權也"

대전』)의 근거가 있었기에 양론이 벌어졌던 것이다. 기년으로 하면 법통[統]을 흔든다는 비난이 나올 수 있고 3년으로 하면 차자로서 저촉된다는 비난이 나올 수 있다. 서자庶子가 첩자妾子인가 중자衆子인가는 역시 법통을 존중하는 의미에서 구별을 명백히 해야 할 것은 당연하나, 서자의 첩자 중자를 뜻하는 이중성으로 말미암아 격론이 벌어질 수 있는 소지가 여기에도 있었다. 첩자라고 고집함은 법통을 흔든다고 비난하기 위함이요, 중자라고 고집함은 기년복의 타당성을 주장하기 위함이다. 효종이 지니는 신분상의 이중성, 기년과 3년복을 뒷받침하는 고례와 국제, 그리고 첩자 중자의 두 가지 의미[兩意]를 겸유兼有하는 서자 등 이 세 가지는 두 가지 판단을 초래하게 되는 근원처였다.

국가 조정에서 결정된 사항은 존중되어야 할 것이며, 조의朝議의 근거는 확실해야 할 것이며, 예제의 토대는 또한 단절을 메울 수 있는 감정의 소지를 망각해서는 안 될 것이다. 국조國朝의 의결 실천된 사항을 끊임없이 되풀이해 논란하여 갔고, 고례와 국제를 아전인수격으로 각각 고집하였으며, 예제의 근원 소지가 감정의 공약치公約値에서 찾아졌어야 할 것이나, 피아彼我의 감정적 대립으로 정세政勢에 편승된 채 악순환을 거듭한 결과가 된 것으로 생각된다. 따라서 예론의 제파諸派들이라고 해도 학적學的인 문제 규명을 위한 파派라기보다는 정쟁政爭의 편당偏黨과 같은 인상을 띠게 된다.

V. 예론의 제파

조선조 이전의 예禮는 『주자가례朱子家禮』가 일반 대중의 규범으로 통용된 것으로 보이나, 그 전래에 대하여는 불투명하다. 명문明文이 없어 미상未詳이나 고려 말에 전해온 것으로 보는 것이 이제까지의 일반론으로 보인다.[41] 한국에서의 예의 관심은 신라 통일시대에 삼례三禮의 수용에서 볼 수 있으나 구체적으로는 고려 후기에 들어와서 구현되고 있다.[42] 고려 말 공양왕恭讓王 원년(1389) 12월에 대사헌大司憲 조준趙浚 등이 상소해서 "지금부터 이후로 『주자가례』를 사용하여 대부 이상은 3세世를 제사하고 6품 이상은 2세를, 7품 이하 서인庶人에 이르기까지는 다만 그 부모를 제사한다"는 관제개혁官制改革을 한 바 있고, 『포은연보圃隱年譜』 공양왕 2년조에는 정몽주가 『주자가례』를 본따서 묘당廟堂을 세워 선조를 받들게 하였으므로 예속禮俗이 부흥하였다고 한다. 『고려사高麗史』(卷3)에 의하면 공양왕 3년(1391) 6월에 가묘입사제家廟立祀制가 시행되었다고 보인다. 조선조에 들어와서는 태조 4년(1395) 6월에 중추원사中樞院事 권근權近에 명하여 관혼상제의 예를 상정詳定하도록 하고 3년상과 같이 가묘제家廟制가 신명申明되었다. 태종 3년(1403) 6월부터는 초입사자初入仕者에게 『주문공가례朱文公家禮』(『주자가례』)를 병시幷試하도록 했으며, 같은 해 8월에는 『주자가례』 150부를 인쇄해서 평양부平壤府로 하여금 각사各司에 반포하게 하였다.[43] 태조가 승하했을 때에는 그 치상治喪이 한결같이 『주자가례』에 의해서 행해졌다.[44] 이렇게 되고 보면 조야朝野에 모두 『주자가례』를 지켜온 셈이다. 뿐만 아니라 가묘입사를 이행하지 않는 사람에게는 엄벌을 내리도록 시달되기도 하였다.[45] 태종 10년(1410) 8월에는 의례상정소儀禮詳定所가 설치되었다. 세종 5년(1423)에는 허조(許稠: 1369~1439)에게 명해서 『국조

---

41 稻葉岩吉, 『李朝法典考』. 黃元九 所引.

42 津田左右吉, 「儒教の禮樂說 Ⅲ」 『東洋學報』 19卷 3條, 同上.

43 『太宗實錄』 卷35.

44 위와 같음, 卷15 〈8年 5月 壬申〉.

45 위와 같음, 卷8 〈4年 8月 己丑〉, 同 〈13年 5月 戊子〉.

오례의國朝五禮儀』를 찬하도록 하여(성종 5년인 1474년에 완성) 고례古禮와 함께 조정의 의례규범 구실을 해온 것으로 생각된다.

하서河西 김인후(金麟厚: 1510~1560)에 이르러『가례고오家禮考誤』가 나왔으며 한강寒岡 정구(鄭逑: 1543~1620)가『오선생예설五先生禮說』·『예기상례분류禮記喪禮分類』·『가례집람보주家禮輯覽補注』·『오복연혁도五服沿革圖』·『심의제도深衣制度』등을 엮어 자못 예학禮學의 대가로 그 두각을 나타내게 되었다. 사계沙溪 김장생(金長生: 1548~1636)도 또한『의례문해疑禮問解』8권,『가례집람家禮輯覽』3권,『상례비요喪禮備要』·『가례편람家禮便覽』등의 저서를 내어 유학에 있어서의 예학 부분의 대가로서 인정받게 되었다. 김장생은 그의 아들 신독재愼獨齋 김집(金集: 1574~1656)에게 예학을 전하였고, 송시열은 그들로부터 이어받은 것으로 보인다. 예론禮論에 대한 논쟁을 계기로 처음에 대립된 이가 윤휴였다. 윤휴에게는『주례설周禮說』이 있다. 이렇게 해서 조선조의 예학은 처음으로 복상 문제를 계기로 하여 분립되었다. 송시열의 주장은 송준길에 의해 옹호되었으며, 윤휴의 지론持論은 허목에 의하여 지지됨으로써 양파의 성격을 굳혀가게 되었다. 그 밖에 양론을 각각 지지하는 정치인과 유생들로 세勢를 더해 가기에 이르렀으나, 학파 아닌 당파의 성격으로 변모 전락해버렸다. 대체로 앞에서 고찰해온 예송禮訟에 등장되는 인물을 유별해본데 불과하나 정치세력의 갈등으로 변하여 경전주해經傳註解 문제와 함께 학문의 자유에 큰 위협을 주게 되었다.

이후로는 대체로 시비총중是非叢中에 들어 피해 입을 것을 피하여, 저술 경향을 보더라도 한갓 예서의 언해라든가 해설 또는 간편하게 실천을 유도하는 주석에 불과한 것으로 보인다. 이황의『상제례문답喪祭禮問答』, 백사白沙 이항복(李恒福: 1556~1618)의『사례훈몽四禮訓蒙』, 이이李珥의『제의祭儀』, 서애西厓 유성룡(柳成龍: 1542~1607)과 학봉鶴峯 김성일(金誠一: 1538~1593)의『상례고증喪禮考證』, 지산芝山 조호익(曺好益: 1545~1609)의『가례고증家禮考證』, 남계南溪 박세채(朴世采: 1632~1695)의『가례요해家禮要解』·『가례외편家禮外篇』·『남계예설南溪禮說』 등에서 보듯이 가례, 사례四禮의 해설이나 고증을 주로 하는 데 지나지 않았다. 중국의 예설禮說을 도입하여 우리의 견해로 주장을 시도한 최초의 것이 권근의『예기천견록禮記淺見錄』이었다. 그는『예기』뿐만 아니라 오경五經에 대하여 모두『오경천견록五經淺見錄』을 저술하였으니 중국 유학의 한국적 이해로 그 역사적인 의의를 갖는다고 보겠다.

대개 예학파라고 해도 논쟁의 양파로 나누어본 데 지나지 않으며, 성리학파들의 일원론一元論이니 이원론二元論이니 일원론적一元論的 이원론二元論이니 주리主理니 주기主氣니 해서 복잡하게 분화되어 간 것과는 달리 정치세력에 말려들어 당파로 변하고, 비교적 학적으로는 학파 형성의 단조로움이 차이점으로 느껴진다.

제4부 조선 성리학의 철학사상

제1장 양촌에 관한 연구
– 철학사상을 중심하여

조선조 유학사에서 도학자들의 의리문제는 크게 다루어진다. 도학道學이란 학술적인 성격과 아울러 실천적인 영역을 강조하기 때문이다. 적극적인 생사문제와 유관한 한 그것은 윤리적 차원을 넘어서 철학, 종교의 세계로 확대되어간다. 유교가 수입된 지 오래이나 신라와 고려에서는 불교의 성대함을 보았고 민족 고유 사상에 불교가 융합 토착화되어 가면서 조선조의 유교시대를 맞이한다. 중국의 유학이 그러했듯이 흡사하게 변천해가는 과정 속에서 권근權近은 생애를 보냈다. 고려에 벼슬한 그는 조선조의 건국과 더불어 태조太祖 이성계李成桂를 섬기게 되었으니 그 원인은 몇 가지로 분석 요약된다. 즉 권근 자신이 태조로부터 신구(申救: 억울한 죄를 해명하여 구해줌)의 은혜를 입은 일이 하나요, 그의 부친인 희공僖公 권고(權皐: 1294~1379)의 권유에 못 이긴 것이 둘째요, 시기적으로 새롭게 요청되는 유교정치의 한 인재로서 맞아들이려는 태조의 소청을 딱히 거절할 수 없었던 것이 그 셋째 일이다. 그러나 이런 일들은 하나의 윤리적인 처세의 소치라고 하면 그만이겠지만 입조入朝와 더불어 정몽주鄭夢周에 대한 상소는 그의 착잡한 심정을 보여주는 것으로 보인다.

사상적 전환기에 처한 권근은 초엽의 학자들의 학문적 밑거름이 되었고, 그의 이기론은 이황과 기대승, 이이와 성혼의 논쟁으로 옮아가는 과정에서 기초의 선구적 역할을 한 것이다. 그는 이원론二元論

을 주장한다고 하나 그의 표현의 체계와 부회附會의 정연整然하지 못함과 천착을 지적할 수는 있다. 그렇다고 해서 간단하게 이원론자二元論者나 일원론자一元論者로 단정하기에는 어려울 것으로 안다. 하나의 이치를 말하기 위해서 상대적인 이기理氣를 말하고, 초학자들을 위해 오경五經을 그림으로 표시해준 것이 지루함을 느끼며 글자 해석과 설명에 견강牽強을 그 스스로도 토로하고 있는 바와 같다. 그의 태극太極·이기理氣·심성정心性情, 선악문제는 우리의 학자로서 처음으로 도시圖示하고 설명하여 천인관계天人關係의 이론적 체계를 세우려 함이요, 유학사에 있어서나 유교철학에 있어서 간과할 수 없는 위치와 비중을 차지한다. 유학의 생명이 실학實學에 있다면 실질을 잃은[失實] 현대 인류의 방향 모색에 기여할 바 바람직한 일이며, 이 탐구를 위해서 이에 자뢰資賴할 바 없지 않을 것으로 생각된다.

Ⅰ. 서론

고려 말기의 석학으로 이색李穡, 권근, 정몽주, 야은冶隱 길재(吉再: 1353~1419)를 꼽는다. 그중에서 권근은 그의 철학에 있어서 타 3인에 비해서 이채를 띤다. 그의 문집과 『입학도설入學圖說』을 중심해서 철학사상을 살피고 나아가서 그의 정치적 학문적 위치를 고찰하는 동시에 한국 유학연구에 자료하고자 하는 바이다.

Ⅱ. 본론

1. 세계

권근은 시조 행幸의 15세손으로 출생하였다. 권행은 고려 태조로부터 개국 공신으로서 그 수공樹功으로 말미암아 권성權姓을 특사特賜받은 것으로 되어 있고, 그 세계世系 중에서는 특히 12세손인 국재菊齋 권보(權溥: 1262~1346)가 유명하다. 권보는 문성공文成公 안향(安珦: 1243~1306)의 문인으로서 자는 제만齊萬이요 주자집주朱子集註의 간행을 건의하여 국학國學을 넓혔으니 사학斯學의 공이 적지 않다고 전한다. 그는 5형제를 두었고 또 그의 3남인 권고權皐는 3형제를 두었고, 그 3남인 희僖는 5형제를 두었던바, 4남으로 탄생한 이가 바로 권근이다.

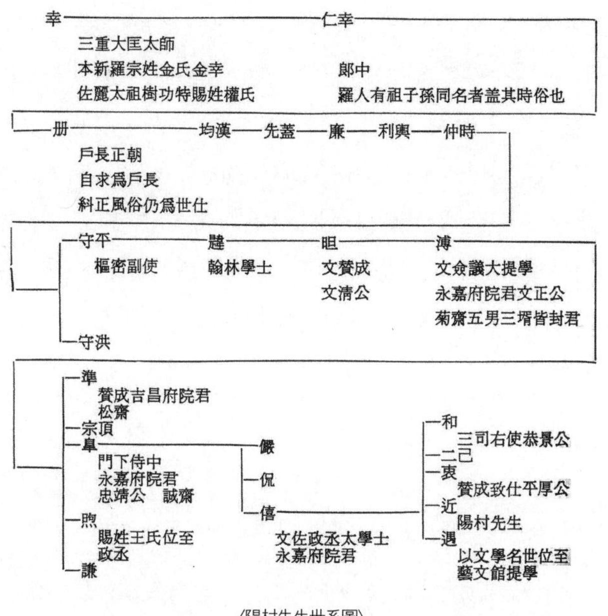

〈陽村先生世系圖〉

2. 저서

저서에는 문집文集, 『동국사략東國史略』, 『입학도설』, 『오경천견록五經淺見錄』, 『사서오경구결四書五經口訣』이 있다고 전한다. 『오경천견록』 중의 『예기천견록』과 『주역천견록』을 제외한 『시경천견록』, 『서경천견록』, 『춘추천견록』과 『사서오경구결』은 오늘날 전하는 바 없어 알아볼 길이 묘연함이 애석한 일이다. 이 중에서 가장 유명한 것은 『입학도설』이다.

『입학도설』은 저작 동기가 공양왕 2년(1390) 익주益洲로 유배된 가을에 초학자를 위해 짓게 된 것으로서 송나라 시대 주돈이의 「태극도太極圖」를 근본으로 하고, 주자의 장구설章句說을 참고로 해서 그림으로 표시하고 선현들의 격언을 취해서 그 뜻을 풀이한 것이다.[1] 유학이 한국에 들어온 후 일가의 견해로 사상 내지 철학이 도설로서 특히 성리학 계통에 전해오는 것으로서 가치가 평가된다. 이병도李丙燾 박사에 의하면 『입학도설』의 판본으로는 진주본晋州本 · 낭주본浪州本 · 영주본榮州本 · 일본의 경안각본慶安刻本이 있고, 초판은 겨우 간행자의 발문 「가선대부 진양대도호부사 겸관내권농 병마단련사 김이음 경발嘉善大夫晋陽大都護府使兼管內勸農兵馬團練使金爾音敬跋」만이 영주본 내에 전하고, 낭주본은 진주본 이후 120년 후에 출판되어 채무일蔡無逸의 발문이 있고, 영주본은 낭주본 이후 명종 2년 간행으로 권말에 황호공黃好恭의 발문이 있으며, 일본의 경안각본은 조선조 인조 11년(1633) 일본 관영寬永 10년에 간행된 것으로 그 편

---

1 『入學圖說』「入學圖說序」"洪武庚午秋 謫在金馬郡 有一二初學輩來 讀庸學二書者 語之淳復 尙不能通曉 乃本周子之圖 參章句之說 作圖以示 又取先賢格言以釋其意 學者因有所聞 又隨而答之 仍記其問答之言 以附其後 名之曰入學圖說 旁取他經 凡可作圖者 皆圖之 往往各附臆見之說 欲就正於先生長者 鄕無先進 身拘謫籍 姑待後日而已 觀者幸恕其妄言而敎之 是所理也 是歲良月初吉 永嘉後學權近謹題"

차차제編次次第는 영주본과 동일하다.[2] 이 외에 왜정 시(1929)에 후손 권태협權泰夾과 권오철權五喆의 발문이 첨부된 논산論山 발행본이 있음을 추기해둔다.

『오경천견록』은 지금 전부를 볼 수 없어 불분명하나 『예기천견록』은 한산韓山 이색李穡으로부터 분부를 받아서[3] 그 고정考定과 주석을 가한 것으로 미루어 대개 여타의 천견록淺見錄도 그러한 형식의 저서가 아닌가 짐작된다. 유학경전이 우리나라에 전래된 후로 사견을 갖고 주석을 가한 것은 필자가 알기로는 이것이 최초의 것으로서 매우 귀중한 것으로 생각된다. 1405년(태종 5년)에 간행되었고 300년 후인 1705년(숙종 31년)에 중간되었다. 『주역천견록』은 통문관通文館에 개인소장 유일본으로 보존되고 있다고 한다.

3. 시대적 배경

권근은 1352년에 출생하고 1409년에 졸하여 그의 수는 58세이다.[4] 그의 생애는 고려 공민왕 원년(元의 順帝, 至正 12년)으로부터 고려의 국운이 쇠하여 조선조의 싹이 움트기 시작하던 때요, 중국으로 말하면 원나라가 무너지고 명나라의 건립을 보게 되어 국내외가 정치적으로 매우 흔들리던 시기요, 사상적으로는 불교의 오랫동안 누적되어온 폐단으로 인하여 사회적으로 새로운 가치관이 절실히 요청되던 시대라고 생각된다. 그는 설총(薛聰: 655~?)을 위시하여 최

2 李丙燾,「權陽村の入學圖說について」『東洋學報』卷17 4호, 1929년.

3 『朝鮮王朝實錄』『太宗實錄』卷8 〈四年十一月二十八日〉 315쪽 "參贊議政府事權近欲撰禮經淺見錄 上箋乞免 不允 箋曰 (……) 批答曰 (……) 所著淺見錄入學圖說 尤爲學者之指南 (……) 今韓山李穡 亦以考定禮經 付之於卿 其師弟之間 授受之法 若合一節"

4 『陽村集』卷1 年譜(朝鮮史編修會 朝鮮總督府影印 1937).

치원崔致遠, 최충(崔沖: 984~1068), 안유(安裕: 1243~1306)의 뒤를 이은 백이정(白頤正: 1247~1323), 우탁(禹倬: 1263~1343), 권보(權溥: 1262~1346)를 거쳐 이제현(李齊賢: 1287~1367), 이색을 따라 전해오는 사상을 계승한 분이다. 정도전鄭道傳과 정몽주와는 친교가 두터웠고[5] 그의 학문은 길재에 의하여 계승된다. 성했던 불교가 침체하여 썩은 흐름으로 번져갈 무렵 새롭게 자극을 주게 된 것이 중국 성리학의 유입이라고 할 수 있다. 물론 권근 당시에 비로소 처음으로 접한 것은 아니지만 최치원[6]이 이미 당나라에 다녀왔고, 안유[7]가 이어서 다녀왔고, 백이정 때에는 정주학이 아직 들어오기 전이었으나 그가 원나라로부터 수입하여 국내에 전포했고,[8] 우탁에 의해서 정자程子의 『역전易傳』이 처음으로 풀이되어 유생들에게도 가르치게 되었고,[9] 권보에 의해서는 이미 앞에서도 언급한 바와 같이 『주자집주』의 간행이 건의되어 한국 성리학의 기초를 마련하게 되었고,[10] 이제현이 충선왕을 따라서 원나라 서울[元京]을 다녀오므로 경학經學·문학文學은 더욱 깊어갔고,[11] 이색도 원나라에 유학하여 마침내 거유巨儒로서 명성을 떨쳤던[12] 때이니만큼 유학의 기본 경전은 물론이요, 송학宋學이 들어와서 앞으로 불교에 대처할 자세가 어느 정도 갖추어졌던 차에 조선의 유교 정책이 등장하면서 유학은 흥하게 되었다

---

5 위와 같음, 卷16 8면.

6 『三國史記』「列傳」〈崔致遠條〉.

7 『高麗史』(下)「列傳」卷18〈安珦條〉延大出版部 322쪽.

8 위와 같음, 卷19〈白頤正條〉331쪽.

9 위와 같음, 卷22〈禹倬條〉391쪽.

10 위와 같음, 前所引〈權溥條〉.

11 위와 같음, 卷23〈李齊賢條〉409쪽.

12 위와 같음, 卷28〈李穡條〉522쪽.

고 할 것이다.

중국을 볼 때 권근이 졸한 1409년으로 말하면 명나라 초기 강재康齋 오여필(吳與弼: 1391~1469)의 시절이다. 정치적으로는 주원장朱元璋의 집권 시기요, 학술사상으로는 당나라의 불교를 거쳐 송나라의 신유학을 지나 원대의 주자학朱子學 · 육학陸學 · 주륙조화파朱陸調和派가 한참 성했다가, 명나라로 접어들면서 오여필, 경헌敬軒 설선(薛瑄: 1389~1464), 경재敬齋 호거인(胡居仁: 1434~1484), 백사白沙 진헌장(陳獻章: 1428~1500)을 경유하여 양명陽明 왕수인(王守仁: 1472~1529)이 출현하는 과도기에 처한 시대라고 볼 수 있다. 따라서 권근은 유교의 기본 경전을 중심해서 고려 말까지의 유명한 유학자들의 제반 저서와 명대 양명학이 출현하기 전까지의 중국 유학이 그 학문 형성의 자료이며 양식이었으리라고 믿어진다. 다만 오늘과 같이 교통이 편리하지 못하였던 탓으로 문화 교류가 충분치 못하였을 것은 능히 추측할 수 있는 일이나, 대체로 불교와 도교를 비판하고 유학이론을 강조하는 범위의 송학의 영향을 받았을 것이며 그에 대한 관심이 갔으리라고도 충분히 짐작되는 점은, 시대적으로 고려가 불교를 안고 붕괴하여 신흥하는 조선의 시대적인 교량기에 임한 그로서 이미 시련을 겪은(당나라에서 송나라로) 학문의 역사적 유사성에 있음은 물론이요, 따라서 그의 학문 방향은 이러한 와중에서 정해져 갔을 것이요 더 나아가서 조선조의 유교 정책에 밑받침이 될 수도 있었을 것으로 확대 해석할 수 있으리라고 생각된다.

이러한 배경 속에서 그의 일생은 어떠하였으며 그의 학문은 과연 어떠하였는지 생애를 먼저 알아보고자 한다.

4. 생애

권근의 자는 가원可遠이요 초명初名은 진晉이며 양촌陽村은 그의 호이다. 자를 나중에 사숙思叔이라고 개칭하였다.[13] 『동국여지승람』에 “권근은 고려 말 사건에 말려들어 어느 고을에 유배 갔는데 고을 남쪽 양촌에 거주하였기에 양촌이라 호하였다”[14]라고 기록되어 있으나, 이색에 의하면 가원과 양촌은 스스로 지은 자요 호라고 하였다.[15] 뿐만 아니라 권근 자신도 일찍이 양陽으로써 호를 원하였다.[16] 그는 이색으로부터 수학하였고[17] 18세 때에는 성균시成均試에 합격하였다. 급제는 하였으나 너무 연소하여 당시의 임금 공민왕은 공정하지 못한 줄로 속단하고 “이렇게 어린 것이 합격했단 말인가” 노기를 띠어서 말한즉 시관試官이었던 이색은 “그 그릇됨이 장차 큰 인물이 될 것이오니 젊은이로 여길 것이 아닙니다”라고 아뢰어 왕의 뜻이 풀렸다는 것이다.[18] 이로부터 그의 벼슬길은 시작되었다. 그해에 춘추검열관春秋檢閱官을 직배直拜함을 비롯해서 예문관수찬 조청랑 태상박사 겸 진덕박사藝文館修撰朝請郎太常博士兼進德博士, 승봉랑 예의좌랑承奉郎禮儀佐郎을 역임하여 조봉랑 시성균직강 예문응교 지제교朝奉郎試成均直講藝文應敎知製敎에 이르렀다. 중정대부 성균제주中

13 『燃黎室記述』 卷2 「太祖朝文衡」 6~7쪽 “權近字可遠 改思叔 初名晋 號陽村”【참고】『燃黎室記述』(崔南善 編修 朝鮮光文會 1913).

14 『東國輿地勝覽』 “權近 高麗季 坐事流于州 居州南陽村 因號陽村”

15 『牧隱文藁』 卷3 「陽村記」 “陽村 吾門生永嘉權近之自號也 近之言曰 近也在先生之門 年最少 學最下 然所慕而跂之者 近而之遠也 故字曰可遠 天下之近而又遠者 求之內曰誠 求之外曰陽 誠惟君子 然後踐之 若夫陽也 愚夫愚婦之所共知也”【참고】『麗季名賢集』 大東文化硏究院 821쪽.

16 『陽村集』 卷14 「南谷記」 15面 “予雖不敏 亦嘗願學 敢以陽而號之矣 南也陽也 非有二也 其志可謂同矣”

17 위와 같음, 卷14 「五台山觀音庵重創記」 3面 “嘗於江陵府五臺山之東臺 重創觀音庵 訥功 語予曰吾曩之建寺也 必於牧隱求記 牧隱不辭而筆之 今之營觀音菴也 牧隱已矣 予牧隱門人也”

18 『燃黎室記述』 卷2 「太祖朝文衡」 7쪽 “恭愍王嘗怒少者濫登科第 公年十八 中丙科 王怒曰 彼少者 亦登第耶 典貢擧李穡對曰其器將大用 不可少之也 王意乃解”

正大夫成均祭酒를 거쳐 봉익대부 성균대사성逢翊大夫成均大司成, 그리고 예조판서禮曹判書, 정순대부 밀직사 좌대언 서연시강正順大夫密直司左代言書筵侍講에까지 나아갔다. 순탄했던 지금까지의 벼슬길에 불행한 옥사가 일어났다. 공양왕 2년(洪武 23년, 1390) 윤이尹彝와 이초李初의 옥송獄訟으로[19] 이색과 권근 등 10여 인이 청주淸州에 투옥되자 호우로 인한 수재로 잠시 방치되었다가 다시 익주益州로 수감되었으니, 권근(39세 때)은 여기서『입학도설』을 지었고, 다음 해에는 사은謝恩으로 개경으로 돌아왔다. 당시에 석방된 기쁨은 그 영시詠詩에 잘 엿보인다.[20] 충주忠州로 돌아가서『오경천견록』을 짓기 시작하였다. 권근의 고려를 받는 일은 일단락되고 조선조를 섬기는 생활이 이로부터 시작된다.

도읍을 정하기 위하여 계룡산 행행行幸 길에 권근은 소명召命되어 예문관박사藝文館博士로 임명, 정총(鄭摠: 1358~1397)과 더불어 정릉묘비定陵墓碑를 지었고, 나아가서는 자헌대부 검교예문 춘추관 태학사 겸 성균대사위資憲大夫檢校藝文春秋館太學士兼成均大司位에 올랐다. 태조 3년(洪武 27년, 1394)에는 가정대부 첨서중추원사 도평의사사 보문각학사 겸 성균대사성嘉靖大夫簽書中樞院事都評議使司寶文閣學士兼成均大司成, 익년에는 가정대부 예문춘추관학사 도평의사사사 보문각학사 겸 예조전서 성균대사성嘉靖大夫藝文春秋館學士都評議使司事寶文閣學士兼禮曹典書成均大司成에 이르렀다. 이때에 조정에서는 문제가 발생하였다. 태조 3년(洪武 28년, 1395) 명나라 임금에게 올린 찬표撰表에 희모戲侮의 언사가 있다고 하여 명나라로부터 호출을 받았을 때, 장본인 정도전은 가기를 꺼려 병을 핑계하였고, 권근이 대신

19 金庠基,『高麗時代史』808쪽.

20『陽村集』卷7「冬十有一有蒙恩放歸陽村次普能師韵」13面 "承命警欣更撫身 得爲天地再生人 小臣罪重難蒙免 聖德眞同萬物春"

가기를 자청하였으나 태조가 당초에는 듣지를 않았지만 권근의 복계復啓에 마침내 허락되어 명나라 수도에 가서 소임을 무난하게 마쳤다. 이때에 시부詩賦 18편으로 문재를 인정받았고 명나라 임금은 친히 어제시御製詩 3편을 하사하여 참으로 수재라고까지 찬탄을 아끼지 않았다.[21]

태조 5년(洪武 30년, 1397)에 자헌대부 화산군資憲大夫花山君을 제수하고 정종 원년(建文 원년, 1399)에는 가정대부 첨서 중추원사 도평의사사사 수문전학사 경연예문 춘추관사嘉靖大夫簽書中樞院事都評議使司事修文殿學士經筵藝文春秋館事에, 정종 2년(建文 2년, 1400)에는 사헌부 대사헌 수문전학사 정헌대부 참찬문하부 지의정부사司憲府大司憲修文殿學士正憲大夫參贊門下府知議政府事에, 정종 3년에는 예문관대제학 추충익대좌명공신 정헌대부 참찬의정부사 형조사 지경연 춘추관사 겸 성균대사성 길창군藝文館大提學推忠翌戴佐命功臣正憲大夫參贊議政府事刑曹司知經筵春秋館事兼成均大司成吉昌君에, 태종 5년에는 추충익대좌명공신 숭정대부 의정부찬성사 보문각대제학 지경정 춘추성균관사推忠翊戴佐命功臣崇政大夫議政府贊成事寶文閣大提學知經筵春秋成均館事에, 태종 6년에는 집현전 대제학集賢殿大提學에 올랐고, 태종 7년(己丑) 2월 14일 정해丁亥에 드디어 생애를 마치게 되니 임금이 몹시 슬퍼하고 철조(輟朝: 조정을 임시 폐함) 3일 문충文忠으로 시호를 내렸다.[22]

그의 일생을 돌이켜보건대 40세까지는 고려조에 봉직하고 그 후 졸할 때까지 조선조에 벼슬한 것을 알 수 있다. 여기서 후인들은 두 조정에 봉사한 권근의 절의에 대하여 많이 논의를 한다. 권근이 과연 흔연히 입조하였는가, 그렇지 않으면 어떤 곡절이 있었던가. 그 사연

21 『朝鮮王朝實錄』『太宗實錄』 卷17 〈九年二月十四日〉 474쪽.

22 위와 같음.

을 살펴보면 대개 이러하다.

조선조를 건국한 태조 이성계로서는 고려조로부터 흘러오는 부패와 타성을 일소함과 동시에 세력의 기반을 공고히 하기 위해서는 인재가 필요했을 것이다. 정책적으로는 고식화된 불교를 배척하고 유교를 내세웠으니 유학자들이 필요했을 것이고, 그러면서도 배불排佛하는 밝은 논리가 요구되었을 줄로 안다. 이런 의미에서 정도전과 권근은 그에게 고굉股肱이 될 인물로 지목되었을 것이다.

과연 후인들은 권근을 변절하였다고 비난한다. 상촌象村 신흠(申欽: 1566~1628)은 권근을 평하기를

> 권근은 여말에 이름 있는 벼슬아치로서 한 번은 목은 이색 때문에 또 한 번은 도은 이숭인 때문에 죄명을 입었다. 만일 당시에 귀양 가는 것과 야인되는 것을 즐겨 했던들, 그 문장 그 절의가 어찌 목은이나 도은만 못하리오만 태조의 계룡산 행차를 찬송한 풍요가 문득 이태조의 개국공신이 되고 말았으니 아 슬프다. 태조에게 쫓아가도 벼슬은 홍문관 하나밖에 못하고 연령은 60을 넘지 못했으니 그 소득이 얼마나 되는가. 그 당시 근近을 희롱하는 시에 백주에 양촌이 의리를 말한다면 이 세상 어느 때 현인이 없겠는가라고 하였다고 하니 부끄럽지 않겠는가. 그러나 오직 그 자손들이 대를 이어 사환이 끊어지지 않으므로 모두들 양촌이 덕행이 있는 것같이 말들 하고 있다.[23]

고 혹평을 하였다. 그러나 김안국(金安國: 1478~1543)은 신광한(申光漢: 1484~1555) 집에 걸려 있는 양촌화상陽村畵像을 보고 배례하고

23 『燃黎室記述』 卷2 「太祖朝文衡」 〈象村彙言〉 7쪽 "公麗末名大夫也 苟使當時安於流放 則其文章名論 烏下於牧隱諸公 而鷄龍一頌 遽作開國寵臣 哀哉 旣降之後 位不滿三司 年未享六十 所得微矣 唯其子姓相承 晃辯不絶 臣今猶盛 故人皆曰陽村陽村有若有德行者然 甚矣盜也"

서 "이분이 우리의 도道에 공이 있는 분"이라고 한즉, 송인수(宋麟壽: 1487~1547)는 이를 보고 "절의를 잃은[失節] 사람"이라고 하여 절하지 않았다고[24] 한다. 이렇게 보는 이에 따라서는 달리 볼 수도 있겠으나 실절失節 여부가 소중한 일이기도 하지만 두 조정에 벼슬하게 된 그 동기가 무엇인지 궁금해진다. 태조 이성계가 개국한 후에 권근은 굴하지 않았던 것 같다.[25] 다만 태조가 권근이 필요해서 그의 부친인 희僖를 꼬여 자子 규跬에게 태종 경안공주慶安公主를 혼인토록 하고 태조가 이전 조정에 대한 권근의 수절을 찬하면서도 입조하도록 희를 움직이니 노부를 거역하기 어려워 마침내는 입성하여 배명拜命하였던 모양이다. 즉시로 권근은 고려조의 충신[前朝忠臣] 정몽주의 절의를 높일 것을 상소하였으나 "난신을 어찌 충신이라고 하랴. 권근의 상소가 망령된 것이다"라고 대간臺諫에 일축一蹴을 당하였다[26]는 것이다. 동지였던 포은 정몽주는 난신이 되고 난신으로 정죄定罪하는 조정에 자신은 녹을 받게 되는 일에 몹시 불안했을 것으로 추측된다.

이보다도 권근이 태조를 은인으로 생각하게 된 것은 사탁자문私拆

---

24 위와 같음, 卷2「太祖朝文衡」〈海東文獻錄〉8쪽 "申光漢家有陽村畵像 金安國見之拜曰 此公於吾道有功矣 宋麟壽見之不拜曰 此是失節人也"

25 위와 같음, 卷2「太祖朝文衡」〈逐睡篇〉8쪽 "上開國 公猶不屈"

26 위와 같음, 卷2「太祖朝文衡」〈逐睡篇〉8쪽 "上欲誘納 而無其術 公之父僖 養公之子跬 年旣長成而未婚 卽以公主妻之(太宗慶安公) 一日上語僖曰 近忘我否 爲先朝守節 美則美矣 汝年齡已迫 未聞近來覲 何篤於忠而緩於孝耶 僖曰近豈忘老父 第緣身多疾病 臥不能起 近得其書 未久將來見臣 上喜甚曰近何日發行 何日入城 僖以權辭對之 送人促來 公不得已自忠州發行 監司以登途啓聞 供帳相望 公不忍直赴京師 而逶迤行至水原 僖使人促之 至漢江 僖親往見之 終日屛人語公 於是渡江入城直赴闕上以賓禮待之便殿 張八道分畵屛風 以手指點曰 某樓某亭 爲予作記 以侈一國名勝之地 公辭退製進 上卽加知製敎之啣 公無如之何拜命而出 還向忠州之日 上疏請褒贈前朝忠臣鄭夢周 以崇節義 臺諫論啓曰 亂臣豈可爲忠臣 近之疏妄矣 上排衆議從之"

咨文[27] 사건으로 태간에 극형이 논란될 때 태조가 그의 억울한 죄를 해명하여 구해줌[申救]을 얻은 일인 것으로[28] 보인다. 그것은 정도전의 찬표로 사명使明을 권근이 자청하는 계啓에서

> 전조前朝 말엽에 몸이 중한 죄를 입어 거의 목숨을 보전하지 못할 뻔하였는데, 다행히 전하의 불쌍히 여기시는 인덕仁德에 힘입어 목숨을 보전할 수 있었고, 이제 국초國初를 당하여 또 거두어 써주시는 은혜를 입었습니다. 재조再造의 은덕이 하늘처럼 끝이 없사오나 신이 보답한 공로가 없습니다. 원컨대, 서울에 가서 하늘 같은 복福으로 변명을 하여 성은의 만분의 일이라도 보답할까 합니다.[29]

라고 언급한 것을 보면, 태조에 대한 감정을 읽을 수가 있다. 왕위계승 문제로 본래 이색과 이숭인(李崇仁: 1349~1392)과 태도를 같이하던 그는 엄부嚴父의 권유로 어쩔 수 없이 입조入朝케 된 동기에다가 지난날에 입었던 시구의 일로 고려조에 대한 충忠과 조선건국 후의 수절에 대한 태도에 전환을 가져오게 된 것으로 보인다.

이러한 정치적인 사실보다는 역시 그의 철학사상이 높이 평가되어야 할 점이 있다고 생각된다. 엄밀하게 말해서 인격과 학문은 이원적일 수 없는 일이나, 한국의 학술적 여명黎明이 그의 학문에서 비롯되었다고 하면 또한 그의 공도 생각하지 않을 수 없다.

---

27 김상기, 『高麗時代史』, 東國文化社, 798쪽.

28 『朝鮮王朝實錄』『太宗實錄』 卷17 474쪽(前所引).

29 위와 같음, 『太宗實錄』 卷17 〈九年二月十四日〉 "臣於前朝之季 身被重譴 幾不保首領 幸賴殿下欽恤之仁 獲保性命 及今國初 又蒙收用 再逢之恩 如天罔極 而臣未有報效 願乞赴京 如天之福 庶得辨明 少答聖恩之萬一"

5. 철학사상

그의 학술논문과 저서를 두루 볼 수가 없어 그 논리를 천명하기 어려우나, 그의 철학적 사상 경향은『입학도설』을 통해서 어느 정도 엿볼 수 있다.『입학도설』은 앞서 언급한 바와 같이 유배지에서 제자를 위해서 저작했는데 대개 취급된 그림은 아래 39종과 끝의「괘륵과설지법掛扐過揲之法」을 합해서 40조목을 다루고 있다.

「천인심성합일지도天人心性合一之圖」,「천인심성분석지도天人心性分釋之圖」,「대학지장지도大學指掌之圖」,「중용수장분석지도中庸首章分釋之圖」,「중용분절변의中庸分節辨議」,「제후소목오묘도궁지도諸侯昭穆五廟都宮之圖」,「시협지도時祫之圖」,「일실지도一室之圖」,「어맹대지語孟大旨」,「오경체용합일지도五經體用合一之圖」,「오경각분체용지도五經各分體用之圖」,「춘왕정월횡간분석지도春王正月橫看分釋之圖」,「하도오행상생지도河圖五行相生之圖」,「낙서오행상극지도洛書五行相剋之圖」,「태극생양의사상팔괘지도太極生兩儀四象八卦之圖」,「선천방위원도先天方位圓圖」,「선천방위방도先天方位方圖」,「복희선천팔괘伏羲先天八卦」,「문왕후천방위文王後天方位」,「음양육구위노지도陰陽六九爲老之圖」,「천지생성지수天地生成之數」,「하도중궁지수河圖中宮之數」,「홍범구주천인합일도상洪範九疇天人合一圖上」,「홍범구주천인합일도하洪範九疇天人合一圖下」,「무일지도無逸之圖」,「십이월괘도十二月卦圖」,「주천삼신지도周天三辰之圖」,「일기생윤지도一朞生閏之圖」,「천지수간지도天地竪看之圖」,「천지횡간지도天地橫看之圖」,「망전생명지도望前生明之圖」,「망후생백지도望後生魄之圖」,「토규측영지도土圭測影之圖」,「토왕사계지도土旺四季之圖」,「율려격팔상생지도律呂隔八相生之圖」,「오성팔음지도五聲八音之圖」,「주남편차지도周南篇次之圖」,「변풍십삼국지도變風十三國之圖」,「공족급태종지도公族及太宗之圖」,「괘륵과설지법掛扐過

揲之法」

『입학도설』은 초학들의 이해를 돕기 위해서 도설圖說한 것으로 알려져 있는데 이 설명은 그의 철학사상의 근간을 이루고 있다. 그중에서도「천인심성합일지도」와「천인심성분석지도」는 그의 철학을 요약해주는 것으로서 매우 중요한 것이다.

A. 태극에 대하여

태극太極을 이기이원理氣二元으로 종합하는 것이라면 태극은 이기 이외에 어떤 것인가, 또는 태극은 기氣인 것인가, 혹은 태극은 리理인 것인가의 3종으로 유별할 수 있다. 바꾸어 말하면 태극일원론太極一元論 · 기일원론氣一元論 · 이일원론理一元論의 3종 외에 없을 것이다. 후세에 중국 철학을 논하는 사람들이 다 이 3종류 가운데 하나임이 이 까닭이다. 만일 태극일원론을 취한다면 태극은 어떤 것인가, 또 태극과 이기이원과의 관계는 어떠한가를 설명해야 하고 태극이 이기와 별개의 사물이라고 하면 어떻게 해서 이기를 종합할 수 있는가의 문제를 해석하지 않아서는 안 된다. 다음에 태극이 기라고 하면 리는 어떻게 파출派出되는가, 이기상대의 기와는 어떠한 관계에 있는가를 또한 해석치 않을 수 없고, 만일 태극이 리라고 하면 기는 어떻게 파생되는지 이기상대의 리와의 관계 여하 등의 문제를 해석해야만 한다. 이상 3종류의 해석에는 각각 그 설명에 난점이 있다.[30]

『입학도설』에는 무극無極의 표시가 없다. 서문에는 주돈이의 도설을 근본으로 했다[31]고 자술하고 있으나「태극도설太極圖說」에서와 같

30 宇野哲人,『支那哲學史』(寶文閣 東京 1954) 175쪽.

31 『入學圖說』「入學圖說序」"洪武庚午秋 謫在金馬郡 有一二初學輩來 讀庸學二書者 語之淳復 尙不能通曉 乃本周子之圖 參章句之說 作圖以示"【참고】『入學圖說』(權泰

이 무극을 도시圖示하지 않았다. 뿐만 아니라 「천인심성합일지도」는 주자의 「태극도」와 주자의 장구설[朱子章句之說]에 의거한 것이라고 기술하고[32] 있다. 무극이라는 것은 태극이 중앙에 깃들어 있는 리를 가리켜 말하는 것이지 결코 태극상에 따로 무극이 있음을 말하는 것이 아니라고 하면서[33] 천지의 조화는 한없이 낳고 낳으며 인수초목人獸草木의 천차만별의 형상이 각각 성명性命을 바로 하는 것이니, 다 하나의 태극 가운데로부터 유출하는 까닭에 만물이 각기 하나의 리를 갖추고 있으며, 만 가지 리는 하나의 근원으로부터 동일하게 나온다[34]고 하여 태극의 오묘함을 말하고 있다. 태극 외에 다시 무극이 있다는 것이 아니라 함은 주자의 뜻[35]을 이은 것 같고 만물이 각각 하나의 리를 구비하며 만 가지 리가 동일하게 하나의 근원에서 나온다고 함은 정이천程伊川이 말한[36] 화엄華嚴의 사사무애법계관事事無礙法界觀을 평론한 곳과 유사하게도 생각된다. 이것들은 다 체용일원體用一源과 현미무간顯微無間의 태극을 의미하는바 권근의 문집 속에서도 곳곳에서 보인다.

나옹懶翁 선사의 호 강월江月을 논하면서 체용體用으로 분설하는

夾 編), 權五喆 發行(忠北) 1929년. 이하동일.

32 위와 같음, 卷1 「天人心性合一之圖」 1面 "朱子曰 天以陰陽五行 化生萬物 氣以成形 而理亦賦焉 今本之 作此圖 右圖 謹依周子太極圖及朱子中庸章句之說 就人心性上 以明理氣善惡之殊 以示學者"

33 위와 같음, "學者問曰 子爲合一圖 自謂謹依周子之圖 然周圖有所謂無極者 而此則無之 何也 曰 無極者 指言太極居中之理 非太極之上 別有所謂無極也 則此圖之中 天字一圈 是也"

34 위와 같음, "夫天地之化 生生不窮 往者息而來者繼 人獸草木 千形萬狀 各正性命者 皆自一太極中流出 故萬物各具一理 萬理同出一源"

35 胡廣 『性理大全』 「太極圖解」 14面註 "上天之載 無聲無臭 而實造化之樞紐 品彙之根柢也 故曰無極而太極 非太極之外 復有無極也"

36 『二程全書』 卷18 「劉元承手編」 18面 "一言以蔽之 不過曰萬理歸於一理也" 宇野哲人의 『支那哲學史』 〈程朱學派〉 재인용.

곳에 이르러서는 강월이라고 할 때에는 용으로 말미암아도 그 체에 원하며[由用而源其體], 월강月江이라고 할 때에는 체로 말미암아 그 용에 이르니[由體而達其用], 체용일원이요 상하무간上下無間이라고도[37] 했고 천리天理의 유행은 혼융일체混融一體로 만물을 초월하여 독립하고 있으며 사물을 떠나서는 또 불비不備하다[38]고 설하였다. 태극설에 있어서 일본인 학자 우야철인宇野哲人과 같이 송나라 시대의 경향을 태극일원론 · 이일원론 · 기일원론으로 3분할 수 있다면 과연 권근의 입장은 어느 것일지는 자명한 일이다. 엄밀하게 말해서 태극에 대해서 이기를 종합한다든가 일원론이란 말을 적용할 수 있을지는 의문이다. 억지로 말해서 태극이라고 칭함과 같이 셋 중에서 강선強選한다면 태극일원론의 입장을 견지한 것으로 생각된다. 태극이 인간에 있어서는 어떻게 반응 내지 관계 지어지는 것일지는 그의 성론性論을 알아보아야 할 것이다.

B. 성론

성리학의 중심 문제가 오랜 세월을 두고 논란되어 사史를 이루어 온 가운데 성론性論이 차지하는 비중은 대단히 크다. 사칠론四七論은 물론이려니와 인물성동이론人物性同異論도 중요한 문제의 하나로 생각된다.

권근에 있어서 인성人性은 자사子思의 생각을[39] 그대로 받은 것으로 보인다. 성性이란 하늘의 명한 바요, 사람이 그 생生의 이치를 받

---

37 『陽村集』 卷14 「月江記」 16面 "夫江也月也 (……) 且其互稱 自分體用 曰江月則由用而源其體 曰月江則由體而達其用 體用一源 上下無間"

38 위와 같음, 卷15 「送雲雪岳上人序」 14面 "道不離乎形器 非窈窅怳忽之謂也 亦不離乎形器 (……) 離事物則不備 而用有所不行 體用兼全"

39 『中庸』 「第1章」 "天命之謂性 率性之謂道 修道之謂教" 『經書』, 大東文化硏究院, 769쪽.

아서 내 마음속에 갖춘 바를 말하는 것이다. 그러므로 '성' 자는 종심종생從心從生이요 사람과 만물의 리는 같고 기품이 다르다. 그래서 고자告子는 "태어남을 성이라 한다"[40]고 했고, 한씨(韓氏: 韓愈)는 "성이란 태어남과 함께 생긴다[性也者 與生俱生]"[41]고 했고, 석씨釋氏는 "작용이 성이다[作用是性]"라고 했으니, 이는 다 기氣를 가지고 말하고 리理를 버린 결과이다. 그래서 『중용中庸』에서는 "하늘이 명한 것을 성이라 한다[天命之謂性]"라 했고, 맹자孟子는 "그 마음을 극진히 하는 자는 그 성을 알고 그 성을 알면 하늘[天]을 안다"[42]고 하여 태극이라 하지 않고 하늘이라 하였고 이기라고 하지 않고 인人이라 하여 성性으로 양자의 통로를 열어놓았다. 즉 천리天理의 성誠과 인정人情의 선善을 맺어주는 것이라고 생각한 것이다. 이것을 성탕成湯은 "〈하늘이〉 내려준 속마음이 떳떳한 성이다[降衷恒性]"[43]라고 했고, 이윤伊尹은 "하늘의 밝은 명령[天之明命]"[44]이라고 했고, 유자劉子는 "천지의 중[天地之中]"[45]이라고 했고, 공자는 "이어지는 것이 선이고 완성하는 것이 성이다[繼善成性]"[46]라고 한 것이다. 태극 · 천天 · 리

---

40 『孟子』「告子(上)」〈第3章〉 "生之謂性" 『經書』, 대동문화연구원, 663쪽.

41 『昌黎先生全集』 卷11 原性 4面 "性也者 與生俱生也 情也者 接於物而生也" 『昌黎先生全集』, 上海: 鴻文書局, 1911년(宣統 3年).

42 『入學圖說』 卷1 「天人心性合一之圖」 4面 "性者 天所命而人所受其生之理 具於吾心者也 故其爲字 從心從生 人與萬物 其理則同 而氣質之稟有不同者焉 告子曰 生之謂性 韓子曰 與生俱生 釋氏曰 作用是性 皆以氣言而遺其理者也 中庸曰 天命之謂性 孟子曰 盡其心 知其性也 知其性 則知天矣"

43 『書經』「湯誥」 246쪽 "惟皇上帝 降衷于下民 若有恒性" 『書集傳註』(朝鮮圖書株式會社 京城 1920). 이하동일.

44 위와 같음, 「太甲上」 263쪽 "先王顧諟天之明命"

45 『春秋左氏傳』「成公 13年」 129쪽 "劉子曰 吾聞之民受天地之中 以生所謂命也" 『春秋左氏傳』(博文館 東京 1921).

46 이정호 편, 『周易字句索引』(忠南大學校 發行 1963), 「繫辭上」, 78쪽.

理 · 성性 · 심心 등은 다 추상적인 까닭에 이것을 진실하게 부각시키는 뜻에서 그는 위와 같이 도시圖示하였다.

진실하게 파악되지 못할 때 불씨나 양씨楊氏에 빠지게 된다는 것이니 즉 곧바로 '천'이라고 할 때에 그 뜻이 명막冥漠하고 공허空虛해서 주재主宰가 없고 그 리의 근원됨을 알지 못하고 혹 창망滄茫하고 두루 덮은 데[遍覆] 구애되어 기화氣化를 행하고 일체一體의 오묘함이 있음을 모르며 또 나의 성이 되는 까닭과 그 근원이 다 하늘에서 나와 리가 나에게 갖추어 있음을 알지 못하고 혹 불씨의 공空, 양씨의 혼설混說에 빠지게 된다는 것이다.[47]

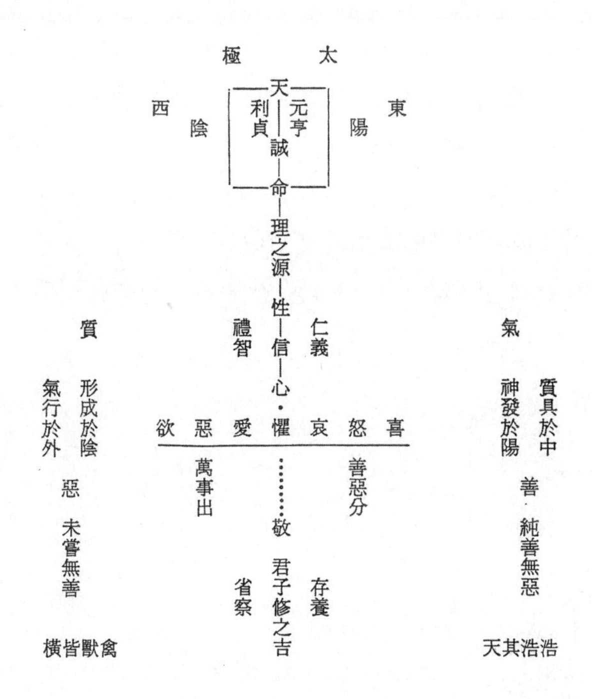

47 『入學圖說』 卷1 「天人心性分釋之圖」 5面 "直謂之天 則或意其冥漠空虛都無主宰 而不知其爲萬理之源 或拘於蒼茫遍覆以行氣化 而不知其有一本之妙 且又不知吾之所以爲性者 其原皆出於天 其理皆備於我 而或溺於佛氏之空楊氏之混矣"

권근의 이러한 생각은 역시 문집 속에서 곳곳에 언급되고 있다. 사람의 성이란 즉 하늘의 명령이라[48]고 하여 천인天人의 하나의 리를 말하고[49] 사람과 사물도 리에 있어서 하나[一]임을 강조한다.[50] 위의 주장을 본다면 성즉리性則理의 송학설宋學說을 충실하게 답습한 것으로 보이며, 특히 천인관계에서 성명誠命과 성심性心 사이에 리의 근원[理之源]을 삽입하여 그 설명의 친절을 다하고 있음은 물론 초학자를 위한 도시라고는 하나 그 연역의 상세함의 일진보를 알아보는데 충분하다고 미루어진다. 성 위에서 리의 근원을 특별히 가한 이유로서 『중용』에서의 '하늘이 명한 것을 성이라 한다'에 대한 주자의 설명을 그는 인용해서 말한다. 즉 하늘이 음양오행陰陽五行으로 만물을 화생하여 기는 형체를 이루고 리는 또한 부여되는 것이니 명령과 같은 것이라고 하였다. 이른바 명命이라는 것은 사람과 만물이 비로소 생길 때에 하늘이 부여하는 이치가 음양 가운데 있으면서 음양에 섞이지 않고 성을 이루는 것이니 리의 근원이라는 것이다.[51] 하늘로 말하면 명命이요 사람의 측면에서 말하면 성性이라는 종래의 해석에 일단계를 분석 설정하여 '명'과 '성' 간에 리의 근원을 삽입 설명하고 있음은 권근의 독특한 점이다.

---

48 『陽村集』 卷14 「信齋記」 1面 "夫人性卽天之命也 天之命 元亨而利貞 於穆不已者 誠也"

49 위와 같음, "夫天地萬物 本一理也 以在我之實心 觸在彼之實理 妙合無間 捷於影響 書稱至誠感神 易言信及豚魚 蓋謂此也"

50 위와 같음, 卷16 「送三與師遊方序」 13面 "人與物一理也 其原有自 其施有序 在處皆具 各有攸當"

51 『入學圖說』 「大人心性分釋之圖」 4面 "其以命爲理之源 而加於性上 何也 曰 中庸曰 天命之謂性 朱子釋之以爲 天以陰陽五行化生萬物 氣以成形而 理亦賦焉 猶命令也 則所謂命者 人物始生之初 天所賦與之理 在乎陰陽之中 而不離乎陰陽 以爲性理之源者也"

인물성人物性에 대하여는 역시 만물이 본래 하나의 리[52]라고 하고 사람과 사물도 또한 하나의 리라고 한다.[53] 다만 사람과 사물의 생김[生]이 리理에 있어서 동일하지만 기氣의 바르고 통한 것은 사람이 되고 편색된 것은 사물이 된다[54]고 한다. 즉 사람과 만물이 그 리로 말하면 동일하고 품수한 바 기질에 있어서 차위差位가 있다.[55] 사물에 있어서는 조수초목으로 갈라지지만 사람들은 성인과 보통사람[聖凡]으로 나뉜다. 성인의 마음은 순수한 천리대로여서 터럭 끝만치라도 사기私己의 인욕이 없는 자를 말한다.[56] 리에 있어서 성인이나 보통사람이 동일하고 기품이 부동한 것뿐이지 성인이라고 해서 형기가 없고 인심이 없다는 것이 아니다.[57] 그래서 주자도 사람이 다 형기를 가지고 있기 때문에 비록 상지上智라고 해도 인심人心이 없을 수 없고 하우下愚라고 해도 도심道心이 없을 수 없다고 하였다.

여기서 특히 관심이 가는 것은 기질지성氣質之性을 말하면서 본연지성本然之性의 표현이 없다는 점이다. 선악문제를 다루는 데 있어서 횡거橫渠 장재張載가 천지지성天地之性과 기질지성으로 분설한[58] 후로 정자와 주자에 이르러서 본연지성을 논하게 된바 송학의 전래로 본연지성을 말함직한데도 권근에 있어서 이 표현이 없음이 극히 주

52 『陽村集』 卷14 「信齋記」 "夫天地萬物 本一理也"

53 위와 같음, 卷16 「送三興師遊方序」 13面 "人與物一理也"

54 『入學圖說』 「天人心性合一之圖」 1面 "人物之生 其理則同 氣有通塞偏正之異 得其正且通者爲人 得其偏且塞者爲物"

55 위와 같음, 「天人心性分釋之圖」 〈性〉 4面 "人與萬物 其理則同 而氣質之稟 有不同者焉"

56 위와 같음, 8面 "聖人之心 純乎天理 而無一毫人欲之私者也"

57 위와 같음, "非以聖人之身無有形氣亦無有人心也"

58 胡廣, 『性理大全』 卷5 『正蒙』 29面 "形而後 有氣質之性 善反之 則天地之性存焉 故氣質之性 君子有弗性者焉"

목되는 바이다. 이기를 말하되 본연지성을 기질지성과 구별해서 말하지 않고, 성정性情을 말하되 인심도심人心道心을 분리 대립시키지 않은 점은[59] 권근의 학적 입장을 명시해주는 것으로 안다.

선악에 있어서는 기질적인 의기意幾에서 분파分派된다[60]고 도시圖示하고 심발心發에서 선악이 갈라져서 만사가 실현된다[61]는 것이다. 사람의 성이 선함은 수성水性의 맑은[淸] 것과 같으며, 성이 본래 선하면서 악이 생기는 것은 욕망[欲]이 유인하는 까닭이라는 것이다.[62]

그렇다면 어떻게 해서 이 유인을 물리칠 것인가. 그 방법이 다음에 문제될 것이다.

C. 수양론에 대하여

사람에게는 천성이 있다[63]고 하였고, 성은 하늘이 명한 것이라[64]하며, 명받은 성을 온전하게 하는 자는 성인이라[65]고 하였다. 따라서 성인의 마음은 천리대로여서 한 터럭만큼의 사욕도 없다는 것이다.[66] 진리를 깨치고 그것을 행함이 소원이라면 이렇게 살아간 성인

---

59 『入學圖說』 卷1 「天人心性分釋之圖」〈性〉 8面 "其所謂人心者 亦未便是不好 人心之得其正 卽道心之流行也 故聖人之心 純乎天理 而無一毫人欲之私者也"

60 위와 같음, 6面 "夫心之發 其幾有善惡之殊 若純乎理 而不雜乎氣 則其發安有不善哉"

61 『陽村集』 卷21 「崔子古說後(闕)」 9面 "書曰 民惟邦本 本固邦寧是也 反之於身亦然 操則存 捨則亡者 此心也 此心之發 有善惡之殊"

62 위와 같음, 卷11 「古澗記」 2面 "惟人性之善也 猶水性之淸也 性本善而惡生者 欲誘之也 水本淸而濁見者 濊汙之也 去其惡而存其善 則人性之復其初也"

63 『陽村集』 卷14 「永興府學校記」 8面 "蓋人之有天性"

64 『入學圖說』 「天人心性分釋之圖」 〈性〉 4面 "性者 天所命而人所受其生之理 具於吾心者也"

65 『陽村集』 卷11 「寶巖記」 2面 "衆人自昏而失之 聖人則全之於天"

66 『入學圖說』 「天人心性分釋之圖」 〈性〉 4面 "聖人之心 純乎天理 而無一毫人欲之私者也"

을 배워야 할 것이니 반드시 배워야 하며 그러기 위해서는 성인의 글을 강마하지 않을 수 없다는 것이다.[67] 배움에 있어서 좀 더 깊이 말한다면 배움이란 본원을 얻음이 귀한 것이며[68] 유자의 배움은 자기에게 체득함이 아니면 타인에 영향을 줄 수 없는[69] 것이다. 따라서 독선獨善에 끝나서는 귀한 것이 못 되며[70] 반드시 사람들과 즐거움을 나누는 경지에까지 가야 하는 것이니 공자의 벗을 만나서 즐거워함이나, 맹자의 중인과 함께 즐거워함은[71] 배움의 효험을 말해주는 것이다. 권근에 있어서는 이러한 즐거움이 본말本末로 분석되며 흉중에 얻은 것은 근본[本]이요, 사물에까지 미치어 나타나는 것은 끝[末]이니, 흉중의 악으로부터 미루어 사물에 이르면 천지만물이 내 한 몸과 같아서 나의 즐거움 가운데 있지 않음이 없는 까닭에 벗이 멀리 찾아옴[有朋遠來]과 영재교육이[72] 모두 그에게는 한없는 즐거움이다. 이렇게 자기에 체득한[得己] 것을 실實이라고 하고 그 효험[效]을 실학實學의 효험이라고 하여 사물에 이르는 큰 단서라[73]고 한다. 그렇기 때문에 치인治人에 있어서도 배움은 무엇보다도 앞서야 한다[74]는 것이 그의 주장이다. 즉 수기修己에 있어서나 치인에 있어서 무

---

67 『陽村集』 卷14 「永興府學校記」 8面 "蓋人之有天性 固不可不學 而學之爲道 尤不可不講聖人之書也"

68 위와 같음, 卷21 「金氏名字說」 16面 "學貴乎得 其本源"

69 위와 같음, 卷19 「送張監生詩序」 1面 "儒者之學 得乎己 必有以及乎物"

70 위와 같음, 卷13 「獨樂堂記」 9面 "夫聖賢之道 非貴乎獨善"

71 위와 같음, "欲以及人焉爾 故朋來而樂者孔子也 與衆而樂者孟子也"

72 위와 같음, "君子之樂 有本有末 得於胸中者本也 現於及物者末也 自其胸中之樂 推而至於及物 則天地萬物 猶吾一體 無一不在吾樂之中 而人同類也 故有朋遠來 可樂也 英才敎育 可樂也"

73 위와 같음, 卷19 「送張監生詩序」 1面 "詩書禮樂是習 仁義忠信是修 學已造乎明而行已乎成 得於己者可謂己實矣 (……) 此乃實學之效及物之大端也"

74 위와 같음, 卷14 「永興府學校記」 8面 "治人之道 莫先於學"

엇보다 배움은 중요한 것으로서 그의 내용이 지식이나 이론에 있기 이전에 과욕寡欲을 배움이 선행되어야 한다는 것이다. 배움[學]과 생각[思]은 체득[得]을 위해서는 수레의 두 바퀴와 새의 두 날개와 같아서 호진互進에 필수불가결의 일이다. 생각은 마음의 사랑[心之愛]으로 말미암아서 발현하는 것으로 부자 사이에서는 친함[親]이다. 천성에 근본해서 지정知情으로부터 나오는 까닭에 지극히 간절하다는 것이다.[75] '심지애心之愛'의 심心은 무엇인가 천지가 만물을 낳는 마음을 우리가 능히 보전한다면 이는 성인이요 천인이 비록 다르다 하여도 그 마음은 동일하다[76]고 하였다. 따라서 인심은 만물을 신령스럽게 하면서 삼재에 참여하고 여러 이치를 구비하고 만사에 응하는 것이니,[77] 참여하고 응하는[參應] 장애물이 욕망이라면 과욕을 그 방법으로 삼음은 당연한 일이다. 양심養心은 과욕보다 더 좋음이 없다.[78] 능히 욕망을 적게 한즉 그 마음이 스스로 맑아져서 청심淸心의 요체가 된다[79]는 것이며 과욕은 신독愼獨에서 그리고 신독공부는 은미隱微에 있기 때문에 선악의 기미幾微를 먼저 관찰해야 한다는 결론이 나오게 된다.[80]

---

75 위와 같음, 卷19「馬氏思親堂圖詩序」9面 "夫思者 由其心之愛而發者也 親之於子 子之於親 其愛本於天性 其思出乎至情 故父母之念子也 惟病之憂"

76 위와 같음, 卷32「鑄鍾銘幷序」1面 "易曰 天地之大德曰生 聖人之大寶曰位 何以守位 曰仁 言聖人以天地生物之心爲心而擴充之 故能保有其位 是天人雖殊 其心則一也"

77 위와 같음, 卷12「淸心堂記」12面 "惟人之有心 所以靈萬物而參三才 具衆理而應萬事者也"

78 『孟子』「盡心(下)」〈第35章〉"養心莫善於寡欲"『經書』, 대동문화연구원, 755쪽.

79 『陽村集』卷12「淸心堂記」12面 "夫能寡欲則其心自淸 其心淸則衆善以生 淸之之極 (……) 寡欲豈非淸心之要哉"

80 위와 같음, 卷6「題隱微堂卷」19面 "愼獨工夫在隱微 須將誠敬暫無違 靜時常著操存要 動處先觀善惡幾 幽顯自來非異致 聖賢終是可同歸 子思喫緊爲人意 位育中和只一機"

6. 후세에 미친 영향

이이는 우리나라 성리학의 시원을 정몽주로부터[81]라고 생각하였다. 권근이 정몽주와 동시대이니 역시 같은 성리학을 연구하였음을 그의 『입학도설』로 충분히 생각할 수가 있다. 그러나 정몽주는 절사節死했고 권근은 친조新朝에 벼슬하였다는 차위差位를 지적할 수 있는 반면에 학술논문이 전하는 바 없어 정몽주의 논리가 정연하다[82]고 평하는 외에 알 수가 없으나 권근은 그의 저서가 전해오는 까닭에 그의 사상을 도설圖說과 천견록淺見錄을 통해서 후세에 전해주고 있다. 조선의 성리학이 리理와 기氣의 철학적 일원 내지 이원론으로 논쟁이 거듭되어왔음은 사실이거니와 거기에는 의례히 태극론太極論·심성정론心性情論이 논란되었고 따라서 인간의 기질과 본연을 문제 삼았다. 이미 언급한 바와 같이 『입학도설』에서는 본연은 말하면서도 본연지성本然之性에 대한 언급이 보이지 않는다. 성性에 있어서 본연과 기질을 분리, 설정하여 인간의 선악관계를 해명하려고 장재와 정자가 시도했지만 효험을 얻으면 목적이 달성되는 반면에 얻지 못하면 오히려 분열의 결과를 초래하여 애초부터 가르지 않느니만 못하게 된다. 논리를 밝히려니까 분리해서 설명하지 않을 수 없으나 성리학의 난삽성에 비추어서인지 권근의 본연지성을 말하지 않은 것을 주의하지 않을 수 없다. 태극의 자체성을 결과적으로 이해하고 난다면 이기는 분설分說하거나 안 하거나 상관이 없다. 그러나 이해가 안 되기로 말하면 오히려 분설함이 분열을 조장하여 방해가 될

---

81 『石潭日記』(上) 387쪽 "我國理學 無傳前朝 鄭夢周始發其端" 朝鮮古典刊行會, 『大東野乘』(三) 卷14, (同文館 京城 1909). 【참고】『栗谷全書』 卷28 『經筵日記』「(明宗大王)二十二年」 〈十月丙戌〉.

82 『圃隱文集』「圃隱先生年譜攷異」 "穡函稱之曰 達可論理 橫說竪說 無非當理" 『麗季名賢集』, 大東文化硏究院, 1959년.

수도 있는 일이다. 그는 태극론에서 이미 말했듯이 무극無極을 그림으로 표시하지 않았다. 주돈이는 태극의 자체성 천명을 위해서 '무극이태극無極而太極'이라고 한바, 권근은 이 '무극無極'을 말하지 않은 것으로 미루어 본연지성에 언급이 없음은 그에게 있어서 당연하다고 할 것이다. 무극은 태극이 가운데 깃들어 있는[太極居中] 리라고 한 대로 유추한다면 본연지성은 기질이 가운데 깃들어 있는[氣質居中] 성이라고 생각했을 것으로 짐작되며, 환원하면 성은 정이 가운데 깃들어 있는[情居中] 리라고 해서 무방할 것으로 안다. 리와 기, 심과 성 두 갈래[理氣心性二岐]의 병폐를 염려하여서였다면 바람직한 일이라고 할 것이다. 기대승이 이황에게 질문을 육박肉迫해온 점[83]도 바로 이것이요, 성혼成渾이 이이李珥에게 지적받은 것도[84] 바로 이 점이었다.

권근의 학문은 김반(金泮: 생몰미상), 권채(權採: 1399~1438), 길재吉再에게 전해졌고 다시 강호江湖 김숙자(金淑滋: 1389~1456)에게로, 그리고 점필재佔畢齋 김종직金宗直에게로, 다시 한훤당寒暄堂 김굉필金宏弼을 거쳐 모재慕齋 김안국(金安國: 1478~1543), 사재思齋 김정국(金正國: 1485~1541)으로 해서, 추만秋巒 정지운(鄭之雲: 1509~1561)에게로 영향이 미쳐갔다. 특히 그의 『입학도설』은 우리나라 유학사상 도설圖說로서 현재 전해지고 있는 것으로서는 최고의 것으로 알고 있다. 정도전鄭道傳의 진맥도診脈圖[85]의 영향을 받았다고 하나 그

83 『高峰全書』『兩先生四七理氣往復書 上篇』 卷1 「高峰答退溪論四端七情書」 〈第一節〉 9面 "若大升之愚見 則異於是 盖人之情一也 而其所以爲情者 固兼理氣有善惡也"

84 『栗谷全書』 卷10 「答成浩原」(三) 〈理氣詠呈牛溪道兄〉 207쪽 "元氣何端始 無形在有形 窮源知本合 沿派見群精 水逐方圓器 空隨小大甁 二岐君莫惑 默驗性爲情" 『栗谷全書』, 大東文化硏究院, 1958년. 이하동일.

85 『東文選』 卷105 「珍脈圖誌」(李崇仁 撰) 참조; 『三峰集』 卷14 附錄 「事實」 "學者指南圖 八陣三十六變圖譜 太乙七十二局圖 五行陣出奇圖 講武圖"

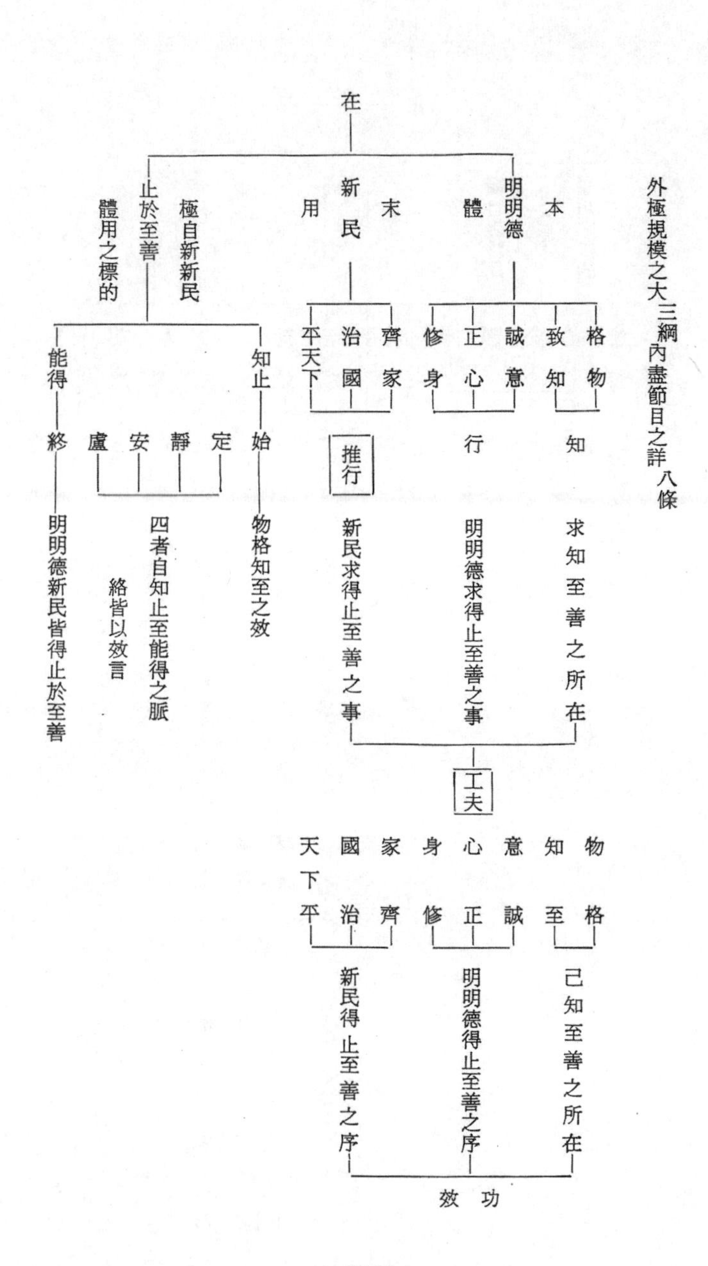
在
明明德
本
體
新民
末
用
止於至善
極自新新民
體用之標的
外極規模之大 三綱
內盡節目之詳 八條
格物
致知
誠意
正心
修身
齊家
治國
平天下
知
行
推行
知止
能得
始
定
靜
安
慮
終
求知至善之所在
明明德求得止至善之事
新民求得止至善之事
物格知至之效
四者自知止至能得之脈
絡皆以效言
明明德新民皆得止於至善
工夫
物格
知至
意誠
心正
身修
家齊
國治
天下平
已知至善之所在
明明德得止至善之序
新民得止至善之序
功效

〈大學之圖〉

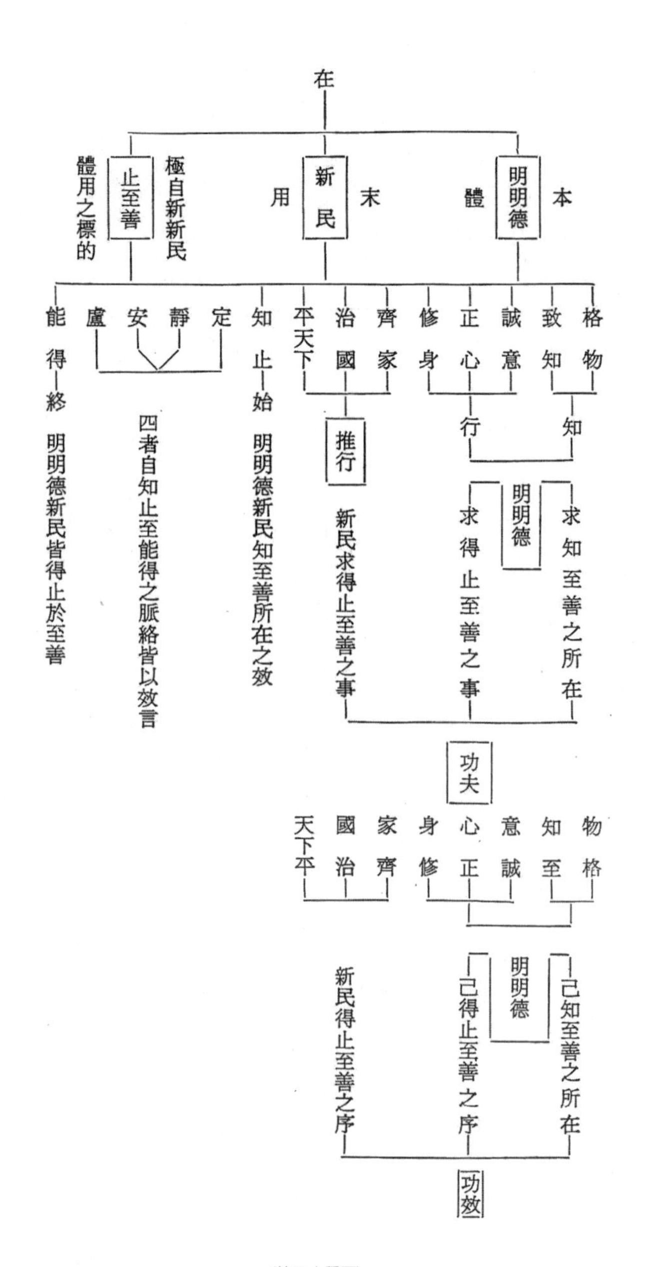

在
明明德
本
體
新民
末
用
止至善
極自新新民
體用之標的
格物
致知
誠意
正心
修身
齊家
治國
平天下
知止始
明明德新民知至善所在之效
定
靜
安
慮
四者自知止至能得之脈絡皆以效言
能得終
明明德新民皆得止於至善
知
行
推行
明明德
求知至善之所在
求得止至善之事
新民求得止至善之事
功夫
物格
知至
意誠
心正
身修
家齊
國治
天下平
明明德
己知至善之所在
己得止至善之序
新民得止至善之序
功效

〈第四大學圖〉

것이 현존치 않으므로 내용을 볼 수 없어 명증이 어렵고 권근의 도설은 정지운의「천명도설天命圖說」에 결정적인 영향을 주었다.[86] 김장생金長生도 이황의 호발설互發說이 권근의『입학도설』에 근원하였고[87] 정지운의「천명도설」도 여기에 근거했다고[88] 했으며, 그뿐만 아니라 송시열宋時烈도 포저浦渚 조익(趙翼: 1579~1655)의 신도비神道碑에서 이황의 사칠상대론四七相對論이 권근의『입학도설』에 기인한다고 하였다.[89] 이제『입학도설』가운데「대학지장지도」와 이황의『성학십도聖學十圖』가운데의「대학도大學圖」를 비교해보면 다음과 같다.

다만 이황의「대학도」는 그 해설에서 조선 초기 권근이 이 그림을 지었다고 부설附說했고 의미상으로 특별한 차이를 발견할 수가 없다.

그의 문인 김반은 정지운에 앞서서『속입학도설續入學圖說』을 저술하였다.[90] 성균대사성成均大司成으로 재직 당시에 찬한 것으로 현재는 전해오는지 유실되었는지를 알 길이 없다. 역시 그의 문인인 권재는「작성도作聖圖」를 지었다고 하나 그것도 현존치 않으므로 그 그림을 볼 수 없고 다만『작성도론作聖圖論』1권(寫本)이 전해지고 있는 것으로 알고 있다.[91] 이것은 불가의 성불도成佛圖를 본 것이 동

---

86 이병도는 "……秋巒退溪等のこの四端七情分理氣的見解は蓋し陽村の圖說に源するものと斷言して差支へあるまい."라고 하였다.「權陽村の入學圖說について」『東洋學報』卷18 1호(東京 1929) 132쪽.

87 金長生,『近思錄釋疑』"退溪先生 四端七情互發之說 其源出於陽村入學圖說" 李丙燾 所引 참조.『沙溪全書』卷17 同上 "此互發之說 所由起也 退溪曰 四端理發而氣隨之 七情氣發而理乘之 是陽村書左右之意"

88『沙溪遺稿』卷5「四端七情辨(示韓士仰)」"鄭秋巒之雲 因陽村而作圖"

89『宋子大全』卷162「浦渚趙公神道碑銘」158쪽 "李滉四七相對之論 雖因權近舊說"

90『東國文獻備考』『藝文考』卷246 참조.

91 이병도,「陽村の入學圖說について」『東洋學報』卷18 1호(東京 1929)

기가 되어서[92] 용학장구庸學章句의 말로 50십여 조목을 모아서 지었다.[93] 성경사위誠敬肆僞의 배우는 자들의 용심用心의 본지를 초학자들에게 보이기 위한 것이지 결코 박혁博奕과 같은 오락용으로 시작된 것은 아니다.[94] 도론圖論 중의 도상조圖象條에 의하면 그 모양이 권근의 『입학도설』 그림의 모습과 흡사함이[95] 추상된다.

그뿐 아니라 권근의 도설 영향을 받은 것은 그 외에 장현광(張顯光: 1554~1637)의 「대학개정지도大學改正之圖」 및 「중용지도中庸之圖」부터 「오경각분체용지도五經各分體用之圖」에 이르기까지[96] 한여유(韓汝愈: 1642~1709)의 「중용맥락도中庸脈絡圖」,[97] 윤봉구(尹鳳九: 1681~1767)의 「대학신도大學新圖」와 「중용신도中庸新圖」,[98] 한원진(韓元震: 1682~1751)의 「대학도大學圖」와 「중용도中庸圖」,[99] 이상정(李象靖: 1710~1781)의 「중용수장도中庸首章圖」[100] 등이 있다.

이렇듯 각 도설에 지대한 영향을 끼친 권근에 대해서 학자들의 평

---

92 「作聖圖論」「序文」(權枝) "歲己亥先人損館 余尙童稚 從仲兄採廬于楊之豊壤縣 僧梵琦來曰 成佛圖可以破閑 余謂兄曰 儒家亦有此等之圖 曰無有 我試作之" 이 글은 이병도의 「陽村の入學圖說について」(『東洋學報』 卷18 1호)에서 재인용하였음을 밝힌다. 이하동일.【참고】 '己亥'는 世宗元年이고, '先人'은 바로 梅軒이며, '豊壤縣'은 지금의 楊州郡 蘆海面이다.

93 위와 같음, 「序文」(權枝) "於是輯用學章句之語 始格致 終於參考 凡五十餘目"

94 『華苑雜記』 卷1 "夫用骰子 意非在於骰子 以示誠敬肆僞之分耳 誠敬肆僞 乃學者用心之地 因骰子而開示指道於初學" 이병도 所引 참조.

95 「作聖圖論」「論圖像」 "作聖圖圖象條 或問 此圖圓下方而中列心與氣質之圖 何也 曰 圓上者天之象 方下者地之象 中間者心與氣質人之象 (……) 以一人之身觀之 頭圓象天 足方象地 氣質包其外而心居中"

96 『易學圖說』 卷6 23面 이병도 所引 참조.

97 『遁翁集』 卷8 「中庸脈絡圖」 이병도 所引 참조.

98 『屛溪集』 卷35 「大學中庸新圖」 1~4面 이병도 所引 참조.

99 『經義紀聞錄』 卷1 이병도 所引 참조.

100 『大山集』 卷39 「中庸首章圖」 33面 이병도 所引 참조.

은 대개 아래와 같다.

7. 양촌에 대한 평

정도전은 권근과 동시대 사람으로 학문에 있어서나 친교관계에 있어서나 누구보다도 가깝고, 상호 이해도에 있어서도 가장 정확할 것으로 생각된다. 노불老佛을 이단시하는 학문 방향은 두 사람의 친분을 더욱 두텁게 해주었을 것이며, 정도전의 권근을 평한 곳을 보면 매우 절실하다. 예전에는 자신이 권근보다 학문이 높았었으나 지금에 와서는『입학도설』과 역점법易占法 중에 그의 학설이 구비되어 있는 것으로[101] 자신이 이제는 따라갈 수 없다고 하여 겉으로의 칭찬이나 아첨하는 말이 아니라고까지 첨언하였다. 그러나 이것은 학문 논리를 평하는 것이기도 하겠지만 친우로서 사람을 말한 것이라고 함이 타당할 듯하다.

한원진은 권근이 심성리기心性理氣를 판이한 두 개의 것[二物]으로 생각하여 혼융무간混融無間의 오묘함을 인식하지 못함으로써 후학들을 크게 그르쳤다고[102] 하였다. 치명적인 혹평이다. 그러나 이황은 천착부회의 병폐를 면할 수 없다[103]고 하여 심心 자를 갖고 천인합일의 리를 형상화한 점을[104] 지적하고 있다. 이이는 권근의『입학도설』

---

101 『朝鮮王朝實錄』『世宗實錄』 卷40 〈十年四月二十三日〉 "道傳嘗自謂 昔者 近不及於予 今則予不及近 其說具於入學圖說易占法中 非諛言也" 國史編纂委員會,『朝鮮王朝實錄』(3) 125쪽.

102 『南塘集拾遺』 卷4「退溪集箚疑」 "按陽村圖說 以情意人道四七 分屬心性理氣 使理氣判爲二物而不復見其渾融無間之妙 其誤後學也大矣" 이병도 所引 참조.

103 『退溪全書』 卷28「答金惇敍」(一) 652쪽 "陽村學術淵博 爲此圖說 極有證據 後學安敢妄議其得失 但以先賢之說揆之 恐不免啓學者 穿鑿附會之病耳 雖然 此亦未易言也"『退溪全書』, 대동문화연구원, 1958년. 이하동일.

104 위와 같음, 卷2「閑居次 趙士敬外諸人唱酬韻」〈附註〉 76쪽 "入學圖說 說道理儘細

이 '사저어(似齟齬: 어긋난 듯함)'라고 평하였다.[105]

한편 권근 자신은 글자의 점획을 갖고 의미를 풀이한 것은 천착의 죄됨을 면할 길이 없으나 다만 초학자의 이해를 용이하게 한 것뿐이요, 또한 유독 권근만이 그와 같은 설명을 하는 것이 아니라 고인古人의 회의해자會意解字의 예로 보아서 진실로 대의에 크게 어긋남이 없을진댄 큰 것[大]을 취하고 적은 것[小]을 용서함이 가하다고 자술하고 있다.[106]

한원진은 심성心性이 두 갈래가 되었다고 규탄했고, 이황은 쉽게 말할 수 없다고 하면서도 천착한 것을 병폐라고 했고, 이이는 어긋난 듯함이라고 하여 정연하지 못함을 말하였다. 심성이 두 갈래가 됨이란 것은 대개 리와 기, 심과 성에 있어서 발현[發]을 갖고 문제삼게 되나 이와 같은 것은 흔히 의연意連을 단절하는 문자에 붙들려서 그러한 결과를 가져오기가 쉽다. 권근의 경우 표현된 구절을 그림과 대조하여 생각해보면 그림에서는 심성정리기心性情理氣가 발(發: 발현)로써 변질되는 것같이 보이지는 않는다. 크게는 우주의 음양유행陰陽流行으로부터 적게는 심성의 깊이에 이르기까지 그 혼연함을 그림으로 그렸으니 그 표현에서 오인을 받는 점이 없을 수 없을 것이다. 천착이라는 점도 자술한 바와 같이 의도가 제자製字에 있어서 회의구성會意構成의 예를 따라 이해에 흥미를 환기시키면서 돕자는 데 있는 것이지 결코 대의를 잃어버리면서까지 그것을 고집하자는 것은 아니라고 보고 싶다.

密 但以心字 狀天人合一之理 巧則巧矣 恐未免杜撰牽合之病"

105 『栗谷全書』 卷31 「語錄上」 〈金振綱所錄〉 783쪽 "問 我朝學問 亦始於何代 曰 自前朝末始矣 然權陽村入學圖 似齟齬"

106 『入學圖說』 卷1 「天人心性分釋之圖」 〈性〉 9面 "是其破碎穿鑿之罪自知其無所逃避 但使初學者樂觀而易知其意爾 然古人製字 亦有會意者 如所謂一大爲天土也爲地(……) 苟於大義 無甚悖謬 則取其大而恕其小 可也"

Ⅲ. 결론

고려와 조선에 벼슬한 권근에 내려지는 비난 속에서도 그가 정몽주를 충신으로 상소한 심충心衷을 미루어 그의 정신적 일면에 이해를 다시 하게 되며, 유학을 높인 그의 불교관이나 도설에서 본바 그의 이론은 그 영향이 후세에 컸을 뿐 아니라 두 갈래의 병통[二岐之病]을 지탄하기 전에 오묘함을 설하기 위하여 태극성정론太極性情論에서 무극과 본연의 표현을 피하고 있다면 이것 또한 혹평에 취해서 소홀히 보아 넘길 수 없을 것으로 생각된다. 발현하지 않았을 이전[未發之前]은 태극의 체體요 이미 발현한 이후[已發之後]는 태극의 용用인 자아自我 즉 명령을 내고 명령을 받지 않는[出令而不受令] 주체 확립을 문제삼는 철학을 가지고 민족 고유의 사상을 계승하고 계발하여준 점은 과연 그가 차지하고 있는 학술적인 지위라고 할 것이다.

제2장 정암의 철학사상 일고

Ⅰ. 서론

철학사상의 이론 체계는 주장하는 사람의 주저主著에 의해서 살펴야 할 것은 당연하다고 하겠으나, 첫째 이론에 관한 논문을 남긴 것이 없거나, 둘째 사상 내용에서 이론화가 어려운 부분에서 가려내는 경우 등은 밝혀내기가 매우 힘든 일이다. 조광조의 경우는 전해오는 저서에 이론적 주저를 볼 수 없을 뿐만 아니라 더욱이 이론화가 어려운 부분까지도 가려낸다는 것은 힘겨운 작업이라고 할 것이다. 그렇다고 그에게 철학이 없었다고 할 수는 없을진댄 여기에 조광조의 철학을 살피는 데 난점이 있는 것이다. 그러나 그의 생애를 일별해볼 때 그는 결코 타의他意로 살아간 것이 아니라 자의自意 즉 주체를 지켜서 보낸 일생을 볼 수가 있다. 34세 때에 조지서造紙署의 사지司紙로 천거받은 바 있으나, 이를 부끄럽게 생각하여 과거에 응시하여 실력으로 당당하게 합격하여[1] 자력의 명분을 세웠고, 또 정치에 참여

---

1 『靜庵文集』「年譜」〈十年乙亥(先生三十四歲) · 除造紙署司紙〉"先生歎曰 吾本不以利達爲心 不料遭此意外事 必不得已 當由科擧 以通行道之階 若其用虛譽 的然於世 吾甚恥之也"

하여서는 소격서昭格署를 폐지할 것을 상소하여[2] 윤허를 얻어내는 의지를 보였을 뿐만 아니라, 정국공신靖國功臣을 개정할 것을 강력히 요청하여[3] 남수자濫受者 76인을 도태陶汰한 일도 있었다.[4] 사사賜死의 현장 모습은 더욱 숙연한 자세에 놀라게 된다.

추천을 받아서 등용됨은 실력 평가를 거치지 않은 점에서 조광조의 자부심으로는 용납이 안 된 것이다. 소격서를 폐지하는 문제는 그 설치의 유래가 오래되었고, 여기에 따르는 전통적인 행사를 하루아침에 끊을 수 없는 어려움이 있었음에도 불구하고 군상君上을 설득시킬 수 있었음은 오로지 조광조의 문화에 대한 소신이었다고 생각된다. 정국공신에 대하여 재론하여 다시 평가한다는 것은 좌고우면左顧右眄[5]하여 정치세력에 신경을 쓰는 태도로서는 감히 해낼 수 없는 어려운 문제이다. 위훈僞勳을 삭제하려고 요청하는 감행敢行과 같은 것은 단순한 처세에서가 아니라 그의 뼈 있는 사유체계의 발로요 철학의 소산이라고 생각된다. 더욱이 임종하는 마당에서 사약을 먹고도 목숨이 끊어지지 않는[仰藥不絶] 자리에 관부의 병사들이 목매려 할 때 이를 물리치고 스스로 독주를 더 마시는[益飮毒酒] 그의 의연한 모습은 그의 부동의 철학적 심원을 보여준 것이다. 기성 세력으로 인해서 일찍이 좌절되어 그의 철학에 관한 논저를 볼 수 없음[6]이

---

2 위와 같음, 「年譜」 〈十三年戊寅(先生三十七歲) · 七月 上疏 請罷昭格署 從之〉 참조.

3 위와 같음, 「年譜」 〈十四年己卯(先生三十八歲) · 請改正靖國功臣〉 참조.

4 중종 14년(己卯) 조광조 일파의 强請에 의한 소위 위훈사건-즉 중종반정 공신 중 濫受者 76인에 대한 淘汰사건은 말할 것도 없이 신진 세력이 기성 세력에 가한 직접적인 정면적인 충격이었다(李丙燾, 『國史大觀』 普文閣, 1955년, 389쪽).

5 左顧右眄: 왼쪽을 돌아보고 오른쪽을 곁눈질한다는 뜻으로 눈치만 살피는 태도를 비유한다.

6 金宏弼 · 鄭汝昌도 성리학의 저술을 남긴 것이 없었고 趙光祖도 그것이 없으므로 李滉은 "그의 造詣를 단적으로 증거할 곳이 없다"고 하였다(成樂熏, 『(韓國文化史大系) 韓國儒教思想史』 '道學儒學' 高大亞細亞問題研究所, 1972년, 932쪽).

심히 유감스러운 일이다. 이러한 상황에서 다만 지금 전해오는 문집을 중심으로 해서 그의 철학사상의 단면을 고찰하는 데 그치고자 한다.

Ⅱ. 본론

1. 정암 철학의 근본문제

일반적으로 철학에 있어서 질서체계의 궁극적인 해명이 그 중요한 과제로 생각된다. 따라서 자연과 사회와 인생에 일관하는 논리를 탐구하려고 하게 되는 것이다. 하늘에는 두 개의 태양이 있을 수 없고 백성에게는 두 임금이 있을 수 없다고[7] 함은 우주와 국가사회 질서의 체계를 말한 것이며, 한 가정에 두 주인이 있을 수 없고 존상尊上을 오직 하나라[8]고 함은 가정과 인간의 의리적인 체계라고 생각된다. 이와 같은 유가적 논리는 정치에 있어서나 학술에 있어서도 이론의 근간을 이루어온 것으로 보인다.

요임금과 순임금[堯舜]의 이상정치는 도道에 근본해 있으며, 또 그 성왕들의 도는 사람 마음에 근본해 있으니 그 마음을 얻으면 성치聖治가 실현될 것이요 그 마음을 잃으면 인정仁政을 잃는다고 하여 도치道治의 분수령이 그 마음을 얻고 못 얻는 데 달려 있다[9]고 한 것은 그 마음을 얻는 일이 선결문제라는 뜻이다. 더욱이 고려말기 이후

---

7 『孟子』 卷9「萬章上」〈第4章〉 "孔子曰 天無二日 民無二王"

8 『禮記』 卷25「坊記」 "家無二主 尊無二上"

9 『書經』「書經序(蔡沈)」 "二帝三王之治 本於道 二帝三王之道 本於心 得其心 則道與治 固可得而言矣"

사림士林들이 이성계李成桂의 등극을 둘러싸는 국통國統 문제, 단종의 폐위를 감행하는 세조의 무도함, 무오 · 갑자의 사화를 경험해오는 동안 인간의 '본심本心'을 연구의 대상으로 집중 탐구하게 된 것은 사리의 자연스러운 경향이었던 것으로 여겨진다. 조광조에 있어서는 특히 이 '본심'을 철학의 근본자리로 굳힌 것 같으며, 또한 그가 그토록 염원하던 성군의 기점도 바로 여기에 놓았던 것으로 보인다. 조광조의 철학사상의 문을 열어준 이는 김굉필이었던 것으로 짐작되며, 그에게 철학 공부의 배경 구실을 한 것은 실로 무오 · 갑자의 양대 사화를 간과할 수가 없다.

2. 정암 철학사상의 사회 배경

연산군의 폭정하에서 야기된 무오와 갑자의 양대 사화는 사림들에게 막대한 피해를 주었을 뿐만 아니라 한국의 철학사상을 심화해 가는 계기를 부여했다고도 생각된다.

무오사화(1498)는 조광조가 생전에 겪는 첫 번째 옥사였다. 그 피해도 막대한 것이었거니와[10] 그의 나이 17세 때의 일이고 보면 청년의 원기로서 감수성이 한창 예민한 때 이 비상한 역사의 흐름에 접하게 되었다. 사화의 피해자의 한 사람인 김굉필을 평안도 희천熙川 유배지에서 만나 문하에 입문하게 된 것은 그가 철학하는 단서를 얻게

---

10 戊午士禍(1498)의 피해사항

* 剖棺斬屍-金宗直(金馹孫 선동죄)
* 死刑-金馹孫 · 權五福 · 權景裕 · 李穆 · 許盟(先王誣錄罪)
* 流配-姜謙 · 表沿沫 · 洪澣 · 鄭汝昌 · 姜景叙 · 李守恭 · 鄭承祖(사실을 알고도 고하지 않은 죄)
* 李宗準 · 崔溥 · 李黿 · 李冑 · 金宏弼 · 朴漢柱 · 任熙載 · 姜伯珍 · 李繼孟 · 姜渾(金宗直 제자로서 吊義帝文삽입 방조죄)
* 罷免-魚世謙 · 李克墩 · 柳洵 · 尹孝孫 · 金鍾(修史官으로 고하지 않은 죄)

되는 계기가 되기도 하였다.

김굉필과 조광조의 만남에서 일찍이 조광조가 가졌던 영기英氣를 전하는 일화는 매우 유명한 것들이다.

그가 성현의 학문에 뜻을 굳힌[11] 것은 이때부터였다. 김굉필이 대부인께 보내려고 꿩 한 마리를 말리다가 수비守婢의 부주의로 이것을 고양이에게 빼앗겨서 수비에게 노기를 보이는 것을, 조광조가 어린 나이에도 김굉필을 간한 사실은 너무도 유명하다. "대부인을 봉양하는 정성이 비록 지극히 중요하기는 하나 사기辭氣는 성찰해야 하는 것입니다"라는 말이 비록 문도인 어린 조광조의 말이지만 이것을 들은 김굉필은 조광조의 손을 덥석 잡으며 "나 스스로 뉘우치고 또한 너의 말을 들으니 부끄럽기 이를 데 없다"고 감탄하여 내가 너의 스승이 아니라 네가 나의 스승이라[12] 칭찬하여 이후로 그를 더욱 사랑하게 되었다고 한다. 일찍이 옳지 못한 것을 보았을 때 발로되는 그의 의기義氣를 전하는 하나의 단면이기도 하다. 직접 지도해준 은사가 화를 입는 모습을 조광조는 23세 때에 보게 된다. 중종반정을 맞이했을 때는 연산군의 학정에 시든 도道를 진흥시킬 좋은 계기가 도래한 셈이다. 이때 조광조의 나이 25세였다. 이해에 「종남부수창수終南副守昌壽」의 시에 화답한 오언율시에 보면 이미 벼슬길을 택함은 어리석음을 말하고 본성에 영생할 것을[13] 자영自詠하고 있다. 스스로 선善 듣기를 좋아하여 멀리 군자 곁에 노닌다고 한 것은 아마도 김굉필 문하에서 수학함을 말한 듯하고 몇몇 친구들과 공부하여 이미 심득한 바 있다고 함은 스스로의 학적 수준을 표현한 것 같다. 앎

11 『靜庵文集』「年譜」〈十一年戊午(先生十七歲)·始從學于寒暄堂金先生之門〉"金先生學有淵源 遂稟命 往受業焉 金先生甚愛重之 先生自是 一以聖賢之學爲己任"

12 위와 같음.

13 위와 같음, 卷1「奉和恥齋 終南副守昌壽」참조.

[知]의 공부도 중요하지만 얻음[得]의 공부는 더욱 중요하다고 할 때 "학문을 하는 것은 이미 마음으로 체득하다[爲學旣心得]"라고 한 조광조의 '심득'은 그의 25세 때의 중종반정 때의 시에서 볼 수 있으니 이 심경은 이미 그의 평생에 주체적인 방향이 정해진 것을 일러주는 것으로 받아들여진다. 이때부터 제생들이 많이 몰려들어서 도학道學 연구에 열을 올리게 된 것이다.

김굉필은 당시의 학자들이 이학理學에 뜻을 두고 사도斯道를 밝히려는 학도들에게 많은 영향을 주었으며,[14] 조광조는 또 김굉필의 인의도덕을 높이며 그의 불운함을 애석하게 생각하였다.[15] 성리의 도를 토론할 기회를 얻지 못하여 문인이 다만 학문하는 방향만 알 뿐 그의 깊은 뜻[蘊奧]을 알지 못한 것은[16] 더욱 한스러운 일이기도 하다. 스승인 김굉필이 무오당인이라 하여 갑자사화(1504)에 후명後命을 받았으니 조광조의 슬픔도 그지없었으려니와 조광조도 또한 38세의 젊음으로 기묘사화(1519)에 희생되니, 그의 철학사상을 저술하여 충분히 전할 겨를이 없었음을 짐작하게 한다. 그러나 그에게 있어서 "학문을 하는 것이 이미 마음으로 체득함[爲學旣心得]"의 '심心'은 철학하는 근본문제였던 것으로 보이며, 리理와 함께 문집에서 산견되는 그의 철학적 사유는 군주를 보필하는 동안에 올린 대책對策·소疏·계사啓辭 등에서 찾아볼 수 있다.

---

14 위와 같음, 卷5「筵中記事」"閔壽元曰 宏弼 至人也 其學術醇正 一動一靜 不離乎敬 則亦可想見 近來人心頹靡 不志於學問 其或有志於理學 欲明斯道者 亦宏弼之力也"

15 위와 같음, "光祖曰 宏弼不遇於當時 懷仁義抱道德 以正其身而已"

16 위와 같음, "其一時受業之人 但知向方 未知蘊奧 則誰與宏弼 抗論性理之道哉"

3. 리와 심의 철학적 사유

송나라 유학자들의 천인합일天人合一의 이론을 제시한 것과 같이 조광조는 천天과 인人이 근본에 있어서 하나라는 입장을 가진다.[17] 이 하나의 자리는 자연이나 사회나 가정이나 인간의 본심을 일관하는 의미를 지닌다. 그것은 바로 "하늘에 두 개의 해가 없고 백성에게 두 임금이 없고 가정에 두 주인이 없고 존귀에 두 개의 최고가 없다[天無二日 民無二王 家無二主 尊無二上]"는 자리로 생각된다. 자진(自盡: 죽음)하는 당일의 소회

愛君如愛父 임금 사랑하길 어버이 사랑하듯 하고
憂國若憂家 나라 걱정하길 집안 걱정하듯 하였네
白日臨下土 밝은 해가 천하를 내려다보고 있으니
昭昭照丹衷 거짓 없는 붉은 충정을 밝게 비치리라

를 읽으면 유일한 태양과 유일한 국왕과 지상至上의 가장家長에 대한 생각이 그의 붉은 충정[丹衷] 속에 연면히 흐르고 있음을 볼 수가 있다. 여기서 말하는 그의 '붉은 충정'이란 본심이요 성군의 권능이요 그의 철학의 원천지대로 간주된다.[18]

맹자는 "만물이 모두 나에게 구비되었다"[19]라는 유명한 말을 남겨서 물리物理와 인심人心의 하나임을 천명한 바 있거니와 조광조에 있어서도 만물의 이치는 내 마음의 운용과 무관할 수 없다.[20] 물物과 심

---

17 위와 같음, 卷2「謁聖試策」"天與人 本乎一 而天未嘗無其理於人"

18 위와 같음, 卷2「戒心箴(幷序)」"天地之氣 萬物之理 皆包在吾心運用之中"

19 『孟子』 卷13「盡心上」〈第4章〉"萬物皆備於我"

20 『靜庵文集』 卷4「復拜副提學時啓一(七月)」"一心本原之地 須要澄澈 無一點邪穢 然

心, 그리고 성性과 리理는 둘일 수는 없다. 이 견해에서 보면 그의 철학적 사유는 '리'와 '심'에 있는 것으로 받아들여지며, 이러한 발상은 역시 그의 천인관天人觀에서 유래된다고 하겠다. 사람은 천지강유天地剛柔를 품수해서 태어나며 건순健順의 덕德을 받아서 본성을 지니고, 인심人心은 사시운기四時運氣를 따라서 네 가지 덕을 갖춘다[21]고 함을 보아 알 수가 있다.

리理는 이기理氣의 리, 성리性理의 리인바 그 리는 항상 주체적 기능을 갖는다는 것이다. 따라서 리는 주主가 되고 기氣는 종從이 되며 기는 리의 부림을 받아야 한다고[22] 이해한다. 흥미로운 것은 사기私氣라는 그의 용어이다. 아마도 이 말 뒤에는 공기公氣가 있음 직하다. '사기'는 꺾여야 할 기며 '공기'는 성리가 주主되는 이기불리理氣不離의 기로 유추가 가능하다. 안자顏子의 경우 '의리'는 항상 밝게 비치고 '사기'는 항시 사라지게 되므로 불천노불이과(不遷怒不貳過: 노여움을 옮기지 않고 허물을 두 번 하지 않는다)를 달성할 수 있었으며, 또 인간의 감성은 모두 기로 인해서 발출되기는 하지만 리에 합치하면 선하다[23]고 한 것을 볼 때 성리선性理善, 기선악氣善惡의 선악관을 명시해 주고 있다. 즉 성선의 입장이 고수되고[24] 있음을 보게 된다.

한 마음이 본원의 땅[本原之地]인 이상 사람의 마음에 두 개의 작

後發於朝廷政事之間者 莫不純正矣"

21 위와 같음, 卷2「戒心箴(幷序)」"人之於天地 稟剛柔以形 受健順以性 氣卽四時 而心乃四德也 故氣之大浩然無所不包 心之靈妙然無所不通"

22 위와 같음, 卷5「筵中記事二(十一月)」"因論理氣之分曰 理爲主 而氣爲理之所使 則可矣"

23 위와 같음, 卷5「筵中記事二(十一月)」"顏子克去己私 理不爲氣所動 故能不遷怒 不貳過 (……) 顏子義理常昭晰 私氣常消沮 故能如此 大抵耳目口鼻 聲色臭味之欲 無非以氣而出也 使之合理則善矣"

24 위와 같음, 卷5「筵中記事一(戊寅十月五日)」"光祖曰 性無不善 而氣稟不齊 人之爲不善 氣之使然也"

용이 있을 수 없다.[25] 자연自然 · 국國 · 가家에 주체를 일日 · 천天 · 주主로서 "하늘에 두 개의 해가 없고 백성에게 두 임금이 없으며 가정에 두 주인이 없다[天無二日, 民無二王, 家無二主]"라고 이해한다면 응당 '사람에게 두 마음 없음[人無二心]'을 생각할 수 있을 것이요 그 입지에서 '마음에 두 개의 작용 없음[心無二用]'을 주장할 만하다.

마음은 사물死物이 아닌 까닭에 활물活物이라고 한다.[26] 살아서 정체가 없으므로 본말선후를 생각하게 되는 줄 안다. 본말은 이기선악理氣善惡에서, 선후는 동정중화動靜中和에서 하는 말이라면 격치格致를 통한 궁리窮理[27]와 성정誠正을 통한 거경居敬을 주자朱子가 주장한 것도[28] 이해하기에 충분하다. 본本 · 리理 · 선善 · 선先 · 정靜 · 중中과 말末 · 기氣 · 악惡 · 후後 · 동動 · 화和는 일체양면一體兩面 관계에 있는 것이니만큼 아직 사물을 접하지 않았을 때인 일체一體와 사물을 접한 이후인 양면兩面은 생동하는 마음에 있어서 미발未發 · 이발已發의 양상을 띠게 된다. 생동하는 미발의 곳은 성성惺惺[29]이요 이발의 곳은 그의 거경居敬[30]으로 이해된다. 이와 같은 조광조의 철학적 기저는 그로 하여금 군주를 보필하는 데 헌신하도록 하였다.

---

25 위와 같음, 卷5「筵中記事一(戊寅十月五日)」"光祖曰 人心不可二用"

26 위와 같음, 卷5「筵中記事一(戊寅十月五日)」"心是活物 若有感而動 則事爲之主 有似不亂"

27「大學章句」〈補亡章〉 참조.

28『朱子語類』卷9「學三 · 論知行」〈廣錄〉"學者工夫 唯在居敬窮理二事"

29『靜庵文集』卷5「筵中記事一(戊寅十月五日)」"所謂操存者 非必每存善念也 但矜持虛靜 敬以直內 雖非應事接物之時 而常惺惺之謂也"

30『論語』卷13「子路」〈第19章〉"樊遲問仁 子曰 居處恭執事敬 與人忠 雖之夷狄 不可棄也"

4. 중종 보좌의 진의

그는 중종의 성치聖治를 바라는 일념뿐이었다. 「옥중공사獄中供辭」는 자못 처절한 바 있다.

> 신의 나이 38세, 선비로 이 세상에 믿는 바는 임금의 마음일 뿐입니다. 국가 병통이 이원利源에 있음을 생각해서 국맥國脈을 영원토록 새롭게 하고자 했을 따름입니다. 다른 뜻이 없습니다.[31]

이 「옥중연명소獄中聯名疏」에는 중종을 요순 같은 임금으로 보좌하고 다른 사특한 마음이 결코 없음을 고백하고[32] 있음을 본다. 6세 연하인 중종은 조광조 38세 때에 32세였고, 그렇게 아끼던 조광조에게 사약을 보내는 결단을 내리게 되니 모처럼 신기운이 돌던 역사 방향이 좌절되고 만다. 조광조는 이러한 결과에 대해서는 사전에 계교하거나 사환을 미리 염려해서, 할 것을 못하거나 주저함이 아니라 오직 선비의 용심用心으로 실천해온 것뿐이다.[33] 그는 도道의 정치 실현을 열망하였다. 정치란 곧 도의 실현이라고 믿었다.[34] 이제삼왕二帝三王의 정치가 도에 근본했고, 이제삼왕의 도가 심心에 근본했다고

---

31 『靜庵文集』 卷2 「獄中供辭(出己卯黨籍補)」 "臣年三十八 士生斯世 所恃者君心而已 妄料國家病痛 在於利源 故欲新國脈於無窮而已 頓無他意"

32 위와 같음, 卷2 「獄中聯名疏(己卯十一月○此疏 李廷馨黃兎記事 係於沖菴傳下」 참조.

33 위와 같음, 卷2 「參贊官時啓二(因論東漢黨錮事進啓○二月)」 "夫不顧其身 惟國是謀 當事敢爲 不計禍患者 正士之用心也"; 『靜庵文集』 卷4 「年譜」 〈十三年戊寅 先生三十七歲 · 二月 論東漢黨錮事 因請培養士氣〉 참조.

34 위와 같음, 卷2 「弘文館請罷昭格署疏(戊寅七月副提學時)」 "伏以道惟一 而德無不明 治惟純 而國無不理 不一乎道 不純乎治 則二而暗 雜而亂 一純二雜 罔不原乎是心"

할 때 심과 도와 다스림은 조광조에 있어서 철학사상의 핵실현核實現으로 생각되며 중종에 대한 헌신은 곧 요순성치堯舜聖治의 구현을 위한 것이었다. 다스림과 도의 원천인 심지가 맑으면 시비호오가 모두 바르게 되어 의리義利와 공사公私에 분명해진다고 생각한 까닭에 중종에게 계啓를 올려 의로움과 이로움[義利] 변석을 강조하기도 하였다. 의로움과 이로움에 대한 변석을 유학에 있어서 가장 중요한 문제로 착상한 것이 주자였으나[35] 공맹 이래 군자소인의 기준으로 이것을 생각해왔던 만큼, 거듭되는 사화 속에서 성군과 현신의 요청이 시급하다고 생각한 주장으로 미루어진다. 동시에 현신을 등용해야 할 성군에게는 군자소인의 분별이 엄격하게 이루어져야 한다[36]고 역설하기도 한다. 그러나 이러한 열정은 그 자신의 예훼譽毁를 위한 것이라거나[37] 이달利達을 도모한 소치에서가 아니라는 데[38] 조광조의 진면목이 있다고 생각된다.

5. 오늘에 주는 시사

조광조의 학문은 김굉필에게서 이어졌고 김굉필은 김종직의 문인이었다. 김굉필의 시

業文猶未識天機 글을 읽었어도 아직 천기를 알지 못했는데

---

35 『朱子大全』 卷24 「與延平李先生書」 "義利之說 乃儒者第一義"

36 『靜庵文集』 卷3 「侍讀官時啓一(二月)」 "人君當辨君子小人 知其爲君子 任之不疑 知其爲小人 則待之以嚴 可也"

37 위와 같음, 卷5 「年譜」 〈十年乙亥 先生三十四歲 · 夏六月 被成均館薦〉 "有譽則有毁 此古今通患也 (……) 唯無咎無譽 眞所謂保身之道也"

38 위와 같음, 「年譜」 〈十年乙亥(先生三十四歲) · 除造紙署司紙〉 "先生歎曰 吾本不以利達爲心 不料遭此意外事"

小學書中悟昨非『소학』 책 속에 어제의 잘못을 깨달았도다

를 본 김종직은 "이 말이 곧[원문에는 곳] 훗날 성인이 될 수 있는 근기根基니 허노재(許魯齋: 허형)[39] 이후 어찌 그 사람이 없으랴"고 격찬하였고, 김굉필은 그 후부터는 사람이 혹 국사를 물으면 반드시 대답하기를 "소학동자小學童子가 무엇을 알리오"라고 하여 30세까지 『소학』을 읽었다는 것이며,[40] 김굉필에게 배운 조광조도 『소학』이 학문의 기저가 되었고 『근사록近思錄』이 토대가 되었다.[41] 아울러 사회 배경과 함께 이론철학보다는 실천철학의 방향으로 기울어져간 듯이 보인다.

'마음'과 '도'와 '다스림'이라는 그의 철학은 오늘의 사회에 많은 시사를 준다. 국제 정치사회는 주의主義로 분열이 되고 종교 간의 불화는 통일교統一敎마저 등장하게 되었으며, 마음의 선악균열善惡龜裂은 인간 소외를 초래케 한 것이 오늘의 지구가족의 실정이라고 한다면, '도'로 구심求心되는 정치, '마음'으로 화합되는 '도', 흑백일편의 굳어버린 마음이 아니라 활심活心으로 소생하는 인간으로의 회복은 현실적인 바람이 아닐 수 없다. 더욱이 남북통일의 과제를 안고 있는 우리의 근대화 과정에서 그의 의리관義利觀이나 위훈僞勳의 불의를 몰아내는 사정의식司正意識이나 소격서의 미신을 시정하는 저력은 오늘의 경제건설 · 사회복지 · 과학 진흥에 자양분이 될 만하다고 하겠다.

---

39 許衡: 1209~1281, 중국 원나라 때의 정주학자, 자는 仲平, 호는 魯齋. 저서로 『魯齋遺書』가 있다.

40 현상윤, 『朝鮮儒學史』, 36쪽.

41 위와 같음, 50쪽.

제3장 화담 · 회재 · 퇴계의 성리설 전개

Ⅰ. 이언적과 조한보와의 '무극이태극'에 관한 논변

1. 이언적과 조한보

조선조 유학사에 있어서 회재晦齋 이언적李彦迪과 망기당忘機堂 조한보(曺漢輔: 생몰미상) 사이에 있었던 무극태극無極太極을 중심한 본체론과 수양론에 관한 논변은 한국 성리학의 성숙되는 전개라는 점에 있어서 중요한 의미를 갖는다. 물론 그 이전에 정주학적 유교사상에서 도교나 불교사상을 비판한 적이 있기는 하지만 답변이 왕래할 정도의 논쟁으로 심화되지는 않았으며, 정주학을 논하기는 하나 깊이 체인하여 드러낸 자는 보이지 않기 때문이다. 이언적의 생존 시에 미처 학문의 깊이를 완미하지 못했었다고 술회하는 이황李滉은 「회재이선생행장晦齋李先生行狀」에서 그의 학행에 관하여 서술하는 가운데 특히 조한보와의 '무극태극논변無極太極論辯'의 철학적 의의를 밝히고 있다. 즉 이황은 그의 행장에서 "삼서(三書:『大學章句補遺』, 『求仁錄』, 『中庸九經衍義』)는 선생의 학문을 볼 수 있는 것인데, 그 정밀한 조예의 견해[精詣之見]와 홀로 터득한 오묘함[獨得之妙]은 조한보와 무극태극을 논변한 글 네 번째 편과 다섯 번째 편에 잘 나타나 있다"[1]고 하였다. 이제 이 대논변을 분석, 정리함에 앞서 먼저 이언적과 조한보의 생애를 간단히 살피기로 한다.

이언적은 성균생원 번蕃의 아들로 성종 22년(1491) 경주부慶州府 양좌촌良佐村에서 태어나 명종 8년(1553) 평안도 강계江界 유배지에서 63세를 일기로 생애를 마쳤다. 그의 초명은 적迪이었는데 중종의 명으로 '언彦' 자를 가하여 '언적彦迪'이라 고쳤다 하며, 자는 복고復古요 호는 회재晦齋 외에 자계옹紫溪翁이라고도 하였다. 그는 10세 무렵 아버지를 잃고서, 12세부터 김종직金宗直의 문인인 외숙 우재愚齋 손중돈(孫仲暾: 1463~1529)을 따라서 수학에 힘썼다고 한다. 중종 9년(1514) 24세 때에 문과에 급제하고 벼슬에 나아가 강관講官 · · 교관敎官 · 언관言官 · 법관法官 · 지방관地方官 등을 맡았다. 그의 이러한 중요 직책은 주로 기묘사화 이후에 제현諸賢의 뒤를 이어 계속되는 것이었다.[2] 한편 그의 나의 27~8세 때에 동향의 노대가 조한보와 무극태극에 관하여 왕복 논변을 벌였으니, 이것은 젊은 학자로서 깊은 학문의 정도를 보여주는 진면목이 되기도 한다. 그 후 사간司諫으로 있을 41세 때에는 소위 정유삼흉丁酉三凶의 일인으로 일컫는 김안로(金安老: 1481~1537)의 재기론이 대두됨에 있어서 그 불가함을 역설하다가 오히려 파직된 바 있었으나, 김안로 사후에 다시 등용되어 홍문관弘文館 · 춘추관직春秋館職을 지냈다. 중종 34년(1539) 전주부윤全州府尹으로 있을 때 유명한 「일강십목소一綱十目疏」를 올려 중종의 총애를 받기도 하였다. 그러나 명종 즉위년에 발생했던 을사사화 때에는 사림의 억울함을 구하려 하였으나, 참된 말로 지극히 간언하는 데에는 이르지 못하여 오히려 권간權奸들의 핍박

---

1 『退溪全書』 卷49 「晦齋李先生行狀」 "此三書者 可以見先生之學 而其精詣之見 獨得之妙 最在於與曹忘機漢輔論無極太極書四五篇也"

2 李丙燾, 「李晦齋와 그 學問」 『震檀學報』 제6권, 132쪽.

에 의해 본의 아닌 추관推官이 되어 사류士類를 신문한 일이 있게 되었다. 이것이 하나의 오점이 되어 후에 이이李珥의 비평도 받게 되는 근거가 되기는 하지만, 그의 후회와 녹훈錄勳을 역사(力辭: 힘주어 사양함)한 것을 볼 때, 그것은 본의에 의한 것이 아니었음이 짐작된다. 명종 2년(1547)에는 양재역벽서良才驛壁書 사건이 일어났는데 이때 권신權臣 이기(李芑: 1476~1552) 등은 그것이 사류의 소행이라 하여 많은 훌륭한 선비들을[善類] 제거하였다. 그때 이언적도 관련되어 평안도 강계로 유배당하여 그곳에서 주로 연구 저술에 진력하다가 7년 만에 향년 63세로 세상을 떠났다. 그의 주요 저술로는 『구인록求仁錄』, 『대학장구보유大學章句補遺』, 『속혹문續或問』, 『봉선잡의奉先雜儀』, 『중용구경연의中庸九經衍義』(미완성) 등이 있다. 그런데 『대학장구보유』와 『속혹문』에서는 주자의 『대학장구』를 따르지 않고 별도로 자신의 학설을 정립하고 있음이 주목된다.[3]

다음으로 이언적과 논변을 일으켰던 조한보에 대한 설명을 함에 있어서 먼저, 그 자료의 부족에 유감을 표하지 않을 수 없다. 그의 전기가 전해지지 않으므로 자세히 말할 수는 없으나, 『경주읍지』 또는 『회재집晦齋集』의 단편적 기록에 의하면, 그는 충정공忠貞公 정재靜齋 조상치曺尙治의 손자로 경주에서 태어나, 성종 때 사마시에 합격하였으며, 고서를 박람하여 문학에 밝았던 학자였다. 그는 일찍이 이언적의 외숙인 손숙돈과 무극태극을 논한 일이 있었는데, 뒤에 이언적이 이것을 얻어보고 비평하여 서로 논쟁하기에 이르렀다. 즉 조한보는 손숙돈과 주돈이周敦頤의 「태극도설太極圖說」의 '무극이태극'에 관한 견해를 서신으로 교환했던 차에, 이언적은 중종 12년(1517) 나이 27세 때 그것을 얻어 보고 「서망재망기당무극태극설후書忘齋忘機堂無極太極說後」라는 제목으로 그에 대한 일종의 비판적 논문을 쓴 일

3 劉明鍾, 「李彦迪의 哲學思想」『韓國哲學硏究』(中卷), 187~189쪽.

이 있었다. 그 후 조한보는 손숙돈으로부터 그 논문을 얻어 보고 그에서 나타나는 이언적의 견해에 대하여 답변하는 서한을 보냄으로써 4회에 걸친 논쟁이 시작된다. 그러나 이언적의 글은 전해지지만 조한보의 서신은 전해지는 바 없어, 그 논쟁의 온전한 모습을 볼 수는 없다. 다행히 이언적의 논설 가운데 쟁점이 되었던 조한보의 견해를 찾을 수 있으므로 그를 통하여 성리학적 논쟁의 대강을 살피기로 한다. 한편 이언적의 서한으로 볼 때 조한보는 이언적보다 연로했던 당시의 노학자였던 것으로 짐작된다.[4] 또 조한보는 충재沖齋 권발(權發: 1478~1548)과 일본만수一本萬殊의 리理를 논한 바 있다고 한다.

2. 서망재망기당무극태극설후書忘齋忘機堂無極太極說後

이 글은 앞에서도 밝힌 바 있듯이 이언적의 외숙 손숙돈과 조한보 사이에 있었던 무극태극론에 대한 이언적의 비판적 논설이다. 이 논문은 이언적과 조한보 사이의 논쟁이 비롯되는 원인으로서 의의가 있을 뿐만 아니라, 상호 논쟁의 기본 입장이 드러난다는 점에서 주목된다. 이언적은 본문 서두에서 이 비평의 글을 쓰는 이유를 밝힘에 있어서, 외숙인 손숙돈의 무극태극변에 대한 학설은 대개 중국 상산象山 육구연陸九淵에게서 나온 것으로 이미 주희朱熹가 상론하였으니 감히 말을 더하지 않겠다고 하였고, 그러나 조한보의 손숙돈에 대한 답서로 본다면 오히려 주돈이의 본지에 기본하면서 그 요령을 얻었으나 너무 고원하여 유가의 학설에 위배됨이 있다고 하면서,[5] 자

4 이상은,「회재선생의 철학사상」『(국역) 晦齋全書』, 893쪽.

5 『晦齋全書』 卷5「書忘齋忘機堂無極太極說後(丁丑)」“忘齋無極太極辨 其說蓋出於陸象山 而昔子朱子辨之詳矣 愚不敢容贅 若忘機堂之答書 則猶本於濂溪之旨 而其論甚高 其見又甚遠矣 其語中庸之理 亦頗深奧開廣得其領要 可謂甚似而幾矣 然其間不能無過於高遠而有背於吾儒之說者 愚請言之”

신의 견해와 더불어 조한보에 대한 비판을 논술하였다. 여기서 같은 유가의 입장을 지향해야 된다는 전제에서 무극태극에 대한 상호의 이해를 드러내기 시작한다. 그러나 손숙돈과 조한보 사이의 왕복 서신이나 이언적에 대한 조한보의 서한이 전해진다면, 직접 조한보의 견해나 기본 입장을 뚜렷이 볼 수 있겠지만, 그 자료가 전하지 않으므로 이언적의 논술을 통하여 그의 이론을 엿볼 수밖에 없음을 지적하여둔다.

A. 무극태극에 대한 망기당의 견해

무극태극에 대한 본체론적 논변은 송대 성리학의 전개에 있어서도 중요하게 대두되는 문제이다. 주돈이의 「태극도설」이 도가유래설道家由來說 또는 불가유래설佛家由來說로 설명되는 것 자체에서부터 논쟁의 요소는 내재되어 있다고 보인다. 그러나 신유학 정립의 기본으로서 그 「태극도설」은 성리학 형성의 연원적 가치를 갖는다. 그중에서도 본체론적 핵심을 이루는 '무극이태극'에 대한 정통 성리학적 해석은 정주程朱를 거치면서 '유가 무에서 생성한다[有生於無]'의 이원적 이해는 부정되고 일원적 양면의 표현으로 간주되어왔다.

조한보에 있어서도 무극태극을 이원적으로 보지는 않는다. 오히려 그는 '무극이태극'을 '태극이 곧 무극이다[太極卽無極]'라고 하여 본질적 하나[一者]로서의 절대적 세계로 보았으며 이를 태허太虛라고도 하였다. 이언적의 글을 통하여 조한보의 본체에 대한 견해를 엿볼 수 있는 구절을 요약하면 다음과 같다.

> 태극은 곧 무극이다. (본체에서) 어찌 '유有'를 논하고 '무無'를 논하며, 내內와 외外를 가르고 명수名數의 끝에서 구애할 수 있겠는가.
>
> 대본大本을 체득하면 인륜일용人倫日用의 수주만변酬酌萬變함에 따라서 일마다 달도達道 아닌 것이 없다. 대본과 달도가 혼연히 하나

> 가 된즉 어디서 무극태극 · 유중무중有中無中의 구별을 논할 수 있으리오.
>
> 태허의 체體는 본래 적멸하다. (……) 허(虛: 텅 빔)하기에 신령스럽고 고요하여 오묘하니, 영묘靈妙의 체가 태허에 충만하여 곧곧마다 노정된다.[6]

이상과 같이 조한보는 본체의 초탈적 입장에 치중하여 현실과 단절하는 것은 아니지만 비교적 초연한 태도를 가진 것으로 보인다. 그러한 조한보의 견해에 대하여 이언적은 부분적으로 긍정을 하면서도 반대 논리로 일관한다. 결국 이언적은 그의 학적 태도에 대하여 "무극태극의 체로 내 마음의 주인을 삼고 천지만물로 하여금 나에게 조종朝宗되어 원활히 운용運用되도록 함"[7]이라고 하면서 그것은 허원虛遠의 영역에 빠질 것이라고 평하였다. 하여튼 조한보에 있어서는 그의 호號에서도 짐작될 수 있는 것처럼 한 고원한 도가적 사유와 선학적禪學的 불가의 견해가 간직되어 있는 것으로 보인다. 그렇지만 유학적 성리학의 이론을 거부하지 않고 종합 표현하려 하니, 순수 정주학적 입장에서 볼 때 논쟁의 여지가 있게 된다. 그것이 바로 이언적의 비판적 논술로 표현되는 것이라 하겠다.

B. 망기당의 견해에 대한 회재의 비평

본 논설은 손숙돈과 조한보의 무극태극변에 대한 이언적의 견해

---

6 위와 같음, 卷5「書忘齋忘機堂無極太極說後(丁丑)」"太極卽無極也 (……) 豈有論有論無 分內分外 滯於名數之末 (……) 得其大本則人倫日用 酬酢萬變 事事無非達道 (……) 大本達道渾然爲一 則何處更論無極太極有中無中之有間 (……) 太虛之體 本來寂滅 (……) 虛而靈 寂而妙 靈妙之體 充滿太虛 處處呈露"

7 위와 같음, 卷5「書忘齋忘機堂無極太極說後(丁丑)」"無極太極之體 作得吾心之主 使天地萬物 朝宗於我而運用無滯"

를 밝힌 것이어서 자연 비평적 의미를 갖게 된다. 전문 구성이 자신의 이해와 비판을 함께하고 있으므로 그대로 소개하는 것을 피하고 그가 지적한 주요 내용을 살피기로 한다. 그는 서두에서 "무극이태극이란 것은 이 도道의 처음부터 어떤 물건이 있는 것이 아니면서, 실은 만물의 뿌리가 되는 것"[8]이라 하여 순수 정주학적 입장을 확고히 하고 있다. 비록 궁극적 리理를 말한다 하더라도 허원한 지경만 지향하고 지극히 가깝고 지극히 진실한[至近至實] 면을 경시한다면 이는 이단의 학설이라는 유가적 일반 입장을 동시에 간직하고 있다. 그러므로 앞의 조한보의 입장에서 살펴본 내용에서, 처음 두 문단의 전자는 긍정하지만 후자에 대하여는 반대한다.

그 논술을 보면 다음과 같다.

> 이 '극極'의 이치는 비록 고금과 상하에 관철하여 혼연히 일치되었다고 하지만, 그러나 그 정조본말精粗本末과 내외빈주內外賓主의 구분이 그 가운데서 찬연하여 터럭만큼의 차이도 불가한 것인데 어찌 명수名數를 말할 것이 없다고 하리오. 그 본체가 내 마음에 갖추어 있다는 것으로 말하면 비록 대본과 달도가 두 가지가 아니라 하더라도, 그 가운데 자연히 체용·동정動靜·선후先後·본말本末의 분별이 있어 말할 것이 있음에도 어찌 혼연함을 체득하였다 하여 윤서倫序를 논하지 않고 멸무滅無의 경지에 이른 뒤에야 이 도道의 극치를 이룬다 할 수 있으랴.

또 나머지 문단의 경우에 있어서 본체를 '태허'라고도 말함에는 특별한 이의가 없는 듯이 보이나, 그 태허의 본체가 적멸이라고 보는

---

8 위와 같음, 卷5「書忘齋忘機堂無極太極說後(丁丑)」"夫所謂無極而太極云者 所以形容此道之未始有物 而實爲萬物之根柢也"

데에는 유가의 정설이 아니라고 부정한다. 즉 고요하여 움직이지 않음[寂然不動]으로서의 '적寂'은 인정하되 사死 · 무無를 뜻하는 '멸滅' 자를 더하여 표현할 수도 없다는 것이다. '적'과 '멸'을 엄연히 구분하여 말한다.

> 그가 태허의 본체는 본래 적멸하다고 하여 '멸' 자로서 태허의 본체를 설명하였으니 이는 단연코 우리 유가의 설이 아니다. 상천上天의 일이 소리도 없고 냄새도 없으니 이를 '적'이라 함은 옳다. 그러나 지극히 적막한[至寂] 가운데에 소위 심원深遠하여 그침이 없는 오목불이於穆不已한 것이 있기 때문에 화육化育이 유행하며 상하가 소저昭著해지는 것인데 어찌 이 '적' 자 밑에 다시 '멸' 자를 붙일 수 있으랴. (……) 한대漢代 이래로 성인의 도가 막히고 사설邪說이 유행하여 그 화禍가 인륜을 해치고 천리를 없애는[滅] 데까지 이르러 지금까지 그치지 않은 것은 이 '멸' 자 하나의 해독 아닌 것이 없었다. 이제 망기당 일생의 학술언어學術言語와 앞 논의의 오류는 다 이 '멸' 자로부터 오게 되었으니 내가 부득불 변론한다.

본체의 표현과 이해에 '멸' 자를 넣을 수 없다는 것과 유도儒道 발전을 해쳤던 사설邪說의 중심이 '멸' 자에 있었음을 지적하고 조한보의 학문을 이 '멸' 자에 관련시켜 심히 염려하고 있다. 그러나 한편 조한보가 말하는 '멸' 자의 의미가 이언적이 생각하는 것과 일치하느냐 하는 문제는 남아 있다.

3. 답망기당제일서

조한보가 이언적의 「서망재망기당무극태극설후」를 동향인 사우당四友堂을 통하여 얻어 보고, 비판한 내용에 대한 답변으로서의 반박

서한을 보냄으로써 본격적인 성리학적 논쟁이 전개된다. 이 조한보의 논변에 대한 이언적의 직접적 답서가 바로 「답망기당제일서答忘機堂第一書」이다. 이 글의 첫머리에 "무극적멸無極寂滅의 뜻과 존양상달存養上達의 요체要諦를 풀어주시고 가르쳐주심[開釋指敎]에 감사합니다"[9]라는 말로 미루어볼 때, 이언적에게 전해진 조한보의 논변은 주로 '무극적멸'의 본체론과 '존양상달'의 수양론이었음을 짐작케 한다. 그러나 이언적은 그의 이론에 사양하는 바 없이 자신의 학설을 장문의 서한으로 밝히고 있다. 답서에 나타나는 바에 의하면 조한보는 본체에 관하여 "무無는 '무'가 아니라서 신령한 근원[靈源]이 독립하여 있고, 유有는 '유'가 아니라서 오히려 없어짐[澌盡]으로 돌아간다"고 하였고, 수양면에 관하여는 "무극의 참다움[無極之眞]에 마음을 노닐게 하여 허령虛靈의 본체로 하여금 내 마음의 주인으로 삼게 한다"[10]는 존양론을 밝히고 있다. 이처럼 조한보가 불가적 색채와 장자의 소요유적逍遙遊的 이론으로 설명하므로 이언적의 순수 유가적 입장에서 볼 때 변론하지 않을 수 없게 된다. 이언적은 태극의 본체론적 해석을 정주학의 입장에서 다시 정리하면서 조한보의 본체관에 관하여 다음과 같이 평한다.

> 대저 이른바 태극이란 것은 사도(斯道: 유가)의 본체요 모든 변화[萬化]의 요령으로서 자사子思의 이른바 천명지성天命之性이란 것입니다. 무릇 그 충막무짐(冲漠無朕: 충막하여 조짐이 없음)한 가운데 만상萬象이 이미 삼연森然히 갖추어져 있으니 하늘의 덮는 까닭, 땅의 싣고 있는 까닭, 강하江河의 흐르는 까닭, 성명性命의 바로 되는 까닭, 윤리

---

9 위와 같음, 卷5「答忘機堂第一書(戊寅)」"伏蒙示無極寂滅之旨 存養上達之要 開釋指敎 不一而足 亦見尊伯不鄙迪而收之 欲敎以進之也 感戴欣悚 若無所容措"

10 위와 같음, 卷5「答忘機堂第一書(戊寅)」"今如來敎所云無則不無而靈源獨立 有則不有而還歸澌盡 (……) 若曰遊心於無極之眞 使虛靈之本體 作得吾心之主"

의 드러나는 까닭이 모두 본말本末과 상하에 하나의 리로 관철되는 바 되어 실연實然 아닌 것이 없으니 바꿀 수 없는 것입니다. 주자周子가 그것을 무극이라고 한 것은 그것이 방소方所도 형태도 없이 사물이 있기 전에 있으면서도 사물이 있은 후에도 서 있지 않은 데가 없고, 음양 밖에 있으면서 음양 속에 유행하지 않음이 없으며, 전체를 관통하여 있지 않은 곳이 없으면서, 또 처음부터 성취영향聲臭影響을 말할 수 없음을 가리킨 것이요, 노자의 "무無에서 나와 유有로 들어간다"거나 석씨釋氏의 이른바 '공空'과는 다릅니다. 지금 내교來敎에 말씀하신 "무無라 하자니 '무'가 아니라 신령한 근원이 독립해 있고, '유有'라 하자니 '유'가 아니라서 없어짐에 돌아간다"는 것은 오로지 기화氣化로서 리의 유무有無를 말하는 것이니 어찌 도를 안다고 하겠습니까? 소위 신령한 근원이란 것은 기입니다. 그것으로 리를 말할 수는 없습니다. 지극히 무無한 가운데 지극히 유有한 것이 있으므로 무극이태극이라 하는 것이며, 리가 있은 다음에 기가 있는 것이므로 '태극생양의太極生兩儀'라고 하는 것입니다. 그런즉 리가 비록 기를 떠나지 못하지만 실은 기에 섞이지 않는 것으로 설명되는 것이니, 어찌 신령한 근원의 독립을 본 뒤에야 비로소 이 리의 없지 않음을 말할 수 있겠습니까? 연비어약鳶飛魚躍하여 상하上下에 소저昭著함은 고금에 달하고 우주에 가득하여 한 터럭만큼의 공활空闕과 한 순간의 간단間斷도 없었는데 어찌 모든 변화가 다하는 것만 보고 이 극의 본체를 가리켜 적멸이라고 할 수 있겠습니까? (……) 사람과 사물이 그 사이에 나서 영구치 못하고 마침내 없어지는 것은 대개 사람과 사물은 형질形質이 있고 이 리는 형질이 없기 때문입니다. 형질이 있는 것은 생사시종生死始終이 없을 수 없으나, 그 생사시종의 까닭은 실로 이 형질이 없는 것의 하는 것이니 형질이 없는 것이 어찌 일찍이 사라지고 없어지는 때가 있겠습니까?

무극태극 본체에 대한 유교의 정통적 견해를 정립하면서 조한보의 입장을 비판한다. 보편적 리로서의 무극이태극無極而太極을 말하고, 소위 신령한 근원을 기로 보아 조한보의 주장은 기화로 리의 유무를 말하는 것이라 단정하였다. 리가 기에 선행된다는 정주학적 논리에서 볼 때 이것은 모순으로 지적된다. 또 존재자의 없어짐이라는 문제에 관하여 형질이 있는 것은 없어짐으로 이해될 수 있다 하더라도 그 본체적 리는 형질이 없는 것이므로 소멸론적 적멸로 파악될 수 없는 것이라고 논박하였다. 뿐만 아니라 이언적은 하학상달下學上達의 학행적學行的 태도에 있어서, 조한보는 하학인사下學人事보다 상달천리적上達天理的 돈오의 입장에 치우치기 때문에 병진並進을 요구하여 말한다.

> 대저 도는 인사의 이치일 따름이니 인사를 떠나서 도를 구하면 공허의 경지에 빠지지 않을 수 없으니, 이는 우리 유학의 실학實學이 아닙니다. 『시경』에 이르기를 "하늘이 뭇 백성을 내니, 만물이 있음에 법칙이 있다"고 하였는데 만물은 인사를 말함이요, 법칙은 천리를 일컫는 것입니다. 인간이 천지 사이에서 존재함에 인사[物]를 떠나서 독립할 수 없는 것일진대, 어찌 먼저 하학下學의 실무에 힘쓰지 않고 공탕空蕩한 곳에 정신을 달려 상달上達을 삼을 수 있겠습니까?

'상달'만 강조하면 현실을 경시하고 공허한 경지를 중시하는 이단의 학설에 치우쳐짐을 경계하고 있다. 참다운 '상달'은 구체적 일상생활과 평상시의 하학공부를 전제하는 데에서 가능하다는 실학적 입장이다. 그러므로 공소하고 오묘한 학문보다 생각에 근접한[近思] 학행을 중시하게 된다.

이런 절실한 문제는 조한보의 존양적 수양론에 대한 이언적 비평에 잘 나타나 있다.

"무극의 참다움[無極之眞]에 마음을 노닐게 하여 허령한 본체로 하여금 내 마음의 주인을 삼게 한다" 하신다면, 이는 사람으로 하여금 생각에 근접한 학문을 하지 말고 공소하고 오묘한 데에 마음을 달리도록 하는 것이니, 그 해를 다 말할 수 없을 것입니다. 하물며 허령은 본래 내 마음의 본체이며 무극의 참다움은 본래 허령 가운데 갖추어진 사물인 것이므로, 다만 이를 보존하는 공부만 가하고 인욕의 사사로움으로 그것을 가리지 말아서 그 광대하고 고명한 본체를 이루는 것이 옳을 것입니다. 장남헌(張南軒: 張載)이 말한 "태극의 오묘함은 마음으로 헤아려서 억지로 이룰 수 없고, 오직 경敬에 근본하여 함양해야 된다"라는 것이 바로 이를 말한 것입니다. 이제 '무극에 마음을 노닐게 한다' 또는 '내 마음의 주인으로 삼는다'라고 한다면 이것은 무극태극으로서 마음 밖의 사물처럼 여겨 별도로 다른 마음으로 그 사이를 논 연후에야 주인이 되는 것처럼 말한 것이니 이러한 의론은 심히 온당하지 않습니다.

이언적은 결론적으로 조한보가 도체의 오묘함을 체득한 수준으로 간주하면서도 본체에 있어서의 적멸론寂滅論, 수양에 있어서의 존양상달론存養上達論 등으로 공허하고 심원한[虛遠] 도가와 불가의 성격으로 해득됨을 염려하여 정통 유학적 논리로 멸해할 것을 유도한다. 따라서 그는 마지막에 "바라옵건대 존백尊伯께서는 우생愚生의 말이라 하여 경시하지 마시고 평심平心으로 리를 완색하여 '적멸유심寂滅遊心'의 견해를 버리시고 순수히 과거 성인의 궤범으로 스스로 규율하시면 우리 도의 다행이 되겠습니다"[11]라고 하였다. 순수한 유도적儒道的 논리에 입각할 것을 요구한 것이다.

---

11 위와 같음, 卷5「答忘機堂第一書(戊寅)」"伏惟尊伯勿以愚言爲鄙 更加着眼 平心玩理 黜去寂滅遊心之見 粹然以往聖之軌範自律 吾道幸甚"

4. 답망기당제이서

이언적의 첫 번째 답서에 대한 조한보의 답변은 이언적의 「답망기당제이서答忘機堂第二書」의 "보내주신 글에 무극 위에 '유심遊心' 두 자를 없애고 기체지적其體至寂 밑에 '멸滅'자를 제거하셨으니, 이는 어리석은 말이라 낮게 여기지 않으시고 허여許與하고 채택하심이니 매우 다행입니다"[12]라는 말로 볼 때, '유심'과 '멸'자를 없앨 뜻을 밝힌 듯하다. 그러나 그 문자만 없앤다고 한 것이지 실제 사려의 근본 입장에서는 큰 변동이 없는 것으로 보인다. 그것은 '허무적멸虛無寂滅'이니 '마음을 보존하며 위로 천리에 통달함[存心上達天理]'이니 하는 문구를 반복 사용하고 있음에서 짐작된다. 이 점이 또한 이언적에게 두 번째의 답서를 작성하게 하는 이유가 되기도 한다. 그 주요 부분을 소개해본다.

> 적멸의 말은 소생이 전서에서 대략 변론하였는데 살펴 윤허해주지 않으시고, 이제 또 '허령한 무극의 참다움[虛靈無極之眞]'을 들어서 '허무가 곧 적멸이요, 적멸이 곧 허무라'고 하시니, 이는 유학자의 말을 빌려서 이단의 설을 문식해주는 것이니 소자의 의혹이 더욱 심합니다. 선유는 이 '허무적멸' 네 글자에 대하여 분석해서 말하기를 "이[儒]의 '허虛'는 텅 빔이면서 있음[有]이지만, 저[異端]의 '허'는 텅 빔이면서 없음[無]이며, 이 '적寂'은 고요함[寂]이지만 저의 '적'은 고요함이며 없어짐[滅]이다"라고 하였습니다. 그런즉 피차의 허적虛寂이란 말은 같지만 그 귀추는 절대로 달라서 변론하지 않을 수 없으며, 무극이라 일컬음도 다만 이 리의 오묘함으로써 영향影響 · 성취聲臭

12 위와 같음, 卷5「答忘機堂第二書」"伏覩來敎 於無極上去遊心二字 於其體至寂下去一滅字 是不以愚言爲鄙 有所許採 幸甚幸甚"

가 없는 것을 형용하는 것이요, 저의 소위 '무無'와 같은 것은 아닙니다. 그러므로 주자는 "노자의 유무有無를 말함은 '유'와 '무' 둘로 삼지만 주자周子의 유무를 말함은 '유'와 '무'를 하나로 보는 것이니, 남과 북 · 수水와 화火의 상반됨과 같다"고 하였으니 어찌 그렇지 않겠습니까? 또 보내주신 글에 경을 주로 하여 마음을 보존하여 위로 천리에 통달한다[上達天理]라고 하셨으니 이 말은 진실로 좋은 말입니다. 그러나 '상달천리' 위에 '하학인사下學人事' 네 글자를 빠트림은 성문聖門의 가르침과 다릅니다. 천리는 인사를 하면[下學] 자연히 천리에 상달할 수 있는 것인데, 만일 하학공부를 갖지 않고 바로 상달하려 한다면, 이는 불가의 돈각頓覺의 설이니 어찌 숨길 수 있겠습니까? 대개 인사는 형이하이나 그 일의 이치는 하늘의 이치이며 형이상입니다. 일을 배워 그 이치를 통하고 형이하에 나아가 형이상을 체득하면 문득 이것이 상달경계가 되나니 이면에 종사하여 오래 쌓아 관통하면 가히 혼연渾然의 극치에 도달할 수 있으며, 신묘함을 궁구하여 변화를 아는[窮神知化] 오묘함에 이름도 또한 이에서 순치馴致됨에 불과한 것입니다. 공자는 태어나며 안다[生而知之]는 성인이지만 또한 하학에 말미암지 않을 수 없었으므로 "도는 사람을 멀리하지 않는데 사람이 도를 멀리하면서 사람에게서 멀리하면 도라 할 수 없게 된다"고 말씀하셨으니 하물며 공자보다 못한 사람에 있어서랴, 어떻겠습니까?

이상에서 보이는 바와 같이 조한보의 '적멸론'에 비판의 초점을 모으면서 그 이단적 색채를 지적하고 있다. 같은 '허적虛寂'의 말이라도 유가와 노불에서는 각각 그 본지를 달리함을 지적하여 자신의 견해를 밝히고 있다. 또 상달적 존양을 강조하는 '경하여 안을 곧게 하는[敬以直內]' 입장에 대하여 하학인사의 의의와 그 학적 태도를 요구하며 수양론에 반성을 촉구하였다. 그리하여 조한보에 답하는 마지막에 "부디 적멸의 견해를 버리시고 또 능히 경을 위주로 하여 마음을 보존하되 하학인사의 공부에 전일함으로써 천리에 이르신다면, 존백께서 우리의 도에 순정醇正하게 되실 것입니다"[13]라고 하여 글을 맺었다.

5. 답망기당제삼서

이언적의 두 번째 답서에 대한 조한보의 회신이 있은 후 다시 이언적이 답하여 변론한 것이 「답망기당제삼서」이다. 이것은 첫 번째 서한만큼의 장문으로 구성되어 있다. 이 글을 통하여 드러나는 조한보의 입장은 그 어느 때보다도 뚜렷이 나타남을 볼 수 있다. 즉 이언적의 시정 요구에 대하여 조한보는 조금도 양보하지 않고 오히려 "세상 사람이 환형에 집착하여 견실이라고 함을 파하기 위해서 적멸이라 하고 하학상달은 동몽초학童蒙初學의 선비의 일을 가리키나 호걸스러운 선비에게는 이와 다르다"[14]고 하였다. 초월적 선학풍으로 유가의 현세관에 만족하지 않는 것처럼 보인다. 이에 이언적은 대본大本과 달도達道에 관하여 선유의 세계를 다시 정리하면서 스스로 체득한 이론을 전개하여 결국 이 두 문제에 관하여 비평한다. 먼저 적멸론에 관한 논변을 보기로 한다.

> 보내주신 글에 또 "세상 사람이 환형에 집착하여 견실함을 깨트리기 위해서 적멸을 일컫는다"고 말씀하셨는데 이것은 심히 이치를 해칩니다. 대개 사람의 이 형체가 있음은 모두 하늘의 부여한 것으로 지

---

13 위와 같음, 卷5「答忘機堂第二書」"若使尊伯無意於聖人之道則已矣 如其不然則愚之所陳雖鄙 亦不至於無稽 幸蒙俯採 痛去寂滅之見 而又能主敬存心 一於下學上做工夫 以達於天理 則尊伯之於斯道 可謂醇乎醇矣"

14 위와 같음, 卷5「答忘機堂第三書」"來敎又曰 爲破世人執幻形爲堅實故曰寂滅 (……) 今曰 下學上達 乃指示童蒙初學之士 豪傑之士不如是"

극한 이치가 깃들어 있습니다. 그러므로 성문聖門의 가르침은 항상 용모 형색에 공부를 가하여 하늘이 나에게 부여한 법칙을 다하고 그 허령한 명덕明德의 본체를 보존하고 지키도록 함이니 어찌 인심人心이 오직 위태로운 경지에 빠지겠습니까? 맹자는 "형색은 천성이라 오직 성인이라야 그 형체形를 천踐할 수 있다"고 하였으나, 어찌 이것[形色]으로써 환망幻妄이라 하여 외적 형상을 단제斷除하고 허령한 본체를 지켜야 비로소 도를 한다고 하겠습니까? 이 도는 형기形器를 떠나 있지 않습니다. 사람의 형체가 있으면 사람이 된 까닭의 이치가 있고, 사물의 형체가 있으면 사물이 된 까닭의 이치가 있고 천지의 형체가 있으면 천지가 된 까닭의 이치가 있고, 일월의 형체가 있으면 일월이 된 까닭의 이치가 있고, 산천의 형체가 있으면 산천이 된 까닭의 이치가 있는 것입니다. 만일 그 형체가 있는데 그 도를 다하지 못한다면 이는 형체가 헛되이 갖추고 그 형체가 되는 까닭의 이치를 잃어버리는 것입니다. 그런즉 형기를 버리고 도를 구한다면 어찌 소위 도가 있겠습니까? 이것이 적멸의 가르침이 공허탄만空虛誕謾의 지경에 빠져 하늘을 어기고 이치를 없애는 죄를 벗어나지 못하게 되는 이유입니다.

현존적 형기를 일시적 환망으로 보는 현세 부정의 불교적 견해에 대하여 도는 현존의 여러 형색과 불가분의 관계에 있다는 도기불리道器不離와 체용일원적體用一源的 유교논리로 변론하며 배척하였다. 이언적은 조한보가 자신의 이론에 대하여 또 이설의 특성에 대하여 분명히 알고 있을 듯한데 유가의 정도에 돌아오지 않는 입장을 보고 깊이 걱정하고 있다. 이러한 이언적의 의지는 다음 하학상달에 관한 논변에서도 볼 수 있다.

상달의 의논은 어리석은 제가 이전 서한에서 대략 말씀드렸는데 이제 말씀하시기를 "하학상달은 동몽초학의 선비 지시하는 것이지 호걸스러운 선비는 이렇지 않다"고 하셨으니, 저는 공자로써 말씀드리겠습니다. 백성이 생긴 이래로 태어나면 아는 성인으로 공자보다 더 나은 사람이 없었는데 공자도 하학에 종사하지 않은 것이 아닙니다. 그의 말씀에 "내가 열다섯에 학문에 뜻을 두고 오십에 천명天命을 알았다"고 하였고, 또 "나의 호학만큼 호학하는 자가 없었다"고 하였으니 그렇다면 공자는 호걸스러운 선비가 못 되며 그 한 일은 본받을 바가 못 된다 하겠습니까? (……) 대저 태어나며 아는 성인으로 연령이 동몽이 아닌데도 오히려 하학의 일이 없을 수 없었는데 하물며 공자에 미치지도 못하면서 경솔히 하학을 단번에 없애 힘쓰지 않고 가히 천리에 상달할 수 있겠습니까? 이것은 분명히 석씨釋氏의 돈오의 가르침이니 어찌 이를 숭상할 수 있겠습니까?

상달을 중시하고 하달을 경시하는 조한보에 대하여 공자의 구체적 실증을 들면서 그 모순을 비난하였다. 이 하학상달에 관한 논쟁은 송대 주희와 육구연 사이의 존덕성尊德性과 도문학道問學에 관한 논변을 방불케 하는 것이라고 하겠다.[15] 선진유학의 맥락을 이으며 송대 성리학의 논리의 자득의 견해로 다져간 세 번째의 답서에서 이언적은 전번과 같이 조한보에게 돈오적 적멸의 견해를 버리고 유가의 정도에 설 것을 다시 요청하였다.

6. 답망기당제사서

이제 조한보는 이언적의 논리정연한 세 번째 서한의 긴 논문을 받아 보고, 적멸론과 하학인사의 문제에 종래의 주장을 수정 양보하여 다시 회답한 것으로 보인다. 이것은 그에게 또 답변한 이언적의 네

15 이상은,「회재선생의 철학사상」『(국역) 晦齋全書』, 901쪽.

번째 서한 서두에서 "이제 주신 글을 받자온 바 글의 뜻이 ○○하여 되풀어 그만두지 않으시고 '적멸' 두 글자를 제거하고 하학인사의 공을 간직하시니, 저(이언적)의 허여받음이 깊고 보내줌이 지극하여 다시 무엇을 말씀드리겠습니까?"[16]라고 말한 점으로 미루어 알 수 있다. 그러나 이언적은 아직도 이단 학설의 잘못에서 완전히 벗어나지 못한 것으로 보아, 그 사의辭意 사이에 약간의 병통이 있다고 보고 조한보가 예로 든 옷과 그물[衣網]이란 설을 도구로 삼아 이론을 전개하고, 나아가 조한보가 새로 제기한 '물아무간物我無間'에 대하여 허공의 가르침에 치중되어 있다고 비난한다.

> 그러나 그 말의 뜻 사이에 병통이 있음을 면하지 못하였고, '물아무간'의 논에 이르러서는 옛 모습대로 공허한 가르침에 빠졌으니 소자는 의혹합니다. 한자(韓子: 韓愈)가 이르되 "순자荀子와 양자楊子는 택하면서도 정밀하지 못하였다"고 하였으니, 존백께서도 이에 면하지 못할까 염려하여 제게 말씀하신 옷과 그물이란 설을 빌려서 밝히겠습니다. "대개 옷은 반드시 깃이 있어야 모든 옷자락이 잘 딸리고, 그물은 반드시 벼리가 있어야 만 가지 그물눈이 펼쳐진다"라 하신 이 말씀은 진실로 옳습니다. 그러나 옷으로서 옷깃만 있고 모든 옷자락을 단절하거나 그물로 그 벼리만 있고 모든 그물눈을 절단해버린다면, 어찌 옷이며 그물이 되겠으며 그래서 옷깃과 벼리가 있은들 어디에 소용이 있겠습니까? 천하의 리는 체體와 용用이 서로 기다리고 동動과 정靜이 서로 길러지게 되는데 어찌 안으로만 전일하고 밖으로는 체찰體察하지 않겠습니까? 성인 문하에서의 가르침은 경敬을 위주로 하여 그 근본을 세우고 궁리하여 그 앎을 다하고 반궁反躬하고 그 실천을

---

16 『晦齋全書』 卷5 「答忘機堂第四書」 "今承賜教 辭旨諄諄 反覆不置 且去寂滅二字 而存下學人事之功 迪之蒙許深矣 受賜至矣 更復何言"

하게 되는데 '경'이란 이 세 가지를 관통하여 처음과 끝을 이루는 것입니다. 그러므로 '주경主敬'이란 그 안을 전일하게 하여 그 밖을 제어하고, 그 밖을 정제整齊하여 그 안을 보양하는 것인 까닭에 안으로 무이(無貳: 두 마음을 품는 것이 없음)·무적(無適: 다른 곳으로 나아감이 없음)하고 적연히 움직이지 않아 수작만변酬酌萬變의 주체가 되고, 밖으로는 엄연儼然·숙연肅然하고 심성밀찰深省密察하여 그 중심의 보존한 것을 간직하는 것입니다. (……) 이로써 보면 본체공부는 마땅히 먼저 하지 않을 수 없지만 성찰공부도 또한 도를 체득하는 데 더욱 절요한 것입니다. 그런데 이제 보내주신 글을 보건대 '주경존심主敬存心'이란 말씀에는 '경이직내(敬以直內: 경으로 안을 올곧게 함)' 공부는 가졌다고 보겠지만 '의이방외(義以方外: 의로 밖을 방정하게 함)'의 성찰공부는 볼 수 없으니, 어찌 옷의 깃만 얻고 자락을 끊고 그물의 벼리만 얻고 모든 그물눈을 절단하는 셈이 아니겠습니까?

본체의 깨달음[覺得]에만 힘쓰고 현세의 구체적 사물에 관한 성찰공부가 미흡함을 지적하고 있다. '경으로 안을 올곧게 함'이라는 본체공부도 중요하지만 '의로 밖을 방정하게 함'이란 성찰공부도 그에 못지않게 중시하여야 참다운 정도를 얻을 수 있다는 것이다. 즉 불변적 본체면과 변화의 응용면은 그 어느 하나도 경시될 수 없다는 논지이다. 이러한 논지는 조한보의 '먼저 그 본체를 세운 연후에 하학인사를 해야 된다'라는 말을 비평하는 데에서도 드러난다.

보내주신 글에 또 "먼저 그 본체를 세우고 다음에 인사를 하학하여야 한다"고 하셨는데 이 말씀도 온당치 못한 것 같습니다. 하학인사 때에는 마땅히 항상 경을 위주로 하여 마음을 보존할 것인데 어찌 인사를 끊어버리고 그 마음만 홀로 지켜 반드시 그 본체를 세운 연후에야 비로소 하학할 수 있다고 하겠습니까? 이르신바 "그 본체가 서면 운용하고 만변하는 것이 일리一理의 올바름에 순수함으로써 종횡으로 자득한다"라는 말씀은 진실로 성경현전聖經賢傳의 본지에 어긋남이 없습니다. 그러나 소위 '일리가 순수하여 종횡으로 자득한다'는 것은 곧 성인의 종용從容한 중도中道의 극치이겠으므로 이것은 본체가 세워진 후에도 다소의 공부가 있어야 되는 것이요, 갑자기 여기에 이르기는 쉽지 않을 것이오니 다시 정밀히 살피시기 바랍니다.

아래로 인사를 공부함이 결여되면 본체의 확립으로서 위로 천리에 통달함[上達天理]이 불가함을 밝힌다. 즉 하학인사는 본체를 존양하는 상달의 경지와 동급으로 간주하려는 것이 이언적의 입장이다. 먼저 그 본체를 세움을 우선 강조하면 마음만 홀로 지키려는 관념적 공허의 폐단에 치우칠 우려가 있다고 보기 때문이다.

이러한 문제 이외에 정주학에서도 흔히 볼 수 있는 천지만물일체설天地萬物一體說에 관하여 조한보가 설명한 것에 대하여 이언적은 그 속에서 친소親疎 · 원근遠近 · 시비是非 · 호오好惡의 구분이 있음을 지적하여 그의 편견적 입장을 경계하였다. 이러한 이론의 전개는 리일분수적理一分殊的 성리학 논리에 근거한 것으로도 이해된다.

이상 이언적의 「답망기당제사서」로 그 왕복논쟁이 끝난 것으로 나타난다. 만일 조한보가 네 번째 서한에 또 논변의 회답이 있었다고 하면 이언적이 또 답서를 작성했을 것으로 보이는데, 아마도 조한보가 더 이상 이언적의 논변에 논쟁의 용기를 일으키지 못한 것 같다. 그러나 조한보가 자신의 학설을 가볍게 바꾸지 않았음은 "성인이 다시 나더라도 내 말을 다시 바꿀 수 없을 것이다"[17]라는 말이라든가, 이언적의 변론과 배척에 대한 네 차례 연속적 답서 등으로 미루어보아도 알 수 있다.

---

17 위와 같음, 卷5「答忘機堂第一書(戊寅)」"來敎又曰 聖人復起 不易吾言"

7. 회재 · 망기당 논쟁의 성리학사적 의의

젊은 나이의 이언적과 노학자 조한보 사이의 논쟁은 한국 유학사상 일찍이 볼 수 없었던 대논변이었다. 그 주된 내용은 성리학의 핵심이 되는 '무극이태극관'을 위시하여 '허무적멸론', '존양성찰'과 '하학상달'에 관한 문제 등이었다. 물론 송대에도 주희와 육구연 사이에 이와 비슷한 논쟁들이 많이 있었지만, 그에 비하면 논변의 내용이 달라졌던바 "도체道體의 인식과 도의 실천을 어떻게 하는 것이 바르냐"는 것보다 적극적이고 절실한 문제에 집중되었다.[18] 이언적은 정주학적 정통 성리학의 맥락을 계승하는 입장이었고, 조한보는 노불의 색채를 띤 유심돈오적遊心頓悟的 입장에서 논쟁을 거듭하였던 것으로 보인다. 만일 조한보도 이언적처럼 순수 정주학적 입장에 있었다면 그러한 철학적 대화가 없었을지도 모른다. 그러나 그것이 동일하지 않았기 때문에 상호 절실하고 심각한 이학적 이론을 전개하였다고 생각된다. 한편 조한보의 견해나 그가 사용했던 문구를 볼 때, 노불적 이단의 설과 일맥상통하는 바가 있다 하더라도 스스로 도가나 불가의 학설에 근거한 것이라고 표면화시키지 않고 이언적의 답서를 이해하는 듯한 태도를 취함으로써, 이언적의 논변이 더욱 적극화된 것으로 보인다. 오히려 노불적 이단의 설에 치중되어 있다고 비난한 것은 이언적의 입장이었다.

결국 본체를 체득한 듯한 노대가라 하더라도 노불적 이단의 설에 입각하여 자신의 학설을 고집하는 경우가 아니라면, 이언적의 정연한 정주학적 유학 논리를 이길 수가 없었던 것으로 나타난다. 뿐만 아니라 본체에 관한 기론적氣論的 태극설이라든가 육구연의 심학적心學的 학설에도 비평을 가한다. 이리하여 당시의 성리학이 이단의

18 이상은, 「회재선생의 철학사상」 『(국역) 晦齋全書』, 905쪽.

설에 도전을 받기 시작함에 있어서 위도적衛道的 입장에서 이를 지킨 이가 바로 이언적이라고 볼 때,[19] 그의 조선조 성리학사적 공헌과 위치는 뚜렷한 것이라 아니할 수 없다. 즉 말하자면 이언적은 조한보와의 논변을 통하여 조선조 정주학을 정립하는 데 결정적 역할을 함으로써 토착화를 가능하게 한 분이라고 할 수 있다.[20] 또한 조선조 성리학사에 있어서 거경궁리적居敬窮理的 학행을 간직하며 무극이태극을 성리학의 핵심 문제로 삼기 시작한 것도 이언적에게서 비롯된 것으로 이해되며, 이황과 이이 성리학의 전개도 이언적의 선구적 역할의 바탕에서 심화된 것으로 보인다. 이처럼 이언적의 무극태극에 대한 이학적 비판 논문과 조한보와의 네 차례 걸친 논변은 조선조 최초의 성리학적 대논문으로 높이 평가되는 것이라 하겠다.

Ⅱ. 화담 서경덕의 이기설

1. 화담의 학적 태도

화담花潭 서경덕徐敬德은 조선조 성종 20년(1489) 개성 화정리禾井里에서 호번好番의 아들로 태어나 명종 원년(1546)에 향년 58세로 생을 마친 철학자이다. 그의 자는 가구可久요, 호는 화담 외에 복재復齋라고도 하였다. 일생을 빈한하게 지내면서도 벼슬길을 걷지 않고 독학사색獨學思索하는 철학적 태도를 간직하였다. 그가 어렸을 때 나물 캐러 가서 나는 새를 보고 그 이치를 종일토록 궁구하다가 나물

19 金忠烈, 「李彦迪의 哲學思想 論評」『韓國哲學硏究』(中卷), 193쪽.

20 拙稿, 「李彦迪 哲學思想의 位置」, 194쪽.

캘 일을 잊었다는 이야기는 유명하거니와[21] 14세 때에는 가르치던 선생도 선명하게 말하지 못했던 『서경』의 기삼백편朞三百篇에 이르러 홀로 정밀히 생각한 지 15일 만에 통한 일이 있었다고 한다.[22] 또 18세 때 『대학大學』의 '치지재격물致知在格物'조에 이르러 학문을 함에 있어서 격물格物을 먼저 하지 않는다면 독서해서 무엇 하겠느냐고 강조하여 말하였고, 천지만물의 이름을 벽상에 써 붙이고 매일 궁구함을 일삼았다고 한다.[23] 여기에서 그의 학적 기본 태도를 엿볼 수 있다. 변하는 물질을 고찰하려는 자연과학적 태도가 아니라 그 변하는 현상을 통한 변화 자체로서의 불변자에 대한 의문을 해결하고자 하였던 태도였다. 이러한 사색의 학문이 깊어짐에 따라 식사의 맛도 제대로 모르고 잠도 잘 이룰 수 없을 정도였으니 병을 얻기 마련이었고, 관계에 나갈 기회가 있었어도 그에 응할 수 없게 된 것으로 보인다. 서경덕이 31세 되던 해는 기묘사화가 일어나기도 했던 중종 14년(1519)이었는데, 이때 조광조 등의 주장으로 설치 운영하던 천거과薦擧科에 128명이 천거되는 가운데 수위였음에도 나아가지 않았던 것이다. 여기서 그의 심오한 학구적 태도를 짐작할 수 있는 동시에 지치주의至治主義를 강조했던 당시 정황에서 첫 번째로 천거됨[首位被薦]을 볼 때, 그가 학계의 주목인물로 간주된 것으로 생각된다. 그 후 43세 때 모부인母夫人의 명으로 진사시에 응하긴 했으나 벼슬하지 않았고, 52세 때는 김안국金安國의 천거가 있었으며, 56세 때는 후릉참봉厚陵參奉에 임명되었으나 사직소를 올릴 뿐 나아가지 않

21 『花潭集』「花潭先生文集序(元仁孫)」"親使之往採野蔬 歸不盈筐 問其何爲 答曰 有鳥自地至天 窮其理而終日忘其採"

22 위와 같음, 卷3「年譜」"先生十四歲 松京有一講書者 先生從而受尙書 至朞三百 講書者不肯授曰 此學世鮮曉者 先生怪之 退而精思十五日 通之 乃知書之可以思得也"

23 위와 같음, 卷3「年譜」"先生十八歲 讀大學 至致知在格物 慨然歎曰 爲學而不先格物 讀書安用 於是乃盡書天地萬物之名 糊於壁上 日以窮格爲事"

았다. 이처럼 정계 진출의 여러 기회가 있었음에도 그에 개의치 않고 오로지 궁리사색적 학풍을 굳게 간직하였던 것이다. 한편, 서경덕을 전후하여 정치에 가담하지 않은 학자가 흔하지 않다는 사실과 그의 일생 중에 소위 조선조 사대사화가 일어났던 시대적 상황과 그의 거처 등을 볼 때 그 순수 학문적 태도가 더욱 드러난다.

시대적 사조로 보아 그의 학문 형성에 송대 성리학적 불교사상을 비롯하여 도가 · 불가 사상의 영향이 있었을 것이다. 그러나 전래사상을 숙지하는 데에만 학적 가치를 둔 것이 아니었으므로 자설을 정립하고자 진력하였다. 그리하여 강절康節 소옹邵雍, 횡거橫渠 장재張載, 정자程子, 주자朱子 등의 학설을 공부하면서도 정주학의 존리적尊理的 학풍을 따르지 않게 되었고, 노자사상을 비판하기도 하고 나아가 불가사상을 부정하는 입장을 나타내기도 하였다. 이러한 서경덕의 견해는 여러 저술 속에 내재되어 있지만, 특히 56세의 병상에서 쓴 4편의 논문은 「원리기原理氣」, 「이기설理氣說」, 「태허설太虛說」, 「귀신사생론鬼神死生論」 등이다. 그는 이 논문을 작성함에 있어서 말하기를 "성현의 말이 이미 선유 주석을 거쳤으니 다시 중첩하여 말할 필요는 없으나 그 아직 설파하지 못한 바를 책으로 지어 전하고자 한다"[24]고 하였다. 여기에는 분명히 전대미명前代未明의 경지를 밝히고자 하는 창의적인 견해가 내재되어 있음을 짐작케 한다. 이러한 독창적 학문의 특성은 그의 「원리기」 편에서도 나타난다. 그는 기氣의 본질을 설명하면서 "이 경지에 이르면 들을 소리도 없고 맡을 냄새도 없다. 많은 성인이 이에 관해서 말을 못했고 주돈이, 장재도 들어 밝

---

24 위와 같음, 卷3 「年譜」 "先生寢病久 乃曰聖賢之言 已經先儒註釋者 不必更爲疊床之語 其未說破者 欲爲之著書 今病亟如是 不可無傳 乃草原理氣 理氣 太虛說 鬼神死生論等四篇"

히지 못했으며 소옹은 한 글자도 내지 못한 곳이다"[25]라고 자부하였다. 이 말은 자기의 견해를 그저 주장하기 위하여 자기 사상 형성에 영향을 준 학자까지도 함부로 평가한 것이라기보다는 오히려 자신의 깨달아 얻은 경지를 뚜렷이 하기 위한 강조의 표현으로 생각된다.

또 그의 시를 보아도 그 절실한 사색적 학문의 태도를 엿볼 수 있다. 그는「유물有物」이라는 제하의 시를 다음과 같이 읊었다.

有物來來不盡來 만물이 있어 오고 또 와도 다 옴이 없으며
來纔盡處又從來 다 왔는가 했더니 또 좇아오네
來來本自來無始 오고 와도 본디 스스로 옴에 시작이 없도다
爲問君初何所來 묻노니 그대는 처음에 어디로부터 왔는가?

有物歸歸不盡歸 만물이 있어 가고 또 가도 다 감이 없으며
歸纔盡處未曾歸 다 갔는가 했더니 아직 다 가지 않았네
歸歸到底歸無了 가고 또 가도 감에 마침이 없도다
爲問君從何所歸 묻노니 그대는 어디를 따라 돌아가는가?[26]

여기서 서경덕은 관물적觀物的 사유의 태도를 보이고 있다. 변화하는 자연의 존재자를 통해서 그 이면에 내재하는 만유의 근원과 귀착처를 추구하여 그 불변적 절대의 경지를 갈망하고 있다. 이것은 변화 그 자체에 대한 물음으로 생각되기도 한다. 자연물의 감상에 머무르지 않고 근원의 본체적 경지에 의문을 던졌던 철학적 태도는 여러 편의 시에서 볼 수 있다. 그래서 그의 시는 철학시라고 불리기도 한

25 위와 같음, 卷2「原理氣」"到此田地 無聲可耳 無臭可接 千聖不下語 周張引不發 邵翁不得下一字處也"

26 위와 같음, 卷1「有物」.【참고】이 시는 두 수로 되어 있다.

다. 서경덕은 현세의 감각계를 경시한 것은 아니지만 그러한 현상계에 그치지 않고 불변적 본체의 체인체득을 더욱 중시한다. 여기에 그의 참다운 관물적 태도와 격물의 의미가 있다고 하겠다.[27] 학구하는 데 있어서 성誠과 경敬을 위주로 삼은 것도[28] 이에 일단적 의의가 있는 것으로 보인다. 이러한 초감각적 경계를 추구하는 학적 태도는 그의 「무현금명無絃琴銘」을 통하여 더욱 확인할 수 있다. 그 일절을 보기로 한다.

> 거문고에 줄이 없는 것은 '체體'는 보존하고 '용用'을 제거한 것이다. 진실로 '용'을 제거한 것이 아니라 '정靜'에 '동動'을 함유하고 있는 것이다. 소리를 통하여 듣는 것은 소리 없음에서 듣는 것 같지 못하며, 형체를 통하여 즐기는 것은 형체 없음에서 즐기는 것만 같지 못하다. 무형無形에서 즐기므로 그 오묘함을 체득하게 되고, 무성無聲에서 들으므로 그 미묘함을 체득하게 된다. 밖으로는 유有에서 체득하지만 안으로는 무無에서 깨닫게 된다. 그 가운데에서 흥취 얻음을 생각하나니, 어찌 거문고 줄 공부에 힘씀이 있을 것인가?[29]

일반적으로 거문고에는 줄의 소리가 제일가는 생명으로 간주된다. 그러나 서경덕은 줄 없는 거문고를 의지하여 형체 없고 소리 없는 것을 통해 얻어지는 심오한 본체계를 그려내고 있다. 그가 만족하게 생각했던 세계는 바로 이 '줄 없는 거문고[無絃琴]'의 경지였음을 짐작할 수 있다. 그렇다고 애초부터 소리나 형체를 부정하는 초감각

27 金炯孝, 「花潭 徐敬德의 自然哲學에 대하여」『韓國學報』 제15집, 12쪽.

28 위와 같음, 「花潭先生文集跋(尹孝先)」 "先生之學 一於誠 主於敬 且以格致爲先"

29 위와 같음, 卷2 「無絃琴銘」 "琴而無絃 存體去用 非誠去用 靜其含動 聽之聲上 不若聽之於無聲 樂之形上 不若樂之於無形 樂之於無形 乃得其徼 聽之於無聲 乃得其妙 外得於有 內會於無 顧得趣乎其中 奚有事於絃上工夫"

적 입장만을 주장할 수는 없을 것이다. 왜냐하면 감각적 현상계의 단절에 의해서는 그 참다운 본체의 깨달음[覺得]이 방법적으로 불가능할 것이기 때문이다.

이러한 사유의 경지는 그의 「이기설」에서 구체적으로 표현된다. 정주학에서 간주되는 리기의 일반적 개념을 벗어나서 오히려 장재의 '태허리기설太虛理氣說'에 치중한 학설로서, 특히 기를 절대적 본체로 강조하여 자신의 철학사상을 정립하였다. 기의 본질적 의미는 형이상학적 선천적先天的 본체에 있다고 보고 모든 현상적 존재자들은 기의 작위로 드러나는 만물에 지나지 않는다고 생각하였다. 그러므로 만물에는 변화가 있으나 기 자체에는 어떤 변화도 있을 수 없다고 본다. 그리고 리는 기의 작위할 때부터 문제되는 것으로 그 질서 또는 법칙을 뜻하는 것이었다. 따라서 정주학에서의 이기설과는 큰 차를 드러내게 된다.

한편 서경덕 철학에서 인생론에 관한 논설이 미흡함이 유감스럽게 느껴지나, 인생의 가치철학으로 '그침[止]'을 문제삼았음은 주목된다. 이것은 비단 인간뿐만 아니라 모든 존재자들에 일관된 것으로 설명한다. 그의 「송심교수의서送沈教授義序」는 이것을 잘 나타내고 있다.

> 천하의 만물과 모든 일에는 각각 그 '그침'이 없을 수 없습니다. 밟는 것이 위에 그쳐[止] 있음을 우리는 알고 있으며, 땅이 아래에 그쳐 있음을 우리는 알고 있습니다. 산과 냇물이 솟아 있고 흐르고 있으며 새와 짐승이 날고 기는데, 우리는 그것들이 각각 그 그침에 한결같아 난잡하지 않음을 알고 있습니다. 사람에 있어서는 더욱 그 그침이 없을 수 없으며, 또한 그 그침은 일단만이 아닌 것이니 마땅히 각각 바른 처지에 그칠 줄을 알아야 할 것입니다. 부자의 은혜에 그침이며 군신의 의리에 그침 같은 것 등은 모두 타고난 본성인 것이며, 만물의 법칙

인 것입니다. 군자가 학문을 귀하게 여기는 것은 그로써 그침을 알 수 있기 때문입니다. 학문하고 그침을 알지 못한다면 학문하지 않은 것과 무엇이 다르겠습니까?[30]

여기서 '그침'에 내재된 뜻은 멈춤의 부동적 상태가 아니라 최고 목표의 상태가 지속되어 있는 '머무름'의 연속성을 뜻하는 것으로 보인다. 이것은 최고 가치의 구현인 동시에 개념과 현실이 합일된 조화적 이상계로 이해된다. 즉 이 '머무름'의 본질성은 만유의 존재와 인간의 가치지향의 최고점으로 간주된다. 그러므로 군자가 학문을 소중히 여기는 것도 그 '그침'을 알아 실현하는 데 있다고 본 것이다. 여기서 공자의 시중時中의 도를 연상케 하기도 한다. 그는 『주역』의 「간괘艮卦」를 읽다가 이 '그침'의 뜻을 터득하고, 이를 선물의 말로 삼는다고 하여 이별의 장을 더욱 사려 깊게 하고 있다.

한편 서경덕 철학의 원숙한 모습은 임종 시의 말을 통해서도 단적으로 엿볼 수 있다. 그가 임종 시에 한 제자로부터 "현재 의사가 어떠합니까?"라는 질문에 대하여 "죽고 사는 이치를 안 지 이미 오래이니 의사가 편안하다"[31]고 하였다. 이는 깊은 심성의 수양이 없이는 어려운 것으로 이해된다. 요컨대 서경덕은 언어문자에 구애되지 않고 본질 자체를 체인 · 체득하고자 항상 사색 궁구하였으며, 그 가운데 궁리진성窮理盡性의 학적 태도를 간직한 것으로 생각된다.

---

30 위와 같음, 卷2 「送沈教授(義)序」 "夫天下之萬物庶事 莫不各有其止 天吾知其止於上 地吾知其止於下 山川之流時 鳥獸之飛伏 吾知其各一其止而不亂 其在吾人 尤不能無其止 而止且非一端 當知各於其所而止之 如父子之止於恩 君臣之止於義 皆所性而物之則也"

31 위와 같음, 卷3 「年譜」 〈明宗大王元年丙午〉 "臨終 有一門生問曰 先生今日意思何如 先生曰 死生之理 知之已久 意思安矣"

2. 기일원론적 이기설

A. 기의 본체론적 의미

서경덕의 이기설은 앞에서도 밝혔던 「원리기」, 「이기설」, 「태허설」, 「귀신사생론」 등 4편의 짧은 논문에 온축되어 있다. 그러므로 이 논저를 중심하여 이기론의 본체론적 입장부터 정리하기로 한다. 서경덕은 우주만물의 본원처를 기라 하여 기일원론적氣一元論的 이기설을 주장하였다. 우선 「원리기」에서 밝히는 선천先天으로서의 기에 관한 설명을 보기로 한다.

> 태허가 담연湛然하여 형체가 없으니 이를 '선천'이라 일컫는다. 그 크기는 밖이 없고 그 앞은 시작이 없고 그 유래는 궁구할 수 없다. 그 담연하여 텅 비고 고요한 것이 기의 본원이다. 밖이 없는 먼 데까지 가득 차서 핍색逼塞하고 충실하여 빈틈이 없으니 한 터럭도 용납될 수 없다. 그러나 움키려면 텅 비고 잡으려면 없는지라. 그렇지만 오히려 가득 차 있으니 그것을 '무無'라 할 수 없다. 이 경지에 이르면 들을 소리도 없고 맡을 냄새도 없다. 많은 성인이나 주염계(周濂溪: 주돈이), 장횡거(張橫渠: 장재), 소강절(邵康節: 소옹) 등도 밝히지 못한 곳이다. 그러나 성현의 말을 들어 그 본뜻을 소급하면 『주역』의 '적연하여 움직이지 않음[寂然不動]'의 곳과 『중용』의 '진실한 것은 저절로 이루어짐[誠者自成]'의 경지이다. 그 담연한 본체를 말하면 하나의 기요 그 혼연한 주위周圍를 말하면 태일太一이다. 주염계는 여기서 어찌할 수 없어 다만 '무극이태극無極而太極'이라고만 말하였다. 이것이 곧 '선천'이니 기이하지 않은가. 기이하고 기이하도다. 또 미묘하지 않은가, 미묘하고 미묘하도다.[32]

---

32 위와 같음, 卷2 「原理氣」 "太虛湛然無形 號之曰先天 其大無外 其先無始 其來不可

'선천'인 '기氣'의 세계에 있어서 그 본원으로 태허를 들고 있으며, 그러나 그것은 경험으로 확인하기 이전의 자리이며, 제한적 언어로는 표현이 어려움을 드러내고 있다. 즉 경지는 시간적으로 처음과 끝이 없고[無始無終] 공간적으로 무제한하며 항구불멸恒久不滅의 실재계로 보았다. 그것은 성인이라 하더라도 뚜렷이 밝히지 못한 곳이라 하면서도, 『주역』의 '적연하여 움직이지 않음' · 『중용』의 '성誠' 그리고 주돈이의 '무극이태극'을 들어 그의 본원적 지향점으로 설명함은 주목된다. 여기에는 본체계에의 이해를 돕기 위한 의의가 있는 것으로 생각된다. 서경덕은 기의 본질로 선천론先天論을 말하기 때문에 초탈적 성격을 띠고 있다.

그의 우주론에서는 '선천'과 '후천後天'을 말하고 있다. 선천은 기의 본질적 입장이요, 후천은 그 현상적 입장으로 간주된다. 즉 선천은 서양철학에서의 본체나 실재와 같은 의미이며, 후천은 현상과 같은 것이라고 하겠다.[33] 한편 본연으로서의 선천을 능산적能産的 자연이라 한다면, 후천은 소산적所産的 자연으로 이해할 수도 있다. 그러나 선천과 후천이라 하여 기가 그처럼 둘로 나누어진다는 이기二氣의 의미성을 갖는 것은 아니다. 서경덕은 그 본체로서의 일기一氣를 주장한다. 그러므로 후천적 현상은 참다운 기가 아니고 그 기의 용사用事에 의해 형성된 자연물로 간주된다. 본연의 허정虛靜함을 기의 본체[體]라 하고, 현상을 낳는 취산聚散은 곧 기의 작용[用]으로 보았

究 其湛然虛靜 氣之原也 彌漫無外之遠 逼塞充實 無有空闕 無一毫可容間也 然挹之則虛 執之則無 然而却實 不得謂之無也 到此田地 無聲可耳 無臭可接 千聖不下語 周張引不發 邵翁不得下一字處也 摭聖賢之語 泝而原之 易所謂寂然不動 庸所謂誠者自成 語其湛然之體 曰一氣 語其混然之周 曰太一 濂溪於此不奈何 只消下語曰無極而太極 是則先天 不其奇乎 奇乎奇 不其妙乎 妙乎妙"

33 玄相允,『朝鮮儒學史』, 68쪽.

던 것이다.[34]

위의 인용문에서 보이는 것처럼 서경덕이 사용한 용어는 장재의 논술에서 쉽게 찾아진다. 또 우주의 근본을 기로 보면서, 그 기의 본체로 태허를 설정한 장재와 서경덕의 견해는 같은 것으로 보인다.[35] 이러한 점으로 미루어보아 서경덕의 사상 형성에는 장재의 학설이 가장 많이 작용한 듯하다. 그러나 대체로 보아 장재의 『정몽正蒙』에 나타나는 태허설太虛說은 산만한 데 비하여, 서경덕은 그것을 직절直截하고 간명簡明하게 설명한 것으로 이해된다.[36]

이 우주본체로서의 태허가 곧 기라는 것을 설명한 것은 「이기설」과 「태허설」의 논저에도 잘 나타나 있다.

> 바깥이 없는 것을 '태허'라 하고, 처음이 없는 것을 '기'라 하니 '텅 빔[虛]'은 곧 '기'이다. '텅 빔'은 본래 무궁하니 '기'도 또한 무궁하다.[37]

> '태허'는 텅 비어 있으면서 텅 비지 않다. '허'는 바로 '기'이다. '허'는 무궁하고 바깥이 없으니 '기' 또한 무궁하고 바깥이 없다. 이미 말하여 '허'라 했으니 어떻게 '기'라 일컫는가. 허정虛靜은 곧 '기'의 본체요, 취산聚散은 곧 '기'의 작용이다.[38]

---

34 『花潭集』 卷2 「太虛說」 "虛靜卽氣之體 聚散其用也"

35 『性理大全』 5卷 『正蒙』 「太和篇」 "太虛無形 氣之本體 其聚其散 變化之客形爾 (……) 太虛不能無氣 無不能不聚而爲萬物 萬物不能不散而爲太虛"

36 李丙燾, 「徐花潭及李蓮坊에 對한 小考」 『震檀學報』 4輯, 116쪽.

37 『花潭集』 卷2 「理氣說」 "無外曰太虛 無始者曰氣 虛卽氣也 虛本無窮 氣亦無窮 氣之源 其初一也"

38 위와 같음, 卷2 「太虛說」 "太虛 虛而不虛 虛則氣 虛無窮無外 氣亦無窮無外 旣曰虛 安得謂之氣 曰虛靜卽氣之體 聚散其用也"

기의 근원으로 '태허'가 다른 차원으로 설정되는 듯하지만, 실은 동질의 것임을 알 수 있다. 물론 바깥이 없는 것을 '태허'라 하고 처음이 없는 것을 기라 하여 공간과 시간적 초월성의 입장에서 그 개념을 각각 다르게 지적하고 있다. 그러나 그는 초공간적이면 초시간적이요, 초시간적이면 초공간적이라는 동시적 특성이 내재되어 있는 의미가 되므로 '허즉기虛卽氣'라 표현한 것 같다. 문맥의 의미상의 '허즉기'는 '태어즉기太虛則氣'를 뜻하는 것으로 보인다. 오히려 인식 과정을 중심하여 볼 때, '태허'는 '기'의 진면목을 파악 가능케 하기 위해 필요했던 개념으로도 인정됨직하다.[39] '기'의 본질을 드러내기 위하여 먼저 '텅 빔'의 무궁하고 바깥이 없는 성격을 전제하고 바로 '허즉기'라 하여 '기'의 무궁하고 바깥이 없음을 밝히고 있다.

결국 서경덕은 '텅 빔'이 '텅 빔'이 아닌 것이며, '텅 빔'이 곧 '기' 임을 더욱 주장한다.

> '텅 빔'이 '텅 빔' 아님을 알면 그것을 '무無'라 할 수 없을 것이다. 노자老子는 '유有'는 '무無'에서 생성한다 하였는데, 이것은 '텅 빔'이 곧 '기'인 줄을 알지 못한 때문이다. 또 '텅 빔'은 '기'를 생성할 수 있다 하였으니 그런 것이 아니다. 만약 '텅 빔'이 '기'를 낳는다고 한다면, 곧 그것이 생기지 않았을 때는 '기'가 있지 않았을 것이니 '텅 빔'은 죽은 것이 된다. 이미 있지 않으니 '기'는 또 어디서 생길 것인가? '기'는 처음이 없고 끝이 없다. 처음이 없으니 어디서 끝날 것이며, 생성이 없으니 어디서 없어질 것인가? 노자가 허무虛無를 말했고 불가에서 적멸을 말하니, 이것은 두 기[二氣]의 근원을 알지 못했던 때문이

39 宋恒龍,「花潭哲學에 있어서 觀物의 物과 氣가 가지는 意味性」『雲耕 千玉煥博士 華甲紀念論文集』, 242쪽.

니 어찌 도를 알았다 하리오.[40]

'텅 빔'이 곧 '기'인 까닭에 '기'는 처음이 없고 끝이 없으며 동시에 '텅 빔'은 그저 비어 있고 죽은 '텅 빔'이 아니라는 것이다. 이러한 견해를 가지고 도가의 허무론과 불가의 적멸론을 비판하고 있다. 뿐만 아니라 선가에서의 '공空'의 본체론에 관해서도 '허즉기'의 이론을 근거로 하여 비평하였다.[41] '허즉기'이므로 '텅 빔'과 '기'는 이원적인 것이 아니다. '텅 빔'과 '기'는 처음이 없고 끝이 없는 본체론적 일원성을 갖는다. 이러한 초경험적 경지는 상대적 표현으로 묘사되기 어렵게 간주된다. 그러므로 서경덕은 또 말하기를,

> '기'는 있지 않은 곳이 없으니 어찌 빠를 것이 있으며, 이르지 않은 데가 없으니 어찌 가는 바가 있으리오.[42]

라고 하였다. '기'의 본연적 존재는 곧 보편성을 띠고 있다고 보았다.

하여튼 서경덕의 기론氣論은 정주학에 비하면 그 성격을 달리하고 있음을 알 수 있다. 정주학에서는 '발현[發]' 문제를 중심하여 '리'와 '기'를 구분하면서 존리적尊理的 입장이지만 서경덕에 있어서는 상대적 이기설 이전의 자리에 우주 본체로서 '기'를 설정하고 있기 때문이다. 즉 정주학적 성리설에서는 '기'와는 그 차원을 달리하여 개

40 『花潭集』 卷2 「太虛說」 "知虛之不爲虛 則不得謂之無 老氏曰 有生於無 不知虛卽氣也 又曰 虛能生氣 非也 若曰 虛生氣 則方其未生 是無有氣而虛爲死也 既無有氣 又何自而生氣 無始也 無生也 既無始 何所終 既無生 何所滅 老氏言虛無 佛氏言寂滅 是不識理氣之源 又烏得知道"

41 위와 같음, 卷2 「原理氣」 "又曰禪家云 空生大覺中 如海一漚發 有曰眞空頑空者 非知天大無外 非知虛卽氣者也 空生眞頑之云 非知理氣之所以爲理氣者也 安得謂之知性 又安得謂之知道"

42 위와 같음, 卷2 「原理氣」 "氣無乎不在 何所疾哉 氣無乎不到 何所行哉"

념을 규정하고 있는 것이라 하겠다.

서경덕의 이기설에서 '텅 빔'은 우선 감각적 대상 이전의 초경험적 우주본체로서 무형의 것으로 특징 지워진다. 들을 소리도 없고 맡을 냄새도 없는 경지로 표현된다. 또 움키려면 텅 비고 잡으려면 '없음[無]'이라 하니, 이 또한 경험을 초월하는 것으로 여겨진다. 그러나 그 '무'는 또한 '무'가 아니라 '실다운[實]' 것이라 하니 논리적 모순이 되는 듯하다. 그러나 이 말은 감각계 이전의 입장에서 그 존재를 뜻하는 것이고 보면, 텅 빈 허무虛無를 부정하는 면에서 '실다움'을 말하지 않을 수 없는 것으로 이해된다. 따라서 그 본체를 파악하는 문제는 그 근본에 대한 체인과 체득으로서 각득覺得된 상태라야 비로소 언어의 논리적 모순을 극복할 수 있을 것으로 생각된다.

다음 '기'는 처음이 없고 끝이 없는 것으로서 초시간적 의미를 갖는다. 태극의 허정虛靜함이 기의 근원이라고 할 때 '태허'에서 '기'가 유출되었다는 것이 아니라, '기'의 본래 모습이 '허정'이라는 것이다. 그러므로 '기'가 처음이 없는 속성을 갖는다. 그 무엇에서 처음 생기는 것이 아니므로 종말의 소멸이 있을 수 없는 항구적 무궁의 경지가 된다.

또 '기'는 공간적 입장에서 그 광대함이 바깥이 없어 어느 곳에도 없는 곳이 없다. 또 털끝만큼도 들어갈 틈이 없다고 하였으니, 그 보편적 존재의 확실성을 보이고 있다. 모든 만유의 존재자들을 초탈하여 '기'가 존재하는 듯하지만 실은 그것들에 일관하여 실재함을 표현하는 것이라 하겠다. 또 '기'는 능산적能産的 자율성의 의미를 갖는다는 점이다. '기'가 우주의 본질로 파악되면서, 그것은 동시에 '스스로 그렇게 한다[自能爾]', '기틀이 스스로 그러한 것[機自爾]'[43]의 생

43 위와 같음, 卷2「原理氣」"倏爾躍 忽爾闢 孰使之乎 自能爾也 (……) 不能無動靜無闔闢 其何故哉 機自爾也"

성적 능동성이 내포되어 있는 경지로 간주된다. '기機'는 천지만물의 궁극적 유일의 본원이면서 또한 그 자체는 천지만유天地萬有의 자연물과 구별되는 본체이다.

B. 기일원론적 리의 파악

이기이원론理氣二元論이나 기일원론氣一元論을 문제삼을 때에는 먼저 그 개념 설정의 입장이 이해되어야 상호 의미가 통할 줄 안다. 이원론에서의 이기와 일원론에서의 이기는 그 뜻을 같이하는 것이 아니기 때문이다. 그러나 '이원二元'이나 '일원一元'의 주장은 본체계와 현상계를 이기론적으로 파악함에 있어서 그 이해 방법의 차이를 나타낼 뿐이지, 존재 자체에 영향을 끼치는 것은 아니라고 생각된다. 하여튼 성리학에서는 이 두 입장이 그 중심 문제의 하나로 간주되어 왔다. 그것은 우주론에서뿐만 아니라 인성론에서도 중요한 의미를 갖는 것이었다. 정주학에 있어서 리와 기는 분리되지도 않고 섞이지도 않음[不離不雜]을 기본으로 하고 있으면서, 리가 있은 후에 기가 있고 또한 리가 위주됨을 말하면서, 또 리와 기를 두 물건[二物]으로 보고 리는 기에 협잡夾雜될 수 없는 것이라 한다.[44] 그리하여 리 우위의 입장을 지향한다. 따라서 태극을 리라 보는 데에 무리가 없는 것이다.

그러나 서경덕에 있어서 물론 태극을 리나 기로 단정하여 말한 것은 아니지만, 기의 본체를 드러낼 때 『주역』의 '적연하여 움직이지 않음[寂然不動]'과 함께 주돈이의 '무극이태극'을 원용하여 그 본원성을 함께 지향하는 것으로 보아 '기'의 입장으로 해석된다. 여기에는

44 『朱子語類』 卷1 「理氣上 · 太極天地上」 "天下未有無理之氣 亦有無氣之理〈銖錄〉" 『朱子語類』 卷3 「鬼神」 "有理而後有氣 雖是一時都有 畢竟以理爲主〈閎祖錄〉" 『朱子大全』 卷46 「答劉叔文(一)」 "所謂理與氣 此決是二物"; 「答劉叔文(二)」 "氣自氣性自性 亦自不相夾雜"

정주학에서 말하는 '기'의 개념과는 전혀 다르다는 입장이 전제되어 있다.

이처럼 서경덕은 '선천'으로서의 본연 경지가 '기'라고 하였으나, 거기에서 '리'를 문제삼지 않음으로써 완전한 기일원적 우주체론을 보이고 있다. '리'의 문제는 '선천'에서 현상계의 '후천'이 전개될 때 비로소 시작된다.

> 갑작스레 약동하여 홀연히 열리는데 무엇이 그렇게 시키는가? 스스로 그렇게 할 수 있었던 것이요, 또한 스스로 그렇게 하지 않을 수 없는 것이니, 이를 '리의 때[理之時]'라 한다.『역경』에서는 "느껴 마침내 통함[感而遂通]"이라 이르고,『중용』에서는 "도는 스스로 도이다[道自道]"라 하고, 주염계는 "태극이 움직여 양을 낳는다[太極動而生陽]"라고 일컫은 바이다. 동정動靜과 합벽闔闢이 없을 수 없으니 어째서 그런가 하면 기틀이 스스로 그러한 것이다.[45]

'선천'과 '후천', 본체와 현상의 연계처에 바로 '리의 때'를 설정하였다. 서경덕은 '기'를 주장하면서도 '리'를 부정하지는 않았는데, 그것은 선천적 '기'의 본연에서가 아니라 후천적 시원에서 비롯된 것이었다. 한편 그때에 약동이나 개합開闔의 작용인作用因은 외부에서 기인된 것이 아니고, 본연 그 자체가 그렇게 되지 않을 수 없다고 본다. 그 동기적 입장을 '스스로 그렇게 한다[自能爾]', '기틀이 스스로 그러한 것[機自爾]'으로 표현하였음은 주목된다. 특히 '기틀이 스스로 그러한 것'이라는 말은 서경덕의 독창적 언어로 보

45 『花潭集』 卷2 「原理氣」 "倏爾躍 忽爾闢 孰使之乎 自能爾也 亦自不得不爾 是謂理之時也 易所謂感而遂通 庸所謂道自道 周所謂太極動而生陽者也 不能無動靜無闔闢 其何故哉 機自爾也"

이는데,[46] 여기서 '기機'는 움직일 수 있고 고요해질 수 있는[能動能靜] 신묘한 경향으로 고요함[靜]의 상태에서 움직임[動]으로 나아가는 자연적이고 필연적 작위를 뜻하는 것이라 하겠다. 이 '스스로 그렇게 한다', '기틀이 스스로 그러한 것'의 논리적 성격은 후기 학설에 영향을 끼치는 것이기도 하다. 만일 외적 작용인을 인정한다면 서경덕의 기일원론에 모순됨은 당연하다. 그러므로 '기' 자체에 근원적 작동의 원인을 내재시켜 논리적 일관성을 유지해간다. 이러한 홀연忽然의 변화적 경계는 서경덕이 말한『주역』의 '느껴 마침내 통함'을 이해함에서 더욱 논지에 접함을 느낄 수 있다. 요컨대 그가 리를 문제삼은 것은 바로 이 도약跳躍과 합벽闔闢의 원천적 작위가 시작되는 순간에서 비롯됨을 알 수 있다. 그 '리의 때'는 스스로 그렇게 하는 가운데 그러한 까닭[所以然]의 리가 있어 스스로 그렇지 않을 수 없는 경우를 뜻하는 것이었다.

또 서경덕은 '기'와 관련하여 리를 말한다.

> 기 밖에 리가 없으니 리는 기의 주재이다. 소위 주재라는 것은 바깥에서 와서 주재하는 것이 아니라, 그 기의 용사用事에 있어 그 그러한 까닭의 바름을 잃지 않을 수 있는 것을 가리켜 주재라 일컫는다. 리는 기에 앞설 수 없다. 기가 처음이 없으니 리도 본래 처음이 없다. 만일 리가 기보다 앞선다고 하면 이 기는 처음이 있게 된다. 노자가 "텅 빔이 기를 생성할 수 있다[虛能生氣]"라 하였는데 이는 기가 처음이 있고 한계가 있다는 것이다.[47]

---

46 李丙燾,「徐花潭及李蓮坊에 對한 小考」『震檀學報』4輯, 117쪽.

47『花潭集』卷2「理氣說」"氣外無理 理者氣之宰也 所謂宰 非自外來而宰之 指其氣之用事 能不失所以然之正者 而謂之宰 理不先於氣 氣無始 理固無始 若曰理先於氣 則是氣有始也 老氏曰虛能生氣 是則氣有始有限也"

비록 이가 기의 주재적 의미를 갖는다 하더라도 먼저 본체로서의 기가 있은 다음에 그 기의 정당한 용사적 입장에서 그 원리적 법칙성이 리의 뜻으로 간주됨을 알 수 있다. 즉 서경덕이 말하는 리는 선천적 기의 작위로 드러나는 그러한 까닭의 리로서 그 법칙 또는 질서를 의미하는 것이라 하겠다. 일반적으로 말하는 '기의 주재'라는 뜻과는 다르게 파악된다. 그러므로 서경덕 스스로도 그 주재의 뜻을 밝혀 분명히 하였다. 또 리와 기의 선후 문제에 있어서 기의 선재성先在性을 전제하고 있다. 어디까지나 기가 처음이 없음이므로 리가 처음이 없다는 불리성不離性과 논리성을 말한다 하더라도, 그 '리의 때'는 '선천'으로서의 '기' 이후인 후천적 시원에 설정되기 때문이다. '기氣밖에 리가 없다' 또는 '리는 기에 앞설 수 없다'는 말은 서경덕의 리기 관계를 단적으로 표현하는 것이라 하겠다. 그는 '리의 때'라고 말할 정도로 기와 리의 의미상 차원을 달리하고 있는 것이다. 서경덕의 「리기설」에서 기는 결코 상대적 입장이 아님을 알 수 있다. 기가 자능적自能的으로 만유를 전개한다는 기일원론적 입장에서 리를 문제 삼은 것이었다. 그러므로 리와 기를 두 물건[二物]으로 보지 않고 기를 위주로 하여 리를 말하는 리기합일론理氣合一論의 견해라고 할 것이다. 한편 종래의 정주학적 성리학에 비유한다면, 정주학에서의 리의 특성이 서경덕에서의 기의 특성으로 간주됨직도 하다.[48]

서경덕은 본체로서의 기가 노자철학과 다른 점을 가끔 지적하는데, 위에서는 노자가 기를 처음 생성하는 것으로 간주하는 논리에 기의 무한성을 들어 비판하고 있다. 이러한 그의 견해는 리기의 묘처를 말한 「귀신사생론」에서도 나타난다.

> 기가 담일청허湛一淸虛한 것은 이미 처음이 없고 끝이 없기 때문이

48 崔遮日, 「徐花潭의 哲學思想」『韓國思想』 1輯, 80쪽.

> 다. 이것은 이기의 극히 미묘한 까닭이다. 배우는 사람은 진실로 이 경지에까지 공부하여야 비로소 많은 성현들이 다 전하지 못한 은미한 뜻을 이해할 수 있게 된다. 비록 한 조각 촛불의 기가 눈앞에서 흩어지는 것이 보이지만 그 남은 기는 마침내 흩어지지 않는다. 어찌 기가 무無에서 없어진다 하랴.[49]

기의 처음이 없고 끝이 없는 항구 존재를 밝히고 있다. 또 기에 무론無論을 인정할 수 없다고 본다. 그리고 서경덕이 기와 리의 본질적 차원을 달리하고 있으면서도 '이기의 극묘한 까닭[所以]'을 강조하고 있음은 주목되는 곳이다. 그 불리적不離的 합일처의 각득覺得을 주체적 학문의 중심으로 삼았던 것이다. 이러한 학문적 견해로 인하여 후기에 이이李珥의 "이기불상리理氣不相離의 묘처를 묘연히 눈으로 보았다"[50]라는 평을 받기도 하는 것이라 하겠다.

C. 기와 생성의 문제

기의 본질은 시공의 제한을 받지 않는 초경험적인 '선천'의 경지로 이해되었다. 이 '선천'에 대한 '후천'의 세계가 곧 생성계로 드러난다. 그러나 기가 '선천'의 기와 '후천'의 기로 이원화되는 것은 아니었다. 서경덕 철학에서 기는 '선천'의 입장에서 그 본연의 기 자체로 완전하므로 후천적 기를 말하기 어렵다. 천지만유의 후천계는 곧 스스로 그렇게 되는[自然爲] 경계이다. 선천적 기의 본질은 감각이나 경험을 초월하여 있지만 후천계의 존재자들은 인식 대상으로 경험

---

49 『花潭集』 卷2 「鬼神死生論」 "氣之湛一淸虛者 旣無其始 又無其終 此理氣所以極妙底 學者苟能做工 到此地頭 始得觀破千聖不盡傳之微旨矣 雖一片香燭之氣 見其有散於目前 其餘氣終亦不散 烏得謂之盡於無耶"

50 『栗谷全書』 卷10 「答成浩原」(六) "花潭則聰明過人 (……) 其於理氣不相離之妙處瞭然目見 非他人讀書依樣之比"

될 수 있다. 그러므로 후천은 기라기보다 만물의 세계로 인정된다.[51] '후천'에서는 동정이나 개합 등 모든 작위가 가능하므로 여기서 곧 만물의 생성 과정이 대두된다. 그런데 무형의 선천에서 어떻게 유형의 후천으로 이어지느냐 하는 문제가 주목되지 않을 수 없다. 이 면을 앞에서도 본 바 있듯이 기의 자율성으로 보아 '스스로 그렇게 한다[自能爾]' · '기틀이 스스로 그러한 것[機自爾]'으로 표현하였다. 그러한 자율성의 상태로 돌변하는 순간을 서경덕은 '갑작스레 뛰고 홀연히 열림[倏爾躍 忽爾闢]'으로 설명한다. 여기서 '갑작스레[倏爾]' 또는 '홀연히[忽爾]' 등의 비약적 표현은 미묘하고 기이함을 강조하는 말로 이해된다. 이러한 논리는 '하나[一]가 둘[二]을 포함한다'거나 '일기一氣가 음양으로 전개된다'는 이론에 일관된다. 기로부터 천지만물이 생성된다는 서경덕 철학에 있어서는 그 시원적 입장에서 하나의 비약이며 신비의 경계로 간주된다고 하겠다.[52]

서경덕은 기에서 천지만물이 생성되는 최초의 과정을「원리기」편에서 잘 보여주고 있다.

> 이미 '하나의 기'라 하였으니, '하나[一]'는 스스로 '둘[二]'을 포함하고, 이미 태일太一이라고 하였으니 '하나'는 곧 '둘'을 간직하고 있다. '하나'는 '둘'을 낳지 않을 수 없으며, '둘'은 스스로 낳고[生] 이길[克] 수 있다. 낳으면 이기고 이기면 낳는다. 기의 미세함으로부터 고동鼓動에 이르기까지 그 생극生克함이 그렇게 한다. '하나'는 '둘'을 낳으니 '둘'이란 무엇을 일컫는가? 그것은 음陰과 양陽이며, 동動과 정靜이며, 또 감坎과 리離를 말한다. '하나'란 무엇을 일컫는가? 음양의 시원이며 감리의 본체로서 담연하여 '하나'가 되는 것이다. '하나의 기'

51 宋恒龍,「道家哲學思想의 韓國的 展開와 그 推移」『東洋學』第10輯, 223쪽.

52 崔東熙,「徐敬德의 氣一元論」『韓國哲學研究』(中卷), 159쪽.

가 나뉘어 음양이 되는데 양이 극히 고동하여 하늘[天]이 되고 음이 극히 응취하여 땅[地]이 된다. 양의 고동이 극하여 그 정기精氣가 엉킨 것이 해[日]가 되고 음의 응취가 극하여 그 정기에 엉킨 것이 달[月]이 되며, 그 나머지의 정기가 흩어져 성진星辰이 된다. 그것이 땅에 있어서는 물과 불이 된다. 이를 일컬어 '후천'이라 하니 용사한 것이다.[53]

무형의 선천에서 만유 형성의 후천으로 전개되는 과정을 설명하고 있다. 특히 음양의 작위 정도에 따라 천지를 비롯한 일월성신이 형성됨을 밝히고 있다. 여기서 '하나가 둘을 낳음[一生二]'의 논리를 보이지만, 이미 그 '하나'에 '둘'이 함유되어 있다고 보는 것이 특징이다. '하나'에서 '둘'로 되었다 하여 무엇이 더해지거나 빠진 이질화의 의미를 갖는 것이 아니었다. 후천적 존재자로서 개체의 사물[物]이 형성되었다 하더라도, 그 기의 본연에는 아무런 변화가 있을 수 없다는 것이다. 한편 '하나'가 '둘'을 포함하여 있다고 할 때, 포함된 그 자체로만 있다면 생성의 후천계가 전개되지 못할 것이다. 그러므로 '둘'이 구체화되지 않을 수 없다. 그 '둘'은 음양동정으로서 생극生克의 기본적 작용인이 된다.

이러한 음양동정론에 의한 전개는 주돈이의 「태극도설」의 논리와 비슷하다. 그런데 정주학에서는 태극을 리라 하는 데 대하여 서경덕은 기라 할 수밖에 없으니 대조적 표현이라 하겠다. 서경덕은 「원리기」 편에서 밝힌 생성원리를 「이기설」 편에서 간단히 정리한다.

53 『花潭集』 卷2 「原理氣」 "既曰一氣 一自含二 既曰太一 一便涵二 一不得不生二 二自能生克 生則克 克則生 氣之自微 以至鼓盪 其生克使之也" 一生二 二者何謂也 陰陽也 動靜也 亦曰坎離也一者 何謂也 陰陽之始 坎離之體 湛然爲一者也 一氣之分爲陰陽 陽極其鼓而爲天 陰極其聚而爲地 陽鼓之極結其精者爲日 陰聚之極 結其精者爲月 餘精之散爲星辰 其在地爲水火焉 是謂之後天 乃用事者也"

기의 근원은 그 처음에 '하나'이다. 이미 기라 한다면 '하나'가 곧 '둘'을 품고 있게 되며, 태허도 '하나'가 되니 그 가운데 '둘'을 포함하고 있다. 이미 '둘'이면 이에 개벽과 동정과 생극이 없을 수 없다. 그 개폐할 수 있고 동정할 수 있고 생극할 수 있는 원인[所以]을 추원하여 그것을 태극이라 이름한다.[54]

기의 생성론적 논리와 함께 태극의 의미성을 보이고 있다. 이것은 「원리기」에서와 같은 내용으로 간주된다. 한편 서경덕은 천지일월성신의 생성과 더불어 그 질서의 조화적 상태를 말하고 있다.

하늘은 그 기가 운행하여 한결같이 움직임[動]을 주로 하여 빙빙 돌아 쉬지 않고, 땅은 그 형체를 응결하여 한결같이 고요함[靜]에 주로 하여 중간에 가로놓여 있다. 기의 성향[性]은 움직여 위로 올라가고, 형形의 바탕[質]은 무거워 아래로 떨어진다. 기는 형체 밖까지 포괄하고 있고 형체는 기 가운데 실려 있어 위로 올라가려는 것과 아래로 떨어지려는 힘이 서로 균형되어 정지된다. 이것은 태허 가운데 달려 있어 올라가거나 내려가지 않고 좌우로 회전하여 고금에 걸쳐 떨어지지 않는 것이다.[55]

만유의 중심이 되는 하늘과 땅의 균형을 말하고 그 질서의 법칙성을 기와 형形, 움직임과 고요함의 지속적 작위로 설명하였다. 이 조

---

54 위와 같음, 卷2「理氣說」"氣之源 其初一也 既曰氣一便涵二 太虛爲一 其中涵二 既二也 斯不能無闔闢無動靜無生克也 原其所以能闔闢能動靜能生克者 而名之曰太極"

55 위와 같음, 卷2「原理氣」"天運其氣 一主乎動而圜轉不息 地凝其形 一主乎靜而榷在中間 氣之性動 騰上者也 形之質重 墜下者也 氣包形外 形載氣中 騰上墜下之相停 是則懸於太虛之中 而不上不下 左右圜轉 亘古今而不墜者也"

화적 우주론에서도 어디까지나 형체를 포괄하는 기의 본질이 전제되어 있음을 알게 한다. '형체가 기 가운데 있다'는 말이나 '태허 가운데 달려 있다'는 말은 본체와 현상을 동시에 다 표현하는 입장으로 보인다. 논리상 또는 생성론의 입장에서 선천과 후천으로 표현하지만, 실제 기의 본연한 존재는 이 모든 사물과 분리될 수 없다고 보기 때문일 것이다.

또 서경덕은 생성 변화와 과정을 기의 취산聚散으로 말하였다. 그의 「귀신사생론」 편에서 설명하는 한 부분을 보기로 한다.

> 정자程子는 "사생死生과 인귀人鬼는 하나이면서 둘이고 둘이면서 하나이다"라고 하였는데 이것은 극직한 말이다. 나 또한 '사생과 인귀는 기의 취산일 뿐이다'라고 말한다. 취산이 있고 유무가 없는 것은 기의 본체가 그러한 것이다. 기의 담일청허한 것은 바깥이 없는 텅 빔에 충만되어 있는데 그것이 크게 모인 것이 하늘과 땅이 되고 적게 모인 것이 만물이 된다. 취산의 세력은 현미顯微와 구원久遠이 있을 뿐이다. (……) 비록 가장 빨리 흩어지는 것으로 몇 날 또는 몇 달이 걸리는 것이 있는데 그것은 미소한 사물이지만 그 기는 결국 흩어지지 않는다.[56]

인간의 생사가 기의 취산에 불과하다고 하였다. 뿐만 아니라 음양 동정으로 설명되던 천지만물의 생성 과정도 곧 기의 취산으로 본 것이다. 기가 모이면[聚] 사물을 생성하고 흩어지면[散] 소멸한다는 것이다. 한편 그 취산에는 '대소'와 '현미'·'구원'에 있어서 만물을 다

56 위와 같음, 卷2 「鬼神死生論」 "程曰死生人鬼 一而二 二而一 此盡之矣 吾亦曰死生人鬼 只是氣之聚散而已 有聚散而無有無 氣之本體然矣 氣之湛一淸虛者 瀰漫無外之虛 聚之大者爲天地 聚之小者爲萬物 聚散之勢 有微著久速耳 (……) 雖散之最速有日月期者 乃物之微者爾 其氣終亦不散"

양화하는 동시에 생성 변화를 일으키게 한다. 그러나 그 본원인 기 자체에는 아무런 변화가 없다고 본다. 즉 자연에 존재하는 모든 사물의 생성 소멸하는 작위는 이미 기의 본질에 내재되어 있는 범주로 보기 때문에 어떠한 영향도 있을 수 없다는 것이다.

한편 정주학에서도 기의 취산으로 생사를 설명하고 있다. 그런데 모이면 생성으로 보는 것은 비슷하지만 흩어짐의 문제에 있어서는 좀 다르다. 즉 흩어지면 본원에 복귀할 수 없다 하여 기로 보는 것이다.[57] 이것은 서경덕의 견해와 비교되는 점이다. 이것도 역시 기에 대한 우주본체론적 의미가 서로 다르다는 데에 그 이유를 돌릴 수밖에 없다고 본다.

서경덕에 있어서 기의 본연은 선천적 경계에서 간주되는 것이지만, 그것은 후천적 만유를 가능케 하는 자율성을 함유하고 있는 것이다. 그러나 음양이나 취산으로서의 작위가 곧 기 자체라고는 보지 않았다. 여기서 만물의 의미가 시작되는 것이었고, 또한 그것들은 생성 소멸의 변화 과정을 겪게 되는 입장이다. 이와 같이 변화의 천지만물이 기와 분리되어 있지 않고 오히려 기에 속해 있다고 보면서 기의 본연에 어떤 영향을 끼칠 수 없다는 점이 기와 생성의 관계에서 본 서경덕 철학의 특징으로 이해된다.

3. 화담 이기설의 후기에 미친 영향

서경덕의 제일원론적 이기설은 이황과 이이의 이기론에서 평가된다. 먼저 이황의 경우를 보기로 한다. 이황은 서경덕 학설에 대하여 "화담의 소견은 기수일변氣數一邊에 치우쳐 리를 기로 인식한 것

---

57 『二程全書』 卷15 「入關語録」 "凡物之散 其氣遂盡 無復歸本原之理"
『朱子大全』 卷45 「答廖子晦」(二) "聚則有 散則無"

을 면하지 못하였고, 또 기를 가리켜 리라 한 것도 있다"[58]고 하였으며 "결국 화담은 '리' 자를 투철하게 알아내지 못하고 형기形氣 한쪽에 치우침을 면하지 못했다"[59]고 말하였다. 정주학적 이기설에 기본한 이황의 학설에서는 충분히 나올 만한 비평이다. 그는 존리적尊理的 입장을 간직하였으므로 비록 서경덕이 묘연한 경지를 깨달았다 하더라도 수긍할 수 없었음은 당연한 일로 보인다. 서경덕이 리를 기로 잘못 인식하였다고 하는 '리를 기로 여김[認理爲氣]'로서의 비평은, 서경덕이 말한 기의 개념을 이해한 상태에서 가능한 것으로 생각된다. 그러나 그 무형하고 처음이 없고 끝이 없는 선천적 본연을 왜 하필이면 기라고 간주해야 되느냐 하는 점이 문제의 핵심으로 등장한다. 오히려 리라고 보아야 옳다는 입장이다. 그런데 이 비평의 기본 전제에는 이기의 개념 설정과 그에 함유하는 의미성이 상호 일치하지 못한 데서 비롯된 것임을 알 수 있다. 그러한 견해차는 기의 취산과 유무의 문제에서도 나타난다. 즉 서경덕에서는 기에 취산은 있으나 유무는 없는 일기장존一氣長存을 강조하는 동시에, '리의 때'를 설정하여 리에 오히려 유무가 있는 듯이 표현된다. 그러나 이황은 반대로 리에는 유무가 없고 기에는 유무가 있게 된다고 보았다.[60] 이처럼 이황의 학설에 있어서는 서경덕의 이기설이 거의 부정적으로 비평된다.

그러나 이이의 경우에 있어서는 좀 다르다. 이이는 서경덕의 자득

58 『退溪全書』 卷14 「答南時甫」(五) "花潭公所見 於氣數一邊路熟 其爲說未免認理爲氣 亦或有指氣爲理者"

59 위와 같음, 卷41 「非理氣爲一物辯證」 "花潭一生用力於此事 自謂窮深極妙 而終見得理字不透 所以雖拚死力談奇說妙 未免落在形器粗淺一邊了 爲可惜也"

60 위와 같음, 卷25 「答鄭子中講目」 "但以徐所謂有聚散而無有無者 爲甚精 又自云其氣却散 而與天地之氣混合無間 此數處爲可疑 蓋理本無有無而猶有以有無言者 若氣則至而伸 聚而形爲有 返而歸 散而滅爲無"

적 경지를 높이 치면서 이기설의 일부를 보완할 것을 요구하는 입장이다. 즉 그는 서경덕이 총명함이 남달라 독서궁리讀書窮理함에 문자에 구애받지 않고 궁구하여 결국 이기의 서로 분리되지 않은[理氣不相離] 묘처를 눈으로 직접 본 자득의 면이 있으나 그것만으로 자만自滿하여 그 위에 이통기국理通氣局의 일절이 있음을 알지 못하였고, 또한 '하나의 기가 장존長存하여 간 것은 지나가지 않고 오는 것은 연속하지 않는다'라는 견해에는 '기를 리로 여김[認氣爲理]'의 잘못이 있다고 평하였다.[61] 이처럼 이이도 서경덕의 단처短處를 보아 평하기는 했어도 그의 학설에는 서경덕의 영향이 있었던 것으로 보인다. 이이가 강조하는 '이기지묘理氣之妙'라는 말은 서경덕의 「귀신사생론」에서 보이는 '이기소이극묘저(理氣所以極妙底: 이기의 극히 미묘한 까닭)'와 직결되는 의미로 간주된다. 또 '음양동정은 기틀이 스스로 그러한 것이다'라는 말이나 '기의 근본은 담일청하다'라는 표현[62]에서 '기틀이 스스로 그러함', '담일청허' 등은 서경덕이 즐겨 사용한 용어로서, 이이가 그대로 받아들임을 볼 때 그 사상적 영향은 어느 정도 짐작된다. 한편 이이가 서경덕의 이기설에 대하여 이통기국을 보지 못했다고 하였는데 서경덕의 견해로서 과연 기가 국한될 수 있는 것일까 하는 문제에는 의심의 여지가 있다.

하여튼 이황과 이이 성리학에서 서경덕의 이기설이 비록 비평을 받았다 하더라도 그 영향관계는 경시할 수 없었던 것으로 생각된다. 다만 상호 문자의 개념을 달리하고 있었음을 알면서도 이기론적 표

---

61 『栗谷全書』 卷10 「答成浩原」(六) "花潭則聰明過人 而厚重不足 其讀書窮理 不拘文字 而多用意思 聰明過人 故見之不難 厚重不足 故得少爲足 其於理氣不相離之妙處 瞭然目見 (……) 自以爲得千聖不盡傳之妙 而殊不知向上更有理通氣局一節 (……) 花潭則以爲一氣長存 往者不過 來者不續 此花潭所以有認氣爲理之病也 雖然 偏全閒 花潭是自得之見也"

62 위와 같음, 卷10 「答成浩原」(四) "陰陽動靜 機自爾也 非有使之者也"; "氣之本則湛一淸虛而已"

현에 있어서는 그 비평을 주저하지 않았던 것이라고 하겠다. 그런 가운데 이황은 정주학적 입장에서 정통 성리학의 존리적尊理的 이기설을 더욱 돈독히 하였을 것이고, 이이에 있어서는 리와 기의 분리되지 않는 이기설을 공고히 할 수 있었을 것이다.

서경덕이 비록 정통 정주학적 입장은 아니었다 하더라도, 그의 철학적 기반은 역시 유교적 논리에 있었던 것으로 보인다. 그것은 그가 이기설을 전개하면서 노자의 무론無論이나 불가의 적멸론寂滅論·선가禪家의 공론空論 등을 비판하면서, 동시에 『주역』과 『중용』의 본체관을 원용하고 송대 성리학자들의 이론을 근거로 하여 자신의 학설을 정립한 것으로 나타나기 때문이다.

조선조 16세기 전기에 있어서 서경덕은 이언적과 함께 주목되는 철학자였다. 그런데 이언적과 서경덕은 출처에서뿐만 아니라 철학적 견해에 있어서도 그 입장을 달리한 것으로 보인다. 유학사상에 함께 뜻을 두었으면서도 이언적은 존리적 학설이었고, 서경덕은 주기적主氣的 학설로 이해되는 것이다. 비록 리와 기의 개념이 뜻하는 바 서로 다르다 하더라도 한국 성리학 전개에 있어서 이 학설은 주리론主理論과 주기설主氣說의 연원적 위치에 있는 것으로 간주된다. 정주학의 존리적 이기설이 정통적 성리학설로 인정되지만, 서경덕의 기일원적 이기설은 한국 성리학의 폭넓은 전개를 가능하게 한 점에 있어서 그 공헌이 크다 할 것이다. 특히 언어문자에 제약받지 않고 궁리진성窮理盡性했던 그의 철학적 태도는 현대에 있어 더욱 주목되는 바이다. 그의 학설을 좇았던 문도로는 연방蓮坊 이구(李球: ?~1573)를 비롯하여 초당草堂 허엽(許曄: 1517~1580), 사암思庵 박순(朴淳: 1523~1589), 정암正庵 박민헌(朴民獻: 1516~1586) 등이 있었다.

Ⅲ. 퇴계 이황의 이기설

1. 성리학 연구의 학적 태도

고려 말부터 전래하여온 송대의 성리학은 조선조의 유교문화 발전에 힘입어 학자들이 깊이 연구하는 중심 대상이 되어왔다. 특히 이황에 이르러서는 그 절정을 이루고 있으니, 한국 성리학사에 있어서 황금기를 맞이하는 셈이 된다. 송나라에서 전래된 사상을 그저 답습하고 고수하는 입장에서가 아니다. 물론 그러한 이론을 기본으로 하고는 있지만, 자기 스스로 사유하고 자각하며 또한 철학적 논변을 통하여 심화되어갔던 한국 성리학의 전개는 적어도 한국인에 의한 것이었다고 하는 그 사유 주체를 망각하지 않았다는 점에서 더욱 주목된다.

이황이 살았던 16세기에는 사화士禍라고 하는 국내적 정치 모순이 계속되던 시대였다. 정치적 혼란에는 여러 양상이 있을 수 있으나, 이 사화라고 하는 것은 장차 나라의 원기元氣가 될 신진 학자로서의 선비 그룹이 화를 당하는 것이니, 특히 학문하는 사람들의 입장에서는 일대 참상이 아닐 수 없는 사건이다. 이황의 젊은 시절은 이러한 사화가 발생했던 이른바 사화기였으니 그의 진퇴와 거취에 적지 않은 영향을 받았으리라 짐작된다. 그에 때맞추어 내심 추구했던 성리학의 핵심적 서적을 접하게 됨으로써, 오히려 현실에의 행도行道 문제보다는 정주학에의 연구와 교육에 더 많은 관심을 갖게 된 것으로 보인다. 이로써 사화기 때의 신진 사림들과는 달리 산림에서 연구 정진하는 학풍을 보이기 시작한다.

이황의 성리학도 경전을 중심으로 한 유학의 근본 입장에서 출발한다. 그의 사상 형식에 영향되었을 국내 학자로는 정몽주鄭夢周, 정도전鄭道傳, 권근權近 등의 여말선초 인사와 김종직金宗直, 김굉필金

宏弼, 조광조趙光祖 등 사화기 의리학파의 인물과 당대의 서경덕徐敬德, 이언적李彦迪 등을 들 수 있다. 그런데 서경덕의 기철학氣哲學에 관해서는 심한 비판을 가하는 데 비해서, 이언적의 학문에 대하여는 그의 행장行狀에서 보이듯이 높이 칭송하였다. 이언적의 학문에 있어서 특히 조한보曺漢輔와의 무극태극논변에서 그 독창의 면을 볼 수 있다 하여 높이 평가한 점은[63] 그 학문이 깊은 면을 드러내려는 의미도 있는 것이지만, 이황 자신의 순수 성리학적 태도를 굳혀 나아가는 배경으로 이해된다. 즉 불가의 적멸론이나 도가의 기론적 견해를 비판하고 배격함으로써 정통 성리학적 기본 입장을 돈독히 하려는 태도였다고 하겠다.

이황 학문의 특징은 성리학에 있는 것이지만 그 연원은 역시 근본유학인 경학적 바탕에서 비롯된다. 그의 제자 정유일(鄭惟一: 1533~1576)은 이황의 학문 연구에 대하여 말하기를,

> 선생께서 경經 · 전傳 · 자子 · 사史를 보지 않은 것이 없으나, 어려서부터 사서四書 · 오경五經에 힘을 썼는데 그중에서도 사서와 『역경易經』에 더욱 깊이 하여 가끔 모두 암송하는 데 착오가 없었으며 간혹 한밤중에 일어나 『중용中庸』 · 『대학大學』 · 『심경心經』 등을 소리 내어 외웠다.[64]

고 하였다. 이로 미루어볼 때 그가 경전에 얼마나 충실했는가를 짐

---

63 『退溪全書』 卷49 「晦齋李先生行狀」 "先生在謫所 作大學章句補遺 續或問 求仁錄 又修中庸九經衍義 衍義未及成書 而用力尤深 此三書者 可以見先生之學 而其精詣之見 獨得之妙 最在於與曹忘機漢輔論無極太極書四五篇也"

64 위와 같음, 『退溪先生言行通錄』 卷1 「言行通述(門人文峯鄭惟一撰)」 "經傳子史 靡不博觀 然自少用力於四書五經 而於四書易經爲尤深 往往多背誦而不差 或於中夜起坐 諷誦庸學心經等書"

작할 수 있다. 또 이황은 믿을 만한 스승이 없을 경우에는 성현의 말씀을 따라야 한다고 하면서 성현은 반드시 사람을 속이지 않는다고 하였다.[65] 학문의 본질을 추구함에 있어서 학자가 마땅히 간직하여야 할 기본 입장을 밝히고 있는 것이다. 이러한 태도는 비단 경전에서뿐만 아니라 성리학의 삼대서적으로 간주되는 『성리대전性理大全』, 『심경부주心經附註』, 『주자대전朱子大全』 등을 공부함에 있어서도 마찬가지였다. 성현을 모시는 듯 성실한 태도로 이 대표적 성리서性理書를 탐독하니 자연 그 본의를 바르게 파악할 수 있었으리라고 생각된다.

이황은 스스로 말하기를,

> 19세 때에 처음으로 『성리대전』의 처음과 끝 두 권을 얻어서 읽어보니, 모르는 사이에 마음이 기쁘고 눈이 열려 그 완숙함이 오래되어서는 점차 의미를 보아 그 문로를 얻은 듯하다.[66]

고 하였다. 그 『성리대전』은 주돈이의 「태극도설太極圖說」에서부터 주희朱熹, 채침(蔡沈: 1167~1230)에 이르기까지 송대 성리학자들의 핵심적 기본이론을 망라한 백과전서적인 책으로서 명나라의 영락제永樂帝 때 호광(胡廣: 1369~1418)에게 명하여 편찬된 70권의 성리학총서이다. 그 가운데서도 「태극도설」은 성리학의 원두처源頭處로 파악되었던바, 그의 「성학십도聖學十圖」에서도 이를 제1도에 밝혀두고 있음이 주목된다.

또 이황의 학문에 크게 영향을 끼친 성리서로는 『심경부주』를 말

---

65 위와 같음, 『退溪先生言行錄』 卷1 「敎人」 "先生嘗言古人云不敢自信而信其師 今者無師可信須信聖賢之言 聖賢必不欺人〈李德弘〉"

66 위와 같음, 『退陶先生言行通錄』 卷2 「類編 · 學問第一」 "先生自言十九歲時 初得性理大全首尾二卷 試讀之 不覺心悅 而眼開玩熟 蓋久漸見意味 似得其門路〈艮錄〉"

할 수 있다. 이것은 주자학도朱子學徒인 진덕수(眞德秀: 1178~1235)가 찬하고 정민정(程敏政: 1446~1499)이 부주附註한 것이다. 이황이 23세 때 반궁泮宮에 유학했을 무렵, 이 글을 읽기 시작하여 그 후 66세 때에는「심경후론心經後論」을 지을 정도로 한결같이『심경心經』공부를 한 것으로 나타난다. 그는 말하기를,

> 내가『심경』을 얻은 이후에 비로소 심학心學의 연원과 심법心法의 정미함을 알게 되었다. 그러므로 나는 평생토록 이 책을 신명神明과 같이 믿고 엄부嚴父와 같이 공경하였다.[67]

고 한다. 여기서 이황이 '심학'에 얼마나 정진하였는가를 가히 짐작할 만하다. 그의 도문학적道問學的 궁리窮理의 사색도 이 존덕성적尊德性的인 거경居敬의 심법 수양이 전제된 것으로 생각된다. 이황 사상의 결정체라 할 수 있는「성학십도」의 전개를 경敬으로 일관하여 표현하는 데에는『심경』의 연구와 그 깨달은 경지에 밀접한 상통성이 지속되는 것으로 이해된다.

다음으로 이황 학문 형성에 영향된 책으로서『주자대전』을 들 수 있다. 이황이 스스로 스승으로 여기고 또 자신의 힘을 얻은 인물로는 주자(朱子: 주희)를 말한다. 이는 주자의 모든 서책을 탐독함으로써 더욱 확신하게 된다. 그는 주자학에 관심을 가지고 그 책을 구해 보려고 하던 중, 43세 때(中宗 38년)『주자대전』의 인반印頒으로 인하여 이를 전적으로 연구하게 된다. 그의 제자 학봉鶴峰 김성일(金誠一: 1538~1593)의 말에 의하면,

---

67 위와 같음,『退陶先生言行通錄』卷2「類編 · 學問第一」"先生自言吾得心經 而後始知心學之淵源 心法之精微 故吾平生信此書如神明 敬此書如嚴父〈艮錄〉"

선생은 일찍이 서울에서 『주자전서』를 구해 와서 이로부터 문을 닫고 그것을 정관靜觀하여 보기를 여름내 그치지 않았다. 이에 혹자가 심한 더위에 상할까 경계하면, 선생은 이 글을 읽으면 곧 가슴속에서 서늘함이 일어남을 느끼어 저절로 더위를 모르는데 어떤 병이 생기겠느냐? 일렀다.[68]

고 하였다. 여기서 독서의 깊은 모습을 볼 수 있다. 이러한 주자의 서책에 대한 탐구는 그의 학문을 풍부하게 하였을 뿐만 아니라, 후기에는 일반 학자를 위하여 『주자서절요朱子書節要』를 편찬하기에 이른다.

이황의 성리학에 대한 학적 태도는 김성일의 다음과 같은 말에서 확연히 볼 수 있다. 즉 김성일은

선생은 책에 있어 읽지 않은 것이 없지만, 더욱이 성리학에 마음을 써서 장마다 충분히 익히고 구마다 깊이 이해하여, 강론할 때에는 친절하고 적당하여 마치 자신의 말을 외는 듯하였다. 만년에는 오로지 주자朱子의 서책에 뜻하였으니, 평생의 득력처得力處는 대개 이 책으로부터 비롯되었다.[69]

고 하였다. 위의 표현 가운데에서도 '강론할 때 친절하고 경우에 적당하여 자신의 말을 하는 듯하였다'는 부분은 이황 일생에서 엿보

68 위와 같음, 『退陶先生言行通錄』 卷2 「類編 · 學問第一」 "先生嘗得朱子全書于都下 自是閉戶靜觀 歷夏不輟 或以暑熱臨傷爲戒 先生曰講此書 便覺胸隔生凉 自不知其暑 何病之有〈鶴錄〉"

69 위와 같음, 『退陶先生言行通錄』 卷2 「類編 · 學問第一」 "先生於書無所不讀 而尤用心於性理之學 章章爛熱 句句融會 講論之際 親切的當 如誦己言 晚年專意朱書 平生得力處 大抵皆自此書中發也〈鶴錄〉"

이는 높은 인격적 자세와 그 학문의 경지를 단적으로 표현한 것으로 이해된다. 한편 김성일의 지적에서 보이듯이 퇴계학退溪學이 주자의 설에 비롯되는 것은 사실이나, 그저 주자학을 답습하고 동조하는 것만으로 일관하지는 않는다. 만년의 이도설理到說을 보면 이를 잘 알 수 있다. 주자학의 모방만이 아니었으므로 퇴계학에 대하여 송시열은

> 퇴계의 학문은 가장 폐단이 없으며, 그 지은 것[作處]이 주자와 같지 않다.[70]

고 하였다.

완숙하여지는 이황의 학문 전개는 대체로 3단계로 그 변천을 구분하여 볼 수 있겠다. 어려서 『천자문』을 이웃 노인에게서 배우고, 숙부인 송재松齋 이우(李堣: 1469~1517)로부터 『논어』를 배웠으며, 도연명陶淵明의 자연과 송유宋儒의 기론氣論 및 『주역』 등에 깊은 관심을 가지고 학문하는 동시에 관직생활도 계속하여왔으나, 53세 때 정지운鄭之雲의 「천명도天命圖」를 개정하기 이전까지는 특별한 문제를 가지고 논란하는 일은 아직 없었다. 그러므로 「태극도설」에서 시작되어 경敬의 종점에 나아가는 그의 창조적 학문의 발전 시기는 「천명도」의 개작 문제를 전후하여 제1단계로, 기대승과의 사칠논변四七論辨이 시작되는 시기를 제2단계로, 그 이후를 3단계로 구분할 수 있다.[71]

53세로부터 59세에 이르는 1단계의 시기에 발표되는 논저로 「개정정지운천명도改訂鄭之雲天命圖」, 「논숙흥야매잠주해論夙興夜寐箴註

70 『宋子大全』 卷131 「看書雜錄」 "退溪之學 最爲無弊 而其作處與朱子不同"

71 졸저, 『退溪의 哲學思想硏究』, 11쪽.

解」, 『주자서절요』, 『송계원명리학통록宋季元明理學通錄』 등이 있다. 이때에는 『심경부주』와 『성리대전』, 『주자대전』 등을 연구하고 그것을 배경으로 하여 발표되는 것으로 보인다. 즉 성리학을 깊이 이해하고 특히 주자의 사상을 충실히 계승하는 시기로 생각된다. 이때까지는 이황 자신의 독창적 견해가 발현되지는 않은 입장이다. 그러나 제2단계로 접어들면 그 양상을 달리한다.

제2단계로 설정되는 시기는 60세로부터 기대승과의 논란이 끝나는 68세까지로서 그 당시의 중요 논저로는 「답기고봉서변사단칠정答奇高峰書辨四端七情」, 「심무체용변心無體用辨」, 「심경후론心經後論」, 「무진육조소戊辰六條疏」, 「성학십도聖學十圖」 등을 들 수 있다. 이 중에서 특히 기대승과의 논변은 이기론의 중심을 이루는 것으로서 '발發'의 문제가 논란되는바, 이발기수理發氣隨, 기발리승氣發理乘의 호발설互發說이 정립되는 과정이다. 한편 「심무체용변」은 서경덕의 후학인 연방 이구(李球)의 심心에 체용體用이 없다는 주장을 비판하여 기론자氣論者를 반박하는 내용이며, 「무진육조소」와 「성학십도」는 유가의 도치적道治的 입장과 천인합일天人合一로서의 선치善治를 가능케 하는 성군聖君의 학문을 밝힌 것이다.

다음으로 69세 이후부터 생을 마감하기에 이르는 제3단계는 심성정心性情과 격물치지格物致知의 미해결 부분을 다룸으로써 이른바 이도설理到說로 집중된다. 이때의 주요 논저로는 「여기명언서론심통성정도與奇明彦書論心統性情圖」, 「답기명언서개치지격물설答奇明彦書改致知格物說」 등이 있다. 전자에서도 주관과 객관의 입장을 리理로 일관하여 리와 심의 작용 회통점을 드러내고 있으며, 후자에서는 사유대상계의 리의 주관내심계의 리 상호 간에 본체적 귀일점을 명백히 하고 있다. 그는 리를 정의情意와 계탁計度과 조작造作이 없는 것으로 보는 주자적 이해로부터 리를 능동적인 성격을 가지고 이도설의 정립을 보게 된다. 따라서 이것은 이황의 최종적 독창면을 보여주는 부분으로 이해된다.

이상에서 살펴본 바와 같이 이황의 학적 태도는 근본에 충실하며 강의와 논변에 정확하고 친절했었던 인격의 보유자로서 언제나 자기 주체를 확인하면서 연면히 정진하는 데 있었던 것으로 파악된다. 이러한 기본 입장은 한국 성리학의 깊이를 더해갈 수 있었던 요인이 되었던 것으로 생각된다. 이제 이황 이기설의 근원처[源頭處]가 되는 태극太極의 문제에서부터 접해보기로 한다.

2. 태극설

성리학의 본체론에서 문제되는 것은 태극에 관한 이해이다. 퇴계 철학에 있어서도 태극의 문제가 우선되기 때문에 이기설의 본론에 앞서 살펴보기로 한다. 태극의 본체론적 문제는 직접적으로는 주돈이의 「태극도설」에서 비롯되는 것이지만, 그 연원을 본다면 『주역』 「계사전」에서 보이는 공자의 "역에 태극이 있으니 이것이 양의를 낳는다"[72]에서 찾을 수 있다. 여기서 태극에 대한 의미를 구체적으로 밝히지는 않았으나 그것이 근원을 지향하고 있다는 점으로 간주될 때, 복희伏羲의 팔괘八卦 역시 그것과 상통하는 것으로 이해된다. 그런데 공자는 태극을 말하였으되 무극을 말하지 않았다는 점이 주목된다. 공교롭게도 도가道家에서는 무극無極을 말하였고, 나아가 주돈이의 「태극도설」 서두에 "무극이태극無極而太極"이라 하여, 이 문제에 더욱 깊은 이해가 요구되어왔다. 주돈이 역시 그것에 관하여 자세히 설명한 바 없으니, 이기론을 구체화시켰던 주자학에 있어서는 그 본질적 해석에 접근하게 된다. 결국 '무극이태극'이란 표현에 있어서 무극과 태극은 그것이 서로 다른 것을 의미하는 것이 아니라 본

72 『周易』「繫辭上傳」〈第11章〉"易有太極 是生兩儀"

체에 대한 양면적 지적으로 파악한다. 즉 상천上天의 일[載]로서 소리가 없고 냄새가 없으나 실로 조화의 추뉴樞紐요 만물[品彙]의 근저이기 때문에 '무극이태극'이라 한 것이지 태극 외에 다시 무극이 있다는 것이 아니라고 한다.[73] 이처럼 무극과 태극이라는 말을 이어주는 '이而' 자의 의미가 '생生' 자의 뜻으로 잘못 이해할 수 없음을 분명히 하여둔다. 만일 '낳는다[生]'의 의미로 본다면 태극 이전에 무극이 있는 것이요, 또한 만유의 근멸根滅이 재료적인 기氣로 파악될 수밖에 없는 것이기 때문이다. 그러나 한나라와 당나라 시대에 있어서는 태극을 기氣인 것으로 보기도 하였다.[74] 하지만 송나라 시대 성리학 특히 정주학에 있어서는 그렇게 간주하지 않는다. 형이상자와 형이하자에 관하여 도道와 기器로 말하는 데 있어서도, 특히 도의 문제를 더욱 깊이 파악하여 이른바 '기器의 리理가 되는 바'를 도라고 하여,[75] 그 리의 측면을 강조한다. 이처럼 만유의 종극적 근본 입장을 리로 보는 것이 정주학의 특징이다. 그러므로 무극태극론에 있어서 리를 위주로 하여 해석되는 것이다. 즉 주자朱子는 "태극은 다만 하나의 리 글자이다"[76]라 하여 천지만물의 근원적 해석을 리로 말한다. 그런데 여기서 말하는 리는 이기론에서의 상대적 입장이나 또는 이기를 합한 것이 아니라, 논리상 요구되는 창조적 의미임을 주의하여야 할 것이다. 그러한 리로서의 태극은 또한 천지만물 어디에서나 보편적으로 존재하는 것으로 본다.[77] 다만 무극을 말하는 것은 형체

---

73 『性理大全』 卷1 「太極圖說解」 "上天之載 無聲無臭 而實造化之樞紐 品彙之根柢也 故曰無極而太極 非太極之外 復有無極也"

74 졸저, 『退溪의 生涯와 思想』, 51쪽.

75 『朱子全書』 卷36 「與陸子靜」 "凡有形有象者皆器也 所以爲是器之理者則道也"

76 『朱子語類』 卷1 「理氣上 · 太極天地上」 "太極只是一箇理字〈人傑錄〉"

77 위와 같음, 卷1 「理氣上 · 太極天地上」 "在天地言 則天地中有太極 在萬物言 則萬物中各有太極〈淳錄〉"

[形]가 없다는 점에서이며, 태극이란 곧 리가 있음을 지적하는 것이라 한다.[78] 더 나아가 주자는 무극과 태극을 동시에 말하지 않을 수 없는 입장을 적극적으로 밝히고 있다. 즉 육구연陸九淵에 답하는 글에서

> 무극을 말하지 않으면 태극이 하나의 물건[一物]과 같아져서 만화의 근본이 되는 데 부족하고, 태극을 말하지 않을 것 같으면 무극이 공적空寂에 빠져서 또한 만화의 근본이 될 수 없다.[79]

고 하였다. 천지만유의 근본에 대하여 요구되는 양면적 표현이 무극과 태극으로 지적되고 있다. 그 본원에의 입장을 리로 보고 또 모든 존재들의 이상적 형태는 태극에 수렴되는 의미로 보는 것이라 하겠다.

위와 같이 태극에 관한 종래의 견해는 이황의 태극관에 큰 영향을 끼쳤으리라 생각된다. 이제 그의 논저를 중심으로 태극에 관한 그의 이해를 살펴보기로 한다. 먼저 『성학십도』의 「제이태극도第一太極圖」에서 본다. 그는 여기서 주돈이의 '태극도'와 도설 및 그 도설의 주를 게재하고 있다. 그 도설 주석에서 '태극도' 가운데 맨 위에 표시된 '○'에 대하여 "'○'은 이 이른바 '무극이태극'이니, 음양에 나아가서는 그 본체가 음양과 혼잡되지 않은 것을 가리켜 말할 뿐이다"[80]라 해석하였다. 여기에 음양에 나아가나 또한 섞이지 않는다는 뜻은 그 음양으로서의 현상계를 떠날 수 없으나 그렇다고 섞어버릴 수도

---

78 위와 같음, 卷94「周子之書 · 太極圖」"無極者無形 太極者有理〈端蒙錄〉"

79 『朱書百選』 卷4「答陸子靜」"不言無極 則太極同於一物 而不足爲萬化根本 不言太極 則無極淪於空寂 而不能爲萬化根本"

80 『性理大全』 卷1「太極圖說解」○此所謂無極而太極也 (……) 卽陰陽而指其本體 不雜乎陰陽而爲言耳"

없는 것으로 이해된다. 이 「제일태극도」의 끝부분에 이황 자신의 견해를 정리하여 밝히고 있다. 즉 주돈이의 「태극도설」은 조화를 가지고 말한 것이라는 평암平巖 섭씨葉氏의 말을 인용하고, 이것은 "도리의 큰 두뇌처이며 백세 도술의 연원이다(道理大頭腦處 百世道術淵源)"라는 주자의 말을 들면서 '태극도'를 『성학십도』의 처음으로 설정한 것은 『근사록近思錄』에 이를 첫머리로 내세운 의도와 같다 하여 성인 공부의 근본이 여기서부터 비롯되어야 하는 것이라고 하였다.[81] 이 가운데서도 비록 주자의 말을 인용한 것으로 나타나지만, 「태극도설」의 입장을 '도리의 큰 두뇌처이고 백세도술의 연원'으로 강조한 점은 그의 〈태극도〉에 대한 기본 생각을 드러내는 부분으로 이해된다. 이황이 '무극이태극'에 관하여 '무형이유리無形而有理'의 방법으로 파악하는 면에 있어서는 주자와 차이가 없다. 나아가 근본에 대한 무극 · 태극의 양면적 표현에 관한 주석의 견해, 즉 무극을 말하지 않으면 태극이 하나의 물건과 같아져 족히 만물의 근저가 되지 못하며 태극을 말하지 않으면 무극이 공적에 빠져서 또한 만화의 근저가 될 수 없다는 말에 대하여 이황은 이것은 어떤 변화가 있더라도 깨어질 수 없는 이론이라 하여 전적으로 동의한다.[82] 또 이황은 '극極'에 두 가지 뜻이 있다는 공호公浩 이양중(李養中: 1549~1591)의 문목問目에 답하여, '형체가 있는 극[有形之極]'으로서의 태극과 '형체가 없는 리[無形之理]'로서의 무극을 지적하면서 주돈이 · 주자의 그와 같은 본

---

81 『退溪全書』 卷7 「進聖學十圖劄」 "濂溪周子自作圖幷說 平巖葉氏謂此圖 卽繫辭易有太極是生兩儀 兩儀生四象之義而推明之 但易以卦爻言 圖以造化言 朱子謂此是道理大頭腦處 又以爲百世道術淵源 今玆首揭此圖 亦猶近思錄以此說爲首之意 蓋學聖人者 求端自此 而用力於小大學之類 及其收功之日 而遡極一源 則所謂窮理盡性而至於命 所謂窮神知化 德之盛者也"

82 위와 같음, 卷16 「答奇明彦(論四端七情第二書)」 〈後論〉 "亦曰不言無極 則太極同於一物 而不足爲萬化之根 不言太極 則無極淪於空寂 而不能爲萬化之根 嗚呼 若此之言 可謂四方八面 周徧不倚 顚撲不破矣"

의를 잃지 않고 잘 보아야 할 것으로 말하였다.[83] 이처럼 '극' 자의 바른 지적처指摘處를 잘 살펴야 오류를 범하지 않을 수 있다고 본다. 또 말하기를

> '극' 자를 가지고 곧바로 '리理' 자로 생각하여 함부로 무극을 말할 경우에서는, 다만 이 형체가 없다고만 말할 따름이니, 어찌 이 리가 없다고 이를 수 있으랴. (……) 후세의 독자들이 '극' 자를 알지 못하고 비유하여 문득 리를 가지고 말하므로 오직 리는 없는 것이라 함이 불가할 뿐만 아니라 주염계周濂溪의 무극이란 말에 있어서 통하기 어려운 바 있게 된다.[84]

고 하였다. 이처럼 '극'이 곧 '리'라고 보았을 때 무극은 곧 리가 없다는 '무리無理'의 의미로 잘못 이해할 수 있음을 경계하였다. 무극은 형체가 없으나 리가 있다고 하는 형체가 없는 리로서 오인될 수 없는 입장이다. 본체로서의 '극'에 대한 올바른 이해를 중요시하고 있다.

또 이황은 종래의 본체관에 동조하면서 태극에 관하여는 그 개념을 '극지極至'의 뜻만으로 보지는 않았다. 표준標準 · 중립中立 · 취정取正 등 모든 이상적 형태를 포함하여 소위 의리적 방향에 그 본의를 확대 파악하고 있음이 특징이다.[85] 따라서 근원적 원두처의 차원

---

83 위와 같음, 卷39「答李公浩(養中○庚午)」〈問目〉"上極是假借有形之極 下極是指名無形之理 今曰極有二義 恐失周朱兩先生本意也"

84 위와 같음, 卷18「答奇明彦」〈別紙〉"以極字直作理字看 妄謂當其說無極時 但謂無是形耳 豈無是理之謂乎 (……) 後之讀者 不知極字 但爲取譬 而遽以理言 故不惟理不可無 而於周子無極之語 有所難通"

85 위와 같음, 卷14「答南張甫(乙丑)」"非但極至之謂 須兼標準之義 中立而四方之所取正者看 方恰盡無遺意耳"

에서부터 인성론적 사유의 세계를 분명히 하게 되는 것으로 보인다. 그 종극적 근원의 자리는 리로 파악되는데, 이 리는 '지극히 텅 빔이면서 지극히 차 있음[至虛而至實]' · '지극히 없음이면서 지극히 있음[至無而至有]' 등으로 묘사된다.[86] 이처럼 리가 허실虛實 관계로 표현됨에 있어서, '실實'이란 진실하여 거짓됨이 없음[眞實無妄]을 이름이요, '허虛'란 소리도 없고 냄새도 없다[無聲無臭]는 면에서 지적되는 것으로서, 이 실상은 '무극이태극'이라고 하는 일구에서 볼 수 있다고 하였다.[87] 본체에 대한 근원적 측면과 형이상학적 초감각의 측면을 동시에 지적하는 것이다. 또한 바로 그 경지가 진실되다는 입장이다. 이러한 본원에 대한 견해는 정유일鄭惟一에게 답한 충막무짐조冲漠無朕條에서 사事와 리理, 체體와 용用, 현顯과 미微, 형이상과 형이하, 무짐(無朕: 조짐 없음)과 유짐(有朕: 조짐 있음) 등의 여러 문제에 있어 이들은 본질적 공존의 것이므로 한쪽만 보려 하는 집착을 극복하여 그 체와 용이 마땅히 장소에 수반한다는 것을 활간活看하여야 될 것이라는 이론으로 이어진다. 본체는 현상에 공존된다는 것이다. 그러나 논리상으로 말하면 현상에 앞서 태극이 있어야 할 것이다. 하지만 사리상에서 말하면 현상계에 그 존재가 가능할 것이니, 이 문제에는 이와 같은 두 입장이 설정된다. 그러므로 이황은 절재節齋 채연(蔡淵: 1156~1236)의 「태극도설」 주석 가운데서 "그 리가 이미 구비되고 음양이 이미 생긴 때로부터 말하면 이른바 태극이란 것이다[其理已具 自陰陽旣生之時而言 則所謂太極者]"라고 하는 원문 19자를 강조하여 이는 어의가 원만하고 흡족하여 병통이 없다고 하였다.[88] 음양이

86 위와 같음, 卷16「答奇明彦(論四端七情第二書)」〈別紙〉"若能窮究衆理 到得十分透徹 洞見得此箇物事 至虛而至實 至無而至有"

87 위와 같음, 卷25「與鄭子中別紙」"自其眞實無妄而言 則天下莫實於理 自其無聲無臭而言 則天下莫虛於理 只無極而太極一句 可見矣"

88 위와 같음, 卷25「鄭子中與奇明彦論學……(庚申)」〈論所當然所以然 是事是理〉"滉

이미 발생한 때라고 하여 기적氣的인 현상계를 지적하면서 그 원두처로서의 태극을 일컫게 되는 점이다.

그렇다면 그 태극의 차원에서 음양동정의 상태로 이어지는 자리는 어떻게 설명되어야 하느냐 하는 문제가 제기된다. 퇴계는 이 점에 관하여

> 태극이 동정이 있다는 것은 태극이 스스로 동정하는 것이고, 천명이 유행하는 것은 천명이 스스로 유행하는 것이니 어찌 시키는 것이 있겠는가?[89]

라고 하여, 태극은 자체에 동정의 능동성이 있는 것으로 본다. 즉 작용인이 그 자체에 함유되어 있다는 견해이다. 이는 마치 천명이 스스로 유행하는 것과 같은 뜻으로 풀이하였다. 이로써 보면 태극이 곧 리로 해석되는 전제에서, 리가 스스로 작위와 조작이 가능하다는 근거가, 바로 그의 태극관에 직결되어 있음을 알 수 있다. 따라서 리란 그저 아는 것이 아니라 정확히 알아야 된다는 그의 의지를 이해할 만하다. 순수한 리를 위주하여 본체를 파악하고 있으므로 불가의 적멸론적 입장이나 도가의 생성론적 해석은 일절 인정되지 않는다. 이황은 만년에 기대승에게 밝힌 격물치지설格物致知說을 언급하는 가운데 무극태극에 관한 여러 학설 중에서 면재勉齋 황간(黃榦: 1152~1221)의 설을 높이 평하였는데, 그 주요 내용은 '무극이태극'이 노자의 유무有無와 불가의 공空과는 다르다는 점과 성리

按 蔡氏此語 亦見太極圖說註解 詳其文則所謂太極者之下 有其理已具 自陰陽既生之時而言 則所謂太極者十九字 則其語意圓足無病"

89 위와 같음, 卷13「答李達李天機」"太極之有動靜 太極自動靜也 天命之流行 天命自流行也 豈復有使之者歟"

학[斯道]의 본체로서 모든 변화의 파악[領會]이라는 것과 이것은 본말本末 · 상하上下가 하나의 리로 관통된다는 점 등으로 요약된다.[90] 여기서 이황이 지향하는 입장을 간접적으로 확실히 짐작할 수 있다.

이상과 같이 이황의 본체 즉 태극에 관한 견해는 우선 정주학의 기본에 충실한 것으로 이해되지만 그러면서도 리로 일관되는 태극관에 있어서 그 능동적이며 기능적인 면을 강조하고 있음은 주목되는 바이다. '무극이태극'은 곧 리로 파악되며 그 리는 창조적 의미를 함유하고 있는 것으로서 만유의 원두처로 보는 것이라 하겠다. 이러한 본체로서의 태극을 이해함에는 리를 리로 말해야 하는 어려움이 있다. 이에 이기론에 대한 접근이 요구되는바 장을 달리하여 살펴보기로 한다.

3. 이기설

태극에 관한 올바른 이해는 이기의 본질적 파악을 가능하게 하고, 또 이기의 파악을 통하여 태극의 본질을 제대로 볼 수 있는 것으로 생각된다. 이황의 이기에 대한 견해는 주자의 이기론을 계승하는 면으로 나타난다. 또한 주자의 이기설 형성은 주돈이의 「태극도설」과 『통서』 그리고 정자程子의 리와 장재의 기론氣論을 기반으로 한다. 태극을 리로 음양을 기로 보는 주자의 종합적 입장에서 기는 응결凝結, 조작造作할 수 있는 것이지만 리는 정의情意, 계탁計度, 조작이 없는 것으로서 다만 그 기의 응취하는 곳에 리가 존재하는 것으로 설명된다.[91] 작위적 존재로서의 질료적인 기와 그곳에 공존하는 원리적인

90 졸저,『退溪의 哲學思想硏究』, 2쪽.

91 『朱子語類』 卷1 「理氣上 · 太極天地上」 "蓋氣則能凝結造作 理却無情意無計度無造

리를 말하고 있다. 주자의 이기에 대한 좀 더 구체적인 견해는 다음과 같은 표현에서 살필 수 있다. 즉

> 천지 간에 리가 있고 기가 있다. 리란 형이상의 도道로서 생물의 근본인 것이며 기란 형이하의 기器로서 생물의 도구가 되는 것이다. 이로써 사람과 사물의 생생生生함에 있어서 반드시 이 리를 품수한 연후에 성性이 있고, 이 기를 품수한 연후에 형체가 있게 된다. 그 성과 형체가 비록 한 몸을 벗어나는 것은 아니나 그 도와 기 사이에는 구분[分際]이 매우 밝으므로 혼잡될 수 없다.[92]

고 하였다. 이기에 대한 존재론적 해석으로 이해된다. 그 리와 기의 본질은 하나의 생존자에 공존하는 것이지만 서로 섞여버릴 수 없다는 것이다. 이러한 분리되지 않고 섞이지 않는[不離不雜的] 이기의 존재에 대하여 주자는 더욱 확실히 밝힌다. 즉 리와 기는 확실히 두 물건인 것으로서 사물 위에서 볼 것 같으면 두 물건이 혼륜되어 있으되 각기 그 하나의 물건되는 것에 방해되지 않고, 리에서 볼 것 같으면 비록 물건이 없어도 리는 있다고 하겠지만 아직 실제로 물건이 있는 경우는 아니라고 하겠다.[93] 논리적 입장에서 볼 때 리가 선행됨을 말할 수 있는 것이지만 실재적 입장에서는 이기가 서로 혼란되지 않고 공존되는 것으로 본다. 이른바 서로 떨어져 있는 것

作 只此氣凝聚處 理便在其中〈僩錄〉"

92 『朱子大全』 卷58 「答黃道夫」(一) "天地之間 有理有氣 理也者 形而上之道也 生物之本也 氣也者 形而下之器也 生物之具也 是以人物之生 必稟此理 然後有性 必稟此氣 然後有形 其性其形 雖不外乎一身 然其道器之間 分際甚明 不可亂也"

93 위와 같음, 卷46 「答劉叔文」(一) "所謂理與氣 此決是二物 但在物上看 則二物渾淪不可分開各一處 然不害二物之各爲一物也 若在理上看 則雖未有物而已有物之理 然亦但有其理而已 未嘗實有是物也"

도 아니요 서로 혼잡되는 것도 아닌 논리의 표현이다. 동시에 선후도 말하기 어렵다. 이상에서와 같이 '리와 기가 서로 분리되지 않고 서로 섞이지 않음[理氣不相離不相雜]'으로 파악되는 상호의 관계성에 대하여 이황도 일단 받아들인다. 즉 이황은 「답기명언答奇明彦」 서한에서 말하기를 "같은 가운데 그 다름이 있음을 깨닫고 다른 가운데 그 같음이 있음을 보아서 나누어 둘이 되어도 그 일찍이 떨어지지 않음을 해하지 않고 합하여 하나가 되어도 실로 서로 혼잡되지 않는 것이니 두루 보아 편벽됨이 없게 되는 것이다"[94]라고 하였다. '하나이면서 둘임[一而二]', '둘이면서 하나임[二而一]'의 원리를 밝히고 있는 것이다. 그러나 이러한 불리부잡不離不雜의 통념을 따르면서도 이기는 두 물건이라고 하는 부잡성不雜性의 측면을 강조한다. 그러므로 그는 「비리기위일물변증非理氣爲一物辨證」, 「심무체용변心無體用辨」을 짓는 데 이르게 된다. 전자의 「비리기위일물변증」에서 이황은

> 공자와 주자周子가 음양은 태극이 낳은 것이라고 분명히 말하였는데, 만일 리와 기가 본래 하나의 물건이라고 할 것 같으면 태극이 바로 양의兩儀인 것이니 어찌 생生할 수 있는 것이 있으리오. 진眞이라 이르고 정精이라 이름은 그로써 두 물건인 까닭에 묘합하여 응취한다고 한 것인데, 그 하나의 물건일 것 같으면 어찌 묘합하여 응하는 바가 있으랴. (……) 이기가 과연 하나의 물건일 것 같으면 공자가 하필 형이상하로써 도道와 기器를 나누었으며 명도明道가 하필이면 그와 같은 설을 드러냈으랴.[95]

94 『退溪全書』 卷16 「答奇明彦(論四端七情第一書)」 〈改本〉 "就同中而知其有異 就異中而見其有同 分而爲二 而不害其未嘗離 合而爲一 而實歸於不相雜 乃爲周悉而無偏也"

95 위와 같음, 卷41 「非理氣爲一物辨證」 "今按孔子周子明言陰陽是太極所生 若曰理氣本一物 則太極即是兩儀 安有能生者乎 曰眞曰精 以其二物故曰妙合而凝 如其一物

라고 하였다. 태극과 음양 사이의 '생生' 자를 주목하여 리와 기가 하나의 물건이 될 수 없음을 밝히고 동시에 '묘합하여 응취함[妙合而凝]'이라 할 때에도 둘을 전제하는 데에서 가능할 수 있다고 보았다. 또 공자와 명도明道 정호(程顥: 1032~1085)의 도기道器에 관한 연원적 해석에 연계시켜 그 두 물건됨의 정당성을 강조하고 있다. 그러나 그 두 물건을 별개의 것으로 보는 것은 아니다. 정호의 도기관道器觀에 대하여 이황은 기를 떠나서 도를 찾을 수 없으므로 '기역도器亦道'라 하지 '기즉기器卽道'라 하지는 않았으며, 도를 밖으로 하여 기가 있을 수 없는 것이므로 '도역기道亦器'라 일컫지 '도즉기道卽器'라 일컫지는 않았다고 한다.[96] 도와 기 사이에 '역亦' 자를 놓는 것은 그 불리성不離性을 뜻하면서 동시에 두 물건의 의미가 있는 것으로 이해하고, 만일 '즉卽' 자를 놓는다면 도와 기가 하나의 물건임을 뜻하는 표현으로 보아, 정호의 이물적二物的 입장을 밝히고 있다.

또한「천명도설天命圖說」에 나타나는 이황의 입장을 보면

> 천지 간에 리도 있고 기도 있다. 리가 있게 되면 곧 기가 생기고, 기가 있게 되면 곧 리가 따른다. 리는 기의 장수[帥]가 되고 기는 리의 군졸[卒]이 되어 천지의 공功을 이루는데, 이른바 리란 사덕四德이요, 기란 오행五行을 말한다. (……) 리 외에 기가 없고 기 외에 리가 없으니 이에 잠시라도 떨어질 수 없으나 그 분에 있어서인즉 섞여서 구별이 없을 수 없다.[97]

寧有妙合而凝者乎 (……) 今按若理氣果是一物 孔子何必以形而上下分道器 明道何必曰須著如此說乎"

96 위와 같음, 卷41「非理氣爲一物辨證」"明道又以其不可離器而索道 故曰器亦道 非謂器即是道也 以其不能外道而有器 故曰道亦器 非謂道即是器也"

97 위와 같음,『退溪續集』卷8「天命圖說(圖與序見文集)」"天地之間 有理有氣 纔有理

고 하였다. 리기의 현상적 공존을 말하면서도 장수와 군졸의 관계 또는 구별을 강조하여 그 혼잡될 수 없는 측면을 언제나 잊지 않는다. 두 물건으로서의 구별과 사졸帥卒의 이기관은 뒤에서 살펴볼 리의 능동성, 순수성 및 존리적尊理的 입장으로 일관된다. 하여튼 이황이 이기는 하나의 물건이 될 수 없음을 지적하며 두 물건으로서의 의의를 밝히려는 것은 리와 기의 각 개념이 절대로 혼동될 수 없다는 전제에서 비롯되는 것이라 하겠다. 그러므로 존재의 순수한 형이상학적 입장은 자연 리로 보지 않을 수 없다. 물론 이기관의 상대적 차원을 넘어선 '하늘이 바로 리이다[天卽理]' · '태극이 바로 리이다[太極卽理]'로서의 리도 있는 것이지만, 현상적 세계에서 이기를 이해한다 하더라도 기에 혼잡될 수 없는 리를 높여보고자 한다.

따라서 리보다 기를 위주로 표현되는 사색적 태도에는 그 비판을 서슴지 않는다. 즉 이황은 서경덕의 유기론적唯氣論的 학문에 대하여 그는 결국 '리'라는 글자를 투철히 알아내지 못하고 형기形器의 조천粗淺의 일변에 떨어짐을 면하지 못한 것이었으니 애석하다고 평하고, 정암整庵 나흠순(羅欽順: 1465~1547)에 대하여도 그가 학문에 있어서 일면을 본 바 없지 않으나 그 입문한 곳이 바로 이기가 둘이 아니라는 설에 있으니 후대의 학자가 또한 어찌 그 오류를 답습하여 서로 미매迷昧의 영역에 들어갈 수 있겠느냐고 하였다.[98] 여기서 기에 충실하여 비록 리를 말한다 하더라도 결국 올바른 사유가 될 수 없다는 점과, 리와 기가 서로 분리되지 않음[理氣不相離]이 그 존재의 한

便有氣眹焉 纔有氣 便有理從焉 理爲氣之帥 氣爲理之卒 以遂天地之功 所謂理者 四德是也 所謂氣者 五行是也 (……) 理外無氣 氣外無理 固不可斯須離也 而其分則亦不可相紊而無其別也"

98 위와 같음, 卷41「非理氣爲一物辨證」"每謂花潭一生用力於此事 自謂窮深極妙 而終見得理字不透 所以雖拚死力談奇說妙 未免落在形器粗淺一邊了 爲可惜也 (……) 且羅整菴於此學 非無一班之窺 而誤入處正在於理氣非二之說 後之學者 又豈可踵謬襲誤 相率而入於迷昧之域耶"

기본요소가 된다 하더라도 그것이 위주하여 서로 분리되지 않음의 측면을 높여보지 못한다면 역시 온전한 것으로 간주될 수 없다는 견해를 발견하게 된다.

한편 이기를 나누어보려는 이황의 주장은 체용관계의 설명에서도 엿보인다. 서경덕의 제자인 이구李球가 「심무체용설心無體用說」을 지어 김취려金就礪에게 부탁하여 이황에게 질문한 바 있었는데, 이황은 심心에 체용體用이 없다는 이론에 반박하여 「심무체용변」을 지었다. 여기서 그는

> 내가 들은바 정자는 마음은 하나로되 '체'를 지적하여 말한 것이 있고 '용'을 지적하여 말한 것도 있다 하였으니 이미 체용이 있는 바를 가리켜 마음을 삼았음 즉, 마음을 말함에 여운이 없는 것이어늘, 어찌 별도로 체용이 없는 마음이 있어서 근본이 되어 마음 앞에 있다고 하였으랴. (……) 도리에 동動이 있고 정靜이 있으므로 그 '정'을 가리켜 '체'라 하고 그 '동'을 가리켜 '용'이라 하는 것인즉, 도리동정道理動靜의 실은 곧 도리체용道理體用의 실이 되는 것인데, 어찌 별도로 한 도리에 있어서 체용이 없는 것이 있어 근본으로 삼아 동정의 앞에 있었으리오?[99]

라고 하였다. 마음은 오직 하나인 것이며 그것에는 체용면이 없을 수 없다는 것이고, 그 논리는 도리에 체용이 있다는 말로 이어진다. 만일 이황이 심에 체용이 없다는 주장에 수긍한다면 그의 리와 기가 서로 혼잡되지 않는 성격에 근거하여 강조되는 이물관二物觀이

---

99 위와 같음, 卷41「心無體用辨」"滉聞程子曰心一而已 有指體而言者 有指用而言者 今旣指其有體用者爲心 則說心已無餘矣 又安得別有無體用之心爲之本 而在心之前耶 (……) 滉謂道理有動有靜 故指其靜者爲體 動者爲用 然則道理動靜之實 卽道理體用之實 又安得別有一道理無體用者 爲之本而在動靜之先乎"

흐려질 수도 있게 될 것이다. 그러나 그러한 분별적 견해는 심의 이해에서도 일관되어 있음을 알 수 있다.

그러나 심성정心性情에 실재하는 이기의 입장에서 볼 때 항상 그 부잡성不雜性의 강조만을 일삼지는 않는다. 그 섞이지 않는 공존의 묘처를 말한다. 즉 태극성정太極性情의 묘처를 물으니, 이황은

> 묘妙는 지극히 깊고 지극히 오묘하고 드러내기 어렵고 이름하기 어려운 뜻으로 성에도 리가 있고, 정에도 리가 있는 것이므로 태극성정의 오묘함이라 일컫는다.[100]

고 하였다. 여기서 말하는 태극성정의 묘처는 곧 리와 기의 상존의 실재적 경지이다. 그곳에 '묘' 자를 놓았으니 이해하기 쉽지 않을 뿐만 아니라 알았다[見得] 하더라도 표현하기 어려운 자리로 생각된다. 여기 성정의 문제에 있어서도 리로써 '묘' 자를 설명하려 함을 볼 때, 그의 존리적尊理的 태도는 어디에서나 일관되어 있음을 알게 된다.

이상에서 살펴본 바와 같이 이황의 리기관은 송나라 시대의 리기론을 배경으로 하여 현상의 면에 있어서는 리와 기의 분리되지 않는 공존성을 분명히 하면서도 그 섞이지 않는 성격을 항상 높이고 있다. 논리상 리가 선행되는 것은 주자에서 밝혀지는 것이지만, 리와 기의 섞이지 않는 성격을 강조하여 취한 것이 이황의 입장으로 정리된다.[101] 이것은 실재에 있어서도 리와 기를 엄격히 구별하여 리의 순수성을 지속하려는 입장으로 이어진다. 이러한 존리적 사색을 바탕

---

100 위와 같음, 『退溪先生言行通錄』 卷2 「類編」 "隆問太極性情之妙 何以言妙字 先生曰妙是至深至妙難形難名底意 性亦有理 情亦有理 故曰太極性情之妙也〈勿庵錄〉"

101 蔡茂松, 「退栗性理學의 比較硏究」, 60쪽.

으로 주자의 이발理發이란 말을 보기도 전에 감히 그것을 말할 수 있었던 것임을 주의할 필요가 있다. 그런데 이 문제로 인하여 기대승과의 논변이 벌어져 이기론의 심도를 더해가게 된다. 이황의 이기설에 있어서 중시된 섞이지 않는 성격의 견해는 리의 순수성 지속과 호발互發의 문제로 집약되어 나타난다. 기대승과의 사칠론四七論에 관해서는 항목을 달리하여 살펴볼 것이므로, 여기서는 전자의 두 문제를 중심으로 살펴보기로 한다.

4. 리의 순수성

이황은 이기설을 구체적으로 접하기 이전 어렸을 때부터 리에 대한 관심이 높았던 것으로 보인다. 일찍이 숙부인 이우에게서 공부하던 중, 어느 날 이우에게 '리' 자를 물어 말하기를 "무릇 일의 옳은 것이 리니까?" 하니 이우가 문의文義를 안다고 칭찬하고 퍽 기뻐하였다고 한다.[102] 여기서 말하는 리가 이기설에서의 리와 같은 것으로 볼 수는 없다 하더라도 유형유위有形有爲의 현상계에 만족하지 않고 그 이면에 간주되는 무형무위無形無爲의 원리적 측면에 관심을 가졌다는 점에 주목이 간다. 이러한 태도는 존리적 사유의 형성에 하나의 시원적 역할이 되었을 것으로 생각된다.

'리' 자에 관하여는 송대 이전에는 잘 나타나지 않는다. 다만『주역』「설괘전說卦傳」에 "궁리진성窮理盡性"이란 말이 있고,『맹자』의 심의 동연자同然者로서 보편적 의미의 리가 보일 정도이다.[103] 그러나 송나라 시대에 이르면서 형이상자로서 그 개념이 구체화되어가며,

102『退溪先生年譜』〈七年壬申(先生十二歲)〉"一日將理字問松齋 曰凡事之是者是理乎 松齋喜曰汝已解文義矣"

103『孟子』卷11「告子(上)」〈第7章〉"心之所同然者 何也 謂理也義也"

어떤 물건이나 일이 있는 곳에는 반드시 그 리가 있는 것이라고 하는 다양성을 가지게 된다. 이러한 리에는 사물의 각각에 있는 특수한 입장과 그러한 만 가지 리가 하나의 근원에서 비롯된다고 보는 동일한 근원으로서의 보편성을 가지는 두 차원이 있는 것으로 발전한다. 전자가 재료적資料的인 기와 공존하는 현상계에서의 리를 뜻하는 것이라면, 후자는 현상 이전 창조적 입장에서 설정되는 순수한 리의 측면이다. 이황은 이 양자의 차원을 함께 함유하고 있는 리를 어떻게 밝힐 수 있느냐 하는 점이 고심되었던 것처럼 보인다. 그러므로 전장에서 본 것처럼 그 리를 알기는 어려운 것이라고 하였다.

그러나 '리' 자의 뜻에 관한 물음에 답하여, 알기 어려운 것 같으나 실은 쉽다고 하면서, 천하에 당연히 해야 될 바가 리인 것이며, 당연히 해서는 안 될 바는 리가 아닌 것이니 이로써 미루어가면 리의 실처實處를 알 수 있게 된다고 하였다.[104] 이른바 '소이연의 리[所以然之理]'와 '소당연의 리[所當然之理]' 가운데에로 '소당연의 리'를 위주하여 말하는 것으로 보인다. 그러나 철학과 윤리가 불가분의 관계 속에 있는 것처럼 '소이연'과 '소당연'의 문제에 있어서도 리로 일관됨을 볼 때, 별개의 것으로 분리될 수 없는 것이라 하겠다.

이황의 이기설에 있어서 그 분리되지 않는 성격[不離性]을 동조하면서도 섞이지 않는 성격[不雜性]을 역설하는 것이 시종일관된 주장이다. 그와 아울러 기대승과의 오랜 논변을 통하면서도 이발理發의 입장을 굽히지 않으려고 하는 데에는 분명히 리의 순수성을 흐리게 할 수 없다는 근거가 전제된 것으로 보인다.[105] 성리학의 기본이 '성

104 『退溪全書』『退陶先生言行通錄』 卷5 「類編 · 議論第四」 "問理字之義 先生曰知之似難而實易 (……) 凡天下所當行者理也 所不當行者非理也 以此而推之 則理之實處可知也〈鶴錄〉"

105 졸저, 『退溪의 哲學思想硏究』, 26쪽.

즉리性卽理'에 있는 한 인성人性을 소중히 여기는 이황으로서 기보다는 리를 높이고 그 신성함을 잃지 않으려 한다. 그런데 일단 기와 동등한 입장에서 리를 말한다 하면 그 순수하고 지고한 리의 경지를 지키기 어렵다고 본다. 그러므로 리의 존귀함을 밝힘에 있어 기의 천함을 동시에 지적한다. 이황은 말하기를,

> 사람의 한 몸에서 리와 기가 겸하여 있는데 리는 귀하고 기는 천하다. 리는 무위無爲이고 기는 무욕無欲인 까닭에 리를 실천함에 위주하면 기를 기르는 일은 그 가운데 있는 것이니 성현이 그렇고 기를 기르는 데에 기울면 반드시 성을 천히 함에 이르니 노장老莊이 이렇다.[106]

고 하였다. 한 몸에 있어서 기가 천시됨은 곧 그곳에 욕망[欲]이 있기 때문이라고 보았다. 여기에는 인간 행위의 도덕적 의미가 내재되어 있는 것이기도 하다. 리가 귀하고 기는 천하다는 이론은 노장의 비판과 아울러 서경덕을 형기形器 일변에 치우쳐 리를 제대로 알지 못한 것이라고 반박하기에 이른다.

이러한 리를 높이는[尊理的] 입장은 그 절정에서

> 리는 본래 지극히 높아 상대가 없다. 사물에 명령받지 않는 것이니 리가 마땅히 이길 바가 아니다.[107]

라는 말로 표현된다. 리를 '지극히 높아 상대가 없음[極尊無對]'으로 표현하는 것은 그 이상 높이 설정될 수 없다는 '하늘이 바로 리이다

---

106 『退溪全書』 卷12 「與朴澤之」 "人之一身 理氣兼備 理貴氣賤 然理無爲而氣有欲 故主於踐理者 養氣在其中 聖賢是也 偏於養氣者 必至於賊性 老莊是也"

107 위와 같음, 卷13 「答李達李天機」 "理本其尊無對 命物而不命於物 非氣所當勝也"

[天卽理]'의 입장으로서 리를 신성화하는 것이라 하겠다. 또 리는 사물에 명하나 명받을 수 없다는 말 속에는 리는 명물자命物者요 기는 명받게 된다는 피명자被命者로서의 의미가 있음을 알게 한다.[108] 한편 '지극히 높아 상대가 없음'이라는 표현은 평소 이황이 높이 평하던 황간의 태극론 가운데 '그것이 높아 상대가 없다[其尊而無對]'라는 말이 나타나는데,[109] 이를 더욱 강조하여 사용한 것 같다. 이처럼 리는 현상계의 그 어떤 측면과 비유될 수 없는 존귀한 것으로 간주되어 그 순수성이 보장된다고 본다.

뿐만 아니라 리는 순선무악한 것으로 이해된다. 이황은 말하기를

> 성이 바로 리이니 진실로 유선무악有善無惡이다. 심心이 리와 기를 합해서 악이 있음을 면하지 못할 것 같으나 그 처음을 추극推極하여 논할진대 심은 또한 유선무악이다. 왜냐하면 심의 미발시에는 기가 용사하지 않아 오직 리일 뿐이기 때문이다. 어째서 악이 있는가 하면 오직 발현하는 곳에 있어서 리가 기에 엄폐하여져 악으로 나아가는바 여기에서 이른바 선악이 기미가 나뉘어진다.[110]

고 하였다. 리는 어디까지나 순선한 것임으로써 동시에 성도 순선할 수 있는 것이며, 따라서 심도 순수한 리일 경우에는 선하다고 보는 것이다. 그러나 실제는 심에 기가 있어 악의 요소가 함께 있게 된다는 말이다. 기는 욕망이 있는[有欲] 성격을 갖고 있으므로 악

108 蔡茂松,「退栗性理學의 比較研究」, 62쪽.

109 『性理大全』 卷1 「太極圖」〈細註〉 "勉齋黃氏曰 極之得名 (……) 其義莫可得名 而有類於極 於是取極名之 而係以太 則其尊而無對 又非它極之比也"

110 『退溪全書』 卷13 「答洪應吉」 "性卽理 固有善無惡 心合理氣 似未免有惡 然極其初而論之 心亦有善無惡 何者 心之未發 氣未用事 唯理而已 安有惡乎 惟於發處 理蔽於氣 方趨於惡 此所謂幾分善惡"

의 가능성은 오직 기에서 찾아진다는 입장이다. 그러나 리에는 '유선무악'의 속성이 있을 뿐이다. 그러므로 리가 존귀히 여겨지는 것이며, 또한 성은 바로 리라는 원칙에 따라 순선한 것으로 이해된다. 천리天理나 도심道心 · 사단四端 · 본연지성本然之性 등이 높이 평가됨은 이와 같은 논리에 상통되는 것이라 하겠다.

한편 이황에 있어서 리의 순수성 지속은 창조적 기능의 근거로서 그 용用의 방향을 강조하는 데로 이어진다. 그는 신神에 관하여

> 주염계의 움직이면서 움직임이 없고 고요하면서 고요함이 없다는 '신' 주회암朱晦庵의 오행의 '신', 자사子思의 신지격사神之格思의 '신', 공자의 무방無方의 '신' 등 이것들은 다 리가 기를 타고 출입하는 '신'이니 이른바 재천在天의 '신'이다.[111]

라고 주재자로서의 '신'을 말함에 있어 이황은 리와 기를 겸하여 모든 신관神觀을 일관적으로 이해하고 있다. 그러나 여기서도 리의 측면이 강조되고 있다. 기는 리에 근거하여 날로 생기는 것이 호연浩然하여 무궁하다고 하였다.[112] 이러한 존리적尊理的 사유는 리에 능동성으로서의 '용用'이 간직된 것으로 전개된다. 즉 이황은 「답이공호문목答李公浩問目」에서

> 리는 본연의 체體로서 능발능생能發能生하는 지극히 오묘함[至妙]의 용用을 갖는다. (……) 리는 스스로 '용'이 있으므로 자연스럽고 음

---

111 위와 같음, 卷29「論李仲虎碣文 示金而精」〈別紙〉"周子動無動靜無靜之神 晦菴五行之神 子思神之格思之神 孔子無方之神 是理乘氣出入之神 卽所謂在天之神也"

112 위와 같음, 卷29「論李仲虎碣文 示金而精」〈別紙〉"其氣之根於理而日生者 浩然而無窮"

양을 낳는다.[113]

고 하였고, 기대승에게 답하는 글에서는

> 정의와 조작이 없는 것은 리 본연의 '체'이고, 발현을 따라 이르지 않음이 없는 것은 이 리의 지극히 신묘한 '용'이다. 먼저 다만 본체의 작위 없음에서만 보고 묘용妙用이 드러나 유행할 수 있음을 알지 못하여 리를 죽은 물건[死物]이라고 잘못 알 것 같으면 도에 나아가는 바 멀어짐이 심하지 않으랴.[114]

고 하였다. 리의 본체면과 작용면을 밝히면서 리는 결코 죽은 물건이 아닌 살아 있는 물건[活物]임을 암시해주고 있다. 이처럼 창조적 근원자로서 리의 작용면을 강조하는 데에서, 우리는 잡박하고 유욕적有欲的인 기와 섞일 수 없다는 리의 순수성을 간직하려는 그의 의지를 엿볼 수 있게 된다. 이러한 순수의식의 지속으로 인하여 리를 존귀하게 여기고 또한 리가 발현된다고도 말할 수 있었으리라 믿어진다. 다음에는 이황의 이기설의 주요 부분이 되는 이발기발理發氣發의 문제를 살펴보기로 한다.

5. 이기호발설

이기론에서 '발(發: 발현)'의 문제는 대단히 중요한 부분으로 대두된

---

113 위와 같음, 卷39「答李公浩」〈問目〉"本然之體 能發能生 至妙之用 (……) 理自有用 故自然而生陽生陰也"

114 위와 같음, 卷18「答奇明彦」〈別紙〉"無情意造作者 此理本然之體也 其隨寓發見而無不到者 此理至神之用也 向也但有見於本體之無爲 而不知妙用之能顯行 殆若認理爲死物 其去道 不亦遠甚矣乎"

다. 일반적으로 '발현'의 성격을 기에 인정하는 데에는 별다른 이의가 없으나, 리에서 '발현'을 말하는 곳에 있어서는 간단치 않다. 우리나라의 대표적 성리학자로 이황과 이이를 드는 입장에도 바로 이 문제와 직결되어 있는 것으로 보인다. 이황은 '이발理發'의 이기설을 정립한 대표적 인물이라면, 이이는 '기발氣發'을 중심한 이기설을 정립한 대표인물로 꼽히기 때문이다. 이 두 선생의 철학적 견해에는 물론 근본 입장의 차이도 있는 것이겠지만, 그러한 이기설의 문제에 있어서는 용어의 의미성과 표현의 한계 등 난제도 내재되었으리라고 생각된다.

여기서 말하는 이기호발설理氣互發說은 리도 '발현'하고 기도 '발현'한다는 이론이다. 리가 '발현'한다고 보는 데에 문제의 초점이 있다. 원래 이 '발현'이란 말은 이기론에서 비롯된 것은 아니다. 그 처음은『중용』에서 볼 수 있다. 즉『중용』에

> 희로애락이 아직 발현하지 않았을 적을 '중'이라 하고 발현하여 모두 절도에 들어맞음을 '화'라 한다. '중'이라는 것은 천하의 대본大本이고, '화'라는 것은 천하의 달도達道이다[喜怒哀樂之未發謂之中 發而皆中節謂之和 中也者天下之大本也 和也者天下之達道也].

라는 데에서 '발發' 자의 사용처가 보인다. 희로애락으로서의 정감적 세계와 그 이전의 본성적 차원을 이어주는 기능적 의미로서 '발현'을 말하고 있는 것이다. 따라서 이 '발현'은 최소한 근원적 작용인의 속성을 갖는 것으로서 일종의 현상적 요인으로 간주된다. 감각계의 가능성은 '발현'에서 비롯되는 것이라고 하겠다. 또 한편 '발현' 이전의 경지를 '중'이라 하며 그것을 천하의 대본이라 하고 발현하여 절도에 들어맞은 상태를 '화'라 하며 이를 천하의 달도라 하였는데, 그러한 논리에 의거하여 볼 때, 이 '중'과 '화'의 관계

는 본체와 현상의 차원으로 이해됨직하다. 따라서 형이상과 형이하의 체體와 용用, 본本과 말末 등의 연계처가 곧 '발현'으로 가능한 것처럼 생각된다. 그런데 이 '발현'의 위치는 기의 입장으로 설정되고 그 발현의 소이연所以然으로 리를 말하는 것이 송나라 시대의 이기설의 일반적 견해이다.

그러나 이황은 리에도 '발현'의 가능성이 있음을 추구한다. 그 직접적 표현으로는 정지운의 「천명도天命圖」를 정정한 문구 중에 "사단은 리의 발현이고 칠정은 기의 발현이다[四端理之發 七情氣之發]"라는 이황의 표현이 있다. 여기서 이른바 사단은 인간의 본성적 요소인 인의예지의 각 단서가 되는 측은惻隱, 수오羞惡, 사양辭讓, 시비是非 등의 마음을 뜻하는 것으로서 일찍이 맹자가 말하였으며, 칠정은 『예기』의 「악기樂記」 편에 보이는 희喜 · 로怒 · 애哀 · 구懼 · 애愛 · 오惡 · 욕欲으로서의 일곱 가지 인간의 감성면을 지적하는 것이다. 정지운은 이 사단과 칠정의 이해에 있어서 이기와 선악의 측면을 포함하여 「천명도」의 일부를 구성하였는데, 이황의 검토 과정에서 이를 수정받기에 이른 것이다. 앞의 인용에서 보이는 것처럼 이황은 '순리純理', '겸기兼氣'와 '무불선無不善', '유선악有善惡'의 표현을 리와 기로 좁히고 있다. 또한 '발현[發]' 자의 사용처를 보면, 이황은 '이지발理之發' · '기지발氣之發'이라 하여 리와 기를 위주하여 '발현' 자를 사용함을 발견하게 된다. 즉 사단 · 칠정의 인성론에서 이기로서의 우주론적 차원으로 그 깊이를 더해감을 볼 수 있다. 그런데 여기 이황의 개정에서, 사단과 칠정을 리와 기로 이분하여 표현되는 문제로서 리와 기를 별개의 것으로 분리하여 보게 된다는 의심을 낳게 된다. 그리하여 그 후 기대승과의 논변은 이로부터 시작된다. 이황은 정情에서 사단과 칠정을 나누어 보는 것은 인성人性에서 본성과 기품의 다름이 있다는 것과 같은 것이라 하여[115] 그 이분적 입장에 정당성을 부여한다. 그러나 사단과 칠정을 리와 기로 분언分言하는 데에는 의심이 있을 수 있음을 인정한다. 그리하여 결국 이황은 "사단은 리가 발현함에 기가 따르고 칠정은 기가 발현함에 리가 탄다[四端理發而氣隨之 七情氣發而理乘之]"[116]고 하여 사단과 칠정에 이기를 함께 겸하여 말하는 데 이른다. 이로 인하여 비록 사단칠정에 리와 기로 분언한다는 비난을 극복한 셈이 되기는 하였으나, '이발理發'이라고 하는 기본 입장에는 변함이 없음을 알 수 있다. 여기서 이황의 이기설의 특징 요소를 발견하게 된다. 능동적 작위로서의 '발현'이 기에만 있는 것이 아니라 리에도 있다는 견해로서, 이른바 '이발', '기발'이라는 호발설互發說을 지속하여 나아간다. 그런데 '발현'이라고 하는 의미는 현상적 작용인이라는 그 한계성을 가지고 있는데 어떻게 '리의 발현[理發]'이 가능할 수 있느냐 하는 문제점을 가지게 된다. 따라서 '리의 발현'에서의 '발현'의 의미는 '기의 발현[氣發]'에서의 '발현'의 뜻과 동일하게 간주될 수는 없는 것으로 이해된다. '리의 발현'의 '발현'은 감각계를 벗어나지 않을 수 없는 것이기 때문이다. 그러므로 이 '발현'에 대한 올바른 파악은 그의 이기설을 이해하는 첩경이 되는 것으로 간주된다.

이황은 이발기발설理發氣發說에 관하여 다음과 같이 말하고 있다.

> 무릇 리가 발현하여 기가 따른다는 것은 리를 위주로 하여 말한 것이지 리가 기 밖에 있다는 것이 아닌바 사단이 이것이다. 기가 발현하여 리가 탄다는 것은 기를 위주로 하여 말한 것이지 기가 리 밖에 있다

115 위와 같음, 卷16「答奇明彦(論四端七情第一書)」"情之有四端七情之分 猶性之有本然氣稟之異也"

116 위와 같음, 卷36「答李宏仲問目」"天下無無理之氣 無無氣之理 四端 理發而氣隨之 七情 氣發而理乘之"

는 것이 아닌바 칠정이 이것이다.[117]

라고 하였다. 기 외에 리, 리 외에 기가 있을 수 없다는 불리성不離性의 원칙을 지켜가면서 '이주理主', '기주氣主'라 하여 그 입언처立言處를 분명히 하고 있다. '발현'의 시발점을 리와 기 양자에 각각 설정하고 있다. 사단의 발현은 리를 위주로 한 발현의 현상으로, 칠정의 발현은 기를 위주로 한 발현의 현상으로 파악한 것이다. 또 그는 "리의 발현인 것은 오로지 리를 가리켜 말하고, 기의 발현인 것은 리와 기를 섞어 말한 것이다"[118]라고 하였다. 여기서 이황의 이기호발설理氣互發說의 진면목을 볼 수 있게 된다. 현상의 입장에서는 앞 인용문 후부에 해당되는 것으로서, 이기를 겸하여 발현을 말하니 의심의 여지는 없다. 그러나 이발을 말하는 것은 오직 리만을 가리켜 말함이라고 하는 앞부분의 지적에는 주목이 간다. 이처럼 리만을 전지專指하여 이발을 주장하는 경지가 호발설互發說의 핵심적 입장으로 간주된다. 한편 리가 감각적 대상 이상의 것이라고 파악될 때, 과연 그 리만을 가리켜 발현을 말할 수 있겠느냐 하는 의심이 나며, 여기서 그 표현의 한계점을 가지게 된다. 그러나 '리의 발현'에서의 '발현'은 최소한 리에서만 말하여지는 것이기 때문에 '기의 발현'에서의 '발현'과는 다른 차원임을 재확인할 수 있다.

하여튼 형이상의 초감각적 입장에서 '리의 발현'을 인정하는 단계에는 리에 대한 뚜렷한 이해가 요구되지 않을 수 없다. 왜냐하면 그리가 작위의 속성이 없는 죽은 물건[死物]으로서의 리로 파악된다면

---

117 위와 같음, 卷16「答奇明彥(論四端七情第二書)」"大抵有理發而氣隨之者 則可主理而言耳 非謂理外於氣 四端是也 有氣發而理乘之者 則可主氣而言耳 非謂氣外於理 七情是也"

118 위와 같음, 卷17「重答奇明彥」"其言是理之發 專指理言 是氣之發者 以理與氣雜而言之"

그 '발현'이 불가능할 것이라고 생각되기 때문이다. 그러므로 '리의 순수성'에서 살펴본 바와 같이 리는 죽은 물건이 아니라, 살아 있는 물건[活物]으로 본다는 입장에는[119] 대단히 큰 의의가 있는 것이라 하겠다. 또 리에 정의 · 계탁 · 조작 등이 없다는 주자설朱子說을 고수했던 오류를 술회하여[120] 그 능동적 작위성을 함유시키는 경우에는 '리의 발현'에 대한 이해의 난점을 더욱 극복 가능하게 하는 차원이라 하겠다. 이처럼 리를 활물活物로 간주하는 데에는, 깊은 사색이 요구되었을 것이고, 또한 그렇게 보고자 하는 이유가 있으리라 믿어진다. 여기서 깊은 사색이 요구되었을 것이라는 말은 '리의 발현'을 논할 때 그 논리적 표현의 한계를 어떻게 해결할 수 있느냐 하는 점을 중심하여 지적되는 측면이다. 또 그처럼 주장하는 이유의 근저에는 순선한 리의 순수성을 높이며 동시에 인간 본연성을 확보하려는 의지가 내재된 것으로 보인다. 이황은 말하기를

> 리인데 기의 따름이 없다면 작동하여 나올 수 없고, 기인데 리의 탐이 없다면 이욕에 빠져 금수가 되니 이것은 바뀌지 않는 정해진 이치이다.[121]

라고 하였다. 리기의 일면을 위주하는 경우에 따라 기대되는 결과적 입장을 밝히고 있다. 그런데 인용문 앞부분에는 논리적 모순이 없으나 후부에서는 문제점을 발견하게 된다. 즉 '기인데 리의 탐이 없음[氣而無理之乘]'이라면 결국 금수가 되는 것으로 보았는데, 사실

119 위와 같음, 卷18「答奇明彦」〈別紙〉"殆若認理爲死物 其去道不亦遠 甚矣乎"

120 위와 같음, 卷18「答奇明彦」〈別紙〉"滉所以堅執誤說者 只知守朱子理無情意無計度無造作之說"

121 『退溪文集』卷36「答李宏仲問目」"理而無氣之隨 則做出來不成 氣而無理之乘 則陷利欲而爲禽獸 此不易之定理"

은 리 없는 기의 존재가 불가능하다는 근본원칙을 생각할 때, 금수의 존재에도 리는 없을 수 없게 된다. 그렇다면 '기인데 리의 탐이 없음'을 어떻게 보아야 할 것이냐 하는 점에 부딪히게 된다. 그 뒤의 '이욕에 빠진다[陷利欲]'란 말을 조심해볼 때 그것은 유욕적有欲的인 기가 위주되어 이른바 순선한 리의 기능이 덮인 경우로 이해된다. 즉 기가 위주되는 인간 존재라면 금수와 다를 바 없다는 것이다. 여기에는 인간의 신성한 존엄성과 도덕적 윤리의 확보 의식이 깊이 함유된 느낌이다. 곧 성리학 수양론에서 기본이 되는 '천리를 보존하고 인욕을 막는다[存天理 遏人欲]'라고 하는 순수 자아 정립의 문제와 직결된 것으로 파악된다. 이러한 면을 주목하여볼 때 '이발'의 의미를 『중용』의 이른바 '솔성率性'의 뜻과 같은 것으로 이해하려는 태도에[122] 긍정이 간다. 이 '솔성'이란 '성즉리性卽理'의 원리에 따라 보면 순수 리를 따른다는 의미를 갖고 있다. 따라서 이황의 '이발'에서의 '리'는 '소이연'으로서의 리라기보다는 '소당연'의 입장에서 보는 정당성의 리라는 성격을 갖는 것이라고 해석된다. 특히 이기가 공존하는 인간의 일신상에 있어서는 더욱이 기가 위주될 수 없다는 태도이다. 유욕적 기에 빠질 것 같으면 인간 본성이 상실되어 짐승에 가까워진다고 보는 것이다. 인간 본연의 순수성 정립은 바로 이 순수한 리의 발현처를 잃지 않는 데서 가능하다고 보는 것이라 하겠다. 이러한 입장은 『맹자』의 사단을 파악하는 데에서도 표현되고 있다. 즉 맹자가 '인의 단서[仁之端]'·'의의 단서[義之端]'라 하는 것은 오직 순수한 리의 발현처에서 말한 것이라 하고[123] 이러한 순수한 리의 발현은 곧 인간 본성의 순선에 동질적 차원으로

122 蔡茂松, 「退栗性理學 比較硏究」, 82쪽.

123 『退溪全書』 卷16 「答奇高峰(論四端七情第二書)」 "孟子所指 不在乘氣處 只在純理發處 故曰仁之端義之端"

간주되고 있다.[124]

이상으로 이황의 이기호발설 가운데 중심부가 되는 '이발'의 문제에 주목하여 살펴보았다. 그의 호발설에 관하여는 그 보는 입장에 따라 수긍과 반론이 있게 되리라 본다. '발현'에는 작위라고 하는 현상적 속성이 내재되어 있기 때문이다. 사리면事理面을 위주로 했을 경우에 호발互發의 부당성을 지적할 수 있는 것이겠으나, 이황은 '기의 발현'에 만족하지 않고 '리의 발현'을 역설하였던바, 그 근저에는 창조의 순수성, 인간 본연성의 확보, 주체의 인식 등 여러 문제의 절실한 요구가 전제된 것으로 생각된다.[125] 다만 '리의 발현'에서의 '발현'은 '기의 발현'에서의 '발현'의 의미와 같은 것이 될 수 없다는 점에 설명의 어려움이 있게 된다. 이황의 호발설에 관련하여 이이는 그 부당성을 지적한 바 있다.

> 천지의 변화는 곧 나의 심의 발현이다. 천지의 변화에 리의 변화하는 것에 기의 변화한 것이 있다면 나의 심에 또한 리의 발현과 기의 발현이 있음은 당연하다. 그런데 천지에 이미 리의 변화와 기의 변화의 다름이 없음인데 나의 심에 어찌 리의 발현과 기의 발현의 다름이 있으리오. 만일 나의 심이 천지의 변화와 다르다면 내가 알 바 못 된다.[126]

고 하였다. 여기 '발현'의 논리가 정연함을 본다. 그러나 한편 천지의

124 위와 같음, 卷16「答奇高峰(論四端七情第二書)」〈後論〉"孟子之意 但指其粹然從仁義禮智上發出底說來 以見性本善 故情亦善之意而已"

125 졸저,『退溪의 哲學思想硏究』, 58쪽.

126『栗谷全書』卷9「答成浩原(壬申)」"天地之化 卽吾心之發也 天地之化 若有理化者氣化者 則吾心亦當有理發氣發者 天地旣無理化氣化之殊 則吾心安得有理發氣發之異乎 若曰吾心異於天地之化 則非愚之所知也"

변화가 곧 나의 심의 발현이 된다는 것은 당연하나, 나의 심의 발현이 곧 천지의 변화라고 보기는 어렵지 않을까 하는 생각이 된다.

일반적으로 이황의 '리의 발현'설에 근거하여 그의 이기설의 두 근원을 주장하는 듯 이기이원론理氣二元論으로 간주하기도 한다. 그러나 그의 존리적尊理的 경지를 잘 살펴보면 그와 같이 쉽게 단정할 수 없음을 알게 된다. 이황의 궁극적 경지는 태극의 주재와 심의 통섭統攝에 있다고 생각되는바 리와 기, 성과 정의 양면을 말한다 하더라도 결국 그러한 '일一'에로의 추구를 잃지 않는 것으로 보이기 때문이다.[127] 바로 리를 존귀하게 여기는 입장도 이원二元이 아닌 일원一元에의 확인을 위한 방향으로 파악될 때 그 진의가 드러나는 것이라 하겠다. 이와 관련하여 주목되는 지적은 성정性情에서 '발현'의 문제를 볼 때 성정을 고인 물과 흐르는 물에 비유하면서 동시에 그것들은 같은 물이라고 설명하는 데[128]에서 찾아진다. 성과 정을 동질적 일원으로 보고 있다. 또한 이것은 리와 기의 일원적 관계와 그 묘처를 밝히는 입장으로도 이해된다.

이상에서 살펴본 이기설은 그의 성리학 가운데 주요 부분으로 높이 평가된다. 그 한국 성리학사적 의의는 기대승과의 사칠논변을 알아본 뒤에 종합하여 정리하기로 한다.

---

127 졸저,『退溪의 生涯와 思想』103쪽.

128『退溪全書』『退陶先生言行通錄』卷2「類編 · 學問第一」"問未發是性已發是情否 曰 譬如水之瀦 瀦爲性流爲情 瀦者出而爲流 流者自乎瀦 瀦與流 水豈有異哉〈勿庵錄〉"

Ⅳ. 이퇴계와 기고봉의 사칠논변

1. 퇴계 · 고봉 사칠논변의 발단

이황 성리학에 있어서 이기론의 인성론적 전개는 기대승과의 논변을 중심으로 심화되어 나타난다. 그 논변의 직접적 발단은 1553년 이황이 정지운의 「천명도」를 수정하는 일에서 비롯된다. 즉 수정 작업한 지 6년 뒤인 1559년 이황 59세, 기대승 33세 때에 그 수정 내용을 발단으로 하여 1566년까지 근 8년에 걸쳐 수차의 왕복서한으로 전개된다. 우선 논변의 쟁점에 들어가기에 앞서 원인이 된 「천명도」의 작성과 개장 경위에 대하여 알아보기로 한다.

「천명도」에서 '천명天命'이란 말은 『중용』의 "하늘이 명한 것을 성이라 한다[天命之謂性]"에서 비롯된 것이다. 이 '천명'에는 인간 해석의 근원적 의의가 간직되어 있는 것으로 전제된다. 그러므로 그 「천명도설」에서 금수와 초목의 위치도 밝히고는 있으나, 특히 인간 심성정心性情의 우주론적 이해를 위주로 하여 그 본질면을 드러내고 있다. 즉 하늘[天]과 인간[人]이 일여一如하다는 기반에서 인간 본연의 존재 · 인식 · 가치 등의 입장에서 분석하고 설명하는 종합적 도식이다. 이 중에서도 이기의 인성론적 해석이라는 면이 주목되는바, 이는 본 논변의 핵심이 되는 것이면서 동시에 한국 성리학의 한 특징을 이루는 시원적 의의를 갖게 된다.

한편 「천명도」를 작성한 정지운은 김정국(金正國)의 제자로서 일찍이 성리학에 뜻을 두고 공부해온 학자였다. 그의 「천명도」가 있기 이전에도 성리학에서 도식화한 도설이 많이 있었는데 그 대표적인 것으로 주돈이의 「태극도설」과 권근의 「천인합일도설天人合一圖說」을 흔히 든다. 그런데 권근의 「천인합일도설」은 정지운의 「천명도」 작성에 영향된 바 큰 것으로 해석되기도 한다.[129] 종전의 전래 학문을 충분히 연구했을 것이므로 그것과 전혀 무관한 것이라고 말하기는 어렵다 하겠다. 정지운의 「천명도설서문天命圖說序文」에 보면 그 작성 경위와 개정 경과를 알 수 있다. 그에 따르면 정지운은 김정국 문하에서 수학하던 중 선생께서 조정의 소환을 받고 나아가니 그 의귀처依歸處를 잃게 되어 집에서 동생 정지림鄭之霖과 강학하였는데 하늘과 사람의 도를 논하는 데 이르러서는 주자의 사람과 만물의 성설性說과 다른 제설을 참조하여 일도一圖를 만들었다고 하였다. 일찍이 그 맨 처음 만든 것을 김안국과 김정국 두 선생께 보인바, 크게 잘못된 것이라고 책언을 듣지 않았으나, 자신의 생각이 다 채워지지 못한 것으로 여겨져 그 후에도 많이 고친 것으로 나타난다. 그 경위에 대해서는 위에서 말한 서문과 이황의 「천명도설후서天命圖說後序」에 기재되어 있다. 그 기록에 의하면, 이황은 맨 처음의 도설뿐만 아니라 많이 고친 것에도 잘못됨이 있다고 지적하면서 잘못된 부분은 바로 잡아야 이미 타계한 두 선생께도 누를 끼치지 않는 일이 되지 않겠느냐고 하니, 정지운은 기다린 듯이 흔쾌히 수긍하여 자신의 의사를 밝히면서 이황의 수정을 받은 것으로 보인다. 그 해가 1553년이니 정지운이 처음 그림을 그린 지 10년 뒤가 된다. 이황의 의견에 따라 개정된 「천명도」를 「천명신도天命新圖」라 하고 그 이전의 것은 「천명구도天命舊圖」라고 일컬어져 전해진다. 그 개정 내용은 신구도新舊圖의 비교와 이황의 「천명도설후서」에서 자세히 볼 수 있지만 가장 주목되는 곳은 "사단은 리의 발현이고, 칠정은 기의 발현이다[四端理之發七情氣之發]"라고 하는 부분이다. 그런데 이에 해당되는 「천명구도」의 설명을 볼 때 정지운의 서문이 있는 「천명도설」 판본에서는 "사단의 발현은 순수한 리이므로 선하지 않음이 없고 칠정의 발현은 기를

---

129 이상은 『퇴계의 생애와 학문』 참조.

겸하였으므로 선악이 있다[四端之發 純理故無不善 七情之發 兼氣故有善惡]"라 하였음에 비하여, 『퇴계전서』 판본에는 "사단은 리에서 발현하고 칠정은 기에서 발현한다[四端發於理 七情發於氣]"라고 하였으니, 그 서로 다른 구도舊圖에 대하여 의심이 있을 만하다. 그러나 여기서는 후자의 표현을 따르기로 한다. 한편 「천명신도」의 내용은 두 판본에서 동일한 것으로 되어 있다. 하여튼 「천명도설」에 대한 논의와 수정은 정지운과 이황 사이에서 일어났으나, 그 내용에 관한 논변은 수정한 지 약 6년 뒤에 이황과 기대승 사이에 일어남을 보게 된다. 즉 기대승과의 사칠논변四七論辨의 발단은 「천명구도」에 대한 개정 가운데 "사단은 리의 발현이고 칠정은 기의 발현이다"라고 주장한 부분에서 비롯되었던 것이다. 이때는 기대승이 30대 중반에 접어들어 논리적 사유가 왕성할 때이고 이황은 60대를 바라보는 원숙한 경지에 이르는 시기이기도 하다. 그 왕복서한에서 느껴지는 바이지만 젊은 학자에 대한 노학자의 논변 태도는 철학적 진면을 밝히려는 의지에 있어서 대단히 진실되며 허심했던 입장으로 지속되고 있는 사칠론四七論에 관한 서한도 기대승보다 앞서서 전하고 있는 일에 있어서도 그 주목되는 바이다.

기대승에게 보내는 사칠리기설四七理氣說의 맨 처음은 1559년 기미년己未年의 「여고봉서與高峰書」에서 보인다. 여기서 이황 자신의 견해를 어느 정도 밝히고 있다. 이황은 정지운의 「천명도」를 수정한 내용에 관하여 사우士友들 간에 문제가 되었던 것으로 말하고는 있으나, 기대승이 직접 이황에게 질문한 사실이 있었는지에 관하여는 분명하지 않다. 그러나 그 문제될 만한 부분에 관하여 이황은 다음과 같이 말하고 있다. 즉

> 사우들 사이에 사단칠정설四端七情說을 논하는 바를 전해 들었는데, 나의 생각도 또한 일찍이 고친 말이 온당치 못함을 스스로 병통으

로 여겨오던 참이었습니다. 심한 반박을 받으니 더욱 소무疎繆하였음을 알게 되어 고쳐 이르기를 사단의 발현은 순수한 리이므로 선하지 않음이 없고 칠정의 발현은 기를 겸하였으므로 선악이 있다고 하였는데 이와 같이 말하면 병폐가 없을지 모르겠습니다.[130]

라고 하였다. 사우들의 논란됨을 일단 받아들이고, 수정했던 "사단은 리의 발현이고 칠정은 기의 발현이다"에 대하여 "사단의 발현은 순수한 리이므로 선하지 않음이 없고 칠정의 발현은 기를 겸하였으므로 선악이 있다"라 하면 괜찮겠느냐는 의사를 표명한 것이다.

이제 그 구체적 논쟁은 뒤에서 살피기로 하고 문제의 시발은 사단과 칠정으로서의 인성론적 입장이 이기의 우주론적 입장과 관련하여 '발현[發]'의 이해에 관한 분야에서 비롯되게 된다. 이는 바로 심성론에서 '발현'의 문제가 심화되는 측면이다. 이미 전항에서 밝힌 바 있지만 사단은 측은 · 수오 · 사양 · 시비의 마음으로서 인 · 의 · 예 · 지라고 하는 인간의 선천적 순수성의 발로이다. 이것은 맹자의 선천적 성선性善의 인간 본성을 설명하는 요체로서 유교적 인간 해석의 본질적 의의를 지향하고 있는 것이다. 또한 공자의 "성은 서로 가깝다性相近"의 의미에 근원되는 점이기도 하다. 한편 칠정은 『예기』「예운禮運」편에 "무엇을 사람의 정이라고 하는가? 희喜 · 로怒 · 애哀 · 구懼 · 애愛 · 오惡 · 욕欲이다. 일곱 가지는 배우지 않아도 가능한 것이다"[131]라는 말에서 보이듯이 인간의 보편적 감정을 말하고 있는 것이다. 그 후 송나라 시대의 정이程頤는 「안자소호하학론顔子

130 『退溪全書』 卷16 「與奇明彦(大升○己未)」 "又因士友間 傳聞所論四端七情之說 鄙意於此 亦嘗自病其下語之未穩 逮得砭駁 益知疎繆 卽改之云 四端之發 純理故無不善 七情之發 兼氣故有善惡 未知如此下語無病否": 『高峰全集』 『兩先生四七理氣往復書』 上篇 「退溪與高峰書」 참조: 졸저, 『退溪의 生涯와 思想』, 116쪽.

131 『禮記』 「禮運」 "何謂人情 喜怒哀懼愛惡欲 七者不學而能"

所好何學論」에서 오성五性과 칠정七情을 밝히면서 그 정을 잘 단속하여 중中에 합하도록 할 것을 중시하고 있음[132]은 주목되는 부분이다. 이처럼 사단과 칠정은 인간의 보편적 성정을 이루는 기본요소로 간주된다. 이에 '발현[發]'의 문제를 관련하여 볼 때 일찍이 『중용』에서는 희·로·애·락의 인정人情이 감발感發되는 전前과 후後의 입장에서 이른바 '중中'과 '화和'의 사이에 그 성격을 설정하고 있는 것으로 이해된다. 그러나 이러한 성정론에 있어 이기와 '발현'의 연계적 해석을 어떻게 설명할 수 있겠는가 하는 점에 있어서는 문제가 된다. 따라서 사단과 칠정의 관계와 이기의 발현에 대한 종합적 이견에서 이황과 기대승의 논변은 시작되는 것으로 보인다.

2. 퇴계·고봉 사칠논변의 전말

일반적으로 불리는 퇴고사칠논변退高四七論辨의 전체에 관하여 알아보기로 한다. 그런데 여기서 왕복서한에 따라서 그 쟁점의 요체가 되는 부분을 위주로 해서 요약하여 전개하기로 한다.

A. 퇴계여고봉서

이것은 정지운의 「천명도」를 개정함에 관련하여 사칠론四七論에 대하여 이황이 처음으로 기대승에게 보내는 서한이다. 1559년 기미년己未年에 있었는데 그 내용의 요점은 앞 논변의 발단에서 밝힌 바와 같다. 즉 사우들 간에 논의되고 있는 "사단은 리의 발현이고 칠정은 기의 발현이다"라고 한 것을 "사단의 발현은 순수한 리이므로 선

132 『二程全書』 卷43 「顏子所好學論」 "五性具焉 曰仁義禮智信 形旣生矣 外物觸其形而動於中矣 其中動而七情出焉 曰喜怒哀樂愛惡欲 情旣熾而益蕩 其性鑿矣 是故覺者約其情使合於中"

하지 않음이 없고 칠정의 발현은 기를 겸하였으므로 선악이 있다"라고 고치면 폐단이 없겠느냐고 기대승에게 제의한 것이다.

B. 고봉상사단칠정설

이황의 서한에 대하여 기대승이 답서를 겸하여 자신의 소견을 처음으로 이황에 밝히는 입장이다. 그 주요 부분을 보면 다음과 같다.

> 대개 사람의 심이 발하지 않은 것을 성性이라 하고 이미 발한 것을 정情이라 이르는데 성은 선하지 않음이 없고 정은 선악이 있다고 하는 바 이것은 확실한 이치입니다. 다만 자사와 맹자가 말하는 것이 같지 않은 까닭에 사단과 칠정이 구별이 있을 뿐이지 칠정의 밖에 다시 사단이 있는 것이 아닙니다. 이제 만일 사단은 리에서 발하여 선악이 있다고 말할 것 같으면 이는 리와 기가 판이하여 두 물건으로 만드는 것이니 이렇게 되면 칠정은 성에서 나오는 것이 아니며 사단은 기에 승재乘載하지 않는다는 것입니다. 이것은 어의語意의 병통됨이 없을 수 없으니 후학의 의심을 없앨 수 없는 것입니다. 만일에 또한 사단의 발현은 순수한 리이므로 선하지 않음이 없고 칠정의 발현은 기를 겸한 것이므로 선악이 있는 것이라 하여 고친다면 이전의 설보다도 조금 나은 것 같으나 저의 생각으로는 또한 만족하지 못합니다. 대개 성이 발할 즈음에 기가 용사用事치 못하여 본연의 선이 직수直遂되는 바가 바로 맹자가 말하는 사단입니다. 이것이 참으로 순수한 것 곧 천리天理의 발한 바이나 칠정의 밖에서 나올 수 있는 것이 아니요, 이에 칠정 가운데에서 발현하여 중절中節하는 것의 묘맥苗脈입니다. 그런즉 사단과 칠정을 상대적으로 드러내 호언互言하여 순수한 리라 하고 기를 겸한 것이 하는 것이 가하겠습니까? 인심과 도심을 논할 때는 이와 같은 설이 혹 옳을 줄 모르나 사단과 칠정에 있어서는 아마도 그와 같이 말할 수는 없을 것입니다. 대개 칠정은 오로지 인심人心으로만 보아서

는 불가할 것입니다. 무릇 리는 기의 주재이며 기는 리의 재료이니, 이 두 가지는 진실로 분별됨이 있으나 그 사물에 있어서는 참으로 혼륜되어 분개分開할 수 없을 것입니다. 다만 리는 약하고 기는 강하며, 리는 조짐이 없으나 기는 행적이 있는 까닭에 그 유행하고 발현할 때에 과불급過不及의 차이가 없을 수 없게 되니, 이는 칠정의 발현에 있어 혹은 선하고, 혹은 악하여 성의 본체가 혹 온전할 수 없음이 있는 까닭이 되는 것입니다. 그러나 그 선한 것은 천명天命의 본연이요 악한 것은 기품氣稟의 과부급인 것이니 이른바 사단칠정이란 처음부터 두 가지 뜻이 있는 것은 아닙니다.[133]

수정하여 제시한 이황의 견해 즉 "사단의 발현은 순수한 리이므로 선하지 않음이 없고 칠정의 발현은 기를 겸하였으므로 선악이 있다"라고 한 데 대하여 종전의 설명보다는 좋다고 보았다. 그러나 기대승은 이에 만족하지 못하고 사단과 칠정은 서로 다른 근원에서 비롯되는 것이 아니라 같은 정에 속하는 것으로 보고 칠정 속에 사단이 포함되는 것으로 말한다. 동시에 리와 기는 분별처가 있으나 실재에 있어서도 떨어질 수 있는 두 물건이 될 수 없다는 논리를 위주로 그 불리성不離性을 바탕으로 하여 자신의 소견을 설명하고 있다. 이에 대하여 이황은 본격적으로 사칠리기변을 지어 답하는 서신을 보낸다.

C. 퇴계답고봉사단칠정분리기변

여기서는 사칠리기관四七理氣觀의 종합적 견해를 밝히고 있다. 처음으로 직접 기대승의 답신을 받고 그 소견을 생각하며 변론한다는 점에서 중요성을 갖는다. 『고봉집』에는 내용 전개에 따라 12절로 표

133 『高峰全書』『兩先生四七理氣往復書』 上篇 卷1 「高峰上退溪四端七情說」 참조.

시한 것으로 되어 있으나[134]『퇴계전서』에는 그 절의 표시가 없다. 아마 기대승이 조리 있게 생각하고자 논변에 편리하도록 구분한 것으로 보인다. 여기에서도 편의상 그 절에 따라서 내용을 요약하면 다음과 같다.

1절 - 사단칠정이라는 것은 정을 함께 말하는 것이지 이기로 분설分說하는 것은 보지 못하였다.

2절 - 정지운의 「천명도」에 "사단은 리에서 발현하고 칠정은 기에서 발현한다[四端發於理 七情發於氣]"라는 말이 있었는데, 이는 그 분별이 너무 심하여 순선純善 · 겸기兼氣 등의 말로 고쳐 서로 자료하여 강명講明코자 한 것이나, 그 말의 흠이 없다는 것은 아니다.

3절 - 바로 지적해준 점 놀랄 만하나 아직 의혹되는 바 있어 고쳐 보기는 하나 잘못된 점 바로잡아주기 바란다.

4절 - 사단도 칠정도 모두 정이나 그 말하는 측면이 다른 것이고, 이기는 체용관계에 있으면서도 리 없는 기, 기 없는 리란 있을 수 없는 것이지만, 또한 말하는 측면이 같지 않으므로 그 분별이 없을 수 없는 것이다.

5절 - 기를 섞어서 성을 말하면 성의 본선本善을 보지 못하는 것이 되며, 정에 있어 본연의 성과는 혼칭될 수 없다. 정에서 사단과 칠정의 분별은 성에 본연과 기품 차이가 있는 것과 같다. 이미 성에 있어 이기로 구분하여 말할 수 있는데 정에 있어서만 이기로 구분하여 말할 수 없겠느냐는 것이다.

6절 - 사단과 칠정의 발현은 심중心中을 벗어날 수 없으나, 그 근원

---

134 위와 같음, 『兩先生四七理氣往復書』 上篇 卷1 「退溪答高峯四端七情分理氣辯」 참조.

에서 나오는 바[所從來]로 말하는 측면에 기인하여 '주장하는 바[所主]'와 '중시하는 바[所重]'를 따라 본다면, 어느 것은 리이고 어느 것은 기라고 하는 데에 불가함이 없겠다는 점이다.

7절 - 이기의 서로 따르며 분리되지 않음[相循不離]을 너무 강조하여 사단과 칠정에 의의가 없다고 보는 점은 옳은 것 같으면서도 성현의 말에 어긋나는 바 있다.

8절 - 결코 하나의 설을 선입견으로 고집하지 말며, 같은 가운데 다름이 있고 다른 가운데 같음이 있음을 알아 그 분리되지 않고 섞이지 않는 성격의 본질에 밝아야 한다.

9절 - 공자의 '선을 계승하여 성을 이룸[繼善成性]'과 주돈이의 무극태극설無極太極說은 리와 기가 서로 따름[理氣相循] 가운데에서 리의 측면이며, 공자의 서로 가깝고 멀다[相近相遠]의 성과 맹자의 이목구비의 성은 리와 기가 서로 이룸[理氣相成] 가운데에서 기의 측면이 지적되어 말해진 것인바, 이들은 모두 같은 가운데 다름을 안 것이다. 또 자사가 희로애락을 말하나 사단을 언급하지 않고 정자가 칠정을 말하나 사단을 들지 않는 것 등은 다른 가운데 같음을 본 것이다.

10절 - '같음[同]'을 기뻐하고 '분리[離]'를 싫어하며 '혼전渾全'을 좋아하고 '분석'을 증오하며 리와 기를 하나의 물건으로만 보려 함은 온당치 못하다.

11절 - 자사와 맹자가 가리켜 말하는 바가 같지 않다고 말하면서 사단과 칠정에 다른 것을 지적함이 없다고 함은 모순이 아니랴. 분석을 싫어하고 합일만을 힘쓰게 되면 자신도 모르게 '기를 성으로 의논하는 것으로 아는[認氣論性]' 병폐에 빠져 인욕을 천리天理로 오인하는 병통에 떨어지게 된다.

12절 - 『주자어류朱子語類』 가운데 맹자가 사단을 논하는 끝 조목에서 "사단은 리의 발현이고 칠정은 기의 발현이다[四端是理之發 七情是氣之發]"란 말을 발견하였는데, 이 설을 본 뒤에 나의 소견에 큰 잘못이 없음을 더욱 확신하게 되었다.

이상은 기대승의 부분적 견해에 수긍하면서 그 문제됨을 지적하고 있는 부분이다. 그 기본 입장은 리와 기가 분리되지 않음을 긍정하나 그것을 지나치게 강조하여 리와 기의 섞이지 않는 성격이 경시될 수 없다는 점과, 사단과 칠정은 정에 속하는 것이나 사단은 리의 발현으로 순선한 것이며 칠정은 기의 발현으로 선악이 있는 것으로서, 서로 혼동될 수 없다는 견해로 요약된다. '선악이 있음[有善惡]'에서의 '선'과 '순선'에서의 '선'의 차원은 그 근원에서 나오는 바[所從來]에 있어서 같은 것이 될 수 없다는 태도이다. 이와 같은 이황의 변론에 대하여 기대승은 각 절마다 자신의 의견을 정리하여 답한다.

D. 고봉답퇴계논사단칠정서

기대승은 이황의 상세한 변론에 감사하며 후학을 선도해주길 청하면서 조목별로 다음과 같이 답하였다.

1절- 대개 사람의 정은 하나인바, 그 정되는 까닭은 이기를 겸하여 선악이 있기 때문이다. 이기의 묘합妙合 중에는 리를 전지專指하여 말하는 것이 맹자의 사단이고 혼륜渾淪하여 말한 것이 자사의 정인 것이며, 발현하여 절도에 들어맞은[中節] 것이 천명天命의 체體이며, 본연의 체는 맹자의 사단과 같은 것이고, 절도에 들어맞지 않은 것은 기품과 물욕의 소치로서 성의 본연은 아니다.

2절- 개정한 "사단의 발현은 순수한 리이므로 선하지 않음이 없고 칠정의 발현은 기를 겸함으로 선악이 있다"라 함은 그 전

것보다는 좋으나 역시 온당하지 않은바, 사단과 칠정을 대거호언(對擧互言: 상대하여 거론하고 서로 말함)하며 도식圖式의 위치를 달리하여 설명하는 데에는 두 정이 있는 것으로 의심하게 되며 선에 있어서도 '무불선無不善'의 선과 '유선악有善惡'의 선으로 하여 둘로 나누어 보게 되는 것이니 이는 옳지 못한 것이다.

3절 - 성정리기설性情理氣說을 깊이 공부하지도 못하고 자득한 바도 없는데 함부로 소견을 말해 죄스럽고, 그러나 이것은 부질없이 시비를 일삼자는 것이 아니라 경모敬慕와 탄복에 말미암은 데서 비롯되었다.

4절 - 입언立言의 측면이 다르기에 사단칠정이라 하나 본래 하나의 정임에는 변함이 없다. 성현이 사단칠정을 논할 때에 합해서 말할 때가 있고 구별하는 때가 있으니 주장하는 바[所主]와 중시하는 바[所重]를 따라 그 지의旨意를 잘 살펴야 한다.

5절 - 성에 있어 본성이라 하고 기품이라 함은 각각 이기로 나뉜 하나의 물건됨이 아니라, 하나의 성이 있는 그곳을 따라 말하는 것이며, 정은 본성에 인연해서 기질에 떨어져 있는 후에 발현한 것이므로 이기를 겸하여 선악이 있다고 하는 것이지 사단과 칠정을 이기로 분속시켜 정에 두 가지 발현을 인정할 수는 없다.

6절 - 리와 기로 분개分開하여 설명함이 지나칠 때 이른바 기라 할 것 같으면 리와 기를 함께 의미함이 아니라 오직 기만을 가리키는 것이 되는바, 결국 칠정이란 순수 기로만 설명될 것이니 잘못이다. 자사의 '화和'와 '불화不和'는 발현한 뒤에 나타나는 것이므로 '화'라 하더라도 리를 유리시킨 것이 아니다. 맹자의 성선정선설性善情善說도 자사에서 비롯되었으니 칠정이 기만 가리키는 것은 아니다. 정자와 주자의 설도 이에 부합된다. 기를 가리키는 데에도 리가 함께 있는 것이므로 분개할 수는 없다.

7절 - 사단칠정에 두 가지 뜻이 없다고 하는 것은 칠정 가운데 절도에 들어맞은 것이 사단이라 할 경우 실은 같은데 명칭이 다름에 있어서는, 그 위로 향하는 근원을 찾아볼 경우 두 뜻이 없다는 것을 뜻할 뿐이지 어찌 원래 그 다른 뜻이 없다 하랴. 다른 뜻이 없다 할 것 같으면 역시 성현의 뜻에 어긋난 것이다.

8절 - 독서궁리에 있어서 간절하고 긴요한 말씀이므로 가슴 깊이 간직하여 잊지 않겠다.

9절 - 리와 기는 서로 떨어져 존재하는 것이 아니니 정에 있어 리나 기로만 편지(偏指: 치우쳐 가리킴)하여 말할 수는 없다. 자사의 중화中和에서도 리를 함께 하고 있으므로 칠정이 리기를 겸한 것으로 파악해야 하는 것이지 기를 치우쳐 가리킬 수 없다.

10절 - 리와 기가 서로 분리되지 않는 성격에 의함에 있어 리와 기를 하나의 물건으로 보려는 것이 아니다. 사단도 기의 자연발현自然發見에 의하는 것이나 다만 그 그러한 까닭[所以然]이 리인 것이다. 사단은 리에서 발하고 칠정은 기에서 발한다는 주장에 있어 그 그러한 까닭을 지극히 의논하게 되면 칠정의 발현이 리의 본체가 아니라는 데 이를 수도 있다. 이기를 심히 구분하여 말하는 폐단을 살펴야 할 것이다. 나흠순羅欽順의 이기비이물설理氣非二物說과 같은 것은 아니다. 이기를 하나의 물건이라 하지 않았고 또 두 개의 물건이라고도 말하지 않았다.

11절 - 같은 정인데 사단 또는 칠정이라 이르는 것은 그 말하는 측면의 차이일 뿐이지 두 가지 정이 있는 것은 아니다. 또 기로서 성을 논함이 아니며 인욕으로 천리를 삼는 폐단은 마땅히 스스로 극복되어야 할 바이다.

12절 - 주자를 종사宗師로 모시는 것은 당연하나, 그가 말한 '리의 발현, 기의 발현[理之發 氣之發]'이란 것은 한때의 우발적偶發的인 것을 치우쳐 말한 것이니, 그 전후의 논설을 보면 이동곡절異同曲折을 이해할 수 있다. 후학은 일반론을 보아야지 특수면에만 집착하면 다른 사람까지 그르치게 한다.

이상에서 본 것처럼 기대승은 조목별로 자신의 견해를 밝히고 있다. 부분적으로 이황과 동의하는 바도 있지만 기본적으로는 입장을 달리함을 보게 된다. 기대승은 12절로 설명한 뒤에 자기의 소견을 종합하여 정리하고 있다. 기본은 앞에서 밝힌 것과 특별한 차이가 없다. 즉 이기 · 성정의 문제에 있어서 본원을 두 곳에 설정할 수 없는 것이라는 이론 전개를 위하여 주자설을 중심한 성리설을 원용하고 있다. 미발未發의 경지가 적寂 · 성性 · 허虛 · 중中 등으로 부리는 것 사이에는 이원적으로 이해할 수 없다는 입장이다.[135] 논리적 일관성을 중시하고 있다. 또 기대승은 이 답서의 말미에 지난번 이황에게 올린 첫 번의 답서에 미진했던 부분을 보충하고 있다. 여기서는 주로 "사단은 리에서 발현하고 칠정은 기에서 발현한다[四端發於理 七情發於氣]"의 표현을 바탕으로 논변이 계속되나, 이황이 기대승에게 처음 보낸 서한에도 고칠 내용은 밝혔어도 수정한 문제의 원문은 나타나지 않는다. 기대승은 그동안 정지운을 만나보고 자신의 견해에 별다른 이의가 없는 것을 확인하였다고 밝히면서[136] 이황의 이론에 대한

---

135 졸저,『退溪의 哲學思想研究』, 49쪽.

136『高峰全書』『兩先生四七理氣往復書』上篇 卷1「高峯答退溪論四端七情書」"然攷

논변의 적극적 태도를 취하였다. 이러한 기대승의 변서에 대하여 이황은 다시 다음과 같이 답변한다.

E. 퇴계답고봉비사단칠정분이기제일서개본

우선 종전에 보낸 제일서의 개본改本을 잘 살필 것을 당부한다. 즉 그는 이 글의 서두에서 말하기를

> 이전 서한의 말에 막히고 잘못됨[疏謬]이 있고 평정秤停을 잃은 곳이 있음을 알았기에 이제 전면에 개본을 옮겨 써드리니 그 가부를 살핀 뒤에 제이서를 보아주시고 회신하여 밝혀줄 것을 바란다.[137]

라 하고 정정한 것을 먼저 밝히고 있다. 그러므로 여기서도 그 개본된 내용을 정리하고 그다음 본 서한의 뜻을 보기로 한다. 개본의 내용을 살핌에 있어서 앞에 그 원본의 요점을 정리하였으므로 수정한 일곱 부분에 대해서만 고찰하기로 한다. 그 수정 내용은 다음과 같다.[138]

원본의 5절 가운데 "가리켜 말하는 바가 품부받아 태어난[稟生] 후에 있는 것인즉 또한 순수한 본연의 성으로 혼칭混稱할 수 없습니다"라는 말에서 '혼칭'을 '칭稱'으로 고쳐 '혼混' 자를 제거했다. 본연의 성과 기를 혼합하여 칭할 수 없다는 표현에서 본연의 성과 기를 더욱 분별하여 '본연의 성이라 할 수 없다'라고 고친 것이다.

다음 6절 가운데서 "칠정의 발현에는 주자가 본래 당연의 법칙[當

之說中則其意本亦如是故秋巒親見 鄙說亦不以此訶之也 如何如何"

137 『退溪全書』 卷16「答奇明彥(論四端七情第二書)」"知漑前書語有疎謬 失秤停處 謹已修改 今將改本 寫在前面 呈稟可否 其後乃繼以第二書 伏乞明以回教"

138 여기서 인용되는 원문들은「改本」에 있는 것이므로 분량상 그 원문 명기는 생략함.

然之則]이 있다 하였으니 리가 없는 것이 아니다"라는 부분을 "칠정의 발현에는 정자가 '중中에서 움직인다'에 이르고, 주자는 '각각 마땅한 바가 있다'고 하였으니 역시 이기를 겸한 것이다"라고 고쳤다. 정자의 '중에서 움직인다'는 말을 원용하면서 '리와 기를 겸한다[兼理氣]'란 표현으로서 기일변만 강조한 것이라는 오해를 없애도록 하였다. 칠정의 발현에 있어 리가 없지 않다는 입장을 이기를 겸하고 있는 것이라는 설명으로 함이 주목된다.

위에서와 같은 6절 가운데의 개정 부분이다. 즉 "중中에 있을 때에 순수한 리가 되고 발현하는 순간에 기와 혼잡된다 하여 외부에서 느끼면[外感] 곧 형기形氣인데 그 발현을 리의 본체라 하리오"라는 데에서 '리의 본체'란 말을 빼고 "그 발현함이 도리어 리가 되고 기가 되지 않는다고 하랴"는 말로 고쳤다. 칠정에서의 발현은 리가 아니요 기라는 면을 더욱 굳게 표현한 것이라 하겠다.

이것도 6절 속의 부분이다. 그 수정한 부분을 보면, "칠정은 선악이 정해지지 않았으므로 한 가지라도 있음에 잘 살필 수 없으면 그 올바름을 얻지 못하는 것이며 반드시 발현하여 절도에 들어맞은 연후에 화和라고 이른다"라는 부분을 "칠정은 본래 선한데 악에 흐르기 쉬우므로 발현하여 절도에 들어맞은 것을 '화'라 이르는 것이고, 한 가지라도 있음에 잘 살필 수 없으면 마음은 벌써 그 올바름을 얻지 못한다"라고 하였다. 사람의 성이 본래 선이라는 입장에서 칠정의 본의를 설정하고 혹 악의 방향이 드러남을 좀 더 투명하게 밝힌 곳이다.

이 다섯 번째 수정 부분 역시 6절에 해당되는 것으로 그 맨 끝의 표현이다. 즉 "사단과 칠정 두 가지가 비록 모두 이기에 벗어난 것이라 하지 않는다 하더라도 그 근원에서 나오는 바[所從來]에 기인하여 그 주장하는 바[所主]와 중시하는 바[所重]를 가리켜 말할 때에 어느 것은 리이며 어느 것은 기라고 하면 어찌 불가하다고 하랴"는 말에서, '주장하는 바'와 '중시하는 바'를 함께 일컫고 있는데 '주장하는 바'는 놓아두고 '중시하는 바'란 말을 빼고 있다. 이황도 여기서 '여소중與所重' 석 자를 고친다고 밝히고 있다. '주做' 자만 위주로 설명함으로써 리와 기의 섞이지 않는 성격과 그 근원에서 나오는 바[所從來]의 구별을 확실히 하려는 태도로 보인다.

9절 가운데에서는 "공자가 '서로 가깝고 서로 멀다[相近相遠]'의 성을 말하고 맹자는 이목구비의 성을 말하였는데 이는 모두 이기가 서로 이루어진 가운데 한쪽을 가리켜[偏指] 오직 기만을 말한 것이다"라는 말의 끝을 고친다. 즉 '한쪽을 가리켜 오직 기만을 말한 것'이라는 것을 '함께 가리켜[兼指] 주로 기를 말한 것'이라 하였다. '편지偏指'를 '겸지兼指'라 하여 기대승의 의사를 존중하는 듯하면서도 '독언기(獨言氣: 기만을 말함)'를 '주언기(主言氣: 주로 기를 말함)'라 수정함에 있어서는 이황 자신의 기본 입장을 확고히 하고 있음을 본다.

10절의 끝부분의 수정이다. 이황은 원본에서 "근세에 나정암(羅整庵: 나흠순)은 이기가 두 물건이 아니라는 설을 주장하며 주자설이 잘못이라는데, 이른바 이는 내가 궁구하여도 미달해서 그 가리킴을 말할 수 없는 것이었는데, 보내온 뜻이 또한 이와 같은 것이다"라고 하였는데 이 말은 모두 빼고 다른 말로 보충한다. 그 내용은 "진실로 이기를 하나의 물건으로 여겨서 나눌 바가 없다고 할 것 같으면 내가 심히 알 바 아니다. 그러나 과연 하나의 물건이 아닌 것이며 구별되는 바가 있는 것이므로 본체의 밑에 '연야然也' 두 글자를 붙여야 할 것인즉 어찌 도식에 있어서만 오직 분별하여 말함이 불가하리오"라는 것이다. 표면상으로는 나흠순의 이기가 두 물건이 아니라는 설을 피하고 있지만 의미상으로 본다면 이기가 결코 하나의 물건일 수 없음에 대하여 별 변동이 없는 것을 발견하게 된다.

이상과 같이 이황의 수정 내용을 부분적으로 요약하였다. 여기서 '겸兼' 자를 몇 군데 활용함으로써 분리되지 않는 성격[不離性]을 지향하여 견해를 전개하고 있지만, 오히려 섞이지 않는 성격[不雜性]을 방해할 수 없다는 입장을 굳게 하고 있다. 즉 근원에서 나오는 바[所從來]로서의 리와 기를 분명히 구별하고 사단과 칠정의 분별을 확실히 하려는 태도이다. 이러한 첫 번째 서한의 개본을 미리 정리하여 보게 한 다음, 기대승의 논변에 답하는 두 번째 서한을 전개한다.

F. 퇴계답고봉비사단칠정분이기변제이서

여기서 이황은 기대승의 12절 논별을 받고 자신의 견해와 비교하여 설명한다. 이론 전개에 있어서 합일되지 못하는 부분을 다섯 가지 경우로 정리하고 소견의 차이가 심한 것에 대하여는 구체적으로 조목별로 변론하고 있다. 먼저 문제되었던 부분에 대한 이황의 말을 보기로 한다. 그는 두 번째 서한의 본론을 서술함에 있어서 "대개 보내준 말씀에 본래 병통됨이 없는데 내가 착가하여 제멋대로 의논한 것이 있고, 가르침을 받고 이미 말한 바에 평정秤停을 잃은 것이 있음을 자각한 것이 있고, 보내준 가르침과 내 생각이 본래 같아 차이가 없는 것이 있으며, 근본은 같으나 지엽이 다른 것도 있으며, 의견의 차이로 끝내 따를 수 없는 것도 있습니다. 이제 이 다섯 가지로 모아 조목별로 다음과 같이 구분하였습니다"[139]라고 하였다. 이처럼 크게 다섯 입장으로 기본을 전제하고, 그에 따라서 문제의 조항을 분류한다는 뜻이다. 그 내용을 보면 다음과 같다.

보내온 말씀에 병통됨이 없는데 황(滉: 이황)이 착각하여 망론한 것—10절에서 기의 자연발현이 곧 리의 본체가 그러하다는 조항이다.

---

139 『退溪全書』 卷16 「答奇明彦 論四端七情第二書」 〈改本〉 "蓋有來語本無病 而滉錯看妄論者 有承誨而自覺己語有失稱停者 有來誨與鄙聞本同而無異者 有本同而趨異者 有見異而終不能從者 今以此五者 彙分條列如左"

이것은 이미 고쳤다고 하였다. 앞에서 살핀 수정본의 일곱 번째에 해당되는 것으로, 이른바 나흠순 학설의 부분을 삭제하고 '하나의 물건이 아니다[非一物]'라는 보충설명을 가한 곳이다. 이황이 스스로 '제멋대로 말함[妄言]'이라 할 정도로 기대승의 소견을 그대로 긍정한 입장은 이곳뿐으로 보인다.

지적을 받고 이미 한 말에 평정秤停을 잃은 바가 있음을 자각하고 고친 것—6절에 칠정은 이 기를 오로지 함이 아니라는 설, 같은 절의 둘째 변론 가운데 정이 비록 경계[境]를 따르나 실은 중中에 말미암아 나온다는 설, 그 일곱 번째 변론 가운데 선악이 아직 정해지지 않음이라는 설, 또 9절에서 한쪽을 가리켜[偏指] 다만 기만 말한다는 설 등이다.

이상 네 개의 조항으로 말하고 있는데 이는 기대승의 주장에 동기가 되어 스스로 생각하여 수정하는 부분이다. 앞에서 본 수정본의 내용에서 이미 정리한 것과 같다.

보낸 말씀과 나의 견해가 근본에서 같아 차이가 없는 것—1절에서 『주자어류』를 인용하여 심성정心性情을 논한 삼조, 4절에서 주자가 잠실潛室 진식陳植에 답서한 것을 인용하여 취하여 말한 바를 밝히는 것이 부동한 점, 5절 주자설을 인용함에 있어, 제1조에서 기와 성의 서로 섞이지 않음[不相雜]을 밝힌 것, 제2조에서 기품의 다름과 천명이 역시 다른데 또한 성이라 이르지 않을 수 없음을 밝힌 것, 제4조에서 말한 천명의 성과 극본궁원極本窮源의 성, 제5조의 정자와 장자가 처음으로 기질을 말한 곳, 6절에서 『중용장구』, 『중용혹문中庸或問』, 연평설延平說을 인용한 곳, 또 정자의 「호학론好學論」, 주자의 동정설動靜說이 모두 칠정이 이기를 겸한다고 한 곳 등이다.

여기에서 지적되는 조목은 13항인데, 그 본질에서 이견이 없는 것으로 판단되니 다시 논의할 필요가 없는 것으로 말한다. 다만 주의를 환기시키려는 데 의의를 두는 것으로 이해된다. 그러나 다음에서부터 지적되는 항목에 대하여는 그렇지 않고 구체적인 변설을 한다.

근본은 같으나 지엽이 다른 것—1절에서 천지의 성[天地之性]은 리를 오로지 가리키고[專指] 기질의 성[氣質之性]은 이기가 섞인 것이며, 리의 발현은 진실로 그러하나 기의 발현은 기를 오로지 가리키는 것이 아니라는 곳, 5절에서 천지인물天地人物 상에서 이기를 분별하는 것은 해롭지 않으나, 성性 상에서 말하면 리는 기 가운데 떨어져 있으며, 정情을 논할 것 같으면 성이 기질에 떨어져 있어 이기를 겸하고 선악으로 분속시켜 온당하지 않다고 한 곳, 6절에서 첫째 번으로 칠정이 또한 인의예지에서 발현한다고 한 곳과 셋째 번 별도로 하나의 정이 있는 것이 아니라 다만 리에서 나오고 기에서 나오지 않는다는 곳과 넷째 번 '중中'에 이 리가 없는 것이 아니라 외물이 우연히 서로 느껴 움직이는 것인바 그 외물에 느껴 움직이는 것은 사단이 또한 그렇다는 곳과 다섯 번째로 이미 발현해서 기를 편승하여 행한다는 등에 사단 또한 기라고 말한 곳, 7절에서 그 위로 향하는 근원을 추구하면 두 의사가 없다고 한 곳, 8절에서 무릇 성을 말할 적에 기를 한쪽으로 가리키지 않는다고 운운하며 칠정이 또한 이기를 겸한다고 한 곳 등이다.

이상은 8개의 조항으로서 그 근본에 있어 같다고 생각되는 것이므로 그 본질면을 변론한다. 즉 뻗쳐 나아가는 지엽의 차이점을 지적하여 그 올바른 이해를 도모하고자 한다. 그러나 본질에 있어서도 다른 점이 있음을 끝으로 밝힌다.

의견의 차이로 끝내 좇을 수 없는 것—1절에서 실질은 같고 이름이 다른 것이니, 칠정 밖에 다시 사단이 있는 것이 아닌바, 사단과 칠정에 이의가 있지 않다고 한 곳, 2절에서 일반으로 말하면 불가할 것 없겠으나 도식에 드러내면 나뉨[離析]이 아주 심하여 사람들이 오해할까 걱정되며 혹은 불선이 없다 하고 혹은 선악이 있다 하여 사람들이 두 개의 정이 있고 두 개의 선이 있다고 의심할까 두렵다고 한 곳,

2절에서 보낸 변론 같은 것 즉 사단칠정에는 각각 근원에서 나오는 바[所從來]가 있어 다만 말하는 바가 같지 않은 것뿐만 아니라는 곳, 5절에서 주자설을 인용함에 있어 제4조 맹자는 가려서 말하고 이천伊川 정이程頤는 겸하여 말했으니 요컨대 분리할 수 없다는 곳, 6절 중 다섯 번째 보낸 변론에 칠정은 형기에 외감外感한 것이니 리의 본체가 아니라고 함은 심히 불가한 것인바, 만일 그렇다면 칠정은 성외의 물이라 운운하며 맹자의 기뻐 잠 못 이루는 것, 어찌 리의 본체가 아니라고 하랴고 말한 곳, 일곱 번째로 '하나라도 있는데 살필 수 없다면'으로 이어져 그 끝에서 근원에서 나오는 바[所從來]와 주장하는 바[所主]의 설이 잘못이라고 논한 곳, 12절에서 주자가 심이 이발已發이란 말을 잘못 안 지 오랜 뒤에 터득한바 이발과 기발이란 말은 우연적 발언에서 치우쳐 가리키게 된 것이라는 곳 등등이다. 이 9개 조항으로 된 끝부분의 입장은 이황과 기대승의 논변을 낳은 근본 입장으로 간주된다. 이 면에 관하여 이황은 끝내 동조될 수 없는 차이점으로 지적하면서 그 변석을 가하고 있다.

이황이 기대승의 12절 답변을 받고 자세히 비교 · 성찰 결과를 종합 정리하여 자신의 견해를 뚜렷하게 한 것이 이 두 번째 서한의 내용이다. 긍정되는 부분에는 수정과 확인으로 그 차이가 없음을 밝히고 아직 미흡한 점과 근본 입장이 다른 점은 별도로 설명하고 있다. 그 변설이 17개 항에 달한다. 즉 앞에서 본 근본은 같으나 지엽이 다르다는 부분과의 의견 차이로 끝내 좇을 수 없다는 부분의 항목에 관한 내용들을 변론한 것이다. 여기에서 일관하여 지속되는 이황의 입장은 사칠리기론에 있어 그 근원에서 나오는 바[所從來]가 같지 않다는 것이다. 즉 기대승은 '리와 기를 겸함[兼理氣]'과 절도에 들어맞음[中節]에 따른 '선'의 평가 등을 강조하여 사단과 칠정이 그 근원에서 오는 바에서 구별되지 않음을 주장하는 편이나, 이황은 기대승의 사단칠정 · 이기 · 선악의 혼륜설渾淪說을 긍정하면서도 그 주장하여 말하는 바가 다른 것임을 내세워 근원에서 오는 바의 같지 않음을 항상 강조하는 태도이다. 그 여러 변론 가운데 주목되는 곳을 보면 "대저 리가 발현하여 기가 따르는 것이 있은즉 리를 주로 하여 말할 수 있을 뿐이요, 리가 기에 벗어나지 않음을 이르니 사단이 이것이며, 기가 발현하여 리가 타는 것이 있은즉 기를 주로 하여 말할 수 있을 뿐이니 기가 리에 벗어나지 않음을 이르는바 칠정이 이것이다"[140]라고 말한 곳이다. 여기서 사단칠정과 관련하여 이른바 '리가 발현함에 기가 따르고 기가 발현함에 리가 탄다[理發而氣隨之 氣發而理乘之]'의 '발현'에 의론을 정립하고 있는 것을 볼 수 있다.

위와 같은 긴 답서에도 미진하여 후론을 추가하여 말한다. 후론은 아래와 같다.

기대승의 변설이 자신의 소견을 조목별로 구분하고 말미에 보충 설명하는 것으로 작성되어 있음에 비하여, 이황도 일단 견해를 정리하고 말미에 후론을 보충하고 있는 것을 보면, 그 응수의 뜻이 있는 것 같다. 그 이론 전개는 앞서 밝힌 태도를 지속하면서 주로 이발기발의 '발현' 문제와 이허설理虛說에 관한 설명이다. 여기 '발현'의 지향은 변설에서 밝힌 "리가 발현함에 기가 따르고 기가 발현함에 리가 탄다"의 입장으로 이어진다. 또 '이허설'에 대하여는 혹 노장老莊의 허무론虛無論에 빠질 걱정은 기대승과 같이하면서 이황은 그 구별을 더욱 강조하고 있다.

이상에서 본 것처럼 이황의 두 번째 답변 서한은 분석적이고 종합적인 장문의 것이었다. 그러한 논변에도 기대승은 만족하지 못하고 응변하기에 이른다. 기대승의 회신 내용은 다음과 같다.

---

140 위와 같음, 卷16「答奇明彦 論四端七情第二書」〈改本〉"大抵有理發而氣隨之者 則可主理而言耳 非謂理外於氣 四端是也 有氣發而理乘之者 則可主氣而言耳 非謂氣外於理 七情是也"

G. 고봉답퇴계재론사단칠정

기대승은 이황의 변설을 자세히 검토한 후 이황의 견해와 대비하여 전체적 입장을 밝히고 각 문제점을 따라 조목별로 소견을 전개한다. 먼저 그는 지적하는 언사 가운데 이해할 수 없다 하여 감정적 태도를 배제하지는 않았으나 대체로 소견이 합의될 가능성을 밝히면서 피차 버티어갈 것이 아니라 협력하여 가자는 의지를 전제한 뒤에 조목에 따라서 변론하고 있다. 전개는 이황이 답변한 순서에 따르고 있다. 여기서도 그 순서에 따라 요점을 요약하기로 한다.

a. 제일서 개본

사견으로 배척하기 위하여 하는 말이 아니라 하면서 자신의 표현이 이황에 완전히 이해되지 못하고 있다는 태도이다. 먼저 사단칠정을 이기로 분석한 다음의 어세에 편중이 있는 것 같아 사람을 자극하는 의심이 간다고 미안해하고, 사단칠정에 있어서 처음에 두 가지 뜻이 있는 것이 아니라는 데 대하여 다른 의론이 있지 않아 달리 지적함이 없다고 하는 것은 자신의 본의가 아니라고 하였으며, 이황은 기발氣發의 선과 순리純理의 선을 구별함에 대하여 기대승은 그 절도에 들어맞게 된 두 선은 차별될 수 없다는 변설 등으로 되어 있다.

다음에는 견해의 일치를 보지 못하여 이황이 변론했던 17개 항목을 분류하여 소견을 전개하고 있다. 이 중에서 '근본은 같으나 지엽이 다르다'는 입장에 대하여 이황이 이것도 자칫하면 끝내 합일될 수 없는 데로 귀결된다고 말함에 있어서 기대승은 근본이 같다면 결국 합일에 나아갈 수 있는 것이라고 강조한다.[141] 합일될 수 없음은 근본도 다르다는 의지가 내재된 것이다. 각 분류 항목의 소견을 보기

141 『高峯全書』『兩先生四七理氣往復書』 下篇 卷2 「高峯答退溪再論四端七情書」 〈條列〉 "所謂覺失秤停者 固皆本同之類 則本同趨異者 豈必同歸於終不能從者耶"

로 한다.

b. 수조 제2조

이황이 성의 순수성 지속을 위하여 이기의 섞이지 않는 성격[不雜性]을 이해하면서도 성과 정을 구별하려는 입장에 대하여 기대승은 성정의 발현이 리가 떨어져 있은 이후에 가능한 것으로 보아 그 근원을 하나로 파악고자 한다. 여기서 새로이 주목되는 말은 이른바 '대설對說'·'인설因說'이란 표현이다. 그는 말하기를

> 제가 생각하기에 주자가 사단은 리의 발현이요, 칠정은 기의 발현이라고 한 것은 '대설'이 아니라 '인설'입니다. 대개 '대설'이란 좌우를 말하는 것같이 대대적對待的인 것이며, '인설'이란 상하를 말하는 것처럼 인잉적因仍的인 것입니다. 성현의 언어에는 스스로 '대설'과 '인설'의 같지 않음이 있으니 반드시 살펴야 될 것입니다.[142]

라고 하였다. '인설'을 본체론적 설명이라면 '대설'은 현상론적 입장이 된다. 발현과 선악을 중심으로 한 사칠리기설에 이황과 기대승 피차의 차이가 있음은 곧 이 '대설'과 '인설' 가운데서 그 관점이 다르기 때문인 것으로 보인다. 기대승은 발현의 관심이 '인설'에 있다면 이황은 '대설'에 주목하는 입장이라 하겠다.

c. 제3조

상하의 조목을 상호 보아 번거로이 중론하지 않겠다고 하였다.

---

142 위와 같음, 『兩先生四七理氣往復書』 下篇 卷2 「高峯答退溪再論四端七情書」 〈首條第二條〉 "大升以爲朱子謂四端是理之發七情是氣之發者 非對說也 乃因說也 蓋對說者 如說左右 便是對待底 因說者如說上下 便是因仍底"

d. 제4조 · 제6조

사단의 발현이 리라고 보는 데는 이황과 기대승이 같은 견해이나, 그 발현의 경우에 기를 섞어 볼 수 없다는 이황에 대하여 기대승은 물 속의 달이 물을 부정할 수 없듯이 리의 발현에 기를 버릴 수 없는 것으로 말한다.

e. 제5조, 제7조, 제9조, 제12조, 제14조

기대승은 여러 조목을 종합하면서 이황의 "사단은 리가 발현함에 기가 따르고 칠정은 기가 발현함에 리가 탄다"에 대하여 변설한다. 그는

> 사단은 리가 발현함에 기가 따르고 칠정은 기가 발현함에 리가 타는 것이라고 하는 구는 심히 정밀하지만 제 생각으로는 이는 두 개 의사로 여겨집니다. 칠정은 아울러 있고 사단은 다만 이발일변理發一邊만 있을 뿐입니다. 문득 이 두 구를 대승大升은 고쳐 이르기를 정의 발현은 혹 리가 움직임에 기가 갖춰지고, 혹 기가 느낌에 리가 탄다고 하고 싶습니다. 이와 같이 말하면 잘 알 수 없습니다만 선생님의 의사는 어떠하신지요.[143]

라고 하였다. 이기를 구분하여 말하는 태도를 좀 더 극복하려는 입장으로 보인다.

---

143 위와 같음, 『兩先生四七理氣往復書』 下篇 卷2 「高峯答退溪再論四端七情書」 〈第五條第七條第九條第十二條第十四條〉 "且四則理發而氣隨之 七則氣發而理乘之兩句 亦甚精密 然鄙意以爲此二箇意思 七情則兼有 而四端則只有理發一邊爾 抑此兩句 大升欲改之曰 情之發也 或理動而氣俱或氣感而理乘 如此下語 又未知於先生意如何"

f. 제8조, 제16조

칠정은 '기를 오로지 가리키는[專指] 것이 아니라는 설'과 '선악이 아직 정해지지 않은 설'에 의견이 일치됨을 감사히 여기고 불필요한 것은 삼간다고 하였다.

g. 제10조, 제11조

'대설對說'로 본다면 주자설의 이해도 폐단이 있게 된다고 본다.

> 대승大升은 생각하건대 일반적으로 논하여 불가함이 없다는 것은 그 '인설因說'로 말하는 것이며, 도식에 나타내 온당하지 못함이 있다는 것은 그 '대설'로 말한 것입니다. 반드시 '대설'로 말할 것 같으면 비록 주부자(朱夫子: 주희)의 근본 설에도 잘못 인식하는 병통을 면하지 못할 것이니 어떻게 하시겠습니까?[144]

라고 하였다. 리와 기를 나누어 볼 수 없다는 태도이다.

h. 제13조: 맹척언이천겸언

둘이 있는데도 하나를 말함을 '척언剔言'이라 보고, 맹자가 성의 근본을 '척언'했다 하더라도 리기의 섞이지 않은 성향[不雜性]을 잊어서는 안 된다는 것이다. 이천伊川 정이程頤의 겸언兼言은 더욱 그렇거니와 둘로 분립하는 폐단이 없어야 된다고 하는 곳이다.

---

144 위와 같음, 『兩先生四七理氣往復書』 下篇 卷2 「高峯答退溪再論四端七情書」 〈第十條第十一條〉 "大升謂泛論則無不可者 以其因說者而言之也 著圖則有未安者 以其對說者而言之也 若必以對說者而言之 則雖朱夫子本說 恐未免錯認之病 如何如何"

i. 제15조: 일유지이불능찰

하나라도 사사로움[私]이 있으면 제대로 살필 수 없다는 이황의 말에 반동反動하여, 호요好樂 · 공구恐懼 · 분치忿懥 · 우환憂患 등이 지나치면 해로움을 밝히면서 즐거울 때에도 성냄[怒]이 있어야 올바름[正]을 얻는다고 보아「정성서定性書」의 의미를 묻고 있다.

j. 말조

『주자어류』 가운데 "사단은 리의 발현이고 칠정은 기의 발현이다[四端是理之發 七情是氣之發]"의 이해에 있어서 기대승이 불만스럽다는 것이 아니라 한마디 말에 집착해서 정설로 고집한다면 옳지 못한 것이 된다고 했던 본의를 강조하고 있다. 또 학문하는 데 있어서 학문을 위하는 태도를 경계하고 있다.

이상으로 이황이 수정한 개본과 변론한 17개 조에 대하여 소견을 밝히고, 또 몇 개의 문제점을 뽑아서 변설한다.

k. 후론이허위리지설

송나라 성리학자들의 견해를 들어 '허虛'를 어떻게 이해할 수 있는가에 대한 소견이다. 부질없이 '허' 한 글자를 놓고 말로 할 수 없다고 보면서 그것을 경敬으로 이해하려 한다.

l. 사단부중절지설

사단에도 '절도에 들어맞지 않음[不中節]'이 있다고 한 이황의 견해에 대한 변설이다. 『주자어류』에서 측은惻隱 · 수오羞惡에 '절도에 들어맞음', '절도에 들어맞지 않음'이 있음을 지적하는데 이는 맹자의 세밀치 못함에 기인하는 바이나, 이황처럼 구단句斷함은 불가하지 않을까 하는 입장이다.

m. 건도입설고당위지자이작 부당위부지자이폐[145]

도설은 마땅히 아는 사람[知者]을 위하여 만든 것이니, 알지 못하는 사람을 위하여 폐할 수 없다는 이황의 말에 답변한 것이다. 기대승은 그 「천명도」가 성현의 뜻에 어긋난 곳이 있다 하여 별도의 도식을 그려 보냈다. 또 그 전 도식에 관하여 『주역대전』, 소옹邵雍, 주자朱子 등의 견해에 어긋나는 점을 밝혀달라고 한다.

n. 리속상전지어비출어호씨

이속俚俗에서 서로 전하는 말이 호병문(胡炳文: 雲峯胡氏)에서 나온 것이 아니라는 이황의 말에 대하여 기대승은 호씨에서 나왔다고 입증하고 있다. 성정설性情說을 말할 때 일반인이 그러했고, 또 정지운[鄭丈]은 특히 호씨의 설을 인용하였다고 한다. 그 후에는 여러 학설 중에서 『주자어류』를 따라 정설로 삼음에 불만을 표하고 이기를 갈라서 말함이 부당하다는 기본 입장을 지속한다.

이상으로 요약되는 것이 이황의 변론에 대한 구체적인 답변서이다. 특히 문제점을 위주로 하여 소견을 밝히고 있다. 이러한 기대승의 답서에 이황은 얼마 후에 다시 회신한다.

H. 퇴계여고봉서

피차간에 유감없는 이론 전개와 그 정도로 보아 몇 가지 문제로 남는 것이 있지만 더 이상의 논쟁이 의미 없는 것임을 밝힌다. 부질없이 논란만 일삼으면 자기 학설의 합리화에 급급하여 자칫 성문聖門을 더럽힐까 조심하는 입장이다. 그리하여 서로 간에 의미를 느낄 만한 시詩 한 수를 띄운다.

---

145 이는 "그림을 그려서 주장함은 본래 지자(知者)를 위해서 지어야 하고 부지자(不知者)를 위해서 폐하지 않아야 한다"는 뜻이다.

> 두 사람이 짐 실은 물건의 경중을 다투어서, 높고 낮음을 헤아려 이미 평형을 얻었도다. 다시 을쪽을 이기어 갑쪽으로 돌아가니, 어느 때 짐 실은 물건의 형세가 가지런한 균형을 얻을 수 있으랴?[146]

라고 하여 여운을 남기고 있다.

이처럼 논변의 본질적 의의를 상기시키는 이황의 서한에 대하여 기대승은 한참 뒤에 다시 회답한다.

I. 고봉답퇴계서

기대승은 이황의 뜻 깊은 시 한 수와 더불어 회신을 받고 실심失心한 듯 논변의 기력을 정비하려는 태도이다. 그동안 미완했던 부분을 깊이 생각하여 깨닫고 「사단칠정후설四端七情後說」 일편과 「사단칠정총론四端七情總論」 일편을 지어 올리니 잘 살펴달라고 한다. 논변의 결론단계에 이른 듯하다.

a. 사단칠정후설

여기서 기대승은 이황의 "사단은 리가 발현함에 기가 따르고 칠정은 기가 발현함에 리가 탄다[四端理發而氣隨之 七情氣發而理乘之]"의 설을 긍정하는 태도를 밝힌다. 엄격한 구별이 요구되었던 기본 입장에 접근되는 이성의 태도로 심화되는 것 같다. 그러나 리와 기가 아울러 있음[理氣兼有]을 전제하여 사단칠정을 보고 칠정 가운데 절도에 들어맞음[中節]을 사단으로 보려는 기본 입장을 바꾸지는 않는다. 결국 본연의 선과 기질의 선이 같은가 다른가 하는 문제로 상호의 이견이 집약되는 것으로 나타난다.

---

146 『退溪全書』 卷17 「與高峰書(壬戌)」 "兩人駄物重輕爭 商度低昂亦已平 更剋乙邊歸盡甲 幾時駄勢得匀停"

b. 사단칠정총론

사칠리기설의 종합적 의미를 밝히려고 하는 취지이나, 기본은 앞서 말한 것과 큰 차이가 없음을 본다. 특히 사단의 발현과 칠정의 발현에서 선악을 이해하는 문제에 있어서 리가 발현할[理發] 적의 '선'과 리와 기를 겸할[兼理氣] 적의 '선'이 원래 다른 것이 아님을 중복하여 강조한다. 또 사단칠정설에서 하나의 뜻을 찾을 것이지, 합하여 하나의 설로 삼음은 불가할 것이라고 다짐하고 있다. 이러한 기대승의 답서에 이황은 또 서한을 띄운다.

J. 퇴계답고봉서

보내준「사단칠정후설」과「사단칠정총론」을 보고 명쾌한 것이라고 칭찬하고 약간 잘못된 구견을 고쳐 따르는 일은 하기 어려운 좋은 태도라고 보았다. 또 이황은 성현의 희로애락과 가가 근원에서 나오는 바[所從來]가 있다는 등의 말에는 과연 온당하지 않음이 있는 듯하니 깊이 생각해보겠다고 의사를 밝힌다. 그 후 이황은 기대승에게 또 서신을 띄운다.

K. 퇴계여고봉서

여기서 이황은 기대승의「사단칠정후설」과「사단칠정총론」을 거듭 읽어 생각한 결과, 대개 같은 결론으로 귀착됨을 밝히고 있다. 다만 근본은 같은데 지엽이 다르다는 차이점을 지적한다. 그는 말하기를,

이 리의 발현을 말한 것은 리를 오로지 가리켜 말함이요, 이 기의 발현을 말한 것은 리와 기를 아울러 말하는 것이라고 한 것은 황滉은 일찍이 이 말로써 근본이 같고 지엽이 다르다고 하였습니다. 선생은 이로 인하여 마침내 사단칠정이 이기로 분속됨은 불가하다 했는데 이는

이른바 말엽이 다르다는 것입니다.[147]

라고 하였다. 근본에 있어 같은 면을 드러내면서도 아직 미진한 부분에 관하여는 유감을 표하면서 글을 맺는다.

이렇게 해서 사칠리기설에 관한 오랜 논변이 일단 끝을 보게 된다. 성현의 뜻을 존중하며 상호 일치된 견해도 발견되나 아직 과제로 남은 부분도 나타난다. 관점과 철학적 소신의 차이에서 비롯될 문제이지만 다음에서 이를 정리하여 보고 이황의 이도설理到說을 살펴보기로 한다.

3. 논변의 과제와 이도설

A. 논변의 과제

변설의 결론단계에서 서로 의견 접근을 보고 있지만, 그러면서도 처음부터 지켜온 기본 입장을 바꾸지 않았음을 볼 때 그 논변의 과제를 발견하게 된다. 그 주요 부분은 사단칠정을 전제한 이기의 발현 문제와 사단에서의 '선'과 칠정에서의 '선'이 같은가 다른가 하는 문제로 요약될 수 있으므로 이 두 부분을 살펴본다.

이황과 기대승은 리를 주재로, 기를 재료적 요소로 구분하면서 그 분리되지 않는 성향[不離性]과 섞이지 않는 성향[不雜性]을 함께 인정한다. 그러나 실제 존재의 입장을 표현하는 문제에 있어서는 의견을 달리한다. 말하자면 기대승은 칠정에 사단이 있는 것이며 언제나 리와 기가 아울러 존재하는 면을 지향함에 비하여 이황은 사단과 칠정

---

147 『高峯全書』『兩先生四七理氣往復書』 下篇 卷2「退溪與高峯書(節略)」"其言是理之發 專指理言 是氣之發者 以理與氣雜而言之 滉曾以此言爲本同末異者 鄙見固同於此說 所謂本同也 顧高明 因此而遂謂四七必不可分屬理氣 所謂末異也";『退溪全書』 卷17「重答奇明彦」 참조.

이 근원에서 나오는 바[所從來]가 다른 것이며, 리와 기가 떨어질 수 없다 하더라도 이발理發과 기발氣發로 주장하여 말할 수 있다고 하는 순수성 지향의 입장으로 지속된다. 이황이 사단과 칠정을 구별하여 설명함에 대하여 기대승은 그렇게 되면서도 다른 두 정을 인정하게 되는 의심이 생긴다고 보아 두 개의 것으로 파악될 수 없다는 것이다.

따라서 여기에는 리와 기가 별도로 존재할 수 없다는 기대승의 의지가 강하게 작용된다. 그런데 일관된 이 주장에 부딪힌 문제가 '리의 발현'이다. 만일 '리의 발현', '기의 발현' 양자를 그대로 긍정하면 두 개의 '발현'을 인정하여 결국 두 개의 정이 되는 의심을 낳을 수밖에 없게 되기 때문이다. 그러므로 '리의 발현'을 말할 때는 동시에 기를 강조하고, '기의 발현'을 말할 때는 리의 동시 존재를 강조한다. 이 이발기발의 일원적 파악은 칠정에 사단이 내재된다는 전제에서 '칠정은 기의 발현이다[七情是氣之發]'의 '기의 발현[氣之發]'은 이기가 함께 있을 경우를 뜻하며 '사단은 리의 발현이다[四端是理之發]'의 '리의 발현[理之發]'은 칠정의 그런 상태에서 다만 리의 발현을 가리킨다는 해석이[148] 가능하다고 본다. 기대승은 이황이 주장하는 '리의 발현'을 이해함에 있어서, 그 차원을 리의 절대적 순수성에 두지 않고 항상 기의 분리되지 않는[不離的] 관계에서 파악고자 한다.[149] 즉 리에서 발현한다고 할 때 발현하는 그러한 까닭[所以然]이 리이기 때문에 그렇게 말한다는 것이다.[150] 그러므로 그 '리의 발현'의 본의를

---

148 위와 같음, 『兩先生四七理氣往復書』 上篇 卷1 「高峯答退溪論四端七情書」 〈第一節〉 "所謂四端是理之發者 專指理言 所謂七情 是氣之發者 以理與氣雜而言之者也 而是理之發云者 固不可易 是氣之發云者 非專指氣也"

149 위와 같음, 『兩先生四七理氣往復書』 下篇 卷2 「高峯答退溪再論四端七情書」 〈第四條第六條〉 "所謂四端者 雖曰無非氣 而其於發見之際 天理本體 粹然呈露 無少欠闕 恰似不見氣了 譬如月映空潭 水旣淸澈 月益明郞 表裏通透 疑若無水 故可謂之發於理也"

150 위와 같음, 『兩先生四七理氣往復書』 上篇 卷1 「高峯答退溪論四端七情書」 〈第十

'기가 리를 따라 발현한다[氣之順理而發]'라고[151] 생각할 수도 있게 된다. 이러한 리와 기의 분리되지 않는 사고는 마침내 '인설因說'과 '대설對說'의 논리로 전개되면서 기대승 자신의 입장이 '인설'에 있음과 그 타당성을 밝힌다. 동시에 이황은 '대설'의 입장에 있다고 본다. 결국 이 문제는 리가 발현한다는 경우에 기를 섞어 말하느냐 그렇지 않느냐의 두 견해로 모여진다. 이때에 이황은

> 사단은 리가 발현함에 기가 따르고 칠정은 기가 발현함에 리가 탄다.[152]

라는 말로 결론을 짓는다. 그런데 이에 대하여 기대승은 역시 그대로 긍정하지 못하고 달리 표현한다.

> 정이 발할 적에 혹 리가 움직임에 기가 구비되고 혹 기가 느낌에 기가 탄다.[153]

라고 말하면 어떻겠느냐고 문의하였으나 그대로 변론이 끝난다. 이 설명을 볼 때 사단칠정을 같은 정으로 처리하는 동시에 이기의 상호작용을 다른 문자로 넣어 그 두 물건으로 여기는[二物的] 이해를 극복하려는 것으로 파악된다. 그러나 이기의 상호 작용하는 측면

節〉"且如惻隱羞惡 亦豈非氣之自然發見者乎 然其所以然者 則理也 是以謂之發於理爾"

151 이상은,「四七論辨과 對說 · 因說의 意義」『亞細亞硏究』49호, 30쪽.

152 『退溪全書』卷16「答奇明彦(非四端七情分理氣第二書)」"四端理發而氣隨之 七情氣發而理乘之"

153 『高峰全集』『兩先生四七理氣往復書』下篇 卷2「高峰答退溪再論四端七情書」〈第五條第七條第九條第十二條第十四條〉"情之發也 或理動而氣俱 或氣感而理乘"

의 설명은 그 문자만 바뀌었지 의미상으로는 차별 없음을 보게 된다.[154]

다음은 사단에서 '선하지 않음이 없다[無不善]'의 선과 칠정에 '선악이 있다[有善惡]'의 선이 같은 것이냐 다른 것이냐 하는 문제이다. 앞의 사칠리기설에서 이황은 리의 순수성을 위하여 기를 분리하여 보려 했던 바와 같이 사단과 칠정에서의 각각의 선이 동일한 것으로 간주하지는 않으려 한다. 그러나 사단은 칠정 가운데 발현하여 절도에 들어맞는 것의 묘맥이라고 보는 기대승에 있어서는 같은 것으로 판단한다. 즉 칠정에 사단이 포함된다고 보았으니 논리상 같은 것으로 말하지 않을 수 없다. 그러므로 사단의 순선과 칠정의 선에 같음[同]과 같지 않음[不同]을 논하는 문제는 사단과 칠정의 관계를 파악함에 직결되는 것이다. 그 본질에 있어서 이황은 섞이지 않는 순수성 보존을 위하여 동원同源의 것이 될 수 없다는 입장에 대하여 기대승은 두 가지가 분리된 본체나 현상이 있을 수 없다는 태도이므로 양론의 만남이 어렵게 되어온다. 그리하여 결국 이 문제에 대하여 서로 의견 접근을 보지 못한 채 미해결의 과제로 남게 되었다. 요컨대 기대승은 칠정에서 절도에 들어맞는[中節] 선이 곧 사단에서의 순선과 다른 것이 아니라고 말하는 데 비하여 이황은 순선의 입장에는 기를 겸한 것으로 지적될 수 없다고 보아 그 절대적 순수성을 간직하려 한다.

한편 기대승은 그의 마지막 변론이 되는 「사단칠정후설」과 「사단칠정총론」에서 전일의 생각이 미진했다고 자성하면서 계속 반대하여온 "사단은 리의 발현이고 칠정은 기의 발현이다[四端是理之發 七情是氣之發]"를 긍정하기에 이른다. 사단을 확충해가려면 '사단이 리의 발현임'을 말하지 않을 수 없고, 칠정의 치열하고 방탕함을 단속하여

---

154 졸저, 『退溪의 哲學思想硏究』, 54쪽.

중도에 맞게 하도록 하려면 '칠정이 기의 발현임'을 당연한 것으로 말한다.[155] 그리하여 분리하여 보는 것에 의심될 것이 없다고 본다. 그런데 그처럼 말한다면 혹 지금까지 간직해온 논리를 부정하는 것으로 이해할 수도 있다. 그러므로 그는 바로 이어서 칠정이 기에 속한다 하더라도 본래 리가 그 가운데 있다 하여 자신의 하나로 보려는 기본 입장을 지속하여간다. 여기에 그 긍정의 입장과 한계를 볼 수 있다. 어쨌든 이황의 표현에 긍정적으로 접근하려는 데에는 그 이유가 있을 것인바, 그것은 이론의 타당성보다는 수양과 실천의 필요성에 있는 것으로 보인다.[156] 체인하여가는 심화의 태도에서 드러나는 면으로 이해된다. 여기서 순리純理와 겸기兼氣로 구분하여 설명하는 것이 인심도심人心道心에서는 가능하나 사단칠정에서는 그럴 수 없다는 난점[157]의 해결도 가능하리라 본다. 사유가 심화되면서 리의 순수성과 주체적 자각의 면에서 이황에 접근되는 의사를 나타낸다. 그러면서도 그의 분리되지 않는다[不離的]는 기본 태도에는 변함없음을 주장하니 양 논변의 주요 과제가 된다고 생각된다.

B. 이도설

사칠논변이 일단락된 뒤에 이황이 기대승에게 밝힌 가장 만년의

---

155 『高峰全書』『兩先生四七理氣往復書』 下篇 卷2 「高峰答退溪書」 〈四端七情後說〉 "因復思之 乃知前日之說 考之有未詳 而察之有未盡也 孟子論四端 以爲凡有四端於我者 知皆擴而充之 夫有是四端 而欲其擴而充之 則四端是理之發者 是固然矣 程子論七情 以爲情旣熾而益蕩 其性鑿矣 故覺者約其情 使合於中 夫以七情之熾而益蕩 而欲其約之以合於中 則七情是氣之發者 不亦然乎 以是而觀之 四端七情之分屬理氣 自不須疑 而四端七情之名義 固各有所以然 不可不察也"

156 이상은, 「四七論辨과 對說 · 因說의 意義」 『亞細亞硏究』 49호, 32쪽.

157 『高峰全書』『兩先生四七理氣往復書』 上篇 卷1 「高峰上退溪四端七情說」 "然則以四端七情 對擧互言 而謂之純理兼氣可乎 論人心道心 則或可如此說 若四端七情則恐不得如此說"

학설은 이 이도설理到說로 지적된다. 여기 사칠논변에 속하지는 않는 것이라 하더라도 그의 인식론상 중요 내용이 아닐 수 없다.

인식론의 문제는 격물치지格物致知의 이해로 이어져 온다. 이황에게서도 이 격치설格致說을 바탕으로 전개되는데, 앎[知]을 가능케 하는 인식 주체로서의 심心과 인식 대상으로서의 사물[物], 즉 그 '사물의 리' 사이에 어떻게 참다운 인식이 형성되느냐 하는 문제를 중심으로 한다. 이 인식의 주객 문제에 있어서 이황의 경우 두 시기가 있었던 것으로 보인다. 만년의 이도설을 말하기 이전까지는 리에 '정의情意 · 계탁計度 · 조작造作'이 없다는 주자설朱子說에 집착하여 심의 능동성을 위주하여 파악했던 시기, 그리고 그 리에 '정의 · 계탁 · 조작'의 능동성이 있음을 확인하여 밝혀지는 이른바 이도설을 정립하는 시기로 구분된다. 그러나 인식의 논리에 있어서 리와 심이 직결되어 있다고 보는 것은 전후의 입장에 일관된 것이었다. 다만 논리적 이해의 차이를 드러내는 경우로 간주된다.[158]

이 격치설에 관련하여 이황과 기대승은 시로써 그 의중을 나눈 바가 있었다. 먼저 기대승의 표현을 보면

> 致巧在雕物 공교함 이룸은 사물을 아로새김에 있고
> 物雕巧乃宣 사물이 아로새겨져야 공교함 드러나네
> 物之雕詣極 사물의 아로새김이 극치에 이르면
> 我巧亦隨全 나의 공교함도 따라서 온전하리라[159]

라고 읊었다. 치지致知를 치교致巧로, 격물格物을 조물雕物로 표현하며, 그 조雕와 치致 그리고 물극物極과 아전我全이 동시에 이루어지

158 졸저, 『退溪의 生涯와 思想』, 92쪽.

159 『高峰續集』 卷1 「釋物格」.

는 것으로 본 것 같다. 이 시에 대하여 이황은 화답하기를

> 사람의 공교함이 사물을 아로새기는 것이오. 아로새김이 어찌 사람을 공교하게 하랴. 앎이 격물格物할 수 있다고 이르는 것은 취한 비유가 아마 당치 않은 것 같도다.
>
> 아로새겨 지극함에 도달할 수 있으니, 도달하는 자가 어찌 사람이 아니랴. 사물이 아로새겨 나아갈 수 있다 하는 것은 그 말이 어찌 심히 부당하지 않으랴.[160]

라고 하였다. 여기서 앎[知]과 리로서의 사람과 사물이 떨어질 수 없지만 인식 주체를 사람에 놓고 사람이 사물에 아는 데 있어 인식이 형성되는 것으로 보았음을 알 수 있다. 인식의 형성에서 능동적 작위성을 '리'보다는 '앎'에 두고 있는 입장이다. 그러나 만년에는 '리'에도 그 작위성이 있음을 체인하여 마지막 정리를 하기에 이른다. 이른바 이도설을 골자로 기대승에게 서한을 띄운다. 그때가 타계하기 1개월도 못 될 때에 격물설과 무극태극설의 오인됨을 밝혀 김이정金而精 편에 보내고 2일 후에는 직접 기대승에게 보낸다는 기록[161]을 보면 최후에 확인된 내용을 분명히 전달하려는 의지가 엿보이기도 한다. 먼저 잘못된 설을 간직하여온 것은 리의 '정의가 없음[無情意]', '계탁이 없음[無計度]', '조작이 없음[無造作]'이라 한 주자설을 고수했기에 나 자신이 물리物理의 극처에 이르는 것이지 리가 스스로 이를 수 없다고 보게 된 것이었다고 말한다.[162] 이러

---

160 위와 같음, 卷1「辨答(此是退翁詩 幷附二首)」"入巧能雕物 雕寧巧得人 謂知能格物 取譬恐非倫 雕而能詣極 詣者豈非人 謂物能雕詣 言何太不倫"

161 『高峰全書』『兩先生往復書』卷3「拜答上狀奇承旨宅」"向來 物格說 無極而太極說 鄙見皆誤 亦已改說 寫奇于而精 恐或失傳 故今呈一紙"

162 『退溪全書』卷18「答奇明彥」〈別紙〉"滉所以堅執誤說者 只知守朱子理無情意無計

한 오인을 시정함에 있어서는 먼저 주자의 그러한 리의 설명을 극복하여 리를 활물시活物視하면서[163] 리에 '용用'이 있다는, 역시 주자의 주석을 깊이 생각한다. 그런데 만물에 산재해 있는 리에서 그 미묘한 '용'은 사람의 심을 벗어나지 않는다는 점과 그렇다면 리에 '용'이 있는데 또 하필 심의 '용'을 말하느냐 하는 점이 의심되어왔다.[164] 리에 '용'이 있다면 사람의 심의 작용성이 약화되고 사람의 심에 '용'이 있다면 리가 무위無爲로 되겠기 때문이다. 이 점을 어떻게 연계하느냐 하는 것이 문제이다. 결국 리가 비록 개개 사물에 산재해 있다 하더라도 사실은 그 '용'이 심에 있는 것이라고 보면서 또 '용'이 사람의 심을 벗어나지 않으나 그 '용'의 오묘함이 리의 발현됨이라고 하였다.[165] 리의 '용'이 사람의 심과 분리된 상태의 것이 아니라는 확인에서 리의 무위로부터 리의 유위有爲에로 그 전환이 가능했던 것으로 생각된다. 여기서 리도理到의 격치설을 말할 수 있게 되는 것이라 하겠다. 또 '리의 스스로 이름[自到]'을 의미하는 이도설에의 리는 그의 이발관理發觀과 '리의 활물관活物觀'이 직결되어 있는 곳이기도 하다. 그리하여 사람의 심의 이르는 바를 따라서 이르지 않을 곳이 없고 다하지 못할 바가 없으니 자신의 격물됨이 이르지 못할까를 걱정할 것이지 리가 스스로 이를 수 없을까 하는 걱정은 인정되지 않았다.[166]

度無造作之說 以爲我可以窮到物理之極處 理豈能自至於極處"

163 위와 같음, 卷18「答奇明彦」〈別紙〉"殆若認理爲死物 其去道不亦遠甚矣乎"

164 위와 같음, 卷18「答奇明彦」〈別紙〉"理雖散在萬物 而其用之微妙 實不外一人之心 初不可以內外精粗而論也 其小註 或問用之微妙 是心之用否 朱子曰 理必有用 何必又說是心之用乎"

165 위와 같음, 卷18「答奇明彦」〈別紙〉"蓋理雖在物 而用實在心也 (……) 其用雖不外乎人心而其所以爲用之妙 實是理之發見者"

166 위와 같음, 卷18「答奇明彦」〈別紙〉"隨人心所至 而無所不到 無所不盡 但恐吾之格物有未至 不患理不能自到也"

요컨대 그는 말하기를

격물로 말하면 자신이 물리의 극처에 궁구하여 이름을 뜻하고, 물격으로 말하면 물리의 극처가 자신의 궁구하는 바에 이르지 않음이 없다 함을 불가할 것이 없다. 이에 정의 · 조작이 없는 것은 리 본연의 '체體'이고 만남에 따라 발현하여 이르지 않음이 없는 것은 리의 지극히 신묘한 '용用'이다.[167]

라고 하였다. 격물 · 물격의 본의를 밝히고 리의 본체적 무위성無爲性과 능현적能顯的 작용성으로 체용일원體用一源을 지향하고 있다. 리를 죽은 물건[死物]으로만 볼 수 없다는 점과 사물의 리와 내가 하나의 리에 합치될 수 있다는 전제에서 이도설이 가능한 것으로 이해된다. 이체심용理體心用의 묘처를 이도로 설명하여 주객 내외의 인식론상 난점을 극복하였던 것은 이황의 자득처로서 높이 평가된다. 인식론에서 확인되는 이도는 심성론에서의 이발理發과 상통되는 견해로 이해되기도 한다.[168] 이처럼 리로 일관되는 그의 성리설은 하나의 심의 주재主宰이며, 모든 일의 근본으로 간주되는 경敬 공부와 병행하여 그 절실함을 더해준다.

4. 퇴계 철학의 성리학사적 의의

퇴계 철학의 특색은 기와 혼잡될 수 없는 리의 순수성을 보존하려는 데에서 발견된다. 지극히 높아 상대가 없는[極尊無對] 천리天理를

167 위와 같음, 卷18「答奇明彦」〈別紙〉"方其言格物也 則固是言我窮至物理之極處 及其言物格也 則豈不可謂物理之極處 隨吾所窮而無不到乎"

168 蔡茂松,「退栗性理學의 比較硏究」, 84쪽.

원두처源頭處로 삼아 오직 그것을 추구하고 실천하려는 절실한 태도에서 비롯된 것이었다. 그러므로 리와 기의 분리되지 않는 성향[不離性]을 긍정하지만, 결코 그 섞이지 않는 성향[不雜性]을 해칠 수는 없다는 입장을 간직하게 된다. 그리하여 결국 리의 우위성을 드러낸다. 말하자면 사단칠정 · 인심도심을 파악함에 있어서도 사단과 도심은 리의 차원으로 주를 삼으며 칠정과 인심은 이기가 아울러 존재하는 차원으로 분속해서 성찰하려는 것이다. 그런데 여기에는 두 근원을 말하게 된다는 논리적 구조면에서 변설을 초래하는 근거가 있기도 하였다. 그러나 이황이 중요시하는 인간의 체인體認 · 체찰體察과 도덕적 수양면을 주목하여 본다면, 지행知行의 호진互進과 이기의 호발성互發性을 인정하지 않을 수 없는 데로 이른다. 이것은 존리적尊理的 윤리성이 내재된 입장으로서 그의 철학적 기저가 경敬으로 일관되는 측면과 상통되는 것으로 이해된다. 기대승과의 논란에서도 후기에 그 접근성을 가질 수 있게 되었던 것은, 논리적 모순의 극복에 집착했던 기대승이 좀 더 나아가 깊이 생각하고 체찰體察하여 수양면을 중시함에서 비롯된 것으로 보인다.

이황 성리설의 형성에는 주자학이 큰 영향을 끼쳤으므로 그와 같은 견해가 있는 것이지만 역시 같은 것만이 아니었던 점을 보아왔다. 특히 기가 이기거나 따를 수 없는 리의 존귀하여 상대가 없음[尊貴無對]과 그 능발능생能發能生의 측면을 강조하였던 점, 또 인식론상에서 리의 작위성을 확인하여 이도설을 정립하였던 점 등은 주목되는 부분이다. 이러한 전제에서 인성론을 이기론적으로 이해하여 그 종합적 심도를 더해갔던 학풍은 한국 성리학의 특징을 이루는 것이었다. 이황은 기대승에게 답하는 첫 번째 서한에서 사단칠정을 이기로 구분하여 말하는 것은 일찍이 보지 못했다.[169] 그리하여 그 특수한

169 『退溪全書』 卷16 「答奇明彦(論四端七情第一書)」 "性情之辯 先儒發明詳矣 惟四端

입장을 보이고 있다. 그런데 그 이전에도 이미 정임은程林隱의 「심통성정도心統性情圖」나 권근權近의 『입학도설入學圖說』에는 그러한 논리의 표현이 있기는 하였다. 그러나 그때는 이황이 그런 학설을 보지 못했거나 염두에 두지 않고 견해를 밝히려는 독창적 입장이었던 것 같다.[170] 그러기에 정임은, 권근의 학설에 관한 말은 후기에 보이고 특히 주자의 "사단은 리의 발현이고 칠정은 기의 발현이다"라는 설명을 발견하고서 자신의 생각이 더욱 타당한 것으로 확인할 수 있었던 좋은 기회로 삼은 듯하다. 기대승의 지적처럼 비록 그 말이 『주자어류』에 있는 하나의 단편적인 것이어서 주자의 정설이라고 보기 어렵다 하더라도, 이황에게는 그렇게 가볍게 볼 수 없는 지극히 중요한 것으로 평가된다. 왜냐하면 그것이 자신의 견해와 합일되는 요체로 판단되었기 때문이다. 즉 자기 주장을 전개하는 데 하나의 근거적 성격을 갖는 것으로 간주되는 것이었다. 이 주자설에 대하여 이황과 기대승은 그 평가의 견해차를 드러낼 뿐만 아니라 후기의 『주자언론동이고朱子言論同異考』를 낳기에 이르기까지 중요한 쟁점으로 지속되기도 하였다.

한편 기대승의 사칠리기설을 볼 때, 이발理發을 긍정하나 그것은 이기가 아울러 있는 칠정 가운데 포함되어 있다는 사단이 이발이므로 이황의 이발과는 그 성격을 달리한다. 즉 이기공존理氣共存의 바탕에서 이발 · 기발을 인정하니 '이기공발理氣共發'이라 칭할 수 있겠다. 그러나 이황에 있어서는 칠정에 사단이 포함될 수 없는 것이므로 사단을 리의 발현으로 볼 때 칠정의 기발과는 동질의 것으로 판단되지 않는다. 따라서 이기의 공발共發이 아닌 호발互發로 통칭하여 구별한다. 요컨대 이황의 사칠리기설의 중심이 되는 말은 "사단을

七情之云 但俱謂之情 而未見有以理氣分說者焉"

170 玄相允, 『朝鮮儒學史』, 96쪽.

리가 발현함에 기가 따르고 칠정은 기가 발현함에 리가 탄다[四端理發理氣隨之 七情氣發而理乘之]"라는 지적으로 좋다고 생각된다.

그런데 이황보다 35년 후에 있었던 이이李珥는 이황보다 기대승의 입장에서 그의 성리설을 주장하여 주목된다. 그는 주자 이후 대표적 거유巨儒인 나흠순, 서경덕, 이황을 평하는 가운데 이황에 관하여 말하기를,

> 퇴계는 주자를 깊이 믿어 그 뜻을 깊이 구하고 기질이 상세하고 치밀하여 용공用功이 또한 깊어서 그 주자의 뜻에 있어서 부합되지 않는다고 이를 수 없고 전체에 있어서 보지 못했다 할 수 없으나, 활연관통한 곳에 있어서는 오히려 이르지 못한 곳이 있으므로 소견에 다 밝지 못한 점이 있고 말에 혹 약간의 차가 있으니 이기호발理氣互發 · 이발기수理發氣隨의 학설은 오히려 아는 것이 누累가 되었다.[171]

고 하였다. 이발을 근본적으로 부정하는 이이 자신의 확고한 견해에서 평하는 측면이다. 여기서 그 철학적 입장의 차이점도 엿볼 수 있다. 이처럼 한국 성리학의 정상으로 칭송되는 이황과 이이는 그 본질에 있어 입장을 달리하였을 뿐만 아니라 지역과 후학의 계통도 같지 않았었다. 그리하여 결국 지역과 학통에 따라 한국 성리학의 양대 학파를 형성하게 되었으니 이른바 기호학파에서는 이황의 성리성을 따르는 영남학파의 입장을 주리론主理論이라 평함에 대하여 영남학파에서는 기호학파를 주기론主氣論이라고 평할 정도로 그 대립이 깊어갔으며, 후기에 그 대립이 심화될수록 오히려 이황, 이이

---

171 『栗谷全書』 卷10 「答成浩原」 "退溪則深信朱子 深求其意 而氣質精詳愼密 用功亦深 其於朱子之意 不可謂不契 其於全體 不可謂無見 而若豁然貫通處 則猶有所未至 故見有未瑩 言或微差 理氣互發 理發氣隨之說 反爲知見之累耳"

의 본의에 어긋남이 많아지기도 하였다. 한편 이황 당대에 유명했던 제자로는 월천月川 조목(趙穆: 1524~1606), 간재艮齋 이덕홍(李德弘: 1541~1596), 한강寒岡 정구(鄭逑: 1543~1620), 서애西厓 유성룡(柳成龍: 1542~1607), 학봉鶴峯 김성일(金誠一: 1538~1593) 등을 들 수 있으며, 그 후에는 갈암葛庵 이현일(李玄逸: 1627~1704), 대산大山 이상정(李象靖: 1711~1781), 노사蘆沙 기정진(奇正鎭: 1798~1879) 등이 그 학통을 지속하여왔다. 이황의 호발설이 후기에 끼친 직접적 영향으로는 주리설主理說로 발전되어갔던 점과 간접적 영향으로는 유리론唯理論의 계기가 되었다는 점을 지적할 수 있겠다.[172]

퇴계 철학이 한국 성리학상에 끼친 공헌과 의의는 이미 잘 알려진 사실이다. 특히 기대승과의 사칠리기논변은 한국 성리학이 인성론적으로 심화되어가는 진수를 밝혔다는 것으로 더욱 주목된다. 이황에 이르러 주자를 위시한 송대 성리학이 그 한국적 전개를 볼 수 있었던 것이라 하겠다. 그의 학문은 국내뿐만 아니라 일본과 중국 등에도 영향된 바 컸던 것으로 평가된다. 자신에 있어서 정립한 철학적 견해에 높은 칭송이 가면서, 동시에 거경궁리居敬窮理의 태도에서 학문을 연구하고 후학을 교도함에 게을리하지 않았던 그 입언수후立言垂後의 공은 더욱 빛나는 것으로 생각된다.

172 졸저, 『退溪의 哲學思想硏究』, 59~63쪽.

제4장 만회 권득기의 생애와 철학사상

–잠야와의 격치 논쟁을 중심으로

Ⅰ. 서론

한국 유학서로서는 현상윤(玄相允: 1893~1950) 씨와 배종호(裵宗鎬: 1919~1990) 교수에 의해서 저작된 것이 있고, 이병도(李丙燾: 1896~1991) 씨의 『한국유학사자료초고韓國儒學史資料草稿』가 등시본으로 나온 것이 있기는 하지만 어느 것도 만회晩悔 권득기(權得己: 1570~1622)에 대하여는 다루어지지 않고 있다.

철학은 원래 형이상학 · 인식론 · 실천론이나 또는 우주론 · 인생론 등으로 나뉘어 탐구되는 것이 통례이나, 그 중에서도 인식론이 가장 비중 높게 연구되고 있으며, 이 점에 있어서는 동서양이 공통된다고 할 것이다. 유교철학의 경우 이 부분은 격치론(格致論: 格物致知)으로 알려지고 있다.

인식에 관해서는 인식하는 주체와 인식되는 객체로 분류하여 연구되고 있으며, 따라서 주관과 객관이 문제되지 않을 수 없다. 뿐만 아니라 이 경우에 주객 양자의 관계 이해는 철학하는 사람들에게는 핵심 문제가 된다고 생각된다. 이 중요한 부분이 유교철학에서는 '격치론'으로 다루어지고 있다고 하겠다.

우리의 철학사를 통하여 문제로 등장해서 활발한 토론을 거쳐 그 논리 전개의 기록을 남긴 것 중에서 이황과 기대승의 사단칠정론四

端七情論과 이이와 성혼의 인심도심론人心道心論, 그리고 호락湖洛 양파의 인물성동이론人物性同異論, 나아가서는 복상服喪에 관한 예론禮論 등은 유명하고도 가치 있는 것들이라고 하겠다. 이러한 사단칠정론이나 인심도심론이나 또는 인물성동이론, 예론의 중심이 주체에 관한 문제로 집약된다고 할 때, 어찌하여 지(知: 앎) 자체에 관한 인식론적 탐구의 자취를 볼 수 없는가 하는 의심을 품게 한다.

이제 권득기의 철학사상을 연구하는 과정에서 잠야潛冶 박지계(朴智誡: 1573~1635)와의 이 부분에 대한 격론激論에 접할 때 괄목하게 되며 한국 철학사에 있어서 한 장을 보충해주는 의의를 발견하게 된다.

편의상 먼저 그의 생애에 관해서 간략히 살펴보고 권득기 이전에 있었던 격치格致에 관한 이황의 견해를 조사하고, 다음으로 박지계와의 논변을 중심해서 그의 인식에 관한 지론持論을 고찰하고자 한다.

1. 생애

권득기는 조선시대 문신으로서 자는 중지重之, 호는 만회晩悔이다. 안동 권씨安東權氏인 이조판서 극례克禮의 아들인바 극관克寬에게 입양하였고 선조 22년(1589)에 진사가 되었으며, 광해군 2년(1610)에는 식년문과式年文科에 장원급제하여 예조좌랑禮曹佐郎이 되기도 하였다. 광해군의 모후母侯를 유폐하는 불상사가 일고 조야의 정치가 동요되자 고산도찰방高山道察訪을 사퇴하고 야인으로 일생을 마쳤다. 이조참판에 추증되었고 공주公州 도산서원道山書院에 제향되고 있다. 저서에 『만회집晩悔集』과 『연송잡기然松雜記』가 있다.

고려조에서 사성賜姓된 권씨의 후손인 권보(權溥: 1262~1346)는 『사서집주四書集註』 간행과 『효행록孝行錄』 편집으로도 유명하거니와 그 후예인 권득기의 호, 만회晩悔에 대하여도 특별히 주의가 간다. 회헌晦軒이니 회재晦齋니 해서 주문공(朱文公: 朱熹)에 친근을 연상케 하는 호도 있기는 하였으나 이처럼 이름을 통하여 닮아보려는 의도에 비하여 내면으로 실질[實]을 쌓으려는 의욕적인 호로 생각되며 '만회'와 '회헌', '회재'가 비교되기도 한다. 아직 널리 보고 듣지 못해서 정확을 기하기 어렵다고 생각되나, 임종 5일 전에 박지계에게 준 글 가운데 다음과 같은 구절이 있어 그의 심충心衷을 엿보게 한다.

> 평생 죄회罪悔가 심히 많아 죽어서도 유회遺悔가 있을 것이니 나아가 씻을 수가 없습니다. 오직 이 두 말은 여러 해 동안 정밀히 생각하고 여러 가지 정주程朱의 교훈을 고구해서 얻은 것이니 속일 수가 없습니다.[1]

후회를 간직한 채로 세상을 떠난다면 때는 이미 늦고 영원히 씻을 수 없으리라는 이 생각이 정주학程朱學을 오래 공부한 끝에 얻어진 것이라는 이 고백은 아마도 그의 호號의 의미를 뒷받침해주는 것으로 생각된다.

이황이 작고하던 해에 출생한 그는 이이와도 동시대에 처하여 이 나라의 학술 발전의 절정기를 누벼갔지마는 내우외환의 역사적 격동을 맛보아야 하는 쓰라림 속에 정계를 떠나 초야에 묻혀서 여생을 학문으로 보내게 된 그 심중은 짐작이 갈 만도 하다. 생애에 임진왜란(1592)을 겪어야 했고(23세 때) 앞으로 병자호란(1636~1637)을 맞이하는 당시의 정계풍운은 식자들에게 우려를 자아내게 한 시기였

---

1 『晩悔集』 卷5 「與朴仁之(九月十五日書 二十日屬續)」 "平生罪悔甚多 死有遺悔 不可得以追洗 唯此二言 乃積年精思 考諸程朱所訓而得之者 不可誣也"

을 것으로 보인다.

2. 격치론의 인식론적 성격

인식하는 주체와 인식되는 객체와 또 이 양자의 관계는 사물 인식에 없어서는 안 될 세 가지 요소라고 할 것이다.

'책상이 있다'고 할 때 책상을 아는 나의 주체와 대상인 책상과, 또 나와 책상의 관계는 인식 과정에서 분석 사유되는 것이다. 인식하는 주체에 중점을 둘 때에 관념론觀念論이 되어버리고 대상에 비중을 전치專置한다면 실재론實在論이 되어버린다. 양자의 불가분리의 관계를 고조高調하다 보면 주종을 논리화하는 데 궁해지는 폐단이 생긴다. 이런 것들이 인식이론의 난점이라고 할 때 격치론에서도 예외는 아니다.

격물格物의 물物은 인식 대상이며, 치지致知의 지知는 주체에 속하며 "치지재격물致知在格物"의 '재在'는 양자의 관계를 말한다면 격치론의 인식론적 이해는 이 '물'과 '지'와 '재'의 파악에 달려 있다고 해도 무방함 직하다. 단순히 '물'과 '지'와 '재'만이 아니라 여기에 '격格' 자와 '치致' 자를 더해서 격물格物 · 물격物格 · 치지致知 · 지지知至로 표현된 데서 '격물'과 '물격'이 어떻게 다르며 '치지'와 '지지'가 어떤 차이가 있는가, 또는 '치지재격물'의 '재'와 "격물이후지지物格而后知至"의 '이후而后'와는 어떻게 뜻이 연결되는가 하는 문제들을 일으키게 한다.

'격물'의 '물'에 치우치면 실재론이 될 수 있고 '치지'의 '지'에 지나치면 관념론에 떨어지며, '물'과 '지'의 관계의 논리체계가 서지 못할 때 주종이 불투명해지는 약점은 앞서의 언급과 동일하다.

관념론이나 실재론에 비한다면 '치지재격물'의 '재' 자에 특별한 주의가 간다. 또한 실존철학과 과학철학의 회우점會遇點을 기대한다고 할 때 '재' 자가 지니는 성격은 매우 흥미롭다고 할 것이다.

이 세 가지 요소에 대한 주자朱子의 이해를 먼저 알아보기로 한다.

Ⅱ. 본론

1. 격물치지와 물격지지의 주자주석

"격물치지格物致知"는 사서四書의 『대학大學』에 삼강령팔조목三綱領八條目 중 2개 조목으로 다음과 같이 제시되어 있다.

> 옛날에 명덕을 천하에 밝히려고 하는 사람은 먼저 그 나라를 다스리고 그 나라를 다스리고자 하는 사람은 먼저 그 가정을 가지런히 하고 그 가정을 가지런히 하고자 하는 사람은 먼저 그 몸을 닦아야 하고, 그 몸을 닦으려고 하는 사람은 먼저 그 마음을 바르게 하고, 그 마음을 바르게 하고자 하는 사람은 먼저 그 뜻을 정성되게 하고, 그 뜻을 정성되게 하려고 하는 사람은 먼저 그 지知를 이루어야 하니, 앎[知]을 이루는 것은 사물[物]을 격格하는 데 있다. 사물이 격한 뒤에 앎이 지극하고, 앎이 지극한 후에 뜻이 정성되고, 뜻이 정성된 뒤에 마음이 바르고, 마음이 바른 뒤에 몸이 닦아지고, 몸이 닦아진 뒤에 가정이 가지런해지고, 가정이 가지런해진 뒤에 나라가 다스려지고, 나라가 다스려진 뒤에 천하가 평정된다.[2]

---

2 「大學章句」「經一章」〈原文〉"古之欲明明德於天下者 先治其國 欲治其國者 先齊其家 欲齊其家者 先脩其身 欲脩其身者 先正其心 欲正其心者 先誠其意 欲誠其意者 先致其知 致知 在格物"

'격물치지'와 '물격지지'는 주자에 의해서 아래와 같이 주석되고 있다.

> 치致는 미루어 지극함이다. 지知는 식識과 같다. 나의 지식을 미루어 지극하면 그 알고자 하는 바가 다하지 않음이 없다. 격格은 이름이다. 물物은 사事와 같다. 사물의 리를 궁구하여 이르면 그곳에 다하고자 하는 것에 이르지 않음이 없다.[3]

'격물치지'에 대하여는 위와 같거니와 '물격지지'에 관해서는 다음과 같다.

> 물격物格이란 물리의 극처에 이르지 않음이 없는 것이다. 지지知至란 내 마음의 아는 바가 다하지 않음이 없는 것이다. 앎이 이미 다한즉 뜻은 진실할 수 있고 뜻이 이미 진실한즉 마음은 바르게 될 수 있다.[4]

중국인들과는 달리 우리는 한문을 읽을 때 토를 붙여서 읽어왔고, 이 토를 붙이는 요령이 사람에 따라서 다를 수가 있어 이해에 혼선을 일으키기도 하였다. 더욱이 심오한 진리를 설명하는 자리에서는 특별한 관심이 경주되어야 했다. 주자는「전傳 5장」에 자술 보망補亡하여 '치지재격물'에 대한 견해를 다음과 같이 피력하고 있다.

> 이른바 치지致知가 격물格物에 있다는 것은 나의 앎을 다하고자 함이 물리에 나아가 그 리를 궁구하는 데 있다는 것을 말함이다. 대개 인

---

3 위와 같음,「經一章」"致 推極也 知 猶識也 推極吾之知識 欲其所知無不盡也 格 至也 物 猶事也 窮至事物之理 欲其極處無不到也"

4 위와 같음,「經一章」"物格者 物理之極處 無不到也 知至者 吾心之所知 無不盡也 知既盡 則意可得而實矣 意既實 則心可得而正矣"

> 심의 신령스러움이 앎을 지니지 않음이 없고 천하의 사물이 리를 지니지 않음이 없으나 오직 리를 궁구하지 않음이 있기 때문에 그 앎이 극진하지 못함이 있다. 이러므로『대학』에서 처음 가르칠 적에 반드시 학자로 하여금 뭇 천하의 사물에 나아가 그 이미 아는 리에 근거해서 더욱 궁구하여 그 지극함을 구하고 힘쓰기를 오램에 이르면 하루아침에 활연豁然히 관통하니 즉 여러 사물의 표리와 정조가 이르지 않음이 없고, 내 마음의 전체全體와 대용大用이 밝지 않음이 없게 된다.[5]

중국인은 토 없이 읽으므로 본의를 독자가 자유로 파악하겠으나 우리는 토를 붙여서 읽으므로 본지 이해가 현토를 좌우할 수도 있고 현토 여하가 본의 파악에 차질을 가져올 수도 있게 된다.

삼국시대에는 이두吏讀로 읽었으며, 조선 세종 이후 한글 창제로 인한 언해본이 나오게 되어 그것이 대개 교재처럼 일반적으로 사용되어왔다. 따라서 중국에서 없었던 현토가 문제될 수 있었고 본지에 대한 논변이 제기된 것으로 생각된다. 종래의 언해본에 따르면 이 부분은 아래와 같이 현토를 붙여 해독되어왔다.

> 古之欲明明德於天下者는 先治其國하고 欲治其國者는 先齊其家하고 欲齊其家者는 先脩其身하고 欲脩其身者는 先正其心하고 欲正其心者는 先誠其意하고 欲誠其意者는 先致其知하나니 致知는 在格物하니라

여기서 '치지재격물致知在格物'을 해독하기를 "지知를 치致함은 물

5 위와 같음,「補亡章」"所謂致知在格物者 言欲致吾之知 在卽物而窮其理也. 蓋人心之靈 莫不有知 而天下之物 莫不有理 惟於理 有未窮 故其知有不盡也. 是以 大學始敎 必使學者 卽凡天下之物 莫不因其已知之理而益窮之 以求至乎其極. 至於用力之久 而一旦豁然貫通焉 則衆物之表裏精粗 無不到 而吾心之全體大用 無不明矣"

物을 격格함에 있느니라"라고 하였고, 다음 절의 현토는

> 物格而后에 知至하고 知至而后에 意誠하고 意誠而后에 心正하고 心正而后에 身脩하고 身脩而后에 家齊하고 家齊而后에 國治하고 國治而后에 天下平이니라

라고 하였으며 '물격이후지지物格而后知至'는 해독하기를 "물物이 격格한 후後에 지지知至하고"라고 일반이 통독通讀하여왔다. 여기서 '격물'과 '물격'을 주자 주석 이해에 따라서 현토하는 데 차이가 나올 수 있게 된다.

'격물'에 대한 주석을 "궁지사물지리 욕기극처무불도야窮至事物之理 欲其極處無不到也"라고 했는데 '욕기극처欲其極處' 다음에 토를 무엇으로 붙이느냐는 것과 '격물'에 대한 주석을 "물리지극처 무불도야物理之極處 無不到也"라고 했는데 '물리지극처物理之極處' 다음에 무엇이라고 토를 다느냐 하는 문제가 생긴다. '격물', '물격'의 이해에 따라서 '극처極處' 다음에 토를 붙일 수도 있는 반면에, 토 여하로 '격물', '물격' 이해가 달라질 수도 있는 묘한 문제가 발생된다.

2. 본문제의 역사

'격물格物'의 경우 '물을 격함에' 또는 '물에 격함에'라고 해독할 수 있으며, '물격物格'의 경우를 보면 '물이 격한 후에'라고 훈독할 수도 있고, '물에 격한 후에'로 해독할 수도 있다. 이와 연관해서 주자 주석의

> 욕기극처欲其極處……[그 극처極處가 이르지 않음이 없고자 하는 것이다.]

물리지극처物理之極處……[물리物理의 지극한 곳]

에도 '이'로 하느냐 '에'로 하느냐의 의견이 엇갈리게 된다. 이제 이황의 석의釋義에 따르면 '재격물在格物'에 대하여는

物을 格ᄒᆞᆷ에 인ᄂᆞ니라. 一云 物에 格홈애 此說誤. [물을 격함에 있다]

라고 하며 '에' 토를 잘못으로 단정하고 있으며 '물격이후物格而后'의 경우는 "물物이 격格ᄒᆞᆫ"이라 하고 나아가서 주자 주석의 "물리지극처物理之極處"는 "물리지극처物理之極處" 또는 "물리지극物理之極에" 그 어느 쪽도 무방하다고 하였다.

이병도 씨는 그의 『한국유학사자료초고』에서 다음과 같이 분류하면서 이 분류는 이황이 정자중鄭子中에게 답하는 글[6]에 의한 것이라고 밝히고 있다.

제1설은 이언적李彦迪의 주장이고, 제2설은 노천老泉 김식(金湜: 1482~1520)과 표도瓢道 박광우(朴光佑: 1495~1545)와 평와平窩 윤탁(尹倬: 1472~1534)의 주장이며, 제3설은 낙봉駱峰 신광한(申光漢: 1484~1555)의 견해로서, 이황의 모두 선배인바, 이황은 신광한의 설을 따르고 있다.

6 『退溪全書』 卷26 大東文化硏究院.

類別	格物物格吐	朱吐註
제1설	A 格物→物乙(을)格 B 物格→物厓(에)格	A 欲其極處厓(에)無不到也 B 物理之極處厓(에)無不到也
제2설	A 格物→同上 B 物格→物是(이)格	A 欲其極處是(이)無不到也 B 物理之極處是(이)無不到也
제3설	A 格物→同上 B 物格→厓	A 〉厓是吐亦好 B

그러나 이황은 만년에 기대승에게 준 격물설物格說에 의하면 종전의 주장이 정정되고 있음을 알 수가 있다.

소위 이황의 만년 이도설理到說에 따르면 '격물'이라고 할 때는 자신이 사물 이치의 극처에 궁구하여 이르는 것을 말하는 것이고, '물격'이라고 할 때는 사물 이치의 극처, 나의 궁구하는 바를 따라서 이르지 않음이 없음을 말한다고 하였다. 리의 본연의 체體는 정의情意나 조작造作이 없지마는 경우에 따라 발현해서 이르지 않음이 없는 것은 리의 지극히 신묘한 용用이라고 하여 리가 죽은 사물이 아님을 강조하기에 이르렀다. 이병도 씨는 이황의 전후 주장의 차이점을 지적하기를

> 퇴계는 처음에 '이격已格' '이도已到'로 생각하던 것을 고봉高峰의 주장에 따라서 물도物到로 시정하였다.

고 하였다.

인식의 성립이 '이미 도달함[已到]'과 '사물이 도달함[物到]'의 경우 대조적인 결과를 나타내는 것은 기정 사실이거니와 문제는 주관과 객관을 분열시키지 않고 내적인 '지(知: 앎)'의 합리성과 외적인 물物의 경험성을 원만하게 아울러 설명하고자 하는 것이 격치론이라고 할 때 그 의미에 손상 없도록 하여야 할 것은 당연한 일로 보

인다.

'물物이 격格한'이라고 하면 피아彼我 분열로 물리物理가 주격主格이 되고, '물物에'라고 하면 아我가 주격이 되어 피아 단절의 장애를 면할 수 없게 된다. '물리지극처物理之極處'도 '에'라고 하거나 '이'라고 붙일 때 같은 결과를 초래하게 되는 것이다.

개인의 격치설은 학자 간에 있었으나 이 문제를 가지고 그토록 격렬하게 논쟁을 벌인 것은 권득기와 박지계의 경우에서 처음 발견된다.

3. 만회와 잠야의 논변

『만회집晩悔集』과 『잠야집潛冶集』에는 서로 이 문제를 주고받은 서간문이 수록되어 있다. 특히 『만회집』에는 제6권에서 박지계에 주는 「격물논변설格物論辨說」[7]로 정리, 편집되어 있다. 박지계는 자가 인지仁之이고 함양인咸陽人으로서 인조반정 후 사포司圃, 지평持平을 지냈고 사업司業, 장령掌令, 집의執義, 동부승지同副承旨 등을 거쳤으며, 주자학을 위주로 연학하여 『사서근사록의의四書近思錄疑義』, 『주역건곤괘설周易乾坤卦說』, 『잠야집』 등의 저서가 있다.

두 사람이 같은 주자학을 기반으로 하면서 격치론을 가지고 피차에 촌보寸步의 양보도 없이 끝까지 논란을 벌여간 것을 볼 때 후학들에게 학문하는 자세와 진리에 대하여 엄숙한 모습을 전해주기도 한다.

이제 다음에 그 개요를 약술하고자 한다. 권5에는 박지계에게 주는 글이 다섯 편이 있으나 그중 세 편은 본문제와 무관한 것이며 다른 두 편은 유관하기는 하나, 박지계의 응답이 불분명하므로 제외하

7 『晩悔集』 권6에 수록된 편명은 「與朴仁之格物論辨說」이다.

고 다만 권6에 정리된 「격물논변설」에 따라서 살펴보기로 한다.

A. 만회의 설득 시도

이견차위異見差位를 논쟁하기 시작한 것은 상당히 오래된 듯하지만[8] 연보를 통한 고증이 어려워서 아쉽기도 하다. 권득기의 「여박인지격물변설與朴仁之格物論辨說」에 의하면 이미 의견상합을 단념했었으나, 어느 날 밤 우연히 떠오른 한 생각에 혹 박지계의 의혹을 씻어줄 수 있을까 하는 기대에서 약진略陳함을 고백하고 나서 문제 해득에 설득을 시도하였다.

즉 요지는 '격물'과 '물격'에 대한 상호 간의 견해 차이를 좁히고자 하는 데 있다.

박지계는 "격물을 물격이라 하고 치지를 지지라고 한다[格物而曰物格 致知而曰知至]"[9]라고 생각하는 데 대하여 권득기는 "격물과 같은 것은 내가 사물을 궁구하는 것이다. (……) 물격과 같은 것은 이 사물이 나에 의해 궁구되는 것이다"[10]라고 맞서고 있다. 아마도 이 생각은 오래전부터 대립되어오던 것인데 문득 떠오른 생각으로 설명을 다시 그에게 시도하였던 것이다.

용물用物과 물용物用의 예를 국가용인國家用人과 인역위국가용人亦爲國家用의 경우를 비교해서 부당함을 지적했고, 주자의 '물격' 주석을 원용하고 보완 설명하고 있다. 용물(用物: 我能用物), 물용(物用: 物能爲我用)처럼 '물격'을 아격我格할 물物로 생각한다면, 주자의 주

8 위와 같음, 권5 「與朴仁之書」 16後面 참조.

9 【참고】『潛治集』에는 "格物而曰物格 致知而曰知至"라는 구절이 보이지 않아, 부득이 『晩悔集』에서 인용한다(『晩悔集』 卷6 「與朴仁之格物論辨說」 "又慮兄若曰 (……) 然其言格物而曰物格 致知而曰知至").

10 『晩悔集』 卷6 「與朴仁之格物論辨說」 "如格物則是我格夫物 (……) 若物格則是物之爲我所格 (……)"

석에서는 '물리지극처物理之極處' 위에 마땅히 '어於' 자를 가해서 "아어물리지극처무불도我於物理之極處無不到"라고 해야 한다는 것이다. 또한 "사물지리 각유이예기극(事物之理 各有以詣其極: 사물의 이치는 각각 그 극치에 이름이 있다)"이라고 함도 "아어물리예기극(我於物理詣其極: 내가 사물의 이치가 그 극치에 이름에 있어)"이란 말이 아닌데, 박지계의 뜻대로 한다면 '어' 자를 가해야 되고 '어' 자를 가한즉 '아我'와 분열이 되어서 본의에 어긋나게 된다는 견해이다. 권득기의 생각으로는 "어오심명감지하 물리각자예기극(於吾心明鑑之下 物理各自詣其極: 내 마음이 거울처럼 밝은 아래에서 사물의 이치가 각각 스스로 그 극치에 이른다)"이란 말은 하나의 설[一說]이지 두 개의 설[二說]이 아니며 다만 주로 말하는 바가 다를 뿐이라는 것이다. 이황과 기대승의 사단칠정논쟁에서 '소주所主', '소중所重'에 따라서 입언이 다르다는 경우를 연상하게 한다. 즉 '나[我]'를 주로 하여 말하면 '격물치지'라고 하며, '사물[物]'을 주로 해서 말할 때 '물격지지'가 된다는 것이지만, 요컨대 '물리도어심(物理到於心: 사물의 이치가 마음에 이른다)' 해서 약요約要가 되거나 '심축물이도(心逐物而到: 마음이 사물을 좇아 이른다)' 해서 외치外馳하는 그런 것이 아니라는 것이다. '마음이 사물을 좇음[心逐物]'으로 인해서 형상세계로 비상해버리거나, '이치가 마음에 이름[理到於心]'으로 인해서 형하세계로 매몰되는 일은 문장에 있어서 어세와 주어술부를 제대로 살피지 못한 결과라고 지적하였다. 사실상 유학에서 이 점은 가장 중요시되는 문제이며 인식논리의 특징이기도 하다. 박지계는 여기에 대하여 문장 이해의 요령과 '격물', '물격'에 대한 소신을 밝힌다.

B. 경과

a. 잠야의 답신[11]

내용은 두 가지로 요약된다. 첫째는 자신의 경전해석의 요령이요, 둘째는 '격물', '물격'에 대한 변론이다.

① 경전해석의 요령

경전을 소화하는 데, 첫째는 문의文義요, 둘째는 의리義理요, 셋째는 사증事證의 세 가지뿐이라고 한다. '문의'란 문장 구성의 문법을 통한 해석이요, '의리'란 내용으로 담긴 사상적 이론이요, '사증'이란 이해의 객관성을 높이기 위한 인증을 의미한다. '문의'를 자세히 살피면 두 가지는 다 통하게 마련이라고 한다. 이론상 "사물이 마음에 이름[物到於心]"이라고 함은 크게 잘못된 것이며 마음 생각[心思]의 "사물의 이치에 이름[到於物理]"이란 자명된 일이라고 주장한다.

② 격물물격

'격물', '물격'을 문의를 가지고 비유할 때 '격물'은 식육食肉과 같고 '물격'은 육식肉食 · 초식草食, 분식粉食과 같으며, '격물'은 행로行路, 행육行陸과 같고, 물격物格은 육행陸行, 산행山行, 야행野行과 같다는 것이다. 이는 '물격'을 '물物을 격格한'으로 문의를 파악하는 근거에서 '고기를 먹는다', '길을 간다', '육지를 간다'로 비유하고, '물격'은 "아격어물我格於物"로 문의를 파악하기 때문에 '육식, 초식, 분식' 또는 '육지에 간다', '산에 간다', '들에 간다'로 풀이를 한다.

뿐만 아니라 "물리지극처 무불도物理之極處無不到"의 주자 주석에 대해서도

11 이 부분은 『潛冶集』 卷4에 수록된 세 편 「答權重之(得已)」 · 「答權重之」 · 「答權重之」 등을 중심으로 전개한 것이다.

> 도로의 먼 곳에 이르지 않음이 없다. 먼 지방의 색다른 맛을 먹어보지 않음이 없다.[12]

는 뜻으로 이해한다.

다음의 의리로 생각해볼 때 먼 지방에서 여러 맛을 먹지 않은 바 없다는 말은 내 한 몸을 살찌게 하려 함이며, 여러 사물과 이치[衆物衆理]의 극처에 사색궁구의 공부를 해서 이르지 않음이 없음은 장차 내 지식을 미루어 다하려[推極] 함인데 사물의 이치에 두루 도달함[遍到於物理]으로 외치外馳가 된다고 해서 다만 사물 이치의 내 마음에 도달함[物理到於吾心]만을 바란다면 입을 다물고 먹지 않으면서[閉口不食] 여러 맛이 배 속으로 저절로 들어옴을 바라는 것과 같으니 이러한 이치는 없다는 것이다. '격물', '물격'은 초학공부인데 문득 사물의 이치가 마음에 도달함[物理到於心]을 말한다면 이는 이설異說인 돈오頓悟의 학문에 빠지게 된다는 것이다.

또 사증으로 생각할 때, 『대학혹문大學或問』에 말한 "물격이란 사물의 이치가 각각 그 궁극에 이름이 있다[事物之理 各有以詣其極]"는 것은 "사물의 이치에 각각 그 궁극에 이름이 있다[於事物之理 各有以詣其極也]"라는 뜻이지 '사물의 이치가 마음의 극처에 도달하는 것을 말함이 아니라'는 것이다. 본문의 '예詣' 자로 말하더라도 마음이 "사물의 이치에 이른다[詣於物理]"는 뜻이지 "사물의 이치가 내 마음에 도달함이 아니다[非謂物理到於吾心也]"라고 하고 있다. 이 밖에도 주자가 인용한 맹자의 지성知性이 물격이라는 것과 그리고 '그 사물의 이치에 앎이 도달하지 않음이 없음[於其物理 知無不到]'도 다름 아닌 '지성'이라고 한 것을 들어서 방증으로 삼고 있다.

경전해독의 문의 · 의리 · 사증의 세 방향은 과학적인 태도를 보여

---

12 『潛冶集』 卷4 「答權重之(得己)」 "猶言道路之遠處無不到也 遐方之異味無不食也"

주면서도 그가 끝 부분에 언급한 바와 같이 격물과 물격 이해에 대한 피차 대립은 여전하며 해소를 위한 일만一萬의 전진도 보이지 않는다. 대체로 박지계는 '마음이 사물에 도달함[心到於物]'의 입장을 고수하면서 격물과 물격에 '물' 자 앞의 '어於' 자의 필요성을 추호도 양보하지 않는다.

b. 만회의 반박[13]

박지계의 문의와 의리와 사증의 해석으로 인해서 이번에는 문법 문제로 발전되었고, 격물과 물격의 비유 설명에 대한 비판이 가해졌으며, 나아가서 인식 주체와 대상 사이의 관계에 대한 깊이 있는 의견이 반박 피력되었다.

격물格物을 '격어물格於物'로, 물격物格은 '어물격於物格'으로 생각하는 박지계에게 마찬가지로 '식육食肉'은 '식어유食於肉'로 '육식肉食'은 '어육식지於肉食之'로 이해하느냐는 반문을 던진다.

격물은 '격부물格夫物'로, 물격은 '물지이아소격物之而我所格'으로 생각하는 권득기에게는 '식육(食肉=格物)'은 '식어육食於肉'일 수 없고 '식부육(食夫肉=格夫物)'이며, '육식肉食'은 '육어식지於肉食之'가 아니라 '육지이아소식肉之而我所食'이라고 해야 마땅할 것이다. 따라서 주자가 격물을 '격어물格於物'이라고 하지 않고 어째서 '격부물格夫物'이라고 했느냐의 질문을 제기한다. 나아가서 박지계가 격기물格其物이라고 한 경우를 끄집어내 물物에 기其 자를 붙이는 것도 잘못임을 깨달았다고 부언한다. '호乎'자의 뜻이 또한 '어於' 자와 비슷하기는 하지마는 약간 다른 데가 있어서 주자는 이 '어於 · 우于 · 호乎' 자들을 피하고 '부夫' 자를 사용하여 '격부물格夫物'이라고 한 진

---

13 이 부분은 『晩悔集』 卷6에 수록된 세 편 「與朴仁之格物論辨說」을 중심으로 전개한 것이다.

의를 터득해야 한다는 것이다. 그리고 "도로지원처 무소불도(道路之遠處 無所不到: 도로의 먼 곳에 이르지 않음이 없다)"와 "하방지이미 무불식(遐方之異味無不食: 먼 지방의 색다른 맛을 먹어 보지 않음이 없다)"의 경우 그 의미가 "저 그 도로의 먼 곳은 내가 이르지 않은 바가 없다[彼其道路之遠處者 我無所不到]"이며 "먼 지방의 색다른 맛은 내가 먹어 보지 않음이 없다[遐方之異味者 我無不食]"이므로, 우리나라의 현토법에 의하면 "道路之遠處를 無所不到", "遐方之異味를 無不食"이라고 해야지 "道路之遠處에 無所不到", "遐方之異味에 無不食"으로 한다면 문장에 '어於' 자를 더해서 "於道路之遠處에 無所不到", "於遐方之異味에 無不食"이라고 해야 옳다고 주장하여 논쟁이 문법 방향으로 비화되어갔다.

이어서 인식이 관념적인 것인가 또는 자각적인 것인가 아니면 물리적인 것인가 하는 중요한 부분에 부딪히게 된다. 격물치지와 물격지지의 관계 이해는 사실상 그 점을 좌우하는 자리라고 생각된다. 박지계가 격물과 물격이 처음 과정 공부[初程工夫]라는 데 이의가 제기된다. 권득기에 있어서 처음 과정 공부는 격물치지요 격물물격이 아니다. 만일에 박지계와 같이 "'격물'을 '물격'이라 하고 '치지'를 '지지'라 하고[14] '성의'를 '의성'이라 하고[15](……)" 식으로 생각한다면, 격물과 치지는 두 가지 일이 되어서 인식 주체와 인식되는 대상이 단절 양립되는 결과를 가져오게 된다. 그래서 격물치지의 분리될 수 없는 관계 설명에 힘을 기울인다. 즉 격물이란

이치는 사물에 있으되 앎은 나에게 있다. 나의 앎으로써 사물의 이

---

14 앞의 주석 참조.

15 【참고】『潛冶集』에는 "誠意而曰意誠"이라는 구절이 보이지 않아, 부득이 『浦渚集』에서 인용한다(『浦渚集』 卷16 「答朴仁之論物格書」 "夫謂致知而曰知至 謂誠意而曰意誠 謂正心而曰心正 至謂平天下而曰天下平 是豈文理").

> 치를 궁구함이니, 격물은 즉 나의 지식을 미루어 다하는 바이다.[16]

라고 주장한다. 사물과 앎은 궁구하는 과정에서 분립될 수 없는 사이이며, 그러므로 칠조목에는 선후를 가려서 말했으나 이치 · 앎[理知]과 격물에는 그 앎을 이루고자 할진댄 먼저 그 물을 궁구한다라고 아니하며 '치지재격물致知在格物'이라고 '재在' 자로 묶게 된 것이다. 따라서 팔조목이란 명목뿐이지 사실은 칠조목이라는 것이다.

물격이란

> 나의 앎을 가지고 사물의 이치를 궁구해서 사물 이치의 당연과 소이연所以然이 반반班班한 데 이르는 것이다.[17]

라고 주장한다. 앎과 사물이 당연과 소이연의 '반반한 것[班班者]'으로 완성된 것을 의미한다는 것이다. 물격지지는 격물치지의 공효일 따름이며 격물치지가 하나의 일인 것처럼 물격지지도 또한 하나의 일이라 한다.

여기 하나의 일이라고 한 데 의미가 심원하다고 생각된다. 사물의 대상이요 앎이 인식 주체를 뜻한다고 할 때 앎의 편중에서 관념화된다거나 사물에 두루 도달해서 실재에 매몰되거나 하는 위험을 피하려는 태도를 볼 수 있다. 공부에 있어서도 격물치지라는 하나의 일을 가지고서 매일매일 거듭거듭하여가는 동안에 '물격지지'라는 하나의 일로 끝난다는 소신처럼 보인다.

표현이나 어조로 보아서 합의가 좀처럼 어려운 것으로 짐작한 듯

---

16 『晩悔集』 卷6 「與朴仁之格物論辨說」 "理在物而知在我 以我之知 窮物之理 所謂格物也"

17 위와 같음, 卷6 「與朴仁之格物論辨說」 "以我之知 窮物之理 而至於物理之當然與所以然 皆班班而可見 所謂物格也"

이 후일의 철인을 기다린다는 뜻을 첨언하고 있다.

> 마땅히 양가의 설을 기록하여 타일을 기다리고 혹 후대의 철인은 무궁한 데서 기다릴 뿐이다. (……) 다만 양가의 설을 기록하여 타일을 기다린다. (……) 아울러 기록하여 후대의 철인을 기다린다. (……) 아울러 기록하여 안목을 갖춘 사람을 기다린다.[18]

등등의 어구는 박지계의 신경을 몹시 자극시킨 것으로 보인다.

C. 결과

위에 대한 박지계의 답변이 있은 후에도 다시 반론이 되풀이해 오고 갔으나 권득기의 말과 같이 논쟁하는 바가 다단多端하지만 격물치지와 격물지지에 불과했으며 토론 결과 합의를 못 본 채로 감정 어린 언사로 끝나고 말았다. 대립의 요점은 자초지종 일관되었으나 대개 다음의 몇 가지로 요약된다.

> 격물을 박지계는 '격어물格於物'이라 하고, 권득기는 '격부물格夫物'이라 하며
>
> 물격을 박지계는 격물, 어물격지於物格之라 하고, 권득기는 격물의 효과라고 하며
>
> 격물치지에 대하여 박지계는 '격물이왈물격格物而曰物格 치지이왈지지致知而曰知至……'라 하고, 권득기는 격물치지도 하나의 일이요 물격지지도 하나의 일이라 하며
>
> 물(物=理)과 지(知=心)에 대하여 박지계는 심사가 사물에 도달함이

---

18 위와 같음, 卷6「與朴仁之格物論辨說」"當錄兩家之說 以待他日 或俟後哲於無窮耳(……) 但記兩家之說 以俟他日 (……) 併記之 以俟來哲 (……) 併記之 以俟具眼"

라 하고, 권득기는 하나의 사물을 궁구하여 하나의 앎을 이룬다[格一物致一知]는 즉 "한 사물의 이치가 마음에 도달하여 마음의 아는 것이 한 사물의 이치를 다한다[一物之理到於心 心之所知盡一物之理]"라 하였다.

한마디로 집약한다면 요점은 두 사람의 인식 논리의 차이라고 하겠다. 격물이나 물격의 '물'에 '어於' 자를 더하여 해석하는 태도는 사물과 나의 구분에서 이루어지는 것이므로 사물의 이치가 마음의 생각이 사물에 이른다[心思至於物]라는 식으로 생각하게 된다. 권득기는 철두철미 사물과 나를 구분하지 않음[物我未分]의 격치일사공부格致一事工夫로부터 시작하여 하나[一件], 둘[兩件], 셋[三件] 등으로 쌓음이 날로 오래함[累積日久]에 격물지지物格知至 한 일[一事]의 관통에 도달한다고 한다.

Ⅲ. 결론

권득기가 사단칠정론에서 이발理發을 용인하는 것과 일원관一元觀 속에 소주所主·소중所重을 가려 입언함이 이황에 가까운 모습을 보여주는 것 같으며, 박지계가 이이와 성혼의 종묘종형宗廟從享을 건의 상소한 것으로 보아 이이와 성혼에 관심이 많았던 것이 사실이다. 두 사람의 학문 경향이 반드시 이황과 이이로 구분할 수 있을까 하는 것은 문제로 남는다고 할지라도 이 논변을 통해서 매우 중요한 의의를 발견할 수 있다.

첫째, 철학에 있어서 인식론의 비중이 큰 만큼 두 사람이 합의에는 도달하지 못하였다고 하더라도 이 유가의 격치론의 논리적인 토론이 이토록 치열했음은 사적史的 의의가 매우 크다는 점,

둘째, 가치에 있어서 사단칠정론이나 인심도심론이나 인물성동이론이나 예론에 못지않을 뿐만 아니라 오늘에 있어서는 더욱 긴요하다는 점,

셋째, 이제마(李濟馬: 1838~1900)의 『격치고格致藁』는 그의 사상의학과 더불어 인간의 심신치료의 처방을 제시해준 것으로 보이는 바, 그의 격치관에서 "사물은 몸에 깃든 것이고 몸은 마음에 깃든 것이며 마음은 사물에 깃든 것이다[物宅身也 身宅心也 心宅事也: 儒略 事物]"[19]라고 한 사물 인식으로의 도정에서 권득기의 주장은 우리의 철학이 하나의 섬돌이 될 수 있으리라는 점 등이 지적된다.

관념론과 실재론 · 과학철학과 실존철학의 대립은 어쩌면 세계철학사적인 성격을 띤 것으로 보인다. 정치의 이데올로기로 전 세계가 양립되어 있음도 부인할 수 없는 사실이지만, 더욱이 물질 기계문명 속에 인간이 상실되어가고 있다고 한탄해온 지 이미 오래가 된 연유도 여기서 생각하게 된다.

인간을 회복하고 갈등을 해소하여 평화를 건설하는 관건이, 자아분열의 조화통일이 선행되고 신문화를 창조하는 데 있다고 할 때 여기에 새로운 철학이 요구됨은 당연하며 그중에서도 인식 논리의 새로운 정립은 중요하고도 급선무인 것으로 짐작된다. 그러한 뜻에서 마음이 외물을 좇아감[心逐外物]으로 관념화를 경계하고 사물이 마음에 도달함[物到於心]으로 사물에 매몰됨을 회피하면서 사물과 내가 아직 구분되지 않음[物我未分]의 격치格致 공부와 물격物格 논리의 인식론적 의미를 밝히려고 진력한 권득기의 학설이 앞으로 결코 무의미하지 않을 것이다. 물아物我 분열의 조화와 사조思潮 갈등의 통일이라는 시대적 요청이 문화창조의 현실적 구심점이라고 볼 때 권득기의 강변은 더욱 탐구되어야 할 것으로 믿어진다.

---

19 『格致藁』 卷1 「儒略」 〈事物〉 1면 앞 "物宅身也 身宅心也 心宅事也"

제5장 녹문 성리설에 관한 고찰
–「녹려잡지」를 중심하여

Ⅰ. 서론

이이李珥는 이통기국理通氣局[1]을 말했을 뿐만 아니라 본연의 기[本然之氣][2]를 새로 말하여 맹자의 호연지기浩然之氣를 의미했고[3] 또 심시기心是氣[4]라고 하는 새로운 술어를 사용함으로써 학자들에게 기氣에 관한 관심을 모으게 하기도 했다. 이이의 기에 대한 이해는 송대 학자들의 영향도 있었으리라고 믿어지며, 또 그가 성리학자를 평한 가운데 나흠순羅欽順, 이황李滉, 서경덕徐敬德 중 나흠순을 최고로 놓고 다음을 이황, 그다음을 서경덕으로 보면서, 이황에 대하여는 주

---

1 『栗谷全書』 卷20 『聖學輯要』(二) 「窮理章第四」 "論其大槪 則理無形而氣有形 故理通而氣局 理無爲而氣有爲 故氣發而理乘"

2 위와 같음, 卷10 「答成浩原」(四) "氣局者何謂也 氣已涉形迹 故有本末也 有先後也 氣之本則湛一淸虛而已 曷嘗有糟粕煨燼糞壤汚穢之氣哉 惟其升降飛揚 未嘗止息 故參差不齊而萬變生焉 於是氣之流行也 有不失其本然者 有失其本然者 旣失其本然 則氣之本然者 已無所在 偏者 偏氣也"

3 위와 같음, 卷10 「答成浩原」(四) "聖賢之千言萬言 只使人檢束其氣 使復其氣之本然而已 氣之本然者 浩然之氣也 浩然之氣 充塞天地 則本善之理 無少掩蔽 此孟子養氣之論 所以有功於聖門也"

4 위와 같음, 卷10 「答成浩原」(四) "朱子曰 心之虛靈知覺 一而已矣 或原於性命之正 或生於形氣之私 先下一心字在前 則心是氣也 或原或生而無非心之發 則豈非氣發耶"

자朱子를 깊이 믿어 의양지미(依樣之味: 모방하는 취미)가 있다고 했고, 서경덕에 대해서는 문자에 구애받지 않고 자득한 바 있다고 칭찬하고 있음을[5] 보아 기관氣觀에 대한 관계를 엿볼 수 있다. 그 후에 송시열宋時烈이 심心의 허령虛靈은 분명히 기에 속한다[6]고 언명함에 이르러 '심이 기'라는 설이 굳어진 감을 주었고, 한원진韓元震은 이황의 심합리기心合理氣를 반박[7]함에 심즉기心卽氣라고 하여 이 주장은 기론氣論으로의 경향을 확고히 해주었다. 더 나아가서 녹문鹿門 임성주(任聖周: 1711~1788)는 우주의 본체나 인심人心의 본질이 일기一氣라고 하여 성리학상의 주기론主氣論을 확립하기에 이르렀다.

성리학이 태극太極·이기理氣·심성정心性情 등을 문제로 하는 만큼 '기론'도 또한 '이론理論'과 같이 중요하게 다루어진다. 그러나 여기 주의해야 할 것은 성리학이 태극론太極論이나, 이기론理氣論이나 심성정론心性情論의 그 자체의 뜻이 있는 것이 아니라 당론當論을 통해서 밝히고자 하는 것이 따로 있다는 점이 아닐까 생각한다. 그러므로 고취하는 이론을 통해서 그 천명하고자 하는 바에 기여되는 처소를 발견할 수 있다면 그것이 그 이론의 가치면이라고 믿어진다. 따라서 이제 살피고자 하는 임성주의 주장도 그 이론 자체도 중요하지만, 성리학이 의도하는 바에 보익될 수 있는 측면이 더욱 소중한 것으로 이해된다.

---

5 위와 같음, 卷10「答成浩原」(四) "朱子曰 心之虛靈知覺 一而已矣 或原於性命之正 或生於形氣之私 先下一心字在前 則心是氣也 或原或生而無非心之發 則豈非氣發耶"

6 『宋子大全』附錄 卷15「金榦錄」"榦曰 心之虛靈分明是氣歟 先生曰分明是氣也"

7 『南塘集』拾遺 卷4「退溪集箚疑」"按心專言之則合理氣 蓋包性在其中故也 若與性對言之 則性卽理 心卽氣 而不可復以合理氣言心也 蓋旣以理屬性 而又以心爲合理氣 則似涉二理故也"

Ⅱ. 본론

1. 녹문의 사상 전환

녹문은 임성주가 살던 공주公州의 처소로서 배우는 문인들에 의하여 불려진 아호요, 자는 중사仲思, 숙종 신묘년(辛卯年, 1711)에 태어나서 정종 무신년(戊申年, 1788)에 78세로 작고하였다. 그 동생인 임경주(任敬周: 1718~1745), 임정주(任靖周: 1726~1796)와 같이 도암陶庵 이재(李縡: 1680~1746)의 문하에서 수학하였다. 문인 중에는 뛰어난 자질과 학행이 돈독한 사람이 겸재謙齋 박성원(朴聖源: 1697~1757)과 낙천櫟泉 송명흠(宋明欽: 1705~1768)과 녹문 임성주가 유명하였다. 이재는 병계屛溪 윤봉구(尹鳳九: 1681~1767)와 더불어 사람의 심[人心]을 '주기主氣'와 '주리主理'로 논쟁을 벌였던 만큼 '주기'의 입장에서 임성주에 영향을 주었다. 초년에 사설師說을 계승하여 박성원, 송명흠과 함께 논조를 같이하였으나 중년에 이르러서는 침잠하고 묵구默究한 지 10여 년 만에 주장해오던 바의 잘못을 깨달았다.[8] 즉 낙론洛論을 견지하여 사람과 사물의 성이 같다는 설[人物性同之說]을 고수해오던 중 크게 깨달은 후로는 한 번 바뀌어서 호론湖論의 성이 다르다는 설[性異之說]과 낙론의 성인과 보통사람의 마음이 같다는 설[聖凡心同之說]이 다 같이 리와 기가 두 사물이라는[理氣二物] 병폐를 면할 수 없음을 비난했다. 임성주는 이처럼 그의 견해를 고친 뒤에 「녹려잡지鹿盧雜識」를 저술하여[9] 그 주장을 명백히 하고 있다. 이제 먼저 그의 깨달았다는 자신의 말을 살펴본다.

---

8 李丙燾, 『韓國儒學史草稿』 "任鹿門則在初年亦承師說 與朴宋金諸氏無有異同而至中年 潛心默究十餘年大覺舊說之誤盡棄性同之說 (……)"

9 『老洲集』 25卷 「雜識(三)」 "鹿門集鹿盧雜識 乃其晩年改見後所記述也"

2. 그의 각처

임성주는 이재에게서 수학하였다. 이재의 학문은 농암農巖 김창협(金昌協: 1651~1708)에서 왔고, 김창협의 학문은 이이李珥에서 연원하고 있다. 이렇게 보면 계통이 이이에 비롯됨을 볼 수 있으나 임성주의 학문은 이이에 비해서 많이 변모하고 있다고 할 수 있다. 이이의 담일청허湛一淸虛의 기관氣觀에 대하여 임성주의 의견은 엇갈리고 있음을[10] 보면 견해 차이가 드러난다. 이러한 그의 주장은 다 만년에 대오각성大悟覺醒한 심경에서 비롯된 것으로 보인다. 인식 윤리를 중요시하는 것은 철학에서 매우 소중한 일이다. 그러나 인식은 그의 가능 근거 없이는 불가능한 것이며 우리에게는 사고하는 심성心性이 천부적으로 주어진 까닭에 이것이 여러 가지의 판단의 주체 구실을 하고 있다. 그러므로 학學에 있어서는 사유하는 단계가 귀중한 것이요[11] 또 그 과정을 깊이 깊이 겪고 나서 이것을[12] 잃어버리지 않고 항상 간직하는 분들이 이른바 현자라고 맹자는 말하고 있다.

임성주는 충심衷心으로 이재를 존경하였다. 사람의 구각軀殼은 속에 하늘의 의사를 담고 있는데 그 생동하는 빛은 안면에 나타나며 온몸에 배어 있고 팔과 다리에 의해서 활동되는 줄로 아는데 이것은 이재에게서 볼 수 있다[13]라고 한 것을 보아 충분히 알 수 있다. 그러나 그는 만년에 '사람과 사물의 성이 같다는 설'의 낙론과 '성인과 보통

---

10 『鹿門文集』 卷19 「鹿盧雜識(理氣心性○己卯庚辰)」 "所謂元氣者 卽張子所謂太虛太和 孟子所謂浩然之氣 充塞天地 流行古今 在陰陽滿陰陽 在五行滿五行 (……) 栗谷先生嘗云湛一淸虛之氣 多有不在 竊恐未然"

11 『論語』 卷2 「爲政」 〈第15章〉 "學而不思則罔 思而不學則殆"

12 『孟子』 卷11 「告子上」 〈第10章〉 "非獨賢者有是心也 人皆有之 賢者 能勿喪耳"

13 『鹿門文集』 卷19 「鹿盧雜識(理氣心性○己卯庚辰)」 "人底軀殼 包函得天底意思 其生色也 粹然見於面 盎於背 施於四體 於陶翁見之"

사람의 마음이 같지 않다는 설'의 호론을 다 같이 이기분열의 병폐를 면할 수 없는 것으로 단정하고 자기대로의 주장을 세우기에 이르렀다.

이이의 이통기국설理通氣局說에 대하여는 늘 의심을 품었었고[14] 이이가 생각한 이기원두처理氣源頭處에 대해서도 그 기氣와 본일처本一處에 혹 투철하지 않은 바가 있는 것처럼 평하면서 다 함께 리와 기가 두 사물이라는 병통을 면하기 어려울 것으로 이해하기에[15] 이른다.

이이의 담일청허湛一淸虛의 '기'에 대해서도 그는 부정의 태도를 취한다.[16]

이렇게 그 스승이나 또는 그 스승의 원류인 이이와도 이처럼 의견을 달리하게끔 된 것은 곧 그 자신이 깨달은 후의 일이다.

그는『중용中庸』귀신장鬼神章의 제명성복장齊明盛服章 일단에 의심을 느껴오던 중 십수 년 생각 끝에 한 해 겨울 녹려鹿廬에 있을 때 우연히 이 일장을 한번 다시 풍송諷誦하다가 환연渙然히 얻은 바 있어 사람들에게 설명할 수는 없으나 사려思慮의 통하고 막힘[通窒]이 전일과 다름을[17] 고백하고 있다.

이렇게 깨닫게 된 동기는 스승인 이재로부터 주어졌었음을 그는

14 위와 같음, 卷19「鹿廬雜識(理氣心性○己卯庚辰)」"栗翁理通氣局一語 心常疑之 更思之 此非判理氣爲二物 一屬之一原 一屬之分殊也"

15 위와 같음, 卷19「鹿廬雜識(理氣心性○己卯庚辰)」"栗谷先生於理氣源頭 深造獨見 (……) 獨於氣之本一處 猶或有未盡瑩者"

16 위와 같음, 卷19「鹿廬雜識(理氣心性○己卯庚辰)」"栗谷先生嘗云 湛一淸虛之氣多有不在 竊恐未然"

17 위와 같음, 卷19「鹿廬雜識(理氣心性○己卯庚辰)」"舊讀中庸鬼神章 於齋明盛服一段 每覺不快 而章句以此爲體物不遺之驗者 雖強說得去 而未能融釋 蓄疑在心者積數十年 己卯冬在鹿廬 偶取此章一再諷誦 便覺渙然氷融 布乎四體 有不能以語人者 豈思慮有時通窒而然耶 抑所造或有寸進 與前日強揣度時不同耶"

기록하고 있다. 이재가 문하생들에게 체설禘說을 알면 천하를 다스리기가 손바닥을 가리키는 것처럼 쉬운 것이 무슨 까닭인지를 물었을 때 박성원이 「체설」을 지어서 수백 언을 늘어놓아 선생께 제출했던바 선생은 허락하지를 않았다. 임성주는 집에 돌아와서 주설註說을 따라서 서면으로 질문을 했더니 선생께서는 『중용』 귀신장을 익히 읽고 체상禘嘗의 뜻에 이르러서 이 이치를 실지로 얻은 후에야 논의할 수가 있다고[18] 했다는 것이다.

그래서 임성주는 그 말에 따라서 『중용』 귀신장을 읽고도 그 참맛을 보지 못한 채로 범연히 답을 지어 놓아두었던 중 이제 명백히 그리고 매우 절실해서 무어라고 대답은 못하겠으나 실지로 숨길 수 없는 듯함을 깨달아서 선생이 보신 높은 곳을 볼 수가 있었다는[19] 것이다.

이렇게 임성주가 고심했다는 『중용』 귀신장의 내용을 잠깐 여기서 살펴보고자 한다.

3. 『중용』 귀신장

제자들에 대한 이재의 질문은 체설을 알면 어찌하여 천하를 다스림이 쉬운가 하는 것이었던 점으로 보아, 이는 『중용』 「제19장」에 "교사郊祀의 예禮는 상제上帝를 섬기는 바요, 종묘宗廟의 예는 선조를 제사드리는 바이니 교사의 예와 체상禘嘗의 뜻을 밝히면 나라 다

18 위와 같음, 卷19 「鹿廬雜識(理氣心性○己卯庚辰)」 "陶庵嘗與學者設問云知禘之說何故便能於天下也 如指諸掌 朴士洙作禘說累百言以進 先生未之許也 余歸而以書質之 大槩依倣註說 先生答云須熟讀中庸鬼神章至禘嘗之義 實見得此理 然後方可議也"

19 위와 같음, 卷19 「鹿廬雜識(理氣心性○己卯庚辰)」 "余又依其言讀之 未見其味 遂認作泛然答問之語而置之矣 今覺其明白深切 似不答而實無隱 有以見先生見處極高非常情所及也 三復以還 倍切羹墻之慕"

스리는 일은 손바닥 가리키는 것처럼 쉬운 일이다"[20]라는 글이 보인다. 여기에 대해서 사수士洙 박성원(朴聖源: 1697~1757)이 장황하게 대답을 했건만 요령을 얻지 못했었고 임성주도 주해에 따라서 서면 질의를 했던 결과 '체상'의 뜻을 터득한 후에야 더불어 강론할 수 있다고 충고해주었던 것이다. 『중용』 귀신장을 숙독하고 나서도 그 이해에 자신이 없는 채로 답서를 써서 그대로 놓아두었다는 것이다. 이재의 소견처를 실제로 본[實見] 것이 십수 년 후라고 술회하고[21] 있음을 보아 그 고충도 매우 컸으리라고 추측된다. 숙독하라고 권고받은 귀신장「제16장」은

> 공자가 이르기를, 귀신의 덕德이여, 성하도다. 보아도 보이지 아니하며 들어도 들리지 아니하며 만물에 본체[體]가 되어 빠트릴 수 없다. 천하 사람들로 하여금 재계하고 깨끗이 하여 옷을 성대히 차려입어 제사를 받들게 하면 양양洋洋하게 그 위에 계시는 것 같으며 그 바로 좌우에 계시는 것 같도다. 시에 이르기를, 신神이 이르는 것을 헤아릴 수가 없는데 하물며 싫어할까 보냐. 그윽한 것의 나타남이니 성誠을 가릴 수 없음이 이와 같도다.[22]

라고 되어 있다.

즉 이 글을 완미하고 나서 '체설'의 뜻을 파악하면 서로 더불어 이야기할 수 있다고 이재가 말했던 것이다. 먼저 숙독하라고 한 이『중

---

20 『中庸』「第19章」"郊社之禮 所以事上帝也 宗廟之禮 所以祀乎其先也 明乎郊社之禮、禘嘗之義 治國其如示諸掌乎"

21 앞의 각주 17번 참조.

22 위와 같음,「第16章」"子曰 鬼神之爲德 其盛矣乎 視之而弗見 聽之而弗聞 體物而不可遺 使天下之人齊明盛服 以承祭祀 洋洋乎 如在其上 如在其左右 詩曰 神之格思 不可度思 矧可射思 夫微之顯 誠之不可揜如此夫"

용』「제16장」의 글에서 보면 그리 쉽게 통하지 않는 곳이 "보아도 보이지 아니하며 들어도 들리지 아니하며 만물에 체體가 되어 빠트릴 수 없다[視之而弗見 聽之而弗聞 體物而不可遺]"조로 보인다.

주자의 주석에 의하면, "귀신이란 형체와 소리가 없으나 사물의 끝과 처음이고 음양이 합하고 흩어짐의 작용 아님이 없다"[23]는 것이다. 신안新安 진씨陳氏의 주소에 따르면 "음양이 합해서 사물의 시작이 되고 음양이 이산離散하여 사물의 마침이 된다"[24]고 하였다. "만물에 본체가 되어 빠트릴 수 없다"를 제자가 주자에게 물었을 때, 주자는 "하나의 기는 지극히 적고 갑자기 출입하는 것인데 이 음양은 천지를 남김없이 다 둘러싸고 있으며, 이 음양은 리理가 있으면 곧 기氣가 있고 기가 있으면 곧 리가 있어서 실질 아닌 것이 없다"고 하였다.[25] 하나의 기는 일호一毫의 공간도 남김이 없이 우주에 충만되어 있으므로 없는 곳이 없다는 것이다. 그리고 만물의 생성소멸은 음양의 기의 집산集散으로 생각하는 것이다. 이처럼 기본적으로 천지에의 충만되어 있는 하나의 기는 그 집산에 따라 만물이 생멸되므로 만물의 끝과 처음이 이 기에서 벗어날 수가 없으니 '만물에 본체가 되어 빠트릴 수 없다'일 수밖에 없다. 이러한 음양이 굴신屈伸을 헤아리지 못하는 것을 가리켜서 귀신이라고 할진댄 사람의 인식 능력으로는 헤아리기 어려우니 시詩에 이른 대로 또한 "신神이 이르는 것을 헤아릴 수가 없는데[神之格思 不可度思]"일 수밖에 없을 것이다. 전 공간에 충만되어 있으므로 만물이 모두 그 속에 본체가 되어 하나도 남길 수 없을 것이니, 은미함과 드러남의 구분이 없을 것이요, "그 위

23 『中庸章句』「第16章」"鬼神無形與聲 然物之終始 莫非陰陽合散之所爲"

24 위와 같음,「第16章」〈細註〉"新安陳氏曰 陰陽之合 爲物之始 陰陽之散 爲物之終"

25 위와 같음,「第16章」〈細註〉"問 體物而不可遺 朱子曰只是這一箇氣入毫釐絲忽裏去也 是這陰陽包羅天地也 是這陰陽有是理 便有是氣 有是氣 便有是理 無非實者"

에 계시는 것 같으며 그 바로 좌우에 계시는 것 같도다[如在其上 如在其左右]"라고 할 수 있을 것이다.

이러한 생각들은 역대의 기론자氣論者들이 한결같이 다 말해오는 바이기도 하다. 다만 여기서 어렵게 생각되는 것은 위와 같은 풀이는 쉽게 가능하지만, 실제로 장재張載의 「서명西銘」의 말과 같이 "천지의 충색한 것이 내 몸이다[天地之塞 吾其體]"라고 하는 '내 몸이다[吾其體]'의 체험은 역시 간단하지 않으리라고 보인다. '체물體物'에 대한 자신의 실감은 객관적인 설명이 곤란하므로 스스로의 주관적인 감지感知에 맡길 일이라고 이해된다. 그렇기 때문에 임성주가 견득見得했다는 표현에

> 이제 그 명백하고 심절한 것을 깨닫고서 답변하지 못하였으나 사실 숨김이 없는 듯하였으니, 선생(이재)의 소견처가 지극히 높아 보통 사람으로 미칠 것이 아님을 알 수 있었다.[26]

속에는 그러한 의미가 담겨 있는 것으로 이해된다.

이재의 말대로 하면 위의 내용이 충분히 소화되어야 '체설'에 대한 뜻을 실견實見해서 이야기를 나눌 만하다는 것이다. 이제 「제19장」에 보인 '체설'을 잠깐 살펴보기로 한다.

주자의 주석에 의하면, "교郊는 하늘에 제사함[祭天]을 뜻하고, 사社는 땅에 제사함[祭地]을 의미하고, 체禘란 천자天子의 종교宗廟의 큰 제사라고 하였다. 상嘗[27]은 가을철[秋節]에 올리는 제사이다"라고 하였다. 선왕先王들이 보본추원報本追遠하는 간절한 뜻으로 올리는

---

26 『鹿門文集』 卷19 「鹿廬雜識(理氣心性○己卯庚辰)」 "今覺其明白深切 似不答而實無隱 有以見先生見處極高 非常情所及也"

27 嘗: 秋祭로서 春夏秋冬 四時에 각각 드리는 제사의 하나이다.

'체제'는 지극한 인효성경仁孝誠敬의 발로인 것이다. 그러므로 시조가 출현한 바[始祖所自出]의 제帝를 미루어 시조의 사당에 배향하는 것이다. 그렇게 보면 시조가 나온 소자출(所自出: 근원에서 출현한 바)인 근원처에 대한 성경誠敬을 올리는 '체제'와 감사를 드리는 '추제秋祭'와 하늘 제사의 '교'와 땅 제사의 '사'의 참뜻을 알 때 나라 다스리는 일이 쉬워진다는 것이다. '교'나 '사'나 '체'나 '상'이나 요체는 근본에 보답하는 지극히 간절한 감정의 발로라는 점에 공통성을 지니고 있다. 기도祈禱 아닌 사실적인 이 제사가 형식적인 행사가 아니라 지성에서 우러나오는 경敬일 수 있으려면 그럴 수 있을 만한 근거가 있어야 한다. 이재로 말하면 귀신장을 숙독하고 체상禘嘗 제사의 뜻을 알고 난 뒤에야 의론할 수 있다고 한 것으로 미루어 '교사체상郊祀禘嘗'의 지성至誠 에너지의 보급기지로서 귀신장을 생각했던 것으로 보인다. '사물에 체가 되어 빠트릴 수 없음[體物不遺]'의 '좌우에 계시는 것 같도다[如在左右]'를 실감할 때 '교사체상'에 정성이 샘솟을 수 있고 이렇게 되면 나라를 다스리는 일이 매우 쉬운 일임을 알게 된다는 것이 이재의 생각이었을 것이다. 뿐만 아니라 실지로 그렇게 믿었기에 문하생들에게 그토록 권했고, 직접 그대로 연마한 이가 임성주였다고 생각된다. 그 기간이 수십 년이 필요했고, 마침내는 그 결과를 임성주가 얻었던 것으로 표현되어 있다. 공자도 '체설'을 혹자가 물었을 때 알지 못한다고 대답했고 다만 '체설'을 아는 이가 천하를 다스리면 손바닥 가리키듯 쉬운 일이라[28]고만 말하고 있음을 미루어 '지체知禘'의 일이 어려움을 짐작하게 된다. 그러나 임성주는 마음을 잠기고 생각한 지[潛思] 수십 년에 이것을 얻은 것으로 말하고 있다.

---

28 『論語』 卷3 「八佾」 〈第11章〉 "或問禘之說 子曰 不知也 知其說者之於天下也 其如示諸斯乎 指其掌"

이러한 기초 위에 세워진 그의 성리설은 과연 어떠한 것인지 다음에 알아보기로 한다.

4. 태극설

이미 『중용』 '귀신장'과 '체설'을 앞에서 살펴보았거니와 그의 사상 전환을 초래한 것도 여기에 있었음을 추측할 수 있을 것으로 보인다. 그의 만년의 사상은 이것에 의해서 정리되었음을 볼 때 그 사상적 기저는 또한 여기에 있었다고 생각된다. 이 글 가운데 '사물에 체가 되어 빠트릴 수 없음[體物不遺]'과 '음양의 헤아릴 수 없음[陰陽不測]'의 실견實見은 '기'로 말미암은 것으로 보이며 그러므로 여기에 의한 본체적인 이해는 사상 전반을 '기'로 장식하게도 된 줄 안다. 태극에 대해서는 "역에 태극이 있으니 이것이 양의를 생성한다[易有太極是生兩儀]"라고 한 『주역』 「계사상繫辭上」을 비롯하여 주돈이는 그의 「태극도설太極圖說」에서 '무극이면서 태극이다[無極而太極]'를 주장하였고, 주자는 '태극은 리이다[太極理也]'라고 하여 각각의 주장을 내세웠으나, 여기서의 공통점은 리를 형이상학적인 것으로 초월적인 신성성을 두어서 태극을 이해하려는 점이다. 그러나 리라고 하더라도 역시 소재는 기를 떠나서 찾기 어렵다. 그러므로 리는 이기의 분리되지 않는[不離] 실존에서 단서를 찾을 수밖에 없으나 그렇다고 해서 또 이를 빙자해서 리가 기에 오염汚染될 수도 없다. 이 리의 순수성을 발현[發]에서 구하자니까 이발理發이라고 하게도 되고, 리를 체體로 높이는 기氣의 오염으로부터 엄격히 구분하자니 시공 속에서 작용[用]하는 것이 기요 형이상에서 이 기를 주재하는 것을 리로 말하게도 된다. 이러한 이상理想에서의 공통점은 한결같이 리의 순수성을 지키려는 경향이라고 할 수 있다. 여기서 어려운 것은 리의 순수성을 상대적인 리와 기 속에서 지키면서, 이 리의 태극의 지존함을 초월성 속에 논리화하는 일이라고 보겠다. 태극과 이기의 이러한 문제들은 역대의 유현儒賢들이 정통적으로 견지해오던 이론이기도 하다. 그러나 임성주에 있어서는 이것이 어떻게 이해되고 있는가 할 때에 현저한 차이를 발견할 수가 있다. 리를 체體로 하고 기를 '용用'인 것을 엄격하게 구별하는 기발리승일도설氣發理乘一途說이나, 이기의 상대 속에서도 리의 신성성을 지키려 이발기수理發氣隨 · 기발리승氣發理乘의 호발설互發說에서, 기를 초월성으로부터 구분하려는 것과는 달리 기를 보다 더 중시하는 모습을 임성주에서 볼 수가 있다. 이러한 그의 기본적인 표현을『녹려잡지』의 첫머리에서 읽을 수가 있다.[29]

여기에서 보면 말미에 스스로 주석하기를 '그러함이 없어도 그러함[莫之然而然]'은 자연이라고 하였다. 하나의 기가 유행하는 자연을 하나의 텅 빔이면서 둥글고 성대하면서 광대한[虛圓盛大] 것으로 전체성을 요약하여 생의生意로 보고 있으며 이것을 몇 가지 측면에서 설명을 한다. 즉 '체'에서 말하자면 천天 · 원기元氣 · 호기浩氣 · 태허太虛라고 말하고 '생의'로 말하자면 덕원德元 · 천지지심天地之心이라고 하며, 쉬지 않고 유행하는 면으로 말하면 도道, 건乾이라 하며, 헤아리지 못하는 면에서 말하면 신神이라고 하며, '그러함이 없어도 그러함'은 명命 · 제帝 · 태극太極이라고 말하는 것이니, 요컨대 다 이 텅 빔이면서 둥글고 성대하면서 광대한 것에서 구별해 말하는 데 불과한 것이지 사실은 하나라는 것이다. 그러고 보면 '명'이나 '제'나 '태극'이란 말은 '그러함이 없어도 그러함'이요 그것은 스스로 주석

29 『鹿門文集』卷19「鹿盧雜識(理氣心性○己卯庚辰)」"莫之然而然 自有一箇虛圓盛大底物事 坱然浩然 無內外無分段 無邊際無始終 而全體昭融 都是生意 流行不息 生物不測 其體則曰天曰元氣曰浩氣曰太虛 其生意則曰德曰元曰天地之心 其流行不息則曰道曰乾 其不測則曰神 其莫之然而然則曰命曰帝曰太極 要之皆就這虛圓盛大物事上分別立名 其實一也 (莫之然而然 卽所謂自然也)"

한 대로 자연을 의미하는 것인즉 태극은 곧 임성주에 있어서는 자연이라는 것이다. 그러면서 전체로 보면 일태극一太極이요 분수처分殊處로 말하면 또한 각구일태극各具一太極이라고 한다.[30]

여기서 주의해 보아야 할 것은 임성주의 '연然' 자에 대한 해석이다. '자연自然'이나 '당연當然'이라고 할 때 '자自', '당當' 자는 허설虛說에 불과하고, '연' 자는 '기氣'를 가리킨다는 것이다.[31] 뿐만 아니라 당연當然, 소이연所以然도 다 '자연'이라고 하였다.[32]

이렇듯 그의 태극은 '자연'으로 이해하고 이 '자연'이란 결국 그의 기론氣論을 형성해주는 기저가 되고 있음을 알 수 있다.

5. 이기설

성리설에서 리를 어떻게 보느냐 하는 문제는 매우 중요하게 다루어진다. '태극은 리이다'라고 할 때 통체일태극統體一太極도 '체體'요 각구일태극各具一太極이라고 할 때도 역시 태극은 리라고 이해된다. 그러나 지극히 높아 상대가 없는[極尊無對]의 리와 이기 상대의 리理는 구별된다. 태극을 '자연自然'으로 생각하는 임성주는 '자연'의 '연' 자를 기로 가리키는 것으로 앞에서 이미 살펴보았거니와,[33] 이것을 잘 안다면 혹 기를 가리켜서 리라고 하더라도 불가할 것이 없다

30 위와 같음, 卷19「鹿廬雜識(理氣心性○己卯庚辰)」"自一原處言之則曰萬物統體一太極曰 天下無性外之物而性與太極俱大 自分殊處言之則曰萬物各具一太極曰"

31 위와 같음, 卷19「鹿廬雜識(理氣心性○己卯庚辰)」"然而其所謂自然當然者 亦非別有地界 只是就氣上言之 然字正指氣 而自字當字不過虛說而形容其意思而已 苟能識得此意思 則雖或指氣爲理 亦未爲不可也"

32 위와 같음, 卷19「鹿廬雜識(理氣心性○己卯庚辰)」"如當然所以然 要其歸皆自然也"

33 위의 주석 31번 참조.

는 것이다.[34]

즉 다시 말하면 리를 기라고 해도 무방하다는 생각이다. 『시경』, 『서경』, 『주역』, 『논어』, 『맹자』, 『중용』, 『대학』 가운데 천天, 제帝, 도덕道德, 심성心性, 신神, 인의仁義를 수없이 많이 설명하고 있으나 '리' 자가 보인 곳은 겨우 『주역』 「설괘說卦」에 "리를 궁구하고 성을 다한다[窮理盡性]"[35] "성명의 리를 따른다[順性命之理]"[36]와 「계사전繫辭傳」의 "천하의 리[天下之理]",[37] 그리고 『맹자』의 "리·의가 나의 마음을 기쁘게 한다[理義之悅我心]"[38] 정도에 지나지 않는다. 그러던 것이 송나라 낙민洛閩 이래로 '리'자를 중요시하기 시작해서 천제天帝나 도덕의 문자가 '리' 자로 말미암아 가리어지지 않음이 없었으니 이 '리' 자가 아니면 거의 대화가 없다시피 되고, 이 학문을 하는 자들은 '리' 자를 가지고 논란하게 되니 문자의 현회顯晦가 또한 때에 따라서 그런 것인가 한다고 하였다. 문자의 '현회'란 즉 '리' 자가 안 쓰였을 때와 많이 쓰인 때를 지적한 것으로 보인다. 그러나 이러한 '리'는 임성주에 있어서는 '기'로 이해되고 있다. 만리萬理는 만상萬象이요 오상五常은 오행五行이요 건순健順은 양의兩儀요 태극은 원기元氣이니 모두 '기'에 즉해서 이름 붙였을 따름이라는 것이다.[39]

기의 근본[氣之本]이 하나일 따름이라[40]고 하는 생각은 리도 하나

---

34 『鹿門文集』 卷19 「鹿廬雜識(理氣心性○己卯庚辰)」 "然字正指氣 而自字當字不過虛說而形容其意思而已 苟能識得此意思 則雖或指氣爲理 亦未爲不可也"

35 『周易』 卷24 「說卦」 〈第1章〉 參조.

36 위와 같음, 卷24 「說卦」 〈第2章〉 참조.

37 위와 같음, 卷22 「繫辭上傳」 〈第1章〉 참조.

38 『孟子』 卷11 「告子上」 〈第7章〉 참조.

39 『鹿門文集』 卷19 「鹿廬雜識(理氣心性○己卯庚辰)」 "萬理萬象也 五常五行也 健順兩儀也 太極元氣也"

40 위와 같음, 卷19 「鹿廬雜識(理氣心性○己卯庚辰)」 "氣之本 湛一而已"

라는[41] 판단을 가져오기에 이르렀다.

이렇게 일원처一原處로 말할 때도 '리가 하나이고 기도 하나이다[理一氣一]'를 말할 수 있고, 만수처萬殊處로 말할 때도 '리가 만 가지이고 기도 만 가지이다[理萬氣萬]'가 가능하고 보면, 하필 이일분수理一分殊라고만 할 것이 아니라 그에게 있어서는 기일분수氣一分殊도 무방하다[42]는 것이다.

이렇게 이기理氣가 떨어질 수 없는 점을 매우 강조한다. 맹자에 있어서의 호연浩然도 측은惻隱도 실은 하나는 '기'를 주로, 다른 하나는 '리'를 주로 했을 뿐이지 실은 같다고[43] 말한다.

더 나아가서 담일청허湛一淸虛의 기는 곧 천天이니 율곡설栗谷說도 의심스럽다[44]고 하였고 '천'도 '성性'도 '기'로 인정하기에[45] 이르렀다.

태극이 '자연'이라고 하는 생각은 모든 것을 '기'로 설명하게끔 되었고, 따라서 이일理一도 기일氣一로, 분수지리分殊之理도 분수지기分殊之氣로, 드디어는 '천'도 '성'도 '기'로 간주하려는 주기적主氣的인 경향을 띠기에 이르렀다. 인물성동이론人物性同異論을 가지고 호락론湖洛論이 오래 전개되어왔지만 그 줄거리는 이일분수에 대한 논

41 위와 같음, 卷19「鹿盧雜識(理氣心性○己卯庚辰)」"蓋自其一原處言之則不但理之一 氣亦一也 一則通矣 自其萬殊處言之則不但氣之萬 理亦萬也 萬則局矣"

42 위와 같음, 卷19「鹿盧雜識(理氣心性○己卯庚辰)」"今人每以理一分殊 認作理同氣異 殊不知理之一 卽夫氣之一而見焉 苟非氣之一 從何而知其理之必一乎 理一分殊者 主理而言 分字亦當屬理 若主氣而言則曰氣一分殊 亦無不可矣"

43 위와 같음, 卷19「鹿盧雜識(理氣心性○己卯庚辰)」"孟子曰以直養而無害則塞于天地之間 此語極好 盖滿腔子都是此氣 而與天地之氣通貫爲一 則其塞于天地 固不待養也 (……) 浩氣主氣 惻隱主理 其實一也"

44 위와 같음, 卷19「鹿盧雜識(理氣心性○己卯庚辰)」"湛一淸虛之氣 非他也乃天也 天豈有不在者乎 栗谷說終覺可疑"

45 위와 같음, 卷19「鹿盧雜識(理氣心性○己卯庚辰)」"天卽上文所謂參和不偏者 氣亦天 性亦天也"

쟁이라고 보이는데, 대체로 무형無形의 리는 통하고 유형有形의 기는 천차만별임을 시인하는 데 비해서 '이일', '기일'과 '분수지리', '분수지기'를 주장함은 임성주가 견지하는 입장으로 보인다. 음양, 오행, 만물을 합해서 말하면 일원一原이나 대덕大德이라고 할 수 있고, 음양, 오행, 만물을 나누어서 말한다면 분수分殊나 소덕小德이라고 할 수 있으며, 기가 이와 같고 리가 이와 같으므로 '기역도(器亦道: 기도 도이다)'·'도역기(道亦器: 도도 기이다)'라는 것이며, 유행고금流行古今이 모두 일기一氣요 모두 일리一理라고 한 까닭도 이 때문이라는 것이다.[46]

이처럼 그의 이기는 분리되지 않음[不離]으로 보려는 데 특징이 보이며 그러면서도 '기'에 주력을 기울이는 데 생명이 있는 것으로 보인다. 그러므로 '이일'이며 '기일'이며 따라서 이통理通이 기통氣通이며 기국氣局이 이국理局이 되어서 이통기국理通氣局에 대한 이이와의 견해에 차이를 보이게 된다. 즉 이이의 이통기국은 '리와 기가 두 물건임[理氣二物]'으로 판분하는 것이 아니라, 일원처一原處는 주리主理로 말하니까 '리통'이며 기는 그 가운데 있는 것이며, 분수처分殊處는 주기主氣로 말하는 까닭에 기국이며 리가 그 속에 있다는 것이니 그가 기의 일본一本은 '리통' 때문이며 리의 만수萬殊는 '기국' 때문이라고 함을 보면 그 본의를 알 수가 있으나, 이른바 담일청허의 기는 "존재하지 않음이 많다[多有不在]"라고 한 것은 아마도 정자程子가 셋을 보면 하나둘이 없어진다고 한 것과 같아서, 기 외에 다른 물건이 있다는 것이 아니니 다만 어구句語 사이에 말의 병통[語病]이 없

46 위와 같음, 卷19「鹿廬雜識(理氣心性○己卯庚辰)」"合陰陽五行萬物而總言之則曰一原曰大德 分陰陽五行萬物而各言之則曰萬殊曰小德 氣也如此 理也亦如此 器亦道道亦器也 盖徧塞虛空 貫徹人物 流行古今 都是一氣 亦都是一理 雖曰合焉而萬者具焉 雖曰分焉而一者包焉"

지 않아서 독자는 자세히 활간活看함이 옳다[47]고 하였다.

성론性論에 있어서도 주기론적主氣論的 입장에서 파악하고 있음을 알 수가 있다.

6. 성설

공자는 "성은 서로 가깝다[性相近]"[48]의 성性이 있고 『맹자』에 "성은 선하다[性善]"[49]의 성이 있었으나, 성이 리라고는 안 했다. 송나라 시대 정자에 이르러 성즉리性則理의 성이 있고 육왕陸王에 심즉리心則理의 심心이 있다. 그러나 성이 기라고는 안 했다. 이황은 주자를 스승으로 사숙하여 이일분수설理一分殊說을 추종했고, 이이는 나흠순의 철학을 높이 평하면서 이통기국설理通氣局說을 창안했다. 이황 이후의 유학자들은 그 영향이 이러한 계통으로 받아들여진 것으로 보인다. 임성주 또한 예외일 수 없으며 이이, 송시열, 김창협, 이재의 학통을 이은 그라면 그 원류에 이통기국설을 발견할 수 있으나, 임성주에 이르러서는 매우 변질되었음을 알 수 있다. 그것은 이재와 차이에서, 그리고 이이와의 차이에서 그러하다. 그의 이기설에서 보듯이 주기적主氣的인 그의 학문 경향은 심성 문제에 있어서도 그 근저를 이룬다. 인간의 심도 신神이요 물物이라고 한다.[50] 맹자의 성도 임

---

47 위와 같음, 卷19 「鹿廬雜識(理氣心性○己卯庚辰)」 "栗翁理通氣局一語 心常疑之 更思之 此非判理氣爲二物 一屬之一原 一屬之分殊也 只是一原處則主乎理而言之 故曰理通而氣在其中 分殊處則主乎氣而言之 故曰氣局而理亦在其中 觀於所謂氣之一本者 理之通故也 理之萬殊者 氣之局故也云云者 可見其本意 (朱子所謂理同氣異亦然) 至於所謂湛一淸虛之氣 多有不在 恐亦只如程子所謂三見則一二亡者 非謂氣外有物也 但句語間或不無成語病者 讀者詳之而活看焉可也"

48 『論語』 卷17 「陽貨」 〈第2章〉 참조.

49 『孟子』 卷5 「藤文公上」 〈第1章〉 참조.

50 『鹿門文集』 卷19 「鹿廬雜識(理氣心性○己卯庚辰)」 "莫非神也 在天曰神 在地曰示

성주는 기로 해석한다.[51] 따라서 '성이 선하다'는 기질氣質의 선으로 생각한다. 그러므로 맹자의 호연의 기에 관심이 짙다. 즉 성을 이기 양면으로 보아서 맹자의 리면을 말한 곳[52]과 기면을 말한 곳[53]을 가지고 입증한다. 사람들은 이 두절의 글을 소홀히 하지만 성의 본의는 여기서 더 분명함이 없다[54]고 하였다.

대개 인물성동이를 논할 때 '성즉리'의 세 글자를 가지고 입증을 하지만 앞에 말한 맹자의 두 개의 장구로 보면 소위 가지고 태어난 '생生'의 이치의 '리'나 소위 자연의 이치와 성즉리의 리가 무엇이 다르냐는 것이다.[55]

리는 하나이면서 만 가지인 것이다. 하나는 같다는 것이요 만 가지는 다르다는 것이다. 같으면서 아니 다를 수 없고 다르면서 아니 같을 수 없음은 곧 리의 전체이기 때문이다. 다만 하나는 리이고 만 가지는 분수分殊라는 것만 알고 기는 리가 아니라고 말한다. 기 외에 따로 리가 있는 것이 아니요 성 외에 따로 사물이 있는 것이 아니다. 기를 주로 해서 말하면 하나인 것[一者]은 리인데, 만 가지인 것[萬者]만이 리가 아니겠는가. 이기를 판연히 구분해서 둘로 생각해온 지 오래라고[56] 한탄을 하면서 이기의 하나임을 강조하고 있다.

在廟曰鬼 在人物曰心 在在處處 充周洋溢 亘古亘今 流行不窮者 皆是物也 (……) 此卽所謂體物不可遺之驗也 蓋合而言之 只是一箇神也 分而言之 萬物各有其神也"

51 위와 같음, 卷19「鹿廬雜識(理氣心性○己卯庚辰)」"人性之善 乃其氣質善耳 (……) 孟子說性善 至說浩氣 其義乃明"

52 『孟子』 卷8「離婁下」〈第26章〉"孟子曰 天下之言性也 則故而已矣"

53 위와 같음, 卷13「(盡心上)」〈第38章〉"孟子曰 形色 天性也"

54 『鹿門文集』 卷19「鹿廬雜識(理氣心性○己卯庚辰)」"人多忽之 然性之義 莫明於此"

55 위와 같음, 卷19「鹿廬雜識(理氣心性○己卯庚辰)」"今人每以性則理三字 證性之同 而今以此二章觀之 所謂所得以生之理 所謂自然之理者 與性則理之理 有何別乎"

56 위와 같음, 卷19「鹿廬雜識(理氣心性○己卯庚辰)」"所謂性則理者 何獨爲同之證 而不可爲異之證也 蓋理者一而萬者也 一則同矣 萬則異矣 一而萬萬而一 同而不能

이상에서 논한 임성주의 태극관, 이기관, 성관에 대하여 노주老洲 오희상(吳熙常: 1763~1833)은 의견을 달리한다.

7. 노주의 기, 성관

A. 기론에 대하여

기론氣論은 송나라 시대 이후에 성리학에서 논의되는 중요한 분야이다. 중국의 장재張載나 소옹邵雍이나 나흠순羅欽順이나, 우리나라에 있어서 서경덕이나 이이와 같은 학자들은 '기'에 대해서 관심 깊게 살핀 분들이라고 할 수 있다. 임성주에게 나흠순, 서경덕, 이이는 많은 영향을 준 학자들이라고 생각된다. 오희상은 나흠순과 임성주는 다 '기'를 따라서 '리'를 미루어 그 합일의 묘함을 보았으나, 마침내는 다 주기主氣에 귀일되었고, 그래도 나흠순은 리의 뜻을 이끌어 간 데[提掇] 비해서 임성주는 일기一氣로 천하의 리를 모두 덮어버리고 그 리의 리된 까닭을 다시 찾지 않았으니 임성주의 견해로 말하면 실은 나흠순에서 유래하면서 그 기의 주장은 몹시 지나친 바 있다[57]는 것이라고 하였다.

모든 현상이 그 원인을 자연에서 찾으며 이 자연처自然處를 성인이 이름 붙이기를 혹은 도道라고 하고 혹은 리理라고 하였다고 보는 임성주의 견해는 나흠순의 하늘의 도[天之道]가 '자연' 아님이 없다는 말을 추종한 것으로서 분별없는 지나친 추설推說이라고 오희상은

不異 異而未嘗不同者 乃理之全體也 今但知一而同者之爲理 而其萬而異者 則曰氣也 非理也 夫氣外無理 性外無物 主氣而言 則萬者固氣也 一者獨非氣乎 主理而言 則一者固理也 萬者獨非理乎 噫 理氣之判而爲二也久矣"

57 『老洲集』 24卷 「雜識」 "整庵鹿門 皆從氣推理看得合一之妙者 驟見非不高妙 然其究也 皆歸於主氣 而整庵則猶有每每提掇此理之意 鹿門直以一氣字 盡冒天下之理 更不求理之所以爲理 盖鹿門之見 實本於整庵 而其主張氣字 則殆過之耳"

지적하고, 기를 따라서 리를 보면 리의 유행流行이 기의 시켜서 그러한 것이 아님이 없으며 리를 좇아서 기를 보면 기의 따라가는 바가 리의 주재됨 아님이 없다고 주장을 한다.[58]

그가 말하는 '자연'이나 '당연'의 '자自' 자나 '당當' 자는 허설虛說에 지나지 않으며 '연然' 자는 기를 의미한다고 하였으나 오희상에 있어서는 그렇지 않다. '자' 자나 '당' 자는 다 리를 지적한 것이며 '연' 자는 이와 같다는 뜻에 지나지 않고 정신은 '자' 자나 '당' 자에 있다[59]고 함을 보면 자연은 스스로 이와 같다는 뜻이요 당연은 마땅히 이와 같아야 한다는 의미로 간주된다.

B. 성설에 대하여

주기적主氣的 경향을 지나치다고 생각하는 오희상의 견해는 주기적인 성설性說에 대하여도 의심을 갖게 된다. 인물성동이론은 대개 이일분수설에 의한 해결이 통상이나, 임성주에 있어서는 이일理一, 기일氣一과 분수지리分殊之理, 분수지기分殊之氣로 설명하였다. 그러나 일원一原에서 말하면 리의 하나가 기의 하나이고, 분수分殊를 좇아서 말하자면 리의 분수가 기의 분수이기는 하지만, 그 속에 자연 형이상하形而上下의 구별이 있어서 '형상形上'으로 말하면 둘이 없지만 형하形下로 말하면 차별이 없을 수 없다[60]는 것을 오희상은 말

---

58 위와 같음, 24卷「雜識」"特其氣之能如是盛大 如是作用者 孰使之哉 不過曰自然而然耳 卽此自然處 聖人名之曰道曰理 此亦祖述整庵天之道莫非自然之語 而推說之過 太無稱停耳 (……) 從氣觀理 則理之流行 固莫非氣之所使然 從理觀氣 則氣之循軌 亦莫非理之爲宰也"

59 위와 같음, 24卷「雜識」"然字正指氣 而自字當字 不過虛設而形容其意思而已 然則理之一字 無地可見而埋沒乃爾也 吁亦殆矣 愚意則竊謂然字不過如是之意 而精神固在乎自字當字 盖自如是當如是者 卽指理而言也"

60 위와 같음, 24卷「雜識」"從一原而言 則理之一 卽氣之一也 從分殊而言 則氣之分卽理之分也 然這裏自有形而上下之別 形上者固無二也 形下者不能無精粗彼此"

한다.

그러므로 오희상은 나흠순의 설을 옳다고 생각하고 나흠순의 이일분수설을 도입하고서도 그 설을 매우 배척하고 이상하게 여기었다. 끝내 인물人物의 편전偏全에 구애되어 성도性道를 총괄적으로 보지 못했기 때문이라고 비난하면서 민치복(閔致福: 1766~1814, 자는 元履)의 말을 인용해서 체용體用의 차이가 있다고 할지라도 '일원'의 같음에 하등의 해될 것이 없다고 하여 오희상은 자기의 이일분수 입장을 강조한다. 즉 『중용』 제1구에서 천天은 '체體'요 성性은 '용用'이요, 제2구에서는 성은 '체'요 도道는 '용'이며, 제3구에서는 도가 '체'요 교敎가 '용'이 된다고 했으니 이 말은 생각해볼 만한 말이며 중세의 유자들의 명의名義에 고집하고 골똘하는 병이기도 했다는[61] 것이다.

'이일'이나 '분수'에 있어서 각각 이기를 하나로 보려는 임성주에 비해서 오희상은 미발未發을 '일원'으로, 이발已發을 '분수'로 보는 견지를 고수한다. 공자의 성性을 '미발'로, 맹자의 성을 '이발'을 겸하는 것으로 예시해서 '일원'이라고 할지라도 기가 없는 것이 아니요, 고요해서 기가 아직 용사用事하지 않으므로 리를 주로 한 것이요, '분수'라고 할지라도 리가 없는 것이 아니라, 움직여서 기가 이미 용사했으므로 기를 주로 하는 것이지 견강부회해서 사견을 억지로 넓히려는 것이 아니라는[62] 것이다.

---

61 위와 같음, 24卷「雜識」"整菴以理一分殊 爲說理氣底秤子 (……) 鹿門之祖述其理一分殊 而獨深斥此語何也 終是拘於人物之偏全 不能疏觀性道雖有體用之異 不害一原之同也 閔元履嘗曰 先儒有言中庸第一句天是體性是用 第二句性是體道是用 第三句道是體敎是用 此言爲可思也 (……) 中世儒滯泥名義之病也"

62 위와 같음, 24卷「雜識」"然則程子之言性也 直指未發本然之體 孟子之言性也 兼指已發當然之用也 未發則一原 而人與物不得不同 已發則分殊 而人與物 不得不異 故性之所以爲理雖同 而所言之地頭 則有動靜體用之別 主理主氣之殊 (一原非無氣 靜而氣未用事故主理 分殊非無理 動而氣已用事故主氣) 何可牽合爲說以伸己見耶"

심지어는 정자의 "기도 도이고 도도 기이다[器亦道道亦器]"라는 표현에서 '역亦' 자는 피차에 서로 서로 간단間斷의 뜻이 있으므로 임성주에게는 차라리 "기가 곧 도이고 도가 곧 기이다[器卽道道卽器]"라고 함이 온당할 것이라고 하고 '기器'를 섞어서 도를 말하면 도가 있음에 빠지게 되고 '기'를 말한즉 도는 무無에 빠져버리니, 유무有無·허실虛實한 사이를 세심잠사(洗心潛思: 마음을 깨끗하게 깊이 생각함)해서 하나에서 나와도 하나가 아니요 둘이면서도 둘이 아닌 오묘함을 간파해서 '도'와 '기'를 하나로 혼동해서는 안 된다[63]고 하였다.

요컨대 오희상은 주기主氣 경향도 주리主理 경향도 경계해야 한다고 해서 나흠순과 임성주의 기에 치우침[氣之偏]을 비평한 바 있으며, 성명리기론性命理氣論에 있어서는 마음을 깨끗하게 하고 깊이 생각해서 그 오묘함을 보아야 할 것을 강조하면서, 임성주의 입설立說이 나흠순보다 과하고 다시 임성주 이후로는 그 유폐가 도도해서 이루 다 말할 수가 없으니 참으로 걱정스러운 일이라고[64] 말하고 있다. 그의 이기의 일원적一元的 이원관二元觀은 특히 리를 주로 하되 현상계란 이기理氣 합동 작용 아님이 없으며, 그 주하는 바와 근본하는 바는 다만 리라고 말하고 있어 리와 기를 합하였어도 리를 주로 하는[合理氣而主理] 입장을 견지함을 보여주고 있다.

---

63 위와 같음, 24卷「雜識」"且看亦字自有彼此之意 與卽字有間 苟如鹿門之見 當曰器卽道道卽器 如性卽理也之訓 不當下亦字矣 盖和器言道則道滯於有 離器言道則道淪於無 須於有無虛實之間 洗心潛思 看得出一而非一二而非二之妙 不可混道器而一之也"

64 위와 같음, 21卷「論鹿廬雜識一則示趙中植雜識」"畢竟立說 過於整庵 則是整庵一轉而爲鹿門 若又自鹿門而再轉 則其流弊之滔滔 將有不可勝言者 誠可憂也"

8. 녹문과 노주의 비교

양자는 근본적 차이를 가지고 있으므로 시종 의견을 달리한다. 모든 것을 자연의 '기'로 해석하므로 하늘도 자연이요, '리'도 '기'요 성性도 '기'이며, '이일 · 기일', '분수지리 · 분수지기'라고 생각하는 임성주는 이기를 떼지 않고 하나로 보려는 특징을 가지고 있다. 이 점은 서경덕의 영향이 있었던 것으로 보인다.[65]

사암思菴 박순(朴淳: 1523~1589)의 말에서 서경덕과 구별되는 점을 임성주가 비난한 것은 서경덕 견해에 동조함을 의미하는 까닭이다. 이러한 하나의 세계에 대하여는 오희상은 이론이 없으나 그것은 이기로 이해할 때 그런 것이지 '형이상하'로는 구별 안 할 수 없다는 것이다. 이러한 관계를 앞에서 인증했듯이 『중용』「제1장」의 세 구를 '체용'으로 설명해서 밝힌 바 있다. 오희상의 이러한 생각은 일원一原을 이기로 받아들이면서도 '체'를 엄격히 구분하고 다양한 '용'을 인정하려는 저의를 나타내는 것이라고 하겠다. 그리하여 자연을 '기'로 보는 임성주의 주기적 견해를 지나치다고 했고, '자연', '당연'의 '연' 자는 '이와 같음[如是]'의 뜻이요, '자' 자나 '당' 자에 정신적인 의미가 있다고 하며, '자'와 '당'은 허설에 불과하며 '연' 자는 '기'라고 한 임성주에 반론을 편다. 역시 하나로 이해하려는 태도에 대해서 구별하려는 오희상의 태도이다.

요컨대 하나의 기로 '체용'을 이해하려는 임성주에 비해서 일원을 '리의 근원[理之原]', '기의 근원[氣之原]'으로 파악하면서도 형이상과 형이하로, 그리고 미발과 이발로 구분하는 동시에 주리의 경향을 보

---

65 『鹿門文集』 卷19「鹿廬雜識(理氣心性○己卯庚辰)」"朴思庵謂湛一清虛之氣 乃生陰陽 而又以是氣屬之陰 殆不成說話 其爲栗翁所駁也宜矣 夫所謂湛一清虛者 非於陰陽五氣之外 別有是氣也 (……) 思庵說出於花潭 未知花潭之意亦只如思庵否"

여 '리는 기의 근본이 된다[理爲氣本]', '성은 심의 주재가 된다[性爲心宰]'의 특징을 보여주었다.

Ⅲ. 결론

성리설에서 "하나이면서 둘이고 둘이면서 하나이다[一而二 二而一]"라고 할 때 이것을 이기로 바꾸어 말하자면, 분리되지 않는[不離] 면에서는 '하나'이고, 섞이지 않는[不雜] 면에서는 '둘'로 보아, "분리되지 않으면서 섞이지 않고 섞이지 않으면서 분리되지 않는다[不離而不雜 不雜而不離]"라고 해도 무방할 것으로 생각된다. 분리되지 않음의 현상에서는 리라고 해도, 기라고 해도 어느 일면을 지적하는 의미로는 가당하다고 이해되며 임성주가 강조하는 면도 바로 이 점이라고 보여진다. 존재 양태로 말하자면 그러하지만 오희상이 형이상하로 체용을 설명하고자 한 까닭은 사실적인 존재 양상보다도 발현[發]을 문제삼는 데 있다고 보겠다.

이이가 서경덕의 경계를 높이 평하면서도 그는 그 위에 다시 '이통기국'이 있음을 모른다고 하였다. 이이의 철학은 이통기국과 기발리승일도로 요약할 수 있다. 주리론자에 있어서는 이통리발理通理發이 되겠고 주기론자에 있어서는 기통기발氣通氣發이 될 것이나, 담일청허湛一淸虛로 통하고 자연自然이 발현한다고 하면 과연 어느 쪽에 속할 것인지는 자명한 일이다. 발현[發]은 주체적이어야 하며 또 그것은 통합[通]과 유리될 수도 없는 일이라고 생각된다.

제5부 천명도설

제1장 천명도설에 관한 연구
– 양촌 · 추만 · 하서 · 퇴계의 천명관의 맥락을 중심으로

Ⅰ. 서론

중국의 선진유학先秦儒學이 이론 유학으로 전환함에 있어서 결정적인 전기를 마련해준 문헌의 하나로는 주염계(1017~1013)의 「태극도설」을 들 수가 있다. 천인天人 문제를 '태극'으로 이론화하려는 시도였다. 주염계가 「태극도설」을 발설發說한 후에 태극에 대한 관심을 모으게 되었다. 소강절(1011~1077)은 "도가 태극이다"라고 했는가 하면, "심이 태극이다"[1]고도 하였다. 장횡거(1020~1077)는 태극을 일물양체一物兩體[2]라고 했으며, 정명도(1033~1086)와 정이천(1034~1108)은 천리天理를 중시하였다. 주자(1133~1200)는 물物마다 가장 완전한 형식과 최고 표준이 있어서 이것을 '극'이라 하고, 개개의 극의 총화總和를 태극이라고 이해하였다.[3] 육상산(1139~1192)은 태극을 '중中'[4]이라고 하여 주자와 맞서게 되었고, 주염계의 「태극

---

1 『觀物外篇』 上, 卷12之上 "道爲太極."; 同上 "又曰, 心爲太極."

2 『易說』, 卷3 "有兩則有一, 是太極也. (……) 一物而兩體, 其太極之謂與!" (通志堂經解本, 11쪽)

3 『朱子語類』 卷94, "事事物物, 皆有個極, 是理窮至, (……) 此是一事一物之極, 總天地萬物之理, 便是太極."

4 『象山全集』 卷23, 「與朱元晦 荊門軍上元設廳講義」 "皇, 大也. 極, 中也."

도설」에 대해서도 주자는 주염계의 창작이라 생각하는 데 비해, 상산은 도가에서 영향을 받은 것으로 생각하는 등 상반된 견해를 갖는다.

한국에서는 조선조의 유교입국儒敎立國으로 인해서 유학이 점차로 성하게 되었으며, 퇴계와 율곡을 정상으로 하는 성리학은 주자학의 기반을 굳히기에 이르렀다. 고려 말의 양촌 권근은 『입학도설』을 지었고, 정지운은 『천명도해』를 저술하였으며, 퇴계의 수정을 거쳐서 「천명도설」의 저작을 남겼다. 『천명도해』에는 김인후의 「천명도」와 정지운의 「천명도」가 실려 있다. 「천명도설」에는 퇴계 수정 이전의 「천명구도」와 이후의 「천명신도」가 실려 있다. 권근의 『입학도설』은 원래 제자를 교육하기 위한 교재로 작성된 것인데, 그의 철학 이론은 「천인심성합일분석지도天人心性合一分釋之圖」에 잘 나타나 있다.

중국의 「태극도설」은 태극으로 천인 관계를 문제삼았고, 한국의 『입학도설』(「천인심성합일지도」)과 각종 「천명도」는 천인 문제를 '천명天命'으로 다루고 있어 비교가 된다. 본 논고에서는 양촌, 추만, 하서, 퇴계로 이어지는 천명관의 맥락에 관하여 살피고자 한다. '도설'이란 사유 체계의 도식화와 그 해설을 뜻한다. 먼저 양촌의 『입학도설』 가운데 「천인심성합일지도」에서 그 연원과 내용을 검토하고, 다음에 정지운으로 이어지는 부분을 밝히고 나서, 김인후와 비교한 뒤에 퇴계로의 연결을 구명해보려 한다.

Ⅱ. 본론

1. 양촌 권근의 『입학도설』

A. 저작 동기와 주장의 기반

안동 권씨인 희僖의 아들로 태어난 권근은 호가 양촌이며 초명은 진晋이요, 자는 가원可遠·사숙思叔이라 하였고, 시호는 문충文忠이다. 사서四書의 집주集註를 최초로 간행한 권보(權溥: 1262~1346)의 증손이기도 한 그는 18세의 어린 나이로 병과丙科에 합격하였다. 춘추검열春秋檢閱이 되고자 과거의 향시鄕試에 3등으로 급제하였으나, 25세의 연령 미달로 부임하지 못하고, 1373년(공민왕 23)에 직강直講, 응교應敎에 임명되었으며, 좌사의대부左司議大夫를 거쳐 첨서밀직사簽書密直使에 이르러 문하평리門下評理 윤승순尹丞順과 함께 사신으로 명나라에 다녀오기도 하였다.

고려 말기의 정세는 친원과 친명 정책의 갈림길에서 대세는 친명으로 기울어졌다. 여기에서 득세한 이성계가 정국을 이끌어가던 중 마침내 우왕, 창왕을 제거할 것을 책동[5]하여 거사를 감행하였다. 전왕을 지지하던 일파는 이성계에 의해서 파직 또는 유배를 당하게 되었다. 이때 이숭인李崇仁, 하륜河崙 등과 같이 권근도 귀양을 가게 되었다.

그는 적소謫所에 우거寓居하던 1390년에 초학자들을 위해서 저작하였고, 주염계의 「태극도설」과 주자의 장구설章句說을 참고하였으며, 선현들의 격언을 취해서 그 뜻을 풀이하였다고 스스로 말하였

---

5 이성계 일파는 후환을 두려워하여 우왕 부자를 죽일 것을 소청하여, 마침내 동년 12월에 정당문학 서균형을 강릉에 보내어 우왕을 죽이도록 하고(壽 25세), 예문관 대제학 유순을 강화에 보내어 창왕을 죽이도록 하였다(壽 10세). 김상기,『고려사연구』, 796쪽.

다.[6] 이때 그의 나이 49세였다. 제자들의 이해를 돕기 위한 저술이었고 문답을 첨부하여 기록하였으며, 저작의 기반이 주염계의 「태극도설」과 주자의 『대학 · 중용장구』에 있음을 양촌은 말하고 있다. 송대의 성리학과 주자학설이 수용되는 자취를 그의 『입학도설』 서문을 통하여 확인할 수가 있다.

B. 내용

『입학도설』의 내용은 사서와 오경 전반에 걸쳐서 서술하고 있다. 처음에 그의 이론 체계로서 「천인심성합일지도」와 「분석지도分釋之圖」를 제시하였고, 여기에 입각하여 사서오경을 소화하고 있다. 『대학』은 주자의 장구본章句本을 준수하여 '대학지도大學之道'로 도식화하였다. 삼강령을 본체本體, 말용末用, 극極으로 분류하고, 팔조목은 지와 행, 추행推行의 공부工夫와 공효功效로 파악하고 있다. 경經 1장에서는 지지장知止章과 본말장本末章을 시작과 끝으로 이해하고 있다. 격물치지와 관련해서는 동씨董氏와 황씨黃氏의 주장을 반박하여 주자의 입장을 고수하고 있다.[7] 그의 「대학지장지도大學指掌之圖」[8]는

6 『入學圖說』, 序文 "洪武庚午秋, 謫在金馬郡 有一二初學輩 來讀二書者語之諄復尙不能通曉 乃本周子之圖參章句之說 作圖以示 又取先賢格言以釋其意 學者因有所問 又隨而答之 仍其問答之言 以附其後名之曰入學圖說."

7 위와 같음, 10a, 「大學指掌之圖」

8 「大學指掌之圖」

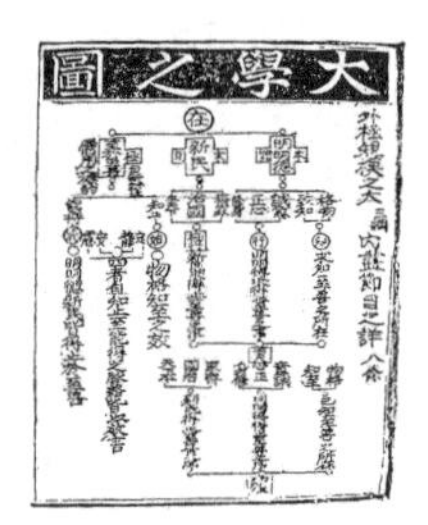

후일에 퇴계에 의해 「성학십도」 가운데 제4도에서 채택되었다.

『중용』에 관해서는 수장首章을 분석하여 도식화하고 있다. 『중용』은 도를 전하는 책이라 하고, 주자의 계구戒懼, 신독愼獨 외에 교敎를 강조하였다. 중화中和를 성정性情의 덕으로 파악하는 주자에 비하여 화和로써 도를 삼고 정情을 말하지 않으며, 나아가서 『중용』 분절分節도 주자나 요씨饒氏와 달리 3절로 대분大分하고 5절로 세분細分함이 그의 특징이다. 『논어』는 혼연渾然하기가 봄과 같은 인仁을 가르치고, 『맹자』는 씩씩하기가 가을과 같은 의義를 엄격히 가르쳐주는 것으로 양촌은 이해하고 있다.[9]

이상과 같은 사서의 이해의 기본을 가지고 오경에 통달한 그는 『주역』은 온전한 본체[全體]요, 『춘추』는 큰 활용[大用]이라고 생각한다. 이러한 온전한 본체와 큰 활용의 서경적書經的 실현은 상벌賞罰로써 하고, 시경적詩經的 실현은 권징勸懲으로써 하며, 예기적禮記的 실현은 절문節文으로써 한다고 한다.[10] 위의 사서 · 오경의 회통會通을 가져온 그의 사유 체계로서의 「천인심성합일지도」를 다음에 살펴본다.

---

9 『入學圖說』, 24a, 「論孟大旨」 "愚按, 論語之書, 敦乎仁, 渾然如春. 孟子之書, 嚴乎義, 凜然如秋."

10 위와 같음, 「五經體用合一之圖」

C.「천인심성합일지도」

도[11]의 구성 요소로서 몇 가지를 지적할 수 있다.

크게 둘로 '천'과 '인'으로 나누어 보았고, 다시 천과 인을 각각 세분하여 설명하고 있다. 먼저 천에 관해서 보면 원 · 형 · 이 · 정과 성誠으로 표시하였다. 원 · 형 · 이 · 정은 건乾의 사덕四德[12]으로 대개 천의 영원성을 표현한 것이다. '성'은『중용』에서 자사가 특히 강조한 것이다. 성은 하늘의 도요, 성되려고 함은 사람의 도라고 하였다.[13]

인에 대해서는 심을 주로 해서 이해하고 있음을 알 수 있다. 심을 크게 나누어서 행위 이전과 이후로 구분하였다. 행위 이전의 심은 인 · 의 · 예 · 지와 신, 의意와 정情으로 나누었다. '의'는 기미幾微를 결단하는 곳이니 선악의 분기점이요, 정은 사덕이 노출되는 자리이니 성선性善이 확보되는 지표地表이다. 따라서 심은 의와 성과 정(희 · 로 · 애 · 구 · 애 · 오 · 욕)이 함께 있고 작동을 주조主操하는 곳이다. 도면에 천과 성과 명命과 리理의 근원, 그리고 성性과 신信을 한 줄기로 이어놓은 뜻은, 양촌이 생각하는 천인합일의 표시로 보인다.『중용』에서 보면 "하늘이 명한 것을 일러 성性이라고 한다(天命之謂性:

11「天人心性合一之圖」

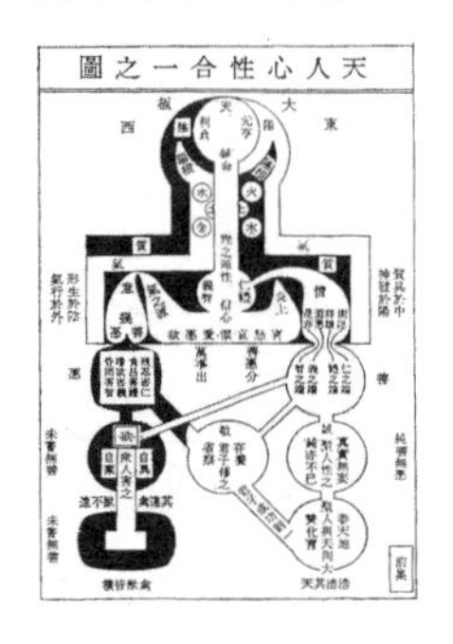

12『周易』上經,「乾卦」"乾, 元亨利貞."

13『中庸』, 제20장 "誠者, 天之道 誠之者, 人之道."

首章)"는 것이고, 천도의 성誠이 인도의 성지誠之하는 성에 직결되는 모습이다. 명命과 성性 사이에 '리의 근원[理之源]'을 표기한 것은 정명도의 천리天理[14]를 방불케 한다.

행위 이후에는 선과 악이 분명히 갈라진다. 인 · 의 · 예 · 지에 근거한 측은 · 수오 · 사양 · 시비지심의 사단은 순선무악純善無惡하여, 그것을 확충하면 본성대로 하고 천지의 화육化育에 참여하는 성인이 될 것이며, 나쁜 기미로 인한 잔인殘忍 · 탐모貪冒 · 기욕嗜欲 · 혼망昏罔은 인 · 의 · 예 · 지를 해쳐서 욕심에 떨어지고, 마침내 금수禽獸에서 멀지 않은 결과를 자초하게 된다는 것이다. 여기에서 주의하여 도를 관찰해야 할 것은, 하늘도 사람도 같은 음양의 권내圈內에 소속되고 있다는 사실이다. 그러나 도면 내에서는 음에도 양에도 속하지 않고 있는 것은 존엄한 리理의 소출원所出源이 오행계五行界에 있으면서도, 리의 근원으로서 음양에 의해서 좌우되지 않음을 의미한다.

위와 같은 구성 시도는 하늘의 무한성, 영원성과 사람의 유한성을 서로 이어보려는 의도의 발상으로서, 「태극도」와는 구별된다.

양촌이 말한 바와 같이 주염계의 도에 근본하였다고는 하지만, 「태극도」에서 우주론적인 체계를 인식할 수 있다면, 이 「천인심성합일지도」는 그 체계 아래 인간 심성을 주로 하는 선악에 관한 체계라고 할 수 있을 것이다. 도상圖上에서 「태극도」와의 연관된 부분은 다음과 같이 지적할 수 있다.

ⓐ 태극의 표시, ⓑ 음양으로 그린 것, ⓒ 오행을 나타낸 것, ⓓ 음근陰根 · 양근의 표현, 이 네 가지 테두리 안에서 인간 심성의 선악을 밝히는 데 주력했다. 주염계의 도와 다르게 그린 몇 가지를 다음에 지적한다.

---

14 『二程遺書』 "天理云者, 百理俱備, 元無少欠, 故反身而誠."(呂氏天蓋樓刊本 卷2上, 20쪽)

a. 무극을 표기하지 않았다는 점

주자周子는 '무극이면서 태극이다[無極而太極]'라 하여 그의 창작이 아니라는 비난마저 받았다. 복희伏羲는 태극을 말하지 않고 팔괘를 말했고, 공자는 무극을 말하지 않고 태극을 말했으며, 주염계는 리理를 강조하지 않고 '무극이태극'을 말했다. 모두 천天을 말하지 않고 태극·무극을 말했다. 정자는 천리天理를 말하고,[15] 성리性理를 말하여 '천명지위성天命之謂性'의 천과 성을 리로 해석하기에 이르렀다. 장횡거는 인성의 선악을 구별하고 밝히는데, 천지지성天地之性과 기질지성氣質之性으로 나누어서 논리를 전개했다.[16] 이론 발전에 있어서 새로운 용어는 위와 같이 끊임없이 창출되어왔다. 주자는 공자가 말하지 않은 것도 후인이 말할 수 있다고 하여, 주염계의 도는 그의 창작이라고 판단하였다.

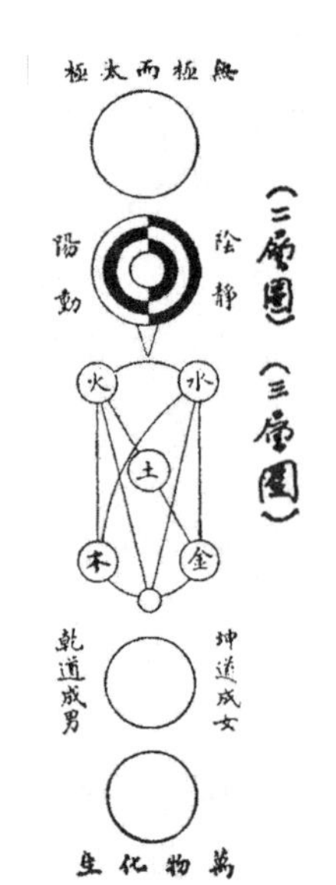

그런데 양촌이 무극을 말하지 않은 이유가 있음 직하다. 주염계의 도와 비교해볼 때, 음양권은 제2층도[17]에서 발견된다. 양촌의 「천인심성합일지도」는 전체가 음양권 내에 소속된 것으로 이해해야 할 것이다.

b. 본연지성(천지지성)과 기질지성의 구별을 하지 않은 점

도에는 심心이 음양권 내에 들어 있다. 그

---

15 『上蔡語錄』 "明道嘗曰, 吾學雖有所受, 天理二字, 却是自家拈出來."(正誼堂全書本 卷上, 5쪽)

16 『正蒙』, 「誠明」 "形而後, 有氣質之性. 善反之, 則天地之性存焉. 故氣質之性, 君子有弗性者焉."(『全集』 卷3, 8쪽)

17 주염계, 「태극도」, 圖第二層圖(左圖 참조).

러면서도 이 음양에 좌우되지 않는 성을 천天의 성誠과 이어서 '이지원'으로 표현하고 있다. '이지원'은 성의 근원이란 말이요, 그 근원은 명命, 성誠을 소급해서 천에 닿고 있음이 주목된다. 음을 질質로, 양을 기氣로 나누어 말하여 하나의 현상을 분석해보고 있으나, 인성을 본연과 기질로 성립시키지 않고, 표정表情 이후의 선악으로 나타내고 있음은 따로 의의를 갖고 있는 것으로 생각된다.

c. 음양오행의 위치가 바뀐 점

주염계「태극도」의 이층권의 음양과 삼층권의 오행을 비교하면 다음과 같다.

㉠ 陰陽(黑色이 陰, 白色이 陽임)

〈周圖의 陰陽〉

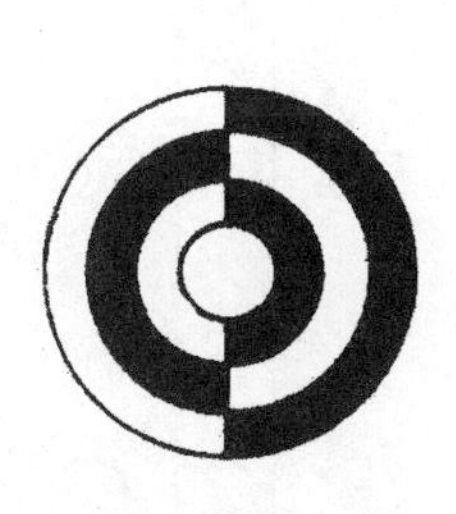

陰이 右, 陽이 左
側으로 되어 있다

〈陽村의 合一圖〉

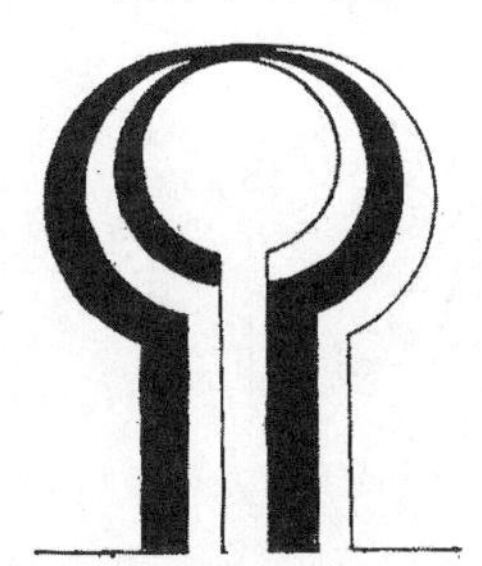

陰이 左, 陽이 右
側으로 되어 있다

음양의 위치가 좌우로 바뀐 이유는 나 자신의 위치 변경을 뜻한다고 하였다. 즉 주염계의 도는 나를 위주로 위에서 도에 대했으니, 나는 북에 있고 도는 남에 있으므로 좌가 동이 되고 그 쪽에 양의陽儀가 있게 되며, 우는 서가 되고 그 쪽에 음의陰儀가 있게 된다. 그러나 양촌의 도는 도를 위주로 해서 내가 보는 것이 도는 북에 있고 나는 남에 있으므로 동이 우가 되고 서는 좌가 되므로 빈주賓主가 서로 대하고 있는 차이일 뿐이지, 음양의 방위를 변경한 것이 아니라는 것이다.[18] 이것을 그림으로 표시하면 아래와 같다.

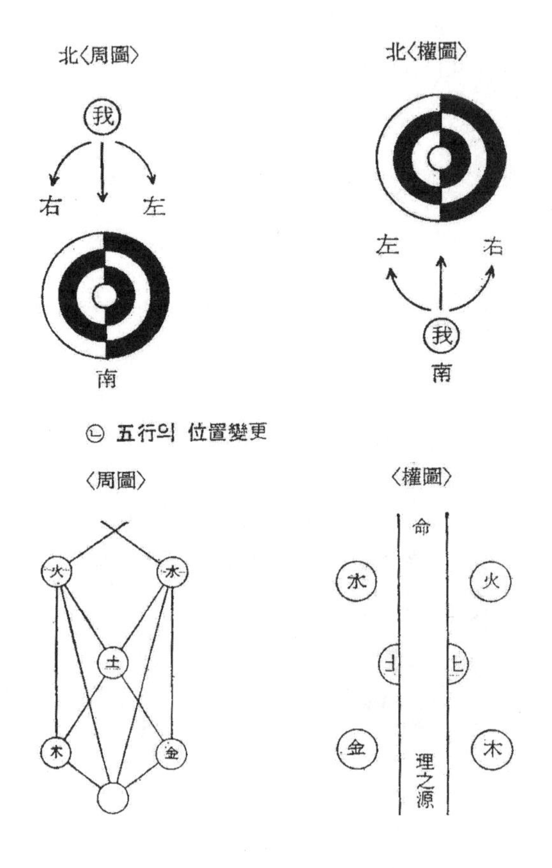

주염계의 도에서 좌의 화 · 목은 양촌의 도에서는 우의 화 · 목이 되고 양촌의 도에서의 좌의 수 · 금은 주염계의 도에서는 우의 수 · 금이다. 그 이유는 다음과 같다. 주염계의 도에서 오행은 이층권의

---

18 『入學圖說』, 5b "周圖我爲主而對圖, 則我在北, 而圖在南, 故左爲東, 而陽儀居之. 右爲西, 而陰儀居之. 此則圖爲主而我觀之, 則圖在北, 而我在南, 故東爲右, 而西爲左. 但有賓主待對之異而已, 陰陽方位, 未嘗易也."

음양과는 층차層次를 달리하여 삼층권에 별기別記하였다. 그러나 도설에서 말하고 있듯이 오행은 '일음양一陰陽'[19]이라고 했으니 음양 밖에 따로 있는 것이 아닌데, 보는 사람이 살피지 못하기 때문이라고 한다.[20] 즉 음양 속에 함께 그리든지 구별해서 그리든지 그 의미에 있어서 취하는 데 따라서 달라지는 것뿐이다.

수水는 원래 자子의 자리에 있고 양이 '자'에서 생하므로,[21] 수는

---

19 『太極圖說』 "五行, 一陰陽也, 陰陽, 一太極也."

20 『入學圖說』 6쪽 "周圖雖列五行於二儀之下, 然其言曰五行, 一陰陽也, 則陰陽不在五行之外. 觀者或不察焉."

21 방위에 오행을 배치하는 것은 河圖에 오행을 결부시켜서 생각하는 데에서 유래하였다. 이는 한대 이후의 일이다. 하도에 오행을 배치하면 다음과 같다.

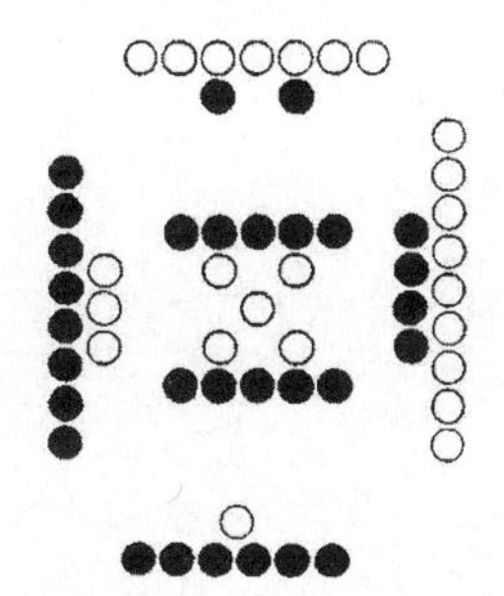

위의 하도를 수로 표시하면 다음과 같다.

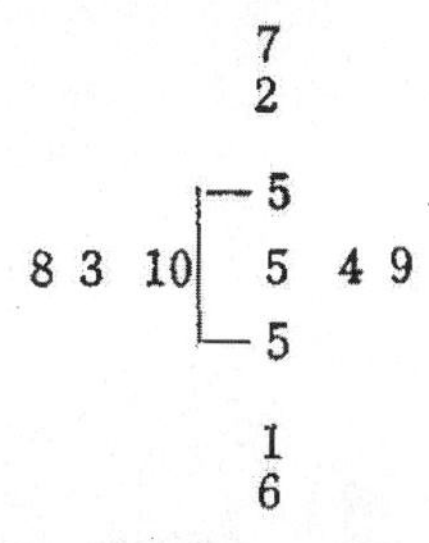

이 수를 1, 2, 3 …… 9, 10의 순서에 따라서 오행의 수 · 화 · 목 · 금 · 토를 배열할 때 수 · 화 · 목 · 금 · 토가 두 번 되풀이되고, 수에는 1과 6, 화에는 2와 7, 목에는 3과 8, 금에는 4와 9, 토에는 5와 10이 해당된다. 이 오행을 숫자화한 하도로 바꾸어 보면 아래와 같이 되며, 여기에 방위를 배정하면 수는 찬 것으로 추운 북방에, 화는

음이 극성한 자리요, 그 자리에서 양이 처음 생겨나므로 음 가운데의 양인 까닭에 음 가운데로 들어가서 양의 뿌리에 있게 된다. 즉 양촌의 도에서의 다음 부분을 뜻한다(「陽根圖」 참조). 화는 오午의 자리에

뜨거운 것으로 남방에, 목은 싹의 상징으로 시작을 뜻하여 하루의 시작인 동방에, 금은 가을철에 물이 걷히고 굳어져서 나뭇잎이 쇳소리가 나는 상징으로 서방에 정위한다.

	(2,7) 화	
(3,8) 목	토 (5,10)	금(4,9)
	수 (1,6)	

이것을 네 계절과 연관시켜서 1, 6은 북쪽, 겨울, 2, 7은 화, 여름, 3, 8은 목, 동쪽, 4, 9는 금, 서쪽, 5, 10은 중앙, 토로 배열된다. 이에 따라서 그리면 아래와 같다.

	2,7(화) 남쪽 여름	
3,8(목) 동쪽 봄	5,10(토) 중앙	4,9(금) 서쪽 가을
	1,6(수) 북쪽 겨울	

다시 여기에 시간의 변화 순서인 십이지를 첨가해본다. 음이 극성한 水, 즉 양이 처음 생겨나는 때를 子로 하면 양이 극성해서 火에서는 음이 처음 생겨나고 그 시각이 午가 된다. 자 · 축 · 인 · 묘 · 진 · 사 · 오 · 미 · 신 · 유 · 술 · 해는 곧 시간의 一晝夜의 변화 과정을 의미하는 것이니, 위의 것을 모두 모아서 그려보면 다음과 같이 된다.

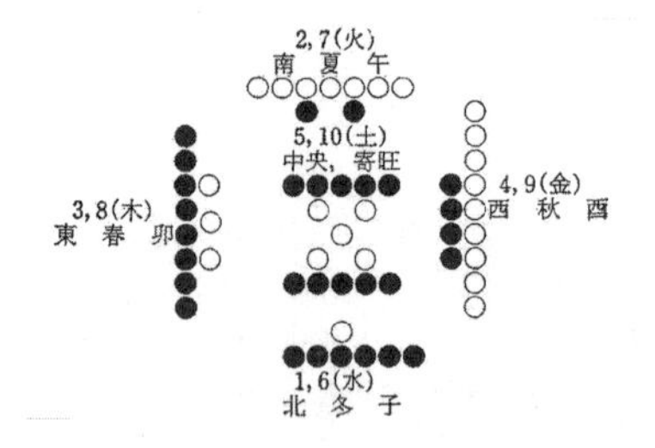

있고 양이 극성한 자리이며, 음은 여기에서 처음 생겨나므로 양 가운데의 음에 속한다. 따라서 양 가운데 있으면서 음의 뿌리에 있게 되어서 다음 그림과 같이 화가 위치하게 된다는 것이다(「陰根圖」 참조).

목과 금은 각각 약간 자라서 다음 자리에 위치한 것이고, 토는 일정한 자리 없이 중앙에 붙어 왕성하여 사방으로 행하므로 그와 같이 표현하였다.

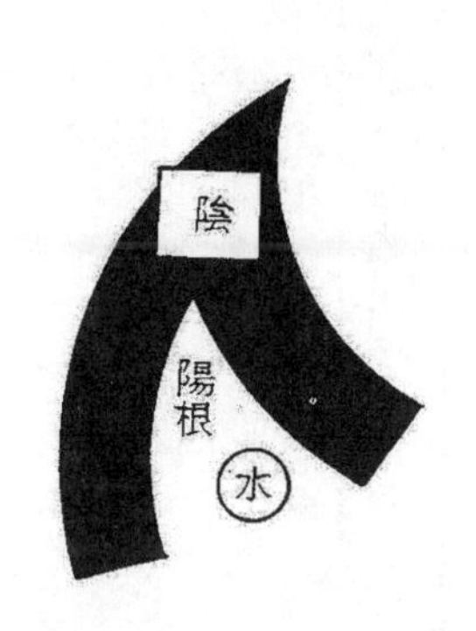

d. 사단칠정이 도에 표시된 점

측은 · 수오 · 사양 · 시비의 사단과 희 · 로 · 애 · 구 · 애 · 오 · 욕[22]이 권내에 들어왔다는 것은 중국의 인성론사人性論史를 계승하였다고 할지라도 중요한 역사적인 의미를 갖는다.

e. 선악을 엄격하게 구분하고 경으로 향선向善을 강조한 점

물론 성선에 입각하여 사단 · 칠정을 말하지만, 보통 사람은 인욕

22 사단은 원래 맹자가 말한 것이다. 『맹자』「公孫丑上」 제6장 "無惻隱之心, 非人也. 無羞惡之心, 非人也. 無辭讓之心, 非人也. 無是非之心, 非人也. 惻隱之心, 仁之端也. 羞惡之心, 義之端也. 辭讓之心, 禮之端也. 是非之心, 智之端也. 人之有是四端也, 猶其有四體也."

에 가리워서 금수와 가까워질 수 있으며, 금수는 평정平正, 직립直立하는 인간과는 달리 모두 횡생橫生한다는 것이다.

위에서는 천인, 심성이 합일하는 도상에서 살펴보았다. 분석하여 천인, 심성을 언급한 바를 보면, 자구 해석에 치우친 감이 없지 않으나 흥미로운 바가 있다.

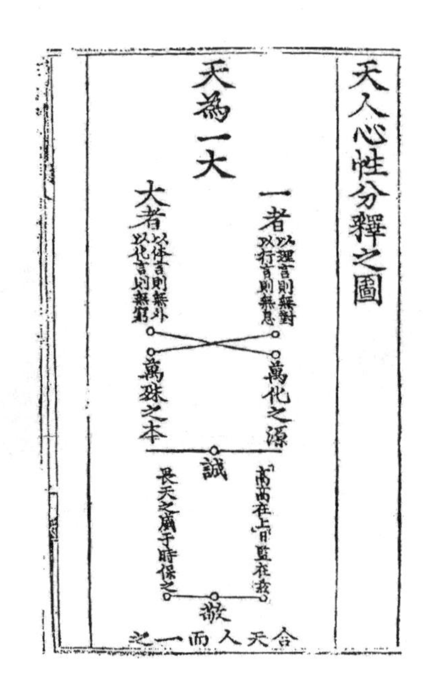

D.「천인심성분석지도」

천天과 인人과 심心과 성性을 분석한다고 하더라도, 일련의 의미가 흐르고 있음을 발견하게 된다. 각각의 문자를 해설하여 의미를 포착하고 있는 것도 그 특징이다.

먼저 '천'이라는 글자를 보면 그 도표는 위의 도와 같다(「천인심성분석지도」 참조).

'천'이라는 글자를 풀어서 일一과 대大로 분석하였다. '일'이란 시간의 영원 개념으로서 절대의 리이며, 간단間斷 없는 실상實相이라는 것이다. '대'란 공간의 무한 개념으로서 밖이 없는 본체요, 다함이 없는 변화의 본체라고 한다. 천이란 만 가지로 다르고 만 가지로 변화하는[萬殊萬變] 것의 본원이며, 이것이 바로 천도의 성誠이기에 사람은 경敬으로 항상 모시고 지켜야 한다는 것이다.

사람에 대하여는 '인'이라는 글자를 풀이하여 처음 획의 시작점은 이일理一의 자리이고, 제1획이 비껴서 갈라진 곳이 선이요, 제2획은 악을 의미한다고 본다. 그는 아래와 같이 도표화하였다.

사람의 마음에 관해서는 '심'이라는 글자를 분해하여 다음과 같이 각각의 획에 의미를 부여하였다.

여기서 주목되는 것은 제3획의 점을 성性으로 생각하고 있으며, 이것이 '이지원'으로 제시된 점이다. '성즉리'라고 하는 송대 성리학

[23]을 이은 것으로 보인다. 선악의 분기는 의意에 있고, 이 의는 '기지원氣之源'에 연결된다. 심 가운데의 경敬은 의의 움직임으로 염상炎上하여 결단이 내려지는 마지막 획의 의미를 간파할 수가 있다. 인심이란 의意에 소속하고 있으므로 욕欲에 떨어질 때 위험하며, 도심이란 정情에 소속하고 있으므로 보기 어려워서 은미하다는 그의 지론은 『서경』[24]에 근거하는 것으로 간주된다. 사람의 마음에 있어서는 성性의 자리가 가장 중요한 것인바, 그는 성이라는 글자에 대하여 아래와 같이 이해하고 있다.

성은 '심心' 자와 '생生' 자가 모아진 글자이다. 그 의미는 하늘이 명해준 것이고 그 생의 이치를 받아서 마음에 갖추어 가진 것이라고 양촌은 이해한다.[25] 그러나 고자告子나 한자韓子나 석씨釋氏의 폐단을 주로 하고 리를 버리는 성관性觀과는 달리, 자사의 '천명지위성'의 입장을 견지하고 있음을 알 수가 있다.

이상과 같은 분석에 대해 문자에 천착穿鑿하는 폐를 염려하여, 작은 뜻에 집착하지 말고 큰 뜻을 이해할 것을 경고하고, 다만 방편상 초학자를 위함이라고 해명하고 있다.[26]

위의 천인, 심성의 분석에서 논자는 그 계속 이어지는 의미의 연결에 주의하고자 한다. 즉 '천'이라는 글자의 만 가지로 다르고 만 가지로 변화하는 것의 본원이 '인人'이라는 글자의 처음 획의 시작점의 이일의 뜻으로 이어져서, 천 · 인이 하나의 맥락이라는 의미를 부각시키고 있다는 것이다. 인에 있어서는 심이 중요한바, '인' 자 처음

23 『二程遺書』, 卷18 "性卽是理, 理則自堯舜至於塗人一也."

24 『書經』「大禹謨」"人心惟危, 道心惟微, 惟精惟一, 允執厥中."

25 『入學圖說』 4쪽 "性者, 天所命而人所受其生之理, 具於吾心者也."

26 위와 같음, 5쪽 "但使初學樂觀而易知其意爾. 然古人製字, 亦有會意者, 如所謂一大爲天, 土也爲地之類, 是也. 有象形者, 如山如鼎之類, 是也. 訓意有分字者, 如所謂中心爲忠, 如心爲恕之類, 是也. 苟於大義無甚悖診, 則取其大而恕其小, 可也."

획의 시작점인 이일은 다시 '심' 자의 제3획 점에 성으로 연결시키고 있다는 점을 강조하고 싶다. 이상은 「분석지도」에서 파악되는 천인관天人觀이라고 하겠다.

과연 양촌의 천인심성관이 후대의 「천명도설」에 어떻게 영향을 끼쳤는가를 다음에 살펴본다.

E. 후대의 「천명도설」에 끼친 영향

이병도李丙燾 박사는 양촌의 『입학도설』이 정지운의 「천명도설」에 결정적인 영향을 준 것이라고 단언하고 있다.[27] 그러나 택당 이식(1584~1647)의 「천명도설」 발문에서는 "이 도가 양촌의 영향으로 나온 것이라고 하지만, 아, 어찌 그러하겠는가?"[28]라고 하여 정지운의 독창을 시사하고 있다. 주염계의 「태극도설」에 관해서도 독창 여부에 관하여 논란이 있었으나, 송학宋學이 성하면서 독창에 대한 별이론異論이 계속되지 않았다. 「천명도설」의 독창성도 위의 엇갈리는 두 가지 평가로 미루어 그 논란의 소지를 다분히 가진다. 여기서는 내용에서 어떻게 비교되는가를 살피는 데 그치기로 한다.

첫째, 양촌은 「천명도설」이라고 하지 않았고 『입학도설』로 저작하였으며, 천명 관계는 이 저작 내의 천인, 심성의 도로써 수록되었다. 그러나 이름은 비록 「천인심성합일지도」라고 하였으나, 그 내용이 천인 관계를 천명과 리로써 다루고 있는 것은 정지운보다 앞섰다고 하겠다. 「태극도설」이 태극의 이론 체계라면 「천명도설」은 천명에 대한 논리라고 할 수 있다. 태극보다도 천명을 문제삼고 있는 것은 성리학의 한국화 과정에서 중요한 의의를 갖는다.

---

27 李丙燾, 「權陽村の入學圖說について」 "秋巒退溪等のこの四端七情分理氣的見解は蓋し陽村の圖說に源するものと斷言しこ差支へあるまい."(『東洋學報』, 1929).

28 「天命圖說跋」, "以此圖出於陽村之緒餘, 吁! 豈其然乎?"

둘째, 천, 사덕의 원 · 형 · 이 · 정, 음양 · 이기 · 오행, 인성, 사단칠정의 이론을 전개하고 있다는 점이다. 하늘과 사람을 뗄 수 없는 관계로 이해하며, 사단칠정이 의기意幾의 선악으로 분기된다고 보는 견해는 한국의 인성론사에서 그 시원을 이룬다.

셋째, 성誠과 경敬을 주의 깊게 파악하고 있다는 점이다. 인간에 있어서 선악의 결정은 스스로의 의식에 따르를 일이거니와, 악을 제지하고 선을 권장하며 이에 따르려는 노력을 성과 경으로 주장, 강조하고 있음은「천명도설」의 전주前奏와 같은 인상마저 든다.

위에서 지적한 천天 · 성性 · 인人 · 성誠 · 경敬은 천인합일의 골격이기도 하다. 정지운보다 이미 약 100여 년 전에 이것이 도설화되었다는 데 역사적 의의가 있을 뿐만 아니라, 직접 논거를 찾기 어렵다고 하더라도 천명관의 이론적 선구임을 발견하게 된다.

과연 앞으로 양촌의 천명관이 그 이후의「천명도설」에서는 어떻게 보여지는가를 다음에 살펴보기로 한다.

2.「천명도설」

퇴계와 고봉의 사칠논변의 대본이 된「천명도설」은 추만 정지운의 저작으로 알려지고 있다. 그의 원작은「천명도해」[29]이다. 대개「천명도」라고 할 때에 천명구도天命舊圖는 퇴계의 수정 이전의 것을 말하고, 천명신도는 그 이후의 것으로 통칭되어오고 있다. 지금까지 알려지고 있는 판본은 다음과 같다.

29 졸고,「天命圖解考」,『鄭瑽博士停年紀念論文集』, 444쪽.

A.「천명도설」의 판본

a.「천명도해」본

정지운의 자서自序가 있고,「천명도」와 도해 9절 및 잡해, 하서 김인후의「천명도」가 전반부에 실려 있다. 후반부에는 퇴계 이황의「천명정정도天命訂正圖」와 도설 10절 및 그의 후서後序가 있다. '만력萬曆 6년 6월 일 능성현綾城縣 개간開刊'이라는 간기刊記가 있는 것으로 보아 1578년 창간본으로 생각된다.「천명도설」의 원본이다.

b.「천명도설」본

국내판으로는 규장각 소장본과 장서각 소장본이 있다. 정지운의 자서와 천명구도, 천명신도, 도설 10절과 이퇴계의「천명도설」후서와 택당 이식의 발문이 숭정경진(崇禎庚辰, 1640) 부附로 첨록添錄되어 있다. 이식의 언급과 같이 왜란으로 훼손된 후 우연히 일본一本을 얻어 상재上梓되었다는 표현으로 보아 초판이 아님은 분명하다.

일본판으로는 한국 국립도서관 소장본과 일본 동양문고 소장본이 있다. 국립도서관 소장 일본 판본은 천명구도, 천명신도, 정지운의 서문 및 도설 10절과 퇴계의 후서, 그리고「사단칠정분리기변」이 있고, 끝에 나산인羅山人 도춘道春의 발跋이 있다. '경안慶安 사력四歷 맹춘(1651) 중야소좌위문中野小左衛門' 발행으로 되어 있다.

동양문고 소장본은 정지운의 서문, 천명구도와 신도, 도설 10절, 퇴계의 후서와 택당 이식의 발문 순으로 편집되어 있다.

c.『정숙공추만선생실기』

2권 1책이다. 권1에는 완산完山 최병심崔秉心의 서, 하동河東 정도현鄭道鉉의 서, 천명구도와 신도 및 퇴계의 정정도, 정지운의 자서와 도설 10절을 내용으로 한다. 권2에는 부록, 도설후서 · 택당의 발 · 서書 · 시 · 제문 · 만장輓章 · 묘갈명, 정부인 순흥안씨順興安氏 어록 · 모선적유감慕先蹟有感 · 가장家狀 · 행장 · 신도비명 등이 수록되어 있다.

이상은 필자가 수집한 종류이다. 「천명도」를 분류해보면 대개 아래와 같이 유별된다.

B. 「천명도」의 분류

퇴계와 고봉이 문제삼았던 「천명도」는 정정 이전과 이후로 나누어서 신도와 구도로 구분해온 것이 통례였다. 그러나 필자의 조사에 따라 몇 가지 새로운 사실이 발견되었다. 즉 판본에 따라서 같은 구도 사이에도 차이가 있고, 구도와 전혀 다른 정지운의 원도와 김인후의 「천명도」가 발견되었다. 이뿐만 아니라 신도와 신도 사이에도 이본異本이 발견됨으로써 의심을 자아내게 하고 있다. 이제 원도와 김인후의 「천명도」, 신도 순서로 다음에 살펴보기로 한다.

a. 구도

「천명도」는 『퇴계전서』본에서 신도와 구도로 구별한 것을 따라 학자들이 그대로 사용해온 것이다. 구도를 다시 원도와 구도로 나누어 본다.

① 원도

원도는 알려진 구도 이전의 「천명도」를 말한다. 「천명도해」본에서 볼 수 있다. 이것을 '원도'라 이름 붙인다.

「천명도해」에 실린 정지운의 「천명도」는 「천명도설」에 실린 구도와는 다르다. 「천명도해」본과 「천명도설」본과의 출판 연대를 비교해보면 원도에 대한 추측이 가능해진다.

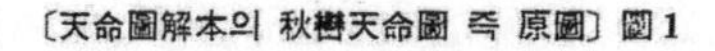
〔天命圖解本의 秋巒天命圖 즉 原圖〕 圖1

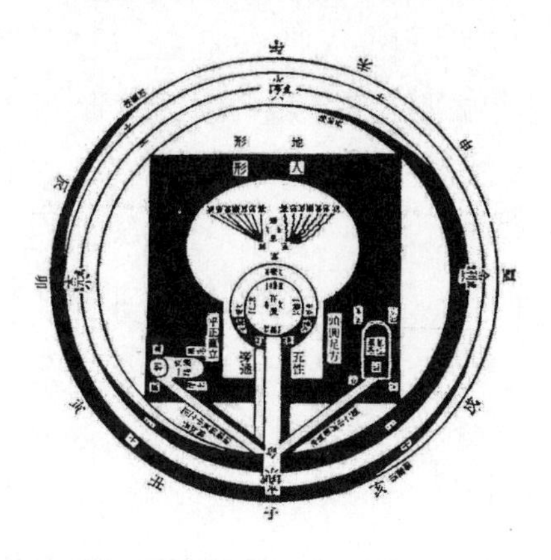

위의 판본 조사에 따르면, 「천명도설」은 그 대본이 1640년 중간重刊 이후의 것이다. 이것은 택당 이식의 발문이 첨부되어 있는 것을 통해서 알 수 있다. 그러나 「천명도설」의 초판 연대를 파악할 길이 없어서 정확한 연도와 시차時差를 알 수 없는 것이 아쉽다. 우리나라의 문헌이 후세에 전하는 데 제일 큰 장애는 임진왜란(1592~1598)이었다. 조선조 초엽의 판본을 보기 힘든 이유도 그러하거니와, 고려본이 희귀한 까닭도 그 피해 때문이다. 그러나 다행히도 「천명도해」에는 간기가 있다. 분명히 '만력 6년 6월 능성현 개간'이라고 되어 있다. 이것이 1578년의 일이니 임진왜란이 일어나기 14년 전의 일이다. 「천명도설」 중간본이 발간된 1640년에 비하면 62년이 앞선다. 그러나 초판 연대를 알 수 없으니만큼 이것만 가지고 선후를 판단할 수는 없다. 보다 분명한 것은 서문을 대조해보는 일이다.

「천명도해」의 정지운 자서는 '가정嘉靖 계묘 2월 신묘 작作'이니 1543년이다. 「천명도설」의 정지운 자서는 '가정 갑인 정월'에 썼으니 1554년이다. 즉 퇴계가 후서를 쓴 '가정 계축'(1553)보다 1년 후의 일이다. 이렇게 보면 「천명도해」의 서문과 「천명도설」의 서문을 쓴 연차年次로도 그 선후가 판명된다고 하겠다. 즉 1543년 작인 「천명도해」의 서문과 1554년 작인「천명도설」의 서문을 비교할 때 11년의 차이가 드러난다. 그러나 서문 끝에 언급되어 있듯이 "완성해서 집에 보관해둔다"[30]고 했을 뿐, 초판 연대는 여전히 알 길이 없다. 그런데「천명도설」에는 이른바 '구도'만 실려 있고 수정받기 이전의 정지운 자신의 도설은 없다. 이에 비해「천명도해」에는 수정 전의 정지운 자신의 도설이 아울러 실려 있어서 수정의 구체적인 내용을 전해주고 있다.

② 구도(「천명도해」본)

그런데 놀랍게도 정지운의「천명도」가「천명도해」본의 것과「천명도설」본의 것이 다르다는 데 주의가 집중된다.「천명도설」본의 정지운「천명도」는 다음과 같다. 이것이 이른바 '구도'라고 불리고 있다.

이 '구도'라는 명명은「천명도설」본 '신도' 말미에 명기되어 있다.[31]『퇴계전서』에 수록되어 있는 구도와도 다른 것이 주목된다.『퇴계전서』에 실린 천명구도는 아래와 같다.

〔天命圖說本에서의 天命舊圖〕 圖2

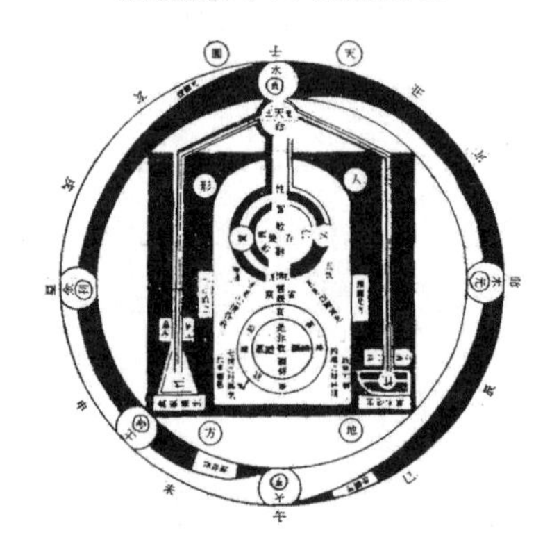

30「天命圖說序」"余故首記作圖之由, 次及定圖之事, 以藏于家. 如有同志者出, 其亦有以知退溪考證之意也."

31「天命圖說」"右秋巒爲圖以示人, 而退溪先生, 刪繁改圖, 仍命兩存稱新舊以別之."

③ 구도(『퇴계전서』본)

〔退溪全書本의 秋巒天命舊圖〕 圖3

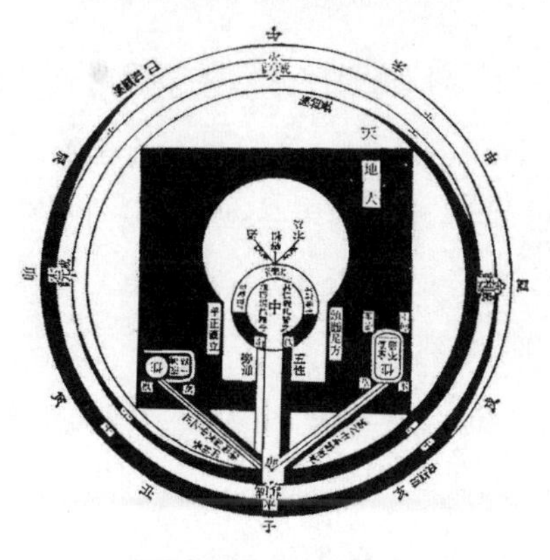

〈退溪全書所載의 天命舊圖〉

〔河西의 天命圖〕 圖4

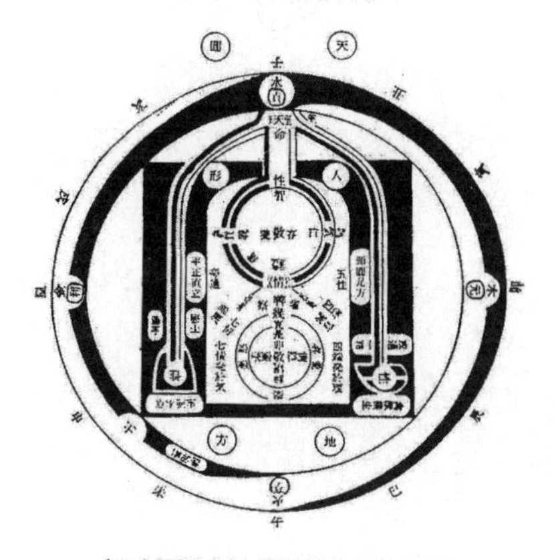

〈天命圖解本의 河西金先生天命圖〉

여기서 퇴계가 그린 천명구도는 정지운 원작인「천명도해」본의 추만「천명도」와 다른 이유가 무엇일까 하는 의심을 가져본다. 정지운 자신도 초본 이후에 여러 차례 고쳤다고 밝혔다.[32] 이것으로 미루

32 『退溪全書』 卷41,「天命圖說後叙」“不意彼時同門諸生, 因以謄本, 傳之士友間. 厥後

어 달라져 갔다는 것은 추측이 어렵지 않다. 그 이유는「천명도해」본에 실린 김인후의「천명도」가 발견되었기 때문이다. 그의「천명도」는 [도 4]와 같다.

김인후의「천명도」가 그려진 것은 부기附記된 글로 미루어[33] 1549년이니, 정지운이「천명도」를 그린 6년 후의 일이고, 퇴계가 정정한 1553년보다 4년 전의 일이다. 따라서 퇴계가 구도를 그릴 때까지 정지운이 김인후의「천명도」를 참고하였을 것이라는 추정이 가능하다. 그러나 애석하게도 하서「천명도」에 관한 김인후 자신의 언급이 전무하다. 또 이「천명도」를 아울러 발간해서 후학들이 함께 보는 데 제공한다는 기록을 한 사람도 역시 서명이 없어 분명하지 않다. 뿐만 아니라 정지운 자신도 김인후의「천명도」를 참고했는지의 여부를 확증하지 않은 것이 아쉽다.

퇴계의 '구도'는 위의 어느 것과도 다르다. 그 구도는 [도 3]과 같다. 퇴계가 김인후의「천명도」를 접하였는가 하는 것은 또 하나의 의문이다. 그러나 부단히 학문 교류가 있었던 것으로 미루어, 그들의 학설을 비교, 검토할 문제가 남는다.

이상에서 천명신도가 나오기까지의 각종의「천명도」를 열거하였고, 동시에 최초로 그려진「천명도해」본 내의 정지운의「천명도」를 '천명원도'라 하였다. 퇴계가 정정했다는 이른바 천명신도 또한 판본에 따라 차이가 있음을 발견하였다.

b. 신도

「천명도해」본에 실린 신도는 [도 5]와 같다.

吾自覺其非, 而改之者亦多. 所以有前後之異, 而尙未有定本焉."

33 부기된 글 끝 부분에 다음과 같이 서명하고 있다. "가정(嘉靖) 기유(己酉) 가을 팔월 하서 김후지 씀."

〔天命圖解本所載의 新圖, 즉 退溪의 證正圖〕 圖5

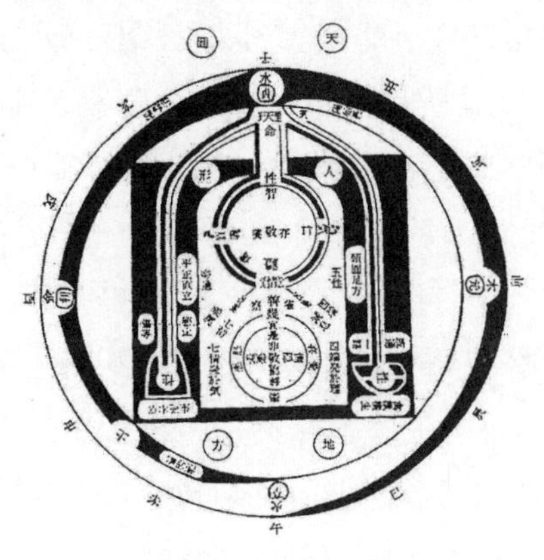

〈天命圖解本의 退溪先生天命圖〉

〔天命圖說本의 新圖〕 圖6

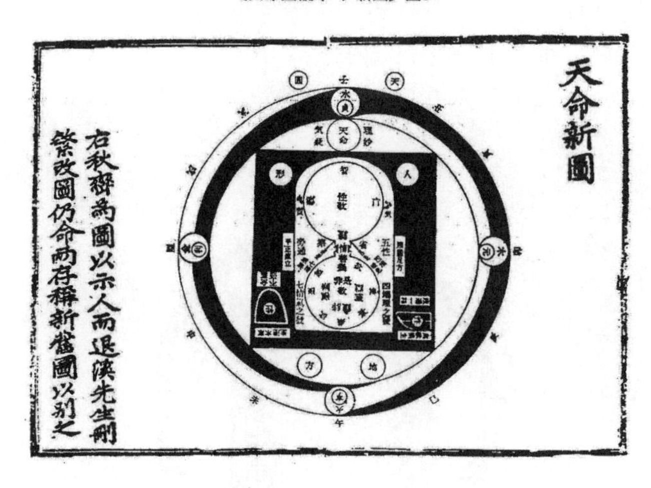

「천명도해」본은 편자나 간행자의 서문이 없으므로 어떻게 해서 발간하게 되었는지 경위를 알 수 없다. 이 도해본 내에 어떻게 해서 정지운의 「천명도해」와 퇴계의 정정도가 합본되었는지 모를 일이다. 또 누구에 의해서 이루어졌는지 알아볼 도리가 없다.

간기에 1578년(만력 6년 6월 일)으로 명시된 것으로 보면, 이때는 퇴계가 작고한 지 8년 후이고, 정지운이 세상을 떠난 지 17년 뒤의 일이다. 현존 「천명도설」본에는 정지운의 「천명도설」에 관해서는 천명구도로 게재되어 있을 뿐이고 정지운의 도설은 배제되어 있다. 뿐만 아니라 이 「천명도설」본은 택당 이식의 발문에 따르면, 분명히 임란 이전의 판본에 의거한 것이니,[34] 현존 「천명도설」은 임란 이전의 판본을 대본으로 삼은 것임을 알 수가 있다. 따라서 도해본과 도설본이 함께 임란 이전에 초판이 간행되었을 것이다. 그 발간의 선후는 고증이 어려우나, 정지운 자신의 서문으로 보아 저작만은 도해본이 먼저 된 것이 확실하다. 「천명도」가 다르다고 할 때, 저작의 선후를 가려서 살필 필요가 있고, 또 그렇게 함으로써 의미의 흐름을 파악할 수가 있을 것이다. 위의 「천명도설」본의 신도와는 일치하지 않는다([도 6] 참조).

이것이 『퇴계전서』본의 신도와는 일치하고 있으며, 그것은 [도 7]과 같다.

〔退溪全書의 新圖〕 圖7

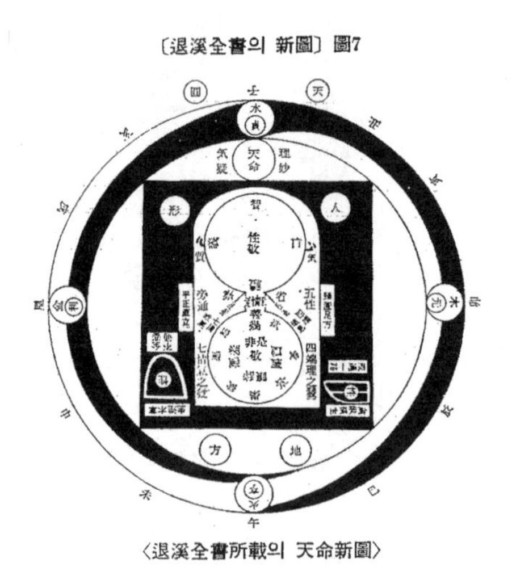

〈退溪全書所載의 天命新圖〉

34 『澤堂別集』 卷5 「天命圖說跋」 "所著天命圖說 舊有板本行世 自兵難板毁, 而傳本亦絕. (……) 余偶從民家得一本. 適全州大尹韓公振甫方鋟. (……)"

그러나 『정숙공추만선생실기』에는 구도, 퇴계 정정도, 신도로 나누어서 제시하고 있는 것이 이채롭다. 후손인 영성永聖에 따르면, 정지운의 「천명도」에는 세 판본이 있다고 한다. 가장 일찍 그린 것이 초도初圖이고, 퇴계의 정정을 거친 것이 중도이며, 완성된 것이 후도라고 한다.[35] 즉 지금까지의 신도에 속하는 것으로서, 영성은 「퇴계선생 정정도」와 「천명신도」 두 가지를 아래와 같이 전하고 있다.

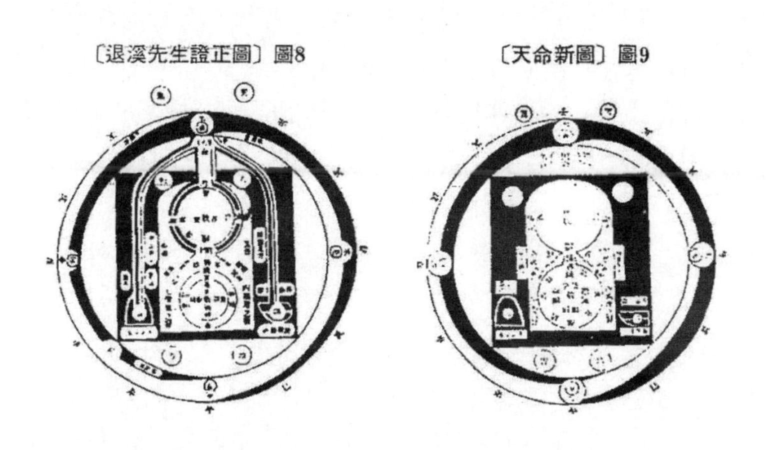

〔退溪先生證正圖〕 圖8 〔天命新圖〕 圖9

앞에서 구도와 신도의 이본을 분류해보았다. 이본 간에도 구도와 구도, 또는 신도와 신도는 동일해야 할 터인데, 다른 이유가 무엇일까를 다음에 고찰해본다.

c. 도가 달라진 이유

도가 달라진 이유는 대개 크게는 두 가지로 말할 수 있을 것이다. 하나는 원저자가 스스로 고친 경우이고, 둘째는 출판 과정에서 오전誤傳된 경우를 생각할 수 있다.

---

35 『貞肅公秋巒先生實記』「家狀」 "圖有三本. 一曰初圖, 公之早年手書也. 中圖退溪先生所以證正者也. 三曰後圖, 太極之理, 各具其中, (……) 是爲完圖實狀. 後孫永聖."

첫째로, 정지운이나 퇴계가 각각 고쳤다는 흔적을 찾아볼 수 있다.

정지운의 「천명도」는 동문 제생들이 상호 사우師友 사이에 등본謄本으로 전했다. 그 뒤에 스스로 잘못을 깨달아서 여러 차례 고쳤기 때문에 앞뒤로 차이가 생겼고, 아직도 정본定本을 갖고 있지 않다고 하였다.[36] 이것을 보면 정본으로 정착될 때까지 많이 고쳐졌음을 알 수 있다. 퇴계 또한 사단칠정설을 논함에 있어서 스스로 고친 말이 온당하지 못하여 염려가 되던 터에 신랄한 반박을 받게 되어서 의견의 성기고 잘못됨을 알게 되었으니, 이제 사단의 발은 순리이므로 선하지 않음이 없고 칠정의 발은 기를 겸한 까닭에 선악이 되어서 고친다고 한 것을 보면 짐작할 수가 있다.[37] 뿐만 아니라 정지운과 함께 「천명도」 수정을 끝낸 뒤에도 퇴계 스스로 생각을 거듭하여 고친 곳이 많다고 한 것을 볼 때,[38] 연구가 끊임없이 계속되었음을 이해하게 된다.

둘째로, 옮겨 쓰고, 글자를 새기고 인쇄하는 과정에서 있을 수 있는 오전誤傳의 경우를 들 수 있겠다.

원도([도 1])에서 금수횡생禽獸橫生은 '성性' 자의 표시가 도치되어 있다. 초목역생草木逆生의 '성' 자도 도치되어 있다. 초목은 역생이므로 '성' 자도 역으로 표시하였거니와, 금수는 횡생이므로 '성' 자 표

36 『退溪全書』 卷41 「天命圖說後叙」 "是乃兩先生誘進狂簡之意耳, 非謂其圖之可傳也. 不意彼時同門諸生, 因以謄本, 傳之士友間. 厥後, 吾自覺其非, 而改之者亦多. 所以有前後之異, 而尙未其定本焉."

37 위와 같음, 卷16 「與奇明彦」 "又因士友間, 傳聞所論四端七情之說, 鄙意於此, 亦嘗自病其下語之未穩, 逮得砭駁, 益知繆疎, 卽改之云, 四端之發純理, 故無不善, 七情之發兼氣, 故有善惡. 未知如此下語無病否."

38 『退溪先生全書續集』 卷8 「天命圖說」 "右圖說, 癸丑年間, 先生在都下, 與鄭公參訂完就. 而其精妙處, 悉自先生發之也. 乙卯春南歸, 而精思修改處頗多, 故與初本甚其同異. 謹因改本傳寫如右. 先生嘗曰, 其義已具於圖說中. 至十節, 則有亦可無亦可. 戊午春趙穆士敬書."

시도 당연히 횡으로, 즉 [illegible]이 아니라 [illegible]으로 해야 옳을 일이다.

정정 이전의 이른바 천명구도는 「천명도설」본의 구도 및 『퇴계전서』본의 구도와 다르다. 즉 "사단은 리에서 발하고, 칠정은 기에서 발한다"고 한 것이 한편에는 "사단의 발은 순수한 리이기 때문에 선하지 않음이 없고, 칠정의 발은 기를 겸하기 때문에 선악이 있다"고 되어 있다. 우지友枝 씨에 따르면 이것은 "사단은 리에서 발하고, 칠정은 기에서 발한다"라고 해야 옳다고 한다.[39] 그러나 이것도 퇴계에 의해서 간접적으로 전해진 것이므로, 애당초 구도는 원도, 즉 「천명도해」본의 정지운 「천명도」를 참고해야 할 것이다.

김인후의 「천명도」에서는 금수 횡생의 [illegible] 자는 의미로 미루어서 [illegible]으로 표기할 것이 아니라, 역생이 아닌 횡생이므로 마땅히 [illegible]으로 표기되어야 할 것이다. 『실기』본의 천명구도([도 10])에서도 잘못 새겨진 것이 지적된다.

圖10

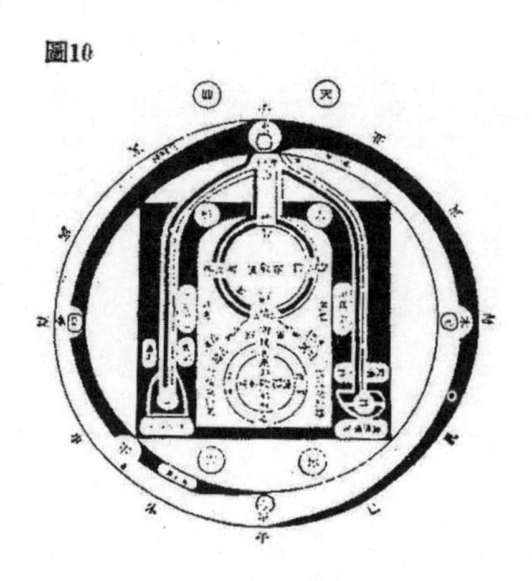

39 友枝龍太郎, 「退溪天命新圖與理氣說」 "所謂四端之發純理云云者, 退溪己未五十九歲正月改訂之語, 則不可謂之癸酉五十三歲改訂之語, 當以退溪全書本爲是"(『퇴계학보』 제29집, 1981, 16쪽).

첫째, 천天 · 리理 · 명命에서 이어져 나간 심권心圈 저면底面에 반으로 나눈 '심' 자가 없는 것, 둘째, '성' 자 아래의 '리' 자는 불필요한 것, 셋째, 재양在養은 존양存養이어야 하며, 넷째, 지智만 있고 인 · 의 · 예가 빠져 있으며, 다섯째, 정권情圈에서 사양辭讓의 위치만 옳고 측은 · 수오 · 시비의 위치가 잘못된 것 등이다.

신도와 신도 사이에도 달라진 것이 발견된다. 도해본의 신도와 도설본의 신도를 비교하면, 첫째, 기천기氣天氣가 기천리氣天理로 되어 있고, 둘째 심권 안의 '성' 자가 도설본에는 들어 있으며, 셋째 도해본의 '금수개횡禽獸皆橫'이 도설본에서는 '금수횡생'으로 되어 있다. 여기의 '성' 자는 역시 횡생이니만큼 그 표시는 性이 아니라 生이어야 옳을 것이다. 『실기』본의 신도에는, 첫째, 심권 안에 인 · 의 · 예가 빠져 있고, 둘째, 사단칠정의 '발'이 전혀 표기되어 있지 않음이 현저하게 다르다. 이렇게 빠져 있음은 모두 잘못된 것이 아닌가 생각된다. 필자는 「천명도」의 변천 과정을 다음과 같이 총정리해본다.

C. 「천명도」의 변천 과정

비록 이름은 '천명도'가 아니지만, 천명 관계를 다룬 도로는 먼저 권양촌의 「천인심성합일분석지도」를 꼽아야 할 것이다. 양촌의 이 『입학도설』 저작이 '홍무洪武 경오추庚午秋'이니, 이 1390년을 시발점으로 한다면, 그로부터 153년 뒤인 1543년(嘉靖 癸卯)에 정지운의 도해본 「천명도」([도 1]), 즉 '원도'가 나왔고, 그로부터 6년 뒤인 1549년(嘉靖 己酉)에 김인후의 「천명도」([도 4])를 보게 된다. 김인후가 정지운의 원도를 본 것은 확실하지만[40] 아쉽게도 그에 대한 논의

40 「天命圖解」 17面 "余有志於學, 而未就者也. 披覽是圖, 不能無戚戚焉. 鄭君靜而, 朝夕還京, 千里相思, 無以爲言. 姑以是題其圖後而贐之. 嘉靖己酉秋八月河西金厚之書."

가 없다. 다만 후세 사람에 의하여 김인후의 「천명도」만이 전해지고 있다. 또한 퇴계가 김인후의 「천명도」에 관하여 언급한 바가 발견되지 않으므로 불분명하지만, 그 친분으로 미루어 학문 교류는 있었던 것으로 추측된다.

퇴계는 기대승과의 논변이 시작되면서 천명에 대한 관심이 깊어갔다. 시작된 것이 1553년이니, 퇴계 53세, 정지운 44세, 기대승 26세에 해당한다. 1560년에 기대승은 정지운에게 퇴계의 '발'설에 대해 부당함을 서간으로 보낸 바 있다.[41] 여기에 대한 정지운의 답서가 없으므로 확인이 어려우나, 김인후 당대에 퇴계와 기대승의 논변이 있었고, 김인후의 「천명도」가 있는 이상 김인후 자신의 천명관도 세 사람의 관계 속에서 나온 것으로 상정해볼 만하다고 생각된다. 김인후가 퇴계와 기대승 사이의 사칠론에 관하여 참여했다는 주장[42]이 있는 반면에, 『하서 연보』의 이 내용을 부인하는 변론[43]도 있다. 이에 대한 평가는 후일로 미루지만, 같은 시대의 상종相從한 학자 간에 주장主張의 교류가 전무했으리라고는 생각되지 않는다.

퇴계의 천명신도는 도해본, 도설본, 『퇴계전서』본, 『실기』본의 사본에서 볼 수 있다. 다만 그와 기대승 사이의 논변 진행으로 미루어 「천명도해」본의 천명신도([도 5]), 『퇴계전서』본의 천명신도([도 7]), 「천명도설」본의 천명신도([도 6]), 『실기』본의 천명정정도([도 8]) 및 천명신도([도 9])의 순서로 고찰하는 것이 타당하다고 본다.

---

41 『高峰先生文集』「理氣往復書」 下篇.

42 「河西年譜」 己未條 "時高峯退處于鄕. 每詣先生, 討論義理. 而深疑退溪四端七情理氣互發之說, 來質于先生. 先生爲之剖析, 論辨極其通透精密, 高峯新得於先生者如此."

43 변론은 『고봉선생문집』「리기왕복서」 권말에 게재되어 있음. "時此書新出未布鄕間, 故退溪亦因高峯, 而聞知其說, 痛辨其非. 已歿之河西, 何以辨其是非於歿後九年之戊辰也? 眞所謂夢中說夢也云."

다만 구도에 있어서 도해본의 것만을 채택한 이유는, 정지운 본인의 작으로서 현존 최고본最古本이라는 점이 첫째요, 둘째로는 도의 신·구에서 자오子午의 위치가 퇴계에 의해서 변경되었다[44]고 한 바와 같이, 당초의 추만 「천명도」는 신도와는 달리 자오의 위치가 달라야 함에도 불구하고 도해본의 것을 제외한 모든 구도는 자오의 위치가 신도와 같다는 점에서이다. 달라야 할 것이 같다고 해서 구도로 볼 수는 없는 일이다.

이제 위와 같은 「천명도」의 변천 속에 흐르고 있는 천명관을 다음에 살펴보기로 한다. 공자는 '지천명'을 말했고,[45] 맹자는 '지천知天'을 말했다.[46] 인간의 본성을 알면 '천'을 안다고 한 맹자는 '하늘이 명한 것이 성'이라는[47] 자사의 사상과 '한 번 음이 되고 한 번 양이 되는 도'[48]를 중단 없이 이어가는 성선의 이론을 파악한 결과, 성선론을 주장한 것으로 안다. 그것이 다시 송대에 이르러서는 주염계의 태극론으로 발전되었고, 더 나아가서는 '천즉리天卽理', '궁리진성窮理盡性'[49]의 이론으로 전개되어갔다. '명命'은 실상實相의 본원에서 하는 말이고, '리'는 원칙의 주체적 표현이다. 「태극도설」이 '리'의 논리라면, 「천명도설」은 천과 리의 전개로 비교된다. 양촌 이후에 이 전개는 계속 시도되어왔다. 그들의 도설을 요약해보면 각각 다음과 같다.

---

44 『退溪全書』 권41, 「天命圖說後叙」 "當初靜而因河洛之例, 由下而始, 改而從濂溪之例, 滉之罪也."

45 『論語』, 「爲政」 "吾十有五而志于學, 三十而立, 四十而不惑, 五十而知天命, 六十而耳順, 七十從心所慾不踰矩."

46 『孟子』, 「盡心 上」 "盡其心者, 知其性也. 知其性, 則知天矣."

47 『中庸』, 首章 "天命之謂性, 率性之謂道, 修道之謂敎."

48 『周易』, 「繫辭 上」 "一陰一陽之謂道, 繼之者善, 成之者性."

49 위와 같음, 「說卦傳」 "和順於道德, 而理於義, 窮理盡性, 以至於命."

a.「천명도」의 始源 - 양촌의 천인합일론 체계

天

元亨利貞

誠

命

理之源, 氣之源

陰陽二分

氣質

心

性

仁義禮智信

意

情

四端七情

善惡

聖人 - 誠 - 誠之 - 眞實無妄, 純亦不已

君子 - 敬 - 修之 - 存養 · 省察

衆人 - 欲 - 害之 - 自暴自棄

其違禽獸不遠

禽獸橫生

b. 추만의 원도(정지운의 천명원도의 논리와 김인후의「천명도」)

① 정지운의 천명원도의 논리

'천'과 '지'로 대분하되, 지상地上에 인간 · 동물 · 식물로 다시 세분하여 다음과 같이 논하고 있다.

天形
　十二支(子下午上)
　陰陽(消長)
　五行(盛衰)
　元亨(利貞)
　誠
　命
地形
　人形
　　頭圓足方
　　平正直立
　　五性旁通
　　仁義禮智信
　　七情
　　存養
　　敬意　善七情
　　　　　惡七情
　　省察
　　敬
動物
　陰陽偏氣中之正
　禽獸橫生尾上
　　　或通一路
植物
　陰陽偏氣中之偏
　草木逆生下向
　　　全塞不通

③ 김인후의 「천명도」

「천명도해」본 안에 실린 하서 「천명도」는 작자에 대한 분명한 표시가 없으므로 고증이 필요할 것이다. 그러나 정지운의 「천명도」를 보고 난 뒤의 답서에 첨부된 것으로, 능성현에서 간행 당시 편집자에 의한 기록일 것으로 추측할 수 있다. 시기로 보아 학문 교류는 물론 정지운의 「천명도」를 보았을 뿐만 아니라, 도해본 도설 제6절에 김인후의 주가 삽입[50]되어 있는 것으로 보아 논의된 확증이라고 하겠다. 정지운의 천명론에 비하여 아래와 같은 차이점이 발견된다. 다음은 김인후의 이론이다.

天
- 十二支(子下午上)
- 陰陽(消長)
- 五行(盛衰)
- 元亨利貞
- 誠
- 命

地
- 人
  - 頭圓足方
  - 平正直立
  - 五性旁通
  - 中 · 具仁義禮智之理而混然難分
  - 七情

50 "河西子云, 陰陽之老少, 卽易之四象. 象各二畫, 而老則純陰純陽, 故曰無交. 少陰上陽下陰少陽下陰上陽, 故曰有交."

幾善 – 和
　惡 – 過不及
物
動物 – 陰陽偏中之正
　　　禽獸橫生尾上
　　　或通一路
植物 – 陰陽偏中之偏
　　　草木逆生向下
　　　全塞不通

c. 천명구도

원도에서 구도로 달라진 이유는, 앞서 지적했듯이 정지운 자신의 변화라고 생각된다. 정본으로 확립되기까지의 과정에서의 개정改定이 아닌가 생각된다. 크게 천형 · 지형 · 인형으로 나눈 것이 천원 · 지방 · 인형으로 변경되었고, 천의 삼층권이 단층화되었으며, '성誠'이라는 글자가 제거되었고, '천' 자를 '理'(王과 理) 자 사이에 삽입시켜서 이기와의 불리성不離性을 나타내고 있는 점이 다르다. 지방地方 이하의 의리義理 구조는 다음과 같다.

地方
　人形
　　頭圓足方
　　平正直立
　　五性旁通
　　心
　　氣質
　　性

五常

存養

敬

意情善幾 – 四端七情

　　惡幾　四端滅息

　　　　　七情乖戾

　　　　　四端發於理

　　　　　七情發於氣

省察

敬

도설본의 천명구도는 의정意情 이하 부분에서만 다르다. 도설본의 구도 체계는 아래와 같다.

d. 도설본의 舊型 체계

意情

　善幾 – 四端七情

　　　　四端之發純理 故無不善

　　　　七情之發兼氣 故有善惡

　惡幾 – 四端滅息

　　　　七情昏蔽

省察

敬

『실기』본의 구도는 도면에 글자가 빠진 곳이 있으나, 의정意情에 있어서 도설본의 구도와 일치한다.

이상에서 이른바 구도에 속하는 「천명도」의 각각의 이론 전개의 체계를 비교해보았다. 집약해보면 변화 과정을 3단계로 구분할 수 있다.

첫째, 정지운이 양촌과 다른 것은 천天에서 십이지(子下午上)를 가했고, 심성에서 이기 분속理氣分屬이 없어졌으며, 사단이 오상으로 다루어졌고, 물에 식물이 첨가된 점 등을 들 수 있다. 반면에 천인, 심성에서 성정 · 선악과 존양 · 성찰 및 경에 관해서는 이어져 가고 있음을 볼 수 있다.

둘째, 『퇴계전서』본의 천명구도에서는 천에서 십이지 위치가 자상오하子上午下로 되었고, '성誠' 자가 그림으로 대체되었다. 다만 "사단은 리에서 발하고, 칠정은 기에서 발한다"라고 하여 사칠에서의 '발'의 문제가 개입된 점이다. 원도에 없던 '발'이 도면으로 들어오고 있다.

셋째, 같은 '구도'이면서도 「천명도설」본에서는 '발'에 관한 것이 "사단의 발은 순수한 리이기 때문에 선하지 않음이 없고, 칠정의 발은 기를 겸하기 때문에 선악이 있다"고 고쳐져 있다. 이 3단계까지 일관되고 있는 것은 천명의 성誠과 사덕四德, 인성의 사칠 선악四七善惡과 존양경存養敬, 성찰경省察敬임을 이해하게 된다. 오직 김인후의 「천명도」에서는 그것의 전과 후를 연결해볼 만한 뚜렷한 문헌이나 논문이 아직은 발견되지 않아서 아쉽지만, 정지운과 김인후의 친분이나 학문의 교류[51]를 무시할 수는 없을 것이다. 다만 그의 특이한 점만을 아래와 같이 지적해두는 데 그친다.

첫째, '중中'이 강조되고 있는 점이다. 추만 「천명도」의 오상의 위치를 '중'으로 대치하고, 그것을 흑백처럼 나누는 것을 염려한 때문

51 『河西集』 卷5 「懷秋巒子鄭之雲」 "海內秋巒翁, 獨觀造化妙. 秀吾兄弟中, 俯仰思惟肖."

인지 인 · 의 · 예 · 지의 이치가 혼연하여 나누기 어려움을 명기明記하고 있다. 선악을 화和와 과불급過不及으로 인식함은 '천명지위성'의 투철한 발로로 해석된다.

둘째, 추만의 천명원도와 마찬가지로 사칠의 '발'의 문제가 없고, 분석보다는 종합적 경향이 농후한 점을 들 수 있다.

이상의 '구도' 전체를 통해서는 세 가지 의심점이 남는다. 즉 '발' 문제가 도식화된 경위가 무엇인가 하는 것이 그 하나이다. '자하오상子下午上'의 위치는 퇴계의 주장을 따라서 '자상오하'로 변경된 것으로 전해지는데, 어찌하여『퇴계전서』본과「천명도설」본의 구도에는 자오의 위치가 고쳐진 '자상오하'로 되었는가 하는 것이 둘째이다. 셋째는 같은 구도의 이발 문제도 "사단은 리에서 발하고, 칠정은 기에서 발한다"로, 또는 "사단의 발은 순수한 리이기 때문에 선하지 않음이 없고, 칠정의 발은 기를 겸하기 때문에 선악이 있다"로 다르게 기록되었는가 하는 점이다. 만일 퇴계의 견해가 반영된 때문이라면, 구도라기보다는 고친 이후는 모두 신도의 변천 과정이라고 생각하는 것이 온당하지 않을까 생각된다. 이어서 신도를 차례로 살펴본다.

e. 천명신도

도해본의 원도에 대한 퇴계의 정정 이론은 다음과 같다.

天圖

十二支(子上午下)

陰陽(消長)

五行

元亨利亭

氣天氣

理

命

地形

人形

頭圓足方

平正直立

心

氣, 質

仁義禮智信

存養

意情 – 善幾 – 敬

四端

七情

惡幾 – 四端熾滅

七情乖戾

省察

敬

四端理之發

七情氣之發

위의 도해본의 신도에 비해서『퇴계전서』본의 신도는 다음과 같이 차이가 난다.

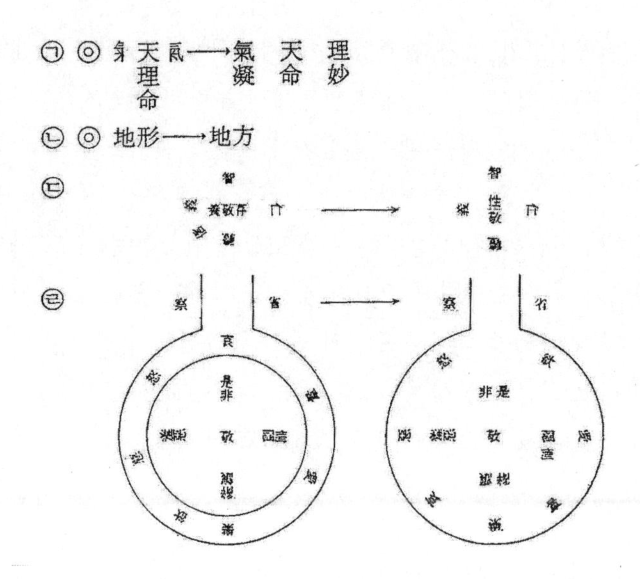

㉠에서는 천명을 원내에 넣고 '이기묘응理氣妙凝'으로 포위한 것은 천명의 신성불가침을 나타낸 것이고, ㉡에서 지형地形을 지방地方으로 고친 것은 '천원지형'이라 하지 않고 '천원지방'이라 하기 때문으로 생각된다. ㉢에서는 '존양'과 '신信'이 제거되었다. 존양은 있어야 마땅하고,[52] 신을 뺀 것은 신을 사덕에 각각 배속시킨 것으로 보인다. ㉣에서는 '◎'이 '○'로 변경되었다. 내원內圓을 없앤 것은 사단칠정에 경계선을 둘 수 없기 때문이 아닌가 한다.

「천명도설」본의 신도와 『퇴계전서』본의 신도가 동일하고, 『실기』본의 정정도 또한 같다. 다만 『실기』본에서는 퇴계가 명명한 천명신도는 도해본의 신도의 이름과 같이 '퇴계 선생 정정도'라 하고, 이와는

52 일본 판각본과 『퇴계전서』본의 천명신도는 중앙의 방형 안쪽 상단의 동그라미 '敬'자 좌우에 '존양' 두 글자가 빠져 있다. 그러나 『고봉전집』본에 수록한 신도에는 이 두 글자가 있다. 『고봉전집』이 옳다. 「천명도설」 제10절에서 '미발존양'과 '이발성찰'을 논설한 것은 퇴계와 정지운의 정론일 것이다. 友枝龍太郎, 「退溪之天命新圖與理氣說」 『퇴계학보』 제29집, 11쪽.

별도로 천명신도가 첨가되어 있다. 여기에서는 '발' 항만 삭제했을 뿐 여타는 동일하다. 편집, 제작 과정에서 누락된 것인지, 의식적으로 다시 정리한 것인지는 확증을 얻기 전에는 의문으로 남을 수밖에 없다.

이상에서 양촌 이후의 천명에 관한 도설을 열거하여 각 도 사이의 차이점과 신 · 구도 사이에 고쳐진 것들을 살펴보았다. 비록 그림의 표현은 다소 다르다 할지라도 천과 인의 합일점을 고찰하여 인간이 악을 버리고 선으로 향하여야 하겠다는 의도에서는 동일함을 볼 수 있다. 그 일관된 흐름을 다음에 규명해보고자 한다.

D. 명리와 향선

양촌 · 추만 · 하서 · 퇴계의 천명에 관한 도식圖式을 앞에서 보았다. 그 속에서 공통되게 이어져오고 있는 것이 발견된다. 먼저 천 · 지 · 인으로 삼분하여 체계를 세우고 있는 것을 들 수가 있다. 하나로 말하면 '천'으로 묶어야 하겠지만, 둘로 나누자면 천 · 지요, 지는 다시 분류할 때 인물 · 동물 · 식물로 나뉜다. 이런 식의 '천'의 표현은 양촌에서 시작된다.

양촌은 천에 대하여 음양오행, 원형이정, 성명, 이지원, 기지원으로 나타내고, 지상의 인간에 대하여는 비록 성인 · 군자 · 중인衆人으로 삼분하여 심성을 분석하고, 사단칠정으로 선악을 설명하여 성誠 · 경敬 · 욕欲의 3등급으로 나누고 있으나, 이것은 존양 · 성찰 · 경으로 향선向善해야 함을 일깨워주려는 의도인 것이 자약自若하다.

정지운의 경우 양촌의 천이 천형 · 지형으로, 그리고 없었던 식물이 첨가되고 있다. 인간은 성인 · 군자 · 중인의 구별을 없앴고, 그 설명 요령이 보다 분석적이다. 음양오행이 흑백으로 양분되고 다섯으로 나뉜 것으로부터, 구별을 지양하여 소장消長 · 성쇠盛衰의 변화로 나타내고 있는 점은 크게 달라진 것이다. 정에서 동으로, 측면에서 평면으로 바뀐 양상이다. 십이지를 더하여 '자하오상'으로 그린 것은 도상에 시공時空을 분명히 한 것으로 간주된다. 천형의 동그라미 속에 그 영원성을, 원형이정과 성誠, 수화목금과 토를 안의 동그라미 속에 담고 있는 것은 양촌에 비하여 더욱 구체화된 표현이다. 지형 속의 인형도 천원지방의 모습을 닮아 머리는 둥글고 발은 네모지며, 오성五性이 두루 통하는 것으로 명시하였고, 동물은 음양이 치우친 기 가운데서는 바른 것, 옆으로 기면서 살고 꼬리가 올라간 것으로, 혹은 한 길을 통하는 것으로 표시하고, 식물은 음양이 치우친 기 가운데서도 치우친 것, 거꾸로 살고 아래로 향하는 것, 전적으로 막혀서 통하지 못하는 것으로 표시하였다. 이것은 음양 분석의 진일보된 부분이라고 하겠다. 존양 · 성찰의 경은 정지운에게 이어지고 있다.

여기서 강조하고자 하는 것은 퇴계와 고봉 사이에 논변의 시발점이 된 '발'을 처음 말한 사람이 누군가에 관한 문제이다. 구도가 신도로 개작되었으니 구도를 가지고 논의가 시작되었을 것이지만, 구도가 판본에 따라 다른 까닭에 어느 것이 기본이었던가 하는 의문을 일으킨다. 논자는 여기서 정지운의 원도를 기본으로 보아야 한다고 주장한다. 「천명도해」본의 원도인 「천명도」는 정지운의 직접 저작인 데 비해, 다른 도는 다시 간행하거나 간접적으로 그린 도라는 것이 첫째 이유이다. 퇴계가 자술自述한 것처럼 '오상자하'를 '자상오하'로 고쳤다는 점을 감안할 때, 원도 이외의 다른 모든 구도에 고치기 이전의 '오상자하'가 아니라 개작 이후의 '자상오하'로 그려져 있다는 점이 납득이 안 가는 것이 둘째 이유이다.

이렇게 되면 부득이 원도를 기본으로 볼 수밖에 없다. 다만 이 경우에 원도상에 '발'이 나타나 있지 않다는 새로운 문제에 부딪히게 된다. 따라서 지금까지 문제삼아왔던 '발'을 처음 말한 사람은 이 원도에 따르면 정지운이 아니었다는 결론을 얻게 된다. 설령 그가 나중에 '발'을 말하게 되었다고 하더라도, 원도에 없었음에 비추어 촉발

동기가 주어진 계기를 상정해볼 만한 것이라고 믿는다.

천성天誠과 성선性善이 같은 뿌리라는 견해는 천명관의 주류를 형성하고 있으나, 같은 뿌리가 가지나 잎으로 피어날 때의 조리를 세우는 일은 철학의 논리 체계화라고 생각된다. 성선性善의 천성天誠을 현실화하는 데는 그 맹아점萌芽點이 논의되어야 하겠고, 그 맹아점에 '발' 자를 놓는 일은 논의 과정에서 발설된 것으로 추측할 수 있겠다. 그러나 원도를 보아 당초에 정지운이 제창한 것이 아니었음은 확실하다.

위와 같은 추만의 「천명도」에 가해진 최초의 수정이 바로 도해본의 퇴계 정도이다. 여기서 가장 두드러지게, 그리고 분명히 개작된 것이 '자하오상'으로부터 '자상오하'로 바뀐 부분이다. 다른 구도는 모두 퇴계의 개작 후인 '자상오하'로 되어 있다. 이것은 최초의 것이 아니라는 증거이다. 또 하나는 사단칠정의 이기분속과 '발'이 없었던 것이 정정도에는 사칠권四七圈의 설정과 함께 분속 및 '발'설이 나타나고 있다는 점이다. 퇴계에 의하면 정지운이 그린 도에 "리에서 발하고 기에서 발한다"는 말이 있었다고 한다.[53] 아마도 원도 이후 퇴계와의 논의 과정에서 스스로 수정을 가했다고 할 때, 있을 수 있음 직한 일이다. 이 "리에서 발하고 기에서 발한다"라는 말을 "사단은 리의 발이고 칠정은 기의 발"이라고 개작한 것으로 보인다. 즉 원도에서 구도로, 구도에서 신도로의 진행 윤곽이 드러나게 되는 것이다. 여기 원도에서 구도로 달라진 내용과 구도에서 신도로 고쳐진 뜻을 파악하는 것은 천명을 이해해가는 데 중요한 의미를 지닌다.

a. 원도에서 구도로 변모된 뜻

첫째로 심권의 단층권單層圈이 이층권으로 변화한 것, 둘째는 기

53 『退溪全書』 卷16 「答奇明彦」 "往年鄭生之作圖也 有四端發於理, 七情發於氣之說."

와 질 및 이기의 분속, 셋째로 '발'론의 등장이다.\

① 심층의 이층화의 의미

심의 동정을 구분해서 그린 것으로 보이며, 고요할 때의 성이 움직일 때에 분기分岐되는 선악을 밝힌 것이다. '기선악幾善惡'을 설정하여 인 · 의 · 예 · 지의 사덕을 측은 · 수오 · 사양 · 시비의 사단의 선기善幾를 구체화했고, '사단멸식', '칠정괴려'로 악기를 구체화한 점이 그것이다.

② 기와 질 및 이기 분속의 뜻

여기서 주의해야 할 것은 분속시키는 이유이다. 나누기 위한 분속이 아니라 하나를 위한 나뉨이다. 즉 하나인 심을 갈라서 둘로 설명하는 것이다. 이것은 선의 방향을 천명과 이어서 이해하려는 발로라고 하겠다.

③ '발'론의 등장이 뜻하는 것

'발'이 '중'과 '화', '동'과 '정'이 만나는 자리[54]라고 한다면, 하늘의 도로서의 성자誠者인 인성의 선근善根이 현실화되는 계기점을 지적한 것이라고 하겠다. 원도에 없었던 '발'이 논의된 까닭도 선근의 이론화를 고심한 결과가 아닌가 생각된다. 사실상 '발'은 이미 선악이 결정된 자리인가? '발'에서 선악이 선택되는 것인가? 하는 것은 이기 · 성정이 혼융하여 구분이 없는 데서는 많은 문제를 안게 된다. 이 원도와 구도가 똑같이 정지운의 작이면서 다른 양상을 보이는 것 가운데, 퇴계의 말대로 '자하오상'을 '자상오하'로 고친 점을 볼 때는 원도가 옳고, "리에서 발하고 기에서 발한다"는 기록이 없는 것으로

54 졸저, 『퇴계의 생애와 사상』, 박영문고, 1974, 108쪽, '發의 의미'

보면『퇴계전서』본 구도가 옳은 것이 된다. 어느 쪽도 양면을 아울러 가지고 있으니, 뜻이 연결되는 것으로 고찰할 수밖에 없다.

b. 구도에서 신도로 고쳐진 뜻

가장 뚜렷한 것은 "리에서 발하고 기에서 발한다"는 부분이 "리의 발, 기의 발"로 바뀐 것이다. 표현이 달라진 것뿐만 아니라, 그림도 이중의 원에서 한 원으로 고쳐져 있다. 표현에서는 '에서[於]'와 '의[之]'인바, 퇴계가 고친 의도가 이기 이원의 지나친 분석의 폐단을 염려한 것 때문이라고 할 때, '의'는 '에서'보다는 둘로 나누는 폐단을 완화시킬 수 있다고 생각하였음 직하다. 그것은 사단칠정의 이중의 원을 한 원으로 바꾼 것으로도 알 수 있는 일이다. 그다음 천명을 '이기묘응'권에 원으로 포위시킨 것은 천명 자체는 이기에 섞일 수 없는 신성불가침이라고 뜻한 것으로 보인다.

여기서 '이발', '기발'에 대해 사우 간에 그 부당성이 지적되어, 퇴계가 스스로 고쳐서 기대승의 의견을 물어온 것이 바로

> 사단의 발은 순리이기 때문에 선하지 않음이 없고, 칠정의 발은 기를 겸하기 때문에 선악이 있다.

는 구절이었다. 날짜는 기미(1559) 정월 초 5일로 되어 있다.[55] 이것은 분명히 퇴계가 뜻을 고친 것임을 기대승에게 주는 서간에서 확인할 수 있다. 그런데 어찌하여 「천명도설」본 구도에 추만의 「천명도」로서 신도와 나란히 편집되어 있는지 의문이 생긴다.

---

55 『退溪全書』 卷16 「與奇明彦」.

c.「천명도설」본의 구도와 신도

신도의 "리의 발, 기의 발"은 기미년 59세 되던 10월 개정한 말이다. "사단의 발은 순리이기 때문에 선하지 않음이 없고, 칠정의 발은 기를 겸하기 때문에 선악이 있다"는 말은 정지운의 말이 아니다.[56] 이 표현이 나온 것은 앞에서 본 바와 같이 기미년 정월이니, 퇴계 자신이 개신改新해가는 과정으로 볼지언정, 정지운의 구도의 주장이라고 보기는 어렵다. 따라서 「천명도설」본의 구도는 규명되어야 할 문제로 남는다. 『실기』본의 신도는 퇴계 정정도와 신도로 다시 구분하고 있다.

d.『실기』본 신도의 특색

지금까지의 신도는 『실기』본에서는 퇴계 정정도로 다루었으며 대동소이하다. 그러나 또 하나의 천명신도에서 '발'설을 삭제해버리고 있다. 고의로 없앤 것인지 편집, 인쇄 과정에서의 잘못인지 분명하지 않으나, 도에 세 가지가 있다는 후손 영성의 「가장家狀」의 말대로 초도初圖·중도中圖·완도完圖로 수록되어 있는 것이 특징이다. 의도적으로 '발'설이 수정되었다면, 논쟁의 단서가 된 '발'을 없앴다는 것은 쟁론을 파하려는 뜻이 있을 수도 있다. 그러나 정지운이 서거한 1561년 이후에도 퇴계와 기대승의 논쟁이 계속되었다고 할 때, 이 상정은 불합리한 것에 지나지 않는다. 그러므로 『실기』본에 대해서는 보다 정확한 고증이 수반되어야 할 것이다.

e.『성학십도』와의 연계

「천명도」에 반영되지는 않았으나 퇴계와 기대승의 논변 과정에서 퇴계는 "사단은 리가 발함에 기가 따르며, 칠정은 기가 발함에 리가

56 友枝龍太郎,「退溪之天命新圖與理氣說」『퇴계학보』제29집, 1981, 17쪽.

탄다"는 주장으로 정착이 되었다.[57] 역시 이것은 「천명도」에서의 이기 · 성정에 관한 문제이니, 도에 대입한다면 "사단은 리의 발, 칠정은 기의 발" 부분에 대치되어야 할 것이다. 또 이것이 『성학십도』 「제육 심통성정도」로 이어진다.

68세 때 선조에게 올린 『성학십도』는 퇴계와 기대승 사이에 있었던 논변의 결과이고 보면 그 완결편이라고 해야 할 것이다. 중도에서는 성권性圈과 사단칠정권이 '천명'으로 도출되었고, 하도에서는 이발 · 기발을 엄격하게 구별하여 천명에 입각한 성정性情의 통일을 의식하여 도를 그리고 있다. 그러나 중 · 하도의 성권에서는 「천명도설」의 '자상오하'로 위치를 바꾼 것과 같이 인 · 의 · 예 · 지를 빈주賓主의 위치 변경으로 시정하여[58] 비로소 완성하였다. 이렇게 보면 양촌으로부터 시발된 천명 · 인성 · 선악의 이론 전개는 퇴계의 「심통성정도」에 이르러서 일단락된 것으로 이해된다.

Ⅲ. 결론

믿는 일과 인식하는 일은 신앙과 철학의 개성이다. 천명은 인식하는 것인가? 믿는 것인가? 「천명도설」은 이 양면을 이론화하려는 특수성을 지닌다. "오십에 천명을 안다"[59]고 한 것은 공자의 '천天' 인식의 표현이며, "죄를 하늘에 얻으면 기도드릴 바가 없다"[60]고 한 것은 공자의 신심信心의 언표라고 하겠다. 또 "이치를 궁구하고 본성을

57 『退溪全書』 卷16 「論四端七情 第二書」.

58 위와 같음, 卷30 「與金而精」.

59 『論語』 「爲政」 제4장.

60 위와 같음, 「八佾」 "獲罪於天, 無所禱也."

다하여 천명에 이른다"[61]고 한 것은 공자의 방법론이 아닌가 생각된다. 이치를 궁구하는 것은 지知에 속하는 일이고, 본성을 다하는 것은 신信음에 속하는 것이라고 믿어지니, 공자의 철학적 신앙으로 보인다.

「천명도설」은 천명과 인성의 관계 체계라고 할 수 있다. 양촌 · 추만 · 하서 · 퇴계는 이 체계를 정립해간 분들이다. 이기, 사칠의 인식과 존양 · 성찰의 주경主敬은 그들이 한결같이 궁리진성窮理眞性해가는 의미로 집약된다. 양촌에서 '이지원', '기지원', 인의예지, 희 · 로 · 애 · 구 · 애 · 오 · 욕으로 분석이 시작되고, 존양과 성찰의 경이 중시되어간다. 정지운은 사단칠정의 '발'의 문제를 새로 제기한다. 인간은 선과 악의 두 길을 갈 수 있으나, 악을 버리고 선을 택하여 굳게 잡는 자세가 필요하다. 여기에 중용사상이 일관되어 흐르고 있음을 본다. 김인후의 「천명도」에는 이 '중'이 더욱 중시되고 있음이 발견된다.

정지운과 퇴계의 '발' 문제는 천명의 명리命理와 인성의 성정性情에서 선을 지키는 의미를 가진다. 선의 근원을 인성人性의 인 · 의 · 예 · 지와 천성天誠의 원 · 형 · 이 · 정에서 찾으려고 한 것은 이들의 공통된 입장이다. 선을 지키는 것을 강조하면서 그 순수성을 높이고 순선의 리를 주체적으로 파악하려 한 퇴계에게서는 「심통성정도」로 구성되었다. 비록 선조에게 올린 『성학십도』 가운데 한 도로 나타났지만, 근원은 천명에 통어統御됨을 저버리지 않는 심통心統에 있는 것이다. 따라서 그의 천명신도에서 사칠 관계는 그대로 '심통성정'의 중 · 하도에 반영되었다. 중도의 상부는 성정이 하나임을 그리고, 하부는 사단과 칠정이 하나임을 말하고 있다. 하도에서는 지각知覺이 성의 일본一本에서 기 가운데의 두 이름으로 발동된다고 하는 것

61 『周易』「說卦傳」 제1장.

이 상부요, 하부는 "사단은 리가 발함에 기가 따르며, 칠정은 기가 발함에 리가 탄다"는 것으로 정착되고 있음을 보아서 천명신도와의 연결이 자명하다. 더욱 분명한 것은 천명신도에서의 인·의·예·지를 따라서 '허령지각虛靈知覺'과 아울러 그 위치를 개작한 것을 보아 알 수 있다.[62]

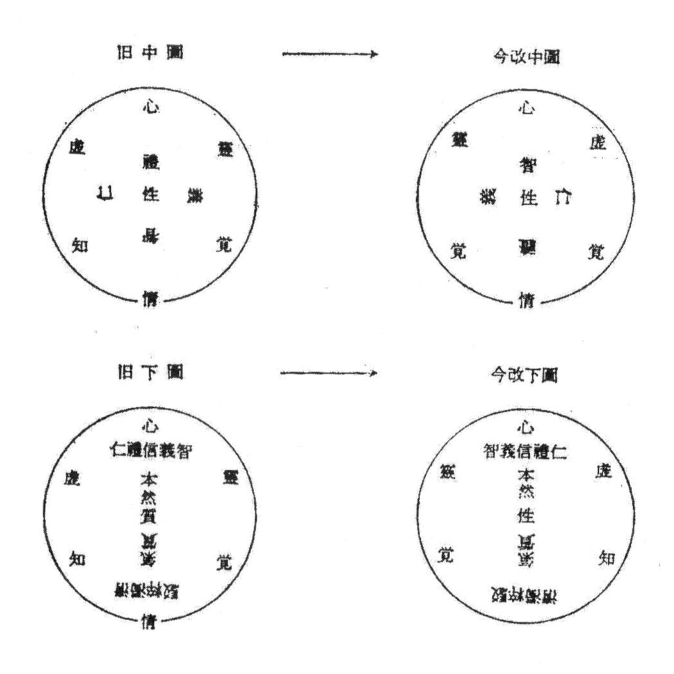

이는 1569년(기사)의 일이다. 다음 해(庚午)에는 기대승에게 답하는 글에서 별지別紙로 이도설理到說을 주장하였다. 이로 보아, 양촌으로부터 시원을 발한 천명에 관한 도설이 이도설로 대단원의 막이 내려진 감을 준다. 다만 김인후는 인성을 '중中'으로 도식함으로써 학문의 경향을 특이하게 보여주었음이 특기할 만한 일이다.

62 『退溪全書』 卷30 「與金而精別紙」.

제2장 하서 김인후의 천명도에 관하여
– 추만「천명도」와의 비교를 중심으로

Ⅰ.

유가사상에서 천 · 명 · 성 · 리 · 심 · 의意 · 정情 · 선 · 악 · 존양 · 성찰 · 경敬 등은 그 이론을 체계화하는 데 매우 중요한 것들이다. 맹자는 "성을 알면 하늘을 알 수가 있다"[1]고 하였고, 공자는 "오십에 가서 천명을 알았다"[2]고 하였다. 자사는 "하늘이 명한 것을 성이라"[3]고 하였으며, 정자程子는 "성은 리이다"[4]라고 말하였다. 소강절邵康節은 "심은 태극이다"[5]라고 하였으며, 맹자는 공자의 말을 인용하면서 그 심은 항상 유동적임을 경고하고 있다.[6] 심의 기능이 의식작용이라고 할 때 의意는 심의 발하는 바[7]라는 주자의 견해는 온당하다고 생각된다. 심이 형체가 없다고 하더라도 일정 불변함이 그 속에

1 『孟子』「盡心 上」"知其性, 則知天矣."

2 『論語』「爲政」"五十而知天命."

3 『中庸』首章 "天命之謂性."

4 『二程遺書』卷18 "性卽是理, 自堯舜至於塗人, 一也."

5 『皇極經世書』「觀物外篇 上」"心爲太極."

6 『孟子』「告子 上」"孔子曰, 操則存, 舍則亡, 出入無時, 莫知其鄕, 惟心之謂與."

7 『大學章句』首章 朱子註 "心者, 身之所主也, 誠實也. 意者, 心之所發也."

있음을 간과할 수는 없다. 맹자의 항심恒心[8]이나 부동심不動心[9]과 같은 것은 심이 움직이는 속에서도 움직이지 않는 것이 있음을 말한 것이다. 공자는 사람에게 이 항이 있어야 함을 중시하고 있다.[10] 심은 일신一身의 주재가 되어야 할 것이다.[11] 즉 심이 성정을 통제하는 데서 주재의 기능이 발견된다. 그런 의미에서 심통성정心統性情[12]의 심은 '항심'이요 '부동심'으로 이해된다.

행위의 선악 분기는 어디서 이루어지며, 또 어떻게 하여 선이 지켜질 수 있는가 하는 논리 정립은 여말 이후의 유학자들에게 특히 관심의 초점이었다.

이것을 천명이나 인성 관계로 도식화하여 논리 전개를 시도한 것이 「천명도설天命圖說」이다. 「천명도해天命圖解」는 「천명도설」의 전신이다. 정지운의 「천명원도」는 여기서 확인되며, 김인후의 「천명도」 또한 그 가운데서 발견된다. 권근의 「천인심성합일지도」에서 그 시원을 열었고, 정지운이 「천명도」를 그렸으며, 이것을 토대로 하여 퇴계의 「천명구도」와 「천명신도」가 산출되었다. 특히 퇴계와 기대승 사이의 사단칠정에 관한 논변은 두드러진 학술 토론이기도 하였다. 그 과정에서 기대승의 「천명도」를 보게 되었고, 마침내 퇴계의 『성학십도』에 수록된 「심통성정도」로 일단락이 된다. 권근 이후의 천명에 관한 도식을 참고로 열거한다(도 ABCDE).

---

8 『孟子』「梁惠王 上」"無恒産而有恒心者, 惟士爲能."

9 위와 같음, 「公孫丑 上」"我四十不動心."

10 『論語』「子路」"人而無恒, 不可以作巫醫."

11 李滉『聖學十圖』「第八心學圖說」"蓋心者, 一身之主宰."

12 『性理大全』卷33 性理五, 張子 〈心統性情〉.

Ⓐ 陽村의 天人心性合一之圖(入學圖說所載)

天人心性合一之圖

大極
天
東 西
陽 陰
元亨 利貞
誠命
陰根 陽根
火 土 木 水 金
理之源性
仁禮 信 義智
氣 質
氣之源
意 幾 善 惡
情
炎上
惻隱 辭讓 羞惡 是非
喜怒哀懼愛惡欲
善惡分
萬事出
仁之端 禮之端 義之端 智之端
殘忍害仁 貪昌害禮 嗜欲害義 昏罔害智
形生於陰 氣行於外
質具於中 神發於陽
惡 善
欲
自異 自棄
衆人害之
敬
存養 省察
君子修之
誠
真實無妄 純亦不已
聖人性之
參天地 贊化育
聖人與天同大
未嘗無善 純善無惡
違其禽 獸不遠
橫皆獸禽 浩浩其天
前集

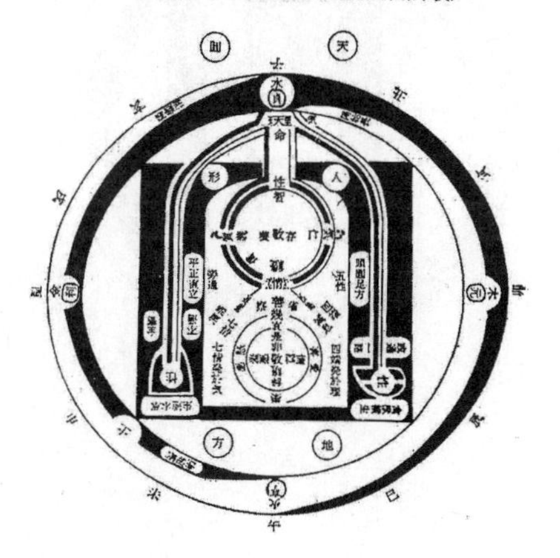

Ⓑ 秋巒의 天命舊圖(退溪全書所載)

[C] 退溪에 의해서 手訂된 天命新圖(退溪全書所載)

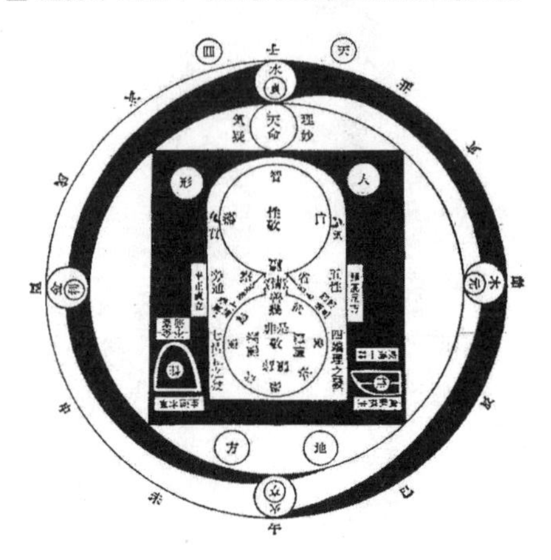

[D] 高峰의 天命圖(高峰集所載)

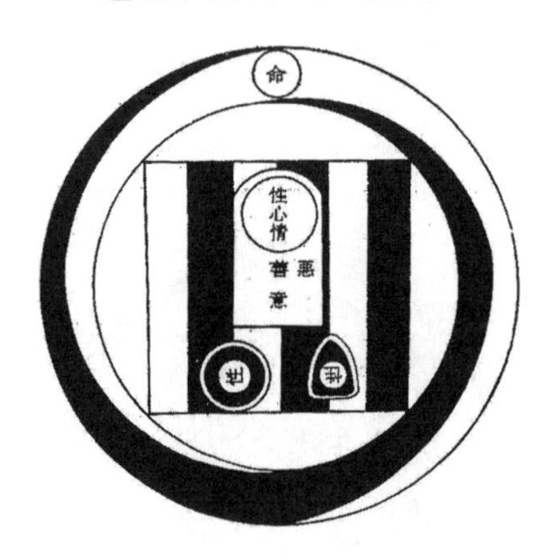

Ⓔ 退溪의 心統性情圖(退溪聖學十圖)

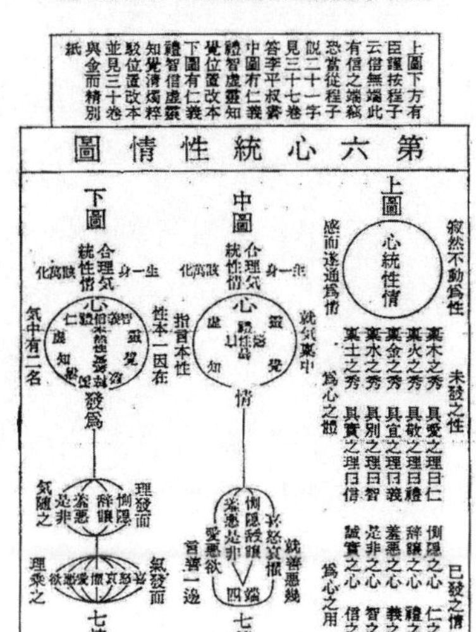

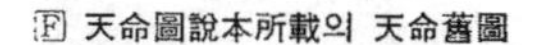
Ⓕ 天命圖說本所載의 天命舊圖

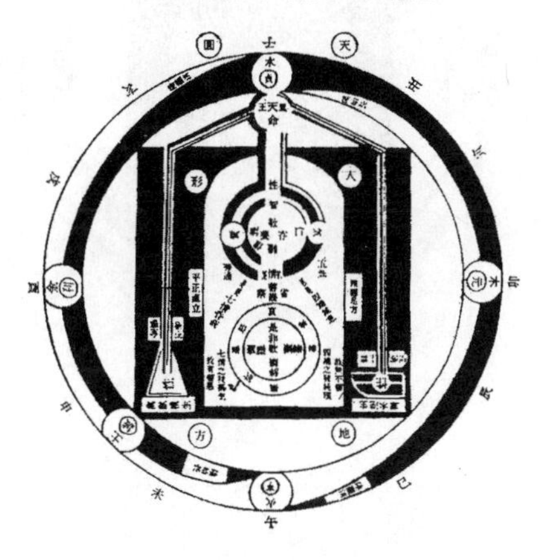

위의 ‘천명구도’는「천명도설」본에 실린 ‘천명구도’와 동일하지 않은 점이 발견된다.

Ⓑ ‘구도’에서 “四端發於理, 七情發於氣” 부분이 Ⓕ ‘구도’에서는

"四端之發純理, 故無不善, 七情之發兼氣, 故有善惡"으로 달리 표현되어 있는데, Ⓑ '구도'가 옳음은 우지용태랑友枝龍太郎 박사의 주장과 같다.[13] 그러나 Ⓑ '구도'도 정지운 자신의 작이 아니므로 원작을 추적 끝에 「천명도해」본을 발견하기에 이르렀다. 아울러 그 도해본 중에 김인후의 「천명도」가 있음을 알게 되었다. 「천명도해」본에 실린 정지운의 「천명도」는 그의 창작이다.[14] 이 책의 간행이 만력 6년(1578)으로서 최고의 것으로 추정되는 만큼, 정지운의 「천명원도」로 이해된다. 「천명원도」인 「천명도해」본의 정지운 「천명도」와 김인후의 「천명도」는 다음과 같다(도 ⒼⒽ).

Ⓖ 秋巒의 天命原圖

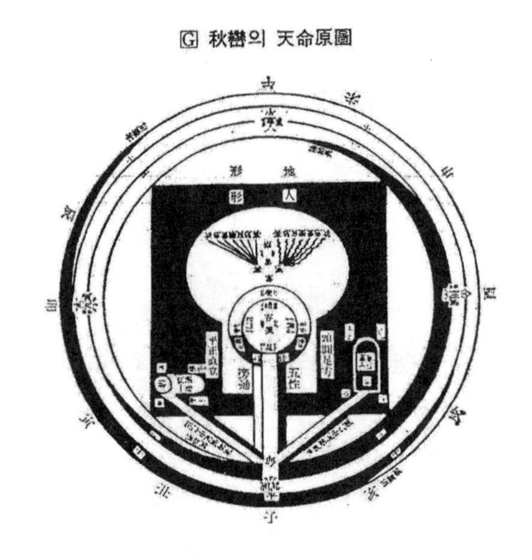

13 졸고, 「天命圖解考」, 『鄭瑽敎授 정년 퇴직 기념 논문집』 참조.

14 「天命圖解」, 秋巒序 "余因子思子天命之言, 創爲命圖."
"'四端之發純理'云云은 퇴계가 己未年 정월, 59세에 改訂한 일이다. 癸酉年 53세 때 개정한 말이라고 할 수 없다. 『퇴계전서』본이 옳다." 友枝龍太郎, 「退溪天命新圖與理氣說」, 『퇴계학보』 제29집, 1981 참조.

H 河西의 天命圖

「천명도해」본 중에서 정지운의「천명도설」 말미에 김인후의「천명도」와 발문이 아울러 게재되어 있다. 다음에 퇴계의 정정도와 도설이 실려 있다.

하늘의 명이 아, 깊고 그윽하여 그침이 없으시니, 생생生生하는 이치가 간단間斷한 적이 없다. 이 이치를 타는 기틀은 음과 양이다. 한 번 동하고 한 번 정하는 과정에서 서로 그 뿌리가 되어 만물이 아울러 발육하고 서로 유통하게 된다. 다만 형기形氣의 사사로움에 구애되어 그것을 알 수가 없다. 오직 천하에 총명과 예지를 갖추어 지성무식至誠無息한 자세로 능히 그 본성을 다하는 사람이라야 이에 그 기미를 잘 살필 수 있을 것이다. 이「천명도」 작품은 보통으로 엿보고 헤아리는 사람들이야 어찌 흉내나 낼 수 있는 것이겠는가? 나는 학문에 뜻을 두었지만 성취하지 못한 사람이다. 이「천명도」를 펴서 봄에 슬픈 마음이 없을 수 없었다. 정정이鄭靜而가 조석 사이에 서울로 돌아가게 된다. 천리 밖에 떨어져 서로 그리는 마음을 말로 할 수가 없어서, 우선 이「천명도」 뒤에 이 발문을 적어서 전별餞別 기념으로 준다. 가정 기유년(1549) 8월에 하서 김인후는 쓴다.

하서 김 선생 또한 일찍이 추만 정 선생의 그림을 손수 고람考覽하시고 그 사이에서 스스로 얻은 바가 있어 별도로 한 그림을 만들었다. 또 도해圖解를 지어 그 의미를 설명하려 했으나 하늘이 천년天年을 더 주지 않아서 해설의 글은 이룩하지 못하고 말았다. 애석한 일이다. 그 그림을 이 『천명도설』 말미에 함께 간행하여 후학들의 고람에 대비하는 바이다.

維天之命, 於穆不已, 生生之理, 未嘗間斷. 所乘之機, 曰陰與陽. 一動一靜, 互爲其根. 萬物竝育, 相爲流通. 但梏於形氣之私, 不能知之. 惟天下聰明叡智, 至誠無息, 能盡其性者, 乃能有以察其幾焉. 是圖之作, 豈尋常窺測者, 所可擬爲. 余有志於學, 而未就者也. 披覽是圖, 不能無戚戚焉. 鄭君靜而, 朝夕還京, 千里相思, 無以爲言, 姑以是題其圖後而贐之. 嘉靖己酉秋八月, 河西金厚之書.

河西金先生, 亦嘗手考鄭先生之圖, 有所自得於其間, 故別爲一圖. 又欲作書以解, 而天不假年, 書未及就, 惜哉, 其圖則并刊于後, 以備學者之覽焉.

정지운의 원도와 구도 사이에는 상당한 차이가 있으나, 이 논고에서는 김인후의 「천명도」를 주로 하여 정지운만의 원도와 비교하는 데 그치기로 한다.

Ⅱ.

김인후의 천명관은 그의 「천명도」를 분석 고찰함으로써 이해된다. 우선 Ⓗ도의 구조를 크게 나누어 보면 천 · 지 · 인 삼재三才로 다음과 같이 구성됨을 발견하게 된다.

여기서 가장 주의해야 할 것은, 천 · 지 · 인이 하나의 명으로 연결

표시된 점이다. 다시 천과 지와 인을 각각 도시圖示에 따라서 분리하여 살펴보면 다음과 같다.

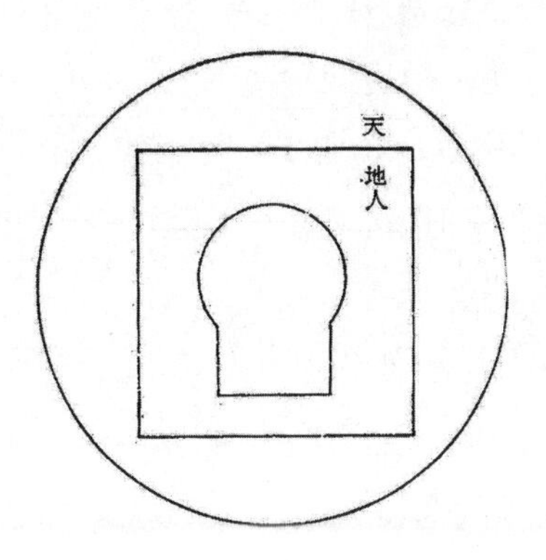

'천원지방天圓地方'[15]이라는 천지 형태를 따라서 천은 원형으로 도시圖示되어 있다.

천의 설명은 음양 · 오행 · 사덕 · 성誠에 의하고 있다. 도시된 '천원'을 외곽으로부터 제일원, 제이원, 제삼원으로 가정한다면, 제일원은

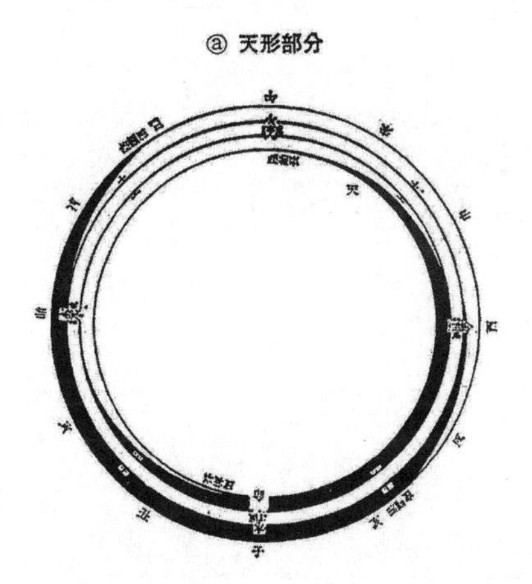
ⓐ 天形部分

15 『淮南子』「天文訓」"天圓地方, 道在中央."

십이지를 표시하여 시간의 순환무단循環無端함을 나타내어 음양오행의 진소盡消를 그렸고, 제이원에서는 원 · 형 · 이 · 정[16]과 성誠의 일관성을 표현했으며, 제삼원에서는 음과 양의 시장始長을 보여주고 있다. '천원' 형태는 언뜻 보면 삼중망三重網으로 그린 것 같으나, 사실은 제일원이나 제삼원 사이에 원 · 형 · 이 · 정의 사덕과 천도로서의 성자誠者의 통관면統貫面을 삽입한 것이 제이원처럼 보이는 것뿐이다.

수水와 정貞과 성誠을 한 자리에 ()으로, 목木과 원元과 성誠을 ()으로, 화火와 형亨과 성誠을 한 자리에 ()으로, 금金과 이利와 성誠을 ()으로 표시한 것은 오행의 현상이나, 사덕 및 성誠의 리理가 분리될 수 없는 일체성 때문이다. '誠' 자가 '言' 자와 '成' 자로 양분하여 쓰여진 것도 삼자三者의 각자各字를 합성하는 편의便宜 때문이다.

만물은 명命에 의하여 자시子時에 정貞의 이치로서 수水의 질質로 발동된다. 이 발동은 곧 하늘의 도인 성誠이므로,[17] '성'의 쉼 없는 영원성 속에 담겨져서 시발되고 있음을 나타내고 있다. 즉 천명에 의하여 양이 자시에 성정誠貞 따라 수水로 움트는 모습을 '천원' 하단에서 볼 수 있다.

다음 지형의 도시를 보자 천명도에서 지형地形만을 뽑아보면 아래와 같다.

---

16 『周易』 乾卦 "乾, 元亨利貞."

17 『中庸章句』 제20장 "誠者, 天之道也."

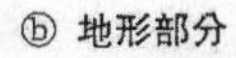
ⓑ 地形部分

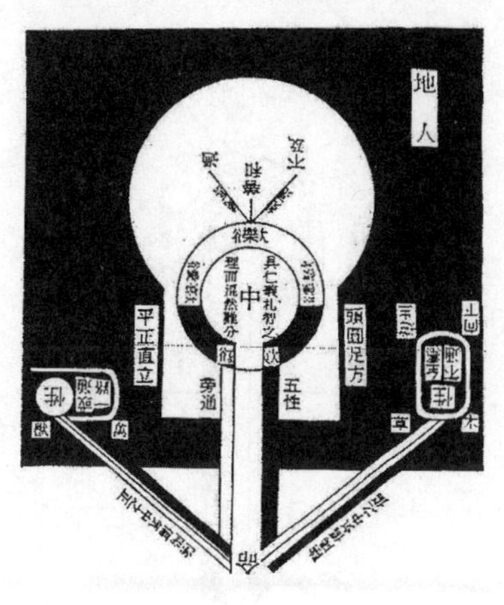

방형인 지상地上에는 인간 · 동물 · 식물이 살고 있는 것으로 분류된다. 모두 천명에 따라서 태어났으므로 천원 하단의 '명'으로부터 지地의 방형(음, 흑색) 중 인간 · 금 · 초목의 3방향으로 이어지고 있다. 초목은 역생逆生하여 뿌리는 땅속으로 향하고, 금수는 횡생橫生하여 꼬리가 위로 향하는 모습이다. 인간은 천원지방을 닮아서 두부頭部는 하늘처럼 둥글고 발은 땅처럼 방형으로서 두원족방頭圓足方이다. 금수가 횡으로 기거나 초목이 역생하는 것과는 달리 평정직립平正直立의 자세로 구별한다. 성性에 있어서 음양편기중陰陽偏氣中에 '편偏'으로 태어나는 초목은 아주 막혀 전혀 통하지 않으며[全塞不通], 음양편기 중에 '정正'으로 태어나는 금수는 간혹 한 길로 통하기도 한다[或通一路]는 것이다.

인형을 김인후의 「천명도」에서 분리해보면 다음과 같다.

인성을 오성방통五性旁通으로 나타냈음은 금수초목의 역생과 구별되는 점이다. '심' 자를 둘로 나누어 ■과 ■ 사이에 인간의 성정을 내외 이원二圓으로 도식하였다.

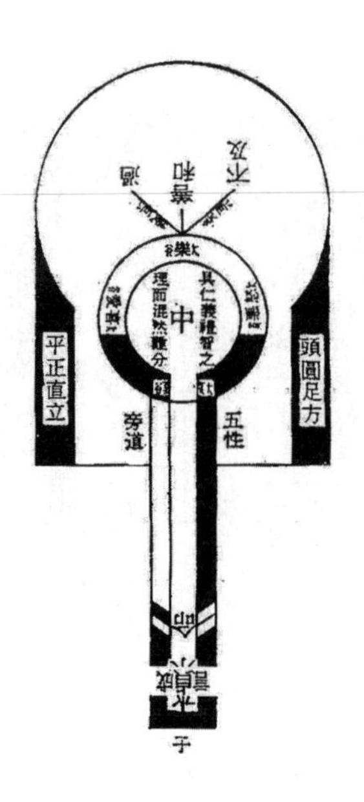

내원은 '중'을 중심하여 인 · 의 · 예 · 지의 이치가 일체一體로 되어 있고, 외원에서는 칠정을 담고 있는 중원重圓으로 그려져 있다. '欲' 자는 둘로 나누어 '谷'과 '欠' 사이에, 희 · 애喜愛를 목 · 원방木元方에, 낙樂을 화 · 형방火亨方에, 노 · 오怒惡를 금 · 리방金利方에, 애哀를 수 · 정방水貞方으로 배치함은 천인일통天人一統을 고려한 것으로 짐작된다.

인간에 있어서는 무엇보다도 마음이 가장 중요하다. 그러므로 공자는 '집중執中'의 마음을[18] 강조한 바 있고, 맹자는 사람이 측은惻隱을 느끼는 동질성을 갖고 있다는 점을 지적하면서,[19] 본성의 선함을 주장하기도 하였다.

김인후는 인간의 성性의 핵을 '중'으로 파악하고 있다. 이 '중'이란

18 『書經』「大禹謨」"人心惟危, 道心惟微, 惟精惟一, 允執厥中."

19 『孟子』「公孫丑 上」"人皆有不忍人之心."

인 · 의 · 예 · 지의 리理를 갖추고 있어서, 이 네 가지가 혼연히 한 몸이 되어 있으므로 서로 분리하기가 어렵다는 것이다. 이 마음은 천명으로 음양계를 벗어날 수 없기 때문에, 그림에 보이는 바와 같이 '명'과 '중'이 하나로 이어져 있다. 여기 '중' 자의 좌표座標는 권근의 「천인심성합일지도」(Ⓐ도, 前揭) 가운데 '이지원理之源' 하의 성性에 대등하고, 「천인심성분석지도」 중 '심' 자의 다음과 같은 분석도를 연상케 한다.

즉 김인후의 「천명도」 중, 심부(心部: 하도)를 살펴보면, '심' 자의 제3획 부분에 '중' 자가 자리하고 있음을 확인할 수 있다. 권근의 경우 '심' 자의 제3획 부분에 '성性' 자를 안배하고 있음을 비교하게 된다.

'중'을 둘러싼 도圖는 상반부는 백색 즉 양이요, 하반부는 흑색 즉 음에 소속시키고 있다. 이 역시 음양을 떠나서 '심'이나 '중'이 존립할 수 없다는 뜻으로 받아들여진다. '음' 부분에는 희 · 애哀 · 오가, 양 부분에는 애愛 · 락 · 로의 육정六情이 욕정欲情을 바탕으로 각각 자리하고 있다. 그러나 중이 음양 권내에 있으면서도 독립하여 한복판에 있음은 분리시킬 수 없는 반면에, 섞일 수도 없다는 천명의 신성성神聖性을 의미하는 것으로 간주된다.

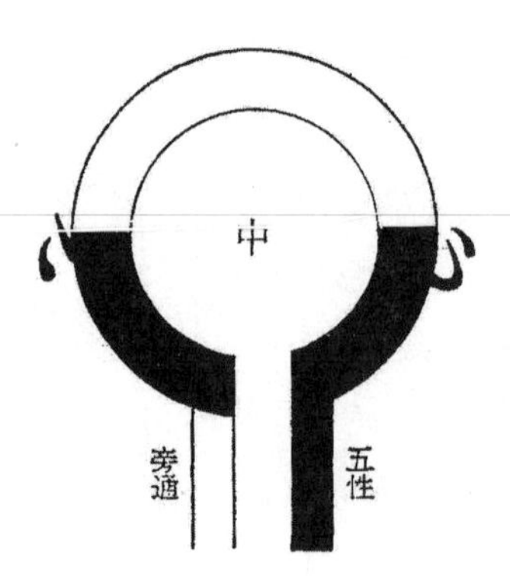

다음에 주목되는 것은 선악에 관한 도시圖示이다. 인성에 관하여 '중'으로 생각하는 김인후는 성선性善이 화和로 표현됨은 당연하다고 하겠다. 선과 악이 기幾에서 분기分岐되어[20] 직수直遂한 것은 선화善和가 되고 과過와 불급不及은 악으로 떨어진다는 것이다. 기악幾惡은 과불급을 결과結果하므로, '기' 자와 '악' 자는 양로兩路로 갈라져서 ■와 ■, ■와 ■의 양변으로 하도와 같이 도시되었다.

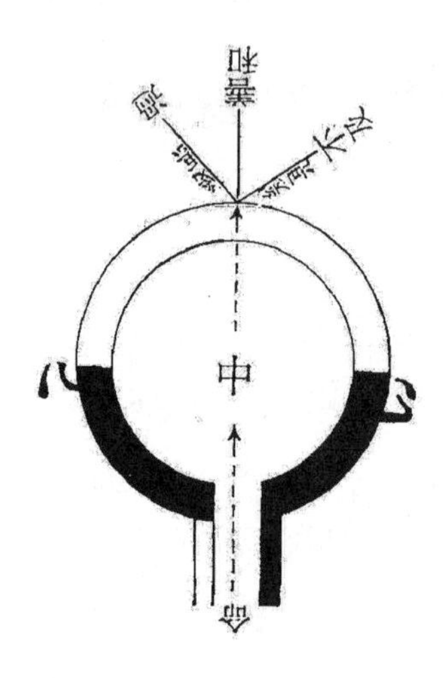

20 周濂溪『通書』誠下〈第二幾善惡〉.

더욱 주목을 끄는 것은 '명'으로부터 곧바로 '중'으로 이어지고 그 '중'에서 또 곧게 이어진 것이 '선화'라는 견해는 흡사 율곡의 지선관至善觀과 일치[21]하는 것 같을 뿐만 아니라, 율곡의 다음과 같은 「심성정도心性情圖」를 연상시킨다. 율곡은 도에서 '중' 자를 사용하지 않았으나 성정이 직출直出한 것을 선으로 보고 횡출橫出은 악으로 처리하였다. 이것은 김인후의 '선화'와 과불급의 기악幾惡과 동일하다고 생각된다.

이상에서 김인후의 「천명도」 내용을 천 · 지 · 인 삼권으로 분석, 고찰해보았다. 만일 하서 「천명도」의 저작이 그가 첨가된 발문을 쓴 연대(1543)와 같다면 이는 정지운의 「천명원도」보다 6년 후(1549)의 일이다. 퇴계가 정정한 「천명신도」(1553)보다는 4년이 앞선 것이 된다.

栗谷의 心性情圖(栗谷全書 卷9 答成浩原 壬申)

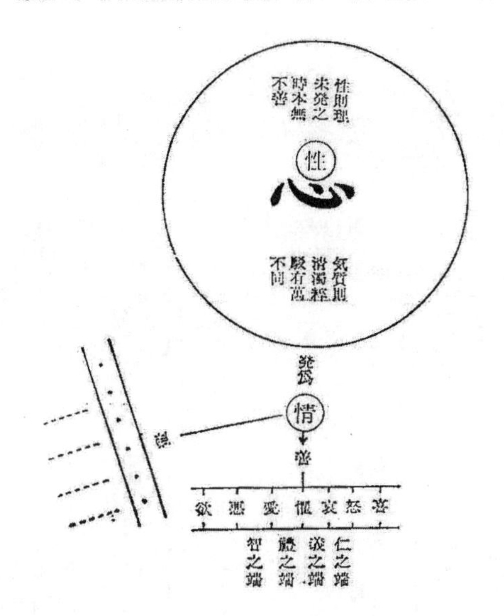

---

21 『栗谷全書』 卷9 「答成浩原 丁卯」 "至善卽吾心與事物上本然之中, (……) 中和是至善之體用也."

Ⅲ.

김인후의 「천명도」(前揭, Ⓗ도)와 정지운의 「천명원도」(前揭, Ⓖ도)를 비교하면 다음과 같은 동이점이 발견된다.

도별 항목	G도 (정지운)	H도 (김인후)
① 全圖	天形 · 地形 · 人形	천 · 지 · 인
② 天圈	십이지	같음
	음양을 흑백으로 표시	같음
	오행	같음
	四德 · 誠	같음
③ 地圈		
(人) 性	오상 · 존양 · 경	中 · 具仁義禮智理而混然
情	心을 底面으로 하여 칠정을 음양으로 구별함	難分 같음
선악	의 ┬ 선 · 칠정 ├ 성찰 · 경 └ 악 칠정	幾 ┬ 善和 └ 惡 ┬ 過 └ 不足
(물)		
동물	禽獸橫生 或通一路	위와 같음
식물	草木逆生 全塞不通	위와 같음

圖別 \ 項目	Ⓖ 圖 (秋巒)	Ⓗ 圖 (河西)
① 全圖	天形 · 地形 · 人形	天 · 地 · 人
② 天圈	十二支	同
	陰陽을 黑白으로 표시	同
	五行	同
	四德 · 誠	同
③ 地圈		
(人) 性	五常 · 存養 · 敬	中 · 具仁義禮智之理而混然難分
情	心을 底面으로 하여 七情을 陰陽으로 區別함	同
善惡	意──善 · 七情 ├ 省察 · 敬 └ 惡 七 情	幾──善和 └ 惡──過 └ 不足
(物)		
動物	禽獸橫生 或通一路	同上
植物	草木逆生 全塞不通	同上

〈같은 점〉

㉠ 전도全圖의 구조

㉡ 천권의 십이지 · 음양 · 사덕 · 오행 · 성

㉢ 정권의 심을 저면으로 하여 희 · 로 · 애 · 락 · 애 · 오 · 욕의 칠정을 음양으로 표시한 것

㉣ 동물과 식물의 성

〈다른 점〉

㉠ 전도에서 천형 · 지형 · 인형이 하서 「천명도」에서는 천 · 지 · 인으로 바뀌었다. '형形' 자를 제외한 것은 문자에 집착될 염려를 피하고자 한 듯하다.

㉡ 인人의 성권性圈에서는 '중'을 명기하고 있다. 인 · 의 · 예 · 지의 리가 혼연난분混然難分임이 강조된 모습이다. 추만 「천명도」의 성권에서 인성의 인 · 의 · 예 · 지의 분속고정分屬固定은 천형 · 지형 · 인형에서 '형' 자를 제외함과 마찬가지로 일체성一體性에 유해有害한 것으로 본 듯하다.

㉢ 선악에 관하여 분기점을 '의意'로 생각하는 정지운에 비하여 김인후는 '기幾' 자를 사용하고 있다. '의'가 인간의 의식을 뜻한다면 '기' 자는 천도의 분기점[22]을 의미한다고 생각된다. 도圖를 보면 '명命'에서 성정도性情圖를 지나 일단 '의'로 문자화하여 선악 칠정으로 나눈 정지운에 비하여 김인후는 '명'과 '성중性中'이 이어진 상단을 선악 분기점으로 직결시키기고 있는 것이 현저하게 다르다. '명'에서 '선善'까지 똑바로 틈 없이 이어진 것은 천명의 선이 순수하게 인간에게서 실현되는 근거에 대한 명시로 이해된다.

---

22 『通書』 誠下 〈第二幾善惡〉.

이상에서 간략하게 비교해보았다. 차이의 요점은 '성性'을 '중中'으로 보는 것과 '리理'로 파악하는 견해차에 있다. 한국의 유학이 주자학의 뿌리가 깊은 데 비해 육왕학은 오랫동안 이단시되어 왔음에 비추어볼 때 성을 중으로 주장하는 김인후의 이론은 이채롭다고 하겠다. 그렇다고 육왕학을 계승했다는 뜻은 아니다.

김인후의 천명도(1549)가 출현한 지 4년 후에 퇴계가 수정한 천명신도(1553)가 나왔다면, 그로부터 또 6년 뒤에 퇴계와 기대승 사이에 사칠논변이 시작(1559)된 셈이다. 그 과정에서 기대승은 자신의 천명도(前揭, Ⓓ도)를 저작하기도 하였다.

김인후와 정지운 그리고 기대승 사이의 친분은 다음의 시를 통해 짐작하기에 충분하다. 김인후는 정지운의 학문을 높여서 아래와 같이 읊은 바 있다.

海內秋巒翁 해내의 추만옹은
獨觀造化妙 홀로 조화의 묘경을 보았네
秀吾兄弟中 우리 형제 가운데 빼어나
俯仰思惟肖 천지를 부앙하며 유초惟肖를 생각한다네[23]

정지운이 세상을 떠나니 기대승이 아래와 같이 슬퍼하였다.

去歲哭河西 지난해엔 하서를 곡하고
今歲哭秋巒 금년에는 추만을 곡하네
善人相繼行 착한 사람 서로 이어 떠나
道喪無時還 도학의 상실을 돌릴 수 없구나
念我固陋資 나의 고루한 자질이

23 『河西集』 卷5 「懷秋巒子鄭之雲」.

已矣何所扳 끝났도다 어디에 의지할까
寂寞臥幽齋 쓸쓸히 그윽한 집에 누웠으니
流淚空潺湲 부질없이 눈물만 흐르는구나[24]

김인후와 정지운을 여의고 학문과 진도進道에서 고독해하는 기대승의 심정을 짐작할 만하다.

기대승에게 준 김인후의 시에

相逢每未盡情談 만나도 늘 정담을 다하지 못하고
別後悠悠目送南 이별 뒤엔 유유히 남으로 가는 그댈 말없이 바라보네
且況月明霜露夜 하물며 달 밝고 서리 이슬 오는 밤이면
度更無寐思何堪 잠 없어 그대 생각나는 걸 어찌 견디랴.[25]

라고 한 것을 보면 기대승과 상봉할 당시 김인후와의 한없는 논담論談을 추측하게 한다. 기대승이 김인후에 의해서 가리고 미혹된 것[蔽惑]을 물리쳤다고 스스로 고백한 것[26]을 볼 때, 기대승의 학문에 끼친 영향을 짐작해보게 된다.

기대승 「천명도」의 특징은 천 · 인 · 심 · 성 · 정을 이기로 분속시키지 않은 데 있다. 음양으로 표시한 것뿐이요 '발發'설도 없다. 이 「천명도」는 가정 신유(嘉靖辛酉: 1561)의 작이다. 김인후가 세상을 떠난 이듬해의 일이다.

기대승이 슬퍼했듯이 김인후 서거 다음 해에 정지운이 세상을 떠났다. 기대승은 그 후 11년을 더 살았다. 필자는 삼자의 「천명도」의

24 『高峯集』 卷1 「挽秋巒」.

25 『河西全集』 卷7 「寄奇高峯」.

26 『高峯續集』 卷2 「答金河西護喪所書」 "將仰之如山斗, 庶祛蔽惑, 何意遽至此極耶."

공통점을 발견함에 놀라게 된다. 즉 천 · 인 · 심 · 성 · 정을 이기로 분속시키지 않았다는 점이 첫째요, 둘째는 7년간 퇴계와 기대승의 논변 주제가 되었던 '발'설의 제기가 없다는 점이다. 퇴계의 「천명구도」에 '발'이 출현한 경위는 보다 정확한 연구가 있어야 하겠지만, 진리가 현상으로 시동始動이 걸리는 기점을 표현하는 일은 논리 전개의 체계상 필요한 사항이다. 자사가 '발' 자를 놓은 것이나,[27] 주자가 '발' 자를 사용한[28] 의미도 여기 있을 것이다.

혼자 남은 기대승은 퇴계와의 끈질긴 토론에 힘을 기울였다. 골자는 '발의 주체가 무엇인가' 하는 것이 첫째요, '선에 있어서 순수선과 상대선이 같은가, 다른가'가 둘째 문제였다. 논변 경과는 여기서 상론할 필요가 없으므로 피하거니와, 다만 퇴계의 「심통성정도」에서 한국 성리사상性理思想 '천명' 탐구는 일단락 지어지는 양상을 보인다. 퇴계는 끝내 '이발'로 순수선을 사수하였다. '이발이기수지理發而氣隨之 기발이리승지氣發而理乘之'(Ⓔ도)는 바로 그것으로 이해된다. 퇴계가 장서長逝하던 해(1570)에 기대승에게 격물치지와 무극이태극에 관한 답신[29]을 주었고, 그로부터 2년 후(1572)에 기대승이 세상을 떠났다. 정지운의 「천명도해」 저작(1543)으로부터 기대승의 역책(易簀: 1572)까지 29년간은 천명 탐구의 흐름이었던 것으로 생각된다.

---

27 『中庸』 首章 "喜怒哀樂之未發, 謂之中. 發而皆中節, 謂之和."

28 "意者, 心之所發云云." 앞의 각주 7번 참조.

29 『退溪全書』 卷18 「答奇明彦 別紙」(大東文化研究院本, 464쪽).

Ⅳ.

앞에서 하서「천명도」의 역사적 위치를 일별하였고 그 내용을 살폈다. 그 다음 추만「천명도」와 비교해보았다. 하서「천명도」는 그의 문집에 보이지 않는다. 퇴계와 기대승 사이에서도 언급된 바 없다. 정지운의「천명원도」도 그의「천명도해」본에서 처음으로 발견되었다. 김인후의 천명관을 단적으로 결론짓기에는 문헌의 빈곤을 느끼지만, 본도를 김인후의 작품이라고 할 때 분명하게 인정되는 두 가지 사실이 있다. 즉 인성을 '중'으로 이해하고 있다는 점이 그 첫째이다. 양촌 권근의 '심' 자의 분해도를 비교해보았거니와, 권근의『주역천견록周易淺見錄』상경上經에 따르면 "인도人道의 변역變易은 '중'이다"[30]라고 한바, 인도사상에서 '중'을 경시[31]하고 있음을 발견할 때 김인후와의 공통점으로 상정하게 된다.

둘째 문제는 '발'이 제시되지 않았고, 자상오하子上午下로 되어 있는 점이다. 이것은 추만「천명도」와도 일치되는 바이지만, 인성을 오상의 리로 파악하고 있는 점은 추만「천명도」의 분명한 차이점이라고 하겠다. 양자의「천명도」에서 동이점을 지적하였는데, 과연 김인후가 가지는 천명과 인성의 이론이 퇴고논변退高論辨[32]의 참가 여부와, 또한 참여하였다면 어떠한 영향을 주었느냐 하는 새로운 문제가 남는다.

'발'의 주체를 밝히고 선을 지키는 일은 이소사대以小事大하는 외천畏天의 시대가 가고 이대사소以大事小하는 낙천樂天의 지구 가족을

30 權近,『周易淺見錄』上經 "天道之變易者, 誠也. 人道之變易者, 中也."

31 경시: 문맥상 '중시'가 되어야 할 듯하다(崔英成記).

32 퇴고논변: 원문에는 '退奇論辨'으로 되어 있으나 학계에서의 通稱으로 고쳤다(崔英成記).

형성해야 할 현대가 도래했다고 할 때, 그들의 천도와 인도를 밝히려는 천명 탐구는 오늘날 새로운 의미를 갖는다고 할 수 있다. 더욱이 김인후 이론의 역사적, 시대적 기여는 깊이 연구되어야 할 문제로 남는다고 할 것이다.

제3장 천명도해고

Ⅰ.「천명도설」본 발견의 동기

「천명도해」는 추만秋巒 정지운鄭之雲의 작이다. 알려지기로는 '천명도설'이지만, 이것은 퇴계의 수정을 받은 뒤의 일이며 원작은 '천명도해'이다. 논자는 일찍이 『퇴계전서』에 실린 「천명구도」와 「천명도설」본에 실려 있는 구도舊圖 사이에 차이가 있는 것에 대하여 의심을 품고, 어느 것이 옳은 것인가를 해명하고 싶어서 「천명도설」의 각 판본을 수집하다가, 우연히 만송문고晩松文庫에서 「천명도해」를 발견하기에 이르렀다.

'구도'에서 의심을 일으킨 부분은 다음과 같다.

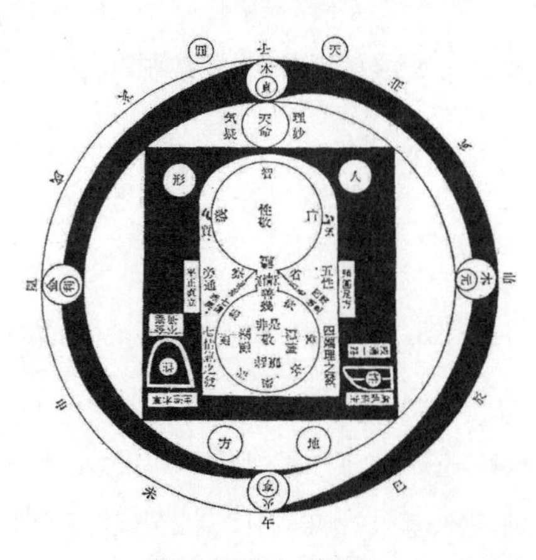

〈退溪全書所載의 天命新圖〉

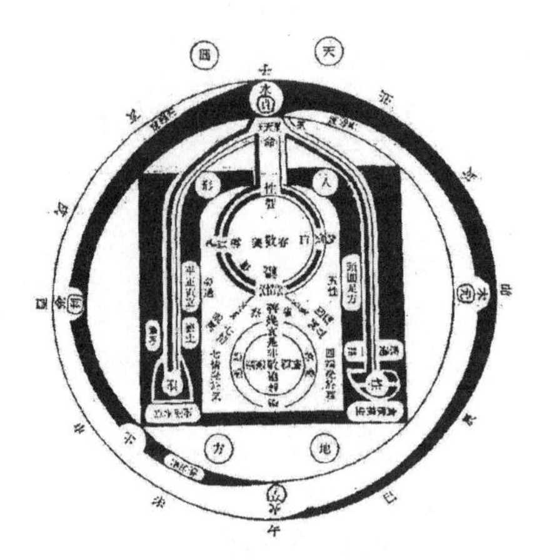

〈退溪全書所載의 天命舊圖〉

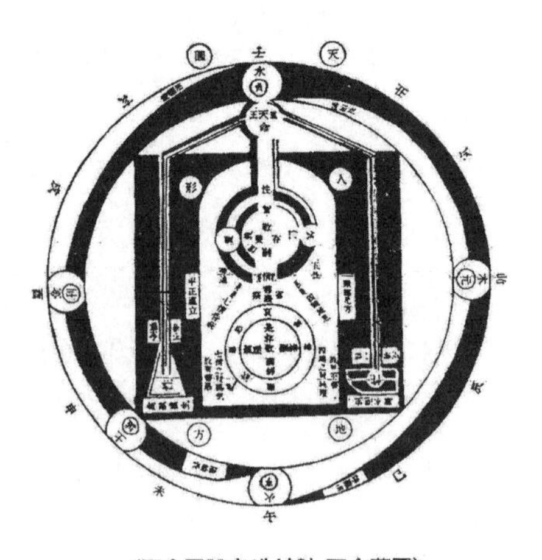

〈天命圖說本에서의 天命舊圖〉

위 두 '구도'를 비교해볼 때 '발發'을 둘러싸고 퇴계와 고봉 사이에 가장 큰 문제가 되었던 부분이

Ⓐ 사단은 리에서 발하고 칠정은 기에서 발한다[四端發於理, 七情發於氣].

Ⓑ 사단의 발은 순리이기 때문에 선하지 않음이 없고, 칠정의 발은 기를 겸하기 때문에 선악이 있다[四端之發純理, 故無不善, 七情之發兼

氣, 故有善惡].

고 한 것과 같이 그 표현이 같지 않다는 데 관심을 일으키게 된다. 이것에 대한 변정辨正은 여기에 언급할 것이 아니므로 이것을 피하고, 다만 이제 발견된 「천명도해」본에 대하여 고찰해보기로 한다.

현상윤 씨의 『조선유학사』나 이병도 박사의 『한국 유학사자료초고』에는 「천명도해」에 대하여 논급한 바가 없다.

Ⅱ. 출판 연도와 그 내용

우리나라의 문헌을 후세에 전하는 데 제일 큰 장애는 임진왜란(1592~1598)이었다. 조선 초기의 것을 보기 힘든 이유도 그렇거니와, 고려본이 희귀한 까닭도 그 때문이다. 만송문고본은 그러한 뜻에서 많은 공헌을 하였다고 생각된다.

이 「천명도해」의 장정裝幀부터 살피면, 고판古版 목각본이므로 대형大型임은 물론이나, 표지가 상해서 근래에 양지洋紙로 손질이 되었고, 그 표지에 '천명도해'라고 기입되어 있다. 맨 뒷면에는 간기刊記가 다음과 같이 기록되어 있다.

만력 6년 6월 일 능성현에서 개간하다[萬曆六年六月 日, 綾城縣開刊]

만력은 명나라 신종神宗의 연호로서, 6년 6월은 단기 3911년이요 서기 1578년이니, 임진왜란이 일어나기 14년 전의 일이다. 능성이란 전남 화순군 능주면 지방의 옛 이름으로 능성綾城, 나주羅州, 화순和順 등으로 변천했던바, 여기 능성현에서 창간創刊된 것으로 짐작되니, 이 도해본이 초간본임을 입증해주는 것으로 생각된다. 수록된 내용은 다음과 같다.

「천명도해」 서天命圖解序
추만 정 선생「천명도」秋巒鄭先生天命圖
「천명도설」…… 퇴계 이 선생 정정天命圖說, …… 退溪李先生訂正
하서 김 선생「천명도」河西金先生天命圖
퇴계 이 선생「천명도」退溪李先生天命圖
「천명도해」…… 추만 정 선생 찬天命圖解, …… 秋巒鄭先生撰
「천명도설」 후서天命圖說後叙

현대의 모든 출판물에 목차가 앞에 실려 있는 데 비해서, 그와 같이 편찬되지 않고 목차 없이 편집된 순서대로의 내용이 위에 말한 바와 같이 7개 항목으로 나뉘어져 있다.「천명도해」 서문은 정추만 자신의 것이다. 가정嘉靖 계묘癸卯 2월 신묘辛卯의 작이니, 중종 38년(1543)에 해당한다. 창간이 1578년이고 보면 출판되기 36년 전이다. 추만 서거 후 17년 만에 출판된 것으로 보인다.

그다음의 추만의「천명도」를 보면 다음과 같다.

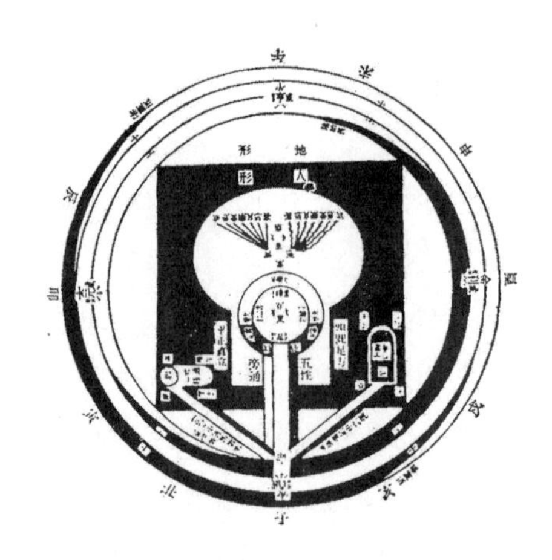

〈天命圖解本의 秋巒의 天命圖〉

여기서 놀라운 것은 '발發'에 관한 것이 전혀 없다는 사실이다.

다음에 퇴계에 의해서 정정訂正된 「천명도설」이 제1절부터 제9절까지 수록되었고, 말미에 잡해雜解가 첨부되어 있다. 지금 전하는 「천명도설」은 전체가 10절로 되어 있는데, 이 도해본은 9절밖에 없고 잡해 부분이 있는 것이 다르다.

그 다음에 하서河西 김인후金麟厚의 「천명도」가 실려 있다. 이것은 『하서집』에도 수록되어 있지 않고, 세상에 알려진 바도 없는 것 같다. 하서는 추만의 「천명도」가 그 뜻이 깊은 것에 감탄하여 "우선 이로써 그 그림의 뒤에 적어 전별한다[姑以是題其圖後而贐之]"라고 하고 "가정嘉靖 기유己酉 추팔월秋八月 하서 김후지金厚之 쓰다"라고 기록되어 있다. 이는 명종 4년(1549)의 일이니, 추만이 자서自序를 쓴 1543년으로부터 6년 뒤의 일이다. 하서는 하서대로 느낀 바 있어 별도로 자신의 생각에 따르는 「천명도」를 그렸으니, 추만과 하서의 천명도를 비교해볼 수가 있다.

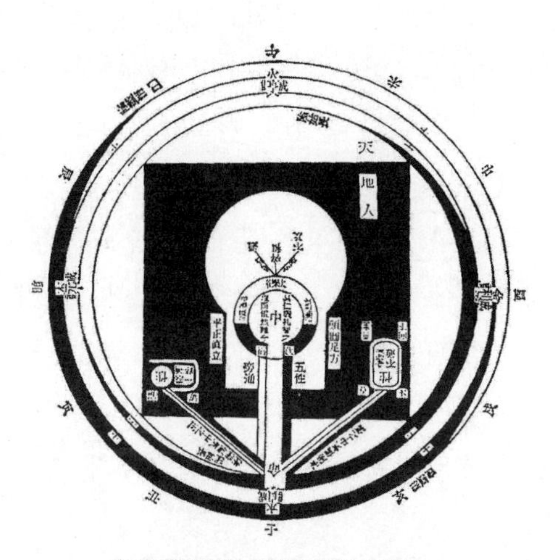

〈天命圖解本의 河西金先生天命圖〉

이 뒤에 퇴계의 「천명도」가 실려 있다. 이것은 대체로는 『퇴계전서』

본의 「천명신도天命新圖」와 대동소이하다.

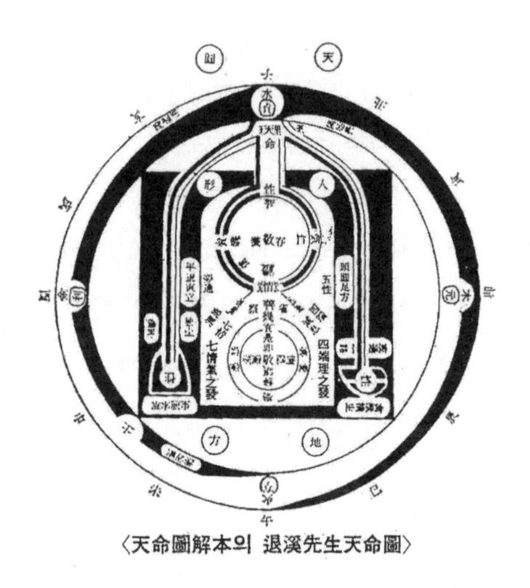

〈天命圖解本의 退溪先生天命圖〉

그러고 나서 '추만 정 선생 찬'으로 된 「천명도해」가 제1절로부터 제10절까지 게재되었다. 끝으로 「천명도설후서天命圖說後叙」가 '가정嘉靖 계축癸丑 납평臘平 청량산인淸凉山人 근서謹書'로 되어 있다. 이는 명종 8년(1553)의 일이니, 하서가 제題를 쓴 1549년보다 4년 뒤가 된다. 「천명도설」본의 추만의 자서는 가정嘉靖 갑인甲寅 정월에 썼으니, 1554년 즉 퇴계의 후서後敍를 얻은 지 1년 뒤가 된다.

「천명도설」의 재판再版 과정은, 끝에 수록된 택당澤堂 이식(李植, 1584~1647)의 발문에 의해서 추측할 수가 있다. 초판본을 볼 수가 없음이 아쉽다. 그의 발문은 '숭정崇禎 경신庚辰 모춘暮春'으로 기록되었다. 이는 1640년에 해당한다. 퇴계가 후서를 쓴 1553년으로부터 87년 뒤의 일이다. 임진왜란을 겪은 뒤에 재판되었음을 발문에서 알려주고 있다.

위의 내용을 일별一瞥하면 「천명도설」로 굳어질 때까지는

추만의 「천명원도天命原圖」

하서의 「천명도」

퇴계의 「천명도」

의 경로經路가 짐작된다.

여기서 위의 세 가지 「천명도」를 고찰해보고 나서 「천명도해」의 변정辨正을 시도해보고자 한다.

Ⅲ. 각 「천명도」의 고찰

추만과 하서의 「천명도」는 직접적인 관계가 없고, 하서와 퇴계의 「천명도」가 직접 관계있는 것은 아니지만, 정립된 「천명도」를 살피기 위해서 각 「천명도」를 잠깐 알아본다.

1. 추만의 「천명도」

오늘날 전해오는 「천명도설」본의 천명신 · 구도 가운데 '신도'는 퇴계가 정정한 것이고, '구도'는 정정 이전에 추만이 지은 것으로 알려지고 있다. 그러나 이제 발견된 이 「천명도해」본의 추만 「천명도」는 이미 알려져 있는 '구도'와는 판이하다. 추만 스스로도 여러 차례 생각을 다시 하여 고쳐간 것으로 짐작된다. 우선 '원도原圖'로 생각되는 추만의 「천명도」를 살펴본다.

㉠ 천원天圓, 지방地方, 인형人形 셋으로 구분하여 한 폭幅 안에 모았다. 이것은 주염계의 「태극도설」의 5층 권도圈圖와는 다르다. 인형은 천지를 닮은 모습 그대로 두원족방頭圓足方, 평정직립平正直立으로서 천, 지, 인 삼재를 한 도에 수록하고 있다.

ⓒ 천명의 유행流行은 있지 않는 곳이 없으므로 천, 지, 인, 물에 모두 연관되고 있는 만큼, 천원권天圓圈과 지방地方 · 인人 · 물物에 모두 음양의 직결直結로써 그 뜻을 나타내고 있다.

ⓒ 사람의 권내圈內는 오성방통五性旁通으로, 두원족방頭圓足方 안이 모두 양陽으로 표시되어 있다.

ⓔ 물物은 다시 동물과 식물로 구분하였다. 동물에서 금수禽獸는 혹은 통하고 혹은 막혀 있기 때문에 미상尾上으로, 식물에서 초목은 거꾸로 태어나 아래를 향하기[逆生向下] 때문에 온통 막혀서 통하지 못한다[全塞不通]고 표시하고 있다.

ⓜ 인형人形의 두원족방頭圓足方 안에서 다시 심心과 의意로 나누어서 사단과 칠정으로 갈라놓았다. 심의 미발未發에서 사단, 칠정을 일권一圈으로 모았고, 발해서 선악으로 갈라지는 자리에다 의意의 일단一段을 정하여 선악 관계를, 또한 칠정을 가지고 바로 나간 것과 비뚤어지게 나간 것으로 구별하고 있다. 그리고 미발 시에 존양存養하는 경敬과 이발 시에 성찰省察하는 경을 표시하여, 천원권天圓圈 내에 천도로서의 통관성統貫性을 성誠으로 끼워 두른 것과, 심권과 의권에서 경으로 일관시키고 있음은 추만이 천인합일天人合一의 견해를 나타내려고 노력한 점으로 이해된다.

2. 하서의 「천명도」

하서의 「천명도」 또한 『하서집』에서 볼 수 없으므로 알려진 바 없었다. 그러나 이 「천명도」를 통해서 그의 성리학을 이해하는 데 크게 도움이 될 것이다.

㉠ 천원권의 표시는 추만의 경우와 동일하다.

㉡ 천, 지, 인, 물의 분류와 그것을 모아서 하나의 그림으로 한 것도 추만과 동일하다.

㉢ 초목은 역생逆生하여 아래로 향하고 성격이 아주 막혀서 통하지 않음과, 금수는 횡생橫生하여 성격이 혹 통하고 한결같이 꼬리를 위로 향함[一路尾上]과, 사람은 오성방통五性旁通으로 선악을 겸하고 있다는 견해도 추만과 동일하다.

㉣ 다만 현저하게 다른 것은 하서는 추만에 비하여 종합에 치중하고 있다는 점이다. 천, 지, 인, 물이 음양을 떠날 수 없어서 직결되어 있음을 주의하게 된다.

㉤ 추만이 인권人圈을 심心과 의意로 구분한 것을, 하서는 중中과 화和로 구분하고 있다. 그러면서도 중권中圈 안의 인, 의, 예, 지를 분리시키지 않고 '인, 의, 예, 지의 이치를 갖추어서 혼연하여 나누기 어렵다'고 지적하여 분석의 폐단을 예방한 듯하다. 화권和圈은 중권과 접촉, 직결시켜서 미발과 이발이 이체二體가 아님을 나타냈으며, 선기善幾를 화和로 이었고 과부족過不足을 악기惡幾로 나누고 있음이 다르다.

㉥ 전체로 보아서 하서는 중용사상中庸思想을 저변으로 하여 성정性情의 선악을 해결하고 있음을 볼 수 있다.

후일의 사칠논쟁이 분석과 종합에서의 유래라고 한다면, 하서는 분명히 분석이 재래齎來할 수 있는 이원화를 매우 경계한 것으로 생각된다.

3. 퇴계의「천명도」

「천명도해」본에 실려 있는 퇴계의「천명도」는『퇴계전서』본에 실린「천명신도」에 해당한다. 이 양자 간에는 차이가 없어야 할 터인데, 거기에도 다른 점이 나온다. 우선「도해」본에 있는 것을 먼저 살펴본다.

㉠ 천원권 내에 끼워넣은 성부誠部를 없애고 다만 오행 속에 원, 형, 이, 정을 따로 넣고 토土 속에 성誠을 자리하게 한 것은 앞의 두 분의 것과 다르다.

㉡ 명命과 음양의 문자 외에 새로 리理 자와 기氣 자가 사용된 것이 다르다. 그림에서 보듯이 '기'라는 글자를 반으로 나누어서 천, 리, 명 세 글자를 그 속에 위치하게 하고 있다. 이기불리理氣不離 관계에서 의당할 수 있는 말이다.

㉢ 천원지방天圓地方, 인물人物을 한 그림으로 표시한 것은 여전하다.

㉣ 심과 의, 중中과 화和로 인간 성선性善의 선악 문제를 밝히려 한, 위의「천명도」에 비해서, 여기서는 심을 기氣와 질質로, 그리고 사칠성정권四七性情圈을 '정선기情善幾'로 연결하고 있는 점이 다르다.

㉤ 성性의 존양의 경, 성정권의 성찰의 경은 위의 추만, 하서의 그림과 같다.

㉥ '정' 자와 '의' 자를 하나로 겹쳐서 사용하고 있으며, 사단과 칠정이라는 용어를 써서 '이지발', '기지발'이라고 한 것이 이전의「천명도」와 판이하다. 여기서 비로소 '발'자가 도면에 보인다.

㉦ 무엇보다도 가장 두드러지게 달라진 것은 오자午子의 위치가 자오子午로 바뀐 일이다.「후서」에서 이렇게 바뀌게 된 이유를 자세하게 설명하고 있지만, 이것이 바뀌게 되는 퇴계의 저의를 소홀히 넘겨서는 안 될 줄 안다. 이 그림에서 의심 나는 하나는 초목역생草木逆生의 '성性' 자는 역생逆生의 뜻으로 도치한 것처럼, 금수횡성禽獸橫性의 '성' 자는 반도半倒하여 횡으로 보여 주어야 할 것 같은데 정치正置한 점이다.『퇴계전서』본이나 일

본 판본에는 모두 반도횡시半倒橫示된 것으로 미루어서, 그림을 새길 때 잘못된 것으로 생각된다. 더욱 잘못이 분명한 것을 뒷받침해주는 것은 도설 제5절의 설명이다.

4. 이상 삼도의 공통점

삼도의 공통점으로는 다음의 몇 가지를 지적할 수 있다.

㉠ 천원, 지방, 인물의 구별을 일도一圖로 표시한 것
㉡ 천인합일의 연결을 도시圖示하려고 노력하고 있는 것
㉢ 음양으로 그린 것
㉣ 사단과 칠정을 문제삼고 있는 것
㉤ 선악의 구별을 정확하게 하려고 한 것

등을 열거할 수 있을 것 같다. 애당초 추만이 모재(慕齋, 金安國), 사재(思齋, 金正國)를 여의고 아우 지림之霖에게 도학을 강론하는 하나의 교육 보조 재료로 착안했던 것이 「천명도」라고 자신이 말하고 있으나, 그것이 지니는 역사적 의미는 매우 크다고 할 것이다. 주염계의 「태극도설」이 송대의 신유학을 열어주었다면, 추만 정지운의 「천명도설」은 그로부터 약 5백 년 뒤에 한국 성리학을 열어주었을 뿐만 아니라, 양국의 유학 경향의 차이점을 보여준 것으로도 생각된다.

Ⅳ. 도해본의 의심점과 그 변증

1. 도해본의 의심점

「천명도설」은 국내 소장으로서는 규장각본과 장서각본이 있고 일본판본이 국립도서관에 있다. 『추만 정선생 실기』가 연세대 도서관에 보관되어 있다.

퇴계의 수정手訂을 거친 도설이 제1절로부터 제10절까지로 구성되어 있음이 「천명도설」의 일반적인 내용이다. 이 「천명도해」본에는 수정 이전의 추만의 원본으로 생각되는 「천명도해」와 수정 이후의 「천명도설」이 함께 편찬되어 있다. 여기 합간된 「천명도설」은 제1절로부터 제9절까지로 되어 있는데다가 말미에 잡해가 부록되어 있어서 규장각 소장 「천명도설」과 같지 않다. 이 점이 의심스럽다. 뿐만 아니라 퇴계의 「후서」가 「천명도해」 뒤에 수록되어 있는 것도 납득이 가지 않는다. 우선 목차부터 비교, 검토한다.

2. 변증

A. 목차의 비교

	도해본의 「천명도설」	규장각 소장 「천명도설」
제1절	논천명지리論天命之理	논천명지리論天命之理
제2절	논오행지도論五行之道	논오행지기論五行之氣
제3절	논생물지원論生物之原	논리기지분論理氣之分
제4절	논인물지수論人物之殊	논생물지원論生物之原
제5절	논차심지구論此心之具	논인물지수論人物之殊
제6절	논성정지목論性情之目	논인심지구論人心之具
제7절	논선악지분論善惡之分	논성정지목論性情之目

제8절	논기질지품論氣質之品	논의기선악論意幾善惡
제9절	논존성지요論存省之要	논기질지품論氣質之品
제10절	잡해雜解	천명도설후서天命圖說後敍

같은 수정 내용이라면 목차상으로 비교할 때 다를 리가 없다. 더구나 같은 후서가 있어야 할 자리에 한쪽은 잡해가 있다는 점이 이해가 안 간다. 그래서 다음에 「천명도해」의 목차와 규장각 소장 「천명도설」의 목차를 비교하여 본다.

	〈규장각 소장 천명도설〉	〈천명도해〉
제1절	논천명지리	논천명지리
제2절	논오행지기	논오행지기
제3절	논리기지분	논리기지분
제4절	논생물지원	논생물지원
제5절	논인물지수	논인물지수
제6절	논인심지구	논인심지구
제7절	논성정지목	논성정지목
제8절	논의기선악	논의기선악
제9절	논기질지품	논기질지품
제10절	논존성지요	논존성지요
	천명도설후서	천명도설후서

이렇게 보면 목차가 동일할 뿐만 아니라 후서도 같이 배열되어 있어서 점점 의심스러워진다. 「천명도해」는 추만의 작이요 후서는 퇴계의 글이다. 추만 작의 「천명도해」에 후서를 붙일 리가 없고, 도리어 도해 내의 「천명도설」 뒤에 잡해가 있음은 도저히 납득할 수가 없다. 그래서 「천명도해」의 목차와 「천명도해」 내의 정정訂定 천명도의 목

차를 비교해본다.

	〈천명도해〉	〈도해본 정정 천명도설〉
제1절	논천명지리	논천명지리
제2절	논오행지기	논오행지도
제3절	논리기지분	논물생지원
제4절	논생물지원	논인물지수
제5절	논인물지수	논차심지구
제6절	논인심지구	논성정지목
제7절	논성정지목	논선악지분
제8절	논의기선악	논기질지품
제9절	논기질지품	논존성지요
제10절	논존성지요	잡해
	천명도설후서	

「천명도해」는 추만의 「천명도설」 원작이다. 「천명도설」이 퇴계에 의해서 정정된 것이라고 할 때, 이 도해본에 합간된 도해와 도설은 의당 그와 같이 보아야 할 것이다. 그럼에도 불구하고 우선 목차를 비교할 때 이상한 것은, 원작으로 보이는 「천명도해」의 목차가 널리 알려진 규장각 소장 「천명도설」과 같고, 합편된 정정 도설의 목차가 다르다는 사실이다. 뿐만 아니라 정정된 도설 후미에는 후서가 있어야 하는데, 후서는 없고 난데없이 잡해가 들어 있다. 후서는 도리어 원작인 도해 끝에 첨부되어 있으니 주객이 전도된 감이 없지 않다. 그래서 혹 오래된 고서이므로 개철改綴될 수도 있음을 감안하여, 그 장張의 순서를 페이지에 따라서 확인해본 결과 다음과 같다.

B.「천명도해」의 내용

표지 : 원표지가 낡아서 양지로 장정되었고, 그 위에「천명도해」라 고 쓰여 있다. 원표지에는 쓰여 있지 않다.

1면 : 전엽 천명도해 서序
후엽 천명도해 서

2면 : 전엽 추만 정 선생 천명도
후엽 천명도설(퇴계 선생 정정) 제1절

3면 : 전엽 제2절
후엽 제3절

4면 : 전엽 제3절
후엽 제4절 제5절

5면 : 전엽 제6절
후엽 제6절

6면 : 전엽 제7절
후엽 제8절

7면 : 전엽 제9절
후엽 잡해

8면 : 전엽 잡해
후엽 잡해

9면 : 전엽「하서 김후지서河西金厚之書」
후엽「하서 김 선생 천명도」

10면 : 전엽「퇴계 이 선생 천명도」
후엽「천명도해(추만 선생 찬)」 제1절

11면 : 전엽 제2절 제3절
후엽 제4절

12면 : 전엽 제4절
후엽 제5절

13면 : 전엽 제6절 제7절
후엽 제8절
14면 : 전엽 제9절
후엽 제10절,「천명도설 후서」
15면 : 전엽「천명도설 후서」
후엽「천명도설 후서」
19면 : 전엽「천명도설 후서」
후엽 간기刊記

더욱 의심스러운 것은 하서의 글과「천명도」가 어찌하여 정정도訂正圖 뒤에 들어 있느냐 하는 점이다. 좀 더 자세히 검토하기 위해 각 절을 비교해본다. 편의상「천명도해」를 'A'라 하고「정정 천명도설」을 'B'라고 하여 내용 중에서 그 차이점을 다음에 지적해본다.

제1절

구분	A	B
ⓐ	성誠이 그 가운데 있다.	네 가지의 실질을 성誠이라고 한다.
ⓑ	시작해서 통하고 통해서 완수되고 완수되어 이루고 이루어서 다시 시작하여 순환하여 쉬지 않는 것은 성실이 하는 것이다.	순환하여 쉬지 않는 것은 진실하여 망령됨이 없는 묘함이니, 이른바 성실이다.
ⓒ	그러므로 이 성실은 사덕을 꿰뚫고 그 이치를 하나로 하여 드디어 사물의 명하는 근원이 되니, 이것이 이른바 천명이다.	그러므로 음양오행이 유행하는 즈음에 당하여 이 네 가지가 항상 그 가운데 붙어 있어 명의 근원이 된다.
ⓓ	그러므로 천도가 유행하는 즈음을 당하여 이 이치가 그 가운데 붙어 있어 만물이 와서 받는 것을 들어주어 부여한다. 그러므로 사물의 본성도 또한 네 가지이니, 인의예지가 그것이다(信도 또한 四性에 갖추어져 있다).	그러므로 음양오행의 기를 받아 형을 가진 만물은 모두 원형이정(성실이 그 가운데 있다)을 갖추어 성으로 삼는다. 그 성의 세목은 다섯 가지이니, 인의예지신이다. 그러므로 사덕과 오상은 상하 한 이치이며, 천인 사이에 간격이 없다. 그러나 성인과 어리석은 자, 사람과 동물의 차이가 있는 것은 기가 하는 것이지 원형이정의 본연이 아니다.
ⓔ	하늘에 있는 것을 명이라고 하고 사물에 있는 것을 성이라고 한다. 성과 사물이 이름은 비록 다르지만 그 이치는 같다.	자사는 곧바로 천명을 성이라고 한다고 했으니, 음양오행이 묘하게 합하는 근원에 나아가 '잇는 것이 선이다'라는 것을 지적하여 말한 것이다.
ⓕ	주 없음	주 있음

제2절

구분	A	B
ⓐ	오행의 기	오행의 도
ⓑ	또 물었다 "하늘에 이미 사덕이 있어서	
ⓒ	천지 사이에는 리도 있고 기도 있다. 하늘의 본체가 되어[리는 체용으로 나눌 수 없지만, 여기에서 반드시 체라고 말한 것은 기로부터 리를 보면 본체이기 때문이다] 이 만물의 성에 부여되는 것은 이 리이다. 하늘의 작용이 되어[기는 저절로 체용으로 나누어지는데, 여기에서 유독 작용이라고 한 것은 리로부터 기를 보면 큰 작용이 되기 때문이다], 이 만물의 형체를 이루는 것은 이 기이다. 리는 기의 본체가 되고 기는 리의 작용이 된다. 리가 있으면 곧 기의 조짐이 있고, 기가 있으면 곧 리가 따라서 천지의 공을 이룬다. "리와 기는 서로 의지하지만 무관하고, 하늘과 땅 사이에는 리도 있고 기도 있다[理氣之相須無關者, 天地之間有理有氣]." 리가 있으면 곧 기의 조짐이 있고, 기가 있으면 곧 리가 따른다. 리는 기의 장수가 되고 기는 리의 졸도가 되어 천지의 공을 이룬다. 이른바 리라는 것은 사덕이 그것이고, 이른바 기라는 것은 오행이 그것이다.	물었다. "하늘 이미 사덕을 갖고 있다면, 하늘이 이와 같습니까[問天旣有四德則天如是夫]?" 그러므로 사덕은 이른바 리이고, 오행은 이른바 기이다. 그것이 유행하는 즈음에 원이 만물을 시작하는 이치를 갖고 있으면 목의 기가 받들어 낳고, 형이 만물에 통하는 이치를 갖고 있으면 화의 기가 받들어 자라고, 리가 만물을 완수하는 이치를 갖고 있으면 금의 기가 받들어 거두어들이고, 정이 만물을 완성하는 이치를 갖고 있으면 수의 기가 받들어 저장한다[토는 넷의 끝에 갖추어져 있다]. 이것이 하늘이 사덕과 오행을 갖추어 도를 이루는 방법이다.

이 제2절에서는 뜻이 통하지 않는 곳이 발견된다. 즉 A의 ⓒ에서 "리와 기는 서로 의지하지만 무관하고, 하늘과 땅 사이에는 리도 있고 기도 있다[理氣之相須無關者, 天地之間有理有氣]"라는 구절에서 '리와 기는 서로 의지하지만 무관하고[理氣之相須無關者]'와 '하늘과 땅 사이에는 리도 있고 기도 있다[地之間有理有氣]'라는 의미가 이어지지 않는다. 뿐만 아니라 B의 ⓑⓒ에서 "하늘 이미 사덕을 갖고 있다면, 하늘이 이와 같습니까[問天旣有四德則天如是夫]?"도 뜻이 이어지지 않는다.

제3절

구분	A	B
제3절	논리기지분論理氣之分	논물생지원論物生之原

본절에서는 절목이 표시하듯이 내용이나 문장 구조가 전체적으로 다르다.

제4절

구분	A	B
제4절	논생물지원論生物之原	논인물지수論人物之殊

본절에서도 절목부터 다르고, 문장 구조 면에서 전체가 차이 난다.

제5절 이하 제9절까지는 위의 제4절과 같이 절목과 문장 내용이 비교가 되지 않고, 끝으로 A에서는 제10절과 「천명도설」 후서가 있는 대신에 B에서는 제10절은 없고 잡해로 끝을 맺고 있다. 여기서 의심이 나는 것은 제2절에서 뜻이 안 통하는 부분과 잡해의 내용이 퇴계의 작인가 하는 점이다. 잡해의 말미에는

> 오른쪽 잡해에서 논한 것은 비록 초학初學과는 관계가 없는 듯하지만, 혹 알지 못할까 염려가 되는 까닭에 아울러 뒤에 언급해둔다.[1]

라고 하여, 초학자를 위해서 첨가한다는 내용을 밝히고 있다. 논자는 여기서 혹 내용이 인각印刻 과정에서 피차가 일부분 뒤바뀌지나 않았는지를 의심하게 되었다. 고서이므로 혹 분산되었던 각 장張을 다시 묶는 과정에서 전후가 뒤바뀌었을 염려도 있어 각 장의 페

1 "右雜解所論, 雖似不關初學, 恐或不知故, 并及于後."

이지를 확인한 바 있다. 그러나 페이지는 순서대로 틀림이 없다. 그렇다면 혹 인각자의 잘못이 아닐까? 규장각 소장 「천명도설」이 10절과 후서로 구성되어 있음은 「천명도해」의 것과 동일하다. 「천명도해」본의 「천명도설」이 퇴계의 정정을 거쳤음에도 9절과 잡해로 구성되어 있는 것은 어딘가 잘못되었음을 시사한다.

이상과 같이 생각할 때, 의심케 하는 점은 네 가지로 요약된다. 첫째는 목차와 뒤에 첨부된 잡해가 규장각 소장 「천명도설」의 것과 다르다는 것, 둘째는 A와 B의 각 절을 비교할 때, 절의 항목은 같은데 그 순서가 다음과 같이 같지 않은 것이다.

즉 ⓐ A의 5절 인물지수人物之殊 → B의 4절 인물지수
ⓑ A의 7절 성정지목性情之目 → B의 6절 성정지목
ⓒ A의 9절 기질지품氣質之品 → B의 8절 기질지품

셋째는 잡해의 내용이 초학자를 위한 것인데, 정정도설에 붙일 이유가 없는 것, 넷째는 제2절에 의미가 통하지 않는 부분이 있다는 것 등이다. 그중에서도 잡해의 내용에 비추어 그 위치의 부당성은 심증이 가나, 제2절의 불투명한 절의 뜻은 좀 더 밝힐 필요를 느낀다.

C. 제2절의 문장 변증

A와 B의 절의 뜻이 각각 이어지지 않는 부분은 앞서 지적했거니와, 절 전체의 의미를 살피기 위해서 문장 전부를 다음에 기록하고 해당 부분을 다시 고찰한다.

B. 「천명도해」본의 퇴계 선생 정정 「천명도설」 제2절

또 물었다 : "하늘에 이미 사덕四德이 있어서 만물을 명한다면, 이른

바 오행이라는 것은 또한 무엇을 말하는 것입니까?" 대답하였다 : "천지 사이에는 리도 있고 기도 있다. 하늘의 본체가 되어[註: 리는 體用으로 나눌 수 없지만, 여기에서 반드시 체라고 말한 것은 기로부터 리를 보면 본체이기 때문이다], 이 만물의 성性에 부여되는 것은 이 리이다. 하늘의 작용이 되어[註: 기는 저절로 체용으로 나누어지는데, 여기에서 유독 작용이라고 한 것은 리로부터 기를 보면 큰 작용이 되기 때문이다], 이 만물의 형체를 이루는 것은 이 기이다. 리는 기의 본체가 되고 기는 리의 작용이 된다. 리가 있으면 곧 기의 조짐이 있고, 기가 있으면 곧 리가 따라서 천지의 공을 이룬다. ⓐ 리와 기는 서로 의지하지만 무관하고[理氣之相須無關者] 〈ⓒ〉[2] ⓑ '하늘과 땅 사이에는 리도 있고 기도 있다[天地之間有理有氣]' ⓓ 리가 있자마자[纔有理] 곧 기의 조짐이 있고, 기가 있으면 곧 리가 따른다. 리는 기의 장수將帥가 되고 기는 리의 졸도卒徒가 되어 천지의 공을 이룬다. 이른바 '리'라는 것은 사덕이 그것이고, 이른바 기라는 것은 오행이 그것이다. 그것이 유행하는 즈음에 원이 만물을 시작하는 이치를 갖고 있으면 목의 기가 받들어 낳고, 형이 만물에 통하는 이치를 갖고 있으면 화의 기가 받들어 자라게 하고, 리가 만물을 완수하는 이치를 갖고 있으면 금의 기가 받들어 거두어들이고, 정이 만물을 완성하는 이치를 갖고 있으면 수의 기가 받들어 저장한다[土는 四季를 함께 갖추어 왕성하다]. 이것이 하늘이 사덕과 오행을 갖추어 도를 이루는 방법이다."

위 문장에서 ⓐ와 ⓑ 사이에 의미의 연결이 단절된다. 뿐만 아니라 ⓒ와 ⓓ는 같은 표현이 중복해서 되풀이되고 있다는 점에 납득이 안 간다.

2 ⓐ와 ⓑ 사이에 缺落 가능성이 있음을 지적한 것임(崔英成註).

A.「천명도해」 제2절

또 물었다 : "하늘에 이미 사덕이 있어서 만물을 명한다면, 이른바 오행이라는 것은 또한 무엇을 말하는 것입니까?" 대답하였다 : "ⓐ 하늘[天] ⓑ 이와 같다[如是夫] 그러므로 사덕은 이른바 리이고, 오행은 이른바 기이다. 그것이 유행하는 즈음에 원이 만물을 시작하는 이치를 갖고 있으면 목의 기가 받들어 낳고, 형이 만물에 통하는 이치를 갖고 있으면 화의 기가 받들어 자라게 하고, 리가 만물을 완수하는 이치를 갖고 있으면 금의 기가 받들어 거두어들이고, 정이 만물을 완성하는 이치를 갖고 있으면 수의 기가 받들어 저장한다[土는 四季를 함께 갖추어 왕성하다]. 이것이 하늘이 사덕과 오행을 갖추어 도를 이루는 방법이다."

위 문장에서는 역시 ⓐ와 ⓑ 사이의 뜻의 연결이 석연치 않다. 그러나 A와 B 각 2절의 시작과 말미는 질의응답 형식이 동일하다는 데서, 혹 제2절이 A와 B 사이에 바뀐 것이 아닌가 하는 의심이 나므로, 뜻의 연결이 단절된 두 부분을 A의 것과 B의 것을 맞추어보기에 이르렀다. 즉 B의 ⓐ는 A의 ⓑ로 이어지고 A의 ⓐ는 B의 ⓑ로 이어지면 문장이 순하게 풀림을 발견하게 된다. 이와 같이 고쳐보면 B에서 ⓒ와 ⓓ가 중복되지 않고 순順한 문의文意로 시정이 된다. 이와 같이 변증된 전문은 다음과 같다.

B.「천명도해」 제2절

또 물었다 : "하늘에 이미 사덕이 있어서 만물을 명한다면, 이른바 오행이라는 것은 또한 무엇을 말하는 것입니까?" 대답하였다 : "천지 사이에는 리도 있고 기도 있다. 하늘의 본체가 되어(리는 체용으로 나눌

수 없지만, 여기에서 반드시 체라고 말한 것은 기로부터 리를 보면 본체이기 때문이다), 이 만물의 성에 부여되는 것은 이 리이다. 하늘의 작용이 되어(기는 저절로 체용으로 나누어지는데, 여기에서 유독 작용이라고 한 것은 리로부터 기를 보면 큰 작용이 되기 때문이다), 이 만물의 형체를 이루는 것은 이 기이다. 리는 기의 본체가 되고 기는 리의 작용이 된다. 리가 있으면 곧 기의 조짐이 있고, 기가 있으면 곧 리가 따라서 천지의 공을 이룬다. 리와 기가 서로 필요로 하는 것이 이와 같다(A의 ⓑ). 사덕이란 이른바 리이고, 오행이란 이른바 기이다. 그것이 유행하는 즈음에 원이 만물을 시작하는 이치를 갖고 있으면 목의 기가 받들어 낳고, 형이 만물에 통하는 이치를 갖고 있으면 화의 기가 받들어 자라게 하고, 리가 만물을 완수하는 이치를 갖고 있으면 금의 기가 받들어 거두어들이고, 정이 만물을 완성하는 이치를 갖고 있으면 수의 기가 받들어 저장한다(土는 四季를 함께 갖추어 왕성하다). 이것이 하늘이 사덕과 오행을 갖추어 도를 이루는 방법이다."

C. 도해본 「정정 천명도설」 제2절

또 물었다 : "하늘에 이미 사덕이 있어서 만물을 명한다면, 이른바 오행이라는 것은 또한 무엇을 말하는 것입니까?" 대답하였다 : "천지 사이에는(B의 ⓑ) 리도 있고 기도 있다. 리가 있으면 곧 기의 조짐이 있고, 기가 있으면 곧 리가 따른다. 리는 기의 장수가 되고 기는 리의 졸도가 되어 천지의 공을 이룬다. 이른바 리라는 것은 사덕이 그것이고, 이른바 기라는 것은 오행이 그것이다. 그것이 유행하는 즈음에 원이 만물을 시작하는 이치를 갖고 있으면 목의 기가 받들어 낳고, 형이 만물에 통하는 이치를 갖고 있으면 화의 기가 받들어 자라게 하고, 리가 만물을 완수하는 이치를 갖고 있으면 금의 기가 받들어 거두어들이고, 정이 만물을 완성하는 이치를 갖고 있으면 수의 기가 받들어 저장

한다(土는 四季를 함께 갖추어 왕성하다). 이것이 하늘이 사덕과 오행을 갖추어 도를 이루는 방법이다."

위와 같이 시정하면 문리文理에 모순 없이 정리가 된 셈이다.

그러나 다음에 또 한 가지 문제가 남는다. 즉 제2절에 한해서 위에서 고친 바와 같이 부분적으로 바뀐 것으로 끝날 것인지, 아니면 문장 뒤를 계속해서 제3절 이상 전부가 피차 바뀌어야 하는지의 여부의 문제이다.

D. 제3절 이하의 전문 변정

여기에 관해서는 끝 부분의 '잡해' 장이 관련된다. 처음부터 퇴계가 정정해서 만들어진 「천명도설」 후미에는 「천명도설」 후서가 첨록되어 있는 것이 상례이다. 그런데 유독 이 「천명도해」에 합편된 정정 천명도설 말미에는 '잡해' 장이 수록되어 있는 것이 이해가 안 갔었다. 그러나 앞에서 시정, 정리한 데 따라서 제3장 이하 끝까지를 고스란히 전부 바꾸어 생각하면 이 문제도 풀리게 된다. 즉 제3절부터 제9절, 그리고 잡해장에 기록된 「천명도해」본 내의 정정 천명도설 부분을 추만 「천명도해」로 옮기고, 반대로 추만 「천명도해」의 각 부분을 정정 천명도설 각 부분으로 옮겨 맞추면, 도설 전체가 완전해진다. 그래서 '잡해' 장은 추만 「천명도해」의 끝 장이 되고, 「천명도설」 후서는 정정 천명도설 후미에 제 위치로 환원되는 셈이다. 그뿐만 아니라 하서의 「천명도」와 서書도 추만 「천명도해」본에 속하게 되어, 앞의 의문이 함께 풀리게 된다.

그런데 또 한 가지 남는 문제가 있다. 즉 「천명도해」 내용 전체 체재로 보아서 A와 B의 선후에 관한 것이다.

E.「천명도해」 목차 전체에 대한 변정

제2절 문장 중의 뒤바뀐 부분으로부터 그 이하의 부분끼리 자리를 바꾸어도 될 것이요, 그 이상의 부분끼리 자리를 바꾸어도 무방하겠으나,「천명도해」의 전체 편찬 목차상으로 볼 때는 반드시 그렇지는 않다.

대체로 전체 목차를 개관할 때, 추만의 원작을 먼저 놓고, 다음에 정정본을 배열한 것으로 짐작된다. 그렇게 생각하면, 뒷부분을 바꾸기보다는 앞부분을 바꾸는 것이 옳을 것 같다. 즉「천명도해」의 제2면 전엽의「천명도설」(퇴계 이 선생 정정)은 마땅히 제10면 후엽의「천명도해」(추만 정 선생 찬)와 바꾸어두는 것이 타당할 것이다.

그와 같이 조정된 목차는 다음과 같다.

〈시정된「천명도해」목차〉

1면 : 전엽 천명도해 서
후엽 천명도해 서
2면 : 전엽 추만 정 선생 천명도
후엽 천명도설(퇴계 선생 정정) 제1절
3면 : 전엽 제2절
후엽 제3절
4면 : 전엽 제3절
후엽 제4절 제5절
5면 : 전엽 제6절
후엽 제6절
6면 : 전엽 제7절
후엽 제8절

7면 : 전엽 제9절
　　후엽 잡해
8면 : 전엽 잡해
　　후엽 잡해
9면 : 전엽 하서 김후지의 서
　　후엽 하서 김 선생 천명도
10면 : 전엽 퇴계 이 선생 천명도
　　후엽 천명도해(추만 선생 찬) 제1절
11면 : 전엽 제2절 제3절
　　후엽 제4절
12면 : 전엽 제4절
　　후엽 제5절
13면 : 전엽 제6절 제7절
　　후엽 제8절
14면 : 전엽 제9절
　　후엽 제10절 천명도설 후서
15면 : 전엽 천명도설 후서
　　후엽 천명도설 후서
19면 : 전엽 천명도설 후서
　　후엽 간기

V. 결론

퇴계와 고봉의 사칠논변의 동기가 「천명도설」에서 유래된바, 「천명구도」의 판본에 따라서 차이가 나는 데 착안하여 그것을 수집하던 중 접하게 된 「천명도해」가 그 원작임을 알게 되었다. 그러나 도설 제

2절의 분명하지 못한 곳에 착안하였고, 그 해명을 위하여 규장각 소장본 「천명도설」과 「천명도해」본에 실린 「정정 천명도설」과 「천명도해」의 구조를 비교, 검토하였다. 그 결과 제2절의 일부분의 판각이 피차 치환置換되어 있음을 알아낼 수 있었다. 아마도 글을 새길 당시에 편집된 해당 원고가 일부 바뀌었던 것이 아닌가 생각된다. '잡해'장과 하서의 「천명도」와 하서의 서書가 추만의 「천명도해」본에 속함이 분명해졌다.

퇴계가 정정한 뒤에도 두고두고 생각하면서 수정을 계속했다는 것은 그의 수제자인 월천月川 조목趙穆의 기록인 『퇴계선생문집』 속집, 제8의 잡저雜著 안의 「천명도설」 후미에서 확실히 파악된다.

> 오른쪽의 도설은 계축 연간에 선생께서 도성에서 정공鄭公과 함께 참고하여 완성하셨다. 정묘한 곳은 모두 선생이 말한 것으로부터 나왔다. 을묘년 봄에 남쪽으로 돌아와 정밀하게 생각하여 고친 곳이 자못 많다. 그리하여 초본과 매우 다른 곳이 있으니, 삼가 판본을 고쳐 옮겨 쓰기를 오른쪽과 같이 한다. 일찍이 말씀하기를 "그 뜻은 이미 도설 가운데 갖추어져 있으니, 제10절의 경우는 있어도 좋고 없어도 좋다"고 하셨다. 무오년 봄 사경士敬 조목 서.[3]

이에 따르면 제9절까지로 끝난 것이 아니라, 퇴계의 정정 도설은 제10절까지 있어야 함이 분명하다. 이뿐만 아니라, 제10절의 존성지요*存省之要*는 있어도 좋고 없어도 좋다는 위의 글을 볼 때, 「천명도해」의 제9절의 '존성지요'처럼 퇴계의 정정 천명도설이 제9절에서

3 "右圖說, 癸丑年間, 先生在都下, 與鄭公參訂完就. 而其精妙處, 悉自先生發之也. 乙卯春, 南歸而精思修改處頗多, 故與初本甚有同異. 謹因改本, 傳寫如右. 先生嘗曰, 其義已具於圖說中, 至十節則有亦可無亦可.戊午春,趙穆士敬書."

끝날 수 없음이 자명해진다. 따라서 본「천명도해」본 내의 정정 천명도설과의 부분적인 선후도착先後倒錯은 확실한 것으로 여겨진다.

제6부 한국 유학 에세이

제1장 한국인의 유학사상

Ⅰ.

현상윤 씨는 그의 『조선유학사朝鮮儒學史』 서론에서 조선유학이 조선사상사에 미친 영향에 관하여 다음과 같이 말하고 있다.

> 유학사상이 비교적 귀족적 학구적 이념임에도 불구하고 조선 민족 전체의 사상이나 생활에 준 감화感化와 같은 영향은 실로 막대한 것이 있다. 왜냐하면 조선 민족은 이 유학으로 인하여 그 사상이 변해지고, 그 민족 성격이 바꾸어지며, 그 정치와 문화와 산업에 큰 변동을 받은 까닭이다. 그중에는 공功될 만한 것도 있고 죄罪될 만한 것도 있다.

자체 계발을 위해서도 그러하려니와 더욱이 우리의 고유 사상을 발전시키고 새로운 문화를 창조해가는 의미에서 유학의 영향을 살피는 일은 매우 가치 있는 일이라고 생각된다.

고찰에 앞서 주의하고자 하는 것은 먼저 정치사와 유학사를 식별해야 하며, 정치인과 유학자를 구별해야 하고 유학자와 유학의 진리를 혼동해서는 안 되겠다는 점이다.

조선 500년의 문화가 유학 중심이었으므로 유학사를 정치사로 착각하기 쉬우며, 유학자가 정치인으로 많이 등용되었으므로 정치인의 정치활동을 유학자의 문화활동으로 이해하기 쉽고, 유학자라고 해서 그 사람이 곧 유학의 진리라고 속단할 수 없으므로 순수한 유학의 입장에서 살피는 일이 중요하다고 생각되기 때문이다.

Ⅱ.

'공功'과 '죄罪'를 나누어 '공'을 끼친 점으로 ① 군자학君子學의 면려勉勵, ② 인륜도덕의 숭상, ③ 청렴절의淸廉節義의 존중 등을 들었고, '죄'될 만한 것으로서는 ① 모화사상慕華思想, ② 당쟁, ③ 가족주의 폐해, ④ 계급사상, ⑤ 문약文弱, ⑥ 산업 능력의 저하, ⑦ 상명주의尙名主義, ⑧ 복고사상 등을 지적하고 있다.

이상은李相殷 박사는 『유학과 동양문화』에서 다음과 같이 한국에 있어서의 유교의 공죄론功罪論에서 윤현상玄相允 씨의 견해를 비평평가하고 있다.

그 '공'의 면에 있어서 '군자학의 면려'는 국민의 인격 · 교양에 이바지한 바 크고, '인륜도덕의 숭상'은 가정 · 사회의 질서와 평화를 유지함에 공헌이 컸고, '청렴절의의 존중'은 민족정기와 사풍士風을 진작함에 공이 있어 이것이 모두 우리의 도의적인 문화민족으로서의 자질을 향상 발전시켜 우리의 정신적 토대를 구축한 것이라고 인정한다.

'죄'의 면에 있어서 현 선생이 열거한 여덟 가지 병폐를 대체로 인정하나, 그것이 유교의 본질에 속한 것인가 아닌가를 검토한 결과 대부분은 모두 유교 본질에 속한 문제가 아니라, 응용면에 있어서 우리의 사회 · 정치 · 경제적 요인이 작용하여 우리 자신의 잘못으로 이루어진 유폐流弊임을 반성해야 한다.

다만 '산업 능력의 저하'는 응용의 부적不適보다도 유교의 근본정신인 "의리를 중시하고 이익을 경시하며 근본을 안으로 하고 말엽을 밖으로 한다[重義輕利 內本外末]"의 사상에서 유래되는 필연적 결과라고 보았으며, '상명주의'는 이 역시 유교의 '효孝'의 관념을 허영심과 이기심의 만족에 악용한 결과로 생긴 유폐요 '효'의 본질에 속한 문제가 아니며, '복고사상'은 후세 유학자들의 공통된 사상적 경향이라고 볼 수 있으나 이것은 공자의 "믿으면서도 옛것을 좋아하며[信而好古] 옛것을 익히고 새것을 아는[溫故知新]" 정신을 잘못 이해한 데서 생긴 유교의 결점이라고 지적하였다.

Ⅲ.

이상은 박사는 현상윤 씨의 공면功面의 3개 조항에 대해서는 긍정하였고, 죄면罪面의 8개 조항에 대하여는 병폐를 대체로 인정한다고 하면서도 그것은 유교의 본질적인 문제가 아니라 응용면에 있어서의 유폐라고 지적하였다. 다만 산업 능력의 저하만을 유교의 근본정신에서 유래되는 것이라고 비판하고 있다.

본질이 잘못된 것이 아니라 응용의 잘못으로 얻어진 폐단이라는 판단은 가당하다고 이해한다. 응용이란 순수한 유학이론과는 구별되어야 하기 때문이다. 이러한 논자의 입장에서 두 사람의 견해를 다음에 고찰해보고자 한다. 현상윤 씨의 공죄관功罪觀에서 한 가지 모순만을 지적해본다.

'군자학의 면려'의 공이 '모화사상'과 '당쟁'의 죄가 될 수 있을까 하는 점이다. 군자는 '남을 위하는 학문[爲人之學]'을 힘쓰지 않고 '자기를 위하는 학문[爲己之學]'을 힘쓰며 그들의 치력致力하는 바가 '홀로 삼감[愼獨]', '잘못을 도리어 자기에서 구함[反求諸己]'·'자기를 극복하여 예로 돌아감[克己復禮]'에 있다고 지적하면서 춘추대의春

秋大義의 존주사상尊周思想을 '모화사상'으로 오인하여 자주정신을 마멸시키고 독립사상을 잃어버렸다고 말한다. '자기를 위하는 것[爲己]'은 주체 확립을 위함이요, 춘추대의는 자국의 체통[統]을 높이라는 가르침이지 어찌 타국을 종주로 모시라는 뜻이랴. 군자는 "두루 하면서 편당하지 않는다[周而不比: 『論語』「爲政」]"라고 하였는데 어찌 당쟁을 일삼으랴. 있었던 역사상의 정치와 치인治人의 행위와 유학의 교지敎旨와의 혼동의 결과라고 하겠다.

'산업 능력의 저하'를 유교정신의 근본에 기인한다는 이상은 박사의 견해 또한 의심을 불러일으킨다. '의(義: 의로움)'와 '이(利: 이익)'를 엄격하게 구별하고 '의로움'을 '이익'보다 중시하라는 뜻이지 '이익'을 반드시 경시하라는 말이 아닌 줄 안다. 본래의 '이익'의 뜻은 "의로움의 조화이다[義之和: 『周易』「乾」〈文言傳〉]"라고 한 것처럼 '의로움'을 수반하는 것이나 수양하는 측면에서 '이익'에 빠져 '의로움'을 상실하기 쉬움을 경계해서 일러준 원의를 소화해야 할 것이다.

이용후생利用厚生을 강조하면서도 정덕正德을 간과해선 안 되며[『書經』「大禹謨」], 인구가 많은 나라에서는 먼저 물질적인 부를 꾀해야[『論語』「子路」]한다고 공자는 가르치고 있다. 수기修己의 면에서 강조하는 의미와 "이익은 의로움의 조화이다"라는 근본과 혼동할 수는 없는 줄 안다. 그러나 보다 소중하게 생각되는 것은 애당초 물들지 않았던 고대의 우리 민족 감정에 외래문화로서 처음 도입되면서 거부 반응 없이 수용되었다는 점과 유학의 철학사상이 앞으로의 인류의 평화 달성에 기여할 수 있는 점에 관심을 기울여야 할 점일 것이다.

Ⅳ.

우리 문화의 고유성의 언급은 최치원(崔致遠: 857~?)의 현묘지도玄妙之道에서 발견할 수 있다. 그가 이 말을 한 시기는 이미 유학이 들어온 이후이므로 유학의 영향을 고려해 넣을 수도 있겠으나 유학사상의 한국적인 표현이라기보다는 민족 고유 사상의 유학적인 관찰이라고 해야 타당할 것으로 보인다.

그렇게 이해한다면 오늘날의 한국 유학 속에 우리의 주체적인 요소를 생각하게 되며 나아가서 새로운 문화의 모태로서 연구되어야 할 줄 믿는다. 더욱이 정正과 반反의 투쟁으로 희생을 감내하면서 얻어진다는 합合의 논리와 음陰과 양陽의 조화로서 친애親愛와 신의信義를 이룩한다는 생성의 논리를 철학적으로 체계화하는 연구의 소지를 새롭게 전망해본다.

제2장 한국 유학의 역사적 추이

Ⅰ. 한국 유학의 숨결

서구문화는 8 · 15 해방의 물결을 타고 일제 문화의 잔재 속에 굽이쳤고, 1919년 이후 식민지문화는 이 나라의 전통문화를 말살하려고 역사의 왜곡은 물론, 우리의 언어마저도 그 사용을 금하는 데까지 이르렀었다. 한국의 전통 유교문화 속에는 선조대宣祖代 이후로 천주교문화가 합류되었으며 372년에 들어온 불교사상은 당시의 유학교육과 함께 수용되어갔다. 한때 불교가 성한 시기가 있기는 하였으나 정치적 제도는 여전히 유교적이었으며, 교육은 『논어論語』와 『효경孝經』을 필수 교양과목으로 하는 일관성 속에 이루어져갔다.

한국 유학이라고 할 때 저항 없이 수용되었다는 점은 고유문화가 지니는 성격에서 접근하기 쉬운 요소를 생각하게 한다. 이는 중국 유학과의 공통성으로 지적되기도 하거니와 그렇다고 한국 유학의 개성이 배제될 수는 없는 일이다. 372년 고구려의 태학에서 유학을 가르치기 시작한 것이 역사적[史的]인 우여곡절은 있었으나 세계에 전무한 오늘의 유학대학에 이르기까지 그 맥박은 지속되어왔다고 이해된다.

중국 유학으로서가 아니라 한국 유학으로서의 숨결을 생각하게 된다.

Ⅱ. 한국 유학의 역사적 배경

한국 유학은 중국 유학사와 닮은꼴로 변천되어왔음을 발견하게 되기도 하지만 첫째 역사적 배경과 둘째 강조되어온 이론에서 특징을 알게 된다.

중국의 선진시대는 도道를 탐구하는 유학이 노장老莊과 공존하는, 말하자면 학문의 자유시대였다고 할 수 있겠다. 당시에 공자는 노자를 방문하여 예를 물었을 정도이며 "아침에 도를 들으면 저녁에 죽어도 좋다[朝聞道 夕死 可矣]"는 열정을 보인 바 있다. 맹자는 인간의 순수면을 이론화하여 성선론性善論을 제창하였다. 한국의 삼국시대는 역시 도를 존중하는 유儒·불佛 공존의 시기로 보이며 학구에 제한 없이 자유로운 분위기였던 것으로 추측된다.

그러나 중국의 선진대先秦代는 불교 수입 이전의 시기임에 반해서 우리의 삼국시대는 불교가 전래해온 뒤라는 데 차이가 있다.

중국 한대漢代는 진시황제가 범한 분서갱유로 얻어진 피해 복구의 시기였다. 진시황이 금서령을 내리니 문헌은 빼앗기기도 하고 감추기도 하고 학자는 잡히기도 하고 피하기도 하는 참상을 빚어냈다.

한나라를 세운 고조高祖는 그가 비록 "내가 마상馬上에서 나라를 얻었는데 치국治國에 시서詩書가 무슨 필요가 있느냐"고 하여 문화경시의 무딘 모습을 드러냈으나 어진 사람들의 건의를 슬기롭게 받아들여서 유교국립의 실적을 올리는 데 성공하였던 것이다.

드디어 금서령이 해제되었을 때 묻혔던 문헌이 쏟아져 나오기 시작하였고 구전 내용과 비교할 수 있는 근거가 마련되기도 했을 뿐만 아니라 공자 집안의 벽壁 속에서 발굴된 경서經書 등은 전해오는 다른 것들과 대조하는 기준 구실을 하였다. 이래서 금문今文·고문古文의 구별이 생겼고, 잃었던 경전의 올바른 공부를 위한 훈고학풍訓詁學風이 자연 일어나게 되었으며, 사장詞章의 학문으로 변모될 수 있는 가능 근거도 아울러 마련되었다. 우리의 고려시대를 훈고학시대라고 칭하는 학자도 있거니와 사장의 학풍이 또한 강했다고 하겠다.

중국에는 한대에 불교가 도입되었으나 고려시대는 이미 불교가 전성한 뒤에 오는 쇠퇴기였으며, 한국과 중국이 같은 훈고사상에 치력한 시기라고는 하지만 한국에서는 분서갱유라는 시련은 없었던 점이 다르다.

성리학은 중국의 송나라 시대에서 꽃피었다. 염계濂溪 주돈이周敦頤, 횡거橫渠 장재張載, 명도明道 정호程顥, 이천伊川 정이程頤의 주장을 '주자朱子'로 불리는 주희朱熹는 집대성하였다. 그가 체계화한 이기설理氣說에 대하여 상산象山 육구연陸九淵은 반론을 제기하였다. 그 이후에 정주학파程朱學派와 육왕학파陸王學派가 갈라지기도 하였다. 그러나 무어니 무어니 해도 공맹 이후 그 사상을 학설로 정비한 학자는 주자였다.

고려 말기의 주자학설이 조선조에 전해지자 변혁기에 접어든 사회를 이끌어가는 새로운 이론이 요청되던 때라 크게 환영을 받았으며 차츰차츰 조선조 성리학을 열어주는 힘이 되어갔다. 조선시대 주자학을 계승해서 발전시킨 중심 인물은 이황과 이이였다. 이황과 이이가 등장할 때까지는 정여창, 이언적, 서경덕, 조광조와 같은 학자들이 배출되었으니, 이황과 이이의 학설이론에 한국적인 선하先河를 이루어간 분들이다. 중국의 송조宋朝 이후로는 소위 육구연을 계승한 양명陽明 왕수인王守仁의 학문 즉 양명학陽明學이 공존해왔으나 한국의 조선시대 뒤로는 하곡霞谷 정제두(鄭齊斗: 1649~1736) 등 지하에서 명맥이 가늘게 이어진 듯하나 전통 유학과 공영共榮을 누리지 못한 것이 중국과 차이가 난다.

이성계李成桂의 조선조 건국 후에 겪은 국난은 임진壬辰 · 병자丙子의 양란이 컸고, 조일합방朝日合邦의 치욕과 6·25 민족상잔의 동란은 후손들에게 전하는 사실로서는 너무도 아픈 것들이다. 고구려 이후 오늘에 이르기까지 많은 민족 수난과 함께 한국의 유학은 단절 없이 이어져왔다는 데 파고 높은 오늘에서 내일을 향하는 방향의 밑거름을 기대해보게 된다. 한국의 유학은 역사적 배경과 함께 그 주장하는 사상적 측면도 양상을 달리해 갔다.

Ⅲ. 신라의 도

공자의 도는 생사보다도 소중하였다. 부귀는 뜬구름처럼 여기고 있어 도는 영생의 가치였다. 배부르고 편안한 것이 나쁜 것이 아니지만 그것보다는 더 급한 것이 도이기에 거친 음식 질 나쁜 옷을 부끄럽게 생각하는 사람과는 담론할 것이 못 된다고 한 이유도 그 때문이다. 얼마나 도를 목마르듯 구했기에 아침에 도를 들으면 저녁에 죽어도 좋다 하였으랴! 증자가 공자의 일관一貫의 도를 대자적對自的인 충忠과 대타적對他的인 서恕로 이해한 것은 정곡을 얻은 이론으로 생각된다.

그러나 인간의 도를 말하지 결코 자연의 도를 강조하지 않은 데 공자의 특징이 있다. 약 100년 후의 맹자는 도를 논리화하는 데 힘쓴 분으로서 성선性善 · 인의예지仁義禮智와 사단의 마음[四端之心], 친친親親 · 인민仁民 · 애물愛物, 호연의 기상[浩然之氣] 등은 그 이론의 체계적 표현들이다. 공맹의 도는 중국 사상의 주류를 이어온 것으로 생각되며 주장의 핵심인 '인仁'은 "마구간에 불이 났다"고 했더니 "말이 죽었느냐"를 묻지 않고 "사람이 상하지 않았느냐"라고 물었다고 하여 인명을 중시한 대표적인 표현으로 삼기도 한다. '인'을 물었을 때 "사람을 사랑하는 것이라"고 한 것을 보아도 짐작이 충분하다. 사람이 모여 사는 인간 사회에 인명을 경시하고 연장자를 천시하는 풍조로 가득 찰 때 약육강식의 참상이 올 것이니 그 장래는 물을 필요도 없을 것이다.

흔히 공자의 도를 인간의 도라 하고, 노자의 도를 자연의 도라고 하여 중국 선진의 도를 이 두 갈래로 구분한다.

우리에게는 신라의 화랑도가 전해온다. 단군의 개국이상인 홍익인간과 최제우崔濟愚가 창건한 인내천人乃天의 종교는 한국의 고대와 현대를 인간 존중 사상으로 이어주는 두 개의 점이라고 해서 지나칠까? 이것이 한민족의 고유 사상이라면 "'인仁'은 사람이다"라는 유학사상을 받아들이는 데 지장이 있었을 리가 만무하다.

비록 신라의 화랑도가 5개 항목의 윤리덕목이라고 하지만 철학 없는 윤리는 성립되지 않을 것이며 가사를 입은 사람의 제창이라고 해서 비유학적이란 것도 타당치 못한 말일 것이다. 유학자도 불교를 말할 수 있고 불교인도 유학을 말할 수 있기 때문이다. 신라시대의 유자로는 설총(薛聰: 655~?)과 최치원(崔致遠: 857~?)을 꼽는다. 설총의 이두는 유학을 한국화하는 데 큰 도움이 되었을 것이며, 최치원의 문장력은 당나라를 진동시켰다고 하니 그의 실력을 알 만하다. 학문적인 의미에서 두 사람의 공이 크다고 하겠고, 화랑들의 우의는 인간의 도로써 굳게 다져진 것으로 이해된다.

나라를 지키는 굳은 의지가 군왕을 섬기는 데 횡적 결속을 강화해 주었다면 고려시대에는 조정을 지키려는 종적인 충절이 강했던 것으로 미루어진다.

고려시대의 정몽주鄭夢周가 충절로 절개를 추앙받고 있음은 천하가 아는 사실이다. '충忠'은 유학에서 원래 대자적對自的인 개념이다. 공자는 "충과 신을 주로 한다[主忠信]"를 가르쳤다. 외면이 아니라 내면의 '충'에서 우러나는 '신뢰[信]'를 주로 하라는 가르침이다.

"충실[忠]하니 아니 가르칠 수 있으랴"라고 하여 진심으로 구하는 사람을 아니 가르칠 수 없다는 공자의 말이고 보면 '인'과 아울러서 '충'을 얼마나 고조했는가가 엿보인다.

Ⅳ. 위인모이불충호?

증자의 일일삼성一日三省에는 "사람을 위해 도모할 적에 충실하지 않았는가[爲人謨而不忠乎]"라는 것이 들어 있다. 상의相議에 임해서 위장을 하거나 불순한 일이나 없었던가를 그날 반성의 첫째 것으로 꼽고 있다. 주자가 '충忠'을 주석하기를 "자기를 다하는 것을 '충'이라 한다[盡己之謂忠]"라고 했듯이 심복을 위장하거나 맹목적인 복종을 뜻하는 것과는 다르다. 이것은 안자顔子에 준 극기복례克己復禮에서 알 수 있듯이 자기 극복과 관련 있는 것이며 극기克己된 자기를 다한다[盡己] 함은 결코 맹종이나 위장과는 같을 수 없다. 그렇기에 긍정적인 일에는 진심을 다하여 충성으로 대하되 신명身命까지도 불사하고 부정적인 일에는 진심을 다하여 충간忠諫으로 대하되 신명까지도 불사하는 것이다.

그러므로 저항으로 생명을 바칠 수도 있고 심복으로 직책에 순직할 수도 있는 것이다. 나는 이러한 의식을 '충성'이라고 생각한다. 오늘날 철학에서 주체를 강조하지만 이 주체의식을 '충성'이라고 해서 잘못일까. 충신은 두 임금을 섬기지 않는다[不事二君]라고 하는데 두 임금[二君]이라고 할 때 두 사람을 두 임금이라고 하는 것과 진리에는 두 가지가 있을 수 없다는 것과는 혼동될 수는 없을 것이다.

정몽주는 '충성'으로 고려조를 지킨 화신이라고 한다. 뒷날의 정객들에 의해서 필요를 느껴 그를 충신으로 높였을 뿐이라는 비난을 하는 사람이 없지 않으나 필요로 해서 그의 충성을 이용하려는 심정과 그의 충성 자체를 구별 못하는 우를 범하는 결과라고 할 것이다. 그는 정권에 참여해주기를 권하는 집권당에 응하지 않았다. 권하는 한 수의 시조에 불응하는 한 수의 시조는 그의 만고상청萬古常靑을 후인들에 전하고 있다. 깨끗이 태어나서 깨끗이 죽어감이 인간의 신성성神聖性일진대 그 생명을 어찌하여 위장과 맹종으로 그칠 것인가.

물욕과 명예욕과 생사에 의연함은 선비의 본질이거니와 정몽주의 부동심不動心했던 모습은 물질만능의 사회, 권력 위주의 사회에서는 만인의 본보기가 아닐 수 없다. 조선조의 건국이 끝난 뒤로는 사상계가 크게 두 갈래로 나뉘어진다. 소위 건국에 공을 올린 훈공파勳功派와 절의파節義派가 그것이다. 불의不義 문제를 철학에 묻는 학문연구의 방향이 일기 시작하였다.

불의에 죽음으로 항거하여 의리를 수호함은 유자들이 본령으로 생각해왔다. 조선조의 역사에서 4대사화가 유명하거니와 이는 유자들의 수난사였다.

고려조를 지키려는 정몽주나 단종端宗을 복위하려던 사육신이나 뜻에 있어서는 매한가지이지만 사육신은 세종과의 뜨거운 정이 오고간 점이 정몽주의 경우와 다르다. 이어서 일어나는 무오戊午 · 갑자甲子 · 기묘己卯 · 을사乙巳의 사화에서 희생된 선비들의 수는 막대하였을 뿐만 아니라 그 비참한 처벌은 목불인견이라 하겠다. 성삼문(成三問: 1418~1456)의 임종 시조에서 "독야청청獨也靑靑"하리라는 의리로 영생하려는 충정을 듣는 이로 하여금 느끼게 하는 데 충분하다. 정여창의 효심은 또한 유명하거니와 그의 '이기理氣'에 관한 "어떻게 리와 기의 구분이 있겠는가[安有理氣之分乎]"라는 말은 조선조 성리학에서 중요한 의의를 갖는다. 애석하게도 문헌이 전해오지 않아 체계를 볼 수 없음이 안타까운 일이다.

조광조는 청년 도학자로서 일찍이 중종의 총애를 받았건만 보수파들의 모함에 희생되었으나 그의 왕도정치의 실현에 대한 집념은 아무도 좌절시키지 못하였다. 왕도정치는 인정仁政의 총책總責인 군왕에 의해서, 또 군왕은 어진 신하의 보필로써 구현될 수 있기에 군자와 소인의 분별을 엄격히 하고 어진 사람을 등용할 것을 측근에서 강조하였다. 현량과賢良科 특설 같은 것은 의욕적인 발로의 하나로 보인다. 아울러 군왕 자신의 수기성정修己誠正에 시종하면서 상소를 게을리하지 않았다.

주자는 의로움[義]과 이로움[利]을 분별하는 것이 유자에서 으뜸가는 일이라고 한 바 있다. 군자는 의로움에 밝고 소인은 이로움에 밝다는『논어』말은 의리를 높이는 이들의 금과옥조이다. 국가 번영에 이로움이 중요한 부분을 차지하기는 하지만 이로움을 탐하는 소인을 생산해서는 안 될 것이다. 의리 문제는 철학으로 깊이 있게 연구되어갔으니 이언적 · 서경덕 · 이황 · 이이 등이 바로 그분들이다. 이언적의 리, 서경덕의 기, 이황의 호발설互發說, 이이의 일도설一途說 등은 한국 성리학의 골수를 형성해주는 것들이다. 철학에 있어서 인식론이 매우 중요하기는 하나 형이상학과 함께 관념적인 부분으로 치닫게 되면 일상생활과 멀어지는 폐단이 생기게 된다.

뿐만 아니라 당쟁으로 인한 문란상 속에서 유학이 가지는 일면인 예禮로 탐구하는 방향이 잡혀져갔다.

Ⅴ. 예의 실천철학

조선조의 정치에서 예송禮訟은 당쟁으로 번져서 큰 상처를 남겨놓았다. 율곡 이이, 사계沙溪 김장생金長生, 신독재愼獨齋 김집(金集: 1574~1656), 우암尤庵 송시열宋時烈로 이어지는 학문은 한국 예학의 계보를 이룬다.『주자가례朱子家禮』가 고려 말에 들어온 후로 사례四禮, 그중에서도 상례喪禮 · 제례祭禮는 가장 중시되는 행의行儀였다. 구체적으로는 의식절차의 형식이 수반되는 것이지만 본질적으로는 체통을 중요하게 다루는 것이다.

예송의 사실을 여기서 상세히 말할 지면이 아니니 제외하고, 요지는 체통을 분명히 하자는 논쟁이었다. 국통과 가통은 체통[統]에 있어서 다를 바 없으나 하늘에 두 해가 없는 것[天無二日]처럼 국가에는 두 임금이 없다는 데서 혈육의 서열도 나라의 임금이 되면 바뀔 수 있느냐, 없느냐의 양론이 야기된 데서 발단이 되었다.

'예'의 실천은 철학의 인식론과 실천론을 겸해서 요구한다. 살아서도 '예'로 섬기고 죽어서 장례를 치르는 데도 또 돌아간 뒤에 제사를 올리는 데도 '예'로 한다는 공자의 말은 생전生前 · 사장死葬 · 사후死後를 모두 '예'로 대한다는 것이니, '예'의 규범이 질서의 전부임을 알 수가 있다.

과연 '예'란 무엇이며, 극기복례克己復禮의 '예'란 무엇인가? 공자 제자 번지樊遲는 '예'의 근본을 스승에게 물었더니 "사치스런 것보다는 검소한 것이 낫고, 절차를 거침없이 쉽게 잘 해 넘기기보다는 슬퍼함이 낫다"고 한 것을 보면 본질과 형식의 두 면이 함께 중요함을 지적해준 것으로 생각된다. 외형 물질에 검소함과 내면 심정의 추모 감정이 함께 병행되어야 한다는 것이다.

맹자는 '예'를 문門이라 하였다. 사실 문의 소속은 방房의 내외 경계선에 있게 마련이다. 그러면서 내외 양면으로 자유롭게 여닫을 수 있는 문이어야 하는 것이다.

그러나 예가 번문욕례繁文縟禮로 허례가 되어서는 안 될 것이다. 난亂으로 인한 국력 피폐와 더불어 밀려오는 서양과학은 실질[實]을 찾는 실학實學을 새롭게 요청하게 되었다.

Ⅵ. 실학으로의 변모

누적되어간 정치적, 경제적, 학문적인 폐단은 천주교의 전래를 계기로 해서 서양 문물의 간접적인 수입이 자극이 되어서 실학이 대두되었으며, 유형원, 이익, 정약용, 추사秋史 김정희(金正喜: 1786~1856)

를 그 계보로 삼는 것이 통례인 것이다.

오늘날 실학의 개념이 아직 정초되지는 않고 있으나 대체로 실사구시實事求是라는 기본 테두리에서 고찰되고 있다. 고찰되는 몇 가지 측면을 열거한다면 경제적인 측면, 과학적인 측면, 학문적인 측면을 들 수가 있을 것이다.

송나라 시대의 정자程子는 이미 『중용中庸』을 '실학'이라고 하였다. 고려 말의 권근權近도 이 점에 이의가 없다. 경제가 허虛를 걱정하여 과실을 피해서 지나친 통제로 인성의 자유마저 규제하거나, 과학이 수數의 논리를 과신하여 전체를 상실하는 분열을 초래한다면 그것도 바람직한 것이 못 될 것이다.

따라서 학문적인 실질[實]은 가장 중요한 일이며, 인식과 실천이 균형 잡힌 의식을 계발해야 할 줄 안다. 그러나 국권회복인 8·15 해방은 한국 문화의 단절 36년 뒤에 들이닥친 돌풍적인 서구문화의 난립으로 허약해진 전통체에 소화가 안 되고 체증 현상으로 현재에 이르고 있다. 이 소화제는 과연 무엇일까를 생각해본다.

Ⅶ. 요청되는 정의철학

오늘날 사회가 구조적으로 바뀌었고 사상적으로 흔들리고 있으며 가치관도 동요되고 있음은 전통적으로 평가되어야 할 때임을 시사해준다고 생각된다.

신라의 도道, 고려의 충忠, 조선조의 의리와 예禮 및 실질[實]이 오늘날에 무의미한 것이 아니라 새로운 정의의 샘터를 발굴하는 데 자원 구실을 하는 뜻있는 것으로 평가되어야 할 것이다.

정치는 현실을 좌우하는 권력을 가지고 학문이론은 그 권력의 원천을 명시해주는 데 가치가 있다. 겉에 입는 옷은 몸에 맞추어서 여러 가지로 만들어 입을 수 있으나, 담기는 몸은 매한가지이다. 내체內遞와 겉옷[外衣]은 하나임에 틀림이 없으나, 같은 내체에 시대 따라 겉옷를 바꾸어왔다.

불변의 내체, 가변의 겉옷은 하나이지만 오늘은 오늘의 몸을 살찌게 하고 또한 그 몸에 알맞은 겉옷이 필요하다. 바로 그것을 오늘에 요청되는 정의로 강조하고 싶다. 과거에는 정의란 없었던가. 그런 것이 아니라 오늘의 상황이 반드시 과거와 같지 않으므로 해서 새롭게 요망되는 측면이 따로 있어서 하는 말이다.

첫째 세계사 시대임을 부정할 수가 없다. 우리의 남북통일을 원하지 않는 국민이 어디 있겠는가. 우리의 분열을 슬퍼하기 전에 외세의 통일이 선행되어야 할 것이다. 오늘의 정의 개념은 세계사 시대라는 데서 우선 새로워져야 할 것이다.

둘째는 유학의 입장에서 인仁과 도道라는 근본이 재천명되는 정의여야 할 줄 안다. '인'은 사람을 사랑하는 것, '도'는 인간의 도라는 것이며, 아울러 한국적인 의미에서는 홍익인간의 인간과 인내천의 인간정신이 새롭게 의미 부여가 되어야겠다는 것이다. 이것이 아마도 핵로核爐를 막는 자원 구실을 할 것이 아닌가 이해되기 때문이다.

이렇게 생각되는 원리적인 의미에서 사람과 '도'를 이어주는 성명性命 · 심성정心性情 · 선악善惡 문제는 태극太極 · 음양陰陽 · 이기理氣 · 중화中和 이론과 함께 정의 개념을 산출하는 매우 긴요한 체계임을 시인하게 된다. 중국의 성리학이 태극 · 이기의 우주론 중심인데 비해서 한국의 성리학이 인성人性 · 심성정 · 선악을 중심 문제로 다루었음은 현대철학에 새롭게 각광을 받을 만한 것이며, 그뿐 아니라 정의의 체계를 논리화하는 데 기저가 되어야 할 것이다.

제3장 유학발전의 철학적 신방법

– 퇴 · 율의 성리설은 현대적 각도에서

Ⅰ.

유학을 곧 철학으로 볼 것인가 하는 것은 말하기 어렵지만 유학에 있어서 적어도 철학적인 요소가 결여되어 있다고는 할 수 없을 것이다.

철학이란 말이 philosophy 또는 philosophie의 외래어를 번역한 애지愛智의 뜻이라고 하니 "지혜[智]를 사랑한다"는 의미일 것이지만, 지혜를 사랑한다 하더라도 지혜가 과연 무엇이냐 할 때 단순하지는 않다. 그 학적學的 범위를 말하더라도 서양에서는 희랍 이후 점차로 분화되어 학學으로서의 철학의 소관이 무엇인가 할 때 모호해질 지경에 이르렀다. 그러나 철학은 철학으로서 다른 '학'이 가지지 못하는 특수성을 지니고 있음은 사실이다. 또한 철학은 시대에 따라 성격을 달리하기도 하기 때문에 철학적이라고 해도 일정한 시기에서 보아야 할 것이요, 그러한 뜻에서 현대의 위치에서 살펴보는 것이 가장 가치 있는 일이라고 생각된다.

Ⅱ.

고대 및 중세의 철학은 형이상학적이었지만, 근세의 인식론적 철학은 형이하학적 경향을 띠었다. 인식론은 존 로크(John Locke: 1632~1704)나 데이비드 흄(David Hume: 1711~1776)의 경험론에서 비롯되며, 경험론은 모든 인식이 경험으로부터 온다고 주장함으로써 순수사유에 의한 형이상학에 대하여 날카로운 비판이 가해졌다. 경험을 초월한 순수사유로부터의 인식에 의한 형이상학은 과연 그것이 가능한가의 여부를 검토 음미하지 않은 독단론에 불과한 것이라고 비판한다. 임마누엘 칸트(Immanuel Kant: 1724~1804)에 의하면 인식은 직관에 주어진 잡다가 사유의 통일로서 성립되지만 이 통일 형성은 오성悟性에 속하며 그 내용은 직관을 기다려야 한다. 그러나 인식의 형식은 다만 가능한 경험에 대해서만 타당하고 모든 경험을 넘어선 물자체物自體의 인식은 불가능한 것이라고 하여 초월적 형이상학은 학으로서 성립될 수 없다고 한다. 현대의 신칸트파도 비형이상학적이며 철학은 인식론에 귀착하는 것으로 생각한다. 이래서 빌헬름 빈델반트(Wilhelm Windelband: 1848~1915)나 하인리히 리케르트(Heinrich Rickert: 1863~1936)는 철학의 문제는 존재가 아니라 당위 또는 가치에 있다고 보며 헤르만 코헨(Hermann Cohen: 1842~1918)이나 폴 나토르프(Paul Natorp: 1854~1924)는 칸트의 논리학에 의해 형이상학의 독단성을 배격하고 있다.

한편 영국의 경험론 철학의 비형이상학적 경향은 현대에 있어서 미국의 프래그매티즘(pragmatism)의 철학으로 발전되었다. 또한 오귀스트 콩트(Auguste Comte: 1798~1857)에 의해서 주창된 실증주의는 반형이상학에 박차를 가했다.

그러나 오늘날의 철학은 그 경향을 차츰 달리하여 가고 있다. 막스 셸러(Max Scheler: 1874~1928)에 의하면 철학의 근본적 문제는 존재 문제요, 지식도 존재자 간의 존재관계에 불과하여 철학의 인식론에 국한하려 함은 철학은 과학의 시종으로 만들려는 소위라는 것이다. 신칸트파의 철학이 인식론적이며 존재의 문제도 인식론적 문제로 환원하려고 하는 데 대해서 에드문트 후설(Edmund Husserl: 1859~1938)의 현상학이나 알렉시우스 마이농(Alexius Meinong: 1853~1920)의 대상론은 존재론적임을 특성으로 한다. 니콜라이 하르트만(Nicolai Hartman: 1882~1950)은 인식문제 속에 필연적으로 내포되어 있는 존재의 문제로 지적하였고, 마르틴 하이데거(Martin Hidegger: 1889~1976)는 자기 입장을 존재론적이라 하여 종래의 형이상학이 존재적인데 대하여 주체적 입장에 서려고 하며 인간의 현존재 · 자각적 존재자로서의 인간의 주체적 존재의 자기 해석을 중심으로 그의 기초적 존재론을 형성한다. 칼 야스퍼스(Karl Jaspers: 1883~1969)의 실존철학도 유사한 경향을 보이고 있어 프리드리히 니체(Friedrich Nietzsche: 1844~1900)나 죄렌 키에르케고르(Söeren Kierkegaard: 1813~1855)의 영향을 받아 생의 철학으로서 현대 형이상학의 특징을 보여주고 있다.

지혜를 사랑하는 '애지'의 학이 위에서 본 바와 같이 혹은 형이상학으로 혹은 인식론을 내용으로 하기도 하고 또는 존재철학으로 등장하게 된 현금現今에 비추어 침체되어온 유학이 이러한 철학의 움직임에 과연 어떻게 조화될 수 있으며 나아가서 우리의 철학으로 발전되어갈 수 있을까 하는 것은 지자 간의 주목의 대상이며 동시에 학자 간에 연구되어야 할 과제라 아니할 수 없다.

Ⅲ.

한국의 유학은 외래문화와의 교섭이 구한말에 전래해온 외국 종교의 접촉을 제외하고는 거의 없었던 관계로, 고유한 우리의 유학의 해방 이후 거세게 흘러들어온 서구의 철학사상과의 상접相接은 역사상 처음이며, 따라서 이 소용돌이 속에서 성장되는 새로운 철학은 바람직한 일이기도 하다.

그러기 위해서는 종래의 유학이 우선 깊이 이해되어야 할 것이며 동시에 현대철학의 제문제가 밝혀져야 하며, 나아가서 유학과 현대철학과의 매개점이 발견되리라고 믿는다.

민족의 역사를 망쳤다거나 사색당쟁四色黨爭의 본산이었다거나 하여 도외시하기[置之度外] 전에 먼저 유학의 근본정신이 무엇인가 하는 것이 다시 연구되어야 할 줄로 안다. 혈연이나 지연이 무시될 수 없듯이 주어진 문화적 유산은 이것에 발붙임을 삼을지언정 백지화할 수는 없다. 그렇기 때문에 유학은 재검토하여 평가되어야 할 것이다.

유학이 공자를 조종祖宗으로 하는 인간의 수기修己 · 치인治人의 학문이라고 한다면 이것은 지혜를 사랑하는 '애지'의 학인가? 물론 지혜가 단순한 것만이 아니라 해도 유학은 '애지' 그것이 전부는 아니다. 그러나 "아침에 도를 들으면 저녁에 죽어도 좋다[朝聞道 夕死可矣: 『論語』「里仁」]"라고 한 것을 '사랑[愛]'하는 정도가 아니라 구함에 있어 죽음을 생각지 않을 만큼 간절하였음을 알 수 있다. 그러면 형이상학이라고 할 것인가? "성性과 천도天道는 들을 수 있다[性與天道 不可得以聞也: 『論語』「公冶長」]"고 한 점은 공자에 있어서 형이상학적인 색채가 희박함을 보여주는 것이나, "귀신을 공경하면서 멀리한다[敬鬼神而遠之: 『論語』「雍也」]"고 한 것이라든가 환퇴桓魋가 해하려 할 때 최후의 결정적인 자리에서 "하늘이 나에게 덕을 내주셨으니 환퇴가 어떻게 하리오[天生德於予 桓魋其如予何: 『論語』「述而」]"라고 하여 사생결단이 강한 형이상자에 근거함을 알 수 있다. 그러면 유학은 인식론을 대상으로 아는가?

"배우고 때때로 익히면 또한 기쁘지 않은가[學而時習之 不亦說乎: 『論語』「學而」]"라고 한 것으로 보아 학지學知에 그치지 않고 습득한 나머지 벗도 찾아오고 사람들의 알고 알지 못함[知不知]에 성냄이 없는 군자를 기대함을 보면 단순한 인식만을 문제삼는 것이 아님을 알 수 있다.

이상은 선진시대의 순수유학에서 살펴본 몇 개의 단편에 불과하나 송나라 시대에 이르러서는 이론으로 발전되어 좀 더 체계적이기는 하지만, 선진시대의 내용에서 더 나아가지 못하였고 다만 선진유학의 논의에 노력한 것이다. 주돈이의 "무극이태극無極而太極", 장재의 기氣, 정자程子의 리理는 주자에 이르러 성리학의 줄거리를 이루었고, 이 이론은 조선에 수입되어 이황과 이이의 이기론理氣論으로 발전되었다. 송나라 시대의 주자학이 무극과 태극 문제를 갖고 우주론적인 체體와 용用을 밝혔다면, 이황과 이이는 이것을 계승하여 인간의 심성정心性情 문제를 이기로써 심화하고 구명하였다고 생각된다. 즉 우주론과 인성론이 일원一元으로 다루어지고 있음을 볼 수 있다.

양자楊子는 "천지인에 통함을 유儒라 하고 천지에 통하였지만 사람에 통하지 못함을 기技라 한다[通天地人曰儒 通天地而不通人曰技]"고 하여 천지인의 도에 통한 학덕 겸비한 사람을 유자[儒]라고 지칭하였다. 자연과 인간, 만물[物]과 나[我]의 통달을 원하고 그러한 까닭의 법칙[所以然之則]의 맥락을 궁구하려 했으며, 이 완성을 인仁에 두어 격물치지格物致知로써 그 방법을 제시하기에 이르렀던 것으로 생각된다.

한편 현대의 철학은 인식론으로부터 존재론으로의 이행이며, 생철학으로부터 실존철학으로 전환 경향을 보여주던 것이 제2차 세계대전 후 하이데거와 야스퍼스를 중심으로 하는 실존철학으로 더욱 세계를 풍미하게 되었다. 실존철학은 그 내용에 있어서 인간학적이며 인간학은 현대철학의 한 특징으로 나타나고 있다. 이와 같이 인간이 문제로 되었다고 하는 것은 인간의 본질에 관한 종래의 사상, 특히 인간의 본질이 이성이라고 생각한 그리스 이래의 지배적인 인간관이 동요된 것을 말해주는 것이며, 심지어 장 폴 사르트르(Jean Paul Sartre: 1905~1980)는 실존주의를 휴머니즘이라고까지 단정하게 되었다.

이론에 있어서 개체적 자아의 자각과 본래적인 자기를 존중하는 실존철학은 불안 · 한계상황 · 구토 · 부조리 등의 실존적 체험을 기반으로 삼으며 인간은 주체성에서만 파악되며 본질 존재로서가 아니라 현실 존재로서 드러난다는 것이다.

이렇게 볼 때 유학과 현대 실존철학에 있어서 인간 문제를 그 주요 대상으로 삼고 있음을 간과할 수 없는 양자 간의 한 공통점이라고 할 수 있지 않을까 한다. 그러면서도 본래적인 자기를 개념 아닌 실존태實存態로 파악하려 함이나 "태어남을 성이라 한다. 성은 리이다[生之謂性 性卽理]" 함에 이르러서는 더욱이 심각하다. 어떻게 해서 여기에 도달할 것인가 하는 것은 자못 문제됨직한 일이다.

여기에 이론적인 뒷받침이 필요하며 유학을 다시 보는 동시에 이황과 이이 유학의 철학적인 분야로 그들의 성리설은 그 비중이 크다고 할 것이며, 현대적인 각도에서 새롭게 다루어질 앞날의 과제라고 믿는 바이다.

제4장 유학의 사상사적 기능
– 동서 사이의 한국 유학

Ⅰ.

사상사상思想史上 현대라는 시점에서 새 문화 방향 정초를 위하여 모든 기성 문화를 재반성하게 되는 줄 안다. 한국 사상에서 유학이 그 비중을 높이 차지하고 있는 만큼 오늘의 상황에서 그 사상적 기능을 일별함은 의미 있는 일이라 생각된다. 한국 유학이라고 한 것은 유학이 중국과 그 근본[宗]을 같이 하는 것이기는 하지만 중국과 구별해보고 싶은 뜻에서이고 사상사적 기능이라고 한 것은 사상의 현실 소용돌이 속에서 유학이 기여할 수 있는 것이 무엇인가를 고찰하고자 하는 취지에서이다. 먼저 한국과 중국 양국의 유학 변천을 비교하고 다음에 한국 사상사의 특수성을 살핀 다음에 한국의 복합된 현대사상과 유학에 관해서 그 기능면을 고찰해보고자 한다.

Ⅱ. 유학 변천의 한중 차이

첫째, 유학이 공자를 종사祖師로 한다고 할 때 중국은 발생국이요 한국은 수입국임을 말할 수 있다. 여기서 주의 깊게 보게 되는 것은 유학이 외래사상으로서 수입된 최초의 것이라는 점과 당시에 하등의 거부 반응 없이 수용되었다는 점이다. 최치원이 말했듯이 우리의 고유한 현묘玄妙의 도道가 유불선儒佛仙을 포용할 수 있다면 유교뿐만 아니라 다른 어떤 종교도 내 것으로 소화가 가능할 것이며 여기에 거부 현상이 나올 리가 없다. 다양한 여러 종교가 공존할 수 있는 소지를 충분히 갖추고 있는 것으로 보인다. 그러나 공자를 조종으로 할 때 발생과 수입으로 대비할 수 있으나 공자 이전의 유학의 연원을 살펴볼 때 흥미 있는 사실을 발견하게 된다. 장지연(張志淵: 1864~1921) 씨는 『조선유교연원朝鮮儒教淵源』에서 『이아爾雅』와 『두씨통전杜氏通典』과 '기자箕子', 『논어論語』와 『주역周易』을 인용하여 한국이 유교의 조종의 나라[祖宗之邦]라고 단정하였고, 류승국(柳承國: 1923~2011) 씨는 유학이 중국에서 독자적으로 발생했다기보다 동이東夷와의 밀접한 관계에서 형성되었음을 「한국유교사상사서설韓國儒教思想史序說」에서 입증하고 있다.

둘째, 변천 과정에서 유사성을 발견한다. 대개 선진기先秦期에서의 도를 논함[論道]이 자유로웠던 시대, 한대漢代의 훈고학訓詁學, 송대宋代의 성리학性理學, 명대明代의 심학心學, 청대淸代의 실학(實學: 고증학)을 들어서 중국 유학의 변천을 지적할 수 있다. 한국의 경우 고구려 소수림왕小獸林王 2년(372)에 태학太學을 설립해서 교육을 실시한 이래 신라시대까지는 유불도儒佛道의 자유 공존 시기였고, 고려 말엽까지는 훈고訓詁와 사장詞章을 중심으로 한 시기며, 조선은 성리학 위주였으나 약간의 심학心學과 근세에 이르러 실학實學이 형성되어간 것은 흡사 중국을 방불케 한다고 하겠다. 외형상 변천의 유형에서 공통성을 볼 수 있지만 내용에 있어서는 반드시 일치한다고는 할 수 없다.

셋째, 구별되는 내용 가운데서는 성리학에 있어서 심성정론心性情論이 주제로 되었다는 것이 가장 현저한 차이점이라고 하겠다.

우선 선진기의 '도를 자유롭게 논함[論道自由]'과 고구려 · 신라의 유불도 공존기에서는 불교의 유무가 다르고 중국 한대와 고려의 훈고학은 진화(秦火: 焚書)에 의한 문화 피해가 있고 없었던 것이 다르며, 송대의 성리학은 이기理氣로 태극太極을 논증하려는 우주론적 경향에 비추어 한국의 성리학은 인성人性을 밝히려는 인생론적 경향이 다르며, 심학은 정주程朱와 육왕陸王이 유학의 테두리 안에서 성즉리性卽理와 심즉리心卽理로 맞선 데 비해서 한국의 심학은 배척을 받으면서 인물성동이론人物性同異論의 논쟁이 벌어진 것이 다르며, 청조의 실학이 서양문화의 수입과 함께 고증학을 겸하는 경향에 비해서 다년간 이기논쟁에서 오는 공소空疎한 경향의 반발에 치중된 점이 다름을 짐작할 수 있다.

이와 같이 비교되는 차이점 그 기저에는 한국 민족사상의 일관된 흐름이 있고, 이 흐름 속에 노출되는 사상가들의 주장을 인지할 수가 있다. 이러한 사상의 노출되는 좌표를 이어가면서 그 일관성을 다음에 확인해본다.

Ⅲ. 한국 민족의 사상사의 그래프

위로 홍익인간을 시발점으로 하고 아래로 인내천人乃天을 종점으로 해서 선을 그어볼 때 홍익인간의 '인人'과 인내천의 '인人'의 공통된 '인'을 쉽게 발견하게 된다. 인간 위주임을 이해할 수 있을 것이다. 그러나 홍익인간이 단군의 신화적 이상이 아니라 실제 사회(『한국유교사상사서설』, 柳承國)로서의 이념이요 지표였다는 데 사상사적 의의를 깊게 해준다. 우리의 사상에 나타나는 여러 주장들은 인간 위주의 일관된 기저로 귀일됨을 생각할 수 있을 것이다.

기자箕子의 팔조八條나 고구려의 예속은 사회의 논리를 중요시했고, 부인정신의 미덕이 찬양되었으며(『漢書地理志』「隋書」〈高句麗條〉),

신라 화랑정신과 화백제도(『新唐書』「東夷」〈新羅傳〉)가 유명한 바이거니와 세속오계世俗五戒는 우리 고유의 풍류를 주장하는 최치원의 입장에서는 유불儒佛 공존이라기보다 바로 우리의 것이라고 해야 온당할 것이다. 고려 말엽의 포은圃隱 정몽주鄭夢周가 『주자가례朱子家禮』를 도입 실시함은 사회예속의 해이를 의미하며, 일상의 도道로 유도를 강조함(『高麗史』「鄭夢周傳」)은 불교의 타락을 말해준다. 그의 「단심가丹心歌」는 유자적인 신도臣道를 표현해준 것이다. 조선시대에 접어들면서 유교 입국의 영향과 함께 그 문화 방향도 유교 일색으로 짙어갔음은 사실이다.

김종직金宗直은 "정치의 성취와 불성취[成不成]는 교육에 매어 있고 교육의 본지는 효孝에 있다"(「與密陽鄕校諸子書」·「安陰縣新創鄕校」)라고 하였다. 정여창(鄭汝昌: 1450~1504)은 이기선후理氣先後를 말하는 주자에 대하여 이기는 분리할 수 없음[理氣不可分]을 주장하여(玄相允, 『朝鮮儒學史』) 인간의 현실적 이해를 시사해주고 있다. 생육신과 사육신의 가치의식은 더 말할 것도 없고, 조광조趙光祖의 성상聖上에 대한 신독愼獨 · 성경誠敬 공부와 태평삼대太平三代로의 회복을 도모하기도 하였다.

서경덕徐敬德과 이언적李彦迪을 거쳐 이황李滉, 이이李珥에 이르러서 심성정론心性情論의 한국적 성리학의 정상이 확립된다. 서경덕은 자신의 견해를 천성千聖들이 모두 전하지 못한[千聖不盡傳] 진리를 간파한 것이라(『花潭集』 卷2 「鬼神死生論」)고 자처하였고, 이황은 주자의 무극태극관無極太極觀을 "의리가 두루 펼쳐져 치우치지 않고 전복시켜도 깨지지 않는다[周徧不倚 顚撲不破矣: 「答奇明彦論四端七情第二書」]고 확신하였으며, 이이는 그의 '발현[發]'론을 후세에 성인이 다시 난다고 해도 고치지 못한다[發之以下二十三字 聖人復起 不易斯言: 「答成浩原」]고 자신하였다.

이 이후로는 이기학파理氣學派들이 다양하게 분파되어 논쟁이 되풀이되어갔고, 그동안에 실질[實]을 잃어버리는 공소화 경향을 면할 수 없게 되었다. 심학의 명맥을 이은 계곡谿谷 장유(張維: 1587~1638)는 "중국의 학술로 정학正學 · 선학禪學 · 단학丹學 · 정주학程朱學 · 육왕학陸王學이 있는 데 비해서 한국은 정주학 일색이므로 유학이 진작되지 않는다"(『谿谷集』「漫筆」)고 하여 실심實心으로 향학向學해야 한다고 말하고 있다. 성호星湖 이익(李瀷: 1681~1763)은 일자양자一字兩字의 뜻풀이를 일삼는 유학이 아니라 "행동하고 남은 힘이 있거든 글을 배운다[行有餘力 則以學文]"라고 하는 본연의 자세로 돌아가야 할 것(『星湖僿說』)을 강조하고 있다. 다산茶山 정약용(丁若鏞: 1762~1836)은 "사서육경四書六經은 수기修己를 위한 것이며 일표이서一表二書는 국가 경륜의 본말을 갖춘 것인데 아는 사람은 적고 비난하는 사람이 많지만 만일 천명이 허락되지 않는다면 불에 태워버려도 좋다(『與猶堂全書』 卷16「自撰墓誌銘」)"고 자기 저서에 대하여 언급하고 있다.

위에서 시대별 학자별로 유학적인 측면에서의 특수성을 통관通觀해보았다. 정절을 중시한 기조箕朝와 고구려의 예속이라든가 현묘의 도를 배경으로 하는 신라의 화백제도, 정몽주의 충의忠義, 김종직의 정교政敎, 조광조의 지치至治, 이황과 이이를 절정으로 하는 성정론性情論, 심학과 실학의 득실에의 기여 등은 단군의 홍익인간을 기점으로 해서 수운水雲 최제우(崔濟愚: 1824~1864)의 '인내천'에 이르기까지에 우리의 사상을 이어주는 유학적인 섬돌들이라고 생각해보고자 한다. 인간이 중요하기에 사회가 문제되고 사회를 문제삼기에 자연과의 관련을 생각하게 되며 자연을 생각하게 되니 초월자에까지 사유는 치닫게 되는 줄 안다. 여기서 주의해야 할 것은 인간으로부터 초월자의 상관관계에 있다는 점이며 또한 그렇다고 해서 다 동일한 것으로 혼동해서도 안 되는 준엄하게 구별도 해야 하는 점일 것이다. 상관관계 속에 공존한다는 사실과 공존 속에서도 준엄하게 구별되어야 할 성속聖俗 문제는 신문화의 방향을 정초하는 기점좌표로서 매우 중요한 의의를 갖는다고 하겠다. 여기서 오늘날 동서양이 회우會遇하고 있는 사상의 복합된 소용돌이를 잠깐 응시할 필요를 느낀다.

Ⅳ. 복합된 현대사상과 유학

현대의 사상 속에는 불교 · 도교 · 유교적인 것 이외에 기독교적인 것과 유물론적 요소가 복합되어 있다고 생각된다. 유불도儒佛道 삼교에 대한 비판은 일찍이 정도전鄭道傳이 그의 「심기리삼편心氣理三篇」에서 시도한 바 있다. 유불도를 '주리主理', '주심主心', '주기主氣'로 구별하고 각각 하나를 지키고 둘을 버리는 도불道佛의 단점을 지적하면서 유교는 '주리'와 함께 심心과 기氣를 함께 기른다는 장점을 들고 있다. 노자의 무위無爲는 시비를 불허하고, 석가의 무념無念은 선악을 의논하지 않는 데 비해서, 유학자가 하나의 리와 만 가지 선[一理萬善]을 항상 공경하고 두려워하는 바를 보존하고[常存敬畏] 반드시 성찰하는 마음을 더하는 것[必加省察]이 도가와 불가[道佛二家]의 고고枯槁에 빠지지 않으면 방예放隸에 흐르는 폐단을 면할 수 없는 데 비한다면, 의리에 근거해서 심기心氣가 늘 명령을 듣는 결과를 얻을 수 있다는 것이다. 정도전의 이러한 태도는 '심', '기', '리' 세 가지의 관계를 끊을 수 없는 것으로 파악하면서도 '리'를 구별하는 데 그 요지가 있는 것이 아닌가 한다. 이처럼 정도전이 유가의 '리'를 옹호하면서 노자의 '기'와 불가의 '심'을 겸제兼提한다는 주장에 비교한다면 마테오 리치(Matteo Ricci)는 반대 입장에 선다. 1582년 이후 59세로 생애를 마칠 때까지 중국에서 선교활동으로 헌신한 그는 그의 저작『천주실의天主實義』「태극지론太極之論」에서 이 '리'에 대하여 반론을 편다. '리'란 자립할 수 없는 의뢰자依賴者며 공허한 것이므로 영각靈覺이 있을 수 없다고 주장한다. 마테오 리치의 반대 입장에선 정도전으로 말하라면 그의 주장은 기론적氣論的이라고 평할 것이다. 그러나 적어도 신성성神聖性에 관한 문제라면 '리理'론적이거나 '기氣'론적이거나 간에 일원一源으로서의 논리가 가당하다면 족할 것이다. 이이에 의하면 리의 근원[理之源]도 기의 근원[氣之源]도 '하나[一]'일 따름이니 이기가 하나이다(「答成浩原」)고 하였다. 이기지묘理氣之妙를 보기 어렵고 설명하기 어려운 것[難見難說]이라고 그는 말했지만 이분된 이기라면 리의 근원과 기의 근원이 각각 근원일 수밖에 없겠으나 분리되지 않음[不離]의 이기로서의 리의 근원과 기의 근원은 이기지묘로서의 일원一源을 입증해주는 것이라고 해야 할 것이다. 증석曾晳의 읊고 돌아가고자 하는 세계[詠而歸]를 함께 하고자 하는 공자의 심경을 리인가 기인가 하고 묻는다면 그것은 현명한 질문이라고는 할 수 없을 것이다. 갈등하고 있는 유물론唯物論과 관념론觀念論에서는 부당한 논리라고 할 것이다. 이황을 객관적 관념론자라 하고 이이를 주관적 관념론자라고 한다면 그는 유물론 입장에서 관념론을 공격하는 저의의 소치일 것이다. 여기에 대립의 논리로부터 조화의 논리에로의 전환이 요구된다.

모순론과 실천론은 모택동(毛澤東: 1893~1976)의 주요 논리라고 한다. 모순론은 1952년 4월 1일자, 실천론은 1950년 12월 29일자 「인민일보人民日報」에 처음으로 공개되었으나, 철학자적인 인상을 주기 위해서 1937년으로 소급 위장하고 있다(Arther A. Cohen)고 한다. 항일민족해방의 정당성을 변호하기 위한 이론일진대 동기부터가 수단적이요, 비학문적임을 알 수 있다. 모순을 내부의 구조적인 것으로 지적하면서 새로운 것과 낡은 것이 변증법적으로 발전된다고 주장을 하지만, 어떻게 구조적인 자연면自然面을 모순으로 보며 신구 변화를 투쟁으로 볼 것인지 납득하기 어려운 일이다.

온고지신溫故知新이 투쟁의 결과란 뜻인가? 음양陰陽은 조화하면 생성 발전이 되지만 부조화하면 단절과 소멸이 올 따름이다. 실천에 의해서만 진리는 발견, 입증 발전된다고 하지만 실천은 앎[知]과 무관할 수는 없다. 주희(朱熹, 朱子)의 선지후행설先知後行說과 격치설格致說이 있고, 왕수인(王守仁: 1472~1529, 陽明)의 지행합일설知行合一說이 있고 손문(孫文: 1866~1925)의 지난행이설知難行易說이 있다. 앎[知]과 행동[行]을 차의 두 수레바퀴나 새의 두 날개로 비유하기도 하나 그렇다고 해서 서경덕의 경계에서만 타당한 것이 아니라 이이의 말과 같이 그 위에 이통기국理通氣局에서도 보편적임을 주시해야 할 것이다.

V. 맺음말

위에도 대체로 정도전의 '리', 마테오 리치의 허리虛理, 이황·이이의 이기, 모택동의 모순과 실천 문제를 잠깐 엿보았다. 도대체 인간이 학적으로 파악될 수 있는가 하는 것은 문제이기도 하지만, 양자楊子의 이른바 "하늘과 땅을 통달한 것이 기예이고 하늘과 땅과 사람을 통달한 이를 유자이다[通天地日技 通天地人日儒]"라는 말은 인간 이해의 접근을 시도한 표현으로 짐작된다. 셸던(Wilmon Henry Sheldon: 1875~1981)이 「동서철학의 주요한 대비」(1949)에서 동서비교를 Real의 인식과 화化 피彼 세계와 차此 세계 변變과 불변不變으로 요약한 바 있으나, 두 면이 끊어질 성질이 못 된다면 오늘날은 Real의 인식과 화化를, 피彼와 차此를, 변불변變不變을 함께 보는 철학이 요구된다고 해야 할 것이다.

낡은 것과 새로운 것 사이에 모순 갈등과 우승 열패로서 발전된다기보다 변화란 생성에 의의가 있는 낳고 낳는 것을 만물이다[生生之

謂物]라고 했듯이 한 번 음하고 한 번 양하는[一陰一陽之] 조화에서 이루었다고 보아야 할 것이다. 한 몸의 평온, 한 집안의 화목, 한 나라의 안정, 인류의 평화는 그 초점이 조화할 수 있는 중용中庸에 있다면 아리스토텔레스(Aristoteles: B.C 384~B.C 322)의 가치 정점으로서의 중용이나, 용수(龍樹: 150~250)의 중관론中觀論, 자사子思의 중화사상中和思想은 현대사상에서 주시해야 할 부분이라고 생각된다.

홍익인간과 인내천으로 통관統貫된 민족사상에서 인성을 밝히고 선을 가려 굳게 잡는[擇善固執] 철학과 윤리는 바람직한 일이라고 믿는다. 인간이 진리에 담겨 있는 일부분이기도 하지만 진리를 구사하는 것도 인간이고 보면 키key란 제공할 수는 있으되 사용 여부는 그 자신에 달려 있는 약점을 배제할 수는 없다. 제공과 사용을 겸하는 키key를 '실질[實]'이라고 명명한다면 이러한 '실질'의 실학實學이야말로 새롭게 각광을 받을 수 있을 것으로 추측된다. 열매[實]는 때[時]의 어제와 내일을, 공空의 멂[遠]과 가까움[近]을 함께 지니고 있는 시공時空의 생명체라고 할 때 이황과 이이의 이기성정론理氣性情論이 하나의 키key로써 현대사상사상 오케스트라적 기여가 가능하다면 이것이 인간의 나라 한국에서 그리고 우리의 유학에서 앞날에 기대되는 점이라고 전망된다.

제5장 유학과 한국의 교육사상

Ⅰ. 유교사상이 한국 교육에 미친 영향

유학이나 유교사상이 우리나라에 소개된 것은 그 연대에 있어서 다른 어느 외래사상보다도 오래된 것은 사실이다. 뿐만 아니라 중국에 있어서 그러했듯이 우리나라에 있어서도 치자治者의 의도나 학자의 주장에 좇아 그 성쇠가 되풀이되었고, 더욱이 조선에 들어서면서 중엽을 거치는 동안에 일찍이 중국에서도 보지 못한 성리학의 발전을 가져왔으며, 한일합방에 이르기까지 그 치적을 역사에 기록케 하였다. 이런 의미에서는 정치나 경제나 사상이나 간에 그 저류底流를 유교사상에서 보려 하며 특히 교육사상을 유학에서 더듬어보려 함도 지나친 무리는 아님직한 일이다.

유교사상이나 유학이라고 하면 공자의 사상이며 그의 학學을 지칭한다 하는 것은 상식화된 문제이지만, 그것이 전래 이후로 우리의 특수성이나 개성을 형성하기까지는 적지 않은 변동과 과정을 밟아왔다.

신라와 고려시대는 중국 한당漢唐의 학풍을 받아서 경전經傳에 통하고 역사[史記]에 밝고 정치나 법률 또는 제도에 자세하며, 또 그것을 잘 운용할 만한 어진 관리가 되는 일과 사부詞賦나 문장文章을 능하게 하는 것이 주목표였다. 고려 말기에 이르러서는 송학宋學이 점차로 소개되면서 학풍도 또한 차츰 변하고 송학류宋學流로 기울어지는 경향을 보이기에 이르렀다. 조선 초기에 들어서면서부터는 조정에서의 적극적인 유학 장려와 불교사상에 대한 국민들의 염증 때문에 공맹사상을 존중하는 방향으로 전향하게 되었다. 삼국시대나 고려 당시에 가졌던 불교의 권위나 세력 이상으로 전 학계와 전 사상계에 군림하게 되어 그 주장과 중추역中樞役을 전담하기에 이르렀다. 그로부터 이후 송풍宋風의 학문은 이론을 중심으로 또는 이학理學을 중심으로 하는 학문으로 일층 진전을 보게 되어 다시 조선 중엽으로의 교량시기橋梁時期를 형성하게 되었다. 조선 중엽에 이르러서 한국적 유학은 성리학으로 각광받기 시작했다. 즉 다루어진 내용으로는 지식철학에 관한 것이 아니라 거론한 문제는 주로 자연철학과 인생철학이 있었다. 결국 우주론과 심리학, 윤리학이 그 주제였다. 리理나 기氣는 양자가 다 본체적 개념으로서 우주 생성의 요소와 원리를 말한 것이요, 심성정心性情이니 도심인심道心人心이니 혹은 인물성동이人物性同異의 의론은 또한 우리들의 심리 현상을 연구하여 토론한 것이다. 그러나 성리학이 우주론이나 심리 현상을 힘써 말한 것 그 이면에 한 개의 목적이 있었다.

즉 천인 관계[天人之際]와 물아物我의 관계를 논하여 하늘과 사람의 원리를 동일하게 말하고 또 천인합덕天人合德을 역설하여 성현을 만들고자 하는 데 윤리적인 목적이 있었던 것이 그것이다. 그렇기 때문에 조선 성리학의 최고 목표는 윤리학에 있었다고 말할 수 있다. 그리고 지식 문제에 관하여서는 격물치지格物致知라든가 궁리진성窮理盡性이라든가 해서 지식을 연구하고 토론한 것이 아님이 아니나, 지식의 본질이나 지식의 타당성을 연구하고 검토하는 이른바 인식론적 연구는 별로 치력致力한 것이 없었다.

대개 이상에서 본 바 유학의 변천이 역사적인 배경을 이루어 모든 분야에 직접적 또는 간접적으로 영향을 주었다고 생각된다. 한국 사상은 유교사상을 떠나서 논할 수 없고, 유교사상은 성리학이 또한 그 주류이고 주축이어서 한국의 유학을 정주학程朱學 또는 주자학朱子學이라고 일컫는 까닭도 여기에 있는 것이다. 원래 유학에는 정치도 있고 경제도 있고 법률도 교육도 철학도 인륜도덕 · 문학 · 예악도 있다. 위에서 기술한 시대적인 유학의 흐름을 따라 교육사상도 연면히 움직여왔다고 생각된다.

서양의 교육이 애지愛智로부터 시작되어 풍부한 지식과 능숙한 기술을 위주로 하는 데 비해서, 우리 선인들의 교육은 철두철미하게 군자君子를 양성하는 데 주력을 경주했었다.

공자는 교육의 목적을『논어』「학이學而」제1장에서 "배우고 때때로 익히면 또한 기쁘지 않은가, 벗이 먼 곳에서 오면 또한 즐겁지 않은가, 사람이 알아주지 않아도 성내지 않으면 또한 군자가 아닌가[學而時習之 不亦說乎 有朋自遠方來 不亦樂乎 人不知而不慍 不亦君子乎]"라고 천명하여 인격 완성을 그 목표로 하였음을 알 수 있다. 일본의 학자 가노 나오키狩野直喜가 대교육가 공자는 문행충신文行忠信으로 교육하고 인격자 양성이 목적이었다고 한 것이나, 루소(Rousseau)가 공학孔學은 선善을 서적 속에서 구한 것이 아니라 양심에서 구하고 (……) 중용中庸의 도道에 합일하여 진리를 실현함에 교육 목적이 있다고 한 것이나, 또는 크릴(H. G. Creel)이 공자는 중국 역사상 사학교육의 제1인자라고 한 것 등은 다 같이 공자를 위대한 교육자로 보고 한 말이다.

중국에서는 더 말할 것이 없지만 우리 한국에 있어서도 받은 바 그의 영향은 실로 크다고 아니할 수 없다.

유교가 종교인가 종교가 아닌가 하는 문제는 경솔하게 판단하기 어려운 일이나 현실적인 실천윤리로 봄은 일반적인 통론인 듯하다. 공자를 조종祖宗으로 하는 실천교육으로 유교를 해석하는 데서 오는 결론이라고 생각된다. 그렇다면 한국의 사상을 지배해온 유교사상은 넓은 의미에서 교육사상으로 보아서 무방할 것이다.

신라와 고려시대의 교육은 통경명사(通經明史: 경전에 통달하고 역사에 밝음)와 사장詞章을 위주로 해서 어진 관리를 양성하는 데 그 목표가 있었던 것은 해동공자海東孔子 최충(崔沖: 984~1068)이 사재교육私齋敎育에서 인의仁義와 인륜도덕을 중심으로 교육한 것으로 이해할 수도 있는 일이다. 그뿐 아니라 역대로 내려오면서 정몽주, 권근, 조광조를 비롯하여 주자의 영향을 가장 많이 받은 이황이나 『격몽요결擊蒙要訣』에 명시된 바(이이의 교육관에 이르기까지) '사람을 위하는 학문[爲人之學]'이 아니라 '자기를 위하는 학문[爲己之學]'으로서 수기치인修己治人이 교육의 목표로 일관되어 내려왔다고 해도 과언은 아닐 것이다. 사서四書와 오경五經을 주교재로 한 이러한 교육 목표와 그 격치성정格致誠正의 교육 방법은 한일합방 전인 1894년 구한국정부에서 이루어진 교육제도의 전면적 개혁이 있을 때까지 시종되었다. 중세 암흑시대를 거쳐 종교개혁 이후 문예 부흥기를 겪어온 서양의 휴머니즘이 교육사상에 영향을 끼친 것은 사실이다. 최근에 이르기까지 종래의 준비설準備說이나 개발설開發說이나 형식도야설形式陶冶說을 부정하고 성장 과정을 중요시하는 동시에, 1온스의 경험은 1톤의 이론보다 낫다고 해서 경험을 보다 가치 있게 생각하고 생활과 경험을 통해 지식과 원리 배우는 것[學理]을 정리 흡수토록 해야 한다는 존 듀이(John Dewey)의 교육사상이 그 영향력이었다.

제6장 유교 교육의 어제와 오늘
– 충효윤리의 선진성에 관한 고찰

오늘을 살아가는 인류는 현실적으로 가장 크게 가로놓인 문제가 몇 가지 있으니 국제적으로는 첫째가 핵폭탄을 막아서 인류의 생존의 안정을 도모함이요, 둘째는 인류가 공존공영의 길을 위하여 세계의 평화적인 생활을 할 수 있도록 노력해야 할 일이며, 국가적으로는 첫째 남북통일로 민족적으로 공존해나가야 할 길을 모색해야 할 것이며, 둘째로는 국민생활의 안정과 윤리기강의 확립으로써 인간의 가치관을 확립해야 할 것이다.

이와 같은 문제점을 생각할 때 우리의 전통적인 윤리사상의 재조명이 절실히 요청되는 바 이를 작금의 관계를 고찰하여 앞으로 나아갈 바를 생각해보기로 한다.

유교사상은 그 기원이 공자의 '인仁'의 이념에서 생성되어온 바, 우리나라에 들어와서 우리 민족의 고유의 사상에 잘 애용되고 용화되어 오랜 역사를 통해 오는 동안에 국민정신에 근본이 되고 국민생활에 뼈대로 형성되어, 우리 고유의 이념인 홍익인간의 정신을 바탕으로 기자箕子의 인도정치人道政治로부터 오늘날의 민주정치에 이르기까지 국민교육을 통해 그 정신의 실현에 노력해왔다.

고구려는 소수림왕 2년(372)에 설립한 태학太學에서 경학經學과 문학과 무예 등을 통해 상류계급 자제의 교육을 주로 실시함으로써 유교사상을 통해서 국민의 생활을 계도하는 선구적 역할을 맡도록 하였다. 신라는 신문왕 2년(682)에 태학감이라는 일종의 국립대학을 세웠으니 예부에 속하여 주로 유학 교육을 실시해왔다. 이때에 청소년들을 중심으로 일반 민간의 수양단체로 화랑도가 조직되었으니 그 지도자 격인 화랑이 대개 이 출신이며, 그 신조信條인 5계가 곧 유교사상으로서 "충忠과 효孝와 신信과 용勇과 인仁"이다. 고려 때 국자감國子監은 국초에 경학京學이라 하던 것을 성종 11년(992)에 정리 개편한 것으로서 국자학國子學은 3품 이상의 자제를, 대학에서는 5품 이상의 자제들을, 사문학四門學에서는 7품 이상의 자제들을 교육시켰고, 그 외에 율학律學 · 서학書學 · 산학算學 등의 전문 분야가 있었으나 그 교육 내용은 유교사상에 의한 도의교육道義敎育과 한문학에 의한 지적 교육을 위주로 한 것이며, 각지에는 국자감을 축소한 계도의 향교를 설치하고 공자를 모시는 문선왕묘文宣王廟를 중심으로 명륜당을 설립하여 유생을 교육하였다. 조선에 이르러 지금의 대학인 성균관과 지방 학교인 향교가 있어 현재까지 이르고 있으니 성균관은 태조 7년(1398)에 창건한 것으로서 모든 제도와 규모는 고려 때의 것에 준하였고 향교에 있어서도 고려 때에 따랐던 것이다. 이와 같은 모든 제도는 유교사상에 대한 교화를 위한 방법으로 많은 인재를 양성하여 국민의 생활을 통한 인도적인 가치관 형성에 노력해왔던 전통적인 사상이었다. 일제 36년과 해방 후 38년 모두 74년 동안에 식민지적 탄압과 외래사조에 의한 자유방종적인 생활로 기강이 해이해지고 질서가 혼돈되어진 것이다. 이 현실을 통계자료를 통해 살펴보고 유교윤리의 근간이 되는 충효사상의 교화가 얼마나 중요한가를 고찰해보고자 한다.

1975년부터 1981년까지 7년간의 도시와 농촌의 가계수지家計收支를 살펴보면 상당한 증가 추세를 보여 국민생활은 일반적으로 풍요롭게 향상되어가고 있다고 할 수 있다. 1975년의 도시근로자 소득은 월평균 59,940원에서 1981년에는 299,295원으로 증가되었으니 약 5배나 증가되었고, 농가의 가계수지를 살펴보면 1975년에는 892,933원에서 1981년에는 3,680,856원이니 약 4.2배를 성장한 것이다.

이에 따른 보건후생에 의한 인명보호의 시책에 대한 통계를 참고해보면 의료시설에 있어서는 1970년의 11,857원에서 1981년의 13,779원으로 0.5배 증가했다. 후생 및 복지시설로는 1970년의 912개소에서 1981년의 1,182개소로 되어 0.3배 증가했다. 특히 양로원 수용계획에 있어서는 1970년에 44개소에 수용인원 784명에서 1981년에는 49개소에 1,300명이 되니, 0.7배가 증가되었다. 교육기관으로서 박물관은 1976년 소장된 품목이 290,760점에서 1981년에는 408,298점으로서 2배에 가까운 증가를 보였다. 유물 보유 상황을 보면 1975년의 34,019점에서 1981년의 39,512점으로 증가하였으며, 종교단체의 추세로 보면 기독교는 19,457개소에서 23,364개소로 증가되니 4년간에 3,907개소나 증가되었고 유교 · 불교 · 천주교는 별로 증감이 없다.

이상과 같이 국민소득도 증가되었고 각종 문화시설도 확장되었으나 이에 반하여 증가되지 말아야 할 범죄 사실이 증가되어 가는 일은 참으로 가공할 일로서 우리가 이 문제를 어떻게 잘 처리해야 옳을지 최선의 방법을 강구해야 할 것이다. 범죄의 유형을 연령별로 볼 때 1973년에 1월부터 3월까지 3개월간 14세 미만이 11명으로 0.3%, 18세가 155명으로서 전체의 3.8%를 점유한다. 1983년에 와서는 역시 3개월간에 14세 미만이 33명으로 0.2%가 되고 16세가 351명으로 전체의 4.4%가 되고 19세가 333명으로 4.1%가 된다. 숫자로 볼 때 18세가 19만 명이 증가되었으니 약 1.3배에 해당되는 것이다. 또한 1973년에는 원한관계로 인한 강력범이 522명으로 13.4%를 점유하였고 유흥비 충당으로 인한 강력범이 142명으로 3.6%를 점유하였다. 그런데 같은 조건하에 10년 후인 1983년에는 원한관계에 의한 강력범이 966명으로 443명이 증가되어 그 배에 가까운 수가 되었고 유흥비 충당으로 인한 강력범은 443명으로 301명이 증가되어 3배가 넘게 증가되었으니 한심한 일이다.

청소년 범죄자 종교별 통계 〈1973.1~3월〉

	계	종교별					무종교
		소계	기독교	불교	유교	기타 종교	
형법범	43,523 100.0	6,307 14.5	1,735 4.0	3,841 8.8	167 0.4	564 1.3	37,216 85.5
재산범죄	23,206 100.0	3,261 14.1	911 4.0	1,935 8.4	87 0.4	310 1.3	19,945 85.9
절도	11,463 3,249	1,026 504	319 129	577 309	29 11	101 55	10,437 2,745
직무유기	5,032	1,094	278	698	27	91	3,938
재산횡령	2,186	417	121	243	10	43	1,769
주거침입	877	169	48	99	8	14	708
유괴	4,457	669	225	370	14	60	3,788
강력범죄	4,058 100.0	618 15.2	209 5.2	343 8.5	12 0.3	54 1.2	3,440 84.5
살인	88	13	4	8	–	1	75
강도	335	32	12	17	–	3	303
방화	64	6	1	5	–	–	58
강간	429	44	17	18	1	8	385

소년범죄를 원인별로 본 통계에 의하면 1973년 1~3월간에 원한관계가 46명으로 8.1%, 유흥비 충당이 64명으로 11.2%이고 같은 조건하에 1983년에는 원한관계가 79명으로 5.3%이고 유흥비 충당이 241명으로 16.1%이나, 이상과 같이 가장 걱정되는 것이 청소년들의 범죄 숫자가 증가하고 또 그 방법에 있어 강력범이 많다는 것과 그 주된 요인이 유흥비 조달에 있다는 것은 놀라운 사실이다.

여기서 우리가 가장 관심을 깊이 가져야 할 것은 범죄자의 종교별 숫자로서 1973년 1~3월간의 조사에 의하면 합계 6,307명 중 기독교가 1,735명, 불교가 3,841명, 유교는 167명인 것이니, 이 숫자로 미루어볼 때 유교생활을 하는 사람들이 확실히 범죄율이 낮고, 이것을 강력범으로 집계된 것을 보면 기독교인이 209명, 불교인이 343명인데 비하여 유교인은 12명이니 기독교에 비하여 17분의 1이고 불교의 28분의 1에 해단된다. 이러한 점으로 미루어 우리는 국민교육의 방향을 유교사상에 의한 충효의 윤리를 실현토록 하는 면으로 바로잡아야 할 것이다.

가족의 화목과 이웃과의 상부상조, 나아가서 인류공영을 위한 현실적인 전환은 현대사의 변천 속에서도 가장 바람직한 변화일 것이다. 더욱이 우리의 경우는 남북통일의 역사적 숙원을 성취하고 전래의 아름다운 인정사회의 회복이 그 무엇보다도 소중한 일이라면 여기에 기여할 수 있는 유교 교육의 기능은 값진 것이 아닐 수 없다.

방공의식防共意識은 부모를 위하는 데서 비롯되며 어른을 존경하는 진심은 통일성업統一聖業의 신성성을 '충忠'으로 다할 수 있으며 부모를 위하고 신성을 높일 수 있으면 교육도 또한 원만하게 이루어질 수 있으리라고 믿는다. 진리를 자애로 다음 세대에 전해주는 것이 가정의 부모요, 진리로 살아가는 생활을 영도함이 과거의 군주이었고, 진리를 문자와 말로 가르치는 것이 스승이었던 만큼 군사부일체君師父一體라는 말이 산출되기도 하였었다.

이제 가정을 재건하고 사회의 윤리질서를 회복할 수 있는 요소를 충효사상에서 구함은 결코 낡은 것이 아니라 지구 가족들의 현실적인 요청인 한 우리의 민족 윤리의 선진성을 밝혀주는 것이라 생각된다. 더욱이 대화의 문을 열어야 할 오늘의 상황에서 유교문화의 동질성에 관심을 돌리는 일은 가장 시의에 맞는 일이라고 생각한다.

제7장 충과 효

공자탄강孔子誕降 2527주년을 맞이하여 인류의 스승으로 추모하여 그 뜻을 기리는 의미에서 평소에 생각하고 믿어오던 일단을 말씀드리고자 합니다. 충과 효에 대한 사상 내지는 학술적인 분석 설명을 하고자 함이 아니라, 오늘의 현실과 관련하여 잠시 생각해보고자 하는 것이 제 말씀의 요지입니다.

Ⅰ. 오늘의 국내외의 문제점

오늘의 현실을 어떻게 진단하느냐 하는 것은 사람에 따라 다를 수 있겠습니다만 저의 좁은 소견으로는 내외로 각각 두 가지의 문제점을 지적할 수 있을 것 같습니다. 국내적으로 볼 때는 첫째 국토통일이요, 둘째는 윤리회복 문제라고 생각됩니다. 국제적으로는 첫째 인류의 평화 건설이요, 둘째는 신문화新文化의 방향을 정초하는 일로 믿습니다.

이제 국제 형세를 잠깐 응시해보기로 합니다.

지구를 둘러싸고 각국이 자국의 수호와 민족발전을 도모하는 가운데 인류평화를 위하여 문제시된 곳으로는 아랍문제, 동서독의 통일문제, 중국과 중공문제, 핵무기문제 등이 있습니다. 이것들은 국가

민족의 통일문제와 관련되어 있어 정치적인 문제에 귀속되는 줄 압니다.

세계의 어느 나라를 가더라도 미국 달러[美弗]면 돈이 통하고 언어는 미국 말이면 다 통할 수 있다는 것은 국력을 말해주는 것으로서 과연 미국은 세계의 으뜸가는 나라라고 하겠습니다. 어느 시대에도 일등국은 있었을 것이요 동서 어느 지역에도 강대국이 있었으련만 바람직한 덕치德治의 실현은 드물었던 것입니다. 『논어』의 "활을 쏘는 데 과녁 가죽 뚫는 것을 주장하지 않는다[射不主皮]"란 말은 힘만이 기준이 될 수는 없다는 말이 아닌가 합니다.

힘과 물질을 기준으로 하는 패도霸道는 결코 평화공존을 이룩하기보다는 투쟁과 분열을 가져올 따름입니다. 인류평화를 가늠하는 기초는 역시 힘의 정치를 지양한 덕치에 있다고 보아서 『논어』「위정爲政」편의 "정치를 덕으로 하는 것은 비유하자면 북극성이 제자리에 있으면 여러 별들이 그 북극성으로 향하는 것과 같다[爲政以德 譬如北辰 居其所 而衆星共之]"란 공자의 말씀을 상기하게 됩니다. 국제적으로 둘째 문제점은 신문화 방향의 정초입니다. 진리의 본질면과 정치적 주의는 혼동되어서는 안 될 줄 압니다.

수단이 목적시될 수는 없는 일이니만큼 주의主義를 하나의 방법적인 것으로 생각한다면 절대시할 것이 아니라 상호 간에 재검토하여 대화할 수 있는 긍정점이 발견되어야 할 것입니다. 공존이란 천지의 대덕大德인 삶[生]을 존중하는 데서 할 수 있는 말이요, 이 '삶'은 곧 목숨[命]의 유신체維新體라고 생각됩니다.

문화는 생명이요 생명은 곧 시간으로 생각한다면 새로운 문화란 다름 아닌 생명의 생신生新한 약동이요 새로운 진리의 창조라고 하겠습니다. 어떻게 해서 이것이 가능한가? 저는 여기서 또한 "온고지신하면 스승이 될 수 있다[溫故而知新 可以爲師矣:『論語』「爲政」]"고 한 공자의 말씀을 상기해보는 것입니다.

국내적인 첫째의 문제는 남북통일인 것으로서 민족의 숙원일 뿐만이 아니라, 세계 평화와도 직결되는 일입니다. 남북한이 다 같은 한민족으로서 싸워야 할 하등의 이유가 없습니다. 6·25동란의 처참한 민족상잔의 역사를 다시 되풀이할 수는 없는 일입니다. 대화를 통하여 가능한 일부터 현실적인 해결을 차례로 해간다는 것은 매우 바람직한 일로 생각합니다. 그 대화가 동결되어 있어 다시 원자세로 되돌아가야겠습니다.

애당초 6·25사변 자체가 기만이었지만 오늘날까지 불신을 거듭해오는 태도는 시정되어야 할 것입니다. "충忠과 신信을 주장하며 자기만 같지 못한 이를 벗하지 말며 잘못하였다면 고치는 것을 꺼리지 말아야 한다[主忠信 毋友不如己者 過則勿憚改: 『論語』「學而」]"라는 공자의 말씀을 상기하게 됩니다.

국내적인 둘째의 문제는 윤리회복에 관한 일입니다. 자타가 공인하는 바와 같이 소년 범죄의 증가나 부부이혼율이 점점 높아지는 경향이나 노경老境의 인사들의 고적감(孤寂感: 고독감)은 윤리의 타락을 말해주는 것입니다.

서양사조의 무비판적인 수용으로 말미암아 전래의 미풍양속이 무너져가고 있는 것입니다. 덴마크의 청년이 동양의 가족제도를 부러워하는 말과 대만 학생이 공산주의 사회를 금수의 사회라고 말하는 것을 여행 중에 들을 수가 있었습니다. 젊은이들에 소외된 서구의 노인들은 한국 가정의 손자손녀를 안고 기뻐하는 조부모들의 모습을 한없이 부러워한다는 것입니다.

서양에서는 젊은이들조차 조손祖孫 간의 단절을 한탄하고 있었는데도 불구하고 우리의 현실은 그들이 버리려고 하고 있는 것을 좋은 것으로 받아들이고 있는 실정입니다.

"살아 계실 적에 예로써 섬기며 돌아가셔서도 예로써 장사지내며 제사지낼 적에도 예로써 하는 것이다[生事之以禮 死葬之以禮 祭之以禮:

『論語』「爲政」]"라고 한 공자의 말씀을 또한 상기하게 되는 것입니다.

앞에서 언급한 국내외의 각각 두 가지 문제는 거기서 공통점을 찾을 수 있습니다.

즉 인류평화 문제와 남북통일 문제는 정치 내지 사회에 속한 것이요 신문화 방향의 정립과 윤리회복 문제는 교육 내지 도덕에 속한 것이라고 봅니다. 여기서 정치나 사회문제에서는 '충'을, 교육이나 도덕문제에서는 '효'를 제 나름으로 생각하게 되는 것입니다.

Ⅱ. 인과 충효

공자사상의 핵심이 '인仁'에 있음은 긴 설명이 필요치 않을 줄 압니다. '충'과 '효'가 '인'에서 확산된 것임은 『논어』를 통해서 이해할 수가 있습니다. "군자는 근본을 힘쓰니 근본이 서야 도가 생기나니 효도와 공손이라는 것은 인을 실천하는 근본일 것이다[君子務本 本立而道生 孝弟也者 其爲仁之本與: 『論語』「學而」]"라는 유자有子의 말에서 볼 수 있듯이 효는 '인'을 실천하는 근본임을 알 수 있습니다.

또한 공자는 "나의 도는 하나로 관통한다[吾道 一以貫之]"라고 하셨을 때 증자만은 알아듣고 즉시 "네[唯]"라고 응답하였지만 다른 제자들이 못 알아듣고 증자에게 그 뜻을 반문하였을 때 증자는 "부자의 도는 '충'과 '서'일 따름이다[夫子之道 忠恕而已矣]"라고 대답을 하였습니다[『論語』「里人」]. 역시 '충'과 '서'는 공자의 하나로 관통하는 도의 실천근본이 된다는 이해에서 해준 답변처럼 생각됩니다. 이렇게 볼 때 '충', '서'와 '효', '제'는 '인'이나 하나로 관통하는 도[一貫之道]를 실천 구현하는 근본으로 교시된 것이 아닌가 합니다.

따라서 정치나 사회상의 '충', '서'와 교육이나 윤리상의 '효', '제'는 공자정신을 실현하는 근본을 이루고 있는 것으로 생각됩니다. 오늘날의 현실적 요구와 공자사상의 동화는 정치와 교육의 새로운 계기를 기대하고 있으며 지금 우리는 그러한 시의時宜 속에 있는 줄 압니다. 인류 역사상 어느 때보다도 세계평화가 요청되고 있고 민족 역사상 어느 때보다도 통일이 갈망되고 있기 때문입니다.

'충', '서'의 정치와 '효', '제'의 교육은 다 같이 '인'의 정신과 하나로 관통하는 도를 구현하는 두 수레바퀴[雙輪]인 줄 믿습니다.

"말이 충성忠誠스럽고 믿음직하며 행동이 도탑고 공손하면 비록 오랑캐의 나라라고 하더라도 도의 실현이 가능하다[言忠信 行篤敬 雖蠻貊之邦 行矣: 『論語』「衛靈公」]"고 하였으니, 오늘날 세계 곳곳에 산재되어 있는 평화를 저해하고 있는 나라들에 대한 보제補劑가 아닐 수 없습니다.

"인도하기를 정사政事로써 하고, 가지런히 하기를 형벌로써 하면 백성들이 형벌을 면할 수는 있으나 부끄러움은 없는 것이다. 인도하기를 덕德으로써 하고, 가지런히 하기를 예禮로써 하면 백성들이 부끄러워함이 있고 또 선에 이르는 것이다[道之以政 齊之以形 民免而無恥 道之以德 齊之以禮 有恥且格: 『論語』「爲政」]"라고 한 공자의 말씀으로 미루어서 덕정德政이 얼마나 중요한가를 새삼스럽게 느끼게 됩니다.

문왕文王이나 무왕武王의 치도治道가 방책에 기록되어 있지만 그 사람을 얻고 못 얻는 데 이루고 못 이루는[成不成] 차이가 있다는 『중용』의 말을 빌릴 것도 없이 "정사라는 것은 올바름이니, 그대가 올바름으로써 거느린다면 누가 감히 올바르지 않겠는가[政也者 正也 子帥以正 孰敢不正: 『論語』「顔淵」]"라고 한 올바름 구현의 선행조건이 바로 사람에 매어 있다고 생각할 때 사람을 다스리는 자신[治人自身]을 되돌아보게 되는 것입니다. 맹자께서 교육은 인륜을 밝히는 일이라고 말씀하였듯이 가르치는 일도 소중하지만 교육자 자신의 문제가 선행되어야 할 것입니다.

주자가 자기를 극진히 하는[盡己] 일이 '충'이라고 풀이했고 효는 어기지 않는 일이라고 공자가 가르쳤으나 이것은 다 사람에 관한 일인 만큼 타율보다도 자율에 속하는 까닭에 어려운 것 같습니다.

『중용』에 "인은 사람이다[仁者人也:「제29장」]"고 했고, 맹자도 "인은 사람이다[仁人也:「梁惠王下」]"고 한 것을 보면 '충'과 '효'가 '인'으로 구심求心된다고 하더라도 그 '인'이 사람 문제인 한에는 우리 스스로에 주어진 과제로 귀착되는 것입니다. 그러므로 명덕을 밝히는[明明德] 수기修己를 앞세우게 되는 것이 아닌가 생각됩니다.

1945년 해방 이래 30여 년이 지난 오늘, 한국의 종교계를 일별하건대 서교西敎와 불교의 승세昇勢는 놀랄 만큼 가속되고 있습니다. 1975년도 통계에 의하면 서교도의 수는 약 300만 명, 불교도의 수는 500만 명 선에 이르고 있는 것으로 집계되고 있습니다. 전국 유림儒林의 본산인 성균관과 유교 교육의 본종本宗인 성균관대학교의 책임의 중차대重且大함을 새삼스럽게 느끼게 됩니다.

오늘 의의意義 깊은 공자 탄강일을 맞이하여 이 시대의 문제점과 공자의 '인'의 정신을 바탕으로 한 충효사상을 잠시 생각해보는 동시에, 나아가서 성균관이 사회 교화에 진력해야 할 책임과 성균관대학교가 유교 교육에 "배우고 싫어하지 않으며 남을 가르치는 데 게을러지지 않음[學而不厭 誨人不倦]"으로 헌신해야 할 의무를 되새기면서 공자의 생애를 추모하고 정신을 기리는 두서없는 말씀을 줄이는 바입니다.

제8장 기질 변화

Ⅰ.

삼라만상은 생성 발전하는 가운데 번영되어가고 있다.

말 없는 자연계가 그렇고 말 있는 인간계가 또한 그러하다. 개인의 생애가 그렇고 가문의 세손이 그렇고 국가의 역사가 역시 그렇다.

태어나면 죽음을 피할 수 없듯이 생성발전의 그 범주를 중화中和에서 발견하자는 것이 유가전통의 지론이다.

이병도李丙燾 박사는 송나라 시대 이래의 철학과 한국 유학사상에서 가장 중요시되고 논의되어 실천윤리에 지대한 영향을 끼친 것이 유가의 기질변화론氣質變化論이라고 지적하였거니와, 기질을 변화시키자는 것은 결국 중용中庸을 분명하게 알아[明知] 시중時中으로 독행篤行하자는 데 그 취지가 있는 것이다.

선조 초기에 동서붕당이 분열되어 어지러운 국정의 기미 속에서 이것을 실천하려고 헌신한 유인儒人이 율곡 이이였다.

뜻이 이루어지지 못할 것을 미리 알아차린 그는 상소를 거듭 올려 마침내 허락되었을 때에 그를 만류하는 주위 사람들이 말하기를

> 물러가기를 구하여 물러가게 되었으니 쾌적快適이라 할 만하오. 그러나 사람마다 물러가기를 구한다면 누가 나라를 위할 사람이 있겠소?

하고 물으니, 이 말을 들은 이이는 웃으며 답하기를

만약 위에서는 삼공三公으로부터 아래로는 참봉에 이르기까지 다 물러가기를 구하는 사람뿐이라면 나라의 형세는 스스로 올라갈 것이오.

라고 하였다.

근간 우리 주변에서 인간개조론을 듣게끔까지 된 것은 즉 사회적인 요청에서 오는 것이며 유가에서 본다면 다름 아닌 기질변화론이요, 다시 말해서 천도天道를 따라 중용을 실천하고 인도人道를 세우자는 데 그 목적이 있는 것이다.

Ⅱ.

동서고금을 통하여 인류는 이상세계를 건설하려는 데 노력을 한결같이 경주해왔다. 사서四書 가운데 『중용』에서는 이상세계를 제1장 끝머리에 다음과 같이 말하고 있다.

중中과 화和를 지극히 하면 하늘과 땅이 제자리에 위치하고 만물이 육성될 것이다[致中和 天地位焉 萬物育焉].

이것은 천재지변天災地變이나 수해한재水害旱災가 없이 우순풍조雨順風調하여 오곡이 풍성하고 천복지재天覆地載의 위안온位安穩하며 만물 소육所育이 각득기소各得其所하여, 내세 아닌 현세에 이상경理想境을 실현할 수 있다는 것이며 그 관건이 중화中和에 있다는 의미이다.

'중화'란 무엇인가?
『중용』 제1장에 의하면

> "희로애락이 아직 발현하지 않음을 '중'이라 하고 발현하여 모두 절도에 들어맞은 것을 '화'라 하니, '중'이란 것은 천하의 대본大本이고 '화'라는 것은 천하의 달도達道이다[喜怒哀樂之未發 謂之中 發而皆中節 謂之和 中也者 天下之大本也 和也者 天下之達道也].

라고 하여 '중'은 아직 발현하지 않은[未發] 근본처를 이름이요. '화'라고 함은 절도에 들어맞은[中節] 현실적 달도를 의미한다. 주석에 의하면 주자는 '중'을 "편벽되지 않고 치우치지 않으며 지나침과 부족함이 없는 명칭이다[不偏不依無過不及之名]"고 했고, 정자는 "치우치지 않음이 천하의 올바른 도이다[不偏 天下正道]"라고 하였다.

이렇게 보면 '중'이라 함은 결코 평면 형식적인 절충이 아니라 어디까지나 입체적인 시중時中의 궤적軌跡과도 같이 생각된다. 예로부터 천명天命의 성性은 모든 사람이 다 같이 얻는 바이지만 오직 군자는 중용을 체득하여 그 동정動靜이 한결같이 이에 의한다 하며 이렇게 되기를 모두 희원해온 것이다. 그러면 어떻게 해야 할 것인지 그 방법이 제시되어야 할 것이다.

Ⅲ.

사서 가운데 『대학』에서 논한 격물치지格物致知를 비롯해서 역대 유가들의 수양론이 많지만 그 기약하는 바는 어떻게 하면 기질 변화가 가능한가에 있다.

격물치지는 사물의 리理를 궁구하여 알고 그 극처를 탐구하고자 하여 통달하지 않은 바가 없음[無所不通]이다. 자사子思는 기질의 차이로 말미암아 생지안행生知安行, 학지이행學知利行, 곤지면행困知勉行으로 사람의 성性을 구분하고, "도를 닦는 것을 가르침[修道之謂敎]"이라 하여 학지學知 이하는 선을 가려 굳게 잡음[擇善固執]으로 진실하게 하는[誠之] 수양의 필요를 강조하였다. 존덕성尊德性과 도문학道問學을 방법 삼아 보지 않는 곳에서 계신戒愼하고 듣지 않는 곳에서도 공구恐懼할 것을 역설하여 희로애락喜怒哀樂이 아직 발현하지 않은 곳[未發處]인 '중中', 환언하면 천하의 근본처를 위하여 신독愼獨할 것을 주장함이 '존덕성'이요 박학博學 · 신문審問 · 신사愼思 · 명변明辯 · 독행篤行 즉 사람에게 배우고 사람에게 물어서 얻은 외적 지식과 스스로 생각하고 공변公辨해서 얻는 내적 지식은 선을 선택하는[擇善] 까닭이며 독실하게 행동함[篤行]은 견고하게 잡음[固執]이니 이것이 '도문학'인 것이다. 맹자는 방심放心을 구하기 위하여 방심의 원인이 되는 욕망[欲]을 억제하고 측은惻隱 · 수오羞惡 · 사양辭讓 · 시비是非의 사단의 마음[四端之心]을 확충하며 호연의 기상[浩然之氣]을 기르라 하였고, 정주程朱는 특히 기질의 성[氣質之性]의 변화를 그 수양의 목표로 삼았다. 이천伊川 정이程頤는 "함양은 모름지기 경으로 하고 진학은 치지에 있다[涵養須用敬 進學在致知]"라고 하였고, 주자는 '거경궁리居敬窮理'를 주장하여 두 분이 다 같이 '경'과 '치지'를 존중하였다. 이와 같이 자사 · 맹자 · 정자 · 주자는 각기의 소신을 역설하였으나 이것을 합쳐 말하면 공자에 있어서 박문약례博文約禮로 귀일되며 시서詩書를 배우고 널리 사물 이치를 궁구하여 제반 규범을 예禮로 실천함으로써 소기의 목적을 달성하자는 것이다.

Ⅳ.

제2차 세계대전 이후로 세계사 시대를 형성해가는 오늘에 서양에서 동방에 대한 관심이 자못 높아가고 연구열도 높아가고 있다 함은 실로 주목할 만한 일이다. 각 대학에 동양학과가 차츰 설치되어 가고 있으며 미국 하와이 주에 설립된 동서문화연구센터는 유명한 곳의 하나이다. 국내에서의 인간개조론이 이 나라의 사회적 요청이라면 동양 연구의 새로운 국제적 기운은 인류적인 요청에서인지도 모른다.

서양의 극도로 발달된 물질기계문명은 사상계에 실존주의를 가져왔다. 편의 위주의 기계적 생활에 대한 염증은 자아의 실존을 간과치 않고 일깨워주었다. 성誠을 통한 자아의 실존적 자각은 상품 진열장 안의 표본이나 지폐와 같은 진리관에는 흥미를 이미 상실했다는 것이다. 즉 그것은 관념적인 자아가 아니요 모든 이론적인 구성에 앞서 구체적으로 주어진 있는 그대로의 인간을 가리키어 실존이라고 한다.

동시에 이 실존사상의 심각성은 신神 또는 초월자의 문제와 관계 지워지지 않을 수 없어 유신有新 · 무신無神의 두 경향을 띠게 되었다는 것이다. 여기서 인간의 성실 · 희망 · 사랑 등은 신비에 대한 구체적인 접근을 꾀하는 것이라고 마르셀(Marcel)은 말한다. "성실은 하늘의 도이고 성실하려고 한 것은 사람의 도이다[誠者天之道也 誠之者人之道也]"라고 한 자사의 생각이나 또한 성실을 개물성무開物成務의 거점으로 보고 "천명을 알지 못하면 군자가 될 수 없다[不知命 無以爲君子也]"라고 한 종래의 유교이론에 대하여, 마르셀은 성실을 존재소명의 응답이라까지 하는 실존주의 사상의 대두는 동양학 연구열이 점점 성대하게 되어가는 현 시기로 보아 대단히 흥미 있는 사실이 아닐 수 없다.

V.

신문화 건설에 전통사상이 장애가 된다고 함은 가끔 듣는 말이다. 그렇다고 한편 또 국가와 민족의 역사를 무시하고서 새로운 문화창조에 기여한다는 것도 바라기 어려운 일이다. 조국 광복 20년이 지났지만 문화면으로 볼 때 순조로운[順] 계승 없이 사상적 공백기로서 빈곤기를 초래했다면 한갓 과언만도 아닐 것이다.

구차히 과거를 논하기보다 장래를 향한 현실을 밝히기에 침착해야 할 것이다. 500년 묵은 유교를 조선 패망의 주요 원인으로 판단하면서 인간 개조에 기질 변화론을 말한다면 이것은 이병치병(以病治病: 병으로 병을 치료 한다)의 모순과도 같아서 심히 아이러니컬하기도 하다.

누구나가 다 이상경理想境을 원하고 천지만물의 위육位育하는 평화세계를 동경한다. 중화中和가 요청됨도 그 때문이다. 역사가인 토인비(Toynbee)의 2000년대에 대한 전망도 이런 점에서 의미 있다고 생각한다.

『주역周易』 중부괘中孚卦 구이九二에 "우는 학이 그늘에 있거늘 그 새끼 화답하는 도다. 나는 좋은 작위가 있어 나는 그대와 함께 할 것이다[鳴鶴在陰 其子和之 我有好爵 吾與爾靡之]"라고 하였다. 우는 학이 유은幽隱한 중심이 되는 곳[幽隱之中處]에 있어 그 새끼가 그 소리[其子其聲]를 듣지 못하더라도 중심의 소원이 서로 통하고 서로 화합[相通相和]함을 쾌결快決한 효사이다. 한 가지로 중처中處를 소원함에 이의가 있을 리 없으니 자연 화합하게 될 것이다. 「계사상전繫辭上傳」 제8장에 "두 사람이 마음을 함께하면 그 날카로움이 쇠붙이를 끊을 수 있도다. 마음을 함께하는 말은 그 향기가 난초와 같다[二人同心 其利斷金 同心之言 其臭如蘭]"라고 하였다. 화동和同의 소중함을 일러준 것으로 생각된다.

희구해서 응화應和하고 쇠붙이를 끊는[斷金] 같은 마음[同心]이 되고자 각자의 지닌 기질을 스스로 변화토록 해보자는 것이 공자의 교육이요 학도學徒의 수양일 것이다. 실존이란 말도 이러한 변화를 예상하는 하나의 신조요 지표라 하겠다.

야스퍼스(Jaspers)에 의하면, "내가 나 자신으로 되는 변화가 나 자신에 있어서 생기지 않는 한 무의미한 것이요 아무런 현실성도 가질 수 없다"고 하였다. 현실성 없는 것은 관념이요, 현실성 없는 관념에 그치는 것은 자아를 일깨워주지도 못하고 아무런 영향도 줄 수 없는 것이다.

일찍이 아시아의 황금시대에
등불의 하나인 코리아
그 등불 다시 한번 켜지는 날에
너는 동방東方의 밝은 빛이 되리라
-타고르

아니 세계의 밝은 빛이 되리라고 믿는다. 그 코리아는 바로 나의 코리아인 것이며, 그 코리아는 나 한 사람으로부터 비롯되며, 그 나는 곧 모든 일[萬事]의 출발점으로 여겨지기도 한다.

제9장 종통
– 우암의 예설을 중심으로

Ⅰ.

학문이론에 있어서나 사회생활에 있어서나 그 체계와 질서는 물심양면에 평화를 정립해주는 데 매우 중요하게 생각된다. 그러므로 인류는 문화의 발생 이후로 학술적으로는 논리를 탐구해왔고 정치적으로는 질서유지에 고심해온 역사를 기록하고 있는 것으로 추측된다. 현대라는 물결이 인류의 역사와 무관할 수 없는 한 지금도 미래도 여전히 그 문제는 계속되고 또 되리라고 믿어진다. 한국의 유학사와 정치사는 혼동할 수 없는 일이며 그러한 의미로도 순수한 이론상에서 송시열의 입장을 살펴보는 것은 무의미한 일만은 아닐 것이다. 비록 정세政勢 속에서 희생되어 갔지만 그의 이론은 여전히 그의 유저遺著 속에 살아 있다. 먼저 사상史上에 있었던 예송禮訟의 골자를 개관해보고 오늘날 과연 그 논리가 어떠한 가치를 지닌 것인가를 실현하는 일이 중요한 일의 하나라고 생각된다.

Ⅱ.

효종(孝宗: 재위 1649~1659)이 승하함으로 해서 그 상복喪服 기간에 대하여 문제가 유발되었다. 인조仁祖의 계비인 자의대비慈懿大妃 조씨趙氏로 말하면 효종의 계모가 되므로 대행왕(大行王: 효종)을 위해서는 어떠한 복服을 입어야 옳으냐 하는 문제가 논란이 되었다. 상喪을 당했을 때에 지금은 국가에서 정한 가정의례준칙에 따르고 있는 것처럼 당시에는 국제(國制: 『經國大典』)와 예경(禮經: 『禮記』)을 좇아서 결정되었던 것이다. 조대비趙大妃로 말하면 효종의 모친이 되므로 아들의 복을 입어야 할 모친의 입장에서는 몇 년을 입어야 옳은가 하는 것이 의문시되었다. 문제는 효종은 가계로 보면 둘째아들[第二子]이라는 점 또한 그러면서도 임금이 되었다는 점, 그리고 조대비로 말하면 국모이면서 계모라는 점에서 앞으로 많은 논변을 벌이게 하였던 것이다. 정부로서는 대신과 유신들에게 의론케 하였던바 기년복朞年服을 주장하는 측과 삼년복三年服이 옳다고 하는 두 가지 견해가 나왔으나 기년복으로 결론을 내렸다. 기년복을 제창했던 사람은 송시열과 송준길이었고 삼년상이 옳다고 한 사람은 윤휴(尹鑴: 1617~1680)와 허목(許穆: 1595~1682)이었다. 각각 논거가 있다.

기년복을 제언하는 근거로서는 예경[『예기』]과 국제[『경국대전』], 『대명률大明律』, 『상례비요喪禮備要』를 든다. 『국조오례의國朝五禮儀』에는 "어머니는 아들을 위해 기년을 복입는다[母爲子服朞]"라는 것만 표시되어 있어 둘째아들이 국왕이 된 경우와 국모가 계비라는 관계에서는 어떻게 해야 하는 것 등이 석연치 않으므로 의론하게 한 결과 『대명률』, 국제, 『상례비요』를 원용하여 "장자長子 · 서자庶子를 논할 것이 이 다 기년복을 입는다"라는 조항을 제시함으로써 송시열의 견해대로 통과가 되었다.

윤휴의 의견으로는 『의례儀禮』 참최장斬衰章 가공언賈公彦의 주소[疏]를 인증하면서 "첫째아들이 죽으면 적처의 소생 둘째아들을 뽑아 세워도 또한 맏아들로 명명한다[第一子死 取嫡妻所生第二長子立之亦名長子]"조에 비추어 삼년복이 가당하다고 하였고, 또한 "종실의 여인인 내종은 모두 참최한다[內宗皆斬衰]"라는 설을 원용하면서 여전히 3년상을 고집하였다. 허목의 상소를 요약하여 송시열은 다음 두 가지로 지적하였다. 하나는 "장자가 죽고 둘째아들을 세워도 역시 장자로 명명하여 참최한다[長子死立第二長子 亦名長子而服斬也]"라는 것이요, 둘째는 "서자를 세워 후사로 삼더라도 3년을 입을 수 없는 것은 첩의 자식이기 때문이다[立庶子爲後 不得爲三年 妾子故也]"라는 것이다. 첫째의 경우 둘째아들을 세워서 장자라고 부르고 3년복을 입는다고 할 때도 두 가지로 생각할 수 있으니 "이른바 장자가 죽고[所謂長子死]"라고 하는 것이 성인成人이 되기 전인가 후인가에 따라서 상복 기간을 달리한다는 것이다. 즉 성인이 된 후에 죽고 참최삼년斬衰三年을 입은 뒤에 또 다음 적자[次嫡]를 세워서 장자라고 할 때에 3년을 또 입을 필요가 없다는 견해가 한 가지 있을 수 있고 입을 필요가 있다고 하는 견해가 있을 수 있을 것이다. 필요가 없다면 "두 정통이 없고 참최를 두 번 하지 않는다[無二統不貳斬]"의 본의로 미루어 당연하다고 하겠으나 필요가 있다고 한다면 그 아버지는 3년복을 거듭 입어야 하는 예의에도 어긋나고 앞서 말한 "두 정통이 없고 참최를 두 번 하지 않는다"의 본지에 위배되는 결과가 된다. 장자가 성인이 되지 못했을 때 사망하고 다음 적자가 장자를 계승하였으므로 3년을 거상居喪한다고 한다면 또한 가당하다고 하겠으나 효종승하의 경우는 이것과는 다르므로 물론 거론할 필요조차 없다.

그리고 "서자를 세워 후사로 삼더라도 3년을 입을 수 없는 것은 첩의 자식이기 때문이다"라 한 말은 주소의 말[疏說]이기는 하나 '첩자고妾子故' 세 글자는 허목이 스스로 지어낸 말이지 주소의 말에는 없다고 송시열은 지적하고 있다. 원래 서자라고 하는 것도 첩자를 가리켜서 말하기도 하지만 '다음 적자[次嫡]' 이하는 비록 인군의 어머니나 아우[人君母弟]라도 또한 서자라고 칭하므로 첩자와 둘째아들 이하가 모두 서자로 칭할 수 있다는 근거에서는 효종대왕이 인조대왕의 서자라고 해서 무방하다는 것이다. 서자라고 한다 해도 그것은 '첩의 아들'이라는 의미로 한 말이 아니요, 중자衆子라는 의미로 한 말이다. 예의 본질로 볼 때 군왕의 존엄[君王之尊]이라고 할지라도 인륜을 떠날 수 없느니만큼 송시열과 송준길의 의견이 옳다고 현상윤 씨는 지적하고 있다[『朝鮮儒學史』].

Ⅲ.

여기서 다음에 잠깐 송시열의「예설禮說」을 살펴본다.
그의「예설」(『宋子大全』卷134 雜著)에 의하면

적처嫡妻의 소생을 첩의 아들과 상대하면, 적처의 소생은 다 적자嫡子이고, 첩의 소생은 다 서자庶子이다. 적처의 소생 중에서도 장자長子와 여러 아들을 상대하면 장자는 적자이고 여러 아들은 서자가 되는 것이다. 그것을 예경禮經에 상고해보면 이런 것은 매우 명백하게 드러난다. 그런데 지금의 대간臺諫이나 정승이『춘추전春秋傳』의 맹猛·조朝에 관한 말을 가지고 사람 공격하는 큰 증거를 삼으니, 매우 우스운 것이다. 더구나 예禮에는 하정下正도 서자[庶]가 된다는 문구가 있으니, 그것은 서자는 자신을 '정正'이라고 말하지는 못하지만 '정'은 '서자'를 겸하여 말할 수 있는 증거이다. 옛사람이 무왕武王을 말하기를 "성인의 서자로 적자를 빼앗았다"고 하는데, 무왕이 태사太姒의 아들이고 보면 어찌 정正이 아니라서 그렇게 '서자'라고 불렀겠는가. 이것을 깨달으면 천 마디, 만 마디의 말을 한 번에 쓸어버릴 것인데, 지금 사람들이 욕심에 가려서 살피지 못한 데야 어찌 하겠는가.

[以嫡妻所生對妾子 則妻所生皆爲嫡 而妾子爲庶也 妻所生之中以長對衆 則長爲嫡而衆爲庶也 考之禮經 此等處不翅明白 而今之臺諫相臣以春秋傳

猛朝云云之說 爲攻人之大證 甚可笑 況禮有下正猶爲庶之文 是庶不得稱正而正則兼稱庶之證也 古人謂武王爲聖庶奪嫡 武王是太姒之子 則豈非正而猶謂之庶乎 於此覺悟則千言萬語 可以一掃而去之 而其奈時人蔽於慾而不省 何哉]

라고 한 속에서 그 체통體統에 대한 분석을 잘 볼 수가 있다. 여기서 보듯이 적서를 구분한다고 하더라도 전체적으로 말할 때와 부분적으로 말할 때를 갈라 볼 줄 알아야 한다.

적처가 난 아들을 첩이 난 아들들에 대해서 말한다면 적처의 소생은 모두 적자라고 하고 첩자는 모두 서자가 된다. 적처의 소생만 가지고 말할 때도 장자에 대해서 차자次子 이하는 서자라고 하고 장자는 적자라고 한다는 것이다. 이런 것들은 다 예경에 밝혀 있어서 '하정'으로 적서를 명시해주었고 '체통[統]'을 존중하는 의미에서도 겸칭하면서도 혼동해서 말해서는 안 되며 '체통'은 높여야 할 것이다. 정현鄭玄에 따르면 "정체가 위에 있는 것은 하정이라고 하는데 오히려 서자라고 한다[正體在乎上者謂下正 猶爲庶也]"고 하였는데, '정체'라고 하는 것은 할아버지[祖]의 적자이고 '하정'은 아버지[禰]의 적자를 이른 것이니, 비록 아버지에게는 곧바로 적자가 되어도 할아버지에게는 서자가 되므로 서자라고 말하는 것이다. 이른바 '정체가 위에 있는 것[正體在上者]'이란 적자가 아버지의 후계를 계승한 것이요, 이른바 '하정'이란 차적次嫡의 적자이다. '정체[正]'와 '서자[庶]'를 나누는 이유는 적자이므로 '정正'이라고 하며 차자이므로 서자와 같다고 함이니 비록 적자라고 할지라도 차자이므로 그 아들까지도 서자라고 하는 것이니 자신에 있어서도 물론 서자라고 해야 한다는 것이다. 적서를 가릴 때에 역시 그 사람의 위치에 따라서 전체적으로 또는 부분적으로 정차正次는 엄격하게 계통을 세워야 한다. 고인이 이르기를 "무왕이 성인의 서자로 적자를 빼앗았다"라고 하나 무왕은 태사의 아들이니 정체이면서 서자라고 말하는 것이 아니랴. 이러한 송시열의 견해는 일사불란의 체통을 응시하는 데서 한 말로 이해된다.

상복문제에서 이론異論을 야기하게 된 요인이 모친의 국모와 계비라는 양면과 효종의 차자次子와 국왕이라는 양면에 대한 구구한 해석 때문이었던 것으로 보아서 다음에 앞에 논급된 바를 요약해본다.

Ⅳ.

예禮라는 것은 인정면과 절제면을 생각할 수 있는바 인정에 치우치면 절제면이 무너지고, 절제면에 지나치면 인정면이 소원해진다. 『예기』「방기坊記」에는 "예는 사람의 정으로 인하여 절문을 한다[禮者因人之情 而爲之節文]"고 하는 글이 보인다. 『논어』에는 정치에 있어서도 인정적인 화합[和]이 중요하기는 하지만 절제의 소중함을 가르쳐주고 있다. 즉 "예의 효용은 화합을 귀하게 여기는 것이니, 선왕의 도道도 이것을 아름다움으로 여겼다. 작고 큰 일들이 이로 말미암느니라. 실행되지 않는 바가 있으니, 화합할 줄 알고서 화합하고 예로써 절제하지 않는다면 또한 실행해질 수 없게 되는 것이다[禮之用 和爲貴 先王之道 斯爲美 小大由之 有所不行 知和而和 不以禮節之 亦不可行也: 『論語』「學而」]." 여기의 상복문제에서도 대비와 국왕이라는 국가 전통면과 계모와 차자라는 천륜天倫의 인정면을 고려할 수 있다. 효종은 국왕이었으므로 승하에 따르는 복상은 당연히 3년이어야 할 것이다. 그런데 효종이 왕통[統]을 인조에게서 받았다면 둘째아들로서 받은 것이 되므로 첫째아들의 경우와 어떻게 다른가 하는 문제에 봉착하게 된다.

『의례儀禮』 주소[禮疏]에 사종설四種說이 있어서 하나는 적손의 승

중承重을 말하는 정이불체(正而不體: 정통이지만 몸은 아니다)요, 둘은 서자를 세우며 후계가 되는 체이부정(體而不正: 몸이지만 정통은 아니다)이요, 셋은 적자가 폐질되어 정체正體이나 전중(傳重: 자손이 이어받음)을 얻지 못함이요, 넷은 서손庶孫이 후계자가 되는 전중이나 정체가 아니다라는 것이다.

여기서 여러 아들[衆子]의 뜻으로 서자를 이해하고 볼 때 효종의 승하를 둘째 번의 '체이부정'으로 생각할 수 있으나 이것은 후환을 일으킬 염려가 있다고 정태화(鄭太和: 1602～1673)는 생각했던 것이다. 그래서 『대명률』과 국제 · 『상례비요』를 적용하기로 합의를 보았었다. 그러나 오해될 우려가 있으므로 근거를 피했다는 것뿐이지 송시열의 본 취지에 있어서는 다를 바 없다. '체이부정'의 의미를 정이정(正而正: 정통이면서 정통이다)과 구별해야 함은 물론이지만 그렇다고 효종이 왕통을 이은 것 또한 엄연한 것이니 무왕의 예를 들어서 '정통이면서 서자라고 한다[正而謂之庶]'라고 정당화한 것이다. 이러한 논리는 국가 전통상에서 말할 수 있는 체계이며 정당한 것이라고 당연히 3년 복상문제가 나와야 할 것이다.

다음에 인정면에서 볼 때 효종이 둘째아들이라면 『예기』에 "장자가 되면 3년을 참최한다[爲長子斬衰三年]"라 한 것으로 미루어 3년이 부당한 것이요, 왕통을 계승했다는 점에서 볼 때는 3년을 입어야 타당하다는 결론이 나온다. 그러므로 생각하는 입장에 따라서 주장을 달리할 수 있게 된다. 그러나 여기서 왕통을 존중한다고 하여 3년복을 입는다고 한다면 조대비로서는 소현세자의 복을 입은 뒤에 또다시 입어야 한다는 이야기가 되고 앞으로도 그러한 사례가 없다고 단정할 수 없어 이중삼중으로 입게 되는 모순에 빠지게 되어 "두 정통이 없고 참최를 두 번 하지 않는다"의 본의에 어긋나게 된다.

이렇게 되면 기년설에 대해서는 정통을 높이는 것[尊統]의 손상을 준다는 비난이 나오게 되고 3년복에 대해서는 참최를 거듭하는 의

롭지 않은 것[非義]을 범하게 되는 오류가 생긴다. 역시 예의 본질면에서 고려할 필요성을 느끼게 된다. 3년복을 입는다는 자체가 정통을 높이는 뜻이라면 그 정통을 높임을 위한 재차 참최하는 것은 있을 수 없는 일이다. 생각해야 할 것은 인정과 절제의 양면이란 본질적으로 지양되어야 할 점이라고 믿어진다. 정통을 높이는 본지는 예의 본질에서 인정과 절제의 양 측면이 하나로 지양될 때 참다운 정통을 높임이 살아날 수 있다. 왕통을 계승한 자[承統者]로서의 효종의 3년복을 고집할 때 천륜 인정의 정통이 무너져 재차 참최하는 폐단을 면할 수 없게 되고, 아버지가 장자를 위하는 참최가 전혀 국왕으로서의 3년상과 무관한 것으로만 생각된다면 또한 정통을 높임의 손상을 범하는 무례를 피할 수 없게 될 것이다.

우리의 역사에서 이른바 복상문제 이해의 요점은 정통을 높임과 천륜 인정의 두 가지 측면이 분열됨이 없이 하나로 요해了解하는 데 있다. 기년복 주장과 삼년복 주장이 개별 입장에서 각각 일리가 없는 것은 아니다. 그러나 이 두 가지 측면 이전에 예의 본질면에서 생각할 때 그 저변의 정을 무시할 수는 없는 것이다. '예'가 인정을 기반으로 하는 형식이라면 앞의 문제는 또한 모자의 정[母子之情]의 근간으로 해서 '예'의 형식이 적용되어야 할 것이며, 송시열의 주장도 또한 그러한 각도에서 이해되어야 할 것으로 믿는다.

우리의 유학사에서 있었던 이러한 문제는 서두에서 말했던 바와 같이 현재에도 여전히 문제될 수 있으며 장래에도 또한 문제되리라고 생각된다. 상복이라는 의례나 제도상에서가 아니라 종통의 중요성에서 하는 말이다.

Ⅴ.

사회는 질서를 필요로 하므로 제도가 있어야 하며 학술은 논리가 중요하므로 체계가 정연해야 한다. 이 질서나 논리는 근원에서 나오는 바[所從來]가 두 개의 근원[二源]이 아니라 하나의 근원[一源]이어야 할 줄로 생각된다. 절제와 인정이 또한 하나의 회통점에서 생각될 수 있다면 질서 · 논리 · 절제 · 인정이 하나의 근원으로 구심되는 것으로 이해되어, 여기에는 역시 주체성의 중요성을 말하지 않을 수 없게 된다. 개인 · 가족 · 사회 · 국가 · 세계는 정치적이고 지역적인 구별이 없을 수 없으나 세계사 시대에서 간과될 수 없는 긴요한 문제는 주체적 연계성이라고 하겠다. 국가나 가정에서 종통宗統을 '정통을 높인다[尊統]'는 의미도 여기에 있는 것이며, 복상문제만 하더라도 이것이 득세를 위하여 이용利用되었다는 점에서 볼 것이 아니라 국가의 승통承統을 높이는 뜻에서 질서 · 윤리 · 절제 · 인정을 일관하는 주체적인 견지에서 파악되어야 할 것으로 믿는다.

근래에 와서 사회적으로 물의를 일으키고 있는 우리나라의 호주제도 폐지 문제라든지 동성동본의 허혼, 또는 그 한계를 사촌 간으로 금혼 범위를 축소하자는 문제라든지는 단순한 미풍양속을 그르친다는 윤리 차원에 국한된 문제가 아니라 철학 이상의 중대한 문제요, 따라서 이것은 인간의 금수화禽獸化를 촉구하는 결과를 면할 수 없을 것이며 높여야 할 종통을 유린하는 오류를 범하게 될 것이다.

오늘날 종통을 높인다는 의미는 세계의 불안을 평화에로, 억압을 자유에로 전환시켜주는 데 윤리적 철학적인 기여에 있다고 본다. 그러한 점에서 송시열의 복상문제에 대한 주장이나 예설에서 오늘의 시점에 요구되는 문제점 해결에 대한 시사는 매우 의의意義 깊은 것으로 간주된다.

제10장 정암의 책과 계에 나타난 애국정신

Ⅰ.

1519년 12월 정암靜庵 조광조趙光祖는 적소謫所에서 38세를 생애로 사약을 받고 세상을 떠났다.

愛君如愛父 임금 사랑하길 어버이 사랑하듯 하고
憂國若憂家 나라 걱정하길 집안 걱정하듯 하였네
白日臨下土 밝은 해가 천하를 내려다보고 있으니
昭昭照丹衷 거짓 없는 붉은 충정을 밝게 비치리라

이것은 그가 술회한 유명한 임종시이다. 도사都事에게 마지막 묻는 말이 "주상께서 신에게 사사賜死함이 죄명罪名에 합당한가를 듣고 싶다"라고 하니 도사는 응하지 않았다. 도리어 빗발치듯 하는 독촉에 못 이겨 목욕하고 옷을 갈아입고[沐浴更衣] 자리를 바르게 하고 앉아[正席就座] 조용히 상기한 바의 시를 남기고 사약을 마셨다.

남곤(南袞: 1471~1527)·심정(沈貞: 1471~1531)의 밀고로 인해서 억울하게 처형당했음은 역사의 전하는 바이지만, 생전의 진계陳啓를 통해서 볼 때 국가를 사랑하는 강렬한 마음을 읽을 수 있어 더욱 우국의 마음이 요구되는 오늘, 그의 충군애국정신忠君愛國精神을 사모케 한다.

Ⅱ.

그는 하늘[天] · 임금[君] · 신하[臣]는 국사를 다스리는 근원이요 중추임을 말하고 있다. "하늘과 사람은 하나에 근본하되 천리天理는 사람에게 있으며, 임금과 백성은 하나에 근본하되 군도君道는 백성에게 있는 까닭에 천지의 큼과 백성의 많음을 하나로 생각한다[天與人 本乎一 而天未嘗無其理於人 君與民 本乎一 而君未嘗無其道於民 故古之聖人 以天地之大兆民之衆爲一已: 『靜庵集』 卷2 「謁聖試策」]"라고 한 것을 보면, 우주와 인생은 불가분이다[天人之間 似遠而實邇: 『靜庵集』 卷3 「檢討官時啓一」]라고 함직하다.

그 가운데서도 임금에 대하여는 가장 신중하고 간절하게, 또 전력을 다하여 아뢰고 있음을 엿볼 수 있다.

"사람의 임금된 이는 의로움과 이로움, 공변됨과 사사로움의 분별을 분명하게 하여야 하는 것이다. 진실로 의로움과 이로움, 공변됨과 사사로움의 분별을 알아 여기에 현혹되지 않는다면 안과 밖이 닦이고 마음이 맑아지고 옳고 그르고 좋아하고 미워함이 다 바름을 얻어 모든 일이 다 원만하리라[人主於義利公私之辨 不可不明審也 苟能知義利公私之辨而不惑焉 則內外修 而心地淸 是非好惡 皆得其正 而至於處事接物無不當矣: 卷3 「參贊官時啓四」]"라고 함을 볼 때 치자治者로서는 무엇보다도 의로움과 이로움, 공변됨과 사사로움에 밝아야 함의 소중성을 강조하고 있다.

마찬가지 이야기가 될지 모르나 "군자와 소인의 공변된 분별을 분명하게 살펴야 하는 것이니, 이것은 마음이 밝아야만 가능하다[一心光明 然後可辨君子與小人也 人主格致誠正之功未至 則或以君子爲小人 或以

小人爲君子矣: 卷3「參贊官時啓十四」]"는 것이기 때문에 임금은 격치格致에 힘써야 한다는 것을 시사해주는 것이다. "임금의 덕은 경敬보다 큼이 없다[人君之德 莫大於敬: 卷3「侍讀官時啓十六」]"고 한 점은 정치는 역시 덕 있는 정치여야 하겠다는 뜻을 말해주는 것이다. 임금과 신하라는 백성을 위해서 마련된 것이니[夫君臣者 爲民而設也: 卷3「檢討官時啓六」], 임금은 여러 기틀이 모이는 것에서 명령을 내고 명령을 받지 않는 체통[體]을 유지해야 하고, 신하는 국가를 위해서는 한 몸을 잊고 큰일을 담당하여야 한다는 것이다. 그래서 "임금과 대신은 조정에서 그 뜻을 같이하여 화합해서 선한 정치를 이루어야 한다[若人主與大臣異其意 大臣與百僚二其心 則氣象乖隔 豈能成善治乎: 卷3「侍讀官時啓十三」]"고 하여 군신이 한결같이 지성至誠으로 국정에 임할 때 화합[和]도 있고 치화治化도 기대된다[古云至誠感神 又曰不誠無物 君之遇臣 臣之事君 皆以誠實 則治化可期其成也: 卷3「參贊官副提學時啓一」]"는 것이다.

정치는 사회와 더불어 시작되었고 또한 사람이 하는 것이요, 혼자 함이 아니라 같이 하는 일일진댄 상하가 함께 지성으로 서로 믿고 전념하여야[夫君臣上下 須以至誠相孚 通暢無間 然後可以爲治: 卷3「檢討官時啓二」]할 것은 두말할 것도 없다.

Ⅲ.

이상에서 선정善政의 성취와 불성취가 오로지 치자와 그 참모들 여하에 달려 있다고 강조함을 보았거니와 조광조는 입시入侍할 때에는 언제든지 숭도학(崇道學: 도학을 숭상함) 정인심(正人心: 인심을 바르게 함) 법성현(法聖賢: 성현을 본받음) 흥지치(興至治: 지극한 다스림을 일으킴)의 주장을 되풀이하여[玄相允, 『朝鮮儒學史』] 임금에게 아뢰었다. 그러면서도 임금의 마음은 다스리는[出治] 근본이 바르지 못하면 정치의 요체가 의지하여 확립하는 것이 불가능하고 교화로 행하여질 수 없다고 하여 임금에게 아뢰는 것을 게을리하지 않았다.

그토록 국가와 민족을 우려하여 군주보좌에 전력을 기울인 그가 과연 정권쟁탈을 위해서 혁명을 기도했을까 하는 것은 감히 생각하기 어려운 일이라고 여겨지는 동시에 약사발을 받는 자리에서의 소회는 다만 한순간의 작의作意가 아니라 일생을 두고 온축해온 그의 신념의 발로요, 그가 평생토록 염원한 민족중흥의 과업을 위한 충정이었으리라고 믿어진다.

그는 일찍이 시독관侍讀官으로 있을 때 군주께 경계한 바 있다. 즉 치책자治責者와 그를 돕는 참모들의 소임이 함께 중요하지만 책임을 가진다는 것은 더욱 긴요하다고 하였다.

헌신적 노력은 인망人望을 가져오고 인망이 두터울수록 전권專權을 자행하는 것처럼 시기와 오해를 받기 쉬운 일이어서 주위의 모함이 없지 않게 되는바 임금이 학식이 부족할 때 이에 말려들기 쉬움을 극구 충고하였다.[1] 그러나 조광조는 그 자신이 뜻하지 않게도 처형되고 말았다.

세계 인류의 평화적 방향과 국가 민족의 기강 문제는 국운을 좌우하는 이대 요인으로 생각되는바 국토 통일과 백의민족의 중흥을 위해서 눈부신 전진을 하고 있는 오늘의 현실 속에서도 먼 장래를 위하여 조광조의 숭고한 애국정신의 유래하는 바[所由來]를 유학에서 발견할 때 다시 한 번 공경하게 된다.

---

1 『靜菴先生文集』卷3,「經筵陳啓」〈侍讀官時啓一〉“重臣爲國忘身 擔當大事 則必有人望 人望所歸 有似專權 故人君學識不足 則未免見疑 (……) 若知其小人而不能斥逐 則後必有害 故早斥爲貴”

제11장 전통문화와 우리의 현실
– 유교사상의 입장에서

Ⅰ.

요즈음 주체성이란 말과 함께 근대화라는 용어를 자주 듣게 된다. 역사가 변천함에 따라서 시대가 바뀌는 곳에는 동서를 막론하고 정치 · 경제 · 사회 · 문화적으로 으레 새로운 현상이 나타나는 것이 통례이다. 유럽에 있어서의 문예부흥이나 인권혁명이나 산업혁명, 그리고 중국이나 일본에 있어서의 개화운동이 그러한 것에 속하는 것이 아닌가 한다.

견해에 따라서 역사가들은 시대 구분을 대개 고대 · 중세 · 근대로 대별하여 설명한다. 구분되는 계기는 학자의 관점에 의하는 것이지만 근대화라 할 때 서구에 있어서 산업경제에 의미를 두기도 하나 요즈음 민주화 과정에서 살피려고 하는 경향도 없지 않은 것 같다. 그런 점에서 앞서 기술한 동서양의 현상은 다 중요한 의의를 지니고 있는 것으로 짐작한다. 이것들의 혁명이나 운동의 성격은 세분하여 정치 · 경제 · 사회 · 문화면에서 고찰할 수도 있고 크게 구분하여 정신과 물질 면에서 분석해볼 수도 있으나, 공통점으로 집약한다면 신구新舊의 바뀌어가는 과정이라고 볼 수 있을 것이다. 인지人知가 발달하여 낡은 가내수공업으로부터 동력에 의한 대량생산의 새로운 공업으로 바뀌는 경제체제가 이른바 산업혁명이었고, 묵은 서구의 봉건제도가 붕괴되고 억압되었던 백성의 봉기가 인권혁명이었고, 신진들의 양화운동洋化運動이 일본의 명치유신明治維新을 이루었고, 민주주의의 도입을 시도한 것이 양계초(梁啓超: 1873~1929)를 중심한 중국 청조淸朝의 운동이기도 하였다. 이것은 다 구시대가 종말을 고하고 신시대의 여명기에서 울려주는 새로움의 서곡이었다. 우리나라에서도 그러한 예를 찾아볼 수가 있다.

Ⅱ.

대원군大院君의 재기를 막기 위하여 청나라[淸國]의 힘을 빌려들인 민씨閔氏 일파가 자주책을 버리고 청나라에 의존하려는 사대주의를 취하게 됨에 이르러 국내가 사대당事大黨과 독립당獨立黨으로 이분되었던, 조선말 고종 연간에 박영효(朴泳孝: 1861~1939) 이하 김옥균(金玉均: 1851~1894), 서광범(徐光範: 1859~1897), 홍영식(洪英植: 1855~1884) 등을 주동으로 하는 개화당의 갑신거사甲申擧事는 일시 성공하였으나 청나라의 무력 간섭으로 말미암아 수포로 돌아가고 주동 인물들은 일본으로 망명하여 유신[維新計劃]은 실패하고 말았다.

청나라의 세력을 배경으로 하는 수구사대당守舊事大黨인 노년파老年派에 대하여 일본의 신흥 세력을 이용한 신진독립당新進獨立黨인 청년파의 거사이기는 하였지만, 신구의 바뀌어가는 일면이라는 점에서 이른바 이 갑신정변(甲申政變, 1884)도 다른 예와 유사한 것을 알 수 있다. 그러나 여기서 구별되는 점에 주의를 하고자 한다.

국제시장을 널리 획득함으로써 국권을 해외에 선양하려 함이나 짓밟혔던 인권을 봉건독재로부터 탈환하려 함과는 질적인 차이가 있으며, 일본이나 청나라에서와 같이 서구 신사조를 받아들여서 정치적인 후진성을 탈피하려 함과 유사한 점도 없지 않지만 단순한 정치적 개화만을 위한 것이 아니었다는 점에 유의해야 할 것이다. 청나라를 사대하는 종속국이 그러한 데서 자주독립을 부르짖고 그 실현을 위해서 나섰던 그들의 의취意趣는 무엇보다도 국가의 주권확립에 있었음은 괄목할 만한 것으로서 타국의 예와 엄격히 구별되는 것으로 생각된다. 주권독립이란 주권확립을 의미하는 것으로 생각한다면 갑신년의 개화운동은 곧 우리나라의 주체성을 공고히 하자는 데 목적이 있었던 것이요 또한 근대로 오는 과정에서의 중요한 일면이었다고 본다.

그 후 일제 세력의 침투로 드디어는 한일합방의 비운을 겪어 36년의 조국 역사의 암흑기를 가져왔으나 그러나 그 사이에도 주권회복운동은 꾸준히 계속되어왔다. 3·1운동은 다름 아닌 그 정점의 노출이기도 하였다. 조선의 부패는 갑신개화를 가져왔고 갑신개화의 실패는 독립운동으로 전개되었고, 3·1운동의 좌절은 제2차 세계대전 후의 국권회복을 선물하였으나, 오늘날 실지失地의 수복이 아직도 과제로 남아 있는 실정에 있다. 그런 의미에서 근대화의 내용을 단순하고도 가까운 현실 이전 전근대적인 데서 국권의 국제적 신장이라든가 국제시장 확장으로서 국위를 해외에 선양한다든가 정치의 후진성 혹은 경제체제의 후진성 탈피만이 아니라 시공時空의 단축으로 좁혀진 세계에 제시되어야 할 방향까지도 머금은 광의로 확대 해석코자 하며 그러한 입장에서 최근 번거로이 논의되는 근대화 문제는 기성 개념으로서만이 아니라 심각하고 진지한 자세로 사상적 철학적 면에서 다루어져야 할 것이 요청된다.

20세기의 문제점이란 세계 인류가 평화를 희원希願하는 데 있다면 과거와 다를 바가 없겠지만, 그보다도 어떻게 세계 각국이 조화공생하며 동시에 각국은 각국으로서의 체통을 견고히 유지하느냐 하는 것에 보다 중요성이 있지 않은가 한다. 여기에 지난날의 인류문화에 대한 반성과 재인식과 나아가서는 새로운 평가가 필요하게 되는 것으로 생각된다. 이런 점에서 조국 역사의 맥박이 보여져야 하며 그것을 유지해온 문화가치가 무엇인가 모색되어야 할 것으로 여겨진다.

Ⅲ.

국조단군國祖檀君이 조국을 창건하고 선포한 이념은 홍익인간弘益人間과 이화천하理化天下였다. 우리는 여기서 국민을 영도함에 인간을 대상으로 함을 주의 깊게 보게 되며 민생을 위한다고만 할 것이 아니다.

'홍익'이라고 한 우리의 건국이념을 오늘의 세계에 비추어 그 의미가 진부한 것이 아니라 오히려 대단한 새로움을 느낀다. 이 이념이 반만년 역사를 누벼왔고 삼천만 민족의 피 속에 계승되어왔다. 역사는 전개된 '역사의 사실[史實]'에 의하여 이념을 평가할 것이 아니라 이념에서 '역사의 사실'을 묶어 보아야 할 것이다. 우리의 역사에서는 외지外地를 탐하거나 침략해본 사실을 발견할 수 없다. 단순히 약소했기 때문이라고 가볍게 자학自虐해버릴 것이 아니라, 우리는 그 속에 흘러오는 민족의 정신을 중하게 살펴보는 것이 긴요한 일이 아닌가 싶다.

조선 말기의 개화운동이 빗나가자 합방 후에 3·1운동으로 전개됨에 그 「선언문宣言文」에 의하면 그 제기提起 이유를 다음과 같이 들고 있다.

> 반만년 역사의 권위權威를 통하여 선언함이며, 2천만 민중의 충성忠誠을 합하여 차此를 포명佈明함이며, 민족의 항구여일恒久如一한 자유발전을 위하여 차此를 주장함이며 인류적 양심의 발로에 기인한 세

계개조의 대기운大機運에 순응병진順應併進하기 위하여 차此를 제기함이니, 시천是天의 명명明命이며, 시대의 대세이며, 전인류 공존동권共存同權의 정당한 발동發動이다. 천하하물天下何物이든지 차此를 저지억제沮止抑制치 못할지니라.

여기에서 본다면 안으로는 역사의 권위와 만백성의 충성과 민족영원의 발전을 걸어서 선언함이요 밖으로는 인류적 양심의 발로로 세계를 개조하려는 기운에 부응하려 함이라고 천명하였다. 따라서 이 운동이 구구한 감정상의 문제가 아님을 밝히고 있어야 할 본능으로 가는 운동임을 말하였다. 더 나아가서 "아! 신천지新天地가 안전眼前에 전개하는도다. 위력威力의 시대가 거去하고 도의道義의 시대가 내來하도다. 과거 전세기全世紀에 연마장양鍊磨長養된 인도적 정신이 바야흐로 신문명의 서광을 인류의 역사에 투사投射하기 시작하도다"라고 하여 새로운 세계를 전개하고 나서 끝으로 공약 3장 제1장에서 "금일 오인吾人의 차거此擧는 정의正義 생존生存 번영繁榮을 위한 민족적 요구이니 오직 자유적 정신을 발휘할 것이요 결코 배타적 감정으로 일주逸走하지 말라"고 다짐을 하였다.

선언문을 일관하는 대내적 민족영원의 발전과 대외적 공존을 선포한 취지는 역시 홍익인간과 연관 지어 해석된다. 이렇게 건국이념과 3·1독립선언과 이어본다면 자연 앞으로 3·1선언의 계승점이 어디인가 문제 안 될 수 없다. 국가와 세계 국민과 인류의 대내외로의 조화가 간절히 요청되는 현대에서 우리 민족과 우리 국가가 걸어가야 할 방향이 뚜렷이 제시되어야 할 까닭[所以]이 여기에 있다고 생각된다. 근대화 문제는 사상적 철학적인 각도에서 검토되어야 할 것이며 아울러 주체성 확립이 검토되어야 할 것으로 믿어진다.

우리의 역사를 건국이념의 구현 과정으로 보고 현대사상의 움직임을 신구의 전환 과정으로 이해한다면 우리의 전통인 유교문화에 대하여 한번 돌아보지 않을 수가 없다.

Ⅳ.

유학에서는 근본 확립을 중요시함과 동시에 그것을 선무先務로 생각한다. "물건에는 근본과 말엽이 있고 일에는 끝과 처음이 있으니 먼저 하고 뒤 할 것을 안다면 도에 가까울 것이다[物有本末 事有終始 知所先後 則近道矣: 『大學』]"라고 하여 근본을 중시하였고, "그 근본이 난잡하고서 말엽이 다스려지는 것은 없으며 두텁게 할 것에 엷게 하고 그 엷게 할 것에 두텁게 하는 것은 있지 않다[其本亂而末治者否 其所厚者薄 其所薄者厚 未之有也: 『大學』]"라고 하여 근본을 세워야 함이 선무임을 강조한다. 본말이 전도되었을 때 질서는 무너지고 국가와 민족의 장래가 위태로워진다. 상하 · 남녀 · 노소 세대가 상호 불신에 차 있는 오늘의 혼탁한 모습을 가져왔음은 그 원인이 근본이 빈약함에 있다고 해야 할 것이나, 그 근본은 무엇을 말하는가? 그것은 치자治者나 어느 개인의 독소유獨所有가 아니나 어느 국가만의 독소유도 아니다. 자사子思는 "천하의 큰 근본을 '중中'이다[中也者 天下之大本也: 『中庸』 第1章]"라고 하였다. 중용中庸을 이루면 천지는 편안히 자리하고 만물이 아울러 육성된다는 것이다.

편안한 자리[安位]와 아울러 육성됨[並育]은 천지의 마음이 바르게 하는 것이요, 그것은 나 자신의 마음이 바르고 난 후에 전개되는 일이니, 자신에게서 '중'을 세우고 난 후의 문제이다. '중'은 본성[性]이요 본성은 하늘이 명한 것이다. 대개 사람들이 자기에 본성 있음을 알고서 그것이 하늘로부터 나온 것인 줄을 모르며, 사물에 도道가 있음을 알면서 그 본성에서 말미암음을 모르며, 성인의 가르침[敎]이 있음을 알면서 나의 고유한 것에 인한 줄을 모른다고 주자朱子는 말한다. 자신과 격절隔絶된 가르침[教]이나 본성이나 하늘은 무의미한 것이다. 그것이 나 자신에 직결됨으로 해서 자각의 단서가 열릴 것이다. 온 천하가 자신의 문제로 귀일될 때 그 자신은 천하의 분신이며 천하에 의하여 움직여지는 것이 아니라, 천하가 자기 속의 것이요 자기에 의하여 천하를 움직여감에 참여하는 목자牧者가 되는 것이다. 이 목자의 중도中道 표준을 "황극(皇極, 五皇極: 『書經』「洪範」)"이라고 하였다. 여기서 경계해야 할 것이 있다.

상나라 임금 성탕成湯은 반명盤銘에 "진실로 어느 날에 새로워졌거든 날로 날로 새롭게 하고 또 날로 새롭게 하라[湯之盤銘曰 苟日新 日日新 又日新]"고 하였고,「강고康誥」 편에는 "인군人君은 정교政教를 잘 베풀어 백성을 새롭게 진작하라[康誥曰作新民]"고 하였고, 대아大雅「문왕文王」 편에는 문왕이 그 덕德을 밝혀 만민萬民을 잘 다스렸으므로 새로 천명天命을 받아 천자天子로 등극하고 왕업을 완수하였다[詩曰 周雖舊邦 其命維新]고 기록되어 있음은 다 같이 끊임없이 새로울 것을 훈계하고 경계한 내용인 것으로 안다. 이와 같은 항상 새로운 큰 근본의 본체[體]에는 고금이 따로 없지만 그것에 따르는 문물제도는 시대에 따라 변해온 것이다. 즉 천하의 큰 근본인 '중'은 명덕明德을 새롭게 밝힘으로써 움직이지 않음이요 천하의 통달한 도道인 '화和'인 중정(中節: 절도에 들어맞음)과 시중(時中: 때에 들어맞음)으로써 문물제도를 발전시킨다.

여기서 '시중'의 '작용[用]'은 큰 근본인 '중'의 본체에서 오는 것이니 진보 발전은 명덕을 새롭도록 밝힘에 기인되는 것이며, '중'과 '시중'이 이질적인 것이 아니나 유동하는 '시중'보다 움직이지 않는 '중'을 세움이 선무임을 주의해야 할 것이다. 변하는 현실에 관심이 깊으면 깊을수록 밝은 이념이 요청되는 것이다.

V.

이렇게 볼 때 후진국으로서의 한국은 현대화가 시급히 요청되는 바이지만 보다 중요한 것은 우리의 건국이념을 구현하는 일환으로서 현대화 작업이 이루어져야 하겠다는 점을 지적하고 싶다. 명분과 실리는 각각 있는[各居] 것이 아니다. 주체를 상실한 현대화는 조국을 위험한 함정으로 몰아넣는 결과를 초래할 것으로 경계해야 할 일이다.

'중中'은 실다운[實] 것이다. "도가 함께 실행하여도 서로 어긋나지 않는[道並行而不相悖]" 연비어약鳶飛魚躍도 여기서 실현될 것이며, 이러한 세계로의 전환점은 "백성을 어질게 하면서 만물을 사랑하며[仁民而愛物]", "사람들이 동일하게 옳게 여기는 것[人之所同然者]"에서 구해야 하고 여기에 근거하여 상하일체의 공동 작업에서만 이루어지는 것으로 믿어진다.

제12장 유교와 현대사회
-국민정신과 유도

Ⅰ. 현실 사회의 역사성

현실에서 과거역사를 돌이켜볼 때 현대라고 하든지 근세라고 하든지 또는 중세라고 하든지 혹은 상고上古라고 하든지 간에 우리가 처해 있는 현실은 시간의 중단 없이 연속되어왔음을 생각할 수 있다.

역사가들의 시대 구분은 방편상 이름 붙인데 불과한 것이요, 사실은 구분된 시대와 시대 사이에의 분리할 수 없는 시간의 연속 속에 있다고 보아야 할 것이다. 어제 없는 오늘이 없고 오늘 없는 내일이 없기 때문이다. 그러므로 현실 가운데에는 현대성도 있고 근세성도 있고 중세적인 것도 있고 상고上古 원시적原始的 요소도 스며 있을 뿐만 아니라, 미래의 생명이 새로운 싹으로 그 내부에서 움트고 있을 것으로 생각된다. 즉 태초 이후의 과거적인 것과 먼 앞으로의 미래적인 것이 현실 속에 연접되어서 그 어떠한 방향으로 끊임없이 흘러가고 있다고 본다.

단순했던 원시생활은 문자가 필요 없었겠지만, 기억의 필요상 문자를 만들게 되었고 여러 가지 사실 기록은 국가 사회의 역사를 후세에 전해주었다.

역사는 이전의 것을 전해주는 데 그치는 것이 아니라 다시 미래에 대한 암시를 제공해주기도 한다. 단편적인 여러 가지의 사실을 문자라는 기호로써 기록해오던 것이 이제는 그 기록을 통해서 종합적이고 전체적인 진리 실현의 기구로서 의미를 인식하는 데 없지 못할 중요한 자료 구실을 전담하게 된 줄로 이해된다.

문자가 없으면 역사기록이 불가능했을 것이며, 역사 저술이 없으면 우리가 시간을 인식할 터전을 잃어버리게 되는 것으로 생각된다. 현실은 중단 없는 시간의 흐름이요, 송구영신送舊迎新하는 순간순간 속에 미래에로의 방향이 깃들어 있음을 생각하게 된다.

우리의 삶[生]과 죽음[死]이 자신에 의해서 자유롭지 못한 것처럼 역사의 처음과 끝은 결코 어느 한 사람에 의해서 임의로 결단 지어질 성질이 아니다. 다만 슬기로운 사람의 역사적 현실 인식이 있을지언정 창조와 종말을 좌우할 수는 없으리라고 믿어진다.

Ⅱ. 현실에 대한 이해

사회라고 할 때 여러 가지 입장을 생각할 수 있을 것이다. 민속적 입장에서 볼 수도 있고, 경제적 입장에서 또는 정치적 입장에서 볼 수도 있고, 사회적 입장에서나 교육적 · 윤리적 입장에서나 혹은 철학적 · 종교적 · 예술적 등등 각각 입장을 달리해서 볼 수가 있다.

우리에게는 우리의 사회가 있고 일본인에게는 일본 사회가 있고 미국인에게는 미국 사회가, 서구인에게는 서구 사회가 있듯이 지역에 따라서 각각 사회를 달리하고 있다.

뿐만 아니라 상고에는 원시 사회가, 중세에는 중세 사회가, 근세에는 근세 사회가, 현대에는 현대 사회, 현실에는 현실 사회가 있기도 하다.

이렇듯 사회는 지역에 따라서 또는 시대에 따라서 또한 학문적인 입장에 따라서 구별해볼 수가 있을 것이다.

그러므로 사회적 문제라고 하더라도 지역에 따라서 다를 수 있고 시대를 따라서 같지 않을 뿐만 아니라 학문적 입장에서도 서로 달리 논의될 수 있다고 생각된다. 이렇게 여러 각도에서 다양하게 분석되면서도 당국의 통일성을 얻는다는 것은 매우 바람직한 일이다.

오늘의 주제가 유도정신앙양儒道精神昂揚이므로 다른 지역사회가 아니라 우리의 사회, 상고시대가 아니라 현실사회, 이교적異敎的 입장에서가 아니라 유도적儒道的 입장에서 잠깐 생각해보고자 한다.

그러나 현실 사회라고 해서 상고시대 없이 생겨났고 우리의 사회라고 해서 세계에서 고립되고 유도적 입장이라고 해서 다른 종교와 아무 상관 없는 것이라면 그것은 무의미할 것이다.

Ⅲ. 현실 사회의 유도적인 몇 가지 면

오랜 세월을 유교적 전통윤리 속에 살아온 우리는 식민지정책의 여독을 씻을 겨를도 없이 들이닥친 서구문화에 흔들리고 있음은 자타가 공인하는 바이다. 그중에서도 가장 현저하게 나타나고 있는 것이 윤리면이라고 볼 수 있을 것이다.

부모를 하늘처럼 효로써 모셔야 한다고 배워온 후예가 웃어른을 가벼이 보게 되었으니 부모와 노인들이 외로워져 간다. 남녀가 결혼을 한다는 것은 대사大事라고 해서 가장 신성하게 여기며 인륜의 시발점으로 중대시해온 자손들이 함부로 모이고 멋대로 헤어지는 경향을 띠게 되었으니 질서의 근간이 흔들리게 되었다.

정의와 의리를 높여온 선인들의 가치 관념이 금권金權을 기준 삼는 풍조로 바뀌고 있으니 가치의 경중이 전도되어가는 느낌이다.

친구를 아끼고 신의를 두텁게 함을 미덕으로 삼아온 선인들의 후손이 실리로 동료나 벗을 배반하는 일이 늘어나고 있어 앞날을 걱정케 하고 있다.

그러나 이러한 사실들은 한탄에 그칠 것이 아니라 도의심道義心을 앙양해서 그 회복을 기해야 할 것이며, 뿐만 아니라 그 원인이 어디 있는지를 밝혀야 할 것이다. 아마도 짧은 소견[短見]일지 모르겠으나 일제의 독재정치에 대한 반항과 구미풍조의 무분별한 수용에 있지 않을까 생각된다. 우리는 우리의 전통사회에서 받아들였어야 했을 것을 외래사조에 편승해서 전통을 무조건 배격해온 데 문제점이 있다고 본다. 근일에 퇴폐단속을 강화하고 있음은 다행한 일이 아닐 수 없다.

조국광복 후에 여러 가지 어려운 일들 가운데 하나는 민주주의적 방법의 도입이었으리라고 생각된다. 독재에 억압된 국민이 인권을 회복하고 자유와 평등을 누린다는 것은 참으로 원하는 일이 아닐 수 없다. 보다 많은 나라들이 민주정치를 하고 있는 국제정세하에서 이것을 채택한다는 것은 지극히 당연한 일이라고 하겠다.

그동안 민족비운의 동란을 겪어야 했고 두 차례의 혁명을 경험하게 되었다. 정치학자와 사학가의 판단을 기다려야 할 일이지만, 사견으로 볼 때 전자는 민주주의에 대한 공산주의의 침략이었고, 후자는 부정에 대한 항거였다고 생각된다. 공산주의를 무찌르고 정의를 실현하려는 정치에 온갖 힘을 기울여왔다. 그러나 밖으로 남북통일은 아직 실현을 못 보고, 안으로 부정은 근절되지 않고 있다. 이러한 상황 속에서 국내적으로는 부정단속이 과감하게 진행되고 있는 듯하여 매우 바람직하게 생각된다.

인류가 직면하고 있는 새로운 두 가지 사실 즉 핵전쟁에는 승패가 없다는 것과 국제 대열에서 고립해서는 살 수 없다는 것을 피할 수 없는 것이라면, 힘만으로는 국제정치에 임할 수는 없게 되었다는 것과 타국이야 어떻게 되든 내 나라만 위한다는 식으로는 어려워진 데서 문제가 생기게 되었다. 외교상의 신의를 지킨다는 문제와 국정을 바르게 해야 한다는 것은 유교경전상의 정치대의거니와 오늘날 그 같은 점을 더욱 절실하게 느끼게 됨은 현실 상황에서 오는 것이라고 생각된다.

Ⅳ. 유도儒道의 일관성에 대하여

유구한 인류의 역사가 현실 속에 감돌고 있고 원시 부락사회가 온 지구로 확대된 오늘에 있어서 사물 처리를 단편적인 국지적인 견지에서 한다는 것은 고려되어야 할 것으로 보인다. 미래를 무시한 현실일 수 없고 과거를 아는 현실이어야 하겠고, 세계를 도외시하는 국가가 존립되기 어렵고 국가와 무관한 세계란 생각하기 어렵기 때문이다. 이러한 역사와 세계는 확실히 발전과 발달이라고 하는 성장 과정을 걸어온 것이다. 역사는 생명으로써 발전되고 사회는 조화로써 발달된다고 하면, 시공이 모인 현실은 부단히 새로운 것으로 향하여 발전과 발달이라는 형태의 성장을 계속하고 있는 것처럼 보인다.

사회의 모든 문제를 하나로 집약한다면 사람과 사람 사이의 관계가 아닌가 한다. 정치란 치자(治者: 정부)와 피치자(被治者: 국민)의 관계로 볼 수 있고, 경제란 부유한 자와 가난한 자의 관계요, 윤리란 사회 내에서의 인간관계로 볼 수 있다. 이 관계가 서로 분리되어 갈등하는 것이 아니라 피차가 회통會統해서 상호 조화를 원만하게 이룬다는 것은 성장성숙에 필요한 일이라고 생각된다. 다시 본질을 개인 자체 속에서 본다면 이성과 감성과의 관계 속에서 생각해볼 수 있어서 극단적으로 감성을 무시하는 규제나 극단적으로 이성을 도외시하는 방종은 개인의 존립에 위협을 준다. 그러나 이념적으로 본다면 본체[體] 없는 작용[用]을 생각할 수 없으므로 이성과 감성의 조화란 편의상의 일시적인 타협이 아니라 궁극적 근원[窮源]을 우러러 각성되어야 할 것으로 믿는다.

이러한 위로는 최고 이념원으로부터 아래로는 사회의 다양한 인간관계에 이르기까지 단절됨이 없이 원만하게, 바람직하게 일관회통하는 길을 공자는 생각한 것으로 보인다.『논어』「리인里仁」 편에서는 "나의 도는 하나로 관통한다[吾道一以貫之]"고 한 것은 유도의 일관성을 말해준 것으로 생각한다. 증자曾子의 설명에 의하면 이 일관성을 '충忠'·'서恕'라고 해서 극기克己, 즉 자기극복으로 본래성을 확보하는 일과 추기推己, 즉 이 마음으로 타인을 이해 용서하는 일로 풀이했다. 채침(蔡沈: 1167~1230)은 "집안이 가지런해지고 나라가 다스려져 천하를 평화로운 것은 마음을 미루어나가는 것이다[家齊國治而天下平 心之推也]"라고 말하고 있으며, 계속해서 "이제삼왕二帝三王의 정치는 도에서 근본하고 이제삼왕의 도는 마음에서 근본하였으니 그 마음을 얻으면 도와 다스림은 진실로 말할 수 있을 것이다[二帝三王之治 本於道 二帝三王之道 本於心 得其心則 道與治 固可得而言矣]"라고『서경書經』서문에 언급하고 있다. "이제삼왕은 이 마음을 보존한 것이고 하나라의 걸桀과 상나라의 수受는 이 마음을 잃어버린 것이다[二帝三王 存此心者 夏桀商受 亡此心者]"라고 하여 치란治亂의 구분을 이 마음의 보존과 보존하지 못하는 것 여하에 매여 있다고 갈파하였다.

양자揚子는 "하늘과 땅에 통달하고 사람에 통달하지 못한 사람을 기예라 한다[通天地而不通人曰技]"라고 하고 "하늘과 땅과 사람에 통달한 사람을 유자이다[通天地人曰儒]"라고 해서 역시 자연과 사회에 관통한 사람을 유자로 정의하고 있다.

Ⅴ. 도는 가까운 데서부터

태고에로의 가장 가까운 것도 현실이요 영원에로의 입구도 현실에 있다. 세계로의 문도 내가 살고 있는 사회에 있고 세계에서의 출구도 내 나라에 있다고 생각되므로 현실 사회는 고금동서의 출입구 구실을 하는 좌표이기도 하다. 영원성이 중요하지만 현시점 없이 인식될 수 없고, 사회가 부조리하지만 그것 없이 이상사회를 바랄 수 없을 것이다. 출입에 지장이 없는 것은 자유를 의미한다.

과거와 미래의 사이를 현실 사회로써 전통으로 이어서 새로운 것으로 건네어주는 일은 정치와 윤리의 지극히 중요한 임무라고 생각된다. 민족의 먼 장래를 염원하면서 현실을 처리하고, 가까운 지역사회의 모든 문제를 국가의 세계성을 고려하면서 해결해나갈 때 도는 열릴 것으로 믿어진다.

Ⅵ. 결론

현실의 움직일 수 없는 역사성과 사회의 세계성 속의 문제를 살피고 이 문제점들의 해소를 일관하는 길의 실현으로 유도儒道는 가까운 데로부터 실천되어 본면목을 발휘하는 데 있음을 거론하였다. 사회는 정치에 의해서 움직이고 정치는 방법을 문화적 본질에서 구해야 하며, 문화는 사람에 의해서 창조된다. 창안해내는 것도 인간이지만 정치적인 실천자도 인간이기 때문에 창안과 실천이 한 방향을 유지하므로 비로소 새 방향이 정해지는 것으로 생각된다. 그것은 인간의 주체적 각성과 국가의 올바른 주권 행사가 인류의 자유평등에의 길을 일관해줄 것이기 때문이다.

역사 연구를 통해서 인간이 서브 맨으로, 서브 맨으로부터 슈퍼맨으로 발전 향상되어간다고 했음은 일리 있는 말이라고 믿어진다.

현담 유정동 선생 연표

1921년	2월 15일	황해도 연백군 괘궁면 갈암리에서 출생
1938년		해주고등보통학교 졸업
1938년	4월	경성사범학교 강습과 수료. 수료 후 1945년까지 국민학교 교사로 봉직함
1946년	9월	성균관대학교 동양철학과 입학
1950년		6·25 동란 발생과 동시에 입대하여 장교로 군 복무
1956년	5월	대위 예편. 이후 성균관대학교 동양철학과 교수 취임 이전까지 한영고등학교 교사, 성균관학교대 강사, 양현재 재감, 충남대학교 강사를 거침
1956년	12월	임명숙 여사와 결혼. 슬하에 3남
1965년	4월	성균관대학교 동양철학과 조교수
1968년		성균관대학교 동양철학과 학과장 서리
1970년	9월	성균관대학교 동양철학과 부교수
1971년	9월	성균관대학교 동양철학과 학과장
1973년	12월	성균관대학교 유학대학장
1975년	8월	철학박사 학위 취득
1976년	3월	성균관대학교 동양철학과 교수
1976년	7월	멕시코에서 열린 아시아·아프리카 인문과학학술대회 참가
1977년	5월	동경에서 개최된 '퇴계학국제학술회의'에 참석
1977년	12월	성균관대학교 유학대학장 퇴임
1979년	3월	성균관대학교 대학원 동양철학과 학과장
1979년	11월	중화민국 중앙연구원 주최 '한학국제학술회의' 참가
1980년	8월	한국문화대백과사전 편찬부 유학분과 편찬위원
1980년	9월	고려대학교 교육대학원, 연세대학교 대학원에 출강
1981년	2월	성균관대학교 인문과학연구소 운영위원
1984년	5월 23일	향년 63세로 별세

| 약력 |

현담玄潭 유정동柳正東 박사博士는 1921년 2월 15일 황해도 연백군 괘궁면 갈암리에서 부친父親 진주晋州 유공柳公(양종 선생錫鐘先生)과 모친母親 죽산竹山 박씨朴氏(도인 여사陶仁女史) 사이의 외아들로 출생하였으며, 예문관대제학藝文館大提學 유인비柳仁庇로부터 23대 후예이시다.

선생은 1933년 용도공립보통학교龍道公立普通學校, 1938년 해주고등보통학교海州高等普通學校를 졸업하고 그해 4월에 경성사범학교京城師範學校 강습과講習科를 수료하고 1945년 광복 때까지 초등학교의 교사로 봉직, 1946년 9월에 성균관대학교成均館大學校 동양철학과東洋哲學科에 입학, 1951년 졸업을 앞두고 6·25동란이 일어나자 온양의 방위사관학교防衛士官學校에 입교하여 교육을 범어사에서 마치고 순천예비사단順天豫備師團에서 인사장교로 근무하였다. 1954년 대위로 승진하여 육본고급부관실陸本高級副官室 요원을 거쳐서 태릉 육군사관학교陸軍士官學校 교수부 철학교관으로 근무 중 1956년 5월에 예편, 12월에 임명숙 여사와 결혼을 하였다.

제대와 동시에 교육계에 투신하여 한영고등학교漢榮高等學校 교사, 성균관대학교成均館大學校 강사, 양현재養賢齋 재감, 충남대학교忠南大學校 강사직을 역임하고 1965년 4월에 성균관대학교 동양철학과 조교수로 발령을 받았다. 1970년 9월에 부교수로 승진, 1971년 9월에는 동양철학과장, 1973년 12월에 유학대학장에 서임되는 동시에 대학원위원회 위원으로 위촉을 받았다. 1975년 8월에 철학박사 학위를 취득하였고 1976년 3월에 교수로 승진되었으며, 7월에는 멕시코에서 열린 아시아 · 아프리카 인문과학학술대회에 참가한 후 미대륙과 유럽을 일주하면서 세계 문물을 시찰하고 귀국하였다. 1977년 5월에는 동경에서 개최된 「퇴계학국제학술회의退溪學國際學術會議」에 참석하였고, 1979년 3월에 대학원 동양철학과 학과장에 피임되었으며, 동년 11월에는 중화민국 중앙연구원 주최 「한학국제학술회의漢學國際學術會議」에 참가한 바 있고, 1980년 8월에는 한국문화대백과사전 편찬부 유학분과 편찬위원에 피촉되었으며, 동 9월부터는 고려대학교高麗大學校 교육대학원, 연세대학교延世大學校 대학원 강사, 1981년 2월부터는 성균관대학교 인문과학연구소 운영위원 등을 역임하고 1984년 5월 23일 향년 63세로 별세하셨다.

선생은 주밀周密한 성격과 온온공인溫溫恭人한 덕으로 교육에 헌신하여 배우기를 싫어하지 않고 가르침에 게을리 하지 않는, 오직 성실로 일관하였으니 공부자의 「학불염교불권學不厭敎不倦」을 체행하시려는 분으로 생각된다. 장지연 저 「조선유교연원朝鮮儒敎淵源」의 국역, 편저 「퇴계의 생애와 사상退溪의 生涯와 思想」, 공저 「유학원론儒學原論」이 있으며, 학위논문으로는 「퇴계의 철학사상연구退溪의 哲學思想硏究」가 있고 그 외에 30여 편의 논문을 발표한 바 있다.